일본의 식민지 조선통치론

한양대학교
비교역사문화연구소
자료총서 1

일본의 식민지 조선통치론
－'내지연장론'과 '조선자치론'
朝鮮統治問題論文集 국역

이종식 편찬
최은진 역주

민속원

• 역자 서문 •

일제 식민지 조선통치론 – '내지연장론'과 '조선자치론' 사이에서

일제는 식민지 조선통치의 기본 방침으로 일본인과 조선인의 '동화주의同化主義'를 내세웠다. 그러나 일제는 이념으로는 동화와 '일시동인一視同仁'을 표방했으나, 법적으로는 일본과는 다른 지역인 '이역異域'으로 조선총독이 강력한 행정권과 제령권制令權을 독점하며 식민지 조선을 통치했으며, 정책상으로도 조선인에 대한 차별을 시행했다.[1] 다만 제령은 '동화'를 위해 일본 법률 및 칙령에 위배되지 않아야 한다는 기본원칙이 있었을 뿐이다.[2]

또한 일본정부나 조선총독부는 식민통치기 동안 식민지 조선에서 '조선의회'나 '조선지방의회' 등 자치의회제를 시행하겠다고 공식적으로 언급한 적이 없었다. 다만 조선총독부는 1914년 부제府制 시행 후 1920년, 1930년 두 차례에 걸쳐 부제·면제面制와 도제道制 개정을 통해 지방행정기구를 재편하면서, 제

---

[1] 박찬승, 「일제의 식민정책 연구사」, 한일관계사연구논집 편찬위원회 편, 『일제 식민지 지배의 구조와 성격』, 경인문화사, 2005, 19~39쪽.
[2] 최은진, 「1930년대 조선농지령의 제정과정과 시행결과」, 한양대학교 대학원 박사학위논문, 2020, 136쪽.

한된 권한을 갖는 지방행정기구의 지방자치제를 시행했을 뿐이다.³

즉 1919년 3·1운동을 계기로 1920년대에 일제는 1910년대의 무단통치 동화정책 전략을 '문화통치'로 바꾸어, 동화정책을 표방하면서도 이를 점진적으로 실행하겠다고 하고 일단 차별대우를 완화하겠다고 했다. 한편 1920년대에 들어서는 '동화'라는 말 대신 '융화'라는 말이 많이 사용되었다.⁴

그런데 3·1운동 후 일본정부의 하라 다카시原敬 내각총리대신은 조선인의 정치 참여 욕구를 무마하기 위해, 지방행정기구에 자문기관을 만들어 여기에 참여하게 할 필요가 있다고 생각했다. 이에 따라 사이토 마코토齋藤實 조선총독은 일본정부의 동의하에 1920년 7월 이와 관련된 법령들을 공포했다. 1920년에 시작된 조선의 지방제도는 매우 제한된 지방자치였다. 일본의 부현회府縣會, 시회市會, 정촌회町村會는 모두 의결기관이고, 그 의원은 모두 민간의 선거로 선출되었다. 그러나 조선의 도평의회道評議會, 부협의회府協議會, 면협의회面協議會는 모두 자문기관이고, 도평의회원의 2/3는 선거제(부·면협의회원 선거 선출), 1/3은 임명제(도지사 임명), 부협의회원은 선거제, 면협의회원 중 지정면指定面은 선거제, 기타 면은 임명제로 선임되었다.

1920년대에 친일세력은 조선에 자치의회를 만드는 자치권을 달라고 청원하거나, 일본 제국의회에 참여할 수 있는 참정권을 달라고 청원하는 운동을 계속했다. 특히 1925년 일본에서 보통선거가 실시되자 조선에서도 참정권 문제가 재차 제기된 것이었다. 한편 이를 전후하여 1920년대 중반 조선에서 자치운동이 일어나면서 민족주의세력은 '민족주의 우파'(소위 타협적 민족주의자)와 '민족주의 좌파'(소위 비타협적 민족주의자)로 분화된다. 이에 1929년 사이토 총독은 일본정부와 협의하여 지방자치제를 확장하여 조선인의 정치 참여 욕구를

---

3 손정목, 『한국지방제도·자치사연구』 상, 일지사, 1992 참고.
4 최혜주, 「1920년대의 『朝鮮公論』 사설에 나타난 조선통치론과 내선융화론」, 『한국민족운동사연구』 98, 한국민족운동사학회, 2019, 183쪽.

달래고자 했다. 이에 따라 1930년 개정된 지방제도가 발표된 것이다.

    1930년대 조선에서 실시된 지방자치제도도 역시 제한적인 제도였다. 조선의 도회道會는 일본의 현회縣會처럼, 조선의 부회府會도 일본의 부회府會처럼 의결기구가 되었다. 그러나 일본의 정촌회町村會는 의결기구였지만, 조선의 읍회邑會는 의결기구, 면협의회面協議會는 자문기구에 불과했다. 하지만 조선의 부회의원과 면협의회원은 이때부터 모두 민선제로 선출하게 되었다.[5]

    이후 1930년대 초중반 일제는 만주사변, 농촌진흥운동 등을 거치며 지배정책의 방향을 전환해 갔다. 1920년대에 일제가 '문화정치'를 통해 참정권, 조선자치권 부여를 매개로 조선사회를 포섭하려는 전략을 썼다면, 1930년대의 새로운 지배전략은 지방자문기관에 예산 의결권 등 약간의 실질적 정치 권리를 부여하여 조선인 상층부의 정치적 욕구를 체제 내로 흡수하는 것이었다. 이는 대륙팽창이 본격화되던 가운데 조선사회에 대한 직접적·심층적 지배를 확대하려는 것이었다. 그러나 결국 이러한 일제의 지배정책 전환은 1920년대에 일정한 가능성이 있는 방안으로 간주되던 참정권, 조선자치권 부여가 불가능한 것임을 도리어 확인시켜 주었다.[6]

    그리고 1936년 미나미 지로南次郎 조선총독이 부임하고 곧 1937년 중일전쟁이 발발하면서, 일제는 식민지 지배 이념으로 '내선일체內鮮一體'를 내걸고 조선인에게 보다 강력한 동화정책을 실시하고자 했다. '내선일체론'은 조선을 일제의 전쟁 수행을 위한 대륙전진병참기지로 만드는 데 정신적인 동원체제를 갖추기 위한 것으로 일제 말기 정책의 이념적 기반을 이루었다.[7]

---

[5] 조규태, 「1920년대 민족주의세력의 자치운동의 전개 양상」, 『한국민족운동사연구』 92, 한국민족운동사학회, 2017, 91쪽; 박찬승, 「1920·30년대 식민지 조선·대만에서의 지방제도 개정 비교」, 『동아시아문화연구』 89, 한양대학교 동아시아문화연구소, 2022, 103~104쪽.

[6] 이태훈, 「1930년대 일제의 지배정책 변화와 친일정치운동의 '제도적' 편입과정」, 『한국근현대사연구』 58, 한국근현대사학회, 2011, 172쪽.

[7] 최유리, 「일제 말기(1938년-45년) '내선일체'론과 전시동원체제」, 이화여자대학교 대학원 박사학위

'내선일체론'을 역사적으로 뒷받침하는 논리로 조선총독부는 '동근동조론同根同祖論'을 적극적으로 부각했다. '내선일체' 이전에 '내선융화'를 표방하던 시대에는 일본 민족과 조선 민족의 다름을 인정하고 두 민족이 일본 국가의 일본 국민으로 공존할 것을 강조했다. 그러나 이제 '내선일체'는 전쟁동원을 위해 두 민족의 혈연적 친연성親緣性을 강조했다. 또한 언론과 교육계 일부에서도 총독의 뜻을 따라 일본과 조선의 관계를 '내선일체의 역사'로 해석·선전했다.[8]

그러다가 아시아·태평양전쟁 말기에는 징병제 실시를 비롯하여 전시동원의 필요성이 더욱 요청되면서 매우 제한적인 중앙참정권 부여를 결정하게 된다.[9] 실제로 일제는 아시아·태평양전쟁의 패색이 짙어가던 1945년 4월 정치적 처우 개선이라는 명목으로 귀족원 칙선의원으로 조선인 7인, 대만인 3인을 임명했다. 또한 중의원 의원 선거법을 부분 개정(조선인 22인, 대만인 5인 선출)하여 제한적이나마 참정권을 부여했다. 그렇지만 개정된 중의원 의원 선거법은 결국 실시되지 못한 채 일본은 패전을 맞이했고, 일본의 식민지 통치를 둘러싼 논쟁 곧 '내지연장주의'냐 '자치주의'냐, 제국의회에 참여할 참정권을 부여할 것이냐 식민지의회를 설치할 것이냐, '동화주의'냐 '식민지주의'냐를 둘러싼 식민지 통치 초기부터 시작된 오랜 논쟁도 사실상 종지부를 찍게 되었다.

그런데 마지막까지 참정권 문제에는 징병제 시행에 대한 반대급부만이 아닌 국제정세의 변화, 전황의 악화, 공습, 전시동원의 강화에 따른 치안 상황

논문, 1995, 184~185쪽.
[8] 장신, 「일제말기 同根同祖論의 대두와 내선일체론의 균열」, 『인문과학』 54, 성균관대학교 인문과학연구소, 2014, 87~88쪽.
[9] 김동명, 「아시아·태평양전쟁 말기 식민지 참정권의 전개」, 『일본학보』 73, 한국일본학회, 2007, 324쪽.

악화 등의 복합적·중층적인 요인이 작용했다. 일제는 처음 조선에 징병제를 시행할 때만 해도 그 대가로 참정권을 부여하지 않는다는 방침을 고수하다가, 전황이 급속도로 악화되면서 조선과 대만이 상실될지 모른다는 우려 속에서 패전 직전에야 비로소 참정권을 부여한 것이었다. 따라서 참정권 부여를 일본 국민화를 통한 '탈식민지화'라고 평가하는 것은 시대상·역사상을 무시한 이해에 불과하다.[10]

『조선통치문제논문집』 제1집의 편찬자와 자료 성격

위와 같은 정치적 배경 아래 이 책은 1929년 10월 8일 고등경찰 이종식李種植이 편찬하여 조선사상통신사朝鮮思想通信社에서 발행되었다. 1910년 일본의 한국병합 후 20주년을 맞아, 병합 이후 일본의 식민지 조선통치론에 대해 주요 일본인과 외국인 인사들이 신문·잡지 등에 발표한 논문 53편을 선별하여 '내지연장론內地延長論'과 '조선자치론朝鮮自治論'을 중심으로 편찬한 것이다.

먼저 편찬자 이종식에 대해 살펴보면, 그는 1908년 내부 경시청 총감관방 문서계 번역관보繙譯官補, 1911년 경기도경무부 수원경찰서 통역생通譯生, 1913~1917년 조선총독부 내무부 학무국 학무과 속屬, 1921년 경기도경찰부 도경부道警部, 1922~1925년 경기도경찰부 경무과·고등경찰과 경부, 1926년 충청북도 지사관방 속, 1927년 충청북도경찰부 경무과 경부, 1928년 경시警視, 1930년 경기도경찰부 고등경찰과 촉탁囑託 등을 역임했다. 이 책을 발행할 당시에

---

[10] 이형식, 「태평양 전쟁시기 조선인·대만인 참정권 문제」, 『사총』 102, 고려대학교 역사연구소, 2021, 387~388·432쪽.

는 이미 일제 관료로서 조선에서 근무한 지 20여 년이 넘은 베테랑이었다고 할 수 있다.

이종식은『조선통치문제논문집』제1집을 편찬하기에 앞서『조선통치책에 관한 학설朝鮮統治策に關する學說』제1집(신조선사新朝鮮社, 1926)을 편찬·발간했다. 이 책에는 총 23편의 글이 수록되어 있는데,『조선통치문제논문집』제1집과 겹치는 글이 상당수이며 총 93쪽의 소책자로 되어 있다. 그리고 3년 후 이종식이 다시 편찬·발간한『조선통치문제논문집』제1집에서는 기존의『조선통치책에 관한 학설』에 수록된 글을 보완하여 싣는 한편, 다른 글을 선별·추가하여 두 배가 넘는 53편의 글을 수록하여 총 279쪽의 확장 개정판을 발간한 것이다. 이 밖에도 이종식은 이후『조선문·조선어 강의록朝鮮文朝鮮語講義錄』하(조선어연구회, 1932)에「조선어 승격운동 : 조선어 학습상의 다섯 조건朝鮮語陞格運動 : 朝鮮語學習上の五條件」을 저술하여 수록하는 등 조선어 연구에 관심을 가지기도 했다.

한편 조선사상통신사는『경성일보』편집부장이던 이토 간도伊藤韓堂가 1926년 4월 창간한 언론사다. 조선사상통신사는 그 창간목적을 조선어로 발행되는 신문·잡지·저술 등의 내용 가운데 중요한 부분을 일본어로 번역하여 연구자료로 제공하기 위해서라고 표방했다. 이토 간도는 스스로 식민지인과 식민지배자 사이의 가교 역할을 맡으려 했다. 특히 이토 간도는 1920년대 조선총독부 정치의 슬로건이던 '내선융화'가 민간 차원에서 이루어지기를 바랐다. 그리하여 이토 간도는 이종식과 함께 이 책 발행을 위한 자료 수집과 편집에 깊게 개입한 것으로 보인다.[11]

그래서인지『조선통치문제논문집』제1집이 발행된 지 며칠 지나지 않아,

---

11 이토 간도와 조선사상통신사에 대해서는 정종현,「식민지의 목소리 : 조선사상통신사 간행『朝鮮及朝鮮民族』(1927)을 통해 본 식민지/제국의 문화교섭」,『한국학연구』48, 인하대학교 한국학연구소, 2018, 145~151쪽을 참고할 만하다.

조선사상통신사와 연계되어 있던 『경성일보』는 1929년 10월 20일자 기사에서 이 책을 다음과 같이 홍보했다.

> 조선통치에 대해서는 20년 동안 많은 인사들에 의해 논의가 있었다. 그중 어떤 것은 실현되었고 또 어떤 것은 아직 새로운 문제와 함께 논해지고 있다. 그 수만 해도 상당수를 이루고 있다.
> 이번에 이종식은 과거 18년간에 걸쳐 일본인과 외국인이 집필한 신문·잡지에 실린 여러 논문 중에서 49편을 발췌하고, 별도로 편자의 1편을 더하여 이를 『조선통치문제논문집』 제1집으로 공간公刊했다. 이를 보면, 필자는 모두 조선문제에 대한 일인자이고, 소론所論도 경청해야 할 것만 모아 놓았다. 다만 시세의 변천과 세운世運의 진전과 또 이른바 통치 실적에 따라, 실제와 논의 사이에 약간의 거리감이 있는 것도 적지 않을 것이다. 그렇지만 여기에는 논의해야만 했던 18년 세월의 흐름이 있고, 논하지 못했으나 실제 변화한 것도 있으며, 앞으로 향할 방침을 보여 주어 깨달음을 주는 것도 있다. 여하튼 이 기획은 조선 연구자에게는 매우 존경할 만한 노력이고, 제2집 이하의 간행을 학수고대하게 하는 것이다. 이에 감히 세상 사람들에게 이 책을 권한다.

그런데 이 기사와 다르게 『조선통치문제논문집』 제1집에 수록된 글은 앞서 언급한 것처럼 총 53편(참고 글과 마지막 편자의 글 포함, 머리말과 편자 후기 제외)이다. 편자 이종식은 많은 글을 정리하면서 논지가 시대에 뒤떨어졌거나 분량이 많은 장편 논문들은 제외하고, 원 발표일과 논문 출처는 생략하고 자신의 시각에 따라 재배치하여 편집했다고 밝혔다. 그리고 『조선통치문제논문집』 제1집 발행 이후 속편은 다행인지 불행인지 발간되지 않았다.

구체적으로 이 자료의 성격을 설명하면, 『조선통치문제논문집』 제1집의 각각의 글들은 크게 조선통치를 둘러싼 다양한 시국론時局論과 교육정책론들로 구성되어 있다. 여기서 이종식은 조선통치에 관련한 다양한 학설과 내선

시국론 관련 글들이 다수 발표되었지만 의견이 분분하고 관점이 통일되지 못하다가, 조선통치의 진전과 함께 다양한 관점이 '내지연장주의'로 통일되고 있다고 평가했다.

이러한 견해를 종합한 편자의 글을 마지막에 실었는데, 기존 '내지연장주의' 주장들의 요점을 소개하고 그 논의의 결함을 지적했다. 그리고 지금까지 거론된 '내지연장론'의 한계를 뛰어넘어 새로운 지평에서 논의를 발전시킬 필요가 있다고 강조했다. 가령 이전의 '내지연장론'은 막연히 '동화정책' 또는 '동화론'과 '내지연장주의'를 동일시하는 경향이 강했는데, "오늘날의 연장론은 국토경제와 민족정신의 양자를 안배한 새로운 정책론으로, 저 병합 당시 유행한 동화론의 연장이 아니다. 이런 의미에서 앞으로의 입론에서는 새로운 내용, 정의, 재료 등을 갖추지 않으면 안 된다. 단지 막연한 선입관념을 가지는 것은 실로 연장론을 독으로 만드는 총괄적인 제일의 결함이다"라고 지적했다.

또한 민족정신을 강조하는 '자치론'의 주장과 반대로, '연장론'은 토지 개발, 산업 증진을 도모하여 조선의 개발을 꾀하는 것으로 그 목적 달성을 위해서는 시간과 경제가 요구된다고 보았다. 그는 "지금까지의 연장론을 검토하면, 실제 위에서 서술한 대로 내용이 막연한 총괄적 결함과, 조선 개발의 요소인 시간과 경제를 무시하는 것, 또는 이상과 현실을 혼동하여 입론하는 등의 세 가지 결함이 있었다"고 했다. '내지연장론'을 구체화하면 조선의 개발을 통해 민족의 피폐나, 사상적·정신적 문제도 총체적으로 해결할 수 있다는 것이 그의 주장이었다.

그러면서 '내지연장론'을 다음과 같이 정리했다. 그 내용은 "연장이란 내선 상호의 연장이다. 그 극치는 일본인이 호적을 조선으로 옮겨 조선 지방의 주민이 되는 것, 또 조선인도 호적을 도쿄로 옮겨 도쿄 지방의 주민이 되는 것이다. 그리고 지금까지의 국적별·인류별·종족별 내선 관념에서 단순히 지방별 신념으로 나아가도록 하는 것을 말하는 것으로, 조선인의 언어·습속을 일본인화하도록 하는 것은 아니다. 또한 특수 정무를 중앙에 옮기는 것도 아니다. 그리고 조선총독부를 폐지하는 것도 아니다. 제국의 수도를 경성으로 옮기는 것도 아니다. 이것들은 일부 극단적인 사례로, 결코 내지연장론의 중심 자료가 아니라고 생각한다"고 했다.

이에 따라 내지연장 사업은 ① "행정기관의 제도 쇄신, 특히 지방제도의 개선·확립을 이루는 것이다. 그리고 속히 지방자치의 크고 중요한 근본을 확립하게 하는 것이다", ② "중요 도시의 시제市制 시행이다. 우선 각종 공영사업을 부영府營으로 하고 재원의 충실을 도모하여 시제로 변경하는 것이다", ③ "조선총독부 결의기관의 제정이다", ④ "조선인의 국적법 해결이다", ⑤ "참정권의 부여이다", ⑥ "특수 법규를 정리·통일하고, 내선의 법역을 공통되게 하는 것이다"라고 제안했다.

이어서 "연장정책의 실시론에 이르면 여러 가지 어려운 문제가 일어난다. 국적법 해결, 참정권 시행, 혹은 법역 공통에 따른 의무교육, 징병령 등과 같은 중대 문제가 있다. 그런데 매우 어려운 문제는 뒤로 미루고 완급을 조절하여 연구·실행한다면, 각각 상당한 이법理法을 발견할 수 있을 것이라 단언한다"고 했다.

즉 이때까지 일본정부와 조선총독부 내부에서 진행된 조선통치를 둘러싼 견해 차이들, 크게 '내지연장론'과 '조선자치론'과 관련하여 이루어진 여러 논쟁적인 글을 방대하게 모아놓으면서, '내지연장론'이 점차 발전하여 실질적인 정책 시행으로 이어져야 한다고 말하고 있다.

결론적으로 이종식은 조선 통치에서 "반도의 명칭은 조선"이고, "영토의 정의는 특수 지역"이며, "연장 학설이 주안점으로 하는 것은 실로 조선 개발 그것이다. 저 자치론자가 민족정신에 중점을 두는 데 반해, 이 학파의 주장은 토지 개발, 산업 증진에 따라 민족의 피폐를 구제하고 모든 정신 문제도 이에 따라 해결하는 외에는 방법이 없다고 하는 것이다"라고 주장했다.

책을 출판하면서

『조선통치문제논문집』 제1집의 번역 작업은 2021년 한양대학교 비교역사문화연구소의 지원사업으로 시작되었다. 당시 연구소장을 맡고 계시던 역자의 석·박사 지도교수님인 박찬승 한양대학교 사학과 명예교수님께서 코로나19가 한창이어서 국제학술대회 개최가 어려우니 그 예산으로 일제시기 자료를 번역해 자료총서로 발간해 보는 것이 어떻겠냐는 제안을 하셨다. 그래서 어떠한 사료를 번역하는 것이 좋을지 숙고하던 끝에, 선생님 당신께서 먼저 근대정치사상사 관련 박사학위논문을 쓸 당시부터 본 좋은 자료라고 하시며 『조선통치문제논문집』 제1집을 추천해 주셨다.

사료를 살펴보니 일본의 식민지 조선통치론과 관련하여 한 권 안에 여러 인물이 쓴 글이 50여 편이나 수록되어 있어 흥미로워 보였다. 자세히 보니 각국의 식민정책, 내지연장론, 조선자치론, 내선융화, 조선총독의 지위, 정당정치, 식민지 교육정책, 치안문제, 독립사상 등 식민지배 정치·사회·사상 분야와 관련한 다양한 주제를 다루고 있어, 관련 연구 심화를 위해서도 매우 의미 있고 역사 관련 학과 대학원생을 포함하여 일반인 독자도 관심을 가지고 접할 수 있겠다는 생각이 들었다. 그래서 바로 이 자료 번역에 동의했다. 그런데 이때까지만 해도 본인은 잘 몰랐다. 이 자료의 번역이 그렇게 까다로울 줄이야.

이 책에서는 주로 일본의 식민통치론의 이론적 근거를 확인할 수 있다. 특히 '내지연장주의', '조선자치주의' 등에 대해 정치사상사적으로 접근하며, 조선과 일본, 동서양의 다양한 역사적 사실을 배경으로 거론하면서 수많은 인물을 언급하고 있다. 이에 대해 역자가 독자의 이해를 돕기 위해 역주와 주요 인물 소개를 통해 각 인물 설명을 덧붙이다 보니 번역에 못지않게 여기에 많은 시간을 할애해야 했다. 그리고 이 책의 내용 중 역사적 사실이나 식민통치에 대해 심하게 왜곡하거나 미화한 부분이 많기에 이에 대해 가급적 역주를 통해 지적하고자 하다 보니 꽤 많은 시간이 걸렸다.

사실 자료의 번역 자체도 만만치 않았다. 1920년대까지 발표된 여러 가지 글이 모여 있다 보니, 일본어 고문체가 섞여 있거나 구어체로 쓰여 있거나 내용상 추상적인 문구도 많아 매끄럽게 번역하기에 어려움이 많았다. 심지어 중간 중간 한문도 포함되어 있어 이를 정확히 번역하기 위해 역자보다 한문 독해에 밝은 직장 동료들의 검토를 거쳐야 했다. 그만큼 번역하기 상당히 까다로운 자료인 것만으로도 이 번역서를 출간하는 의미가 있다고 할 수 있다.

그런데 이 책을 읽을 때는 반드시 유의할 점이 있다. 이 책은 기본적으로 일본의 식민지 조선통치론을 미화하고 정당화하기 위해 편찬된 책이라는 것이다. 그러므로 이 책을 읽을 때는 무엇보다도 각 글에 담긴 식민통치 미화론과 식민사관에 대한 비판적 읽기를 우선시해야 한다. 이러한 책을 번역하여 소개하는 이유는 아직 우리 학계에서 식민지 지배정책 연구가 충분히 이루어지지 못한 실정에서, 식민당국과 민간 학자·언론인 등의 식민지 지배 정치 논리를 구체적으로 파악하고 이에 대한 비판적 연구를 심화하는 데 많은 도움이 되리라 판단했기 때문이다.

이 책이 나오기까지의 과정은 역시 지난했다. 역자가 이 자료를 초벌 번역하는 데에만 2021년 1월부터 2022년 6월까지 약 1년 6개월이 소요되었다. 2022년 8월에 1차 편집본을 받은 후에는 사료와 다시 대조하며 번역을 확인하고 교정교열과 윤문을 하는 한편, 역사적 사실의 오류를 지적하는 역주를 보완했다. 또한 역자 서문을 쓰면서 일제의 식민지 조선통치론으로서 '내지연장론'과 '조선자치론'의 형성과 변질에 대해 선행연구를 검토하여 설명하고, 이 책의 편찬자와 자료 성격 등을 정리하여 해제를 대신했다. 그리고 권두에 주요 저자 사진을 최대한 찾아 수록하고, 부록의 주요 인물 소개를 축약·수정하거나 보완했다. 이러한 1차 교정 작업에만 2023년 1월까지 다시 6개월이 걸렸다. 이어서 2023년 3월에 2차 편집본을 받은 후 6월까지 2·3차 교정에서 다시금 국역본을 읽으며 어색한 번역이 없는지 확인·수정하고, 인명과 기관·단체명을 색인하고, 역자 서문에 혹여 오류가 없는지 확인하여 재차 수정·보완하며, 편집 상태를 확인하는 등의 작업에 또 4개월 정도가 더 필요했으니, 『국역 일본의 식민지 조선통치론』이 세상에 나오기까지 총 2년 6개월 정도가 걸린 셈이다. 개인적으로는 국가보훈처 학예연구사로 재직하다가 국사편찬위원회 편사연구사로 이직하게 된 해부터 공교롭게도 번역을 시작하여 새로운 일터에 적응하는 가운데, 또 한양대학교 사학과 겸임교수로서 강의까지 담당하게 되면서 절대적 시간을 확보하느라 어려움도 있었다.

또한 단독 번역의 책임감을 무겁게 느끼며 역자의 역량 부족으로 혹여 오역이 있지나 않을까 우려하면서 검토에 검토를 거듭했다. 특히 역주로 어려운 용어를 설명하거나, 본문 중 지나친 왜곡이나 미화, 오류로 보이는 부분을 지적하고자 했지만 일일이 다 역주를 붙일 수는 없었다. 이 점에 대해 독자 여러분의 너그러운 이해를 바란다.

그동안 이 번역서를 출간하는 데 기본적으로 도움을 주신 역자의 영원한 스승 박찬승 한양대학교 사학과 명예교수님, 지원을 받는 데 힘써 준 후배 김호연 국가보훈처 연구원님, 한문 번역에 도움을 주신 국사편찬위원회 직장 동료 여러분에게 감사드린다. 아울러 이 책의 번역사업을 지원해 주신 한양대학교 비교역사문화연구소에도 감사와 응원의 말씀을 전한다. 그리고 이 책의 출판을 선뜻 허락해 주신 민속원의 홍종화 사장님과 편집을 담당해 주신 편집부 여러분께도 감사의 말씀을 드린다.

이 책은 일제의 식민통치에 관심을 두고 식민지배정책사에 대해 비판적으로 보고자 하는 전문 연구자들뿐만 아니라 일반인들을 위해서도 펴내는 것이다. 여러분의 깊은 관심과 아낌없는 질정을 바란다.

2023년 6월
역자 최은진 씀

주요 저자 사진

쓰루미 유스케
鶴見祐輔
일본 중의원 의원, 「조선인 국외 이주와 아일랜드의 예」 수록

단 다쿠마
團琢磨
미쓰이 재벌 총수, 일본 경제연맹회 회장, 「내지연장의 정신으로 사업을 일으켜라」 수록

난바 기요토
難波淸人
일본 중의원 의원, 「제국의 수도를 경성으로 옮겨라」 수록

시노다 지사쿠
篠田治策
이왕직李王職 장관, 「반도의 국제 세력 성쇠(초초抄)」 수록

지바 료
千葉了
나가노현長野縣 지사, 「조선의 현재와 장래」 수록

마루야마 쓰루키치
丸山鶴吉
일본 경시총감, 「고려가 필요한 조선의 사정(초략抄略)」 수록

오키 엔키치
大木遠吉
일본 철도대신, 「내선 문제의 귀결」 수록

호소이 하지메
細井肇
자유토구사自由討究社 설립, 「내선인의 진로」 수록

후지와라 기조
藤原喜藏
조선총독부 관방비서
과장, 「치안상으로 본
조선 사정」 수록

이쿠타 기요사부로
生田淸三郎
조선총독부 내무국장,
중추원 서기관장, 「척
식성 소관의 이익을 지
켜보라」 수록

소에지마 미치마사
副島道正
일본 귀족원 의원, 「조
선통치의 근본 의의」
수록

야나이하라 다다오
矢內原忠雄
도쿄제국대학 교수,
「조선통치 방침」 수록

고쿠보 기시치
小久保喜七
일본 중의원·귀족원
의원, 「조선통치의 근
본 의의」 수록

하시 모리사다
土師盛貞
조선총독부 전매국장,
「정당정치와 조선 문
제」 수록

마키노 에이치
牧野英一
도쿄제국대학 교수,
「박열朴烈 사건(초抄)」
수록

야마모토 미오노
山本美越乃
교토제국대학 교수,
「그릇된 식민지 교육
정책」 수록

모리야 에후
守屋榮夫
일본 중의원 의원, 「조선 문제에 대해」 수록

나카무라 겐타로
中村健太郎
조선총독부 경무국 촉탁, 동민회·조선불교단 조직, 「이해와 동정(초抄)」 수록

우에쓰카 쓰카사
上塚司
일본 중의원 의원, 사이토 내각 대장참여관, 「조선통치책 사견私見」 수록

아루가 미쓰토요
有賀光豊
조선식산은행·조선저축은행장, 「긴 세월 변하지 않는 일본의 국책」 수록

차례 Contents

역자 서문 5
주요 저자 사진 17
일러두기 24

	조선통치문제논문집 제1집 머리말	
	편자編者	29
01	조선자치론과 내지연장설	
	고마쓰 미도리小松綠	31
02	문명 신장 – 각국의 식민정책	
	마쓰오카 마사오松岡正男	36
03	국민 참정의 계제階梯로서 조선 지방자치	
	마쓰오카 슈타로松岡修太郎	55
	참고 : 조선 문제와 정당(초抄) | 노세 이와키치能勢岩吉	63
04	조선에 자치를 허용하라	
	고쿠민신문國民新聞(사설)	64
	참고 : 조선인 국외 이주와 아일랜드의 예 | 쓰루미 유스케鶴見祐輔	66
05	제국의회에 조선 대표자를 참석시켜라	
	오가키 다케오大垣丈夫	67
	참고 : 내지연장의 정신으로 사업을 일으켜라 | 단 다쿠마團琢磨	71
06	제국의 수도를 경성으로 옮겨라	
	난바 기요토難波淸人	72
07	반도의 국제 세력 성쇠(초抄)	
	시노다 지사쿠篠田治策	75
	참고 : 기능을 다하게 하라	82
08	일본인의 절반은 조선인의 후예	
	오가키 다케오大垣丈夫	83

09	조선의 현재와 장래	
	지바 료千葉了	94
10	고려가 필요한 조선의 사정(초략抄略)	
	마루야마 쓰루키치丸山鶴吉	133
11	미발견된 조선인	
	우시마루 준료牛丸潤亮	152
12	내선 문제의 귀결	
	오키 엔키치大木遠吉	156
	참고 : 조선현치론朝鮮縣治論(초抄) | 경성신문京城新聞	158
13	내선인의 진로	
	호소이 하지메細井肇	160
	참고 : 내선이해론內鮮利害論	174
14	치안상으로 본 조선 사정	
	후지와라 기조藤原喜藏	175
	참고 : 의회에 대한 조선인의 심리 | 조선공론朝鮮公論	185
15	이해에서 융화로	
	스기 이치로헤杉市郎平	186
16	조선의 새로운 혈액	
	경성일보京城日報(사설)	195
	참고 : 척식성 소관의 이익을 지켜보라 | 이쿠타 기요사부로生田淸三郞	198
17	조선통치의 근본 의의	
	소에지마 미치마사副島道正	200
18	독립사상과 교육 방침	
	조선지방행정朝鮮地方行政(사설)	207
	참고 : 시대에 눈뜨고 있는 조선인의 논조와 사조思潮 | 도키오 도호釋尾東邦	209
19	조선통치 방침	
	야나이하라 다다오矢內原忠雄	211
20	조선통치의 근본 의의	
	고쿠보 기시치小久保喜七	231

21	조선문 투표를 유효하게 하라 오사카마이니치신문大阪每日新聞(사설)	237
22	조선총독의 지위(초抄) 경성일일신문京城日日新聞(사설)	240
23	조선의 민심을 고려하라 와타나베 데이치로渡邊定一郎	242
24	다스리지 못하고 다스려진 조선 민족 한강 어부漢江漁夫	244
25	내선 환원還元에 대해 고마쓰 간비小松寬美	246
26	정당정치와 조선 문제 하시 모리사다土師盛貞	276
27	내선융화의 일고찰 조선경찰신문朝鮮警察新聞(사설)	285
28	박열朴烈 사건(초抄) 마키노 에이치牧野英一	289
29	그릇된 식민지 교육정책(초抄) 야마모토 미오노山本美越乃	291
30	일본의 조선 정책 평가 알렉산더 바우어Alexander Bauer	293
31	조선 문제에 대해 모리야 에후守屋榮夫	300
32	민족의 귀추(초抄) 고노 세쓰오河野節夫	316
33	이해와 동정(초抄) 나카무라 겐타로中村健太郎	327
34	내선인의 융화 촉진에 관련한 적당한 방법 이지마 덴자부로飯島傳三郎	337

35	조선통치책 사견私見	
	우에쓰카 쓰카사上塚司	342
36	조선통치론(초抄)	
	아마노 유키타케天野行武	360
37	조선 문제와 우견愚見	
	시라기 료新羅亮	382
38	사회 및 교육에 관련한 사항	
	이와모토 요시후미岩本善文	389
39	한일병합의 유래에 비추어	
	다카하시 쇼노스케高橋章之助	405
	참고 : 3인이 모이면 7개의 단체	이토 간도伊藤韓堂	417
40	조선통치의 근본 문제	
	후지이 간타로藤井寬太郎	419
41	긴 세월 변하지 않는 일본의 국책	
	아루가 미쓰토요有賀光豊	434
	참고 : 조선인의 피폐를 구제하라	곤도 시로스케權藤四郎介	437
42	내선시국론의 추세와 내지연장론의 골자	
	편자	438
	편자 후기	453

부록 – 주요 인물 소개 455
 한국인 457
 일본인 480
 기타 외국인 517

찾아보기 531
 [인명] 531
 [기관 · 단체명] 540

일러두기

1. 책의 구성
   『일본의 식민지 조선통치론: '내지연장론'과 '조선자치론'』은 1929년 이종식李種植이 편찬하여 조선사상통신사에서 발간한 『조선통치문제논문집朝鮮統治問題論文集』 제1집의 국역서이다. 이 책은 고등경찰 이종식이 주요 일본인과 그 밖의 외국인 인사들이 식민지 조선통치론에 대해 신문·잡지 등에 발표한 각종 논설 53편(참고 글과 마지막 편자의 글 포함, 머리말과 편자 후기 제외)을 모은 자료이다.

2. 원문의 출처
   자료 원문은 국립중앙도서관과 국회도서관 소장본을 참고했다.

3. 번역의 원칙
   번역은 사료로서의 가치를 고려하여 원문에 충실하게 직역하고 필요에 따라 독자들이 읽기 쉽게 현대문으로 의역했으며, 일본어 문체를 최대한 한글 문체로 윤문했다. 글이 너무 길어질 때는 내용에 따라 적절히 문장이나 문단을 나누었다. 번역 시 세부 원칙은 아래와 같다.

   1) 절·항·목 등의 표기
      (1) 원문의 차례에는 논문의 제목과 저자명만 정리되어 있고 각 번호를 따로 매기지 않았으나, 역자가 개별 논문의 순서대로 절·항·목의 번호를 기재했다. 그리고 원문 차례의 제목과 본문의 제목에 차이가 있는 경우 본문의 제목에 따라 차례를 정리했다.
      (2) 절에 해당하는 경우 '01' 등으로 표기했다.
      (3) 항에 해당하는 제목은 '1)' 등으로 표기했다.
      (4) 목에 해당하는 것은 '(1)' 등으로 표기했다.
      (5) 목 아래 해당하는 것은 '①' 등으로 표기했다.
      (6) 원문 본문 끝 상자 안에 별도의 글이 나오는 경우, 역자가 차례에 '참고'라고 추가 표기했다.
      (7) 본문의 시작과 끝에 있는 편자의 첨언은 '편자의 말'이라고 하여 본문과 한 줄 띄워서 괄호 안에 기재했다.

   2) 역사 용어 및 일본어의 번역
      (1) 역사성을 훼손하지 않는 범위에서 일본식 표현은 한국식으로 수정했다
         (예: 日淸戰爭 → 청일전쟁).
      (2) 역사성을 고려할 필요가 있는 경우, 원문 그대로 표기하고 의미를 병기하거나 각주로 풀이했다[예: 독립소요(3·1운동), 일본해(동해)].
      (3) 법령명은 고유명사로 간주하여 그대로 번역했다(예: '선거취체규정選擧取締規程').
      (4) 일본과 조선을 가리키는 용어들은 가급적 원문을 살리는 방향에서 그대로 번역했다
         (예: 내지內地, 내선內鮮).
      (5) 단체·사건 등 고유명사나 한글만으로 이해하기 어려운 용어의 경우 논문별로 처음 나올 때만 한자를 병기했다.
      (6) 원문의 '우리나라[我國]'는 '일본'으로 기재했다.

3) 역주
   (1) 각주는 모두 번역자가 단 주석이다. 어려운 용어는 각주에 용어 정의를 하거나, 역사적 배경, 지리적 위치 등에 대한 설명을 달아 이해를 돕고자 했다. 필요한 경우 근거자료를 제시하고, 사전 등을 참조한 해설은 참고문헌 기재를 생략했다.
   (2) 사건, 고유명사 등에 대한 부연 설명을 각주에 기재했다. 특히 식민지기 일본인이 저술한 논문이 대부분인 자료의 특성상, 한일관계사・식민지배정책・독립운동사와 관련하여 왜곡이 많거나 오류가 분명하다고 여겨지는 경우 각주로 이를 지적했다.
   (3) 부록에 소개한 근대 주요 인물 외의 인물은 각주에서 간략히 설명했다.

4) 외국 인명・지명 등 고유명사 표기
   (1) 일본 인명・지명 등 고유명사는 일본어 발음을 확인하여 표기하고 한자를 병기했다
      (예: 고마쓰 미도리小松緣).
   (2) 고유명사는 일본어 발음으로, 일반명사는 한자 발음으로 기재했다(예: 가고시마현鹿兒島縣).
   (3) 일본어의 장음은 한국어의 단음으로 기재했다(예: 마쓰오카 슈타로松岡修太郎).
   (4) 중국 인명・지명 등 고유명사의 경우에는 한국식 발음대로 기재하고 한자를 병기했다
      (예: 단기서段棋瑞).
   (5) 기타 서양권 등의 고유명사는 해당 국가 발음을 확인하여 표기하고 원어를 병기했다
      (예: 맥스 오렐Max O'Rell).

5) 밑줄 표시 및 원문 쪽수 표기
   (1) 원문 글자에 강조하는 의미로 방점이 찍혀 있는 경우 밑줄 표시를 했다.
   (2) 번역문의 본문에 원문의 쪽수를 '【1】'의 형식으로 표기하여 해당 내용의 원문 쪽수를 알기 쉽게 했다.

4. 권두 사진: 주요 저자 사진
   원문에는 없지만 이 책에 글이 수록된 주요 저자 사진을 찾아 넣고, 이 책이 발간될 무렵의 약력과 이 책에 수록된 글의 제목을 기재했다.

5. 부록: 주요 인물 소개
   원문에는 없으나 독자의 편의를 위해 별도로 '주요 인물 소개'를 작성하여 부록으로 실었다. 논문을 저술한 저자 및 본문에 나오는 식민통치 및 독립운동 관련 주요 한국인, 일본인, 기타 외국인의 인물별 약력을 각 인명 가나다 발음 순으로 수록했다.

6. 찾아보기
   (1) 번역문의 본문 및 주요 저자 사진과 차례에 나오는 인명, 본문에 나오는 기관・단체명을 나누어 색인하고 해당 쪽수를 표기했다.
   (2) 인명은 한자 또는 영문을 모두 병기하고, 기관・단체명은 이해를 위해 필요한 경우에만 한자를 병기했다.
   (3) 인명 중 성만 쓴 경우 성명에 합쳐서 색인하고(예: 하라 → 하라 다카시), 기관・단체명 중 약칭의 경우 정식 표기에 합쳐서 색인했다(예: 동척 → 동양척식주식회사).

朝鮮統治問題論文集

第一集

편자編者

조선통치문제논문집 제1집 머리말

(1) 조선통치에 대한 학설이나 내선시국론內鮮時局論 등은 이전에 수많이 발표되었다. 그런데 모두 곧 흩어져 버려 영구성을 띤 서적으로 정리된 것이 없는 것은 매우 유감스러운 일이다. 편자는 과거 십수 년간 이들 소론所論을 정리하여, 그 논지를 크게 보아 같고 다름을 분별해서 그 귀추를 연구해 왔다. 한때는 너무 논의와 반박을 되풀이하고 있는 듯했는데, 지금은 통치의 진전과 함께 여론도 점점 일치되고 있는 것 같다.

(2) 세상 사람들은 혹 말한다. 조선통치는 이제 실제이고 이론이 아니라고. 그러나 역사의 과거를 더듬어 찾고 민족의 장래에 비추어 제국帝國 백년지대계에 입각한 진리는 위정자爲政者의 지침이 아니고 무엇이겠는가. 요컨대 내선의 시국 관계에는 일종의 미묘한 생명이 있다고 생각한다. 이 생명을 창조創造에서 고조高潮로 이끄는 것은 정치가의 임무이고, 나아가 고조에서 영원永遠으

로, 영원에서 또 영원으로 창조의 진리를 발견하기 위해서는 학리學理를 논하는 자의 우국충정[憂衷]이 없으면 안 된다.

(3) 여기에 수집한 논문은 위와 같은 취지에 따라 연구된 논문으로, 모두 여러 신문·잡지 등에 발표된 것이다. 지면 관계상 그 전문을 수록할 수 없는 것은 유감이지만, 제2집 이하에서 그 완성을 기하고 싶다.

(4) 세상[江湖] 사람들[土]이여. 바라건대 필자와 편자의 뜻을 양해하고, 이에 따라 조선통치에 대한 과거의 논란을 분명히 하라. 또한 앞으로 계통적으로 이를 깊이 연구하여 내선 시국 진전에 이바지하고 국가 백년지계에 이바지하게 된다면, 우리의 소원이 무엇이든 그것을 이루지 못하겠는가.【1】

(5) 다만 끝으로 한마디 덧붙이고 싶은 말은, 일본제국의 장래의 번영은 제국을 구성하는 각 영토, 각 민족이 그 무엇에도 치우치지 않고 합심[和衷]·협력하여 공존공영共存共榮의 결실을 거둔 후에야 비로소 그 완벽함을 기할 수 있다는 것이다. 끝으로 바라건대, 특히 이 점을 현명한 7천만 동포에게 호소한다.

(6) 이 책 중 여러 논문의 배열 순서는 편자가 임의로 정한 것으로, 그 발표 순서에 따른 것이 아니다. 또한 해당 논문의 발표 연월일, 그것이 발표된 신문·잡지명 등을 명확히 해야 하나, 이것이 빠진 것이 많으므로 일체 생략했다. 이 점은 필자와 독자 여러분이 양해해 주기를 바란다.【2】

01

고마쓰 미도리 小松綠[1]

조선자치론과 내지연장설

조선통치의 근본 방침은 병합 당시 황공하옵게도 메이지明治 천황[2]의 성단聖斷에 따라 조정의 회의[廟議]에서 확정한 것이므로 누구라도 순종하지 않으면 안 될 것이다. 그런데 오늘날 일본인과 조선인 사이에 여러 가지 이견異見이 생기고, 특히 조선자치론朝鮮自治論과 내지연장설內地延長說이 제창되어 마치

---

[1] 고마쓰 미도리에 대해서는 부록 「주요 인물 소개」란을 참고할 것.
[2] 메이지 천황은 제122대 천황(재위 1867~1912)이다. 페리 제독이 내항하기 전 해인 1852년에 태어났다. 에도(江戶) 막부 말기 무렵 정치적인 싸움으로 아버지 고메(孝明) 천황이 죽자 1867년 초 제122대 천황이 되었고, 즉위 직후 왕정복고 쿠데타의 발발로 단번에 정치의 중심에 서게 되었다. 입헌군주제의 원칙에 따라 정치에 직접 관여하는 일은 많지 않았으나, 정치세력의 분열이 지속될 때는 중재 조정에 나서 정국을 수습하기도 했다. 청일전쟁, 러일전쟁을 거치면서 그 권위는 한층 높아져 근대 일본 건설의 구심점이 되었다.

'빙탄불상용氷炭不相容'³과 같이 무섭고 사나운 얼굴로 서로 다투고 있는 것은 정말이지 싫은 일이다.

하라原⁴ 수상이 살아 있을 당시에 의회에서 조선의 통치는 내지연장주의內地延長主義로 할 예정이라고 성명聲明했는데, 갑자기 각료 사이에 물의를 빚어 결국 이렇게까지 명백히는 단언하지 못하고 앞서 한 말을 취소한 적이 있다. 그러고 나서 한참 후에 경성일보사京城日報社 사장이 된 소에지마 미치마사副島道正⁵ 백작이 조선에는 특별한 자치의회自治議會를 설치하여 내지와 완전히 독립된 제도로 하는 것이 득책이라는 뜻을 기술하여 또 크게 물의를 일으켰다. 이에 총독의 주의로 그 설說을 부정했다는 평판이 전해진 적이 있다.

이러한 사실로 미루어 봐도 세간에 여러 가지 이설異說이 있는 것은 분명하다. 특히 조선인 중에도 근본적으로 일본인과 평등한 대우를 받기를 원하는 자가 있고, 또 이에 반해 조선인은 어디까지나 특별하게 취급해 달라고 바라는 자도 있다. 결국 이 일견 상반된 듯한 두 방침 간의 태도가 애매하여 오리무중五里霧中에 빠진 상태이다. 이렇게 말하는 필자도 자주 두 파로부터 의견을 요구받으며 자못 기이한 생각을 한 적이 있다. 기이한 생각을 하는 것은 이제 와서 이러한 근본 방침으로 다투는 것이 견딜 수 없이 이상하기 때문이다. 필자는 병합조약 체결 당시 외사국장外事局長으로서 직접 그 계획에 참여했으므로, 그때 조선의 통치 방침이 명확히 결정된 사정을 잘 알고 있다.【1】

제1. "조선인은 특별히 법령 또는 조약으로 각별히 취급하도록 정한 경우 외에, 완전히 일본인과 동일한 지위를 가지는 것으로 한다"고 정해져 있다.

제2. "제국헌법은 원칙적으로 이 새로운 영토에 시행되는 것으로 한다.

---

3   얼음과 숯의 성질이 정반대여서 서로 용납하지 못한다는 뜻으로, 사물이 서로 화합하기 어려움을 이르는 말.
4   하라 다카시에 대해서는 부록 「주요 인물 소개」란을 참고할 것.
5   소에지마 미치마사에 대해서는 부록 「주요 인물 소개」란을 참고할 것.

그렇지만 실제로는 새로운 영토에 대해 헌법의 각 규정을 시행하지 않는 것이 적당하다고 인정하여, 헌법의 범위 내에서 제외 법규를 제정하기로 한다"고 정해졌다.

원칙적으로는 헌법이 조선에 시행되게 되어 있는데, 새로운 영토의 사정은 내지와 동일하지 않으므로 당분간 적용할 수 있는 부분을 적용하고 예외 규정을 두기 때문에, 제령으로 법률을 대신하여 실제 적절히 알맞은 제도를 마련하게 되어 있다.

그리고 <u>조선인도 사정이 허락하는 한 일본인과 똑같은 지위를 가지게 되어 있다. 그러므로 만약 조선인의 지식, 경험, 사상, 풍속이 완전히 일본인과 동일한 정도에 달한다면, 내지와 똑같이 부현제府縣制도 시행되고 '의원법', '징병령'도 적용될 것이 틀림없다.</u> 또한 이렇게 되는 것이 조선병합의 근본 방침이고 내선內鮮 일시동인一視同仁[6]의 성지聖旨를 따르는 길이다. 그러나 이는 원칙이고 이상理想이다. 조선의 현 상황이 완전히 내지와 똑같은 정도에 달하지 않는 동안에는 잠시 변칙變則에 따를 수밖에 없다. 지금 천만 마디 말로 이론을 주장하기보다도, 내지 현실의 특례를 보면 사안은 이미 명백하다.

홋카이도北海道 10개국은 다른 도카이도東海道, 산인도山陰道 또는 시코쿠四國, 규슈九州 등과 원칙적으로는 완전히 동일한 지위에 있다. 그런데 1868년(明治 初年) 이후 지금까지 아직 부현제를 시행하지 못하고, 행정은 장관에게 일임되어 있다. 징병령이나 의원법이 적용된 것도 바로 최근의 일이다. 홋카이도의 옛 영토[舊地]조차 아직 이와 같다면, 조선이란 새로운 영토에 내지연장주의가 당분간 실행될 수 없는 것은 자명한 이치다. 그러나 당분간 실행될 수 없다는 것이지, 앞으로 영원히 조선에서 내지와 같은 정치가 행해지지 않을

---

6 멀고 가까운 사람을 친함에 관계없이 똑같이 대하여 준다는 뜻으로, 성인이 누구나 평등하게 똑같이 사랑함을 이르는 말. 중국 당(唐)의 유학자·문장가였던 한유(韓愈)의 『원인(原人)』에 나오는 말이다.

것이라는 말은 아니다.

만약 일본인과 조선인의 지식, 경험, 사상, 풍속이 완전히 동화同化되어 그 사이에 어떠한 차별도 없어진다면, 그때에는 무슨 일이 있어도 완전히 동일한 정치가 행해져야 한다. 그때까지 편법으로 조선에 '특별자치제特別自治制'를 시행하여 조선의회朝鮮議會 곧 부현회府縣會란 커다란 것을 설치하고 이를 지금의 중추원 아래 두는 것이 좋다. 【2】이는 마침 필리핀에 원로원元老院과 대의원代議院이 설치되어 있듯이 비슷한 예를 따르는 것이 좋다고 생각된다. 그리하여 이 상하 양원兩院이 선거한 대표원을 제국의회에 참석하게 하여, 조선에 관련한 사항에 대해서는 발언을 허용하나 투표권은 주지 않는 것으로 하면 된다.

마치 미국 의회에 참석하는 준주準州(territory)의 대표처럼 한다면 꽤 묘안일 것이다. 미국에는 주州(state)와 준주, 두 종류가 있다. 준주는 주까지는 발달하지 않은 지방이다. 그것이 인구나 인지人智의 측면에서 주의 정도에 달하면 바로 주로 승격한다. 일본에 옛날 류큐琉球가 있었고, 지금 홋카이도가 있고 대만이 있고 조선이 있는 것은 이러한 준주에 해당한다. 시기가 오면 이들을 부·현으로 승격하는 것을 마치 주로 승격하는 것과 같은 것으로 생각하면 큰 차이가 없을 것이다.

따지고 보면 조선자치는 내지연장주의에 도달하기 위한 전제에 지나지 않는다. 지금 설치해도 좋은 것은 조선의회이다. 그것을 나중에 부현회와 같은 약간 커다란 것으로 해서 존속시키고, 거기에 의원법을 적용하는 시기가 온다면 그 다음에 제국의회에 대의사代議士[7]를 보내게 해도 좋을 것이다. 홋카이도에서도 비슷하게 도회道會를 설치하여 부현회보다 약간 커다란 것으로 하는 것도 한 방책이다.

---

7 '중의원 의원'의 속칭.

정치제도는 전국을 획일적으로 할 필요가 없다. 지방마다 실제 상황에 따라 특수한 변칙적 제도[變制]를 마련해야 할 것이다. 그것이 세계의 통칙通則이다. 일본만 무익하게 결벽주의적인 것은 매우 어리석은 일이다. 조선통치방침을 강구하는 유지有志 여러분의 각성을 바란다.【3】

02
마쓰오카 마사오松岡正男[1]

문명 신장[2]
– 각국의 식민정책

1) 식민지의 의의

제일 말하고 싶은 것은 식민지의 의의意義에 대해서이다. 바꿔 말하면 식민지란 어떠한 것인가 하는 것이다.

<u>세상 사람들은 걸핏하면 식민지란 열등한 민족이 거주하는 영토[邦土], 또는 모국의 이익을 위해 이바지해야 하는 지방[國] 곧 사람을 이주시켜 재물을 빼앗아야 하는 지방, 또는 정복된 지방 등으로 생각하고 있는 듯하다. 그런데 이는 단언컨대 옳지 않다.</u>

---

1 마쓰오카 마사오에 대해서는 부록 「주요 인물 소개」란을 참고할 것.
2 이 글의 원문은 구어체로 되어 있으나 번역하면서 문어체로 바꾸었다.

과연 수많은 식민지 중에는 열등한 민족이 거주하는 곳도 있다. 예를 들면 남양南洋의 여러 식민지 중 보르네오Borneo, 뉴기니New Guinea 등이 그 예이다. 즉 보르네오에는 인도네시아족에 속하는 참수首狩[3]의 관습을 가진 민족이 주로 거주하고 있다. (대만의 생번生蕃[4] 및 필리핀군도群島 중 루손Luzon섬의 북부에 사는 이고로트Igorot족도 또한 이 종種에 속한다.) 뉴기니는 일명 파푸아Papua섬이라고 부르는데, 이는 파푸아족이 생존하기 때문이다. 그런데 이들은 식인종이다. 그러나 이들은 세계 식민지 중의 일부에 지나지 않는다.

인도는 잘 아는 것처럼 영국의 식민지이다. 여기에는 몇 천 년의 찬란한 문화를 가진 힌두Hindu족이 살고 있지만, 그런데 그들 중에서 세계 3대 종교의 하나인 매우 철학적인 불교가 발생한 것은 여러분이 잘 알 것이다. 캐나다도, 남아연방南阿聯邦[5]도, 호주도 모두 영국의 식민지이다. 그런데 【4】 거기에 거주하는 민족의 거의 대부분은 문명국인이다. 그렇기에 식민지를 일률적으로 열등한 민족이 거주하는 영토라고 간주할 수 없는 것은 지극히 명료한 사실이다.

<u>또한 식민지란 모국에 이익을 제공해야 하는 지방, 또는 좀 더 말을 강하게 하면 모국의 착취를 감수해야 하는 운명을 지닌 지방이라고도 한다. 그러나 이 또한 커다란 오해이다.</u> 물론 이런 의미로 식민지를 생각하던 시대도 있었다. 즉 16~17세기의 스페인 또는 포르투갈의 식민운동은 대체로 그러했다. 또 근세近世에도 네덜란드는 동인도제도에서 막대한 공부금貢賦[6]金을 징수하여 나폴레옹 전쟁[7] 이후 국채를 반환한 적도 있다.

그러나 오늘날에는 어떠한 식민지도 그러한 착취정책을 채용하는 곳은

---

3 다른 부족·부락을 습격해서 사람의 목을 베어 종교적 의식을 행하는 풍습.
4 교화되지 아니한 만인(蠻人). 본래 대만의 고사족(高砂族) 중 원시생활을 하던 원주민.
5 '남아프리카 공화국'의 이전 명칭. 1961년 이전에 쓰였다.
6 나라에 바치던 물건과 세금을 통틀어 이르던 말. 넓게는 조세 일반을 의미함.
7 나폴레옹 시대에 프랑스가 유럽 각국과 싸운 전쟁을 통틀어 이르는 말. 즉 1797~1815년 프랑스가 나폴레옹 1세(재위 1804~1815)의 지휘하에 유럽의 여러 나라와 싸운 전쟁.

없다. 모국의 자본은 식민지 개발을 위해 투자되고, 모국민은 지력智力 혹은 노동력[勞力]의 결핍을 보충하기 위해 식민지에 이주하나 그 목적은 공존공영하는 데 있다. 결국 식민지는 행복한 지방이다. 모국과 식민지 간에 행해지는 특혜관세[8]와 같은 것 또한 공존공영주의의 실현이다.

우리 대만을 한번 보라. 1895년(明治 28) 대만이 일본에 다시 예속[改隷]될 당시에 대만인 대부분은 일본이 대만의 부를 착취하는 것으로 인식하여 모국인의 이주 또는 투자에 대해 커다란 불안을 느꼈다. 그런데 정부는 1896년(明治 29)부터 1909년(明治 42)까지 합계 2,748만 8,759원의 행정비 보충금을 지출할 계획을 세우고 행정 쇄신, 산업 장려에 종사했다. 그러자 대만인의 근면함과 함께 놀라운 성적을 거두어, 1905년(明治 38)을 끝으로 국고 보충금을 사양하는 진전을 이루었다. 실제 보충금은 1,048만 8,091원으로 끝난 것이다.

고다마兒玉[9] 대장이 대만총독으로 부임할 무렵, 대만의 어느 문사文士는 다음과 같이 노래했다.

200년[10]간 성명聖明[11]에 감동했는데	二百年來感聖明
무단으로 땅을 가르고 일본에 팔았으니	無端割地賣東瀛[12]
늙고 간사한 자의 허물이 산과 같이 무겁고	老奸咎如山重
정성공鄭成功[13]의 뛰어난 공적은 해를 향해 기우네.	鄭氏殊猷向日傾
누대累代의 풍운風雲[14]은 모두 색이 바라고	累代風雲皆變色

---

8   특정한 나라의 생산물이나 선박에 대하여 비교적 낮은 세율로 부과하는 관세.
9   고다마 겐타로에 대해서는 부록 「주요 인물 소개」란을 참고할 것.
10 정성공(鄭成功)이 대만에 세운 왕국이 1683년 청에 복속되었다. 여기서 200년은 1895년 일본이 대만을 식민지로 만들기까지 사이의 200여 년을 가리킨다.
11 임금의 밝은 지혜를 이르는 말.
12 동영(東瀛)이란 본래 '동쪽 바다'란 뜻으로, 여기에서는 '일본'을 가리킴.
13 중국 명나라 말기의 유신(1624~1662). 명나라의 부흥을 꾀하여 명나라 왕실의 주성(朱姓)을 받고 국성야(國姓爺)라 불렸다. 네덜란드인을 쫓아내고 대만을 점령했다.

만가萬家15의 홍안鴻雁16은 전부 쇠한 소리뿐.	萬家鴻雁盡衰聲
아아, 나는 어찌 이리 늦은 때 태어나	嗟嗟予也生何晚
앞서 평화를 보지 못하고 전쟁을 보는가.	不見早平見戰爭

그런데 이 문사는 1904년(明治 37) 고다마 대장이 내각 반열에 올랐다는 풍문이 나돌던 때, 항간에 퍼져 있는 이야기를 다음과 같이 전하며 총독이 떠나는 것을 아쉬워했다.

내산內山에 토비土匪17가 정말로 횡행했는데	內山土匪眞正橫
총독께서 오신 후 태평을 이루어서	總督來後就太平
우리 모두 안온安穩하게 도적 난리 면하니	大家安穩免警賊
어느 사람이 이런 은정恩情에 감사하지 않으리.	誰人不感這恩情
근래에 온갖 사업이 새로워짐을 보았고	近來看見百功新
기기機器의 교묘한 운용이 과연 참 잘되었네.	機器妙用果是眞
우리 모두 의식衣食에 기댈 수 있는 것은	大家衣食有所靠
모두 총독께서 심신心神을 쓰신 덕분이라.	都由總督費心神
총독께서 대만에 오신 지 4, 5년 동안	總督來臺四五年
우리 모두 쾌활한 하늘을 머리에 이었건만	大家頭戴快活天
도쿄로 가셔서 돌아오지 않아 사람마다 그리워하는데	上京未回人人念
오로지 천황 곁으로 가니 놀라울 뿐이네.	只驚擅去皇帝邊

---

14 용이 바람과 구름을 타고 하늘로 오르는 것처럼, 영웅호걸들이 세상에 두각을 나타내는 좋은 기운.
15 매우 많은 집. 또는 모든 집.
16 큰 기러기와 작은 기러기를 아울러 이르는 말. 재난에 의한 유랑민, 피난민, 이재민을 비유하는 말.
17 지방에서 일어나는 도둑 떼.

오늘날 대만인 중에는 혹 대일본제국 신민으로서 권리와 의무 관계에 대해
[5] 이론異論을 품은 자가 있을지도 모르겠지만, 내지의 투자나 사람의 이주에 대해 착취의 불안을 느끼는 자는 한 사람도 없다. 그들은 항상 그 자본이나 이주자를 이용하여 공존공영의 결실을 거두려고 하고 있다.

식민지를 정복된 영토라고 생각하는 것 또한 오해이다. 과연 식민지 중에는 전승戰勝한 결과 획득된 곳도 있다. 오늘날 호주의 식민지 중 태반은 이러한 경우에 속한다.

프랑스의 유명한 비평가 맥스 오렐Max O'Rell[18]은 영국의 영토 확장을 평하여, "영국인[John Bull][19]은 어떠한 곳에서도 교묘한 이유를 늘어놓는다. 그들은 명백히 침략하는 영토에 대해서도 침략이라고는 단연코 말하지 않는다. 그들은 '내게 네 영토를 달라. 그럼 나는 네게 성서Bible 등을 주겠다. 이는 교환이고 강탈이 아니다"라고 하며 침략을 호도糊塗하고 있다고 말했다. 그러나 그러한 프랑스인의 식민지도 그 대부분은 정복에 의해 얻은 것이다. 그렇지만 모든 식민지가 정복에 의한 것은 아니다. 매수買收에 의한 것도 있고, 또 병합에 의한 것도 있다. 예를 들어 미국 식민지를 보면, 알래스카는 러시아로부터 매수한 것이고, 하와이는 병합한 것이다.

그렇다면 식민지란 어떠한 것인가 하면, 여기에는 문자상의 견해, 실제 사실에 입각한 해석, 또는 법제상의 견지에서 논하는 것 등에 따라 차이가 있다. 하지만 오늘날 학자가 일반적으로 인정하는 정의를 말하면, "식민지란 본국에 종속하는 영토로 그 행정은 모국과 다르나, 그런데도 그 사이에 정치적 또는 법률적 연쇄連鎖가 존재하는 것을 말한다".

즉 이 정의로 본다면, 일본제국 내에서 내지와 행정을 달리하는 곳 곧

---

18 맥스 오렐이 필명인 레옹 폴 블루에에 대해서는 부록 「주요 인물 소개」란을 참고할 것.
19 존 불(John Bull)이란 문학 작품이나 정치 만화에서, 영국이나 영국인의 특성을 나타내는 전형적인 인물을 가리킴.

조선, 대만, 사할린은 물론 식민지이지만, 홋카이도나 류큐도 20년 정도 전까지는 식민지라고 칭해야 했던 것이다. 바꿔 말하면 식민지라는 명칭은 오늘날에는 행정상 편의에서 만들어진 명칭이고, 특히 일본에서는 그 밖에 아무런 의미가 없는 것이다.

예를 들면 식민정책을 독일에서는 '식민학Kolonial Wissenschaft'이라고 칭하여 과학으로서 연구하고 있다. 그런데 영국·미국·프랑스 등지에서는 역시 하나의 정책으로만 삼고 있다. 그 이름이 과학이든 【6】 정책이든 그 경중輕重에는 아무런 관계가 없는 것처럼, 식민지라고 해서 모국보다 열등한 곳, 모국으로부터 이익을 착취당해야 할 곳이라고 이해하는 것은 커다란 오해이다.

2) 식민운동의 정신

그렇다면 식민운동의 정신은 무엇인가. 바꿔 말해 식민운동의 윤리적 근거는 무엇인가 하면, 한마디로 말해 '문명신장文明伸張' 네 글자로 끝난다고 나는 확신하고 있다.

나도 식민운동은 제국주의운동이며, 또한 영토 확장의 야심을 충족하기 위해 행해진 운동이었음을 부정하는 것은 아니다. 즉 15세기 말부터 유럽 역사상 특필할 만한 이른바 '발견의 시대'라는 것이 시작되는데, 그 시대의 유럽 열강, 그중에서도 스페인과 포르투갈의 식민운동은 완전히 침략주의의 영토 확장 운동이었다. 또한 19세기 중반 이후 유럽에서 국민주의운동이 일어나 이탈리아와 독일이 각각 통일을 이루고, 이른바 세력균형주의가 국제적으로 인정된 결과 유럽의 국제적 정국이 현저히 안정되었다. 이에 따라 산업이 현격히 발달했는데, 이로 인해 열강의 시장 쟁탈 경쟁이 매우 치열해졌다. 이러한 이유로 해외로 시장을 확장하고 또 시장을 확보하는 것이 필요해졌다. 그런데 시장의 확보에 가장 좋은 것은 그 시장을 자기 영토 내에 두는 것이다. 이처럼 국제정치 문제를 별도로 해도, 경제적 방면에서도 제국주의의 대두가 촉진되어 온 것이다. 그리고 그 결과 식민운동이 더욱 활발해진 것은 자연스러운 일이었다. 이러한 사정으로 식민운동이라고 하면 곧바로 제국주의와 침략주의를 연상하는 게 되는 것 또한 어쩔 수 없는 일이다.

그러나 모든 사물은 변천한다. 그 변천하는 동안에 진화도 있고 퇴화도 있다. 이는 세상의 진운進運과 시대의 심리, 사조思潮를 파악하느냐 못하느냐에 따라 나뉘는 것이다. 식민운동도 또한 변천을 피할 수 없다. 끝까지 착취정책으로 일관하던 스페인과 포르투갈은 결국 그 식민지를 잃었다. 또한 세상의 변천이나 시대사상의 진보에 개의치 않고, 1815년 워털루 전투[20]로 종언을 고한 【7】 나폴레옹Napoléon[21]식 제국주의를 신조信條로 했던 독일의 황제[Kaiser]는 네덜란드의 도른Doorn에 유폐되어 결국 그 식민지 전부를 잃었다.[22]

오늘날의 식민운동은 이제는 물론 침략주의나 제국주의를 핵심으로 하지 못한다. 독일의 치머만Zimmermann 교수는 "식민이란 단지 사람의 이주를 일컫는 것만이 아니라, 새로 얻은 영토를 문화적으로 개발·처리하는 것을 말한다"고 했다. 독일 황제나 독일 국민이 치머만의 말을 듣고, 그리고 세계의 대세를 통찰하는 눈이 있었다면 결코 오늘날과 같은 운명을 겪지 않았을

---

20 1815년 6월 엘바섬에서 돌아온 나폴레옹 1세가 이끈 프랑스군이 영국·프로이센 연합군과 벨기에 남동부 워털루(Waterloo)에서 벌인 전투로, 프랑스군이 패배하여 나폴레옹 1세의 지배가 끝나게 되었다. 그 결과 프랑스와 유럽 국가들 간의 23년에 걸친 전쟁이 끝났다.
21 프랑스의 황제(재위 1804~1815). 1804년 황제의 자리에 올라 제1제정을 수립하고 유럽 대륙을 정복했으나, 트라팔가르 해전에서 영국 해군에 패하고 러시아 원정에도 실패하여 퇴위했다. 엘바섬에 유배되었다가 탈출하여 이른바 '백일천하'를 실현했으나, 다시 세인트헬레나섬으로 유배되어 1821년 그곳에서 죽었다.
22 독일 황제 빌헬름 2세(Wilhelm II)의 망명 사건을 가리킨다. 제1차 세계대전이 1918년 11월 11일 종식되었으나, 네덜란드는 전쟁 말기에 예기치 않은 두 사건으로 인해 위기에 봉착하게 되었다. 그중 하나가 1918년 11월 9일 있었던 독일 황제 빌헬름 2세의 네덜란드 망명이었다. 네덜란드정부는 황제를 비적성국(非敵性國)의 수장으로서 대우하여 그의 망명을 수락했다. 빌헬름 황제는 잠시 아머롱언(Amerongen)에 머무르다가 도른(Doorn)에서 원을 구입한 뒤, 그곳에서 1941년 세상을 떠날 때까지 지냈다. 협상국 측은 네덜란드에 압력을 가해 빌헬름 황제의 인도를 요구했으나, 네덜란드의 강경한 반대로 실패했다(김영중, 『네덜란드사』, 대한교과서, 1994 참고).

것이다. 프랑스의 지롤Girolle 교수의 경우 식민지를 정의하여 "식민지란 일국의 인민이 토착민이 완전히 이용할 수 없는 자원을 개척하고, 동시에 이들 토착민을 지도하여 문화적 은혜를 입게 할 목적으로 이주하는 지방을 말한다"고 했다. 오늘날 식민운동의 정신에는 이제 제국주의의 냄새가 사라졌다고 해도 무방하다고 생각한다.

그렇다면 오늘날 식민운동의 정신은 무엇이냐 하면, 앞에서 말한 것처럼 '문명신장' 네 글자로 끝나는 것이다. 국제연맹 규약 중에는 식민지 통치에 대해 "근대 세계의 격심한 생존 경쟁 상태 아래 아직 자립할 수 없는 인민이 거주하는 곳에 대해 그 인민의 복지와 발달을 도모하는 것은 문명의 신성한 사명이다"라고 명기하고 있다. 적어도 식민지를 가진 국가는 이 정신으로 통치의 소임을 다해야 한다. 또한 여기에 식민운동의 윤리적 근거가 있는 것이다.

3) 일본의 식민운동

일본은 도쿠가와德川 씨가 위임받아 정치를 하던 약 300년간은 나라를 닫고 있었으므로, 국가로서 조직적인 식민운동은 이 사이에 전혀 없던 것은 말할 것도 없다. 그러므로 일본이 세계의 식민 제국권帝國圈 내에 진입한 것은 매우 최근의 일로, 구체적으로 말하면 대만의 영유領有에서 비롯되었다.

돌이켜보면 유럽 열강의 식민운동 동기는 영국의 루카스Lucas가 말한 것처럼, ① 기업에 대한 애착심, ② 부에 대한 욕망, ③ 사회적 또는 정치적 불만, ④ 종교 선전의 네 가지에서 나왔다. 그리고 다음 순서로 탐험 정복, 이주 또는 자본 투하로 진전하고, 결국에는 영토권領土權의 확립에 이르러 완료되는 것이다. 【8】

그런데 일본의 식민운동은 이것과는 완전히 그 취지를 달리하고 있음을 주의해야 한다. 즉 대만이 일본의 판도로 들어간 것은 조선 문제를 중심으로 하여 일어난 청일전쟁의 결과이고, 전승국인 일본은 그 당시 국제적 관례에 따라 인정되고 있던 영토 할양을 전패국으로부터 받은 것이다. 일본이 영토 확장을 목적으로 청일전쟁에 종사한 것이 아닌 것은 천하가 인정하고 있다.

그리고 남사할린을 1904~1905년(明治 37~38) 전쟁(러일전쟁)의 결과로 획득했는데, 이것도 국가의 생존과 동양의 평화를 위협한 러시아에 대해 국운을 걸고 싸워 마침내 전승을 거둔 결과로 할양받은 것이다. 즉 표면상으로 보면 대만을 할양받은 것과 비슷하나, 실제로는 크게 달라 이것은 할양받았다고 하기보다도 오히려 회복했다고 하는 편이 적당하다. 잘 아는 것처럼 사할린은 1868년(明治 初年)에 명목은 지시마千島(쿠릴 열도)[23]와 교환한 것으로 되어 있다. 하지만 사실은 그 당시 세력이 아직 미약하던 일본이 러시아의 압박에 따라 본의 아니게 손을 뗄 수밖에 없었다. 실제로 사할린에서의 전쟁은 이를 '회복전回復戰'이라고 불러, 당시 사령관 하라구치原口[24] 소장少將이 사할린의 옛 수도[舊都]인 키로프스키Kirovskoye(러시아령 북사할린에 있음)에서 전승 축하회를 거행하는 석상에서도 회복을 축하하는 취지의 연설을 했다. 일반 국민의 감정도 또한 러시아에서 할양받았다고 생각하기보다도 오히려 회복했다고 생각하고 있었다. 아니, 오히려 일본의 '알자스로렌Alsace-Lorraine'[25]의 절반이 실제로 사할린섬이라는 이름으로 러시아의 수중에 남아 있다고 생각하고 있었다. 그러나 이 북사할린에서도 지금은 주로 일본 국민의 손으로 인생의 생활을 풍요롭게 하는 자원이 개발되고 있으니 불만족스러운 점도 있지만 기쁜 일로 생각한다.

그 다음으로 일본의 판도에 부가附加된 것이 조선인데, 이는 병합 조서詔書에도 명확히 나와 있는 것처럼 완전히 동양 대국大局의 평화 유지를 목적으로

---

[23] 러시아 동부, 사할린주 동쪽에 있는 화산섬의 무리. 캄차카반도와 일본 홋카이도 사이, 태평양과 오호츠크해 사이에 활처럼 늘어서 있다.
[24] 하라구치 겐사이에 대해서는 부록 「주요 인물 소개」란을 참고할 것.
[25] 프랑스 북동부의 독일과 소유권을 다투던 지역. 영토 분쟁에 시달린 지역을 비유하여 가리킴.

한 것이다. 그리고 이는 다만 양국 정부 당국자 사이에 결행된 것이 아니다. 조선에서는 당시 대정당大政黨이던 일진회가 자진하여 한국 황제 및 그 정부와 일본정부에 대해, 양국의 병합이 비단 양 국민의 행복과 발전을 위해서뿐만 아니라 또한 동양평화의 유지를 위해서 가장 적당한 처치임을 건백建白[26]하고 여론을 움직인 결과이다.

그리고 적도赤道 이북에 산재하는 구 독일령의 남양제도南洋諸島[27]가 있다. 이는 오늘날 연맹 규약 중에서 규정하는 C식 형식에 따라 일본에 통치를 【9】 위임하고 있다. 이것도 일본이 당시 존재하던 영일동맹조약의 의무를 이행하기 위해 대전에 참여하고, 그리고 파리평화회의에서 관계 열국列國의 승인하에 통치를 인수한 데 지나지 않는다.

이처럼 일본이 식민 제국권 내에 들어갔지만, 여기에는 조금도 침략의 냄새가 나지 않는 것은 앞에서 말한 사실이 명료하게 증명한다. 외국인은 걸핏하면 일본 국민을 전쟁을 좋아하는 국민으로 보고, 국민 중에도 이를 긍정하는 사람도 있는 듯한데 이것은 커다란 오해이다. 세계 각국의 역사 중 과연 300년간 태평을 구가謳歌[28]한 국민이 일본 국민을 제외하고 어디에 또 있을까. 이 한 가지 사실로도 일본 국민은 평화를 애호하는 사람임이 명료하다. 일본 국민은 메이지明治, 다이쇼大正 연간 여러 차례 외국과의 전쟁에서 놀랄 만한 용기를 보여 줬고 늘 승리하는 명예를 떨친 것은 사실이다. 그렇지만 용기 있는 사람, 승리하는 사람을 꼭 전쟁을 좋아하는 사람이라고는 말할 수 없다. 여러 차례의 전쟁에서 늘 승리하는 명예를 얻은 것은 결국 일본이 개전開戰한 이유가 옳았기 때문이다. 돌이켜보면 양심의 가책을 느끼지 않았기에 천만 명이더

---

26 관청이나 윗사람에게 의견을 말함.
27 적도 이북의 태평양에 흩어져 있는 많은 섬을 이르는 말. 마리아나, 팔라우, 캐롤라인, 마셜 등의 여러 제도(諸島)로 나뉜다.
28 여러 사람이 입을 모아 칭송하여 노래함. 행복한 처지나 기쁜 마음 따위를 거리낌 없이 나타냄.

라도 "우리 나가자" 하는 진정한 용기가 곧 여기에서 나온 것이다.

앞에서 말한 것처럼 일본이 식민 제국권 내에 들어간 것은 <u>부앙천지俯仰天地</u>[29]<u>에 부끄러울 것이 없는 공명정대한 이유에서이다.</u> 일본은 국가의 영광스러운 과거를 돌이켜보며 장래의 통치에서도 그 명성을 이어가는 데 힘써야 한다.

4) 일본 식민지의 특징

일본 식민지의 특징으로서 다음의 여러 점을 들 수 있다고 생각한다.

(1) 민족의 유사[近似]
(2) 윤리적 사상의 공통
(3) 지리적 위치의 근접
(4) 높은 인구 밀도 【10】

여기에서 일본의 식민지라고 일컫는 것은 주로 조선과 대만이다. 사할린도 물론 일본의 식민지이기는 하나, 원주민이 매우 적고 그 인구 대부분은 모국으로부터의 식민인植民人이다. 그러므로 이들이 구성하는 사회는 거의 모국 사회와 다름없어 마치 홋카이도의 연장延長 같이 느껴진다. 관동關東 조차지租借地[30]

---

29 하늘을 우러러보고 땅을 굽어봄.
30 관동주(關東州)는 요동(遼東)반도 남쪽에 설정된 조차지(租借地, 잠재적 주권을 가지는 나라로부터 일정 기간 빌리고 있는 구역)로 1898년부터 1945년까지 존속했다. 1895년 일본은 청일전쟁 승리로 요동반도를 청나라로부터 할양받아 대만과 함께 일본의 영토에 편입시켰다. 그러나 러시아・프랑스・독일의 간섭(삼국간섭)으로 부득이 이를 청나라에 반환했다. 그 뒤에 일본은 러일전쟁에서 승리하면서, 포츠머스조약에 따라 러시아의 요동반도 대련(大連) 및 여순(旅順) 지역 조차지를 넘겨받았다. 일본은 대련 및 여순을 관동주라고 명명하고 관동주 식민 행정 기관인 관동도독부(關東都督府)와 관동주 방위군인 관동군(關東軍)을 창설했다. 그 후 관동도독부는 제1차 세계대전이 끝난 1919년 관동청(關東廳)으로, 만주국이 성립된 1934년에는 관동주청(關東州廳)으로 개편되었다. 1945년

를 보면, 곧 조차지도 지금의 식민정책에서는 식민지의 일부로서 논하고는 있지만 그 주권은 여전히 중국에 있다. 위임통치지인 옛 독일령 남양 또한 식민지 중에 포함해야 하지만, 그러나 그 주권은 국제연맹에 있다고 하는 것이 정당하다. 그러므로 일본의 순수 식민지라고는 말할 수 없다. 따라서 이것들도 사할린과 마찬가지로 본론에서 제외하기로 한다.

조선 민족과 대만에 거주하는 한漢 민족이 모국민인 야마토大和 민족[31]과 유사한 것은 새삼스럽게 내가 인종학상으로 상세히 설명할 필요도 없는 사실이다. 이들은 마치 유럽의 앵글로색슨(영국인), 튜턴[32](독일인), 라틴(프랑스, 이탈리아, 스페인, 포르투갈 등) 세 민족이 같은 것, 또는 그 이상으로 유사할지도 모른다. 이러한 식으로 유사한 민족을 식민지 토착민으로서 둔 것은 영국의 자치식민지自治植民地[33] 이외에 없다. 자치식민지라고 하면 캐나다, 남아연방, 오스트레일리아, 뉴질랜드, 뉴펀들랜드Newfoundland[34] 등을 가리킨다. 게다가 이들 식민지 사회를 구성하는 분자는 대부분 영국 본국에서 온 식민인 또는 그 자손이다. 그런데 조선과 대만에서는 인구의 절대다수를 조선 민족 또는 한漢 민족이 차지하고 있다.

만일 굳이 이러한 예를 외국의 식민지에서 찾으면, 캐나다의 영국인과 프랑스인의 관계, 또는 남아연방의 영국인과 보어Boer[35] 민족의 관계를 들

일본이 태평양전쟁에서 연합군에게 패배하면서 소련이 관동주에 대한 군정을 실시하여 요동반도의 일본 식민지 상태는 끝났다.

[31] 일본어를 모국어로 하고, 일본 국민의 대부분을 차지하는 민족.
[32] 인도·유럽인 가운데에 게르만 민족의 하나. 엘베강 북쪽에 살던 민족으로 지금은 독일인, 네덜란드인, 스칸디나비아인 등의 북유럽에 사는 사람을 이른다.
[33] 자치권이 부여된 식민지.
[34] 캐나다 남동부의 주. 뉴펀들랜드섬과 본토인 래브라도(Labrador) 반도의 일부로 이루어졌다. 주도는 세인트존스(Saint John's)이다.
[35] 남아프리카공화국의 네덜란드계 백인. 이 나라 백인의 60%를 차지하며, 아프리칸스어를 사용한다. 17세기 중기, 네덜란드 동인도회사의 케이프 식민지 경영과 함께 이민하여 식민지를 형성했으나, 후에 보어전쟁에서 패하여 영국의 지배하에 들어갔다.

수 있다. 그러나 이것과는 아무래도 다소 차이가 있다. 즉 캐나다에는 영국 본국에서 온 이주자 수가 전前 주민인 프랑스인보다 훨씬 많고, 남아연방에서는 두 민족 간에 큰 차이를 볼 수 없다. 하지만 조선에서 조선인 1,700여 만 명에 대해 일본인은 겨우 40만여 명, 대만에서 대만인 350여 만 명에 대해 일본인은 약 18만 명에 불과하다. 이러한 의미에서 영국의 자치식민지와 또 다른 특례를 이루는 것이다. 그 밖의 식민지는 대체로 모국인과 서로 다른 인종으로 그 사회가 구성되어 있는 것은 여러분이 잘 알 것이다.【11】

야마토 민족, 조선 민족, 한漢 민족의 세 민족은 수천 년간에 걸쳐 각각 별개의 사회를 구성한 것이 사실이다. 그러므로 각각 국체를 달리하고 역사를 달리하고 또 각 민족 특유의 습관을 가지고 있는 것도 부정할 수 없는 사실이다. 그렇지만 이들 세 민족은 불교, 유교, 도교 등의 감화를 받은 점에서는 공통적이다. 즉 <u>민족으로서 도념道念[36]의 기초는 거의 같다. 따라서 수천 년간에 걸쳐 서로 다른 국가 혹은 사회를 구성했으므로 곧바로 같은 감정을 가지기가 쉽지 않다고 해도, 공통의 윤리적 사상 또는 도념을 가지는 것은 확실하다.</u> 여하튼 이와 같은 사실도 다른 식민지에서는 볼 수 없는 것이다.

그리고 지리적 위치가 근접하다. 조선, 대만, 사할린의 3대 식민지는 모두 본국에서 멀어도 2일, 가까이는 10시간 이내의 항해로 연락이 가능하다. 즉 규슈九州[37]나 주고쿠中國[38] 부근의 지방에서는 수도 도쿄東京보다도 경성京城 쪽이 가까운 곳이 많다. 모지門司[39] 또는 시모노세키下關[40]에서 도쿄와 대만

---

[36] 도(道)를 구하거나 도학(道學)을 배우려는 마음. 구도심(求道心).
[37] 일본 혼슈(本州) 서남쪽에 있는 큰 섬. 후쿠오카현(福岡縣), 사가현(佐賀縣), 나가사키현(長崎縣), 구마모토현(熊本縣), 오이타현(大分縣), 미야자키현(宮崎縣), 가고시마현(鹿兒島縣)으로 구성되어 있음.
[38] 일본 혼슈 서단(西端)의 지방. 산인(山陰)지방[돗토리현(鳥取縣), 시마네현(島根縣)]과 산요(山陽)지방[오카야마현(岡山縣), 히로시마현(廣島縣), 야마구치현(山口縣)]으로 나뉘며, 두 지방 사이에 자연 인문상 차이가 뚜렷함.

의 기륭基隆⁴¹까지의 거리는 거의 같다. 홋카이도에서 보면, 사할린은 일위대수一葦帶水⁴²와 같은 소야해협宗谷海峽⁴³에 의해 떨어져 있을 뿐이다. 이처럼 본국에 근접하게 식민지 거의 전부를 가진 나라는 육지로 이어진 러시아를 제외하면 없다.

더욱이 또 하나 일본 식민지의 특징으로 들 만한 것은 인구 밀도가 이미 상당히 높은 점이다. 식민지라고 하면 인구 밀도가 낮은 것이 통례이다. 물론 그중에는 네덜란드령 동인도⁴⁴의 자바Java⁴⁵처럼 면적이 마두라Madura섬⁴⁶을 합해 겨우 5만 평방미터㎡인데 인구는 3,000 수백만 명이나 되어, 인구 밀도에서 세계 제2위(제1위는 벨기에)를 차지하는 예외도 있다. 일본의 식민지 중에는 사할린만 인구 밀도가 약간 낮고, 대만은 1평방마일mi²⁴⁷당 263명, 조선은 1평

---

39 후쿠오카현 기타큐슈시(北九州市)의 지명.
40 일본 주고쿠, 야마구치현의 간몬해협(關門海峽)에 면한 상공업·항구도시.
41 대만 북부에 있는, 대만에서 가장 큰 항구도시. 1860년에 개항되었으며, 바나나·차·쌀·목재·석탄 등이 난다.
42 갈대처럼 가늘고 좁은 강.
43 홋카이도와 러시아 사할린 사이의 해협.
44 1800년부터 1949년까지 현 인도네시아에 존재했던 네덜란드의 식민지이다. 1800년 네덜란드 동인도회사가 국영화되면서 형성되었다. 19세기부터 네덜란드는 패권주의적인 확장을 통해 수마트라섬, 자바섬, 보르네오섬, 소순다열도, 술라웨시섬, 말루쿠제도, 파푸아섬 등 인도네시아에 위치한 여러 섬을 식민지로 통치했으며, 20세기 초반에는 이들 지역이 최대 면적에 이를 정도로 확장되었다. 태평양전쟁 시기 1942년 2월부터 1945년 8월까지는 일본에 점령되기도 했다. 1945년 8월 17일에는 인도네시아의 민족주의자들이 인도네시아의 독립을 선언했다. 인도네시아 독립 전쟁의 결과로 네덜란드는 1949년 12월 27일 인도네시아의 독립과 주권을 인정하게 된다.
45 인도네시아의 중심을 이루는 섬. 수마트라섬 남동쪽에 인접해 있으며, 중심 도시는 자카르타이다. 면적은 13만 4,000㎢이다. 길쭉한 지형을 보이며, 화산맥이 섬을 관통하여 많은 화산이 있다. 17세기 한때 영국의 지배를 받다가 네덜란드 식민지가 됐으며 1811-1816년 다시 영국이 점령했다. 제2차 세계대전 때에는 종전 후 1945년 9월까지 일본군이 점령했다.
46 인도네시아 자바섬 북동부에 있는 섬. 면적이 5,400㎢이다. 수라바야(Surabaya) 및 마두라해협을 사이에 두고 자바섬과 마주하고 있어, 역사적으로는 그 속도(屬島)로 되어 있다. 17세기 말 네덜란드의 지배를 받아 3개의 술탄국(Sultanate)으로 분할된 후 1885년 자바 총독에 의해 병합되었다.
47 1제곱마일(mi²)은 약 2.589881제곱킬로미터(㎢)이다.

방마일당 210명이어서 인구 밀도가 이미 상당히 높은 수준에 달해 있다. 이 같은 상태라면 영국이 그 이주자를 거의 아무런 고려 없이 캐나다나 호주에 보내는 것처럼, 일본 국민의 이식移植은 간단히 할 수 없는 것이다.

식민정책에는 선례가 없다고 흔히 학자들이 주장하는데, 일본에서도 그 통치책은 이상에서 열거한 특징을 충분히 【12】 고려한 다음에 스스로 그 대책을 창조해야 한다.

5) 식민지 경영상 일본의 2대 실책

전지전능하지 못한 인간의 생각이나 일에 저마다 실패가 따르는 것은 또 어쩔 수 없는 일이다. 특히 일본의 식민지 통치는 처음부터 조사나 준비를 하여 한 것이 아니라, 앞서 말한 것처럼 청일전쟁의 결과 뜻하지 않게 대만을 획득하게 되었기 때문에 무엇이든 서둘러 제반 시설施設을 시도하지 않으면 안 되는 사정이 있었다. 그동안 수많은 실패나 실책이 있던 것 또한 어쩔 수 없었다. 이러한 상태에서 처음에는 좀처럼 생각한 대로 되지 않아 어느 유력자 방면에서는 1억 엔에 대만을 매도하자고 말하는 이마저 있었다고 한다. 그런데 이러한 식으로 여러 가지 실패도 있었지만, 세세한 실패에 대해서는 잠시 제쳐두고 가장 중대한 두 가지 실패에 대해 나는 여러분의 주의를 환기하고 싶다.

두 가지 중대한 실패란 무엇인가 하면, 즉 정치상에서는 영역領域과 법역法域을 혼동하여 영역=법역을 이룬 것이고, 경제상에서는 그 발달 정도를 돌아보지 않고 모국과 동일한 단위의 화폐 곧 엔화를 그대로 통용한 것이다.

지금 각국의 식민지를 보면, 거의 그 대부분은 모국과 법역을 달리하고 있다. 예를 들어 영국에서는 1889년 법률에서 식민지를 정의하여 "식민지란 영국 제도諸島(곧 영국United Kingdom, 채널군도Channel Islands[48], 맨섬Isle of Man[49]) 및 인도를 제외한 여황女皇 폐하의 영토를 가리킨다"고 했다. 이는 곧 영국

본국과 그 식민지는 완전히 법역을 달리한다는 것을 상정想定한 것이다. 인도는 법제상으로는 식민지 중에 편입되어 있지 않고, 인도제국帝國이라고 칭하여 별개의 법역을 구성하고 있다. 프랑스에서는 프랑스 본국, 튀니지Tunisie[50] 보호국 및 알제리Algeria[51] 주州를 제외한 다른 속령屬領을 법제상 식민지colony라고 칭하여, 완전히 모국과 법역을 달리하고 있다. 전쟁 전의 독일제국은 그 식민지를 법제상 보호지保護地(Schutzgebiet)라고 칭하여 명확히 다른 법역에 편입시켰다. 이상의 사실은 모두 본국과 사정을 달리하는 식민지의 통치에 대해 본국법의 속박을 받지 않도록 주의한 것으로, 식민관植民官이 식민지 통치상 임기응변의 자유로운 수완을 발휘하여 모자母子 양국의 이익과 행복을 증진할 수 있도록 【13】 고려한 데서 나온 것이다.

그런데 일본에서는 전혀 이렇게 주의하지 못하고, 영역과 법역을 동일시하여 오늘날에 이르렀다. 대만 영유 직후 의회에서 지금의 와세다대학早稲田大學 총장인 다카타高田[52] 박사가 대만에도 헌법의 효력이 미치는지 아닌지 질문했을 때, 당시 수상이던 고故 이토伊藤[53] 공公은 "그렇다"고 대답했다. 그 이후 정부는 영역은 곧 법역이라는 분별을 유지하며 지금에 이르렀다. 만약 이때 각국의 식민지 통치책을 충분히 조사·연구할 여유가 있었다면 이 같은 실패는 없었으리라고 생각한다. 즉 이로부터 얼마 지나지 않아 이른바 63법 문제가

---

48 채널제도. 프랑스 북서 해안 인근에 있는 영국령 제도.
49 영국 잉글랜드와 북아일랜드 사이의 아이리시해(Irish Sea) 중앙에 있는 섬. 19세기 이후 영국에 속했으나 자치적으로 양원제 의회를 구성하고 있으며, 법제·행정상으로도 강한 독립성을 지니고 있다.
50 북아프리카 중앙부, 지중해에 면한 공화국. 1956년 프랑스의 보호령에서 입헌군주국으로 독립했다가 다음 해 공화국이 되었다. 수도는 튀니스이다.
51 아프리카 대륙 서북부에 있는 공화국. 로마, 아랍, 터키의 지배를 거쳐 1830년 프랑스령이 되었다가 1962년 독립했다. 수도는 알제이다.
52 다카타 사나에에 대해서는 부록 「주요 인물 소개」란을 참고할 것.
53 이토 히로부미에 대해서는 부록 「주요 인물 소개」란을 참고할 것.

일어나, 총독이 위임 범위 내에서 법률과 같은 효력을 가지는 명령을 발하는 권한 곧 위임입법제는 헌법 위반이라는 떠들썩한 의논이 일어났다.[54] 대만의 관세 문제에서도 국내법의 효력을 인정한 것만으로 외국과의 사이에 곤란한 문제가 속출했다. <u>오늘날 자치니 내지연장이니 하며 시끄러운 것 또한 영역과 법역을 혼동한 결과인 것이다.</u> 고 이토 공이 나중에 자신의 정치상 3대 실책의 하나로 이를 든 것은 하야시다 가메타로林田龜太郎[55]의 저서 『메이지·다이쇼 정계 측면사明治大正政界側面史』 중에도 명기되어 있다.

그렇다면 헌법의 효력이 새로운 영토에도 미친다는 학문상 근거는 어디에 있는가. 말하자면 이는 매우 이상한 것으로, 헌법 발포 조칙詔勅 중에 "현재와 장래의 제국 신민"이 동등하게 준봉遵奉[56]의 의무를 진다는 말이 있는데,

---

[54] 시모노세키(下關)조약에서 일본 대표였던 이토 히로부미(伊藤博文)는 수상과 대만사무국 총재를 역임하면서 대만통치에 대한 기본 방침을 수립하는 임무를 맡고 있었다. 이토는 메이지헌법을 제정하는 과정에서 중심적인 역할을 했고, 청일전쟁 이후에는 내각의 수반으로서 헌법체제하에서 대만통치에 대한 기본 방침을 결정해야 했다. 대만은 근대 일본제국주의가 처음으로 영유하게 된 '외지 식민지'였으며 '외지 식민지' 지배 경험이 없던 당시 일본 내각은 식민지 지배정책을 논의하고 형성하는 장이 되었다. 이때 이토 내각이 제국의회에서 자유당과 협상을 통해 제정한 식민통치 관련 법률이 '대만에 시행할 법령에 관한 법률'(법률 제63호, 이하 '63법'이라고 약칭)이다. 1896년 성립된 63법은 3년간의 유효기간이 설정된 한시적인 규정으로 의회를 통과했다. 63법은 대만이라는 외지 식민지를 효과적으로 통치하고 위기 상황에 신속하게 대응할 수 있도록 대만총독에게 '율령'을 제정하는 권한을 부여하는 내용을 담고 있었다. 메이지헌법 제5조에 '천황은 제국의회의 협찬(協贊)을 얻어서 입법권을 행사한다'고 규정되어 있기 때문에 63법은 위헌 소지가 있는 법률이었다. 그런데도 이토 내각은 대만이라는 식민지의 안정적인 지배라는 명분을 내세워 자유당과 진보당 등 정당 세력의 반발을 누르고 63법을 성립시켰다. 또 대만총독부 관제를 제정하여 총독의 임용 자격을 육·해군 대장 또는 중장으로 제한하는 '무관총독제도'를 채택했다. 이리하여 일제의 초기 식민통치는 총독이 제국의회의 입법권을 위임받아 식민지에서의 법률적 효력을 갖는 입법 권한을 소유하고 육·해군 무관으로서 관할 구역 내 육·해군을 통솔하는 권한을 부여받으며, 식민지의 예산은 제국의회의 협찬 없이 독립적으로 운영할 수 있는 등의 내용을 중심으로 기본 형태를 갖추게 되었다. 대만에서 63법을 근간으로 한 군부 중심의 총독부 군정은 계속되었고, 이 체제를 뒷받침하기 위해 부여된 총독부의 막강한 권력에는 변함이 없었다(서종진, 「일본 제국주의의 '내지연장주의'와 조선총독부의 '문화정치'」, 『한국정치외교사논총』 41-2, 2020, 한국정치외교사학회, 10~11쪽).

[55] 하야시다 가메타로에 대해서는 부록 「주요 인물 소개」란을 참고할 것.

어느 학자는 "장래의 제국 신민"이라고 말한 것은 새로운 판도에도 적용해야 할 것이라고 해석하여 이 이론을 주장했다. 그런데 또 다른 논자는 "장래의 제국 신민"이라는 것은 제국헌법 발포 당시 영역상에 거주하는 장래의 신민을 가리키는 것이라는 유력한 반대론을 주장했다. 이 점을 명료하게 하는 것이 일본의 새로운 영토 통치상에서 가장 급무이다.

그리고 경제상의 발달이 아직 모국만큼 이루어지지 않은 새로운 영토에서 엔을 화폐 단위로 한 것, 바꿔 말해 이 같은 <u>통화의 내지연장주의는 또한 중대한 경제정책의 실패였다.</u> 화폐 단위는 물론 그 영토의 경제 발달 정도에 적합하지 않으면 안 된다. 예를 들면, 영국의 식민지에서는 모두 각각 화폐 단위를 달리하는데 이는 전적으로 이러한 이치에서 나온 것이다. 【14】 즉 홍콩에는 홍콩 달러, 해협 식민지에는 해협 달러, 인도에는 루피rupee[57], 캐나다에는 미국 화폐와 단위를 같이하는 캐나다 달러가 있다. 미국의 식민지 필리핀군도에서도 또한 화폐 단위를 미국과 다르게 페소peso[58]라고 칭하여, 대체로 일본의 엔과 같은 가치의 화폐를 단위로 하고 있다.

흔히 조선과 대만에서 일본인이 오고 나서 물가가 올랐다고 듣는데, 여기에는 여러 가지 이유가 있겠지만 경제 발달이 아직 내지에 미치지 않은 사회에 곧바로 단위가 높은 화폐를 유통시킨 것이 그 큰 원인이라고 할 수 있다. 즉 단위가 높은 화폐 유통이 갑자기 화폐의 인플레이션을 초래하고, 물건에 대해 화폐 가치를 낮게 한 것이다. 처음부터 이 점에 유의했더라면, 오늘날 1억 엔의 자본이 필요한 사업을 8,000만 엔 정도에 할 수 있었을지도 모른다. 즉 자본을 보다 경제적으로 이용할 수 있었다. 이는 경제상의 일대 실패이다.

---

[56] 전례나 명령을 좇아서 받듦.
[57] 인도, 파키스탄, 스리랑카, 네팔 등의 화폐 단위.
[58] 필리핀, 쿠바, 멕시코, 아르헨티나 등의 화폐 단위.

6) 일본의 식민지 통치 이상

일본의 식민지 통치 이상은 이전의 국민과 새로 부속[新附]된 국민 사이에 아무런 차별을 두지 않는 것, 바꿔 말해 '일시동인'이다. 이를 조선의 경우로 보면, 즉 내선일가內鮮一家가 혼연渾然히[59] 융화融和하는 데 이상이 있다. 유럽 여러 나라가 취해 온 식민정책을 보면, 프랑스가 오랫동안 그 식민지에 시도했는데도 실패의 역사로 남고 만 것에 동화정책 곧 동화assimilation라는 것이 있다. 내가 주장하는 혼연·융화라는 것은 결코 이 동화가 아니다. 영어로 말하면 융합amalgamation이다. 즉 옛날 일본 본토에서 수많은 이민족이 혼효混淆[60]·융화하여 야마토 민족을 만들고 동양에서 특수한 역사와 문화를 창조한 것처럼, 제국 영토 내 민족이 그 위에 혼합·융화하여 대大 야마토 민족을 만들어 제국의 문화를 발양發揚하는 것이 일본의 이상이다. 그리고 이 이상을 실현해야 하는 근본 의의는 신구新舊 민족 간의 동정同情과 경애敬愛의 마음, 다만 그것뿐이다.

우리는 지엽적인 논의는 당분간 그만하고, 우선 이 근본 의의에 대해 서로 심사숙고하지 않으면 안 된다고 생각한다. (강연)【15】

---

59 차별이나 구별이 없는 모양.
60 여러 가지 것이 뒤섞임.

03

마쓰오카 슈타로松岡修太郎[1]

국민 참정의 계제階梯로서 조선 지방자치

근래 "조선 거주자에게도 국정 참여권을 달라"는 외침이 점차 그 목소리를 높이고 있다. 우리가 이를 보건대 당연히 일어날 일이 일어난 것이다. 원래 일본정부의 조선에 대한 통치 방침은 동화정책을 그 신조로 하고, 내지연장주의를 그 이상으로 했다. 이에 대해 많은 학자는 자치정책에 따른 (식민지주의) 특별지역주의를 주장한다. 내지연장주의에 따르면 제국의회에 대의사代議士를 보내는 것으로, 식민지주의에 따르면 이른바 조선자치의회를 설립하는 것으로 국민 참정 문제는 해결되는 것이다. 그런데 그 어느 것을 채택하느냐는 더 신중한 연구가 필요한 문제이다. 그러나 채택하는 제도가 어느 것이

---

1 마쓰오카 슈타로에 대해서는 부록 「주요 인물 소개」란을 참고할 것.

라 해도, 입헌통치의 일본의 일부로서 입헌정치의 핵심인 국민자치 곧 국민이 국정에 참여하는 제도를 조선에도 도입할 필요는 필시 가까운 장래에 있을 것이다. 다만 이는 시기 문제라고 호언장담하던 사이에 그 시기는 어느새 다가왔다.

우리는 국민으로서 합리적인 통제하에 우리 생활이 행복해지기를 바라고, 결함 있는 여러 제도의 개량을 항상 열망한다. 그러나 우리는 상당히 급박할 필요가 있는 경우 외에는 급격한 개혁을 바라지 않는다. 항상 점진적으로 시세에 따라 개량이 시행되어 가기를 바란다. 점진적인 개량이 항상 적당히 시행되어 간다면, 급격한 개혁이 일어날 리는 없는 것이다. 지금 만일 서둘러 현 상태의 조선에서 대의사를 선출하여 조선자치의회를 설립하게 된다면 이는 너무 급격한 개혁이다.

일본에서 입헌정치가 시행된 것은 상당히 급격한 개혁이기는 했다. 그러나 그 역사를 자세히 되돌아보면, 결코 일조일석一朝一夕[2]에 이루어진 것이 아니다. 1878년(明治 11)에 '부현회규칙府縣會規則'이 발포되어 비로소 민선民選 지방의회 설립이 인정되었다. 이후 1880년(明治 13)에 '구정촌회법區町村會法'이 발포되고, 1889년(明治 22)에 헌법이 발포되었으며, 다음 해 1890년(明治 23)에 이르러서야 겨우 제1제국의회가 소집되었다. 이를 보면 일본 의회제도 확립에 【16】이르기까지는 그 준비·조사 시기가 상당히 길었고, 오히려 점진적으로 한 걸음 한 걸음 확실히 밟으면서 완성된 것이라고 볼 수 있다.

우리 조선에 국민자치제도가 시행된다고 해도 오히려 그 이상 신중한 태도가 필요할 것이다. 그렇지만 그 필요는 필연적으로 일어날 것이기 때문에, 급격한 변혁을 피하기 위해서는 그 준비로 여러 제도의 점진적인 개량이 필요하다. 그리고 이를 위해서는 지방자치제도의 확립이 가장 중요하고도 효

---

2 하루의 아침과 하루의 저녁이란 뜻으로, 짧은 시일을 이르는 말.

과 있다고 믿는다. 국민에게 작은 자치에 우선 친숙해지게 하고 그런 뒤에 큰 자치를 행하게 한 것은 굳이 앞서 말한 일본의 사례뿐만 아니라 여러 선진국이 한결같이 채용한 것이다. 조선에서도 국민 참정의 계제階梯[3]로서 우선 그 지방자치제도의 확립을 기하는 것이 순서이다.

공공단체公共團體는 이를 그 권능에 따라 다음의 세 가지로 분류할 수 있다.

1) 주동적 단체

이것은 단체의 기관을 단체 소속 중에서 구성하거나 또는 단체가 직접 선임하는 권한을 가지는 것을 이른다. 즉 단체의 의사意思는 단체 내부에서 나오고, 그 고유 기관에 따라 직접 그 의사를 구성할 권능이 주어져 있는 것이다.

내지의 시市·정町·촌村은 여기에 속하여, 그 의결기관·집행기관 모두 단체 소속원 또는 단체에 의해 선정된다.

2) 수동적 단체

이것은 단체의 기관이 단체 밖에서 주어지고, 단체는 직접 이를 선임할 권한이 없으며, 단체 소속원은 직접 단체의 의사를 구성할 권한이 없고 그 의사는 밖에서 주어진 기관에 의해 만들어지는 것을 이른다.

부府·면面은 여기에 속한다. 부에서 부윤府尹은 국가의 관리이고, 면의회 面議會는 부민府民의 선거[公選]에 의하나 의결기관이 아니라 부윤의 자문기관에 그친다. 자문기관은 법리상 의사결정을 하거나 여기에 참여하는 것이 아니

---

[3] 사다리라는 뜻으로, 일이 되어 가는 순서나 절차를 비유적으로 이르는 말.

라, 의사 구성은 전적으로 관리인 부윤에 의해 이루어진다고 볼 수 있다. 면에서 면장面長은 도지사의 임명에 의한 대우待遇 관리이다. 협의회도 지정면指定面⁴에서는 일반 국민의 선거[公選]에 의하나, 기타 면에서는 선거에 의하지 않는 자문기관에【17】지나지 않는다. 어느 쪽이든 부·면에서 그 사무를 직접 처리하는 권능은 없다고 말해도 좋다. 특히 면에서는 법령에 따라 면에 속한 사무를 처리하는 데 그치고, 단체에 속하는 고유의 공공사무를 처리하는 권능은 주어져 있지 않다.

3) 반半수동적 단체

이것은 앞서 두 가지의 중간에 있는 것으로, 단체의 기관이 일부분은 단체에 의해 만들어지고, 일부분은 외부에서 주어지는 것이다. 홋카이도 부府·현縣 등이 여기에 속한다. 즉 의결기관은 일반 국민의 선거에 의하나, 집행기관은 관리인 도장관道長官, 부府·군郡·지사知事이다. 만약 부·면협의회가 의결기관이 된다면 이러한 종류의 단체에 속하게 되는 것이다.

이상은 주로 부·면이 자치단체로서 어떠한 지위에 있는가를 설명하려고 한 것이다. 그런데 그 자치단체로서의 권능은 매우 약하여, 학문상 이를 자치단체의 범주 속에 넣을 수 있을지조차 의문시되고 있다. 그 밖에 도지방비道地方費⁵, 공공조합인 학교비學校費⁶ 등은 말할 것도 없이 자치 권능이 약하다.

---

4 1917년에 면 가운데 비교적 인구가 많고 상공업도 발달하는 등 도시적인 면모를 갖추었다고 판단되는 면이나 일본인이 비교적 집중적으로 거주하는 면을 '지정면(指定面)'이라고 하다가, 1931년 이를 읍으로 개칭했다.
5 각 지방청의 공공사업과 관련한 사무가 증가함에 따라 중앙정부의 정책과 사업에 의지하지 않고 지방 스스로 이를 개발하게 하기 위해 구한국정부는 1909년 법률로 '지방비법(地方費法)'을 공포했다. 이에 따르면 지방비는 각 지방청에 속하는 재산과 그 수입, 지방비가 지출된 사업에 속하는

조선에서 의결기관을 가지는 자치체 공공조합으로는 오직 학교조합[7]만을 들 수 있는 상태이다.

수입, 부과금, 국고보조금으로 이루어졌으며, 이를 통해 토목·산업·교육의 발달 등을 도모했다. 병합 후에도 이 법규는 계속 효력이 인정되어 적지 않은 국고보조금을 지급하여 각 도의 공공사업을 경영하게 했다. 1920년 제령 제15호로 새로이 '조선도지방비령(朝鮮道地方費令)'을, 총독부령으로 '조선도지방비령 시행규칙'을 발포하여 이전의 '지방비법'을 폐지했다(조선총독부 편, 박찬승·김민석·최은진·양지혜 역, 『국역 조선총독부 30년사』 상, 민속원, 2018, 23~24·71·318쪽).

[6] 조선인의 교육을 위해 설립된 자문기구. 제1차 조선교육령(1911년 발포), 제2차 조선교육령(1922년 개정 발포)에 따라 조선인과 일본인의 교육이 분리된 상황에서, 1920년 제령 제14호로 조선인 교육에 관한 비용을 지급하기 위해 '조선학교비령'(1930년 제령 제13호로 개정)이 발포되었다. 이에 따라 각 부(府)·군(郡)·도(島) 단위로 관공 단체 조합인 '학교비'가 설립되어, 학교비로 보통학교, 고등보통학교, 여자고등보통학교 등을 경영했다. 그러나 조선 전국에서 학교비 재정으로 보통학교 외 학교가 설립·경영된 경우는 한 건도 없었다. 학교비는 조선인에게서 교육 재정을 마련했다. 그러나 당시 식민지 조선에서 경제적 주도권은 일본인에게 있었기 때문에 조선인에게서 조달한 교육 재정은 열악할 수밖에 없었다. 조선인들은 보통학교의 유지에도 급급한 처지였다. 학교비는 조선인 교육에만 해당했고, 일본인들을 위한 교육을 위해서는 '학교조합'을 따로 만들어 운용했다. 결국 표면상으로는 내선일체를 내세워 조선인과 일본인의 교육을 구분하지는 않았으나, 실제로는 교육 재정 부분에서 조선인과 일본인을 철저하게 분리하여 조선인과 일본인의 교육에서 차별과 불평등이 존재했다.

[7] 1909년 12월 27일 통감부는 재조선 일본인이 학교조합을 설립·운영할 수 있도록 '학교조합령'을 제정하고, 1910년 1월 1일부터 시행했다. 이 무렵 한국에는 이미 적지 않은 일본인 학교가 있었다. 그런데 통감부가 다시 일본인 학교 운영을 위한 학교조합령을 제정하고 학교조합을 설립하려 한 목적은 일본인 교육재정 확보에도 있었지만, 더 근원적인 목적은 바로 재조선 일본인 학생과 조선인 학생의 별학제(別學制) 실시라는 구상에 있었다. 학교조합은 1908년경부터 1944년 중반까지 총 506개가 설립되었다. 1914년 개편된 행정구역을 기준으로 전국의 12개 부와 220개 군 가운데 98.7%에 해당하는 229곳의 부와 군에 학교조합이 설립되었다. 학교조합에서 설립·운영한 학교는 소학교, 고등여학교, 실과고등여학교, 상업전수학교, 간이상업전수학교, 유치원 등 다양했으나 그 중심 대상은 소학교였다. 학교조합에서 설립한 학교 전체 중에서 소학교의 비중은 연평균 94% 정도를 차지했다. 당시 경비기관, 신식의료기관, 그리고 소학교 세 가지는 일본인의 이주에 없어서는 안 될 최소한의 필수적 시설로 여겨졌다. 이 같은 일본인 학교의 설치는 학교조합령으로 인해 더욱 가속화되었다. 그 결과 1910년 말 현재 약 17만 명의 재조선 일본인에 대해 소학교 128개교, 중학교 1개교, 고등여학교 3개교, 상업학교 2개교, 각종학교 6개교의 일본인 학교가 설립되었다. 의무교육제도가 실시되지 않았는데도 소학교 취학률은 1910년 98%에 달했다. 당시 조선인 자제(子弟)를 대상으로 한 보통학교가 보조학교를 포함해서 125개교, 학생 수 1만 4,834명이던 데 비하면, 조선 인구의 1%를 약간 넘는 데 불과한 재조선 일본인 자제를 대상으로 한 소학교는 128개교이고, 학생 수는 1만 7,336명이었으니 그 현격한 차이를 알 수 있다.

이러한 상태에 있는 조선의 자치제를 완전한 것으로 하려고 해서, 꼭 그 모든 범위에 걸쳐 일시에 이를 실시할 필요는 없다. 소위 민도民度[8]에 적합한 지방단체부터 점차적으로 그 자치 권능을 확장해야 한다. 이 점에서 보면 제도 개정은 우선 부제府制에 착안해야 할 것이다. 그리고 그 채용하는 제도는 꼭 내지와 똑같이 할 필요는 없다. 조선의 사정은 내지의 사정과 아직 완전히 동일하지 않아, 다른 사정 아래에서 다른 제도를 채용하는 것은 또 그 지방을 위해서 도모하는 방법이기 때문이다. 동화가 완성되지 않았는데 헛되이 내지의 제도를 모방하려고 하는 것은 일본인을 조선인과 나누어 단결시키려고 하는 것을 목적으로 하지 않는 한 채용할 방책이 아니다.【18】

조선 자치단체 자치권 확장의 구체안은 이 분야 경험자의 신중한 심의 결과를 기다려야 하겠지만, 내가 생각건대 적어도 다음의 몇 가지 사항을 고려해야 할 것이다.

① 자문기관을 의결기관이 되게 하고, 그리고 그 기관을 일반 국민의 선거에 의해 구성하는 것이다. 선거법 규정을 현행법보다도 상세하게 하고, 특히 '선거취체규정選擧取締規程'을 마련하며, 또 선거 및 당선소송當選訴訟[9] 제도를 확립하는 것이 필요하다. 선거 자격에 대해서는 즉시 보통선거를 실행하는 것은 시기상조인 감이 있다. 당분간은 부득이하게 납세·정주定住의 제한을 둘 수밖에 없다.

② 집행기관을 의결기관에 의해 선거하게 하는 것이다. 단, 국가의 동의를 조건으로 하는 것은 상관없다.

③ 국가의 자치 감독 규정을 고려해야 한다. 자치는 국가 아래의 자치이다. 그러므로 만약 국가의 목적에 반하거나 또는 자치체 그 자신의 부패·타락을

---

8 국민의 생활이나 문화 수준의 정도.
9 선거 소송의 하나. 당선의 효력에 이의(異議)가 있는 정당 또는 낙선된 후보자가 당선인 결정일로부터 정해진 기일 안에 법원에 제기한다.

초래하는 등의 경우에 국가는 그 감독권으로 이를 억압해야 한다.

자치권의 확장과 함께 만일의 경우에 대처할 길을 강구해 둘 필요가 있다. 단, 그렇다고 해서 정상적인 경우에도 자치 능력을 훼손하는 방법은 채용할 수 없다.

그런데 자치권 확장에 대해서는 여러 가지 난점이 있다. 그 첫 번째는 일본인 대 조선인의 문제이다. 어떤 논자는 경성·부산 등 일본인 세력이 우세한 지방에서는 내지와 같이 자치를 인정해야 하나, 평양 등 조선인이 우세한 지방에서는 이를 인정하기 어렵다고 말한다. 만일 인구 비율에 따라 일본인이 압도적이라는 단순한 이유에 의한다면, 이는 소위 인종적 편견이 아닐까. 일본인 전체가 모든 경우에서 우월하고, 조선인 전부가 모든 경우에서 열악한 것은 아니다. 표준은 공평하게 구해야 하고, 인종에 따라 만들어서는 안 된다. 예를 들어 인구 10만 명 이상 부府의 자치권을 확장하려고 한다면, 조선인이 많든 일본인이 많든 10만 명 이상의 부는 동등하게 자치권을 확장하는 것이 공평하다. 또한 선거 자격의 표준을 정하는 데에도 납세액 또는 교육의 정도 등으로 하는 것은 어쩔 수 없지만, 그 자격이 있는 자와 관련해서 일본인과 조선인의 구별이 있어서는 안 된다. 특히 지방단체라는 것은 그 지방 주민의 단체이고 재주在住 일본인만의 단체가 아니다. 그 처리하는 사무도 일본인에게만 관련된 것이 아니라 오히려 다수의 조선인에게 더 많이 관련된 것이다. 또한 일본인이 다수인 지방단체에【19】자치를 허용하고 그 단체에서만 대의사를 선출하게 한다면, 과연 이들을 조선 민중의 대표라고 할 수 있을지 의문이다.

난점의 두 번째는 재조선 일본인 정주자定住者가 비교적 적은 것이다. 이른바 정주자 중에도 비교적 길게 계속 체재滯在하고 있는 데 불과한 이가 많다. 따라서 조선에 대한 향토애가 부족하고 이익 관계가 적은 이가 많은 양상이다. 지방자치라는 것은 실로 그 향토에 열애熱愛를 바칠 수 있는 자에 의해서만 그 효력을 잘 거둘 수 있는 것이다. 이 점에서 보면 일본인의 자치열이 소극적이지는 않을까 우려된다.

　난점의 세 번째는 단체의 재정 부담 능력이다. 자치는 직접적인 부담으로 스스로 일을 처리하여 가지 않으면 안 된다. 그러므로 자치체가 이루어지기 위해서는 그 주민이 일반적으로 비교적 높은 물질적 문화를 가지지 않으면 안 된다. 소수자만의 부담으로 많은 세대의 재정을 운용하는 데에는 상당한 곤란이 따른다.

　난점은 이상에만 그치지 않는다. 이들 난점에 대해 충분히 고려하고 설명하여 자치체의 완성을 기하는 것이 우리가 가장 찬성하는 일이다. 다만 우리가 조선 문제를 생각할 때에는 일본인과 조선인의 이익을 각기 생각하기보다도 우선 그 공동 이익을 생각해야 한다. 또한 통치책도 조선인에게 언제까지나 단지 은혜에 의해서만 생활과 자유를 보증해서는 안 된다. 이들에게 권리를 주고 의무를 지우는 것에 의해 국가하에서 의의意義 있는 생활을 하게 할 수 있는 것이다.

>>> 조선 문제와 정당(초抄)

노세 이와키치能勢岩吉[10]

현재 일본에서 매우 이상한 점은 정말 많아서 일일이 셀 수 없을 정도이다. 그중 우리가 가장 이상하게 생각하는 것은 조선 문제에 대한 일본 정당의 태도 그 자체이다. 제56의회의 정세를 봐도 이 점은 실로 명료하게 알아차릴 수 있다. 기탄없이 말하면, 조선통치라는 것을 일본 정당에서는 국정 이외의 것처럼 생각하고 있는 것이 아닌가 하고 의심하지 않을 수 없다. 따라서 조선총독부의 예산 등에 대해서도 어느 정당도 이를 문제 삼는 곳이 없다. 경시하여 모두 말 그대로 통째로 삼켜 버리고 만다. 조선통치 당국자의 측면에서 보면 이는 말할 것도 없이 좋은 상황임에 틀림없다. 그렇지만 조선의 장래, 조선 개발의 전도前途, 그러한 입장에서 생각하면 조선 그 자신으로서 이만큼 불행한 일은 없다. 조선은 소위 정치가라고 불리는 이들부터 더 중요시하고 더 필요로 해야 한다고 생각한다. 아니, 그것이 오히려 당연하다고 생각한다.【20】

---

[10] 『최근 학생 좌익운동 비록(最近學生左翼運動秘錄)』[만리각(萬里閣), 1931], 『2·1총파업(二·一ゼネスト)』[학무행정연구소(學務行政硏究所), 1953], 『연보 일본의 교육(年譜日本の敎育)』[연문사(硏文社), 1954], 『일본사회노동운동집성(日本社會勞動運動集成)』[교육행정연구소(敎育行政硏究所), 1959], 『일본 박사록(日本博士錄)』(교육행정연구소, 1959) 등의 저서를 저술·편찬했다.

04

고쿠민신문國民新聞(사설)

조선에 자치를 허용하라

　과거에 조선은 완전한 주권국은 아니었는데, 독립된 정치단체를 조직하고 특종의 언어, 문학, 관습, 법률을 가졌으므로 이를 국가라고 불러도 상관없었다. 그렇다면 일본이 1910년(明治 43) 8월 29일 병합과 동시에 최초로 고려해야 하는 것은 조선이 독립국가로서 긴 역사를 가진 점이었다. 이 사실을 망각하고 입안한 통치 방침은 쓸데없이 조선인의 반항심을 도발할 뿐으로 하등의 가치 있는 것이 아니다.

　영국이 일찍이 독립국으로서 스코틀랜드와 아일랜드를 병합하여 합중왕국合衆王國을 조직할 당시, 아일랜드에 대해 사려 없는 태도를 보여 합중왕국 내에 일대 적국敵國을 만들어 내고 영국의 국내 활동을 약 3세기에 걸쳐 저해했다. 그리고 결국 대전大戰 후 아일랜드는 합중왕국으로부터 이탈하여 자유국이 되고 내정內政상 개별적 정치단체를 조직하게 되었다. 이 3세기에 걸친 영국의 괴로운 경험은 그 사정을 같이하는 국가에 대한 일대 훈계가 되어야 한다. 영국의 아일랜드 병합과 일본의 조선 병합은 거의 동일한 사정 아래 결행된 것으로, 그 병합 국민에 대한 정책 역시 양자가 궤적을 같이하고 있는 것은 매우 한심한 일이다.

병합 이후 일본이 채택한 정책은 동화정책으로, 조선을 직할통치[1]하에 일본화하려고 시도했다. 이는 매우 불합리한 시도였다. 왜냐하면 4,000년의 긴 역사를 가진 민족에게 일본의 법률제도를 그대로 적용하려고 했기 때문이다. 민족이 자랑으로 하는 것은 각자의 전설, 사상, 문학, 관습이다. 한 민족이 다른 민족을 지배할 때는 이것들을 존중하고 【21】 그 유지를 도모하지 않고서는 결코 새로운 귀속자歸屬者를 만족시킬 수 없다.

병합의 목적은 일본과 조선 상호의 행복과 국방의 필요에서 나온 것이다. 그런데 당시의 가상假想 적국敵國은 그 후 모두 정체政體의 대변화를 겪어 이제 와서 침략적 태도를 보일 것이라고는 생각되지 않는다. 따라서 조선 영유의 목적도 또한 자연히 변화하지 않으면 안 되는 것이다. 그 목적은 다름 아니라 조선의 발달을 지도[誘掖]하고 조선의 행복을 증진하는 데 있다. 이것이 조선에 대한 일본의 의무이다.

조선이 한번 일본 국가의 영토로 된 이상 병합 사실을 승인하는 것은 국제 관행[2]이다. 다만 이렇게 된 이상 일본이 취해야 할 최선의 방책은 일본 영토의 일부로서 조선의 자치를 허용하여 내정상 조선인을 만족시키는 일이다. 조선의 자치가 이 경지에 달하게 한다면 조선인에게 독립운동도 필요 없어질 것이다. (이즈미泉)

---

1 피지배자를 직접 관할하는 통치 방법.
2 여러 국가 사이에서 단순히 관례대로 실행하고 있는 일. 국제법으로서 국제 관습법의 기초가 되는 사실을 말하나, 법적 구속력을 갖지는 않는다.

>>> 조선인 국외 이주와 아일랜드의 예

쓰루미 유스케鶴見祐輔[3]

　　　　　　　　　　　　조선인 학생과는 도쿄에 있던 중에도 서로 왕래하여 상당히 관계가 있었는데, 추상적인 의논 상대인 데 지나지 않았다.

　그런데 최근에는 조선 학생도 경제적으로 상당히 자각하게 되어 의논도 실제적으로 된 것처럼 보인다. 이는 참으로 좋은 경향이라고 생각한다. 또한 조선 노동자가 북만주에 수백만 명, 내지에 수십만 명 세찬 물줄기처럼 흘러들어오고 있는데, 이는 절대로 방임할 수 없는 일이다.

　저 영국과 이집트 문제의 원인은 어쨌든지 간에 그 발생 동기를 보면, 실제로 아일랜드인의 미국 이주가 백만 명을 돌파한 날에 이것이 일어난 것이다. 국제적 또는 민족적 의미는 별도로 하더라도, 내정상 국민 생활의 문제로 생각할 때 결코 방임할 문제가 아니라고 본다.【22】

---

[3] 쓰루미 유스케에 대해서는 부록 「주요 인물 소개」란을 참고할 것.

05
오가키 다케오大垣丈夫[1]

제국의회에 조선 대표자를 참석시켜라

조선은 수천 년의 역사를 가진 오래된 나라로서 상고上古는 고증할 필요가 없다고 해도, 지금 실제로 일종의 언어, 문장, 풍속, 습관을 지닌 이상은 사상思想상 동일 민족으로서 그 민족적 심리와 전통적 정신을 항상 고려하여 통치 방책을 강구하지 않으면 안 된다. 우리가 국가 일을 근심하고 염려한 나머지 이에 조선 대표자를 제국의회에 참석시킬 뜻을 세운 이유는 궁극적으로 내선의 결합을 공고히 하고 제국의 장래 이익을 기도하기 위해서이다.

조선의 현재 인구는 약 1,700만 명으로, 그 약 8할은 농민에 속하고 1할 남짓은 상공업에 종사하고 있다. 예로부터 양반 가문, 책 읽는 선비가 항상

---

[1] 오가키 다케오에 대해서는 부록 「주요 인물 소개」란을 참고할 것.

사회의 상류층에 위치하여 국민을 제어하거나 그 계급제도를 엄중히 하여 정치조직이 불완전함에 따라, 국민 대다수는 지금 아직 배운 것이 없고 빈약한 것처럼 보인다. 하지만 그 소질素質은 순박하고 예의[禮讓]를 잘 갖추어 지도하면 대국민大國民[2]이 되기에 충분하다고 할 수 있다. 결코 멸시할 민족이 아니다.

근세 외교가 열린 이후 세계 문명의 자극을 받고, 또 청일전쟁과 러일전쟁을 목격하면서 그 민심이 크게 변화했다. 특히 합방 이후 여러 제도의 변혁과 향학심의 발흥에 따라 계급제도는 완전히 타파되어 민심 일반에 진취적인 기력이 증진한 것은 특히 현저한 사실로, 우리처럼 20년 이상이나 조선에 거주한 자의 눈으로 보면 참으로 격세지감을 느낀다.

예를 들어 1920년(大正 9) 지방제도 개정 이후 조선 전국 13도道에 도평의회가 생기고, 저명한 도회都會 12부府에 부협의회가 생겼으며, 각 면(내지의 정町·촌村에 해당)에 면협의회가 생겨 인민은 그 세출입 예산 및 제반 시설 경영에 참여하게 되었다. 그리고 도평의회는 부협의회와 면협의회가 간접선거[復選]한 의원과 관선官選[3]에 의한 의원의 합동 회의이나, 부협의원과 면협의원은 완전히 조선인과 일본인 공민公民의 투표·선거에 따라 정해진다. 그 선거 상황과 회의의 모양을 보면, 이제는 내지의 부현회府縣會 및 정촌회町村會와 비교해도 그리 손색없다고 인정한다.

그렇지만 이상의 사실은 주로 유식자有識者 【23】 및 항산恒産[4]이 있는 사람들의 언동에 의거한 조선 현황의 일면이고, 여전히 다른 반면反面이 있음을 모르면 안 된다. 예를 들면 민족적 관념에서 어쩐지 일본인과 격의 없이 사귀지 못하는 기색이 있고, 여하튼 새로운 정치를 마음속 깊이 기뻐하지 않는 자가 있다. 물가의 등귀, 생활의 곤란이 일본인의 이주 증가에서 기인한다고

---

2 국력이 강한 나라의 국민. 뛰어나고 훌륭한 국민.
3 선거를 통하여 뽑는 기구의 성원 가운데 일부를 당국에서 직접 임명하던 일.
4 살아갈 수 있는 일정한 재산이나 생업.

오해하는 자도 있고, 독서는 봉록俸祿을 위해 한다는 조선 예로부터의 인습因襲[5]으로 볼 때 일본인 관리 다수는 곧 양반의 직업을 빼앗는 자라고 비난하며 무엇인가 변혁을 희망하는 자도 있다. 새로운 학설에 현혹되어 조선의 국정國情과 괴리된 언설을 늘어놓으며 홀로 기뻐하는 자도 있다. 그리고 해외를 방랑하며 독립운동에 종사하는 자의 의향이 어떠한가 보면, 이제는 세계의 대세에 비추어 조선의 실력을 돌아보며 도저히 독립이 불가능하다고 깨달은 듯하다. 그래도 아직 그들의 운동이 있기에 제국정부는 자제하고 조선인에게 이익이 되는 시설을 해야 한다며 어느 정도 그들에게 동정을 표하고 있다. 요컨대 아직 통일된 유력한 사상이 없고 아무래도 사상이 천박한 것 같아도, 사물을 접하거나 일을 당하면 때때로 민족적 심리가 번뜩이는 것을 드문드문 보게 된다. 만약 여기서 한 걸음 잘못 나아가면 자포자기에 빠지기 쉽기에 우려도 된다.

반면反面의 실정이 여전히 이처럼 완전히 오해와 감정에 지배되어 아직 합방의 취지를 충분히 이해하지 못했기 때문에, 대의명분론大義名分論이나 몇 가지 법규의 위력으로 조선 민중을 통치하려고 하면 도리어 민족적 반감을 부채질하여 통치에 더욱 곤란함을 느끼게 될 것이다. 그러므로 국민성을 잘 알고 태연자약하게 조금도 서두르지 않는 넓은 아량으로 통일되지 않은 사상을 선도하며, 시대의 추세에 적응하는 새로운 시설에 주의하여 조선은 제국의 한 지역이라는 관념을 일반이 가지도록 하는 데 노력하지 않으면 안 된다. 그 방법으로는 차제此際에 영단英斷으로 특례를 마련하여 조선인에게 참정권을 주어 내선의 결합을 공고히 해서, 국가적 관념 아래 전 조선의 민심을 통일하는 것이 가장 긴요하다고 본다.

생각건대 산업의 개발, 생활의 안정은 본디 조선의 최대 급무라고 해도,

---

[5] 예전의 풍습, 습관, 예절 등을 그대로 따름.

사람은 빵만으로 살 수 없다. 하물며 조선은 예로부터 정치를 인간 최상의 목적으로 하고 그 밖의 것을 몹시 천하게 여기는 관습을 가지고 있고, 유식한 자는 다투어 정치에 몰두하는 그 인습이 오래되어 오늘날에도 여전히 세 명이 마주 앉으면 꼭 정치 이야기를 하는 특질이 있으니 말이다. 하물며 산업 개발과 참정권 부여는 조금도 충돌하지 않으니 말이다.

대저 통치의 요체要諦는 민심을 이롭게 인도하는 데 있고, 내선의 결합은 참정권 부여에 따라 비로소 그 효과가 두드러질 수 있다. 이른바 참정권 부여란, 조선에 내지와 같은 제도가 시행되기를 요망하는 것이 아니다. 조선과 【24】 내지는 민도民度를 달리하여 국정國情에 차이점이 매우 많으므로 전부 내지와 같은 제도로 고치기는 어렵다. 그러므로 적당한 시기까지 귀족원 의원은 모두 칙선勅選[6]으로 청하고, 중의원 의원은 문화가 비교적 진보한 부제府制 시행지 12부 혹은 그중 몇 부에 한하고, 일찍이 홋카이도의 실례와 같이 점차 선거구를 확장하는 것으로 하여 특례를 마련하여 수십 명의 조선 대표자를 제국의회에 참석시켜야 한다.

만일 조선인 중에 장래 발군의 인물이 있다면 국무대신이 친임親任[7]으로도 청하겠다고 하는 큰 의기意氣를 보인다면, 현재 반면反面에 잠재하는 오해와 감정을 일소하고 크게 민심을 새로이 하여 내선의 결합을 공고히 하는 데 현저한 효과가 있을 것이라 우리는 믿어 의심치 않는다. 우리가 오래 조선에 거주하여 표리表裏의 실정을 잘 알고 있으므로, 참정권 부여는 내선의 오늘날 최대 급무임을 인정하고 그 실시의 영단을 간절히 바라 마지않는다.

---

6 천황이 사람을 몸소 뽑음.
7 천황이 친서(親署)해서 직접 임명하는 관직.

>>> 내지연장의 정신으로 사업을 일으켜라

단 다쿠마│團琢磨[8]

　　　　　　　　　　　　십수 년 전에 본 조선과 오늘날의 조선을 비교하면 놀랄 만큼 문화가 발달해 있다. 또 조선인 자신도 이전과 비교하면 공부와 활동도 열심히 하고 있다. 그러나 지금의 문화 발달은 어느 쪽인가 하면 고등高等 유민遊民[9]이 많이 나오는 듯한 조직이 되어 있다.

　　좀 더 근로와 실무에 정려精勵하는 국민정신을 함양하는 것이 급무일 것이다. 조선에는 투자할 만한 유망한 사업은 꽤 있는데, 투자도 시기가 있어 언제라도 할 수 있는 것은 아니다. 점진적으로 조선의 부원富源을 개척하도록 해야 한다.

　　요컨대 일본인은 조선이 식민지라고 하는 생각을 일절 버리고, 조선은 내지의 연장이라는 근본 정신에 따라 모든 시설·사업을 일으킬 것을 잊어서는 안 된다.
【25】

8　단 다쿠마에 대해서는 부록 「주요 인물 소개」란을 참고할 것.
9　직업이 없이 놀며 지내는 사람.

06

난바 기요토難波淸人[1]

제국의 수도를
경성으로 옮겨라[2]

조선에 와서 제일 인상에 남은 것은 조선이 좀 더 발달해 있을 것으로 생각했는데 의외로 발달해 있지 않은 것이었다. 이는 결코 여러분의 분투·노력이 부족하다는 의미가 아니다.

우선 나는 이전부터 경성 천도론자遷都論者로 무슨 일이 있어도 일본제국의 수도는 이 경성으로 옮겨야 한다고 생각하는 논자이다. 나는 늦어도 20년, 30년 후에는 반드시 제국의 수도를 경성으로 옮겨야 한다는 지론을 가지고 있다. 그런데 이 점에서 보면 경성은 의외로 발달해 있지 않다. 이는 여러분의

---

[1] 난바 기요토에 대해서는 부록 「주요 인물 소개」란을 참고할 것.
[2] 이 글의 원문은 구어체로 되어 있으나 번역하면서 문어체로 바꾸었다.

노력이 부족해서가 아니라 총독부가 무엇을 하고 있는가 하는 점과 관계있다. 또한 정당의 무리가 무엇을 하고 있는가 하는 점과도 관계있다. 정당이라는 것은 아는 것처럼 좋은 일도 하지만, 대부분 다음 당선은 어찌될 것인가 하는 것 외에는 생각이 없는 사람들처럼 이것만 절실히 생각한다. 이런 사람들에게 경성을 잘 발달시켜 주기를 바라기는 매우 어렵지 않을까 생각한다.

그러나 다행히 지금 조선을 위해서도 기염을 토할 시기가 왔다고 믿고 있다. 그것은 다름 아니라 이른바 식량문제 때문이다. 이것은 이제 점점 일종의 사회문제가 되고 있다. 쌀의 수급관계는 우리가 말할 것도 없다. 가까운 장래에는 대단히 핍박해질 것이라고 본다. 현재 내지內地의 쌀가게에 보유미[3] [持米]가 없는 것은 30년 동안 계속된 현상으로, 이미 묵은쌀은 다 떨어지고 햅쌀이라도 나와야 먹을 수 있는 상태이다. 60세 노인이 【26】 경험에서 말한 데 따르면, 이러한 현상은 그 이전 30년 동안에는 없던 일이라고 한다. 이 점에서 보면 확실히 식량문제 때문에 일대 사회문제가 발생하리라 생각한다.

이러한 때에 내지의 정당 무리에게 눈뜨라고 하고 싶다. 즉 쌀을 봉쇄하는 것이다. 그러면 미가米價는 60엔圓보다 높아질 것이라고 믿는다. 이는 결코 공론空論이 아니다. 현재는 햅쌀을 파는 사람이 많이 있으므로 현재 가격으로 있는 것인데, 햅쌀이 보급되어 출회出廻[4]한 후에는 더욱 비싸질 것이다. 그렇게 되면 전부 쌀을 조선에서 이입하기를 바라게 될 텐데, 그때 출곡出穀 봉쇄를 하게 되면 어떻게 해서든 우선 조선의 개발문제를 해결하려고 하게 될 것이다. 그렇다면 그때 즈음하여 돈을 낼 것이다. 그렇게 해서 조선의 산업을 개발하는 것이 좋다고 말하는 것이 가장 이해하기 쉬울 것이라고 생각한다.

조선으로 제국의 수도를 옮기는 것에 대해 또한 말해 두고 싶은 것은 물은

3 가지고 있거나 간직하고 있는 쌀.
4 물품이 시장에 나와 돎.

낮은 곳으로 흐르지만 생활은 높은 곳으로 향하므로, 조선의 농촌을 도쿄 이상으로 혹은 일본 이상으로 향상시키고 나서 장래 경성으로 제국의 수도를 옮겨야 한다는 것이다. 오늘부터 그 실력을 기르기 위해 여러분이 더욱 더 노력하기를 바란다.【27】

07

시노다 지사쿠篠田治策[1]

반도의 국제 세력 성쇠
(초抄)[2]

조선 사람들이 일본인의 문명 정도까지 나아가면 점차 독립사상이 더욱 농후해져 일본통치에 반항할 것이라고 그렇게 말한다. 또는 그렇게 될지도 모른다고 한다.

그러나 내가 생각건대, 교육을 충분히 받아 일본인과 같은 정도까지 일반이 나아갔을 때 정당하고 공평한 판단이 가능할 것이라 생각한다. 충분히 공평하게 생각하여 독립을 실행할 수 있을지 어떨지, 또 일본의 국시國是[3]와 그것이 충돌하는 점은 없는지 하는 등의 중대 문제를 고려할 수 있게 될 것이

---

[1] 시노다 지사쿠에 대해서는 부록 「주요 인물 소개」란을 참고할 것.
[2] 이 글의 원문은 구어체로 되어 있으나 번역하면서 문어체로 바꾸었다.
[3] 국민의 지지도가 높은 국가 이념이나 국가 정책의 기본 방침.

다. 수박 겉핥기 식 지식을 가지고 일부 야심가의 선동에 편승하여 소동을 일으키는 등의 일은 없어지고, 교육 보급에 따라 냉정히 판단하는 지식을 얻을 수 있을 것이라 믿는다. 그러므로 결코 교육의 결과 조선인이 반항적이 되거나 또 독립사상을 선동하는 등의 모습은 되지 않으리라 생각한다.

또한 실제 한일병합의 취지를 관철하여 서로 힘을 합해 일대 제국으로서 세계를 활보하는 것이 동양 민족, 특히 일본인과 조선인의 최대의 행복임을 자각하게 될 것이라고 나는 믿는다. 예를 들어 어느 외국인이 자기와 피가 다른 인종과 함께하게 되는 것과는 매우 다른 것으로, 나는 일본인과 조선인은 교육의 공적에 따라 혼연·융화하고 동화하는 시기가 올 것이라고 믿는다. 그때까지는 여러 가지 파란이 계속되고 작은 삼한사온三寒四溫이 있겠지만, 반드시 교육의 힘에 따라 혼연일체 하는 시기가 오리라 의심치 않는다.

이에 대해서는 내가 어느 곳에서 강연한 적이 있다. 일본인과 조선인은 동포라고 자주 사람들이 말하는데 어느 학자는 이렇게 말했다. 자기들의 선조先祖는 어떠한가 하는 것을 이야기 재료로 하여, 자기 부모는 2명이라는 것이었다. 그렇다면 그 부모는 4명, 또 그 부모는 8명이 되고, 10대代 전으로 거슬러 올라가면 1,124명, 20대 전으로 거슬러 올라가면 부모가 104만 8,576명, 30대로 전으로 거슬러 올라가면 5억 3,687만 【28】 912명이 된다. 그만큼의 부모로부터 태어난 셈이 된다고 했기 때문에, 너무 숫자가 많아 계산이 잘못된 것은 아닌가 생각하여 내가 직접 계산해 보니 결코 잘못된 계산이 아니었다. 몇 대 전까지는 겨우 700, 800명의 부모이지만, 30대 전으로 거슬러 올라가면 5억 3,687만 912명의 출혈을 통해 우리는 이 세상에 태어난 것이 되는 것이다. 그렇기에 우리에게 얼마나 많은 피가 섞여 있을지 짐작할 수 있다.

그런데 일본인, 조선인을 말할 때, 잘 아는 것처럼 일본에『신찬성씨록新撰姓氏錄』[4]이라는 오래된 책이 있다. 이 책은 사가嵯峨 천황[5] 대에 윤명綸命[6]에 따라 만들어진 것으로, 기나이畿內[7]의 명가名家 1,182개 성姓에 대해 조사했다. 그 결과 진무神武 천황 이후 천황가에서 분리된 가문[皇別]이 386개, 진무 천황

전에 있던 가문[神別]이 454개, 중국·한국에서 도래한 가문[蕃別] 곧 귀화인 가문이 373개였다.[8] 즉 약 1/3은 북방에서 온, 물론 중국에서도 왔지만 주로 조선의 귀화인이었다.

우리는 30대 전으로 거슬러 올라가면, 5억 3,000여 명의 피를 받았다. 이와 반대로 사람이 자식을 낳고 또 자식을 낳아, 그 당시 살던 300 수십 명의 여러 번蕃[9]의 자손이 10대, 20대, 30대가 지난 뒤에는 그 수가 얼마나 될지 생각하면 매우 많으리라 짐작할 수 있다. 당시 기록에 야마토大和 다카이치군 高市郡 주민의 9/10는 여러 번蕃의 후예라고 되어 있다. 그러므로 다카이치군

4 헤안(平安)시대 초기인 815년(弘仁 6)에 사가(嵯峨) 천황의 명으로 편찬된 일본 고대 씨족의 일람서이다. 헤안쿄(平安京)[교토(京都)의 옛 이름. 794~1868년 수도] 및 기나이(畿內)에 사는 1,182씨족을 그 출신별로 각각 황별(皇別, 황실의 자손)·신별(神別, 일본 신의 자손)·제번(諸蕃, 도래인의 자손)의 '삼체(三體)'로 분류하여 그들의 조상과 그 씨족명의 유래 및 가문의 분기를 기술했다. 가장 처음 거론되는 황별 씨족은 진무(神武) 천황 이후 천황가에서 분리된 가문들로 총 335씨족이다. 신별 씨족은 진무 천황 전에 있던 씨족들로 총 404씨족이다. 제번 씨족은 도래계 씨족으로 총 326씨족이다. 제번 씨족은 다섯 가지로 분류되는데, 백제 104씨족, 고려 41씨족, 신라 9씨족, 가야 9씨족, 한 163씨족으로 나뉜다. 또한 이중 어디에도 분류되지 않은 117씨족이 있다. 이 책을 편찬한 주목적은 각 씨족이 하사받은 성(姓)의 정확성 여부를 판단하기 위해서였다. 책 이름에 '신찬(新撰)'이라는 말을 붙인 것은 기획만 하고 그만둔 『씨족지(氏族志)』 편찬을 다시 한다는 의미이고, 『신찬성씨록』 이전에 『성씨록(姓氏錄)』이라는 제목의 책이 존재했던 것은 아니다. 이 책에 기재된 씨족은 한정되어 있기는 하지만, 『고사기(古事記)』, 『일본서기(日本書紀)』 등 고전에는 빠진 씨족에 대한 기록이 남아 있다.
5 일본의 제52대 천황(재위 809-823)이다. '구스코(藥子)의 난'[810년 신병으로 천황을 양위한 헤제(平城) 상황(上皇)이 복권을 노리고 천황 시절의 정인(情人) 후지와라노 구스코(藤原藥子)와 그녀의 오빠와 함께 천도(遷都)를 주장하며 군사를 일으킨 사건]을 진압하고 율령체제 확립에 힘썼다. 문화적으로는 헤안시대 초기를 대표하는 '고닌(弘仁) 문화'를 꽃피웠는데, 당나라풍의 문화가 크게 유행했다. 천황 자신도 한시문에 능했으며 서도(書圖) 분야에서도 헤안시대 3대 명필로 꼽혔다.
6 천황의 명령.
7 옛날 행정구역으로, 교토 근방의 야마시로(山城), 야마토(大和), 가와치(河内), 이즈미(和泉), 셋쓰(摂津) 지방의 총칭.
8 이 책은 1,182개의 성에 대해 조사했다고 했는데, 여기에 나온 각 수치는 모두 합쳐 1,213개로 잘못 기재되어 있다. 위 『신찬성씨록』에 대한 역주 내용의 황별(皇別), 신별(神別), 번별(蕃別)의 각 수치와도 차이가 있다.
9 외국. 이민족.

의 사람들은 귀화인의 자손이라고도 할 수 있다. 얼마나 많은 피가 우리에게 섞여 있는지를 엿볼 수 있다.

그러한 예를 여러 가지 들면 피가 섞여 있는 예는 많이 있지만, 또 일본인이 북방에 온 예도 있다. 조선의 역사에 자주 '항왜降倭'[10]라는 말이 나오는데, 이들에 대해서는 학자의 연구가 필요한 점이 있지만 일본에서 귀화한 이들로 임진왜란 때 조선을 위해 항왜가 활동했다고 하는 등의 이야기도 있다. 조선의 태조 이성계李成桂[11]가 간도 방면을 공략했을 때 항왜가 활동했다는 예도 있다. 오랫동안 상당수의 일본인이 조선에 들어간 것은 분명하다. 특히 정유재란 때 평안남도 용강龍岡의 김경서金景瑞[12]라는 대장 휘하에 항왜가 상당수 활동했다는 말도 있다. 『김공유사金公遺事』라는 책을 보면, 정유재란 때 김경서가 대구를 수호했기 때문에 대구를 일본군이 공략할 수 없었고 퇴각한 기사가 있는데, 이는 주로 항왜가 활동했기 때문에 일본군을 격퇴한 것이라는 등의 기사가 보인다. 가토 기요마사加藤淸正[13]가 울산에서 농성했을 때도 항왜가 와서 일본군에 항복을 권한 【29】 예도 있다. 이러한 식으로 항왜가 활동한

---

10 조선시대에 투항한 일본인.
11 조선의 초대 왕(1335~1408, 재위 1392~1398). 왕위에 오르기 전의 이름은 성계(成桂)이고 왕위에 오른 후의 이름은 단(旦). 자는 중결(仲潔). 호는 송헌(松軒). 고려 말기 무신으로서 왜구를 물리쳐 공을 세웠고, 위화도 회군을 계기로 정권을 장악하여 조선 왕조를 세웠다.
12 조선 중기의 무신(1564~1624). 임진왜란 때 많은 무공을 세우고, 포도대장, 북로 방어사 등을 지냈다. 명나라의 요청으로 후금을 치기 위해 출정했다가 강홍립(姜弘立)이 항복할 때 함께 포로가 되었다. 적정(敵情)을 기록하여 조선에 보내려다가 발각되어 처형되었다.
13 일본의 무장(武將, 1562~1611). 아즈치(安土)·모모야마(桃山)시대와 에도(江戶)시대에 걸쳐 활동했다. 어린 시절부터 도요토미 히데요시(豊臣秀吉)의 가신(家臣)으로 활동했다. 축성술에 뛰어났던 도요토미 히데요시의 용장이었다. 시즈가타케(賤ヶ岳) 전투에서 활약하며 '시즈가타케의 칠본창(七本槍)'의 한 사람으로 꼽혔으며 임진왜란, 정유재란에 참전하여 활약했다. 도요토미 히데요시가 사망한 이후에는 같은 가신인 이시다 미쓰나리(石田三成)와 대립하여 도쿠가와 이에야스(德川家康) 등과 한편이 되었다. 세키가하라(關ヶ原) 전투에서 동군으로 참전하여 승리했으며, 52만 석의 영지를 거느린 센고쿠다이묘(戰國大名)[일본 전국시대에 각지에서 할거하던 대영주. 슈고다이묘(守護大名)를 대신하여 출현]이자 구마모토번(熊本藩)의 초대 번주가 되었다.

것이 조선의 역사에 나온다. 항왜는 그 후 오랫동안 농민[百姓]·사냥꾼[獵師] 등이 되어 버렸다. 『동국여지승람東國輿地勝覽』[14]이라는 조선의 책에 충청도 괴산군에서 11종의 성을 사칭한 자가 일본에서 귀화한 자라는 말이 나온다는 것을 일찍이 어느 한학자에게서 들은 적이 있다. 그리고 대구 달성군達城郡의 모하당慕夏堂[15]이라는 사람은 일본에서 3,000명의 귀화인을 데리고 왔다는 일도 있다.

일본인이 왜 항왜가 되었는지 우리는 도무지 이해할 수 없으므로, 이마니시今西[16] 문학박사를 만났을 때 그 일을 물었더니 이렇게 해결되는 말을 해 준 적이 있다. 항왜의 해석, 곧 일본인이 왜 항왜가 되었는가 하는 것을 오늘날 일본의 황실에 대한 관념, 애국의 관념으로 해석하는 것은 곤란하다. 당시에는 황실에 대한 충성의 관념이 희박하고, 자신의 직접적인 주군主君[17]에 대한 관념이 강했다. 즉 제후가 할거한 전국戰國시대 등에는 자신의 주군이 멸망한 경우, 일본에서는 다른 주군을 섬겨 그 녹을 먹는 것은 불쾌하므로 어쩔 수 없이 조선에 귀화한 것으로 보인다고 해석했다. 그런 식으로 해석하면 전혀 이상하지 않다고 생각된다.

청일전쟁, 러일전쟁에서도 일본 군대는 항복이라는 것은 하지 않았다. 간신히 긴슈마루金州丸에서 항복했던 적은 있지만,[18] 일본인에게는 거의 항복이

---

14 조선 성종의 명에 따라 노사신(盧思愼) 등이 편찬한 우리나라의 지리서. 『대명일통지(大明一統志)』를 참고하여 우리나라 각 도(道)의 지리·풍속과 그 밖의 사항을 기록했다. 특히 누정(樓亭), 불우(佛宇), 고적(古跡), 제영(題詠) 등의 조(條)에는 역대 명가(名家)의 시와 기문(記文)도 풍부하게 실려 있다. 55권 25책의 활자본이다.
15 김충선(金忠善)은 조선시대의 귀화인(1571~?). 자는 선지(善之). 호는 모하당(慕夏堂). 임진왜란 때 가토 기요마사의 선봉장으로 내침(來侵)했다가 박진(朴晉)에게 귀부(歸附)했다. 누차 전공을 세워 성명을 하사받고 자헌대부, 정헌대부에 올랐다. 정유재란, 병자호란 때에도 많은 전공을 세웠다. 저서로 『모하당문집』이 있고, 가사 작품 「모하당술회록」이 전한다.
16 이마니시 류에 대해서는 부록 「주요 인물 소개」란을 참고할 것.
17 자기가 섬기는 군주. 영주.
18 1903년 6월 7일 블라디보스토크 함대는 여순(旅順)에서 공식적으로 편성되었다. 1904년 2월 8일

라는 것이 없었다. 제1차 세계대전[歐羅巴戰爭] 때에는 세계 최강의 군대라고 불리던 독일인이 패전하여 수만 명씩 항복했는데, 일본인은 전쟁에 나가 결코 항복은 하지 않았다. 임진왜란 때 고니시 유키나가小西行長[19] 세력이 평양에서 퇴각했을 때도 부상당한 일본인 2명이 항복했을 뿐이다. 그들을 포로로 했다고 하는 기록이 있는데, 일본인은 전장戰場에서 죽는 것을 명예로 알아 어려워도 결코 항복은 하지 않았다. 이러한 사실로 생각하면 지금 말한 이마니시의 항왜에 대한 해석이 가장 적당하지 않을까 생각한다. 또한 이 점은 역사연구가의 연구를 더 기다려야 할 것으로 보인다.

멀리 고대에는 물론 근세에도 이러한 식으로 일본인이 상당수 조선에 귀화

여순 공격으로 러일전쟁이 시작되자 블라디보스토크 함대는 즉시 반격을 시작하여 여순 공격 다음 날인 2월 9일부터 4월 26일까지 쓰가루해협(津輕海峽) 서쪽 출구 방면과 원산 방면에서 세 번의 통상 파괴 작전을 펼쳐 수송선 긴슈마루(金州丸, 일본우선, 3,967톤) 등 각종 선박을 격침하거나 파괴 또는 나포를 감행했다. 이에 대항하여 일본제국 해군은 당초 제3함대를 쓰시마해협(對馬海峽)을 지키도록 파견했지만, 블라디보스토크 함대의 맹위에 눌리자 제2함대를 추가 배치했다. 제2함대 추가 배치 후 블라디보스토크 함대의 행동은 억제되었다.

[19] 일본 아즈치(安土)·모모야마(桃山) 시대 히고국(肥後國) 우토성(宇土城)의 영주였으며, 임진왜란 당시 왜군 선봉장이던 무장(1562-1611). 대표적인 천주교도 영주이다. 오다 노부나가(織田信長)가 사망한 혼노지(本能寺)의 변란 이후 도요토미 히데요시(豊臣秀吉)를 섬기며 세토내해(瀨戶內海)의 군수 물자를 운반하는 총책임이 되었다. 1588년 도요토미의 신임을 얻어 히고국 우토성의 영주가 되고, 1592년 임진왜란 때는 그의 사위인 쓰시마주(對馬島主) 소 요시토시(宗義智)와 함께 1만 8,000명의 병력을 이끌고 제1진으로 부산진성을 공격하여, 조선의 정발 장군이 지키는 부산포성을 함락하고 동래성을 함락시켰다. 이후 일본군의 선봉장이 되어 대동강까지 진격하고 6월 15일 평양성을 함락했다. 그러나 1593년 명나라 장수 이여송(李如松)이 이끄는 원군에게 패하여 평양성에 불을 지르고 서울로 퇴각했다. 전쟁이 점차 장기화되고 명나라를 정복할 가능성이 희박해지자 조선의 이덕형(李德馨)과 명나라 심유경(沈惟敬) 등과 강화를 교섭했으나 실패했다. 1596년 강화교섭이 최종 실패로 끝나자 1597년 정유재란 때 다시 조선에 쳐들어왔으며, 남원성 전투에서 조선과 명나라 연합군을 격퇴하고 전주까지 무혈입성 했고 순천에 왜성을 쌓고 전라도 일대에 주둔했다. 1598년 도요토미가 사망하면서 철군 명령이 내려지자 노량해전이 벌어진 틈을 이용하여 일본으로 돌아갔다. 1600년 일본에서는 도요토미가 사망한 후 도쿠가와 이에야스(德川家康) 세력이 점차 강해져 이를 저지하려는 이시다 미쓰나리(石田三成) 세력과 세키가하라(關ヶ原) 전투가 벌어진다. 고니시 유키나가는 미쓰나리에 동조하여 싸우다가 패했다. 고니시는 천주교의 교리에 따라 할복자결을 거부하고 효수당했다.

했는데, 조선으로부터도 다수의 귀화가 행해져 그 자손이 번창하게 되었다. 이 사실을 생각하면 거의 일본인과 조선인의 차별은 【30】 없을 것이다. 과연 내지에서 조선에 와서 조선의 상태를 보면, 일본의 상태와는 상당히 다르다. 하지만 작은 풍속·습관의 차이는 눈에 띌지 몰라도, 귀화한 사람들의 상태를 보면 우리는 조금도 구분할 수 없다. 무사시국武藏國[20]의 고마촌高麗村[21] 사람들은 말할 것도 없이, 현재 가고시마현鹿兒島縣에 귀화한 조선인들을 봐도 이들이 귀화인이라고는 생각되지 않는다. 300년 동안에 완전히 일본의 풍속·습관에 융합되어 조선어는 한 글자도 모르게 된 것이다.

그러므로 나는 해가 갈수록 내선은 혼연일체가 될 것이라고 확신하는 한 사람이다. 그 시기에 달할 때까지 조선을 통치하는 수단·방법은 여러 가지가 있을 것이다. 이는 정치가 혹은 경세가經世家가 연구해야 하는 중요 문제이나, 근본적으로 한국병합의 정신을 끝까지 철저히 해야 한다고 생각한다. 그렇게 해서 북쪽의 차가운 폭풍이 반도를 향해 불어오는 것을 절대로 막아야 한다. 일본에서 부는 사온四溫의 바람이 반도를 풍미風靡하여 영원히 춘풍태탕春風駘蕩[22] 하여, 반도의 민중에게 평화와 행복을 향유하게 해야 한다.

---

[20] 옛 지방 이름으로, 도산도(東山道) 중 도카이도(東海道)에 속했다. 현재의 도쿄도(東京都), 사이타마현(埼玉縣), 가나가와현(神奈川縣)의 일부이다.
[21] 사이타마현 이루마군(入間郡)에 설치되었던 촌이다. 현재의 히다카시(日高市)에 해당한다.
[22] 봄바람이 온화하게 분다는 뜻. 인품이나 성격이 온화하고 여유가 있음을 비유하여 이르는 말.

>>> 기능을 다하게 하라

기계 일부에 고장이 생기면 전체는 원활하게 운전되지 않는다. 한때 인위적으로 무리하면 꼭 반동反動이 있다. 조선 민족이 가장 고통으로 여기며 외치는 것은 그 천부天賦의 기능을 다할 수 있을 만큼 기회를 균등하게 달라는 목소리이다.

부담 능력과 의무 관계에서 국민으로서 이러이러한 만큼의 권리밖에 주지 않는다는 것은 바로 인류로서 천부의 기능을 제한하는 것과 마찬가지이다. 하루빨리 이들에게 정권政權을 주어 기능 일부의 제한을 해제해야 한다.【31】

08

오가키 다케오大垣丈夫[1]

일본인의 절반은
조선인의 후예

상고上古 신대神代[2] 무렵에 일본과 조선의 교통이 빈번했던 것은 『고사기古事記』[3], 『일본서기日本書紀』[4] 등에 기재되어 있다. 그리고 그 통로는 일본의 이즈모出雲[5]와 조선의 강원도였던 것으로 보인다. 이는 조류潮流 관계상 왕래

---

1   오가키 다케오에 대해서는 부록 「주요 인물 소개」란을 참고할 것.
2   일본 신화에서 신이 다스렸다고 전해지는 시대. 일본 역사상 진무(神武) 천황 이전의 시대. 신의 시대라고 일컬음.
3   고대 일본의 신화·전설 및 사적을 기술한 책으로, 일본에서 가장 오래된 문헌으로 알려져 있다. 나라(奈良) 시대 초기에 편찬된 천황가의 신화 상·중·하 3권으로 이루어졌다. 상권은 신들의 이야기, 중·하권은 초대 진무 천황부터 스이코(推古) 천황에 이르는 천황의 계보와 구전된 신화·전설 등을 기록했다.
4   나라 시대에 만들어진 일본 최고(最古)의 칙찬(勅撰) 정사(正史). 고대부터 697년까지의 전설, 신화, 사실(史實) 등을 편년체로 기록한 것으로, 720년에 완성했다. 총 30권이다.

가 편리했기 때문으로 생각된다. 스사노오노미코토素盞雄命[6] 및 이타케루노미코토五十猛命[7] 등이 자주 왕래하며 조선을 '근국根國'이라고 칭하던 것도 기록을 통해 알 수 있다. 그렇다고 어느 정도의 남녀가 일본에 이주했는지는 명료하지 않다. 그러나 상당히 다수의 남녀가 이즈모를 거쳐 일본에 이주한 것만큼은 짐작하기 어렵지 않다.

문헌에서 조금 볼 만한 것은 인황人皇[8] 10대 스진崇神 천황[9] 65년(기원전 33) 7월에 임나[10]국任那國 왕 소나갈질지蘇那曷叱智[11]를 일본에 보낸 방물方物[12]

[5] 옛 지방 이름으로, 산인도(山陰道)에 위치했다. 지금의 시마네현(島根縣) 동부이다.
[6] 『고사기』·『일본서기』등의 일본 신화에 등장하는 남신(男神). 죄의 관념과 관련이 있는 것으로 보인다.
[7] 일본의 신으로,『일본서기』에 나온다. 스사노오노미코토의 아들로 아버지와 함께 신라에 건너갔다가, 그 후 수종(樹種)을 가지고 이즈모로 이주하여 전국에 식림했다.
[8] 진무 천황 이후의 천황.
[9] 야요이(彌生) 시대 일본의 제10대 천황(재위 기원전 97~29)이다. 실존했을 가능성이 큰 일본 최초의 천황이다.
[10] 금관가야의 이칭 또는 가야연맹체를 모두 가리키는 역사용어. '임나(任那)'라는 말이 가장 먼저 보이는 우리나라 자료는「광개토왕릉비(廣開土王陵碑)」이다. 광개토왕릉비에 기재된 '임나가라(任那加羅)'는 내용으로 보아 금관가야를 가리킨 것으로 보인다. 그러나 고령을 중심으로 한 대가야를 가리킨 것으로 보기도 한다.『일본서기』임나일본부(任那日本府) 등으로 기록된 것을 근거로, 일본 학계가 일본의 가야지배설을 주장하여 오랫동안 논란의 대상이 되어 왔다.
[11] 원문에는 '소갈질지(蘇曷叱智)'라고 쓰여 있으나, '소나갈질지(蘇那曷叱智)'의 오기이다. 소나갈질지는 삼국시대 가야에서 기원전 1세기경 일본에 사자로 파견된 관리이다.『일본서기』에 따르면, 그는 일본에 사신으로 갔다가 일본 왕이 준 붉은 비단 100필을 가지고 돌아오던 중 신라인에게 이를 탈취당했는데, 이에 따라 두 나라 사이에 원한 관계가 시작되었다고 한다. 기사와 함께 실린 설화의 기본 요소는『고사기』의 신라 왕자 천일창(天之日矛) 설화에서 파생·확대된 것으로, 신라계 이주민에 대한 설화가 가야계 설화에 혼합된 것으로 보인다. '질지(叱智)'는 수장(首長) 또는 귀인(貴人)의 뜻을 가진 인명 끝에 붙이는 존칭이다. '소나갈'은 '이마에 뿔이 난 사람'이라는 뜻이다. 따라서 '소나갈질지'는 새 깃털 모양의 관을 쓴 변진(弁辰)·가야 계통의 수장을 나타내는 별명으로 풀이되기도 한다. 설화의 시대에 대한 견해도 1~3세기 또는 6~7세기 등으로 일정하지 않다. 이러한 설화적 기록은 특정 인물에 대한 한정된 사실을 나타내는 것이라기보다, 상당 기간에 걸쳐 가야 지방의 세력 집단이 일본과 교류하거나 이주·정착했던 역사적 현상을 반영한 것이라 할 수 있다. 또 설화 속 인물들이 거쳐간 아나토(穴門)-이즈모국(出雲國)-에쓰국(越國)이라는 경로는 한반도로부터 일본의 기나이(畿內) 지방에 이르는 주요한 해상 교통로 중 하나를 나타낸 것으로 보인다.

을 바친 것으로, 이를 한일 교통의 시작으로 보고 있다. 이는 지금으로부터 1958년 전으로, 서력西曆기원전 33년이다. 소나갈질지는 수년 체류하고 11대 스이닌垂仁 천황[13] 2년(기원전 28)에 임나로 돌아갔고, 스이닌 천황 3년(기원전 27)에는 신라의 왕자 천일창天日槍[14]이 일본에 귀화하여 중용되어 그 자손 역시 일본 황실에 봉사했다. 스이닌 천황 10년(기원전 20)에는 일본의 호공瓠公[15]

12 수령 등이 임금에게 진상하던 그 고장의 특산물.
13 야요이 시대 일본의 제11대 천황(재위 기원전 70~29)이다. 고대국가 건설 및 한반도와 관련된 설화가 많은 인물로 중앙집권화를 촉진했다.
14 일본의 초기 국가를 형성한 인물로, 기원전 1세기경 일본에 건너갔다고 전해지는 신라계 사람이다. 신라의 왕자로서 처음 일본의 하리마국(播磨國) 시소읍(宍粟邑)[지금의 효고현(兵庫縣) 시소군(宍粟郡)]에 상륙하여 오미국(近江國)[지금의 사가현(滋賀縣) 사카타군(坂田郡)]·와카사국(若狹國, 오미국의 북부지역) 등을 거쳐 다지마국(但馬, 지금의 효고현 북부지방)에 정착하게 되었으며, 왕에게 옥(玉)·청동거울(日鏡)·창·칼 등 8가지 물건을 바쳤다고 한다. 이를 다지마국의 신물(神物)로 소장했다는 내용이 『일본서기』 스이닌 천황 3년조(條)에 실려 있다. 『고사기』 오진(應神) 천황 조(條)에는 이와는 달리 '아메노히보코(天之日矛)'라는 이름으로 기록되어 있고, 그가 일본에 귀화하게 된 동기와 경로에 대해 다른 설화적인 내용이 첨가되어 있다. 즉 신라에 있을 때 적옥(赤玉)을 얻게 되었으며, 이것이 동녀(童女)로 변하여 아내로 삼았다. 그녀가 일본으로 도망을 가자, 아내를 찾아 그녀가 숨어 있는 난바(難波)[지금의 오사카(大阪)지방]에 갔으나, 신(神)의 저지로 상륙하지 못하고 돌아서 다지마국에 정착하여 살게 되었다는 것이다. 이러한 설화는 다지마지방의 호족(豪族)이던 다지마모리(田道間守)라는 인물의 선조 설화 형태로 전승되었다. 이는 신라 또는 진한 계통의 이주민 집단이 일본 서부지방에 정착하여 유력한 세력 집단으로 활동했던 역사적 사실을 반영하는 것으로 해석되고 있다. 또한 천일창이 거쳐 갔다고 전해지거나 그에 대한 설화가 전승되고 있는 효고·오사카·사가 등의 지역은 고대 한일 간의 해상 교통로와 한반도계 주민들의 정착 및 활동무대를 나타내는 것으로 보인다. 이주민 집단을 통해 일본에 전해진 청동거울, 청동제 무기들이 그가 가져간 물건 중에도 포함되어 있던 것으로 설명되기도 한다.
15 『삼국사기』에 따르면 족성(族姓)은 분명하지 않으나 본래 일본인으로, 처음에 박[瓠]을 허리에 차고 바다를 건너온 까닭에 '호공'이라 일컬었다고 한다. 이러한 설화로 보아 사로국(斯盧國)의 중심지로 시조 박혁거세(朴赫居世)의 강림지(降臨地)라고 하는 양산(楊山) 기슭에 근거지를 두고, 사로국의 성장과정에서 중요한 역할을 한 이주민 집단의 지도자였던 것 같다. 기원전 20년(혁거세 38) 마한에 사신으로 파견되어, 불충실한 조공을 꾸짖는 마한왕에게 사로국의 성장을 과시하고 귀국했다. 『삼국유사』에는 탈해이사금이 즉위하기 전에 지략으로 호공의 집을 빼앗았다고 전한다. 이것은 탈해이사금의 석씨 세력과 호공 세력이 접촉하게 되는 계기로, 그 뒤 호공의 활동으로 보아 두 세력은 밀접한 관계를 유지했음을 알 수 있다. 호공은 58년(탈해이사금 2) 대보(大輔, 초기의 재상)에 임명되어 군국정사(軍國政事)를 담당했으며, 김알지(金閼智)의 탄생 설화에 관련된 것으로 보아 김씨 세력과 석씨 세력의 매개 역할을 담당한 것으로 보인다. 한편 호공이 박을

이 신라에 가서 중용되어 대보大輔[16]가 되었다. 이때 양국인은 언어가 서로 통하고 국정國情도 서로 양해하여 일본 황실과 신라 왕실이 매우 친밀한 관계를 맺었다.

13대 세무成務 천황[17] 27년(156)에는 신라인이 다수 일본에 귀화하고, 14대 주아이仲哀 천황[18] 8년(199)에는 백제인이 다수 일본에 귀화한 것이 기록에 명기되어 있다. 이는 일본이 기후가 온화하고 토지가 비옥하며 또 주민[生民]이 매우 희박한 점에서 한반도에서 빈번하게 이주를 시도했던 것으로 보인다. 결국 규슈九州에 이주해 있던 구마소족態襲族[19]이 반역을 꾀하고, 주아이 천황이 친정親征 중 9년(200) 2월 6일 진중陣中에서 붕어崩御하니, 진구 황후神功皇后[20]는 여성이면서도 용감하게 나서서 구마소족을 지엽枝葉적으로 만들었다.

차고 왔으며, 박혁거세가 박 모양의 큰 알에서 태어났기 때문에 박씨라고 칭했다는 공통점에서 박씨족의 한 분파라고 간주하는 견해도 있다.
16 삼국시대 초기에 둔 신라의 으뜸 벼슬. 신라 제2대 남해왕 때 석탈해가 처음으로 이 벼슬에 올랐다.
17 일본의 제13대 천황(재위 131~191)이다. 짧은 재위 동안 지방제도 정비를 실시한 천황으로 사서에 기록되어 있으나, 그 사실은 물론 천황의 실재 자체에 대해서도 의심받고 있다.
18 일본의 제14대 천황(재위 192~200)이다. 신라를 정벌하라는 신의 계시를 듣지 않아 급사했다고 한다.
19 옛날에 사쓰마(薩摩)[지금의 가고시마현(鹿兒島縣) 서반부]·오스미(大隅, 지금의 가고시마현 동부)·휴가(日向)[지금의 미야자키현(宮崎縣)] 지방에 살던 부족 이름.
20 삼한을 정벌했다는 전설상의 인물이다. 신라와 가라 7국을 평정한 후 백제를 복속시켰다고 하는 『일본서기』의 기록으로 인해 임나일본부설의 기반이 되었다. 『일본서기』에서는 진구에 대해 「섭정기」라는 본기를 따로 두고 있다. 『일본서기』의 기년에 따르면, 진구는 천황이 없던 서기 201~269년에 재위한 것으로 나온다. 반면 『일본서기』보다 먼저 쓰였다는 『고사기』에서는 진구에 대해 별도의 본기를 두지 않고 주아이 천황 시기 안에 그녀의 행적을 같이 적고 있다. 진구는 주아이 천황의 황후이자 오진 천황의 어머니로서 이들 기록에 등장하고 있다. 진구는 남편인 주아이가 신라를 정벌하라는 신의 계시를 듣지 않아 급사하자, 직접 구마소를 정벌한 후 스미요시대신(主吉大神)의 신탁에 따라 오진을 임신한 채 신라를 정벌했다고 한다. 이후 고구려와 백제로부터도 조공을 받았는데, 이를 소위 '삼한정벌'이라고 했다. 이렇게 진구 49년(249년, 수정 연대로는 369년) 한반도 남부에 출병해서 신라를 격파하고, 가야 7국을 평정한 후 전라남도까지 장악하여 백제를 복속시켰다고 하는 『일본서기』의 기록은 소위 임나일본부설의 시작으로 알려졌다. 그러나 진구에 대한 기록을 보면 상당 부분 전설로 이루어져 있고 비현실적인 기사가 주를 이루고 있다.

오히려 진구 황후는 그 근간을 뿌리 뽑기 위해 삼한정벌三韓征伐의 대사를 일으켜 바다를 건너, 진구 황후 섭정 10년(210) 3월 신라왕이 먼저 항복하고 고구려, 백제가 잇따라 항복하여 진구 황후 섭정 12년(212) 순조롭게 개선凱旋했다. 이후 진구 황후 섭정 69년간(201~269)과 오진應神 천황[21] 41년간(270~310)에는 양국의 교섭이 가장 빈번하여 거의 동일한 국가 같은 양상을 나타냈다.

그중에서도 특기할 만한 것은 【32】 박사 왕인王仁[22]이 일본 조정에 와서 유학儒學이 처음으로 일본에 들어온 일이다. 처음에 오진 천황 15년(284) 8월 백제왕은 그의 아들 아직기阿直岐[23]를 일본에 보냈다. 아직기는 경전에 능통하여 황태자 우지노 와키이라쓰코菟道稚郎子[24]가 그를 스승으로 삼아 배웠는데,

---

진구 황후의 전설이 역사적 사실이라는 견해가 일본 학계에 없지 않지만, 진구에 대한 실재성이나 전승 기록의 역사성에 대해서는 대체로 부정적인 견해가 많다. 당시 일본이 백제로부터 선진 문물을 수입하고 군사 원조를 한 사실이 『일본서기』 편찬자의 천황주의적 사관에 따라 과장되거나 왜곡된 것으로 판단된다.

21 고훈(古墳) 시대에 활동한 일본의 제15대 천황(재위 270~310)으로, 진구 황후의 아들로 전해진다. '천황'이라는 칭호를 최초로 사용했다고 전해지지만 일본 역사상 실제로 존재했는지는 확실하지 않다. 『일본서기』에 나오는 당대 한반도와의 대외관계 기록과 관련해서는 4세기 말에서 5세기 초의 인물로 판단하고 있다.

22 삼국시대 백제에서 일본에 논어와 천자문을 전한 학자. 『고사기』에서는 그를 '와니기시(和邇吉師)'라 했고, 『일본서기』에는 '왕인'이라고 기록되어 있다. 『고사기』에는 백제 근초고왕 때 사람으로 기록되어 있으나, 『일본서기』에는 아신왕(阿莘王) 말년 경에 일본으로 건너온 것처럼 기록되어 있어 전후 30~40년간의 차이가 있다. 『일본서기』에 기록된 아신왕 말기가 맞는 것으로 보이는데, 당시는 고구려 광개토대왕의 남정(南征)으로 백제가 태자 전지(腆支)를 일본에 파견하고 일본에서도 병력을 지원하는 등 양국의 군사동맹이 성립되어 우호관계로 나아가던 시기이기 때문이다. 그러나 우리나라 역사책에는 전혀 그의 이름이 보이지 않는다.

23 백제시대의 학자. '아지길사(阿知吉師)'라고도 하는데, 길사는 귀인 또는 대인을 의미한다. 그는 근초고왕에서 아신왕대 사이에 왕명으로 좋은 말 두 필을 가지고 일본으로 가서 일왕에게 선물하고 말 기르는 일과 승마술을 전했다. 그 후 일왕은 그가 경서에 조예가 깊은 것을 알고 태자 우치노와기이로치코(菟道稚郎子)의 스승으로 삼았다. 그때 일왕이 그에게 "너의 나라에 너보다 나은 박사가 있느냐?"라고 묻자, 그는 "왕인이라는 학자가 있는데 나보다 훌륭하다"며 왕인을 추천했다. 이 말을 들은 일왕은 백제에 사신을 파견해서 왕인을 데려갔고, 그 뒤 백제의 문화와 학술이 일본에 전수되어 일본 고대문화의 발판을 이룩했다고 한다.

24 『일본서기』 등에 전해지는 고대 일본의 황족. 제15대 오진 천황의 황자(皇子)로 백제에서 온 아직기, 뒤이어 도래한 왕인으로부터 많은 경전을 배우고 부친의 신임도 두터워 황태자가 되었으나,

아직기는 다시 박사 왕인을 추천했다. 따라서 아라타와케荒田別[25]를 백제에 보내 왕인의 도래를 요청했다. 오진 천황 16년(285) 2월 왕인은 야공冶工[26], 양주인釀酒人, 포목공[吳服[27]工] 등 다수의 직공을 거느리고 일본 조정에 왔다. 또한 논어 10권, 천자문 1권을 바쳤다. 황태자가 먼저 사사師事하고, 오진 천황 28년(297) 9월에는 많은 신하에게 명하여 그에게 경사經史를 배우게 했다. 대저 왕인이 일본 조정에 온 것은 유학이 일본에 들어온 기원으로, 지금으로부터 약 1,600여 년 전으로 서기 285년이다.

당시 일본의 문화는 조금 수준이 낮아 학술, 공예 등 제반에 걸쳐 삼한三韓으로부터 서로 다투어 배우지 않을 수 없는 상태였다. 그러므로 상하가 모두 저 나라 사람을 환영했고, 저 나라 사람도 역시 기뻐하며 속속 이주한 것 같다.

그리고 유랴쿠雄略 천황[28] 즉위 원년(457)에 백제왕은 지진희池津姬[29]를 보

오진 천황 사후 의붓형인 오사자키노 미코토(大鷦鷯尊)[훗날 닌토쿠(仁德) 천황]에게 황위를 양위하기 위해 자살했다고 한다.

[25] 『일본서기』에 보이는 무인(武人). 진구 황후 섭정 49년(249) 가가와케(鹿我別)와 함께 장군이 되어, 신라를 공격하고 다음 해 귀국했다. 오진 천황 15년(284)에는 백제에 박사를 구하여 왕인을 일본에 데려왔다고 한다.

[26] 대장일을 하는 기술직 노동자. 대장장이.

[27] 포목. 비단 옷감의 총칭.

[28] 일본의 제21대 천황(재위 456~479)이다. 형인 안코(安康) 천황이 암살당한 후 경쟁자인 황위 계승 후보자들을 모두 무력으로 제압한 뒤 즉위했다. 중국의 역사서에 보이는 5세기 일왕 5인 가운데 무왕에 해당하는 인물로 간주되고 있다. 야마토 정권의 통일 과정에서 그 세력이 간토 지방과 규슈 지방에까지 미친 강력한 군주로 평가된다. '오키미(大王)'라는 칭호를 최초로 사용하고 씨성제도를 확립했다.

[29] 『일본서기』에 인용된 「백제신찬(百濟新撰)」에는 곤지왕이 도래한 연유를 이렇게 기록하고 있다. "개로왕이 즉위하자 유랴쿠 천황이 축하의 뜻으로 아레나코(阿禮奴跪)를 보내면서 미녀를 한 명 보내 달라고 했다. 이에 백제는 모니(慕尼) 부인의 딸 지진희(池津姬)를 보냈다. 천황은 그녀를 궁중으로 들이려고 했지만, 그녀가 그 전에 다른 사람과 사통해 버린 사건이 터졌다. 천황은 격노해서 두 사람의 사지를 나무에 묶고는 판자 위에 올려 태워 버렸다. 이러한 소식을 들은 개로왕은 미안하게 여겨 다시는 여자를 보내지 않았다. 그리고는 남동생인 곤지에게 '네가 일본에 가서 천황을 잘 보필하라'고 했다. 곤지왕은 '일본에 부임하기 전에 왕이 총애하는 여성을 한

내 천황을 입시入侍하게 했다. 이러한 관계 등으로 보면, 일본 황실도 저 왕실과 오랫동안 특별한 관계가 있었음을 짐작할 수 있다. 29대 긴메欽明 천황[30] 이후 불교가 도래하여 여기에 귀의하는 자도 점차 증가했다.

그런데 저 나라에서는 소국[小邦] 분립으로 인해 쟁투가 끊이지 않았다. 서로 일승일패 하고 이전에는 구원을 청하여 그때마다 일본에서 군대[軍旅][31]를 파견하여 구원하러 간 것이 몇 번이나 되었는지 모른다. 그렇지만 예전에 일본도 조금 곤란한 사정이 있어 구원하러 가기로 하고 중지한 적도 있었다. 이로 인해 패망한 사람들이 일본에 많이 귀화한 것으로 보인다.

믿을 만한 기록에 따르면, 고구려인 수백 명을 야마시로국山城國[32] 소라쿠군相樂郡에 두었다든지, 백제 귀화인 다수를 야마토국大和國[33] 도이치군十市郡에 두었다든지 등의 사실을 여기저기에서 수없이 볼 수 있다.

정사正史에 비추어 보아도, 33대 덴지天智 천황[34] 양암諒闇[35] 5년(666)에 백

명 주십시오'라고 했고, 왕은 기이하게도 산달이 가까운 임산부를 하사하면서 '만약 일본으로 가는 도중에 출산하면 모자 모두 함께 배에 태워 빨리 보내주기를 바란다'고 했다. 실제로 일본으로 가는 도중 가라도(加羅島)에서 임산부가 출산하게 된다. 그러자 곤지왕은 약속대로 모자를 배에 태워 백제로 돌려보냈다. 이때 태어난 아이가 '도군(嶋君)'이라고 불린 무령왕이다. 이후 백제의 삼근왕이 서거하자 유랴쿠 천황은 곤지왕의 둘째 아들인 말다왕이 어린데도 총명하다며 백제왕으로 삼고 병사 500명을 붙여 백제로 보냈다고 한다. 이가 바로 백제 24대 동성왕이다"라고 되어 있다.

30 6세기 중엽에 재위한 일본의 제29대 천황(재위 539~571)이다. 이복형인 센카(宣化) 천황의 뒤를 이어 즉위했다. 대외관계에서는 처음으로 백제로부터 불교를 공식적으로 받아들였고, 백제와 긴밀한 관계를 유지하면서 한반도 외교에 힘을 썼다. 570년경에는 고구려와도 교류를 시작했다.
31 전시 편성 부대.
32 교토부(京都府) 남부 지방의 옛 이름.
33 옛 땅 이름으로 지금의 나라현(奈良縣).
34 아스카(飛鳥) 시대 일본의 제38대 천황(재위 668~672)이다. 을사(乙巳)의 변[645년 나카노오에 황자(中大兄皇子)가 나카토미 가마타리(中臣鎌足)와 연합하여 소가노 이루카(蘇我入鹿)를 살해한 사건]을 일으켜 소가노 가문을 제압하고, 다이카개신(大化改新, 7세기 중엽 일본에서 왕을 정점으로 한 중앙집권적 정치체제를 구축하기 위해 이루어진 정치개혁)의 중심인물로서 일본 율령제의 기반을 구축하고, 전국의 호적을 작성했으며, 관료제와 행정기구를 충실히 정비했다. 또한 백제부흥운동을 지원하고, 즉위 후 신라·당과의 국교 재개를 위해 견신라사(遺新羅使)와 견당사(遺唐使)를 파견했다.

제의 남녀 400여 명이 귀화하여 오미국近江國[36] 간자키군神崎郡에 두었고, 다음 해 덴지 천황 6년(667)에 백제의 남녀 2,000여 명을 동국東國[37]으로 옮겼다. 40대 덴무天武 천황[38] 12년(683)에 귀화한 백제인 23명을 무사시국武藏國에 두었고, 41대 지토持統 천황[39] 9년(695)에 귀화한 고구려인 56명을 히타치국常陸國[40]에, 신라인 84명을 시모쓰케국下野國[41]에, 또 뒤에 계속 온 신라인 22명을 무사시국에 두었다. 또한 지토 천황 4년(690)에 신라인 50명, 백제인 21명이 귀화해 와서 이들을 무사시국에 두었다. 그리고 42대 몬무文武 천황[42] 원년(697)에 신라인 74명을 미노국美濃國[43]으로 옮긴 것을 비롯하여, 무시로다군席田郡[44]을 두어 고구려인 1,790명을 무사시로 옮기고 고마군高麗郡[45]을 두었다. 47대 준닌淳仁 천황[46] 3년(760)에 신라의 비구[僧][47] 23명, 비구니[尼][48] 2명, 남자

35 임금이 부모의 상중(喪中)에 있어 상복을 입는 기간.
36 옛 지방 이름으로 지금의 사가현(滋賀縣).
37 도쿄를 중심으로 한 간토 지방. 또는 긴키(近畿)지방에서 볼 때 동쪽에 있는 지방.
38 아스카 시대 인물로, 일본의 제40대 천황(재위 673~686)이다. 천황을 중심으로 한 중앙집권을 강화했고, 천황의 지위를 절대화·신격화했다.
39 아스카 시대 덴무 천황의 황후이자 제41대 일본 천황(재위 690~697)이다. 덴무 천황이 죽은 뒤 즉위하지 않은 채로 천황의 정무를 수행했다. 하지만 아들인 황태자 구사카베 황자(草壁皇子)가 일찍 죽자 손자인 가루 황자(輕皇子)를 천황으로 만들기 위해 690년 스스로 천황의 자리에 올랐다. 중계 천황의 성격이 강하지만 실제로 뛰어난 통치 능력을 지녔던 천황으로 평가되고 있다. 덴무 천황의 정책을 그대로 계승하여 시행하면서, 특히 전국적인 호적을 작성하고, 아스카기요미하라령(飛鳥淨御原令, 아스카 시대 후기에 제정된 체계적인 법전)을 제정했으며, 후지와라쿄(藤原京)를 짓고 천도하는 등의 업적을 남겼다.
40 옛 지방 이름으로 현재의 이바라키현(茨城縣)의 대부분임.
41 옛 지방 이름으로 지금의 도치기현(栃木縣).
42 아스카 시대 인물로 일본의 제42대 천황(재위 697~707)이다. 다이호 율령(大寶律令)의 제정과 시행에 힘썼다.
43 옛 지방 이름으로 지금의 기후현(岐阜縣)의 남부.
44 후쿠오카현(福岡縣)에 있던 군.
45 무사시국[현재의 사이타마현(埼玉縣)]에 있던 군.
46 나라(奈良) 시대 일본의 제47대 천황(재위 758~764)이다. 나라 시대를 대표하는 권신(權臣) 후지와라노 나카마로(藤原仲麻呂)의 강력한 추천으로 천황으로 옹립되었다. 이후 제46대 고켄(孝謙) 상황(上皇)과의 권력 다툼으로 폐위되어 유폐지에서 생을 마감했다.

19명, 여자 11명이 귀화하여 무사시국에 있게 했다. 당시 시라기군新羅郡⁴⁹이란 지명이 있다. 48대 쇼토쿠稱德 천황⁵⁰ 1년(764)에 신라인 193명이 귀화하여, 그 중 【33】 고즈케국上野國⁵¹에 거주하게 된 자에게 성姓을 요시이노무라지吉井連라고 하사했다. 49대 고닌光仁 천황⁵² 10년(779)에 발해 철리인鐵利⁵³人 395명이 귀화하여 데와국出羽國⁵⁴에 두었다. 52대 사가嵯峨 천황 5년(813)에 27명, 사가 천황 7년(815)에 180명, 사가 천황 8년(816)에 177명의 신라인이 귀화했다. 이렇게 신라인이 속속 귀화하여 세력이 증가함에 따라 지방 관인官人과 충돌했다. 결국 사가 천황 12년(820) 2월 14일 도토미遠江⁵⁵, 스루가駿河⁵⁶의 신라 귀화인이 단결하여 반기反旗를 들어, 사가미相模⁵⁷, 무사시 등 7주州의 군대를

47 출가하여 구족계를 받은 남자 승려.
48 출가하여 구족계를 받은 여자 승려.
49 무사시국(사이타마현, 도쿄도)에 있던 군으로, 니쿠라군(新座郡)이라고도 함.
50 일본의 제48대 천황(재위 764~770). 일본 최초의 독신 여제(女帝)로, 제46대 고켄 천황으로 즉위했다가 준닌 천황에게 천황 자리를 양위한 후 후지와라노 나카마로(藤原仲麻呂)의 난(8세기 일본 나라 시대에 조정의 실권자 후지와라노 나카마로가 상왕 고켄에 맞서 일으킨 반란)을 계기로 준닌 천황을 폐위시키고 다시 제48대 천황 자리에 올랐다. 그러나 승려인 도쿄(道鏡)가 실질적으로 국정을 관장하며, 고켄 천황의 정부(情夫)로서 막후에서 나라를 통치하는 것에 만족하지 않고 신탁을 빙자하여 자신이 황위를 이을 것이라고 예언했다(도쿄 사건). 이 일로 막강한 권력을 행사하던 후지와라(藤原) 가문의 분노를 사게 되어, 결국 770년 쇼토쿠 천황 사후 도쿄는 수도에서 추방되었다. 그리고 이후 여성이 천황이 되지 못하도록 했다. 평생을 독신으로 지낸 쇼토쿠 천황은 후사를 남기지 못한 채 770년 천연두로 사망했다.
51 옛 지방 이름으로, 지금의 군마현(群馬縣).
52 나라 시대 일본의 제49대 천황(재위 770~781)이다. 672년 덴무 천황이 아스카기요미하라 궁에서 즉위한 이후, 100여 년간 계속된 덴무 천황계의 황통은 고닌 천황의 즉위로 인해 막을 내렸고 덴지 천황계의 황통이 시작되었다. 불필요한 관직을 정리·통합하고 긴축 재정 정책을 실시하는 등 율령 체제를 재건하기 위해 노력했다.
53 중국 당나라 때에 만주에서 활약하던 퉁구스계 부족. 8세기 전반에 나타나 약 400년 동안 활동했다. 중국 만주 흑룡강(黑龍江) 연안에 살던 말갈(靺鞨)의 한 부족으로, 발해에 복속되었다.
54 옛 지방 이름으로 지금의 야마가타현(山形縣)과 아키타현(秋田縣).
55 옛 지방 이름으로 현재 시즈오카현(靜岡縣)의 서부.
56 옛 지방 이름으로 지금의 시즈오카현의 중앙부.
57 옛 지방 이름으로 지금의 가나가와현(神奈川縣) 일대. '소주(相州)'라고도 함.

일으켜 간신히 진무鎭撫했다고 한다.

이상은 정사와 기록에 등재된 단체 귀화를 적기摘記[58]한 것이다. 여기에는 개인의 자발적인 도래 또는 학자·직공 등이 귀국하지 않고 그대로 귀화하여 영주永住한 경우는 기입하지 않았으나, 그 숫자도 필시 다수였을 것이다. 단, 가마쿠라鎌倉 막부[59] 시대부터 이후에는 국정國情상 일본이 귀화인을 막았다. 그렇다고 하더라도 도요토미 히데요시豊臣秀吉[60]의 임진왜란 때 시마즈島津[61] 사쓰마수薩摩守[62]를 비롯하여 제국諸國의 다이묘大名[63]가 조선인을 권유하여 데려온 사람 수가 몇 천 명에나 달했으니, 그 후예도 이제는 막대한 수에 이를 것이다.

이를 요컨대 신대의 이즈모족을 비롯하여 인황 11대 스이닌 천황 이하 역대의 단체 귀화, 또는 자발적으로 이주한 사람 수를 계산하면 어림잡아도 20만 명은 될 것이다. 야마토 민족이 능히 이들 다수의 조선 민족을 동화하여 오늘날의 일본제국을 만들어 낸 포용력과 용맹심에 필자는 몸소 감복感服[64]하지 않을 수 없다. 이미 20만 명의 조선 민족이 내지 본토에 이주했다면, 그 연대로 미루어 생각건대 아마 제국 본토의 민중 반수는 조선인의 후예일 것이

---

58 요점만 뽑아 적음.
59 1192년 일본의 미나모토노 요리토모(源賴朝)가 가마쿠라에 설치한 일본 최초의 무인 집권 정부. 경쟁 관계에 있던 다이라씨(平氏) 가문을 물리치고 천황의 재가를 받아 전 일본을 지배하는 기관이 되었다.
60 일본의 무장·정치가(1537~1598). 일본을 통일하고 중국 대륙 침략의 야망을 실현하기 위해 조선을 공격하여 임진왜란을 일으켰으나 실패했다.
61 시마즈 요시히로(島津義弘). 일본의 에도(江戶)시대에 활동한 무장(1535~1619). 임진왜란 때 1만 5,000여 명의 군사를 이끌고 참전했고, 일본으로 귀환하면서 전라북도 남원성에서 80여 명의 조선 도공들을 납치했다.
62 사쓰마국(薩摩國)의 장관(長官).
63 일본 헤안(平安)시대 말기에서 중세에 걸쳐 많은 영지(領地)를 가졌던 봉건 영주. 무사 계급으로서 그 지방의 행정권, 사법권, 징세권을 가졌으며 군사 사무도 관할했다.
64 감동하여 충심으로 탄복함.

다. 필경 두 민족은 그 근본을 거슬러 올라가면 동종同種의 혈맥血脈이 상통하는 것이 틀림없다. 그렇다면 즉 현재 일본인 중 조선에 이주한 40만 명에 가까운 남녀의 반수도 곧 조선인의 후예이다. 그러하니 일본인의 전도前途의 융합은 인성人性이 자연히 부합할 것으로 구구한 속론俗論[65]에 귀 기울일 필요가 없다. 마지막으로 오언시[五言] 한 편[一律]을 덧붙인다.

일본과 조선이 어찌 유별하랴.	日鮮何有別
두 종이 뿌리가 같으니	兩種是同根
중세에는 비록 간격이 있었으나	中世雖間隔
지금은 곧 한 집안이노라.	而今便一門
하늘이 맑아 높은 산 정상에 오르니	天晴進嶽頂
봄이어서 이화촌李花村(조선)이 따뜻하네.	春暖李花村
의기투합하고 서로 친하면	把臂相親處
오랜 세월 후에도 이 혼을 지키리라.	千秋保此魂

【34】

---

65 세속의 의론. 하찮은 의견. 통속적인 이론.

09

지바 료千葉了[1]

조선의
현재와 장래

조선 문제는 오랫동안 정부와 민간의 논제였으나, 진심으로 납득할 만한 의논은 매우 적다. 이는 다만 이를 들은 사람만의 감상일 뿐 아니라 이를 말한 사람 또한 이론과 실제에서 아무런 불안감이나 심리유보心裏留保[2] 없이 말하고 있기 때문일지도 모른다.

생각건대 그 모순과 간격은 주로 신구新舊 사상과 내선內鮮의 주장 사이에서 생겨났다. 어느 것이나 진리는 있으나 어느 것에도 철저함이 부족한 점이 있다. 그중에는 이론과 실제와 감정이 착종되어 있는 것도 있는가 하면, 심하

---

1 지바 료에 대해서는 부록 「주요 인물 소개」란을 참고할 것.
2 자기의 의사 표시 행위가 본래의 뜻과 다른 뜻으로 해석될 것을 알면서 행하는 의사 표시.

게는 직선을 평행하게 하여 대론對論한 지 너무 오래되어 끝이 없어 보이는 것도 있다. 이를 반드시 하나로 합치기 위해서는 사회, 국가, 철학, 종교, 정치, 경제 등 제반 인지人智·의지력의 합일이 있어야 비로소 가능하나, 실은 이는 거의 불가능에 가까운 일이다. 다만 나는 신구 사상에는 서로 더 연구할 여지가 있고, 동시에 평행한 직선처럼 되어 있는 내선의 주장도 서로 불러들이고 이끌고 가 교착交錯[3]시킬 가능성이 결코 적지 않다고 생각한다. 명지明知[4]와 아량으로 곧 이를 극복할 것이다.

조선을 논하는 데에는 우선 '민족 본능'을 망각해서는 안 된다. 사람은 가령 금전옥루金殿玉樓[5] 안에서 환대를 받아도 어리석다고 매도하면 화를 낸다. 구타하면 반항하고, 밥상에서 밀려나면 불평한다. 인간에게 자주독립의 본능성이 있기 때문이다. 이는 집단의 민족에게도 있다. 민족 본능은 선악의 문제가 아니라 가장 중요한 사실인 것이다. 한일병합에 따라 정치·법률적으로는 금구무결金甌無缺[6]한 국권에 대해 감히 반역행위를 하는 독립운동도 이를 민족의 본능 동작으로 보면 이해가 된다. 병합 이후 교통이 열리고 산업이 발달했으며 문명적 시설이 순조롭게 보급되었다. 생명·재산이 안전·공고해진 것은 옛날에 비할 데 없어, 그 복리·은혜에 대해서는 상하가 모두 기뻐할 것으로 생각한다. 그런데도 일본의 굴레[羈絆[7]]에서 벗어나려는 무모한 행위를 감행하려는 자가 있는 것도 매우 이상한 일로 경탄驚歎할【35】 필요는 없는 것이다. 즉 조선통치도, 조선 문제도 민족 본능이 잠재한다는 것을 가장 중요한 사실로서 시인하지 않고서는 위험하고 피상적인 비난을 피할 수 없을 것이다.

3 이리저리 엇갈려 뒤섞임.
4 분명하게 앎.
5 크고 화려하게 지은 전각과 누대.
6 흠이 없는 황금 단지처럼 완전하고 결점이 없다는 뜻으로, 국력이 강하여 외침을 받은 적이 없음을 비유적으로 이르는 말.
7 굴레를 씌운다는 뜻으로, 자유를 구속하거나 억압함을 이르는 말.

다음으로 조선 문제를 논하기 위해서는 생물계의 '경쟁'과 '협력' 두 작용의 미묘한 이합離合 관계를 이해해야 한다. 경쟁을 중시하여 생물의 생존을 설명한 것은 다윈Darwin[8]이고, 협동이 생물 생존의 중심력이라고 한 것은 크로폿킨Kropotkin[9]이다.

그러나 신의 섭리로 생각해 보면, 세계는 우월한 생물이 생존하여 발달하는 곳으로 세계 생물계의 큰 이상理想이 없으면 안 된다. 그것이 없었으면 인류가 소·돼지를 도살하여 스키야키[10]를 만들거나, 새 요리나 생선 요리로 입맛을 다시거나, 또 몰이사냥[11]이라든지 오리 사냥을 하게 됐을 리도 없다. 이는 인류 사이에서도 진리가 아니면 안 된다. 나는 야수野獸가 세계를 점령하는 것을 신이 기뻐하시지 않으리라 생각한다. 어느 정도 같은 의미에서 아이누[12]가 일본을 지배하기를 바라지 않고, 흑인이 워싱턴 백악관의 주인이 되거나, 간사한 입술에 깔깔한 살갗의 모로코 미인이 파리의 오페라하우스 댄서가 되는 것은 찬성할 수 없다. 야마토 민족이 코로보쿠스[13]나 아이누 등을 홋카이도의 벽지로 밀어 넣고, 더 합리적인 국민적 존재임을 시인받은 것은 이 이론

---

[8] 영국의 생물학자(1809~1882). 남반구를 탐사하여 수집한 화석 및 생물을 연구해서 생물의 진화를 주장하고, 1858년에 자연 선택으로 새로운 종이 기원한다는 자연 선택설을 발표했다. 저서로 『종(種)의 기원』, 『가축 및 재배 식물의 변이』 등이 있다.
[9] 제정 러시아의 무정부주의자(1842~1921). 혁명운동에 투신하여 무정부주의를 신봉했으며, 평등한 이상사회 건설을 역설했다. 저서로 『상호부조론』, 『현대 과학과 무정부주의』 등이 있다.
[10] 육류 및 기타 재료를 철 냄비에 굽거나 삶거나 하여 만든 일본 요리이다. 간장, 설탕, 술 등을 넣은 양념 국물이 사용된다. 보통 스키야키는 얇게 썬 쇠고기가 사용되며 파, 배추, 쑥갓, 표고버섯, 구운 두부, 곤약, 밀가루 등의 재료가 곁들여진다.
[11] 짐승이나 물고기를 목으로 몰아넣고 잡는 사냥.
[12] 동아시아의 옛 종족. 일본의 홋카이도와 사할린·쿠릴 열도에 거주했으나, 현재는 주로 홋카이도에 거주한다. 유럽 인종의 한 분파에 황색 인종의 피가 섞인 종족이었으나, 일본인과의 혼혈로 본래의 인종적 특성과 고유의 문화를 점차 잃어 갔다. 근세 이후에 일본인과의 접촉, 특히 메이지정부의 개척·동화정책으로 고유 습속이나 문화가 많이 사라졌다.
[13] 원문에는 '코로보쿠스'라고 쓰여 있으나, '코로폭쿠루(koropokkuru)'라는 아이누 전설에 나타나는 소인(小人)의 선주민(先住民)을 가리키는 듯하다.

에서 나온다. 이것이 민족 간에는 경쟁이 되어 나타난다. 경쟁은 죄악이 아니다. 우월한 생물이 생존·발달하여 세계 문화가 진보하는 합리적인 과정이다. 앵글로색슨과 몽골인 사이의 경쟁도 있다. 같은 몽골인이라도 일본 민족이나 중국 민족이나 말레이[14] 민족 사이에 경쟁이 있다. 조선 민족 역시 물론 그 와중에 있다.

그런데 크로폿킨은 포유류[獸類] 상호 간에 부조扶助의 자원·본능[資能]이 있음을 인정하여 인류 간의 협동을 더욱 고조했다. 이 협동의 자원·본능은 기독교나 불교에서도 말하고 사회 연대의 사조思潮에도 나타난다. 이것이 도덕으로는 인도人道라는 이름으로 창도唱導되고 있다.

웰스Wells[15]는 세계문명사에 대한 대작大作을 써서 세계대전에 대한 서술을 마치며 "우리의 진정한 국가는 지금 바야흐로 완성 도중에 있는 연방세계국가이다. 국민주의를 신이라고 한다면, 종족의 신과 함께 묻혀야 할 것이다. 우리의 진정한 국민성은 인류 곧 그것이다"라고 강조했다. 이것은 곧 이 이상적인 사론史論이다. 한일병합은 '경쟁'과 '협동'의 두 작용과 이합을 생각하지 않고서, 단지 생물과 논리와 역사적 측면에서 이해할 수는 없다. 【36】

다만 조선은 예로부터 일본의 중요한 통로[咽喉]로 비수匕首[16]를 들이대고 있었다. 만약 조선이 완전한 독립국으로, 중국의 간섭을 배제하는 것은 물론 서양세력의 동점東漸에 항거하여 과감하고 용감하게 독자적인 입장을 잃지 않고 일본과 제휴하여 이른바 공존공영할 수 있었다면 일본은 좋았을까. 조선을 침략하려고 해도 할 수 없고, 조선을 병합해서 매우 성가신 짐을 떠맡을

---

14 동남아시아의 말레이반도와 그 주변의 싱가포르섬을 비롯한 여러 섬을 통틀어 이르는 이름. 또는 1957년 말레이반도 9개의 토후국과 페낭·믈라카 두 직할 식민지가 통합하여 영국에서 독립한 연방 국가로, 1963년 말레이시아에 편입되었다.
15 영국의 문명 비평가·작가(1866~1946). 저서로 『세계 문화사 대계』, 『타임머신』, 『우주 전쟁』 등이 있다.
16 날이 예리하고 짧은 칼.

필요도 없었을 것이다.

다만 불행히도 조선은 예로부터 사대事大 사조思潮에 지배되어, 중국이 강하면 중국의 부용附庸[17]이 되고, 일본이 왕성하면 일본과 친하게 지냈으며, 조선 말엽에는 번갈아 영국·미국·러시아에 아첨하고 종속되어, 국본國本이 동요하고 민심이 하나로 합쳐지지 못했다. 일본이 만일 조선의 지주支柱가 되지 않았으면, 조선은 중국 또는 서양세력의 지배에 굴복했을 것이 분명하다. 그때 곧 일본의 발달도 저해되는 것은 물론 생존 또한 위협받았을 것이다. 이는 일본 민족이 단연코 참을 수 없는 것이다. 일본이 보호정책을 채택하여 병합의 대사를 결행한 것은 모두 이 때문이다.

러일전쟁 후 가쓰라桂[18] 수상이 미국 대통령 루스벨트Theodore Roosevelt[19]와 교환한 비밀 각서가 일전에 발견되어, 존스홉킨스대학교Johns Hopkins University 데넷Dennett 교수에 의해 미국 평론계에 공표되었다. 그런데 그중에서 가쓰라 수상은 "조선은 동양 화란禍亂[20]의 근원으로, 러일전쟁 또한 이 때문에 일어났다. 일본은 국가의 자위自衛상 보호권을 한국에 가하는 것이 부득이하다"는 말을 했고, 루스벨트는 이를 옳다고 인정했다. 그리고 화란이 아직 그치지 않았기 때문에 병합 외에 이를 근절할 길이 없다고 하여 결국 병합은 행해졌다. 이러한 취지는 당시 하사된 조서詔書에서 "짐이 동양의 평화를 영원히 유지하여 제국의 안전을 장래에 보장할 필요가 있음을 생각했다. 또한 항상 한국이 화란의 연원淵源임을 돌아보아, 앞서 짐이 정부에 한국정부와 협정하게 하여

---

17 작은 나라가 큰 나라에 의탁해서 지내는 일. 독립하지 못하고 남에게 의지하여 살아가는 일.
18 가쓰라 다로에 대해서는 부록 「주요 인물 소개」란을 참고할 것.
19 미국의 제26대 대통령(1858~1919, 재임 1901~1909). 트러스트를 규제하고 국가 자원 보존 등의 혁신적인 정책을 취했다. 먼로주의를 확대 해석하여 베네수엘라 문제, 카리브해 문제, 파나마 운하 건설 등의 강력한 외교를 추진했다. 또한 러일전쟁 강화 알선 및 모로코 문제 해결 등의 적극적인 대외 정책을 전개하여 1906년에 노벨 평화상을 받았다.
20 재앙과 난리를 통틀어 이르는 말.

한국을 제국의 보호 아래 두어 화근을 두절杜絶하고 평화를 확보하는 것을 도모했다"라고 말한 것에 모두 나타나 있다.

한일병합의 목적은 첫 번째 의의는 일본의 생존·발달을 위하는 데 있다. 조선을 착취하고 찬탈簒奪[21]하여 고사枯死시키려고 하는 것이 아니라, 도리어 조선을 계발·지도하려는 목적과 밀접한 관계가 있다. 즉 일본은 일본의 민족 본능을 자각함과 동시에, 조선에도 또한 민족 본능이 잠재하는 것에 대해 충분한 이해를 가지고 있다. 이에 조선인의 문화 발달, 실력 충실을 통해 오히려 두 민족의 협동을 촉진하고, 일본의 생존·발달을 보호·조성助成할 수 있다고 믿는다. 그리고 이를 통해 조선 민족은 또한 열강의 압박과 국민의 동요를 피해, 일본 민족과 협동하여 【37】장래에 살아갈 길을 찾아낼 수 있다.

병합의 목적은 두 번째 의의로 조선 민족의 생존·발달에 있고, 이는 첫 번째 의의의 목적과 밀접한 관계가 있다. 그러므로 조선통치는 첫 번째 의의의 병합 목적이 허용하는 범위 내에서, 조선인이 물질적으로는 문화·실력의 발달과 충실을 도모하고 정신적으로는 민족 본능을 가능한 한 완화하게 해야 한다.

무릇 선정善政의 채용體容[22]의 기조를 이루는 근본 방침이 정해지지 않으면 안 된다. 병합 조서에서 "민중은 직접 짐이 수무綏撫[23]하여 그 강복康福을 증진할 것이다"라고 말했다. 관제 개정 조서에서는 다시 부연하여 "그 민중을 애무愛撫하는 것을 일시동인一視同仁하고, 짐이 신민臣民을 추호도 차이가 있게 대하지 않을 것이다"라고 말했다. 통치 근본 방침에 대해서는 국내외 사람들이 처음부터 한 점의 의혹을 품을 여지가 없었다.

---

21 왕위, 국가 주권 따위를 억지로 빼앗음.
22 사물의 본체와 그 작용, 또는 원리와 그 응용을 통틀어 이르는 말.
23 편안하게 하고 어루만져서 달램.

그러나 다시 이를 정치적으로 연역演繹[24]하면, 동화정책, 내지연장주의, 내선융화책, 내정內政 독립 방침 등 각종 방침이 기조를 이룰 수 있는 것이다. 관제 개정 시 당시의 하라原[25] 수상은 "조선이 가능한 한 빨리 내지연장의 결실을 거두게 하고, 조선인이 결국에는 일본 국민과 동일한 국민정신을 체현"하는 것을 시정施政의 이상으로 한다는 취지의 의견을 발표했다. 더욱이 1920년(大正 9) 10월에는 "시대의 진보에 즉응하여 적절한 방책을 취하고 조선인의 복리 증진을 주안主眼으로 하는 시설을 시행하고 점차 내선 장벽의 철거에 힘써, 이른바 일선융화, 공영을 목적으로 하는 한국병합의 대정신으로 한 걸음 한 걸음 나아가게 할 각오이다"라는 의견을 발표했다. 병합 이후 이른바 동화정책은 대체로 일본의 조선통치 근본 방침이었다고 말할 수 있을 것이다. 이는 데라우치寺內[26], 하세가와長谷川[27] 두 총독의 시정을 봐도 알 수 있다. 하라 수상은 '동화'라는 문자를 피해 앞서서는 '내지연장'이라고 했고, 이후에는 '일선융화'라고 제창했다. 동공이곡同工異曲[28]의 말이면서, 그 사이 통치 방침이 서서히 변화한 추이를 헤아릴 수 있다고 생각한다.

　　동화정책은 결코 불가능하지 않다. 만약 동화라는 것이 가능하다면, 일본을 위해 안성맞춤일 뿐만 아니라 조선도 또한 체용이 모두 일본의 일부가 되어 평등한 권리·의무와 사회적 지위를 얻어 생존·발달하게 되기 때문에 결코 불이익이라고는 말할 수 없다. 그렇지만 다행인지 불행인지 가장 중요

24　어떤 명제로부터 추론 규칙에 따라 결론을 이끌어 냄. 또는 그런 과정. 일반적인 사실이나 원리를 전제로 하여 개별적인 사실이나 보다 특수한 다른 원리를 이끌어 내는 추리를 이른다. 경험을 필요로 하지 않는 순수한 사유에 의하여 이루어지며 그 전형은 삼단 논법이다.
25　하라 다카시에 대해서는 부록 「주요 인물 소개」란을 참고할 것.
26　데라우치 마사타케에 대해서는 부록 「주요 인물 소개」란을 참고할 것.
27　하세가와 요시미치에 대해서는 부록 「주요 인물 소개」란을 참고할 것.
28　재주나 솜씨는 같지만 표현된 내용이나 맛이 다름을 이르는 말. 한유(韓愈)의 『진학해(進學解)』에 나오는 말이다.

한 사실로서 전래된 민족 본능이 동화정책과 화합하기에는 너무나 심각하다. 성급한 일본의 국민성에 이민족의 동화 등을 말하는 것은 상당히 어려운 사업이다.

조선 문제에 조예가 깊은 모씨의 「조선통치사견私見」[29]에 "우견愚見으로 보면, 병합 당시에 【38】 이미 동화정책에 착수했다. 무엇인가 구체적인 제도를 시행하여 조선인의 풍속·습관을 점차 일본화하는 길을 강구하여, 그들에게 나는 진실로 일본인이 될 수 있다는 관념을 일상생활 중에 갖게 하는 시설을 이루어야 한다. 다음으로 교육 방침이 이와 동일하게 보조步調를 맞추는 것은 물론이고, 일본어를 습득하는 것이 일반인의 의무가 되어 남녀노소 모두에게 그 의무를 부과해야 한다"고 했다. 또한 "일본제국에 합병을 청원하는 자는 반드시 일본의 천황 폐하께 충의忠義를 다해야 한다고 명령적으로 주입하여 습성이 되게 하는 것밖에 길이 없다"고 논하고 있다. 이는 충분히 급성적인 동화정책론을 대표한다고 생각한다.

이렇게 극단적이지는 않지만 병합 이후의 총독정치는 약간 이와 유사한 동화정책을 채택하여 10년간 존엄한 평화의 치적治績을 남겼다. 그런데 일단 결렬이 생기면, 어제는 교육칙어敎育勅語[30]를 봉독奉讀한 입으로 오늘은 한국 만세를 큰 소리로 부르고, 배워 익힌 일본어로 일본인 배척을 논하여 세상의 진실한 동화론자를 파랗게 질리게 하고 있다. 특히 일본어로 국민성을 만들려고 하는 것은 크게 잘못된 생각으로, 여러 외국에도 이러한 잘못된 정책이 적지 않다.

---

29 「조선통치사견」은 하라 다카시가 1920년 식민통치제도의 기본 방침을 제시한 것이다. 여기서 하라는 식민지 조선에 본국과 동일한 법과 제도를 시행해야 한다고 주장했다.
30 1890년 일본의 메이지 천황이 천황제에 기반을 둔 교육 방침을 공표한 칙어. 천황의 신격화와 유교적 가족 도덕을 강조하며 군신·부자 등의 상하 관계를 중시한 일본 국민의 정신적 규범이다. 일제하에는 유효했지만 1947년에 국회에서 무효 결정이 되었다.

실제로 미국이 미국화 정책으로 영어를 강제하여, 필리핀의 소학교에서 필리핀어를 가르치지 않고 그 관립학교에서 스페인어조차도 가르치지 않는 정책이 얼마만큼 성공을 가져올지 의심스럽다. 보가더스[31] 같은 이도 저서 『미국인화Americanization』에서 "프러시아[32]는 독일어를 용어로 하고 폴란드어를 압박하려고 하여 400만 명의 불령不逞한 폴란드인을 만들었다. 러시아 또한 그 전철을 밟아 1,000만 명의 비도匪徒를 낳았다. 헝가리 역시 슬라브인에 대해 마자르어 외의 용어를 금지하여 슬라브인을 적군에게 투항하게 했다. 그러므로 영어 사용은 강제할 것이 아니다. 또한 외국은 쉽게 압박하면 안 된다"고 주장하고 있다.

병합 이후의 조선총독정치에서는 결코 조선인이나 외국인 등이 비난하는 것처럼 조선어 압박은 하고 있지 않다. 실제로 이 점은 미국 선교사 스미스Smith도 1920년(大正 9) 4월 『재팬 애드버타이저The Japan Advertiser』[33]지紙상에서 명확히 변명해 주었다.[34] 새로운 총독 시정에서 더욱 적극적으로 조선어

---

31 에모리 보가더스에 대해서는 부록 「주요 인물 소개」란을 참고할 것.
32 1701년에 프리드리히 3세가 왕호를 허락받고 세운 왕국. 강국으로 성장하여 프로이센 · 프랑스 전쟁 후에 독일제국을 성립시켰다.
33 일본 요코하마(橫濱)에서 인쇄업을 하던 미국인 로버트 마이클존(Robert Meiklejohn, 1846~1904)이 1890년에 창간한 영자신문이다. 그는 이 신문사를 1900년까지 운영하다가 1901년에 주일 미국 회중교회 선교사 아더 메이 냅(Arthur May Knnap, 1841~1921)에게 팔고 은퇴했다. 1908년부터는 이 신문기자이던 벤자민 윌프리드 플라이셔(Benjamin Wilfred Fleisher, 1870~1946)가 이 신문사를 인수하여 운영했다. 플라이셔는 이 신문사를 1913년 요코하마에서 도쿄로 이전했다. 그러나 미일관계의 악화로 그는 1940년 7월, 일본인이 1938년 창간하여 경영하던 『재팬타임스(The Japan Times)』에 신문과 잡지를 넘기고 미국으로 돌아갔다(김승태, 「『재팬 애드버타이저(The Japan Advertiser)』의 3 · 1운동 관련 보도」, 『한국독립운동사연구』 54, 독립기념관 한국독립운동사연구소, 2016, 162쪽).
34 한국에서 선교활동을 하던 헤론 스미스(Frank Herron Smith)는 일제의 식민통치를 옹호하는 글을 『재팬 애드버타이저(The Japan Advertiser)』에 연재했다. 그러자 3 · 1운동을 겪으며 한국인들을 돕고 만세운동 현장을 기록으로 남기면서 일제의 만행을 규탄하고 탄압에 맞서 싸우며 동화정책과 민족차별정책의 철폐를 주장하던 스코필드(Frank William Schofield)가 「한국 : 프랭크 헤론 스미스 목사에 대한 답변」이라는 제목으로 『재팬 애드버타이저』에 기고하여 헤론 스미스의 글을 강력히

장려 방침에 나선 것은 원래부터 그래야 했다고 생각한다.

현대 일본의 조선 연구 권위자인 모 문학박사는 의견으로 "그렇지만 나는 스스로 반성하고, 또 일본인의 조선인에 대한 감정의 진실한 고동鼓動을 들으며, 일본인이 반드시 끝내 조선인을 동화시키고 조선인이 끝내 일본인이 되어야 한다고 믿는다. 일본인의 이익상으로 볼 때도 【39】 물론 조선인을 동화시키지 않으면 안 된다"고 아무렇지도 않은 듯이 논단했다. 그런데 독립소요(3·1운동)가 발발하자 후론을 첨가하여 다음과 같이 말했다. "단, 나는 이에 따라 결코 조선인이 충심衷心으로 독립을 희망하거나, 또 일본의 통치에 심복心服[35] 한다고는 생각하지 않는다"고 하고, "그렇다면 앞으로 상당 기간 조선이 매우 평온해져 정치에 기쁜 마음으로 복종할 것이라 안심하고 느긋하게 있을 수 없다. 또 때때로 다시 파란이 일어 세상이 어수선해지더라도 일본의 국력에 자신 있는 한 당황하고 낭패하여 통치 방침을 변경할 필요는 없다"고 했다. 또한 "만약 이러한 종교적 시설, 이러한 교육적 시설, 즉 동정·박애 등 가장 아름다운 인류 감정의 원천에서 흘러나오는 교화를 베풀었는데도, 여전히 청년들이 미국 문화를 흠모하여 미국인에게 경복敬服하고 계속해서 미국인 산하로 달려간다면, 이는 참으로 일본 문화가 근저가 없고 힘이 없는 것으로, 이 지경에 이르러서는 누구를 책망하겠는가"라고 결론지었다. 이 박사와 같은 권위자도 여전히 동화정책론에 불안을 느껴 왔음을 알 수 있다.

또한 조선연구회 주간主幹으로서 조선 연구를 평생의 지업志業으로 삼고 있는 아오야기 난메靑柳南冥[36]는 그의 저서 『조선독립소요사론朝鮮獨立騷擾史論』 중에서 "아. 한일병합 이후 만 10년, 우리가 신문에 편저編著로 절규하고 큰 소리로 외친 동화론은 조선민에게 혐오받고 버려져 진부해진 지 이미 오래

비난했다.

35 마음속으로 기뻐하며 성심을 다하여 순종함.
36 아오야기 난메 곧 아오야기 쓰나타로에 대해서는 부록 「주요 인물 소개」란을 참고할 것.

되어 회고하니 부끄럽기 짝이 없다"고 고백했다. 동화정책론의 운명 대개는 이와 같다.

생각건대 이민족의 동화라는 것은 이것저것 손쉽고 성급하게 수공手工을 했다고 해서 이룰 수 있는 것이 아니다. 동화정책은 결코 불가하지 않고, 또 절대로 불가능한 것이라고도 생각하지 않는다. 그런데 만약 이룰 수 있다고 해도, 내선의 통혼通婚을 보급하여 자손 3대를 지내는 데 적어도 100년 내지 1,000년의 세월은 족히 필요하다고 생각해야 한다. 시정 10년 만에 일본 국민의 정신이 조선의 도시와 지방에 널리 미친 것처럼 지레짐작하여 동화정책의 성공을 기뻐하거나, 비도의 습격이나 폭탄·권총 사건이 있다고 해서 조선통치의 실패를 시끄럽게 떠드는 등 성급한 일본 국민에게 이 정도의 끈기가 그렇게 많이 있으리라고는 생각하지 않는다. 하물며 그 사이에 세계의 대세, 동양의 시국은 어떻게 변천할 것인지, 특히 사상의 조류에 어떠한 파란을 일으킬 것인지 누구도 예측할 수 없는 오늘날의 정세情勢로는 결국 다년간의 공로가 한 번의 실수로 허사로 돌아가지는 않을지 걱정된다.

요컨대 동화정책론이라는 것은 이상으로서 이의異議는 없지만, 필경 무지개를 좇아[37] 빗속을 달리는 모습처럼 되지는 않을까 하고 생각한다. 그 밖에 "일본과 조선은 원래 【40】 동종同種·동문同文이다"라든지, 혹은 "야마토 민족은 이즈모 민족을 동화시켰다"라든지 하는 식의 주장은 학자의 논의로서는 동화정책의 한 기조를 이루므로 연구도 필요하지만, 실제 시정상으로 얼마만큼의 기여를 할 수 있을지 대단히 의문스럽지 않을 수 없다.

내지연장주의라는 것은 동화정책을 형이상적으로 표현한 것이라고 생각한다. 내선융화책은 일본과 조선 두 민족의 병립을 전제로 하는 방침이다. 두 민족 공존공영의 부조·협동책이다. 그리고 한일병합은 일본 민족의 생존

---

[37] 실현 가능성이 없는 꿈을 좇아 시간을 허비한다는 뜻.

· 발달을 제일의第一義[38]로 한 현상이라고 본다. 또한 인도주의와 근세적 식민정책으로 조선통치를 시행하는 것에 따라 타민족의 병합정치를 합리화할 수 있다. 선정은 협동의 이법理法에 합체해야 한다고 주장해 왔다. 선정은 동화정책의 선상에만 서 있을 필요가 없다. 바꿔 말하면 동화정책이나 내지연장주의를 채택하지 않으면 한일병합의 취지가 달성되지 않고 통치의 성적을 거둘 수 없다고 생각하는 것은 무용無用한 기우杞憂라고 말하고 싶다. 조선통치는 일본 자위 제일의의 영역을 침범하지 않는 한도에서 일본과 조선 두 민족의 병립을 긍정하고, 민족 본능의 가장 중요한 사실의 존재를 시인하며, 두 민족의 융화 곧 공존공영, 부조·협동을 도모하여 간다면 그것으로 좋은 것이다.

동화는 높고 원대한 이상이다. 가령 천년 후가 되어서라도 내선융화의 성과로 동화를 이룰 수 있다면 이는 기대 이상으로 다행이라고 할 만하다.

데라우치 총독은 매우 성실한 사람이다. 세상 사람들은 전 총독정치를 평가하여 무단정치라고 일컫지만, 이는 시세의 필요에 따른 정치 형식을 채택한 것일 뿐 선정을 펼치려고 고심·진력한 것에 대해서 누구도 비난할 자는 없을 것이다. 또한 병합 이후 조선의 관계官界는 물론 민간에서 반도 문화의 개발에 고심한 관민의 공적은 길이 후세에 남을 것이다. 다만 병합 이후의 치정治政은 일본 자위 제일의에 너무 편중되었다. 동화의 실현을 자꾸만 서둘렀다. 그리고 민족 본능의 존재를 중시하지 않았다. 이러한 비평을 후세 사람들에게서 듣고 있다. 세계의 대세가 움직여 조선인이 자각하기 시작한 때에는 이제 그대로는 갈 수 없었다. 즉 소요(3·1운동)를 일대 전환기로 하여 조서가 환발渙發[39]되어 관제가 개정되고 사이토齋藤[40] 총독에 의해 이른바 문명적 정치가 시행된 것이다.

---

38 근본이 되는 첫째 의의. 또는 궁극의 진리.
39 임금의 명령을 세상에 널리 알리던 일.
40 사이토 마코토에 대해서는 부록 「주요 인물 소개」란을 참고할 것.

문명적 정치는 조서에서도 말한 것처럼 "그 민중을 애무하는 것을 일시동인하고, 짐이 신민을 추호도 차이 있게 대하지 않을 것이다.【41】각자 그 소임을 얻어 그 생에 의지하며 다 같이 휴명休明[41]한 은택을 누리게 하는 것"을 기하려는 데 있다. 이를 위해서는 두 민족의 병립을 긍정하지 않으면 안 된다. 또한 민족 본능의 존재를 시인하지 않으면 안 된다. 조선 민족의 역사와 전통을 존중하고, 권리·자유에 평등한 지위를 부여하며, 문명 생활의 채용을 향락享樂하게 하기 위해 노력해야 한다. 그리고 민족으로서의 발달·안주安住를 일본 자위의 제일의 아래 도모하게 하는 것, 이것이 곧 문명적 정치의 요령이다.

원래 조선 민족의 문화가 매우 야만스럽다거나, 인구가 매우 소수라거나, 세계의 시선 밖에 놓여 있다거나, 또는 일본의 실력이 세계에서 필적할 만한 자가 없을 정도로 절대적이라고 하다면, 무단정치는 물론이고 어떤 무리한 불법 정치도 못할 것은 없다. 불령 조선인의 협박이나 습격이 위험천만하다고 말했지만, 일본 대 조선의 국력을 비교해 보면 개수일촉鎧袖一觸[42]의 문제로 상대가 되지 않는다. 그런데도 문명적 정치를 필요로 하는 것은 두 가지 이유에서이다. 즉 한편으로는 입헌정치가 아니면 근대적 국세國勢, 국민적 단결·발전을 바랄 수 없는 것과 마찬가지로, 문명적 정치에 따르지 않으면 실로 두 민족의 융합은 이룰 수 없다. 한편으로는 세계의 인도주의, 일본의 국제 실력, 조선의 예로부터의 문화 자각, 조선인의 근대적 민족의식 등에 비추어 볼 때 문명적 정치를 시행하지 않으면 그러한 조선통치는 국제무대에서 세계가 용인하지 않을 것이다.

생각건대 한일병합 이후 14년 동안 이룬 조선 문화의 진보에 대해서는

---

41 매우 밝음. 뛰어나고 분명함. 성격이 관용적이고, 총명한 것.
42 갑옷 소매로 한 번 건드린다는 뜻으로, 약한 상대편을 간단히 물리침을 이르는 말.

국내외에서 다 같이 경탄하고 있다. 특히 관제 개정에 따라 사이토 총독, 미즈노水野[43] 정무총감이 새로이 관직에 부임하여, 문명적 정치를 확정한 이후 이룬 인문의 빠른 진보·발달은 가령 통치에 대해 불평하는 내선인이더라도 이를 시인하지 않을 수 없으리라 믿는다. 지금 그 중요한 사항을 거증해 보겠다.

(1) 재정

총독부 예산은 1911년(明治 44)에 4,800만 엔이던 것이 점차 증가하여 1919년(大正 8)에는 7,100만 엔으로 되었다. 그런데 제도 개정에 따라 예산이 갑자기 방대해졌다. 즉 1920년(大正 9)에는 1억 2,400만 엔, 1921년(大正 10)과 1922년(大正 11)에는 1억 5,700만 엔, 1923년(大正 12)에는 약간 긴축했으나 여전히 1억 4,500만 엔에 달했다. 1921년(大正 10) 예산을 제도 개정 전인 1919년(大正 8) 예산에 비교하면 실로 배증한 것이다. 종전에 총독부는 이른바 조선 재정의 독립을 획책하여 국고 보충은 1918년(大正 7)으로 중단되었지만, 제도 개정에 따라 1920년(大正 9)에는 1,000만 엔, 1921년(大正 10) 이후에는 1,500만 엔씩의 국고 보충금을 【42】 받기로 되었다. 당시 미즈노 정무총감이 내각에 출석하여 각료의 치열한 반대가 있었는데도 직을 걸고 주장을 굽히지 않아 끝내 하라 수상의 동의를 얻어 국고 보충금의 전례를 만든 것이다. 이에 따라 조선 재정 계획의 기초가 확립되고 조선 개발에 영원한 복리를 가져오게 된 것이다.

여기서 주목해야 할 것은 1920년(大正 9) 이후 세출 총액의 약 1/4은 실로 제반에 걸쳐 새로이 계획된 문화적 시설의 경비였다는 사실이다. 즉 그 액수가 1920년(大正 9)에는 6,000만 엔, 1921년(大正 10)에는 7,100만 엔, 1922년(大正 11)에는 7,600만 엔에 달했다. 일본이 얼마나 조선 계발·지도를 위해 희생하고 있는지, 특히 문화적 선정을 베푸는 것을 얼마나 중요한 정책으로 삼고 있는지

---

[43] 미즈노 렌타로에 대해서는 부록 「주요 인물 소개」란을 참고할 것.

는 이 재정 계획의 요항을 보면 일목요연하다고 생각한다.

(2) 대우

일시동인, 일본인과 조선인 차별대우의 철폐는 문명적 정치의 근본이다. 이를 위해 조선인 문관 대우를 개선하여 조선인을 공립보통학교장에 임용하는 길을 열고, 면장 50명에 한해 주임奏任 대우를 하는 새로운 예를 마련했다. 또한 '민사령', '민적법', '재판소령', '형사령'을 개정하여 일본인과 조선인의 통혼에 관련된 절차법을 제정하는 등 시행한 것이 매우 많았다.

(3) 언론

언론, 출판, 집회, 결사에 대해서 이전에는 극단적인 제한을 가해 왔는데, 이번에는 시사신문, 조선일보, 동아일보 세 조선문 신문의 발간을 허가했다. 이들 신문의 언론 중 민심을 혹란惑亂시킨 것도 적지 않지만, 민의民意를 창달하여 조선 인문의 진전에 이바지한 업적도 또한 크게 인정하지 않으면 안 된다. 집회, 결사에서도 일반의 정치적 집회를 금지하는 특별 규정을 폐지함에 따라, 각종 단체·결사가 조직된 것이 3,000여 개에 달하고 정치적 결사 또한 몇 개 만들어지게 되었다.

(4) 자치

중추원은 총독의 자문기관으로, 이전에는 그다지 활용되지 않았다. 그런데 사이토 총독 취임과 동시에 이를 활용하고, 더욱이 1921년(大正 10) 4월 그 관제를 개정하여 민의 창달의 유력한 중앙기관이 되게 했다. 또한 도에는 도지방비 예산 등의 자문기관으로서 도평의회를 설치하고, 그 회원은 부·면 협의회원의 공선公選44을 기초로 하기로 했다. 부의 자문기관인 부협의회는 그 조직을 개정하여 새로 면협의회를 설치하고, 부 및 지정면의 협의회원은 민선으로 했다. 또한 '학교비령'을 발포하여 교비校費의 자문기관으로서 학교

평의회를 두고 【43】 민선의 방법으로 뽑았다. 이것들은 모두 조선 지방자치제도 확립의 전제로, 그 실시 성적은 나아가 일반 내선인의 융화를 촉진한 것이 대단히 많다.

(5) 교육

보통학교는 1919년(大正 8)에 3면面 1교校 계획을 세운 것이 완성되었다. 1922년(大正 11) 5월 말 초등 정도의 학교 1,274교, 중등 정도의 학교 48교로 모두 병합 당시에 비해 4배에 달했다. 실업학교는 60교, 전문학교는 8교로 모두 병합 당시에 비해 3배에 달했다. 이 밖에 또 사범학교도 있다. 이들 학생 총수가 무려 31만 2,000여 명으로 병합 당시에 비해 8배에 이르렀다. 또한 조선 대학의 건립도 조만간 이루어질 것으로 보인다. 특히 1922년(大正 11) 2월 4일 발포된 신 '조선교육령'은 일시동인의 성지聖旨에 따라 내선공학內鮮共學의 정신에 의거하여 새로이 사범교육 및 대학교육을 더해서, 보통·실업·전문교육의 정도에서 나아가 일본 여러 학교와의 연락을 완료한 것이다. 새로이 부속한 국민에 대해 본국과 동일한 교육제도를 시행하여 문화의 균등·발달을 기도한 것은 세계에 유례가 없는 일이다.

(6) 산업

1922년(大正 11)의 생산액은 14억 7,000만 엔으로 병합 당시에 비해 5배에 달했다. 수이출입액은 4억 7,000만 엔으로 병합 당시에 비해 8배에 이르렀다. 특히 농산물의 주류인 쌀 생산액은 1921년(大正 10)에 1,430만 석으로 병합 당시에 비해 4할 증가했고, 그중 수이출된 것이 350만 석이었다. 그런데 총독부는 더욱이 산미증식계획을 수립하여, 1920년(大正 9)부터 15개년에 걸쳐 토지 및

---

44 일반 국민이 선거로 뽑음. 또는 그 선거.

경종법耕種法의 개량에 따라 매년 생산액 90만 석을 증가시킬 목표로 이를 추진하고 있다.

(7) 교통

1922년(大正 11) 말 기성旣成 도로는 연장 3,836리里[45]로 병합 당시에 비해 13배에 달했다. 철도의 영업 마일[哩] 수는 국유 1,178마일로 병합 당시보다도 2배로 늘었고, 사설은 276마일로 병합 당시에 비해 46배로 발달했다.

(8) 경찰

제반 치정治政도 치안의 유지를 기초로 하지 않으면 안 된다. 그래서 새로운 통치에서는 우선 경찰에 주력을 기울였다. 예산을 봐도 1910년(明治 43)에는 헌병비를 포함하여 300만 엔이었는데, 1918년(大正 7)에는 800만 엔까지 격증했고, 제도 개정에 따라 【44】 일약 2,000만 엔으로 증가했다. 경찰관서(파출소·주재소 등도 포함)는 2,855개소가 되어 1,000여 개소가 증가했다. 경찰관 총원은 2만 772명으로 6,000명 이상의 증원을 감행했다. 특히 경성의 치안과 국경 경비는 조선 치안의 핵심이다. 앞으로도 소강상태에 익숙해져 이완되거나 한다면, 이는 조선통치의 대국大局을 그르치는 것으로 깊이 경계하지 않으면 안 될 것이다.

(9) 위생

총독부의원을 경성에 두는 외에 각 도에 자혜의원慈惠醫院을 설치하여 그 수가 27개에 달했다. 벽지僻地에는 공의公醫를 두어 그 수가 228명에 달했다. 그 밖에 순회 진료를 시행하고 수도水道를 부설하고 격리병사를 건설하는 등

---

[45] 조선 리로는 3만 8,360리에 해당함.

의료 및 위생의 개선에 힘쓴 것이 많다.

(10) 기타

이 밖에도 은사恩赦를 행하고, 태형을 폐지했으며, 민정 시찰, 민의 창달 시설을 강구하고, 내선인 교호交互⁴⁶ 시찰 연구 방법을 마련했다. 또한 복제를 폐지하고, 관리를 증가시켰으며, 사무를 간소화했다. 그리고 '포교규칙', '묘지규칙' 등을 개정하고, '회사령', '유학생규정', '여행증명규칙' 등을 철폐했다. 그 밖에 관세를 개정하고, 연초전매제도를 창시했으며, 사회구제사업을 충실하게 도모하는 등 문화정책으로 시행된 것이 일일이 셀 수 없을 정도이다.

이상의 각 항은 그 주요한 것을 간단히 서술한 데 지나지 않는다. 문화시설의 찬란한 성취는 조선 1,500년의 역사 중 이때까지 일찍이 보지 못한 것이다. 그리고 이는 실로 무인武人으로서 문질文質⁴⁷이 풍부했던 당시 제일인자인 사이토 총독의 자애·애무 아래, 행정의 신神으로서 당대 우러러보던 새로운 정치가 미즈노 정무총감에 의해 고안·시설된 것이 많다. 이중에서도 언론의 자유를 인정한 것, 자치제도의 기초를 놓은 것, 교육 기회 균등의 방침을 채택한 것은 조선인의 권리·자유에 대한 3대 광명이라고도 칭송할 만한 것이다. 내가 지난번 미국에 건너가 신학 박사 귤릭Sidney Lewis Gulick⁴⁸을 회견하여 조선 문제를 설명한 때 박사도 이에 대해 격찬을 아끼지 않았다.

통치책으로서 시설이 필요한 것이 결코 이것으로 충분하다고 하는 것은 아니다. 특히 참정권 문제, 징병 문제, 종교 문제 등은 모두 앞으로 노력하여

---

46 서로 번갈아 함.
47 겉으로 나타난 문체의 아름다움과 실상의 바탕.
48 시드니 루이스 귤릭에 대해서는 부록 「주요 인물 소개」란을 참고할 것.

해결해야 할 중요한 현안이다. 시모오카下岡⁴⁹ 정무총감이 부임할 때 이세신궁 [伊勢大廟]⁵⁰에 참배하던 【45】 도중에, 나는 총감을 면회할 기회를 얻어 조선통치에 관련한 의견 12개조를 진언進言했다. 즉 ① 참정권에 관한 건, ② 징병에 관한 건, ③ 종교유사단체에 관한 건, ④ 종교교육기관 및 내지 불교가에 관한 건, ⑤ 과격사상 단속에 관한 건, ⑥ 국경 경비에 관한 건, ⑦ 국·부장 및 기타 조선인 등용에 관한 건, ⑧ 부윤 공선에 관한 건, ⑨ 조선인 내지 채용에 관한 건, ⑩ 투자에 관한 건, ⑪ 동화정책 및 자유주의에 관한 건, ⑫ 국외 대책에 관한 건 등이었다.

지난번 학무국장에게 조선인을 임용하도록, 또 도 사무관에게도 조선인을 특별 임용하도록 말했다. 또한 최근 항간에 떠도는 소문에 따르면, 동양척식회사의 양해하에 900만 석의 산미 증식을 목적으로 30만 정보町步의 토지개량비 1억 8,000엔의 정부 보증 외채 계획이 수립되었다고 한다. 모두 우리가 손을 이마에 대고 경하할 일이다.

그런데 그중 참정권 문제와 '징병령' 문제는 조만간 해결하지 않으면 안 되는 2대 문제이다. 더욱이 그 시기는 동시에 이루어져야 한다고 생각한다.

징병 문제는 걱정하기 시작하면 한이 없는 것이다. 인도, 이집트, 핀란드, 모로코, 니그로 아프리카⁵¹ 등지에서는 모두 토민군土民軍이 편성되어, 영국·프랑스·미국 본국을 위해 용감하게 활동하고 있다. 그러므로 일본에서도 궁리하고 노력하면 얼마든지 선량한 조선군을 편성할 수 있다. 그렇게 하지

---

49 시모오카 주지에 대해서는 부록 「주요 인물 소개」란을 참고할 것.
50 일본 미에현(三重縣) 이세시(伊勢市)에 위치한 신궁으로, 일본에 있는 약 8만 개의 신사를 총괄하는 신사 총본산이다. 이세라는 지명을 붙이지 않고 신궁(神宮)이라고 부르는 것이 일반적이다. 신사의 이름은 미에현의 옛 이름 중 하나인 이세국(伊勢國)에서 따왔다. 도쿄(東京)의 메이지신궁(明治神宮), 오이타(大分)의 우사신궁(宇佐神宮)과 함께 일본의 3대 신궁으로 불린다. 일본 왕실의 조상신인 아마테라스 오미카미(天照大神)에게 제사를 지내는 신사로, 내궁과 외궁 등 125개의 신사를 아울러 가리킨다.
51 사하라 이남의 아프리카.

않으면 정말로 두 민족의 융화는 이룰 수 없다고 생각한다. 대체로 동고동락하면서 비로소 마음으로부터 융화할 수 있기 때문이다.

참정권 문제는 일찍이 민원식閔元植[52]이 생전에 우리와 여러 차례 의논한 적이 있다. 이를 조만간 실시해야 한다는 것은 거의 국론이 일치되었다고 말해도 좋다. 그리고 그 순서는 우선 귀족원에서는 칙선의원勅選議員[53]부터 점차 실행해야 한다. 중의원에서는 민선에 의해야 하는데, 그 민선의 전제가 되는 것이 조선 자치제의 완성이라고 생각한다. 자치제도의 실시는 먼저 부와 지정면의 협의회를 의결기관으로 하는 것, 일정한 인구 이상의 부의 부윤을 공선으로 하는 것 등을 시작으로 하여 점차 이를 전반에 미치게 해야 한다.

참정권 문제에 대해 더 고려해야 할 것은 조선의회 문제이다. 앞서 서울프레스The Seoul Press[54]의 주필 야마가타 이소山縣五十雄[55]가 「조선통치의 과거, 현재, 그리고 장래」 중에서도 이 점을 언급한 것은 한 번 생각해 볼 가치가 있다. 민족 본능이라고 해도 필경은 정치욕,【46】지배욕으로 돌아간다. 그렇기에 치정의 중요한 방법은 참정권 문제이며, 문명적 정치의 최후는 곧 참정권 문제로 귀착된다고 생각한다.

그러나 정치욕, 지배욕이 다시 백척간두百尺竿頭[56]에서 진일보進一步하여 독립을 욕구할 수 있다. 그러므로 이하 독립 문제에 대해 조금 검토해 보려고

---

52 민원식에 대해서는 부록 「주요 인물 소개」란을 참고할 것.
53 메이지헌법(明治憲法)하의 귀족원 의원의 하나. 국가에 공훈이 있거나, 학식이 있는 만 30세 이상의 남자로, 특히 칙임된 자이다. 임기는 종신이다.
54 대한제국 말기에 창간되어 1936년까지 발간된 조선총독부의 영어판 기관지. 1907년 2월 이토 히로부미가 영국인 베셀(Bethell)의 『코리아 데일리뉴스(The Korea Daily News)』와 미국 선교사 헐버트(Hulbert)의 『코리아 리뷰(The Korea Review)』에 대항하기 위해 통감부의 기관지로 창간했다. 국권침탈 후에는 조선총독부의 기관지로, 한국에서 발간되는 유일한 영어신문이었는데, 1930년 2월 조선총독부의 일어판 기관지이던 『경성일보』에 통합된 후 1937년 5월 30일자 지령 제1089호로서 자진 폐간함으로써 해방 때까지 한국에는 영어신문이 하나도 남지 않게 되었다.
55 야마가타 이소에 대해서는 부록 「주요 인물 소개」란을 참고할 것.
56 백 자나 되는 높은 장대 위에 올라섰다는 뜻으로, 위태로움이 극도에 달함.

한다. 이전에 경성일보사장 가토 후사조加藤房藏[57]가 저술한 『조선 소요의 진상眞相』 중에 "조선인과 일본인을 융화시키는 근본은 마음의 문제이므로, 그 기초를 반드시 마음에 두지 않으면 안 된다. 그러면 조선인은 일본인의 마음이 되어 생각하고, 일본인은 조선인의 마음이 되어 생각하여, 이에 비로소 '과연 그렇구나' 하며 느끼고 깨닫는 점이 있을 것이다"라고 서술한 것은 지당한 말이다. 이는 식자識者가 자주 말하는 것인데, 이를 주장하는 식자 자신 그 대부분은 조선인이 일본인의 마음이 되도록 하는 데에만 급급하고 그 자신은 조선인 마음의 반분도 되기 어려워하고 있지 않은가 한다.

일본인이 조선인의 마음이 된다고 하는 것은 이런 것이다. 일본의 국력이 불행하게도 취약하여 서세동점[西力東漸][58]에 항거할 수 없어 항상 그 폐해가 강국強國 조선에 미쳤다. 그로 인해 끝내 조선은 일본을 병합하여 그 주권 아래 두었다. 이런 식으로 가정한다면, 그때 일본 민족으로서 무엇을 바라고 무엇을 호소하며 무슨 일을 하겠는가. 그때의 마음을 상정하여 그것을 조선인의 마음으로 여겨 여러모로 생각하지 않으면 정리情理[59]는 통하지 않는다.

조선인은 일본인과 마찬가지로 민족 본능의 만족을 욕구하고 있다. 그 극치極致는 독립이다. 그러므로 나는 조선인이 '될 수 있으면 독립하여 일어서고 싶다'라고 희망하고, 때로 독립의 성공을 몽상하는 것이 꼭 이치에 맞지 않는다고만은 생각하지 않는다. 이에 대해 깊이 사색하고 자신을 돌이켜 살펴볼 여유도 보이지 않고서, 곧바로 반역反逆의 의사意思로 소동을 일으키는 것은 마치 견습 점원이 상점의 신용을 받았다고 해서 바로 정식 직원의 한

---

57 돗토리현(鳥取縣) 출신이다. 경화일보(京華日報), 도쿄일일신문(東京日日新聞) 기자였다. 저서로 『일본 헌정 본론 : 국체 옹호(日本憲政本論 : 國體擁護)』[양명당(良明堂), 1913], 『조선 소요의 진상(朝鮮騷擾の眞相)』(경성일보사, 1920) 등이 있다.
58 서양이 동양을 지배한다는 뜻으로, 밀려드는 외세와 열강을 이르는 말.
59 인정과 도리를 아울러 이르는 말.

명으로 인정받고 싶어하는 것과 같다고 여긴다. 또한 마치 아직 가독家督[60] 상속을 받지 못한 젊은 맏아들이 처를 빨리 집으로 맞아들여 가정을 꾸리고 싶다고 하는 것과 같다고 여긴다. 그리고 마치 야당이 선거에 이겨서 의회[廟堂]에 서고 싶다고 생각하는 것과 같다고 여긴다. 이를 불의不義라고 하며 간사하고 악한 망상이라고 폄하하는 것이다. 이는 형태는 살아 있으나 마음은 죽어 있는 위선僞善 관료의 사상으로, 도저히 '조선인의 마음'이 될 수 없는 사람이 하는 짓이다.

조선의 마음으로 욕구하고 있는 독립 문제의 첫 번째는 실력 방면에서 봐야 한다. 조선 민족의 실력이 충실하여 일본 민족을 배제하고 독립했고, 일본의 실력이 그에 미치지 않아 해방시켜 줬다고 한다면, 이는 민족 경쟁에서 일본이 패배한 것이다. 【47】 그 결과 가령 일본의 생존·발달이 위협받고 저해되어도 이는 자신의 책임으로 자신을 책망하는 수밖에 방법이 없다. 그러나 그러한 일은 영구히 우리의 상상 밖에 있는 것이다.

다음으로 조선의 병[病性]인 사대 사조와 전통의 이이제이책[以夷征夷策]으로, 혹 외부 세력을 빌려 일본을 제압하고서 독립의 뜻을 완수하려고 하는 자가 있을지도 모른다. 이 같은 사상과 정책은 곧 중국에는 국제관리론國際管理論의 포로[囚]를 만드는 일이고, 조선은 병합이라는 부득이한 상태에 빠졌기 때문에 나온 것이다. 만일 이처럼 하여 조선의 독립을 실현한다면 이는 다만 일본의 쇠퇴·멸망의 시작이 될 뿐만 아니라 조선 민족 역시 망하는 길이고, 나아가 아시아의 지권地圈을 길게 백인이 주말朱抹[61]하는 대로 맡기는 것이다. 이는 일본의 대大세계적 국력의 문제로, 일본이 국력을 배양하는 데 고심하는 실제 이유이다. 이는 일본의 근심일 뿐만 아니라 조선인은 물론 전 아시아

---

60 구민법에서, 호주의 신분에 딸린 권리와 의무.
61 붉은 먹을 묻힌 붓으로 글자 등을 지움.

민족의 근심으로 함께하지 않으면 안 되는 것이다. 그러므로 이런 식으로 조선의 독립을 기도하려고 한다면 스스로 무덤을 파는 어리석음을 범하는 것이다. 일본이 입국立國한 이상 단연코 굽힐 수 없는 일이다.

두 번째로 일본의 동의를 얻어 독립하는 것이 과연 있을 수 있는 일인가 하는 것이다. 사려 깊고 밝은 식견을 가진 조선인은 단연코 그런 일이 있을 수 없다는 사실을 자각하지 않으면 안 된다. 대체로 조선의 1,500년 역사를 살피면, 신라는 당唐의 통치를 받았고, 고려 역시 송조宋朝의 통치를 받았다. 그리고 원조元朝가 무력으로 군림하자 그 속국屬國이 되어, 1260년(元宗 元年)부터 공민왕恭愍王 초기에 이르는 전후 100여 년 동안에는 명실공히 신하로 복종하고 말았다. 그런데 명明 태조太祖 주원장朱元璋[62]이 즉위하자 갑자기 명의 통치를 받는 나라가 되었다. 그리고 애친각라愛親覺羅[63]가 일단 즉위하자 다시 청淸의 부용附庸으로 예절을 다해 온 것이다. 그 후 러시아에 굴복하고, 영국과 미국에 아부했다. 진정한 의미에서 독립국이 된 것은 청일전쟁 후의 약 10년간에 지나지 않았던 것이다.

만약 장래 조선이 독립하게 된다면, 정체政體는 반드시 공화정共和政이 될 것이다. 그리고 영국과 미국 세력에 의해 지휘·감독[司令]을 받게 될 것이다. 조선의 1,500년 사적史蹟에 비추어 조선 민족이 여기에 항거할 실력을 쌓으리라고는 도저히 상상할 수 없다. 이에 두 가지 요점에 대해 반성해 봐야 한다.

첫 번째는 일본의 자위이다. 조선의 문화와 그 실력이 이전에는 아직 일찍

---

62 중국 명(明)나라의 초대 황제(재위 1368~1398). 홍건적의 난 때 두각을 나타내어 각지 군웅들을 굴복시키고 명나라를 세웠다. 동시에 북벌군을 일으켜 원나라를 몽골로 몰아내고 중국의 통일을 완성하여, 한족(漢族) 왕조를 회복시킴과 아울러 중앙집권적 독재체제의 확립을 꾀했다.
63 중국 청조(清朝) 제4대 황제(재위 1661~1722). 순치(順治)제의 제3자로, 성은 애친각라(愛親覺羅), 명은 현엽(玄燁), 시호는 인황제(仁皇帝), 묘호(廟號)는 성조(聖祖)이며, 연호에 의해 강희제(康熙帝)라 한다.

이 없던 진보·충실을 이루면, 여러 외국의 【48】 제약[掣肘⁶⁴]을 받지 않고 국본을 확립하고 민정을 안정시키며 오히려 동양평화의 핵심[楔子⁶⁵]이 되어 일본을 위협·저해하지 않을 것이다. 가령 상상할 수 있다면, 일본이 성가시게 조선통치를 인수하여 국고[國帑⁶⁶]를 쓰고 민력을 쓰는 것보다도 조선을 독립시켜 주는 편이 얼마나 홀가분하고 안전한 일일지 모른다.

그러나 돌이켜 대세를 보면, 국가의 대립, 민족의 각축이 더해져 동양에 대한 영국·미국·독일·프랑스·러시아의 간섭[容喙⁶⁷]과 침입에 일본이 한 번 무릎을 꿇는다면, 동양이 갑자기 궤멸하여 아시아 민족의 위세威勢가 역사상 다시 몰락할 것임을 생각하지 않으면 안 된다. 이 극동의 무대에 서서 약소 조선의 독립을 용인하는 것은 일본의 자위와 동양의 평화를 위해 단연코 상상할 여지도 없는 것이다. 이는 민족 경쟁의 원리에 따른 합법적 관계로, 신의 섭리에 대해서도 배치되는 점이 없는 것이다.

두 번째로 고려해야 할 것은 가령 일본의 이해利害를 별도의 문제로 하더라도, 서양 세력하에 지휘·감독을 받아 과연 지금 이상의 행복한 생활을 누리고 문화적 발달을 이룰 수 있을까 하는 점이다. 일본인과 조선인은 민족을 달리하지만 인종을 같이하고, 서세동점에 대해서는 공동의 이해 관계상에 서 있다. 이에 더해 문명, 풍속, 사상, 인정人情, 문장文章 등에서 공통되고 공명共鳴하고 환희할 만한 많은 점이 있다.

조선에 임하는 일본통치가 진실로 성심성의의 발로發露인 것은 사이토 총독의 덕풍을 우러러봐도 알 수 있을 것이다. 일시의 감정과 혈기 왕성한

---

64 팔꿈치를 당긴다는 뜻으로, 간섭하여 마음대로 하지 못하게 함을 비유적으로 이르는 말. 『여씨춘추』「구비편(具備篇)」의 공자의 제자 복자천(宓子賤)에 얽힌 고사에서 나온 말이다.
65 양쪽 끝을 꺾어 꼬부려서 주로 'ㄷ'자 모양으로 만든 쇠토막. 두 개의 물체를 겹쳐 대어 서로 벌어지지 않게 하는 데 쓰인다. 사물의 가장 중요한 것이란 뜻도 있다.
66 국가의 재보(財寶)를 간직하는 창고. 국고(國庫). 국가의 재산을 이르기도 함.
67 간섭하여 말참견을 함.

용기[猪勇⁶⁸]로 만일 일본의 굴레를 벗어나거나 해도, 서양 세력 아래서 과연 일본통치하에 있는 상태 이상으로 잘 나아갈 수 있을지 매우 깊이 성찰해야 할 것이다.

또한 일본은 독립할 실력은 없이 독립이라는 명분에 분주한 조선 민족을 방자放恣한 그대로 둘 수 없다. 이는 버릇없이 자란 아이[驕兒]가 게곤노타키폭포[華嚴瀧]⁶⁹에 떨어지는 것을 보고도 그대로 두는 것과 같은 것으로 도저히 가만히 있을 수 없는 일이다. 전 경무국장 마루야마 쓰루키치丸山鶴吉⁷⁰가 저술한「재선在鮮 4년여 반」중에 귤릭 박사가 "여하튼 지금 만약 조선이 일본이 보증하는 손에서 벗어난다면, 많은 조선인은 상당한 곤란과 고통을 만나게 될 것이다. 인도적으로 봐도 지금 일본이 손을 끌어당기는 것은 꼭 필요하고, 이러한 입장에 서야 한다는 것을 깊이 믿는다"라고 말한 것이 서술되어 있는데, 즉 이 도리를 설파說破⁷¹하고 있는 것이다. 【49】

그러므로 실력 방면에서 봐도, 그리고 일본의 자위 및 조선 국운의 점에서 봐도, 조선의 독립이라고 하는 것은 일본이 세계에 입국한 이상 절대로 허용할 수 없는 것이다. 독립의 욕구는 민족 본능의 극치이지만, 인간으로서 불로불사不老不死⁷²를 욕구하는 것과 마찬가지로 그 정情을 불쌍히 여기는 것도 어리석은 짓이다. 사려 깊고 밝은 식견을 가진 조선인 또한 거리[市井]에서 불로불사의 약을 찾는 것 같은 몽상에 도취하지 않으리라 확신하여 의심치 않는다.

독립을 실현하려고 하여 흉포한 비적匪賊을 움직이는 것과 같은 짓은 다만

---

68 앞뒤를 헤아리지 않고, 냅다 찌르는 기세(氣勢)로 내닫는 용기.
69 도치기현(栃木縣) 닛코시(日光市) 닛코(日光) 국립공원 안에 있는 호수에서 흘러나오는 물로 이루어진 폭포.
70 마루야마 쓰루키치에 대해서는 부록「주요 인물 소개」란을 참고할 것.
71 어떤 내용을 듣는 사람이 납득하도록 분명하게 드러내어 말함. 상대편의 이론을 완전히 깨뜨려 뒤엎음.
72 늙지도 아니하고 죽지도 아니함.

국권의 반역자일 뿐만 아니라 조선 민족에 대해서도 역시 불충不忠하고 불신不信할 무리가 되는 것이다. 경찰이 단호하게 이들을 탄압하지 않을 수 없는 것은 이 때문이다. 1924년(大正 13) 8월 발행된 『커렌트 히스토리Current History』[73] 지상에 윈터Winter[74]가 「일본이 파악하는 한국」이라는 제목의 논문을 게재하여, "오늘도 여전히 관헌이 낀 부드러운 장갑 속에는 장갑裝甲[75]한 주먹이 있을 것만 같다. 일본인은 주권을 지속해 갈 결심인데, 한국인은 장래 언젠가 자유를 찾고 싶다는 의사를 가지고 있는 것 같다"라고 했다. 이는 사실을 가시 돋친 말로 표현한 것이다. 독립의 의사가 있는 것은 사실이더라도, 그 실현을 욕구하는 것은 반역이며 불충하고 불신할 일이다. 소위 장갑한 주먹으로 이를 탄압해도 아무런 거리낄 것이 없다. 현재 경찰의 후원을 받아 내선인으로 조직된 단체가 1만 2,000여 개, 그 인원은 139만 4,000여 명에 달한다. 이는 대체로 경찰의 참된 의의가 점차 내선인 사이에서 시인是認을 얻고 있는 증좌證左로서 매우 흔쾌한 일이다.

조선의 장래는 문명적 정치에 따라 살아야 한다. 문명적 정치는 내선융화책 위에 건설되어야 비로소 그 성과를 얻을 수 있는 것으로, 내선 관민의 노력, 이 한 가지 점에 집중하여 열중할 필요가 있다고 단언하고 싶다. 이 대정신은 대정친목회大正親睦會[76] 등은 말할 것도 없고 점차 조선의 사려 깊은

---

[73] 미국에 근거지를 둔 오래된 잡지로, 당대 세계 문제만을 다루었다. 제1차 세계대전의 상세한 보도를 위해 1914년 뉴욕타임즈 발행인 아돌프 옥스(Adolph Ochs)의 동생인 조지 워싱턴 옥스(George Washington Ochs Oakes)에 의해 창간되었다. 창간 시부터 1936년까지 뉴욕타임즈사에 의해 간행되었고, 1942년부터는 레드몬드(Redmond) 가문이 소유했으며 현재 발행인은 다니엘 마크 레드몬드(Daniel Mark Redmond)이다.
[74] 윈터가 어떤 인물인지 불분명하다.
[75] 갑옷을 입고 투구를 갖춤. 적의 총포탄을 막기 위하여 배나 차 등에 특수한 강철판을 덧쌈. 또는 그 강철판.
[76] 대정실업친목회(大正實業親睦會)는 일제가 병합 후 모든 결사를 금지했던 무단정치기의 유일한 단체로 1916년 11월 서울에서 조직된 친일단체이다. 설립 당초 취지는 서로 간의 의사소통을 통해 정의(情誼)를 두텁게 하고 정신 수양을 꾀한다는 것이었다. 이 단체는 ① 국가 경축일에 관한

유식자 사이에 양해되어 온 것 같다. 최근 여러 종류의 단체가 내선융화를 도모하여 대동단결을 발표하고 있다. 동민회同民會[77]는 아시아 민족 결합의 필요를 표방하며 창립되었다. 이러한 현상은 우리의 뜻을 잘 이해한 것으로, 내선 관민은 이를 잘 지도·조성해야 한다는 사실을 깊이 명심해야 한다.

조선의 영예로운 문명적 정치도 사조의 적화赤化에 따라 근화일조몽槿花一朝夢[78]으로 바뀔 수 있다고 근심하는 자가 있다. 조선에서 주의 단체의 나쁜 전례를 【50】만든 것은 노동공제회[79], 조선청년연합회[80], 서울청년회[81] 등으로,

건과 경성 번영에 관한 건, ② 경제 및 근검저축, 식산흥업에 관한 건, ③ 법령의 주지와 납세 의무, 위생에 관한 건, ④ 예의 질서에 관한 건, ⑤ 기타 사교상 필요한 사항 등을 연구 사항으로 삼았다. 1921년 1월 대회에서 기구를 개편하여 일본인은 고문으로 제일선에서 물러나고 주로 조선 귀족, 대지주, 예속 자본가들의 친일단체로 탈바꿈했다. 회장에 민영기(閔泳綺), 부회장에 조진태(趙鎭泰), 이사에 예종석(芮宗錫) 외 14명, 평의원에 백완혁(白完爀) 외 27명, 평의장에 한상룡(韓相龍), 고문에 이완용(李完用)·민영휘(閔泳徽)·이윤용(李允用)이 선출되고 회원도 250명으로 늘어났다. 강령도 고쳐, ① 조선인은 서로 친목하고 덕업을 서로 베풀며 어려움을 서로 구하고, ② 산업의 발달, 증식에 힘써 생활을 안전하고 튼튼하게 하며, ③ 교육의 보급에 힘써 문화의 향상에 이바지하자고 했다.

[77] 1924년 4월 독립운동·노동운동·사회주의운동 등이 급진전하자 이를 압살하려는 의도에서 조직되었다. 발기인은 만철(滿鐵) 경성관리국장 안도(安藤又三郎), 경성상의(京城商議) 회두(會頭) 구기모토(釘本藤次郎), 실업가 아라이(荒井初太郎) 등 경제계의 주요 인물과, 박영효(朴泳孝)·송병준(宋秉畯)·조진태(趙鎭泰)·한상룡(韓相龍) 등 친일세력으로 구성되었다. 고문은 일본 경제계의 거물인 시부자와(澁澤榮一) 등이, 실무는 사토(佐藤虎次郎)·나카무라(中村健初郎), 도지사를 지낸 신석린(申錫麟) 등이 맡았다. 강령에서 내선융화의 철저한 실행, 질실(質實)·강건(剛健)·근면역행(勤勉力行)의 기풍 양성 등을 강조했다. 창립 후 계속 시부자와 등 일본 재계로부터 경제적 지원을 받아 운영되었다. 강연회·강습회를 통해 독립사상·사회주의사상의 배척, 미풍양속의 선양, 노자협조(勞資協調)·농촌진흥·사회개선을 선전하면서 1930년대 중기까지 존속했다.

[78] 하루아침의 꿈. 인간의 부귀영화(富貴榮華)가 덧없음을 나타내는 말.

[79] 조선노동공제회는 1920년 4월 서울에서 조직된 노동운동단체이다. 1919년 또는 1920년 2월경 조선노동연구회를 결성한 박중화(朴重華)·박이규(朴珥圭)·오상근(吳祥根)·박돈서(朴敦緒)·차금봉(車今奉)·신백우(申伯雨)·장덕수(張德秀)·김명식(金明植) 등이 1920년 4월 3일 발기하고, 같은 달 11일 창립총회를 개최하여 결성했다. 중앙기구는 회장 박중화, 총간사 박이규, 이사장 오상근, 집행위원 박이규·박돈서·차금봉·신백우 등 25명, 평의원 장덕수·김명식·오상근 등 17명으로 조직되었다. 지회도 결성되어 1922년에는 전국 회원이 1만 5,000명이나 될 정도로 큰 단체가 되었다. 결성 초기에는 노사협조단체라거나 개량주의적이라는 등의 비판을 받았다. 1920년

회장 박중화가 일제 경찰에 붙잡힌 뒤 총간사 박이규가 그 자리를 대신하다가, 1921년 제2회 대회에서 회장제를 없애고 집행위원제로 변경했다. 이때 사회주의 계열 인사가 집행위원으로 많이 선출되었다. 1922년 4월 제3회 대회에서는 장덕수 등의 개량주의 계열이 크게 쇠퇴하고 윤덕병(尹德炳) · 차금봉 등 사회주의 계열이 더욱 부상했는데, 이 무렵부터 공제회의 개량주의 성격에 대한 비판이 사회주의자들에 의해 고조되었다. 그런데 당시 사회주의 계열에서도 윤덕병과 차금봉이 대립하여, 공제회는 결국 3파에 의한 조직이 되었다. 결국 윤덕병 계열이 1922년 10월 조선노동연맹회를 결성하여 분립하고, 차금봉 계열도 같은 달 조선노동공제회를 존속하기 위해 체제 정비에 힘을 쏟았으나 조선노동연맹회의 우세한 조직에 밀려 뜻을 이루지는 못했다. 이후 윤덕병 계열 쪽 북성회(北星會)와 차금봉 계열 쪽 서울청년회가 각각 노동운동을 장악하려고 치열한 분파활동을 전개했다. 이때 장덕수 계열도 이 단체에서 이탈했다. 결국 조선노동연맹회 · 노동대회 등 노동단체와 함께 1924년 4월 조직된 조선노농총동맹에 통폐합되었다.

80 1920년 12월 1일 서울에서 조직된 청년운동단체의 연합기관. 3 · 1운동을 계기로 각지에서 설립된 청년회의 역량을 결집하여 민족운동의 동력으로 활용하고자 했다. 창립총회 때 집행위원장은 오상근(吳祥根), 집행위원 서무상무위원 윤자영(尹滋瑛), 재무상무위원 이영(李英), 교무상무위원 안확(安廓) 등 15명, 의사장은 고용환(高龍煥), 의사는 이인선(李仁善) · 주기철(朱基徹) 등 29명이 선출되었다. 1921년 4월 제2회 정기총회 때에는 집행위원장에 오상근이 유임되었고, 집행위원은 윤자영 등 14명이, 의사장은 유세면(劉世冕)이, 의원은 여병섭(呂柄燮) 등 28명이 선출되었다. 그러나 1922년 1월 김윤식(金允植)의 사회장(社會葬) 문제를 둘러싸고 내분이 일어났다. 당시 김윤식 사회장 문제는 민족주의 진영과 사회주의 진영 간에 큰 갈등의 원인을 제공했다. 간부인 오상근 · 장덕수(張德秀) 등은 사회장위원회에 관계했고, 김사국(金思國) · 김한(金翰) 등 서울청년회 출신 간부들은 사회장을 반대했다. 같은 해 3월 제3회 정기대회가 개최되어 집행위원장에 정노식(鄭魯湜), 상무위원에 김철수(金喆壽) 등 3명이, 집행위원에는 유세면 등 16명이 선출되었다. 그런데 이때 김사국 · 김한 등이 모스크바 선전자금 수수로 야기된 '사기공산당사건'의 관련자 제명을 요구했고, 이것이 받아들여지지 않자 서울청년회는 18개 동조 단체와 함께 탈퇴했다. 이후 조선청년연합회는 서울청년회가 전국의 청년단체를 하나로 묶는 조선청년총동맹의 조직을 추진해 나가자, 당시 청년운동의 대세에 따라 여기에 합류하기로 했다. 이에 따라 조선청년총동맹발기준비위원회에 대표를 파견하고, 1924년 4월 조선청년총동맹의 결성과 함께 해산했다.

81 1921년 1월 27일 서울에서 조직된 청년단체. 서울에서 최초로 조직된 청년단체였으며, 조선청년회연합회의 성원으로 등록한 회원단체였다. 이득년(李得季) · 김한(金翰) · 김사국(金思國) · 장덕수(張德秀) 등이 주도하여 결성했다. 창립 초기에는 민족주의적 경향을 가진 청년단체였으나, 점차 사회주의가 고조되어 가는 사회 풍조 속에서 장덕수를 중심으로 하는 민족주의계와 김사국 · 김한을 중심으로 하는 사회주의계로 대립했다. 당시 김사국 등은 장덕수 일파를 서울청년회와 조선청년회연합회에서 추방하고 청년운동의 주도권을 장악하려 했다. 1922년부터 서울청년회는 민족주의진영과 정면으로 대결하면서 본래의 청년단체가 아니라 하나의 당적 존재로 전환되었으며, 자기파의 사상 · 청년 · 노농단체 조직에 주력하게 되었다. 서울청년회는 이영(李英) · 김사국 · 한신교(韓愼教) 등에 의해 더욱 좌경화되었다. 1924년 조선청년총동맹 결성에 주도적 역할을 담당하는 등 한국 사회운동사상 많은 활동과 역할을 남긴 서울청년회는 1929년 8월 31일 조선청년총동맹의 중앙청년동맹에 합류하면서 발전적으로 해체했다.

모두 1920년(大正 9) 10월경에 생긴 것이다. 1922년(大正 11)에는 무산자동지회[82], 조선인동맹회, 신생활사[83] 등이 조직되어 주의적 색채가 매우 농후해졌다. 특히 신생활사는 잡지 『신생활』을 발간하여 선전에 힘썼다. 1923년(大正 12) 이후에는 서울청년회와 북성회北星會[84] 세력의 각축·이합으로 일관했다. 즉 노동공제회는 서울청년회에 참여하여 조선노동대회 준비회[85]를 발기하여 만

[82] 1922년 서울에서 청년들이 조직한 사회주의운동단체. 1920년 12월 서울에서 조선청년연합회가 결성되었으나, 이 연합회에 가입한 사회주의 계열 청년들은 별도 조직으로 서울청년회를 조직했다. 그런데 이들 중 일부인 윤덕병(尹德炳)·김한(金翰)·신백우(申伯雨)·원정룡(元貞龍)·김달현(金達鉉)·진병기(陳秉基)·백광흠(白光欽) 등 19명이 발기하여 1922년 1월 19일 '무산자동지회'를 조직했다. 이들은 일본경찰의 금지와 감시로 거의 아무 일도 하지 못했지만, 국내 사회주의사상 보급을 위해 좌익노선을 제시했다. 무산자동지회는 발족 3개월 뒤인 1922년 3월 31일 다양한 성격의 단체를 규합하여 무산자동맹회로 발전적으로 해체했다.

[83] 『신생활』은 1922년에 창간된 우리나라 최초의 사회주의 잡지이다. 순간(旬刊)으로 발행되다가 6호부터는 월간으로 바뀌었고 이후 다시 순간으로 간행되었다. 3·1운동 민족대표의 한 사람인 박희도(朴熙道)가 미국인 선교사 베커(Beker, 白熙德)를 편집인 겸 발행인으로 하여 창간했다. 박희도는 황해도 해주 이승준(李承駿) 등의 출자로 무산대중의 개조와 혁신이라는 기치 아래 신생활사를 설립했다. 그런데 『신생활』 창간호가 나오자 곧 발매금지가 되었고, 1922년 11월 14일자 제11호에서 특집으로 발간한 '러시아[露國]혁명 5주년 기념호'가 다시 발매금지되었다. 이때 사장 박희도 및 인쇄인 노기정(盧基禎)이 구속되었고 인쇄기도 봉인되어 사용하지 못하게 되었다. 그 뒤 주필 이하 다수의 집필자가 검거·기소되어 1923년 1월 8일 전원 징역 1년 6월~2년 6월이 선고되었다. 이날 『신생활』은 발행금지 처분을 당했다.

[84] 1922년 일본 도쿄에서 조직된 유학생 단체. 흑도회(黑濤會)에서 나온 김약수(金若水)·김종범(金鍾範)·송봉우(宋奉瑀)·변희용(卞熙鎔)·이여성(李如星) 등 60여 명이 1922년 12월 26일 조직했다. 북성회는 회원 민태흥(閔泰興)·현칠종(玄七鍾)·이호(李浩) 등에게 1923년 5월 20일 한국 내 활동 기지로 서울에 토요회(土曜會)를 조직하게 했다. 그러나 8월 28일 토요회는 별다른 성과 없이 해체되고, 10월 23일 서울에서 김약수·김종범·마명(馬鳴)·이헌(李憲)·김재명(金在明) 등 160여 명이 모여 건설사(建設社)를 조직했다. 그 뒤 사상·청년·노동·농민운동 등이 점차 증가하자 북성회계의 국내 단체를 계통적으로 지휘하기 위한 최고기관을 설치할 필요성이 제기되었다. 이에 1924년 11월 25일 김약수·김종범·마명·정운해(鄭雲海)·남정철(南廷哲)·서정희(徐廷禧)·박창한(朴昌漢)·박세희(朴世熙)·신용기(辛容箕)·송봉우·이호 외 13명이 주도하여 서울에 국내 본부 북풍회(北風會)가 조직되었다. 그리고 건설사는 발전적으로 해체되었다. 일본에 남아 있던 북성회원들은 1925년 1월 3일 새로운 대중 본위의 신사회 건설을 위해 더욱 확대·강화된 조직체를 만들고자 북성회를 해산하고 일월회(一月會)를 조직했다. 북성회는 일본의 한국인 노동운동에 큰 영향을 끼쳤으며, 북풍회를 통해 초기 사회주의운동에도 영향을 주었다.

[85] 1920년대에 전국적으로 노동운동·농민운동단체가 많이 늘어나자, 화요회(火曜會)계의 조선노동

들었다. 1924년(大正 13)에는 42개 단체가 가맹하여 1월 하순 노농대회를 개최했으나, 북풍회北風會[86] 측의 반대로 거의 활동하지 못했다. 한편 북풍회에서는 조선노동연맹회[87], 무산자동맹회[88], 신사상연구회[89] 등이 참여하여 조선노농총

연맹회는 1923년 9월 '조선노농총동맹'을 발기했다. 이에 서울청년회계의 조선노동공제회 잔류파와 조선노동대회 측도 '조선노농대회 준비회'를 만들었다. 두 계열이 경쟁적으로 지방의 노농단체 포섭에 나서자, 지방 노농단체들은 이를 비판하면서 따로 노농단체 결성을 추진하고자 했다. 이에 화요회계와 서울청년회계의 노농단체들은 하나의 단체를 만들기로 의견을 모아, 1924년 4월 167개 단체 대표 204명이 모여 '조선노농총동맹'을 결성했다.

[86] 북성회의 국내지부로서 1924년 11월 25일 서울에서 조직되었다. 김약수(金若水)·김종범(金鍾範)·마명(馬鳴)·정운해(鄭雲海)·남정철(南廷哲)·서정희(徐廷禧)·박창한(朴昌漢)·박세희(朴世熙)·신용기(辛容箕)·송봉우(宋奉瑀)·이호(李浩) 외 13명이 주도하여 성립되었다. 북풍회는 창립과 동시에 코민테른의 블라디보스토크 극동기관 책임자에게 한국의 유일한 사회주의자 통일전선이라고 보고했으나 승인받지 못했다. 북풍회는 일본 사회운동과 밀접한 관계를 맺고 있었다. 이 점은 화요회와 반목하게 되는 주요 원인이 되었고, 내부에서도 주류·비주류로 갈려 갈등을 겪게 되었다. 또한 서울청년회와의 반목도 심각했다. 이후 북풍회는 1925년 3월 임시총회를 열고 화요회와의 합동을 결의했다. 이어서 화요회·북풍회·조선노동당·무산자동맹회로 구성된 4단체 합동위원회가 구성되었다. 김약수를 비롯한 북풍회의 주요 인물들은 1925년 4월 화요회의 주도 아래 결성된 조선공산당에 참여했다. 그러나 북풍회와 화요회는 합동 후부터 반목하기 시작했다. 결국 1925년 9월 두 단체의 합동은 사실상 결렬되었다. 한편 코민테른은 화요회 주도의 조선공산당을 정식 승인하지만, 북풍회와 서울청년회 등은 공산단체로만 인정했다. 그 후 여러 차례의 공산당 검거로 사회주의 세력은 약화되었다. 동시에 민족협동전선론이 대두되자 북풍회는 1926년 4월 14일 정우회(正友會)로 발전적 해체되었다.

[87] 1922년 10월 서울에서 조직된 사회주의 노동운동단체. 1922년 10월 조선노동공제회에서 이탈한 윤덕병(尹德炳)·백광흠(白光欽)·강달영(姜達永) 등에 의해 조직되었다. 연맹회에는 경성전차종업원조합·경성인쇄직공친목회·경성양복직공조합·진주노동공제회·대구노동공제회·안동노동공제회·경성노우회·반도고무직공조합·감포노동공제회·경성이발조합·정읍노동공제회·청진노동공제회·경성양화직공조합 등 모두 13개 단체가 가입했고, 회원은 3만 명에 달했다. 1923년부터 사회주의운동이 서울청년회 계열(서울파)과 북성회 참여 유학생이 주축이 된 신사상연구회(화요회) 계열로 대립하게 되자 조선노동연맹회도 동요하게 되었다. 조선노동연맹회가 김약수(金若水)·송봉우(宋奉瑀)·김찬(金燦)·김재봉(金在鳳)·홍명희(洪命憙)·권오설(權五卨) 등의 화요파와 연결되어 있던 반면, 노동대회나 조선노동공제회의 잔류 세력은 서울파와 연결되어 있어 노동운동의 지방조직을 확장하는 데 여러 가지 어려움이 있었다. 이러한 지도부의 분열과 비노동자적 노동운동의 결함을 극복하기 위해 1924년 조선노농총동맹이 결성되었고, 이에 조선노동연맹회도 통폐합되었다.

[88] 1922년 서울에서 조직된 사회주의운동단체. 1922년 1월 윤덕병(尹德炳)·김한(金翰)·신백우(申伯雨)·원우관(元友觀)·이혁로(李爀魯)·이준태(李準泰)·백광흠(白光欽)·진병기(陳秉基)·

동맹[90]의 창립을 꾀했다. 1924년(大正 13)에 우선 진주에 경남노농운동자간친회[91]를, 광주光州에 전라노농연맹회[92]를, 대구에 남선노농동맹[93]을 개최하여

김달현(金達鉉)·김태환(金泰煥) 등이 조직한 무산자동지회와 같은 해 2월 장병천(張炳天)·심상완(沈相完)·이영(李英)·신일용(申日鎔) 등이 조직한 신인동맹회(新人同盟會)가 3월에 통합하여 조직되었다. 회원은 언론기관과 청년단체·노동운동단체에서 활동하던 사회주의자들로 구성되었으며, 태반이 도쿄 고학생 출신으로 조선고학생동우회와 밀접한 관계를 맺고 있었다. 1925년 4월 화요회·북풍회·조선노동당과 함께 4단체 합동위원회를 구성하고, 1926년 4월 이들 세 단체와 함께 정우회를 발족시키며 발전적으로 해산했다.

89 1923년 7월 서울에서 조직된 사상단체. 홍명희(洪命熹)·김찬(金燦)·구연흠(具然欽)·원우관(元友觀)·박일병(朴一秉) 등이 발기하여 조직되었다. 일본 유학생 출신이 주축이 되었는데, 홍명희·김찬은 도쿄 유학 시절 김약수(金若水) 등과 사상적 친분관계를 맺고 있었다. 발기인 가운데 윤덕병(尹德炳)·이준태(李準泰)·원우관·박일병 등은 무산자동맹회의 간부였다. 1924년 11월 간부회 명칭을 '화요회(火曜會)'로 개칭하고, 이전의 연구단체로부터 행동단체로 전환했다. 화요회라는 명칭은 카를 마르크스의 생일이 화요일이던 것에 근거를 두었다. 이때 회원 수는 60여 명으로, 도쿄에 있던 사회주의 사상가, 이론가 대부분이 이 단체에 가입했다. 그리고 상해(上海)에서 귀국한 박헌영(朴憲永)·김단야(金丹冶) 등의 운동가들도 참가했다. 이후 화요회는 조선공산당의 창당과 사회운동을 주도했다. 화요회는 서울청년회와는 대립관계에 있던 반면, 북풍회와는 협력관계를 유지했다. 결국 1925년 3월 화요회·북풍회와 합동을 결의하고, 조선공산당과 고려공산청년회를 결성했다.

90 1924년 서울에서 조직된 노농운동의 중앙단체. 조선노동공제회, 조선노동연맹회, 조선노동대회에 의해 주도된 노동운동은 특히 1923년부터 사회주의운동의 분파가 작용하여 분열되었다. 이 무렵에는 일제하 노동운동보다 소작쟁의 등 농민운동이 더욱 부상하고 있었다. 그러므로 당시 노동운동자는 농민운동에도 관심을 가지게 되었다. 조선노동연맹회는 1923년 9월 조선노농총동맹을 발기하는데, 여기에는 두 가지 목표가 있었다. 하나는 노동운동과 농민운동을 겸한 노농운동을 목적으로 하는 것, 또 하나는 조선노동연맹회의 연맹적 조직을 보다 강화하는 것이었다. 이에 대해 조선노동공제회의 잔류파와 조선노동대회 측에서는 강택진(姜宅鎭)·차금봉(車今奉) 등 서울파 사회주의 인사와 함께 그해 9월 조선노동대회 준비회를 만들어 맞섰다. 그러나 이들의 준비는 일제의 집회금지 조치로 실현될 수 없었다. 이후 중앙의 두 계열 인사는 1924년 4월 통합을 논의하고, 조선노동연맹회, 조선노동대회 준비회, 남선노동동맹 대표 200명이 모여 조선노농총동맹 발기회를 열었다. 이어 167개 단체 대표 204명이 모여 창립총회를 개최하여 조선노농총동맹을 결성했다. 그러나 1925년에는 주도권 문제로 서울청년회 계열과 화요회 및 북풍회 계열 간 다툼이 노골화되어 분열은 수습할 수 없는 지경에 이르렀다. 이러한 위기는 그해 조선공산당 창립으로 더욱 심각해졌다. 그 결과 1927년 9월 조선노동총동맹과 조선농민총동맹으로 분리되고 말았다.

91 1924년 1월 10일~13일 4일간 경상남도 진주에서 '경상남도노농운동자간친회(慶尙南道勞農運動者懇親會)'가 개최되어 노동문제, 소작문제 기타 여러 사회문제를 결의했다.

92 전라도·경상도 출신자가 많던 화요파의 지원을 받던 조선노동연맹회는 1923~1924년경 그 지방의 남선노농동맹이나 전라노농연맹과 제휴하며 보다 우세한 조직의 발전을 보이기도 했다. 그런데

지반을 다졌다. 그런데 서울청년회의 노농대회 역시 대세에 따라 소식을 통해, 1924년(大正 13) 4월 조선노동연맹회, 남선노농동맹회 및 노농대회에 속하는 171개 단체 대표자가 회합하여 조선노농총동맹 창립총회 및 임시총회를 개최했다. 그런데 불온한 결의를 했기 때문에 안녕질서를 문란하게 한 것으로 결국 집회 금지 명령을 받게 되었다.

이처럼 조선의 청년 중 노동문제를 고조하고, 때때로 공산주의를 주장하고 내지의 사회주의자와 제휴하거나, 혹은 러시아의 과격파와 통하여 혁명을 기도하려고 하는 자가 있다. 이에 조선에서 적화하여 혁명을 일으켜 독립을 이루어 문명적 정치는 머지않아 붕괴하는 날이 오지 않을까 생각하거나 근심하는 사람이 적지 않은데 이것이 반드시 무리라고만은 생각하지 않는다.

대저 조선의 청년은 적화하여 과연 무엇을 바라며 왜 여기에 이르렀는가. 그리고 어떻게 될 운명 아래 있는가.

현실 세계의 추악함, 현실 생활의 불만, 어느 쪽이든 간에 천국을 얻어 그 추악함과 불만에서 벗어나고 싶은 것은 인류 창시 이래의 대이상이었다. 이 동경은 언제나 공산주의를 환상처럼 나타나게 한다.

공산주의는 결코 현대의 산물이 아니다. 멀리 그리스에서는 플라톤Platon[94]의

지방의 노농단체들이 중앙의 분파에 저항하여 별도로 노농단체 결성을 추진하자 중앙에서도 새로운 조직을 추진하지 않을 수 없었다.

93 1924년 3월 대구에서 창립된 북풍파 사회주의 그룹 주도의 노농운동 단체. 경상남도노농운동자간친회 개최 마지막 날인 1924년 1월 13일 조선 노농운동에 큰 영향력을 가진 남한 각지 단체의 단결을 위해 남선노농동맹회(南鮮勞農同盟會) 창립 발기 결의를 했다. 1924년 3월 최원택(崔元澤)·박이규(朴珥圭)·정운해(鄭雲海)·서정희(徐廷禧) 등이 중심이 되어 대구에서 남선노농동맹 창립대회가 개최되었다. 중앙 상임 집행위원은 위원장 서정희를 비롯하여 정운해·김정규(金正奎)·최원택·박병두(朴炳斗) 등 14인이었다. 남선노농동맹 창립대회에서는 앞으로 전국적인 노농조직을 결성하기 위해 정운해·서정희·김종범(金鍾範)·이헌(李憲)·지건홍(池建弘) 외 5명을 더해 10명의 전조선노농단체연합기관기성교섭위원도 선출했다. 북풍파가 주도한 남선노농동맹은 화요파의 조선노동연맹회, 서울파의 조선노농대회 준비회와 더불어 1924년 4월 창립되는 조선노농총동맹의 한 주체가 되었다.

이상론으로서 설명되었고, 16세기에는 모어More⁹⁵의 유토피아(이상낙원)⁹⁶로서 표현되었다. 18세기 말엽부터 19세기 전반에 걸쳐서는 유럽에서 위대한 사회주의자가 출현함에 따라 사상계에 현란絢爛⁹⁷한 광명이 비쳤다. 즉 공상적【51】사회주의자로서 생시몽Saint-Simon⁹⁸과 푸리에Fourier⁹⁹는 프랑스에서 나왔고, 오언Owen¹⁰⁰은 영국에서 나왔다. 무정부주의자로서 그 주창자 고드윈Godwin¹⁰¹은 영국에서 나왔고, 프루동Proudhon¹⁰²은 프랑스에서 나왔으며, 슈티르너Stirner¹⁰³는 독일에서 나왔다. 바쿠닌Bakunin¹⁰⁴과 크로폿킨은 러시아에서 나왔다. 특히

94 고대 그리스의 철학자(기원전 428?~347?). 소크라테스의 제자로, 아카데미를 개설하여 생애를 교육에 바쳤다. 대화편(對話篇)을 다수 쓰고, 초월적인 이데아가 참 실재(實在)라고 하는 사고방식을 전개했다. 철학자가 통치하는 이상 국가의 사상으로 유명하다. 저서에 『소크라테스의 변명』, 『향연』, 『국가』 등이 있다.
95 영국의 정치가(1478~1535). 헨리 8세 때 대법관을 지냈으나, 가톨릭교도로서 왕의 이혼에 반대하여 국왕의 노여움을 사 반역죄로 몰려 처형당했다.
96 어느 곳에도 없는 장소라는 뜻으로, 1515~1516년에 영국의 모어가 유럽 사회를 풍자하여 지은 공상 사회 소설. 공산주의 경제 체제와 민주주의 정치 체제 및 교육과 종교의 자유가 완벽하게 갖추어진 가상(假想)의 이상국을 그린 작품으로, 유럽 사상사에서 독자적인 계보를 형성했다.
97 눈이 부시도록 찬란함. 시나 글 등에 아름다운 수식이 많아서 문체가 화려함.
98 프랑스의 사상가(1760~1825). 과학자, 자본가, 실업가를 포함한 산업가가 지도하는 새로운 사회체제를 구상하여 그 실현을 주장했다. 저서에 『산업론』, 『산업자의 교리 문답』 등이 있다.
99 프랑스의 사상가(1772~1837). 공상적 사회주의자로 자본주의사회의 모순을 날카롭게 지적하고, 자유로운 생산자의 협동조합인 팔랑지(phalanxes)를 실현할 것을 주장했다. 저서에 『4운동의 논리』, 『산업적 조합의 신세계』 등이 있다.
100 영국의 사회주의자(1771~1858). 방적공장 경영에 성공하여 미국에 공산사회를 건설하려다 실패했으며, 이후에는 노동조합운동을 지도했다.
101 영국의 사상가(1756~1836). 이론적 무정부주의의 선구자로 인간성을 억압하는 국가의 절멸을 주장했다. 저서에 『정치적 정의론』이 있다.
102 프랑스의 사회주의자(1809~1865). 사유재산을 배격하고 정치적 권위를 부정한 무정부주의사상의 창시자이다. 저서에 『재산이란 무엇인가』, 『빈곤의 철학』 등이 있다.
103 독일의 철학자(1806~1856). 개인주의적 무정부주의를 주장했다. 저서에 『유일자(唯一者)와 그의 소유』가 있다.
104 제정 러시아의 혁명가·무정부주의자(1814~1876). 귀족 출신으로 혁명운동에 뛰어들었다가 잡혀서 시베리아에 유배 가던 중 탈출하여 런던으로 망명했다. 무정부주의운동을 지도하여 제1인터내셔널에 참가했으나, 마르크스와 주도권을 두고 다투다가 제명되었다. 저서에 『신(神)과 국가』 등이 있다.

1818년 5월 5일 독일의 옛 도시 트리어Trier는 카를 마르크스Karl Heinrich Marx[105]를 낳아, 이전의 사회주의자가 헛되이 천국을 공상한 데 반해 이를 과학적으로 연구하여 그 실현을 예단豫斷하는 과학적 사회주의의 출현을 보게 되었다.

19세기 말엽과 20세기에 들어서 주의적 사상은 노동문제, 의회정책, 사회개조의 실제적 운동으로 나타났다. 즉 프랑스에서는 생디칼리슴syndicalisme[106], 영국에서는 길드guild사회주의[107], 미국에서는 아이더블유더블유IWW(International Workers of the World)[108]가 나타났다. 이보다 먼저 1874년 4월 10일 러시아의 시골 심비르스크Simbirsk[109]의 볼가Volga강[110]에 블라디미르 일리치 울리야노프 Vladimir Ilich Ulyanov[111]가 고고呱呱한 목소리를 높였다. 니콜라이 레닌Nikolai

---

[105] 독일의 경제학자·정치학자·철학자(1818~1883). 독일 관념론, 공상적 사회주의 및 고전 경제학을 비판하여 과학적 사회주의를 창시했다. 헤겔 좌파 사상의 영향을 받고 급진적인 부르주아 반정부 기관지 『라인 신문』의 주필로 있다가, 신문의 폐간으로 파리로 망명하여 사적 유물론 사상을 확립하고, 1848년에는 엥겔스와 함께 『공산당 선언』을 집필했다. 1849년 이후에는 런던에서 빈곤과 싸우며 경제학 연구에 전념하고 『자본론』 저술에 몰두했다. 이는 역사의 유물 변증법적 해석으로 프롤레타리아의 역할을 인식하고 해방을 추구하여 계급투쟁의 이론을 수립한 것으로 평가받고 있다. 국제 공산주의 조직인 '인터내셔널'을 만들었으며, 저서에 『신성 가족』, 『경제학 비판』, 『프랑스의 내란』, 『철학의 빈곤』, 『자본론』, 『고타 강령 비판』 등이 있다.

[106] 19세기 말에서 20세기 초에 프랑스와 이탈리아를 중심으로 일어난 무정부주의적인 노동조합 지상주의. 이론적으로는 프루동에서 비롯했으며, 노동계급의 정치투쟁이나 프롤레타리아 독재를 부정하고 노동조합을 투쟁과 생산 및 분배의 중심으로 삼고자 했다.

[107] 직능별 자치단체를 전국적으로 연결하여 생산과 소비를 관리하려는 사상. 20세기 초에 영국을 중심으로 일어났으며, 생디칼리슴과 국가사회주의를 결합한 개량주의적 사회주의이다.

[108] 1905년에 결성된 미국 최초의 전국적 산업별 노동조합 조직. 생디칼리슴의 영향을 받아 격렬한 투쟁 노선을 견지했으나, 제1차 세계대전 당시의 반전(反戰) 활동으로 말미암아 탄압받고 해산되었다.

[109] 러시아 서부, 볼가강 중류 오른쪽 기슭에 있는 도시. 자동차·공작 기계 공업을 주로 하며, 레닌이 태어난 곳으로 유명하다. 현재 '울리야놉스크(Ul'yanovsk)'이다.

[110] 러시아 서부를 흐르는 강. 발다이 구릉에서 시작하여 카스피해로 흘러 들어간다. 볼가, 발트 수로와 볼가, 돈 운하가 통해 러시아 하천 교통의 대동맥을 이룬다. 강어귀에는 광대한 삼각주가 발달했다.

[111] 소련의 혁명가·정치가(1870~1924). 마르크스주의 이론의 혁명적 실천자로서 소련 공산당을 창시했으며, 러시아혁명을 지도하고 1917년 케렌스키 정권을 타도하여 프롤레타리아 독재하 소비에트 사회주의 공화국을 건설했다. 마르크스주의를 제국주의와 프롤레타리아 혁명에 관한 이론으로

Lenin이 바로 그다. 마르크스의 과학적 사회주의를 조술祖述[112]하여 볼셰비즘 Bolshevism[113]을 창도하고, 1917년 11월 케렌스키Kerenskii[114] 내각이 붕괴한 뒤를 이어 노농러시아의 수령이 되었다. 플라톤이 옛날부터 동경한 공산주의 국가는 이에 그 실현을 보는 날이 왔다.

세계는 모두 놀랐다. 매도罵倒했다. 기뻐했다. 영국의 페이비언협회Fabian Society[115]의 장로長老[116], 앞서 맥도널드MacDonald[117] 내각의 상무대신商務大臣이던 시드니 웹Sidney Webb[118]은 그의 저서 『자본주의 문명의 퇴폐』에서 "노예가 그 주인으로부터, 열등 민족이 그 승리자로부터, 전 인민이 소수의 귀족이나 혹은 민족으로부터 받은 압박, 이 같은 압박은 생기 있는 민족 사이에서는 반항과 개혁운동을 일으키는 원인이 되는 것이다. 사회주의자는 그 근저인 민주주의에 충실한 한 모두 이러한 운동에 공명하여 그 신장을 바라고 있다"라고 논했다.

발전시켜 국제적 혁명운동에 큰 영향을 주었다. 저서에 『국가와 혁명』, 『제국주의론』, 『유물론과 경험 비판론』 등이 있다.
112 선인(先人)이 말한 것을 근본으로 하여 서술하고 밝힘.
113 러시아 사회 민주 노동당의 급진파인 볼셰비키의 정치적 사상 및 이론. 레닌이 내세운 제국주의와 프롤레타리아 혁명 시대의 마르크스주의에 입각하여 전위당의 지도하에 혁명적인 투쟁으로 프롤레타리아 독재를 추구했다. 직업적 혁명가에 의한 소수정예주의, 중앙집권적 당 조직, 노농동맹 등이 특징이다.
114 소련의 정치가(1881~1970). 1917년 2월 혁명 후 사회혁명당 당수로서 임시정부의 수상 겸 총사령관에 취임하여 반혁명 세력의 중심이 되었다. 10월 혁명으로 실각하여 1918년 미국으로 망명했다.
115 1884년에 영국에서 점진적인 사회주의화를 목표로 창립한 단체. 끈질기고 참을성 있는 작전으로 자신보다 세력이 큰 적군을 이긴, 로마의 명장 파비우스(Fabius)의 이름을 딴 것이다.
116 나이가 많고 학문과 덕이 높은 사람.
117 제임스 램지 맥도널드(James Ramsay MacDonald)는 영국의 정치가(1866~1937). 1924년 최초의 노동당 내각을 조직했으며 수상 및 외상을 지냈고, 1931년 거국(擧國) 연립 내각의 수반이 되었으나 1935년 사임했다.
118 시드니 제임스 웹(Sidney James Webb, 1859~1947)은 영국의 사회 · 경제사 · 노동운동사에 대한 연구 및 노동자를 위한 교육에 힘썼다. 또한 런던 정치경제대학 창립에 힘써 명예교수가 되었고, 페이비언협회의 지도적 이론가로서 개량주의적 노동조합운동을 전개했다. 제1차 세계대전 후에는 영국 노동당 내각의 상무상, 하원의원 등을 지냈다.

조선인은 지금 기로에 서 있다. 독립을 기도하지 않고 통치에 복종하는 것은 마음이 내키지 않는다. 하물며 청년은 마음에 동요가 많고 공상을 즐긴다. 노농러시아의 공산주의는 이 허상을 틈타 구세주와 같이 분장扮裝하여 이들을 현혹한다. 웹의 말을 빌려 말하면, "공산주의자는 그들의 운동에 공명해 줄 것과 그 신장을 바라고 있다"는 것이다. 【52】

정情이 많아서는 지혜[智]에 이를 수 없다. 이는 청년의 상태이다. 그들은 분장한 공산주의의 미모美貌에 마음을 빼앗겨 흔들리기 전에 우선 물러서서 본체를 똑바로 봐야 한다. 노농러시아의 내정內情이 어떠하고 세계 공산주의의 현 상태가 어떠한지 이 두 가지 점을 꿰뚫어 봐야 한다.

러시아는 농업국으로 전 인구의 8할이 농민이다. 그러므로 혁명에 따라 지주의 소유지, 사령寺領 및 로마노프조Romanov朝[119]의 황실 소유지를 몰수하여 국유로 한다고 포고했으나, 농업의 실제는 농가에 분할 경작시킬 수밖에 없다. 명목은 국유이지만 실제는 사유이다. 공산주의는 소수 전제자專制者의 일이다. 농민은 별개의 계급을 이루고 실제는 볼셰비키Bol'sheviki[120]와 동류同類가 아니다.

레닌은 농민을 별도의 계급인 채로 두고서는 공산주의를 실행할 수 없다고 했다. 그러므로 네프NEP(Novaya Ekonomicheskaya Politika)[121] 곧 신 경제정책을 확립하고, 1921년 11월 헌법으로 이를 비준했다. 이에 '곡물징발령'을 폐지하고,

---

[119] 1613년 미하일 로마노프(Mikhail Romanov)의 즉위에서 1917년 러시아혁명으로 니콜라이 2세가 퇴위할 때까지 18대 304년 동안의 러시아 왕조.
[120] 다수파라는 뜻으로, 1903년 제2회 러시아 사회 민주 노동당 대회에서 레닌을 지지한 급진파를 이르던 말. 멘셰비키와 대립했으며, 1917년 10월 혁명을 지도하여 정권을 장악한 뒤 1918년 당명을 '러시아 공산당'으로 바꾸었고, 1952년 다시 '소비에트 연방 공산당'으로 바꾸었다가 1990년 소련의 해체와 함께 해산되었다.
[121] 1921-1927년에 레닌의 주도로 소련에서 시행된 신 경제정책. 러시아혁명과 내전으로 저하된 국내 경제력을 회복하기 위하여 잉여 농산물의 자유 판매와 개인 경영의 인정 등과 같은 자본주의적 요소를 도입하여 일정한 성공을 거두었다.

징세제도를 고치고, 국영사업, 국영공장은 단체 또는 개인에게 대여했다. 외국 자본의 투자도 인정했다. 상업의 자유 거래가 부활했다. 그러므로 독일은 라팔로Rapallo조약[122]을 체결했고, 이탈리아 · 영국 모두 통상을 부활했으며, 일본도 통상조약에 소극적이나마 임하고 있다. 최근 모스크바에서 온 전보에 따르면, 노농정부는 사립私立 사업에 대한 제한을 완화하여 생산을 증진하겠다는 계획을 발표했다고 한다.

이론으로서 창도되어 전시戰時에 포고된 듯한 공산주의라는 것은 지금 러시아에서는 행해지고 있지 않다. 더욱이 러시아의 내정은 조지아Georgia[123] 문제, 우크라이나의 호소[愁訴[124]] 등 놀랄 만한 것뿐이다. 특히 1923년(大正 12) 12월 24일 보안군保安軍 장관이 발포한 추방령에는 우리가 전율을 금치 못하겠다. 이러한 본체를 똑바로 보지 않고 공산주의의 미모에 취해 있는 청년들은 과연 무엇을 추구하여 기로에서 헤매고 있는 것인가. (통계 생략)

그리고 여러 나라 중에 공산주의의 성쇠와 관련하여 더욱 비이장목飛耳長目[125]을 요하는 것이 있다. 영국에서 맥도널드 노동내각이 붕괴된 원인이 된 것은 캠벨Campbell 사건[126]과 지노비예프Zinov'ev 사건[127]으로 모두 공산주의

---

[122] 1922년에 이탈리아의 라팔로에서 베르사유 체제에서 소외된 소련과 독일 사이에 체결된 조약. 상호 간에 외채 · 배상의 상쇄, 소련정부에 대한 정식 승인으로 국교 재개, 양국의 경제상 제휴 등을 협정했는데, 이를 통해 소련정부가 자본주의 국가로부터 처음으로 승인받았다.
[123] 캅카스 지역에 위치하여 있는 국가이다. 조지아의 북쪽은 러시아, 남쪽은 터키와 아르메니아, 남동쪽은 아제르바이잔과 국경을 접하고 있다. 1936년 소비에트 연방을 구성하는 공화국의 하나로 그루지야 소비에트 사회주의 공화국을 이루다가 1991년 독립했다. 스탈린(소비에트 연방의 공산당 서기장으로 1924~1953년 국가 원수)이 조지아 출신이다. 국호는 러시아어 이름인 그루지야로 통용되었으나, 조지아정부는 대한민국을 비롯한 주변 국가에 러시아어 그루지야 대신 영어 이름 조지아로 자국 국명을 표기해 줄 것을 공식 요청했다.
[124] 자기의 사정을 애처롭게 호소함. 특히 환자가 의사에게 자기의 증상에 대하여 호소함을 이른다.
[125] 먼 데서 일어나는 일을 능히 듣고 보는 귀와 눈. 널리 여러 가지 정보를 모아 사물을 명확하게 판단하는 능력을 이른다.
[126] 1924년 2월 영국의 제임스 램지 맥도널드(James Ramsay MacDonald) 총리는 소비에트 연방을 승인하고 수교 협의를 시작했는데 이 과정에서 자유당의 반발을 사게 된다. 특히 신생 국가인

사건이었다.

　독일의회에서 공산당Kommunistische Partei 당원은 11명으로 공산노동구락부Kommunistische Arbeitsgemeinschaft 당원을 더해도 26명이었는데, 1924년(大正 13) 5월의 총선거에서는 62명으로 증가했다. 하지만 12월 마르크스 내각 아래 실시된 총선거에서는 44명으로 감소했다.

　프랑스는 원래 공화민주사상의 본고장이고, 【53】또 주의적 운동이 활발한 무대이다. 이에 1878년(明治 11) 7월 의회는 공산당 수령 꾸뛰리에Paul Vaillant-Couturier[128]를 투옥할 정도로 영단英斷을 내렸다. 그러나 에리오Herriot[129] 내각은

소비에트에 차관을 제공하는 문제에 대해서 자유당은 강력하게 반대했고 보수당이 기회를 노려 자유당에 호응하면서 노동당과 자유당 간의 느슨한 연대가 깨지게 된다. 특히 이 사이에 벌어진 캠벨 사건(Campbell Case)이 맥도널드 내각의 운명을 종식시키고 만다. 공산주의자이자 신문 편집자이던 존 로스 캠벨(John Ross Campbell)이 공개적으로 군인을 모욕하는 서한을 기고한 것에 대해 영국 검찰에서 폭동을 선동한 죄로 기소하자, 맥도널드와 노동당 내각이 기소를 중지하도록 압박했다는 폭로가 터져 나왔다. 보수당과 자유당은 즉시 맥도널드 내각에 대한 불신임결의를 하원에 제출하여 찬성 364표, 반대 198표로 통과시킨다. 이는 역대 영국 내각 불신임결의 중 가장 큰 격차로 가결된 결의안이었다. 결국 램지 맥도널드는 이에 대응하여 의회를 해산하고 조기 총선을 선언했다. 1924년 1년 만에 열린 조기 총선에서 노동당은 40석을 잃고 151석에 그쳤고, 보수당은 의석을 154석이나 늘려 401석을 확보하여 단독 과반을 달성했으며 스탠리 볼드윈(Stanley Baldwin)이 화려하게 총리로 복귀한다. 이에 야심차게 출범한 영국 역사상 첫 노동당 내각은 1년 만에 무너지고 말았다.

127　지노비예프 서간사건(書簡事件)은 1924년 영국 총선거에서 노동당의 참패를 초래한 사건이다. 당시 노동당의 맥도널드 내각이 소련과 체결한 '영소조약(英蘇條約)'의 비준 문제가 초점이 되었다. 10월 25일 그러한 와중에 보수계통의 신문인 『데일리 메일』지(紙)가 갑자기 지노비예프가 서명한 '코민테른 서간'의 비밀문서를 공개했는데, 그것은 영국의 노조(勞組)와 군대에게 공산주의 쿠데타를 호소하는 내용이었다. 그 정치적 효과는 절대적인 것이어서 영국의 여론이 비등했던 것은 물론 노동당은 40석의 의석을 잃는 참패를 당했고, 보수당은 새로운 의석이 154석이나 증가하는 대성공을 거두었다. 그런데 그 후 이 문서는 위조라는 것이 밝혀졌다.

128　프랑스 공산당 창설자의 한 사람(1892~1937). 1928~1937년 공산당 기관지 『뤼마니테(L'Humanité)』의 편집장으로 근무했다. 제1차 세계대전 전에는 사회당원으로, 전쟁 중에는 인터내셔널리즘의 입장에 섰다. 또한 재향군인공화파협회(Association Républicaine des Anciens Combattants)를 설립하여 1919~1937 부회장을 역임했다.

129　프랑스의 정치가(1872~1957). 급진 사회당 총재로 여러 번 수상 또는 각료가 되어 평화 외교를 추진했고, 제2차 세계대전 후에는 국민 의회 의장이 되었다.

주의적 내각으로, 오랫동안 공산주의에 대한 그 태도가 의문시되었다. 그런데 1924년(大正 13) 12월 6일 두아르느네Douamenez 시장 프랑셰Franchet가 공산운동에 참여한 것으로 인해 체포되었다. 다음 날 7일 하원에서 해군 예산안 토의 중 에리오 수상은 돌연 공산당 수령 카시얀Kasyan에게 공산당운동의 반대를 성명했다. 그리고 즉시 경시 22명, 순사 700명으로 파리시와 근교의 대수사를 감행하여 공산주의자 70명을 검거하고, 또 전국에 걸쳐 외국의 주의자를 체포하여 국외로 추방했다. 또한 내무대신은 프랑스 내에 거주하는 외국인으로서 질서를 어지럽히고 국가 또는 개인에 대해 폭행에 나서는 자를 검거하여 국외로 추방하겠다고 각 현지사縣知事에게 명령했다. 나아가 9일 하원에서 사회당 의원은 "사회당은 일종의 혁명에 의해 수백 년 동안의 사회를 개조할 수 있다고는 생각하지 않는다. 점진적인 개혁에 따라 비로소 노동계급의 행복을 기할 수 있는 것이다. 사회당과 공산당은 주의·강령에서 아무런 공통점이 없다"고 공산당에 대해 절연絶緣을 선고했다. 이번 에리오 수상의 큰 영단은 지금도 전 세계의 이목을 놀라게 하고 있다.

 나는 현 사회제도에는 많은 결함이 있다고 인정한다. 또한 조선의 청년들이 동요한 마음을 공산주의에 의탁하여 위로받고 싶어하는 심정에도 동정이 간다. 그러나 공산주의의 본체는 우리를 몹시 놀라게 하기에 충분하다. 청년을 무지하고 무력하다고 큰 소리로 비웃는 것은 형체만 살아 있고 마음은 죽어 있는 위선 관료가 빠지기 쉬운 폐해로 가장 위험한 것이다. 조선의 관민은 마땅히 이러한 청년의 심정을 이해하고, 이들을 선도하여 안주安住할 수 있는 마음을 주어야 한다. 그렇게 되면 적화를 근심하지 않아도 되고, 문명적 정치의 전도前途는 양양洋洋[130]할 것이라 말할 수 있다. 【54】

---

[130] 앞날이 희망차고 전망이 밝다.

10

마루야마 쓰루키치丸山鶴吉[1]

고려가 필요한 조선의 사정 (초략抄略)[2]

　사상 방면에서 조선의 현황을 판단하면, 좀처럼 낙관적일 수만은 없다. 점점 반反일본인 사조가 확대되고 심화되어 가고 있는 현황이라고 유감스럽지만 말하지 않을 수 없다. 이 점은 특히 제1차 세계대전[歐羅巴戰爭] 후 민족정신의 각오에 따라 어느 나라에서도, 어떠한 토지에서도 다른 민족을 지배하고 다른 민족을 포용하는 데에 문제를 일으키고 있는 것은 여러분이 잘 알고 있을 것이다.

　인도에서도 점점 문제가 어려워지고 있고, 이집트 문제도 더욱 중대해졌다.

---

[1] 마루야마 쓰루키치에 대해서는 부록 「주요 인물 소개」란을 참고할 것.
[2] 이 글의 원문은 구어체로 되어 있으나 번역하면서 문어체로 바꾸었다.

아일랜드도 아는 것과 같고, 필리핀에서도 비슷하게 문제가 일어나고 있다.

조선에서도 동문同文·동종同種이라고 하거나, 또는 공동의 선조를 두었다고 하거나, 역사적 관계라든지 여러 가지를 말하지만, 조선은 하나의 조선 민족이라고 하는 관념으로 인해 매우 어려움이 있는 것은 말할 것도 없다. 이 민족정신의 자극에 따라 다른 민족의 굴레에서 벗어나 자신의 국가, 자신의 사회를 만들고 싶다는 희망이 점차 타오르고 있는 것은 세계의 대세상 부득이한 일이라고 생각한다.

그러나 조선 전체에 걸쳐 말하면, 아직 문화가 상당히 뒤쳐져 있다. 그중에는 매우 진보한 생각을 가진 소수의 사람도 있지만, 대체로는 매우 뒤쳐져 있다. 문화가 낮은 조선인들이므로, 지금까지 독립이 어떤지 혹은 통치가 어떤지 하는 것을 깊이 생각한 적도 없는 사람이 많을 것이다. 1919년(大正 8)의 소요(3·1운동) 때에는 일본에 병합되어 있을 것인가, 독립할 것인가 하는 것에 대해서조차 관념이 없는 공연空然한 소요가 많았다.

그런데 점차 조선의 독립이라는 것을 생각하게 된 것은 사실이다. 한편으로는 세계 사조의 영향으로 그로 인해 점차 문화가 개척되어 가고 있는 관계이다. 또 한편으로는 제도 개정 이후 전반적으로 정치 개혁이 시행되어, 【55】 조선인의 의지 발표에 대해 비교적 자유를 인정받게 되었다.

일찍이 조선인의 언론기관은 일절 인정되지 않았는데, 새로운 총독이 부임하고 나서 조선의 신문지가 세 가지만 허가되었다. 이것도 허가할 때 상당히 고려하여 허가한 것인데, 몇 번인가 변천을 거쳐 이들 신문은 모두 조선인의 사상을 자극하고 반성을 촉구하는 식으로 나아갔다. 그리하여 지금까지 아무 것도 몰랐던 지방 사람들이 점점 신문지를 통해 또는 여러 가지 언론을 통해 자각하게 되고, 조선 문제에 대해서도 거듭 고려하게 되어 점점 민족적 정신이 자극되어 갔다. 문제가 더욱 복잡해져 갔다고도 생각할 수 있다. 무엇보다도 이 점에 대해 상당히 고려하지 않으면, 시대가 점점 진보하고 문화가 개척되어 가는 것으로 인해 문제는 더욱 복잡해지고 곤란해질 앞날을 예상해야 한다고 생각한다.

　이러한 사조에 이른 경로徑路³를 간단히 말하면, 1919년(大正 8) 당시에는 단순히 '독립, 독립'이라 하며 흥분하여, 그 지도자는 여러 가지 것을 생각하고 있었을지 몰라도 전체 사람들은 무슨 근거 있는 생각으로 독립을 생각한 것은 아니었다. 오직 그때에는 국제연맹에 의지한다든지, 강화회의의 힘에 의지한다든지, 혹은 미국의 여론이 조선에 상당히 동정적이었기 때문에 잘 되면 미국이 조선의 독립을 원조하여 줄 것으로 생각하고 있었다. 이렇게 남의 힘에 의해 조선의 독립을 가져올 수 있으리라는 생각에 불과했다. 불안정한 상태에서 일으킨 공연한 소요였던 것이다.

　그런데 세상이 점차 각성하여, 남의 힘에 의해 독립하려고 생각한 것은 실로 일장춘몽一場春夢이었고, 무엇보다도 독립은 자력에 의하지 않으면 안 된다는 데 생각이 미치게 되었다. 그리하여 돌이켜보아 자신의 힘을 생각건대, 문화의 정도에서 조금도 자신의 실력이라 인정할 만한 것이 없었다. 무엇보다도 독립 문제는 실력을 충분히 양성하고, 그러고 나서 문화를 충분히 발달·향상시킨 후가 아니면 불가능하다는 것을 조선의 유식한 선배들은 생각하게 되었다. 이는 1919년(大正 8)의 소요(3·1운동) 직후부터 유식자 사이에서 이미 생각하고 있던 것이다.

　우리가 조선에 온 당시부터 여러 차례 그러한 사상을 가진 청년과 친히 교류를 맺고 관리라는 입장을 떠나 기탄없이 논의해 봤는데, 위와 같은 생각을 말하는 청년도 없지는 【56】 않았지만 당시 그러한 의논에는 일반이 모두 반대하여 독립즉행론獨立卽行論을 소리 높여 주장했다. 남의 힘에 의한 독립사상에 움직이고 있어서, 실력을 양성하고 문화를 촉진하여 자력에 의해 독립하자는 등의 의논은 아무리 말해도 누구의 귀에도 들리지 않았던 것이다.

3　멀리 돌지 않고 가깝게 질러 통하는 길. 지름길.

그런데 점점 민심이 안정되어 1920년(大正 9)경부터 결국 독립하려고 한다면 남의 힘에 의하지 않고 분투하여 문화를 촉진해서 실력을 양성하지 않으면 안 되며, 이에 따라 문화운동을 일으키고 또 경제적 방면에서 노력하지 않으면 안 된다는 분위기가 일반에게 확산되어 갔다. 그리고 이후에는 그들이 경영하는 신문에서도, 그들이 때때로 개최하는 강연회에서도 실력 양성, 문화 촉진이라는 것을 일대 표어로 하여 이것이 이루어진 후에 독립을 도모한다는 사조가 조선인의 머리에 스며들게 되었다.

지금 즉시 독립할 수 있다고 하는 생각은 아니다. 자식 대에 가능할지, 손자 대에 가능할지는 모르지만, 여하튼 목표를 거기에 두고 힘써 노력하면 반드시 상당한 실력이 생기고, 실력이 생기면 그 실력에 의해 조선의 독립을 도모하는 것이 독립운동의 정당하고 착실한 행로라는 것에 대체로 조선인들의 생각이 미치게 되었다.

그 결과가 구체적으로 표현된 것이 1916년(大正 5) 말경부터 문화의 기초는 무엇보다도 교육이라고 하는 것이었다. 이에 교육열이 향상되어, 지금까지 아무리 권해도 보통학교 학생이 모집 정원에 달하지 않던 것이 2, 3배의 응모자가 생겨 학교 수용의 부족까지 초래했다. 조선인의 교육비가 급격히 증가한 것도 이러한 기운을 탄 결과이다.

또한 지방에서는 일본의 청년단 등과 연계되어 각 정町·촌村 또는 부락部落에서 청년단, 교풍회矯風會, 학생회라고 칭하는 여러 종류의 사회단체가 생겨나, 사회의 진보·향상을 도모한다는 일종의 사회운동이 갑자기 조선에 일어나게 되었다. 이는 확실히 시대에 자극받은 결과이다.

그래서 오늘날에도 조선 현재의 가장 큰 사조로서 사람들의 머리를 지배하고 있는 것은 무엇인가라는 질문에 접하면, 그들은 지금 독립하고 싶어도 즉시 독립은 할 수 없으니 무엇보다도 자신들이 분려奮勵[4]·노력하여 실력이 생기고 문화가 촉진된 때에야 실력으로 일본에서 분리되어 독립할 수 있으며 독립하고 싶다는 생각이 조선인들 머리의 근저를 이루고 있다고 대답할 것이다. 그 밖에 친일단체라고 불리는 여러 단체도 있지만, 결국 조선인의 마음속을 보면 독립하고 싶은가 하면 조선인으로서는 【57】 반드시 독립하고 싶다고 대답할 것이 틀림없다. 현재 조선에서 관리 등으로 상당한 지위를 얻고 있어 조선의 편에서는 완전히 독립을 방기하고 있어도, 독립할 수 있어도 독립하고 싶지 않다는 생각은 갖고 있지 않으리라 생각한다. 지금은 도저히 독립할 수는 없으므로, 할 수 없는 이상 조선 민족 대다수의 행복과 안녕을 위해서는 일본통치하에서 점점 조선인의 권리·자유를 신장해 가는 것이 최선의 수단이라는 일종의 체념으로 있는 것이라고 본다. 소위 친일단체라고 불리는 곳에 속해 있거나 혹은 일본통치를 시인하는 의견을 가지고 있는 사람은 모두 이러한 사상을 가진 사람이다.

근본적으로 당신은 독립하고 싶지 않은가 하고 물으면, 필시 조선인 중에는 한 사람도 독립하고 싶지 않다고 하는 사람은 없을 것이다. 아무리 소요하고 번민해도 독립하는 것은 도저히 불가능하다는 것을 충분히 확인한 선견지명이 있는 조선인들이 일본의 통치를 시인하고 조선인의 권리를 점차 신장하는 운동을 일으킨 것이다. 고故 민원식閔元植[5]과 같은 이도 이 점에 착안하여 소위 신일본주의를 표방하여 활동한 것이다.

이야기의 처음으로 돌아가서, 대체로 조선인의 실력 사조는 문화 촉진이라는 사회운동, 문화운동에 기울어져 왔다. 그런데 이로 인해 곤란한 문제 중 하나는 이러한 이른바 평화적 운동에 따라 조선의 독립을 먼 미래이기는 하나 장래에 도모하려고 생각하는 사람들이 한편으로 평화적인 생각을 가지면서도, 또 한편으로는 폭력을 시인하고 있는 것이다.

나는 여러 번 이런 사람들과 논한 적이 있다. 그때 나는 폭력으로 국경을

---

4 기운을 내어 힘씀.
5 민원식에 대해서는 부록 「주요 인물 소개」란을 참고할 것.

침범하거나 폭탄으로 여러 가지를 시도하거나 하여 결국 그것이 한 걸음이라도 독립으로 나아가는 데 효과가 있다면 여러분은 환영할 것도 같지만, 동포들이 서로 싸우고 동포들이 서로 살상하는 데 지나지 않는 이 폭력 행동은 당신들이 이른바 평화적 독립운동의 입장에 있다면 이를 저지하는 데 협력해야 하는 것이 아니겠는가 하고 말했다. 이러한 사람들은 폭력이 독립을 가져오는 데 아무런 도움도 되지 않는다는 것을 스스로 잘 알고 있다. 그러므로 자신들은 결코 폭력운동에 참여하지 않을 것이나, 폭력으로 하는 것이 가능하다면 그만둘 의무는 없다고 생각한다. 왜냐하면 폭력은 조금이라도 도움이 되기 때문이다.

즉 조선 민족정신의 자극제로서는 이 폭력 행동이 여전히 충분한 의의가 있다. 조선인의 민족정신을 더욱 강고히 하는 데에는 매우 힘이 있다. 이 점에서 폭력을 쓰지는 않지만, 【58】 폭력 행동도 시인하고 있다고 대답한다. 평화적 사회운동을 위해 폭력 행동을 저지하는 데까지는 이르지 못한 현황이다.

또 하나 여러 가지 방면에서 생각할 때 커다란 장애가 되고 있는 것이 있다. 그것은 조선의 정치가 점점 공평해져 권리·자유를 인정하게 되고, 또 일본인이 원래의 태도를 바꿔 조선인에게 친절하게 대하고 그 인격을 존중하게 되어 만사가 매우 평화롭게 세상이 나아가고 있는 것이다. 그러면 조선인들도 점점 이렇다면 조선인의 조국을 회복할 필요가 있겠는가 하고 생각하게 되어 조국 회복의 희망이 줄어들게 될 것이다. 그렇게 되면 좌우간 실력이 생기면 독립을 도모하려고 생각하고 있었으나 독립정신이 없어져 버리게 되고 결국 그 목적을 달성할 수 없다.

그러므로 평화적 사회운동으로 원대한 목표를 향해 가는 이상, 조선인의 독립 요망 정신이 없어지지 않도록 항상 자극을 주고 항상 주사를 놓는 것이 독립을 영원히 도모하기 위해 가장 중요하다는 점을 조선의 젊은 리더들은 알고 있다. 그래서 어떻게 해서든 민족정신에 자극을 주고 민족정신을 선동해 가지 않으면 안 된다는 데 착안하여, 이에 대해 조선인 사이에서 열심히 힘차게 나아가고 있는 것이다.

평소 취하는 수단은 무엇인가 하면, 한편으로 조선 역사의 연구·보급이라는 데 착안하여 실질적인 운동을 일으키고 있다. 비근卑近[6]한 일반의 방법으로는 그들이 기관으로서 가지고 있는 신문·잡지에서, 그 밖에 무엇인가 기회가 있을 때마다 강연에서도 모두 이 점에 주의를 기울여 전력을 경주하여 민족정신을 자극하는 데 힘쓰고 있다. 그러므로 당국에서 훌륭한 시설을 만들고 훌륭한 제도를 시행한 때에도, 조선인이 행복해지게 한 좋은 제도이며 좋은 것을 해 주었다고 감사와 찬사를 보내는 등의 일은 신문 창설 이후 한 번도 없었고, 어딘가 결점을 발견하여 그 결점을 통렬히 공격해서 조선인이 충분히 선정善政을 느낄 수 없도록 하고 있는 것이다. 또 만일 사소한 일로 총독부나 일본인이 한 일 중에 잘못된 일이 있을 때에는 이를 과장되게 전하여, 모든 일본인이 이처럼 조선인을 취급하고 있다는 식의 사조를 주입하기 위해 커다란 문자와 극단적인 말을 사용해서 매사에 민족정신을 자극하는 데 노력하고 있다. 이는 신문, 강연, 기타 좌담에서도 모든 방면에서 그러한 식으로 먼저 전제하여 말하고 있다. 그리고 점점 방방곡곡까지 신문이 【59】 도달하면서 입에서 입으로 전하여 과장되게 일본의 나쁜 점을 선전하고 있다. 따라서 지금까지 그러한 것에 무관심했던 지방 사람들까지 결국 일본인을 미워하게 되고, 일본에 반대하는 감정을 가지도록 선동하고 있는 것이다. 이런 힘이 언제까지 계속될 것인가 하는 것이 문제이다.

현재 조선의 보통교육도 점점 보급되고 있다. 한편 점점 교육이 진보해 가고 세대가 변하여 상당한 판단력을 가지게 되어, 이때까지의 선동으로는 조선인의 머리를 자극하지 않던 것도, 예상은 되지만 적어도 현재에는 이처럼 조선인의 반反일본적 사조를 자꾸만 선동하고 있다. 이것이 이른바 현재 조선

---

6 흔히 주위에서 보고 들을 수 있을 만큼 알기 쉽고 실생활에 가까움.

의 모습이라면 상당히 우려할 만한 일이다. 그러나 앞으로 더 힘을 들여 교육을 보급하여 사회 사정을 알고 판단력을 갖추게 한다면, 이러한 자극에 의해서도 조선의 사조가 움직이지 않게 되지 않을까 하는 희망을 충분히 갖고 있다.

또한 현재의 형세와 관련하여 상당히 우려할 만한 문제라고 생각하는 것은 경제상의 문제이다. 잘 알고 있는 것처럼 무엇을 말해도 조선은 참으로 혜택이 적은 곳이다. 그런데 최근에는 일반 농민에 이르기까지 생활상의 압박을 차츰 받게 되었다. 그리하여 그들이 처음에는 만주로 떠나갔지만, 요즘에는 만주에도 불량한 조선인이 발흥하고 마적馬賊이 횡행하며 약탈해서 도저히 생활의 안정을 얻을 수 없는 상태이다. 이에 우리 모두 그 저지책을 마련하는 데 상당히 진력했다. 그런데 일본으로 들어와 얼마 안 되더라도 급료를 받는 편이 더 낫다고 하여, 다달이 다수의 조선인이 일본 내지로 몰려들고 있는 경향을 보이고 있다. 생활의 곤궁이라는 것이 점점 뿌리 깊어지는 듯한 느낌이 있다.

여기에 더해 대체적으로 말하면 조선인은 저축심이 부족하고, 게다가 허영심이 많아 사치스러운 것에는 달려들기 쉬운 국민성을 가지고 있다. 그러므로 경제상의 문제는 더 깊이 연구하지 않으면 안 된다고 생각한다. 무엇보다도 이는 조선 내에서 해결하지 않으면 안 되는 문제이므로, 무언가 방법을 강구해야 한다.

우선 첫 번째로 조선의 농업 개발을 위해 조선에 자금을 들이는 것이 필요하지 않은가 한다. 몇 해 전 조선에 농사회사를 설립하는 등의 계획도 있었는데, 이런 것들이 이러한 점에 착안하여 깊이 우려한 결과라고 생각되는데 이마저도 결국 성립되지 못했다. 그러한 회사이든 회사가 아니든 불문하고 조금 더 그러한 방면에 자금을 들여 조선 내에서 사업을 일으키는 것이 대단히 긴요한【60】일이라고 생각한다. 공업정책이라든지 하는 것은 우리는 문외한이라 알지 못하지만, 무언가 유리한 방법으로 자금을 끌어들였는데 그런데도 조선이 산업적으로 조금도 활기차지지 않는다면, 생활의 불안과 생활의 곤궁

문제로 인해 의외의 파탄이 나지 않을까 근심하고 있다.

조선인이 해외로 나가 교육을 받거나 또는 일본 내지에 유학하고 돌아와도, 사업이 없고 회사·은행 등이 적기 때문에 이들을 일일이 수용하여 상당한 직업을 주고 상당한 생활 자금을 주는 것이 현재로서는 불가능하다고 해도 과언이 아닌 정도이다. 상당한 교육을 받았다고 해도 여러 학교를 나온 이가 꽤 많은 것이다. 그런데다 일정한 학교를 나오게 되면 모두 눈이 높아져, 조선에서는 적어도 고등관高等官 정도가 되고 싶다는 생각을 가지고 있는 이가 많다. 그러나 관리로서 이들을 수용할 여지는 매우 적다. 또 수용해도 실제 능률은 올라가지 않는다. 경비도 긴축되어 여러 일로 이러한 필요 없는 관직을 두고 쓸데없는 비용을 사용할 수도 없게 되어, 이들을 수용하는 것이 상당히 곤란한 문제가 되어 가고 있지 않은가 한다. 그렇다면 민간 회사·은행 등이 왕성하게 일어나 이들을 수용할 수 있는 길이 생긴다면 그래도 나을 것이다.

아직 교육을 받은 많은 사람이 뜻을 이루지 못하고 유랑하고 있다. 이러한 사람들이 해마다 늘어나고 있다. 이는 내지에서도 마찬가지이다. 그러나 이들에 대해 조처하기는 매우 곤란한 문제이다. 옛날처럼 집에 재산이 있고 상당한 생활을 하고 있다면 화근이 되지 않지만, 집에 재산도 없고 그저 빈둥빈둥 놀고 있게 되면 여러 가지 음모를 기도하게 되고 그것이 사회상 하나의 화근이 될 수 있다. 이러한 생각도 들기 때문에 되도록 유능한 재목, 우수한 사람이 내지의 여러 관청, 회사에서도 쓰여 책임을 맡는 사조가 되는 것이 필요하다.

능력이 낮은 것은 아무래도 시인하지 않으면 안 된다. 세상이 점점 살기 힘들어지는 때에, 능력이 낮은 자를 자꾸 받아들이는 것은 정책적으로는 때때로 행해지나 경제 원리에서 말하면 실제 이를 바라는 것은 무리이다. 그런데 그래도 좀 더 조선에 자금을 들여서 조선 내에서 직장을 얻고 일하여 안정될 수 있는 길을 강구하지 않으면 【61】 더 어려워지지 않을까 한다. 이를 위해서는 산업 개발이 상당히 절실한 문제일 것이다.

러시아 과격사상의 영향을 받아 조선도 사상적으로 위험한 정도가 심해져 사회혁명을 일으키게 되지는 않을까 하는 우려도 있다. 하지만 이 방면에 대해서 나는 그렇게 걱정하고 있지는 않다. 물론 과격파는 공산당과 여러 가지 연락을 취해 동양 방면을 향해 점차 주의의 선전을 기도하고 있고, 특히 조선과 같이 압박을 받고 있는 민족에게는 침입하기 쉽다고 한다. 그래서 노력해 봤는데, 조선인 대부분은 받은 선전비로 사욕을 채우거나 하여 진지하게 선전하는 자가 적었다. 따라서 노농정부도 요즈음에는 거의 조선인을 상대하지 않게 되었다.

조선인은 음모를 잘 꾸미고 말을 잘한다. 계획은 잘하지만 실행력은 부족하다. 또한 진지함이 부족하여 바로 당파 싸움이 일어나고, 명예심을 두고 싸움이 일어나 결코 통합된 일을 할 수 없는 것이 현재 조선인의 실상이다. 즉 진정한 진지함이 부족한 것이다. 틀려도 틀리지 않아도 주의를 위해 한다고 하는 일은 진정한 진지함이 있는 사람이 아니면 안 된다. 우리가 많은 조선인을 거듭 접해 봤지만, 조선인에게 가장 부족한 것이 이 진지함이다. 지금은 이 진지함이 있는 사람이 점점 많이 나오고 있다는 말에 대해서는 좀처럼 인정할 수가 없다. 완전히 진지함이 부족한 것이다. 그저 잘난 체하며 천박한 잡지나 기사를 보며 의논하는 자가 매우 많다. 특히 내지에 유학한 청년 중에는 그러한 사상에 취해 있는 자가 많다. 이에 따라 사상적으로 조선의 대세를 움직이려고 하는 것은 대단히 곤란하다. 그러나 현실의 생활고 등 실업實業 경제 문제에 직면하고, 그러고 나서 무엇인가 동인動因이 생기면 다소 우려할 만한 결과에 빠질 염려가 없다고는 할 수 없을 것이다. 이러한 점에서 조선 문제 중에서 경제적으로 구제해야 하는 당면 문제는 상당히 고려가 필요한 중대 문제 중 하나라고 생각한다.

다만 마지막으로 한 가지 말해 두고 싶은 것은, 조선인 중에서도 정말 지금처럼 반일본적인 생각이 심해져서 정말 그것만 행하려고 하는 것은 바람직하지 않은 일이라는 것이다. 오히려 이쯤에서 사상의 전환을 해야 한다는 데 생각이 미친 【62】 사람이 점점 늘어나고 있다. 미미하지만 그 사상의 낭연

狼煙[7]을 서광曙光을 보듯이 생각하고 있기 때문에 마지막으로 이 점에 대해 말해 두고 싶다.

꼭 1년 반쯤 전에 내가 어느 조선인 유력자들의 회합에 초대되어 강연을 의뢰받은 적이 있었다. 그 강연을 할 때 내 신념으로 조선인 여러분에게 호소한 것이 있다. 지금처럼 반일본사상이 농후해져 가서는 단지 내선융화를 입으로 외치고, 잡지를 내서 선전해 보고, 역사적으로 연구하여 조선의 문화와 일본의 문화는 같고 동일한 선조를 두고 있다고 설명하고, 또는 풍속·습관이 매우 비슷하므로 하나가 되는 것은 당연하지 않은가 하고 설명해 보고, 병합의 진리를 해설해 봐도, 좀처럼 민족정신에 근거를 가진 그들의 주장에는 당할 수 없다는 것이다. 물론 여러 가지 수단과 방법을 강구하여 감정적으로 되어 있는 사상을 완화하는 것은 매우 필요하고, 이는 관민이 함께 노력하지 않으면 안 된다. 그런데 이에 따라 사상의 대세를 이끌려고 해서는 곤란하다.

그래서 나는 별로 정책적인 생각은 아니지만, 조용히 생각해 보고 조선인에게 이렇게 말했다. "과연 현재의 사상이 자력에 의해, 자신의 힘으로 독립하려는 데까지 나아간 것은 매우 기쁜 현상이다"라고 말이다. 통치 임무를 맡고 있는 우리의 처지에서 말하면, 독립하려고 하는 것에 반대하지 않으면 안 되나, 자력으로 각성하게 된 것만큼은 조선인을 위해 매우 다행이라고 생각한다. 지금까지는 남의 힘 위주로 미국이 도와주고, 국제연맹을 통해 독립할 수 있을 것으로 생각하고 있었다. 그래서는 조선인에게 자극이 될 수 없다. 자신의 힘으로 독립한다는 것에 눈뜨면서 비로소 조선인에게 자극을 주고 활동의 원동력을 주게 된 것으로, 조선 문화의 촉진을 위해 기뻐할 만한 일이다. 그러나 또 이 자력에 의해 독립한다는 것이 혹 일장춘몽이 되지는 않을까

---

[7] 봉화. 무엇을 알리기 위해서 태우는 연기. 이리의 똥을 장작과 함께 태우면 연기가 곧바로 올라간다는 데서 유래한다. 비유적으로, 일련의 큰 사건의 계기가 된 두드러진 거사(擧事).

하고 걱정된다.

물론 여러분이 분려·노력한다면, 20년, 30년 후에는 상당한 실력이 생기고 상당한 힘이 생기게 될 것이 틀림없다. 그 힘으로 독립하겠다고 말하겠지만, 일본이 즉시 붕괴될 것 같은 국본國本이 박약한 나라라고 한다면 한바탕 싸우고 【63】 떨어질 수 있을지도 모른다. 하지만 내 생각으로는 여러분이 분려·노력하여 실력이 생길 때면, 반드시 일본도 힘차게 번창하여 몇 배의 실력을 가지고 국력이 신장될 것이 틀림없다. 그때 실력을 연마하여 싸우고 독립한다고 해도, 그것은 당랑지부螳螂之斧[8]를 휘둘러 천자의 수레[龍車]를 당하려는 것과 마찬가지로, 결국 할 수 없는 일이 아닌가 한다.

만약 조선에 독립할 가능성이 있다면, 그 가능성은 다름 아니라 조선이 여러 가지 보호를 받아 봤지만 이제는 자신의 힘으로 할 수 있게 되었기 때문에 하나씩 해 보자 하는 것이다. 이에 선진국인 일본이 좋다고 해 보라는 식으로 독립을 승인하고 원조해 주면 된다고 생각한다. 그때 비로소 독립할 가능성이 있는 것이다. 그 밖에는 아무리 생각해 봐도 독립할 수 있다는 생각은 들지 않는다. 또한 지리적·역사적·경제적으로 밀접한 관계가 있는 일본에 반대하여 일본과 싸워 독립하려고 하는 것은 아무리 생각해도 불가능한 일이다. 이는 단지 내가 일본인이어서 말하는 것이 아니다. 당국자이기 때문에 말하는 것도 아니다. 가만히 조선인의 입장에서 생각해 볼 때, 만일 조선에 독립할 가능성이 있다면 위와 같이 생각하는 것 외에는 할 수가 없다. 현재 일본은 이러한 생각을 가지고 통치하고 있지는 않지만, 어느 때에 만약 조선이 독립할 수 있는 기회가 있다면 일본의 승인과 원조를 얻는 것 말고는 방법이 없을 것이다.

[8] 제 역량을 생각하지 않고, 강한 상대나 되지 않을 일에 덤벼드는 무모한 행동거지를 비유적으로 이르는 말. 중국 제나라 장공(莊公)이 사냥을 나가는데 사마귀가 앞발을 들고 수레바퀴를 멈추려 했다는 데서 유래한다.

그렇다면 현재 조선인의 대부분이 끝까지 일본에 반대하고 일본에 반항하려고 하는 행로를 취하고 있는 것은 어리석은 일로, 조선의 문화를 촉진하여 실력을 양성하려는 생각을 수행해 가는 데에도 매우 장애가 된다. 일본의 통치에 순응하여 자유·권리를 신장하는 데에도 이 사조로 인해 저해되는 것이 많다. 자유를 인정받고 싶어도 반국가적·반일본인적으로 이 자유를 이용하게 되면, 자유를 인정하고 싶어도 인정할 수 없게 된다. 현재 내가 경무국장 일을 하면서 허용하고 싶다고 생각하는 일이 있어도, 그것이 반국가적 운동이면 허용할 수 없다. 나조차 그렇게 된다. 그러면 결국 여러분의 문화 진전상에도 이 사조가 장애가 되는 일이 많을 것이다.

그러므로 지금은 진실로 내선융화하여 조선 민족의 문화 진전을 위해 조금도 다른 뜻 없이 분투·노력하는 것이 가장 좋은 방책이고 현명한 방법이다. 여러분이 만일 무슨 일이 있어도 독립이라는 것을 버릴 수 없다면, 그 버릴 수 없는 목적을 달성하는 유일한 길은 이것밖에는 없다. 지금은 【64】 사조의 전환이 필요한 시기라고 생각한다.

대체로 이러한 취지로 강연을 한 적이 있다. 나는 이것을 진심으로 생각하여 진심으로 조선인에게 설명했는데, 물론 내 생각에 반대하는 사람도 많았다. 청년들과 이에 대해 충분히 논하여 밤늦게까지 격론을 벌인 적도 있었다. 그런데 이러한 사조의 흐름이 가장 처음에는 재외 조선인, 특히 상해上海 임시정부[假政府]에서 대신大臣을 하거나 국무총리를 하고 있던 사람 중에서 천진天津에 방랑하거나 북경北京에 방랑하거나 길림吉林에 방랑하고 있는 사람들로부터 직간접적으로 전해졌다. 이들이 여러 사람을 통해 의사 교환을 하거나 편지 왕래를 하고 있다. 이들을 통해 차츰 이러한 사조가 들어오게 된 것이다. 그런데 그들은 워싱턴회의[9] 후 자기들은 다년간 해외에 유랑하며

---

[9] 1921년에서 1922년까지 워싱턴에서 열린 국제 군비(軍備) 축소 회의. 미국의 주창으로 제1차 세계대

조선 독립을 위해 여러 가지 분투해 봤으나, 결국 아무것도 얻은 것이 없었다. 다만 앞으로 독립을 얻는 길은 일본의 동정과 원조를 얻는 것이 가장 빠른 길이 아닌가 하는 데 생각이 미친 사람들이 차츰 많아져 그러한 사조가 점점 들어오게 되었다. 특히 도쿄대진재東京大震災 때 이런 사조가 두드러지게 조선인들을 자극한 것처럼 보인다.

그래서 진재 직후 얼마 안 되어 앞에서 말한 문화운동에 따라 각종 단체로 경제회, 유민회維民會[10], 국민협회[11], 대정친목회大正親睦會, 교풍회 등 여러 가지 회합이 일어나게 되었다. 그 대표자들이 여러 차례 회합·토의하여 무엇보다도 지금까지와 같은 행로로는 안 되며, 어디까지나 일본의 통치 방침에 순응하여 오직 조선의 문화 촉진, 실력 양성을 위해 노력해야 한다고 결의했

전 뒤에 태평양·극동 문제, 해군 군축 문제를 해결하기 위해 미국, 영국, 프랑스, 일본, 이탈리아, 중국, 벨기에, 네덜란드, 포르투갈의 9개국이 참가하여 중국에 관한 9개국 조약, 태평양에 관한 4개국 조약, 각국의 주력함 보유 비율을 포함한 해군 군축 조약을 체결했다.

[10] 1919년 서울에서 조직된 친일단체. 1919년 11월 고희준(高羲駿)·김응두(金應斗)·정응설(鄭應卨) 등이 당국의 인가하에 남작 이용태(李容泰)를 회장으로 추대하고 조직했다. 간부는 박병철(朴炳哲)·송진옥(宋振玉)·유병룡(柳秉龍)·이풍재(李豊載) 등이며, 박영효(朴泳孝)가 이면에서 주도한 서울지방 유산계층의 단체였다. 교육 진흥, 경제 개발, 민심·생활의 안정 및 사회의 진보·발전 등을 표방했으나, 친일여론 조성에 힘쓴 일종의 관제 실력양성운동단체였다. 1921년 8월 조선총독부가 미곡증산계획과 일본 자본의 유치를 위해 총독부 부설기관인 산업조사위원회를 만들자, 유민회는 박영효 주재로 '조선인산업대회'를 열어 조선인 본위의 산업 정책 확보를 주장하는 등 민족단체의 연합을 시도하기도 했다. 그러나 박영효의 퇴진과 친일적 성격의 노출로 인한 대중적 지지 상실, 간부들의 내분 때문에 1922~1923년경부터 유명무실한 존재가 되고 말았다.

[11] 1920년 서울에서 조직된 친일단체. 신일본주의를 표방한 단체로, 1920년 1월 민원식(閔元植)이 조선총독부 경무국 사무관 마루야마 쓰루키치(丸山鶴吉)의 지원과 조종으로 자신이 창설한 협성구락부(協成俱樂部)를 개칭·확대하여 조직했다. '신일본주의'란, 한·일 양국의 병립은 과거의 사실이며, 지금은 합체해서 한 나라가 되었고 일본은 이제 옛날의 일본이 아니요, 조선의 토지와 인민을 포함하는 신일본이니, 일본 민족만의 일본이 아니라 일본과 조선의 양 민족으로 된 신일본이라는 것이다. 즉 병합을 기정사실로 인정하면서 동화를 주장했다. 일본 '중의원 의원 선거법'을 조선에 실시해 달라며, 중의원 의원 선출을 미끼로 해서 조선의 독립 의지를 감쇄시키려는 것이 그들의 정치 모략이었다. 하지만 의회에 상정조차 된 적 없던 참정권 청원은 일본정부의 허락할 의사가 없다는 언명으로 1924년 이래 실현 불가능하게 되었다.

다. 두 번째로는 과격한 사조에 반대해야 한다고 결의했다. 세 번째로는 근검 저축을 장려하여 경제적으로 안정되어야 한다고 결의했다. 이 세 가지를 요강으로 하고 12개 단체 대표자 31명이 서명하여 각파유지연맹各派有志聯盟[12]으로서 격문을 조선 내외에 배포하여, 지금까지와 같은 애매한 방식에 반대하며 우선 일본 국민이라는 자각을 가지고 선처善處해야 한다고 표방하는 선언을 했다. 이 선언은 앞서 말한 의논에 부합하는 선언이므로, 완전히 내가 시킨 운동인 것처럼 조선 내에서는 비평하고 있지만 전적으로 자발적으로 일어난 운동이다.

이 선언을 세상에 발표하자, 조선문 신문은 모두 연맹에 반대하는 논설을 쓰고 공격하는 기사를 게재했다. 청년회 등 【65】 여러 단체도 이에 대해 반대하는 목소리를 높이고 있다.

그런데 1919년(大正 8)경에는 실력 양성, 문화 촉진이라는 의논이 제창되어도 독립즉행론에 압도되어 힘을 얻지 못했는데, 1년인가 1년 반 지난 후 1920년(大正 9) 말에는 점점 조선 일반의 사조가 되었다. 이와 마찬가지로 이것이 1년 걸릴지 2년 걸릴지 모르지만, 이 사조를 배양하여 육성해 간다면 나는

---

[12] 1924년 3월 조선총독부의 후원 아래 일선융화(日鮮融和)와 노자협조(勞資協調)를 표방하며 조직된 친일단체의 연합체이다. 국민협회(國民協會)·조선소작인상조회(朝鮮小作人相助會)·유민회(維民會)·노동상애회(勞動相愛會)·조선경제회(朝鮮經濟會)·교풍회(矯風會)·동광회(同光會)·유도진흥회(儒道振興會)·청림교(靑林敎)·대정친목회(大正親睦會)·동민회(同民會) 등 11개 단체가 연합하여, ① 관민일치, 시정개선, ② 대동단결, 사상선도, ③ 노자협조, 생활안정의 강령을 내걸고 출범했다. 각파유지연맹이 발족하자 『동아일보』는 사설을 통해 그 친일성과 어용성을 강하게 비판했고, 이에 격분한 각파유지연맹 측은 그해 4월, 김성수(金性洙)·송진우(宋鎭禹)를 요정 식도원(食道園)으로 불러내어 회유를 거듭하다가, 박춘금(朴春琴)·이희간(李喜侃)·김명준(金明濬) 등이 앞장서서 구타·협박을 자행했다. 이것이 사회적 분노를 불러일으켜, 안재홍(安在鴻) 외 40여 명은 각파유지연맹을 응징한다는 목적하에 대규모 민중대회를 조직했으나 결국 경찰에 의해 저지되고 말았다. 각파유지연맹이 사회적 물의를 일으키자, 교풍회 대표 유문환(劉文煥)이 탈퇴 성명을 신문에 발표했고, 조선경제회는 참가 대표 이승현(李升鉉)·박해원(朴海遠)을 징계·제명하는 등 내부로부터 와해되어 사실상 유명무실한 존재가 되었다.

결국 이러한 사조가 조선인 머리의 일부분을 지배하게 되리라 생각한다. 만일 이 사조가 유력해질 수 있다면, 필시 내선융화하여 일본의 통치 방침 아래 조선의 진보를 도모하려고 하는 사조가 점점 진전되는 결과가 될 것이다.

특별히 말하면, 작년 봄이었는데 동료인 소에지마副島[13] 백작이 조선을 시찰하러 온 적이 있다. 그때 계속 만나서 조선 문제에 대한 이야기를 들었다. 그러면서 귀한 것이 있다고 해서 봤더니, 맥켄지[14]라는 영국인의 편지 사본이었다. 이 사람은 조선에 있던 적이 있고, 조선인에게 동정을 가지고 조선에 대한 저서도 두세 권 쓰며 일본을 열렬히 공격했던 사람이다. 또한 영국에 돌아가서 런던에서 '조선동정회朝鮮同情會(Union Friend of Korea)'를 조직하여 조선에 관련한 여러 가지 프로파간다[15]를 했던 사람이다. 그런데 다른 문제로 소에지마 백작과 의논을 한 편지에서 그는 조선 문제에 대한 자신의 생각도 변했다며, 최근 임시정부 대통령 이승만李承晩[16]에게 보낸 편지 사본을 동봉한다고 한 것으로 그 사본이 소에지마 백작이 있는 곳으로 온 것이다. 맥켄지가 이승만에게 보낸 편지 사본을 보니, "나는 조선의 친한 친구로서 오랫동안 분투했다. 당신들은 잘 알고 있을 것이다. 조선의 친절한 친구로서 나는 당신에게 충고하는데, 지금은 당신들이 해 온 운동의 방향을 전환해서 새로운 시기를 계획해야 하지 않을까 하고 생각한다. 특히 워싱턴회의에서 조선은 일본의 불가분의 영토라고 하는 점을 각국이 인식했다. 앞으로 여러분은 호소할 것이 있으면 일본에 호소하고, 요구할 것이 있으면 일본에 요구하는 수밖에 없다. 일본에도 점점 자유적 사조를 가진 사람이 많아지고 있으니, 여러분은

---

13 소에지마 미치마사에 대해서는 부록 「주요 인물 소개」란을 참고할 것.
14 프레드릭 아서 맥켄지에 대해서는 부록 「주요 인물 소개」란을 참고할 것.
15 어떤 것의 존재나 효능 또는 주장 따위를 남에게 설명하여 동의를 구하는 일이나 활동. 주로 사상이나 교의 따위의 선전을 이른다.
16 이승만에 대해서는 부록 「주요 인물 소개」란을 참고할 것.

이러한 사람들과 연락을 취하여 일본에 의해 이를 해결하는 방법을 강구하는 것이 최선의 길이라고 생각한다"고 쓰여 있었다. "무엇보다도 여러분의 전도前途를 생각하기 때문에 이 편지를 쓰는 것이다"라는 편지 내용도 있었다. 일본인이 아닌 조선의 동정자로서 조선인에게 【66】 알려진 맥켄지가 세계의 대세를 달관하여 이와 같은 충고를 이승만에게 보냈다는 것은 나의 의논에 매우 큰 지지가 되었다. 나는 그때부터 조선인에 대해 논할 때는 항상 이 맥켄지의 편지 사본을 인용문으로 논하고 있다.

다행히 각파유지연맹이 세상에 성명한 이 사상이 점차 조선인의 머리를 지배하게 된다면, 내선융화라는 문제에는 일단 긍정적인 영향을 주게 되지 않을까 하고 생각한다.

이상에서 말한 것처럼 장래 문제의 고찰, 조선의 전도에 대해서는 여러 가지 문제가 있다. 그런데 단지 여러 문제가 있다고 해서 지금 즉시 조선이 곧바로 어떻게 될까 걱정하는 것은 소용없다. 아까 말한 대로 조선은 슬프다. 오랫동안 정치의 부패·타락으로 인해 민족성이 퇴폐하여, 이 민족성을 회복하지 않으면 어떠한 것을 그들이 부르짖어도 그것이 조직된 힘으로 되어 나타나기는 가까운 장래에는 어렵다고 생각한다. 그래서 이 민족성을 회복하지 않는 이상은 조선인이 어떠한 의논을 해도 그것은 요컨대 실속 없는 의논으로, 놀라운 회천回天[17]·동지動地[18]의 대변혁이 즉시 조선에서 일어날 수 있다고는 생각하지 않는다. 그러나 사조적思潮的으로 아까 말한 것과 같은 문제는 무슨 일이 있어도 순차적으로 차차 해결하지 않으면 안 된다. 조선도 점점 나아가고 있어 선거권을 달라고 강하게 주장하는 일파의 사람들도 있고, 또 자치를 허용해 달라고 주장하는 일파의 사람들도 있다.

---

[17] 하늘을 휘돌린다는 뜻으로, 천자나 제왕의 마음을 돌이키게 함을 이르는 말. 형세나 국면을 크게 바꾸어 쇠퇴한 세력을 회복함.
[18] 땅을 움직임. 커다란 세력이나 사태가 크게 세상을 놀라게 함을 비유적으로 이르는 말.

물론 조선인에게 지금 무엇을 해 봐도, 선전기관이나 리더가 있어 절대 독립을 허용한다고 말하지 않는 이상은 자치를 허용해 봐도 선거권을 주어 봐도 역시 불평이 있을 것이다. 어디에도 불평은 있다. 불평이 없는 정치는 어느 나라에도 없다. 조선인에게 불평이 없게 하는 방법이 있을까 해도 그것은 도저히 할 수 없는 일이다. 불평이 없게 하기 위해서는 절대 독립을 하는 수밖에 없다. 그런데 독립을 부여한다고 하는 것은 조선을 혼란에 빠지게 하는 것과 마찬가지이다. 도저히 시행할 만한 일이 아니다.

현재 지방자치의 전제로서 평의회원, 협의원 등의 자문기관이 도道에 생기고, 부府에 생기고, 정町·촌村에 생겨 절반 정도는 선거를 인정하고 있다. 처음에는 선거라는 것도 몰랐는데, 이미 2~3년이 지나 【67】 선거에 대한 관념도 생기고 현재 선거 경쟁이 맹렬해져 점점 증회贈賄[19], 매수買收[20]가 시작될 정도로 의사議事에도 익숙해지게 되었다.

이 다음에는 지방자치를 허용하여 내지와 비슷한 자치단체를 인정한다고 하자. 이것도 도시부터 인정하여 정·촌으로 보급해서 점점 훈련을 거치게 하여, 내지와 비슷하게 선거권 — 이것도 여러 가지 순서·방법이 있겠지만 — 을 인정하여 대의사를 제국의회에 보내게 하여 동등하게 입법에 참여시킨다고 하자. 홋카이도北海道나 오키나와현沖繩縣과 같이 계급적으로 나아가 마침내 동일한 조직제도로 한다고 하자. 물론 이렇게 간단히는 할 수 없을 것이다. 문제는 상당히 복잡하다. 하지만 그렇게 가자는 주의로 계속 나아간다면, 그 주의로 끝까지 나아갈 수 있도록 담력 있게 점점 나아가야 한다.

그렇지만 마침내 조선의 대표자를 제국의회에 보내게 된 결과 이로 인해 일종의 조선당이 생겨서, 마치 아일랜드 선출 의원이 영국의 제국의회에서

---

19 뇌물을 줌.
20 금품이나 그 밖의 수단으로 남의 마음을 사서 자기편으로 만드는 일.

시종일관 캐스팅보트casting vote²¹를 쥐고 혼란을 키우는 것과 같은 일이 생기는 정도까지 예상하지 않으면 안 된다. 그렇게 되지는 않을 것이라고 논하는 사람도 있지만, 이것도 상당히 자세히 연구하지 않으면 안 되는 문제이다. 또 다른 관점에서 말하면 다른 민족을 포함하는 것은 실제상 상당히 곤란한 문제이다. 그러므로 조선인이 발달하여 자립할 수 있게 되면 군사라든지 외교라든지 직접적인 국가의 큰 문제는 유보하고 다른 것에는 조선인이 참여하게 해도 되지 않을까 하면서 결국 조선인을 자치로 이끌어 가는 것이 대책이라고 말하는 견해도 있다. 그렇다면 그래서 선거법을 시행하기보다 특수한 연구를 하여 조선의회 제도로 나아가는 것을 생각해야 한다. 요컨대 그러한 마음가짐으로 점차적으로 절차를 정하여 정치 방침을 전환해 가는 것을 생각하지 않으면 안 된다.

이러한 근본책은 단지 조선만 고찰하여 정해지는 문제가 아니다. 조선 문제를 생각하는 동시에 만주, 몽골 문제를 생각하지 않으면 안 된다. 즉 일본의 대륙 정책 근본에도 영향을 주는 문제이므로, 쉽게 하나로 단안斷案²²을 내릴 것은 아니다. 그렇지만 이제 점점 담력 있게 통치에 임하지 않으면 안 되는 시기가 다가오고 있는 것 같다. 도중에 생각을 변경하거나 또는 그만두거나 하면, 실제 당국자로서는 매우 곤란한 문제에 봉착할 것이다. 이러한 점도 가급적 실정을 자세히 살펴 연구해 가지 않으면 안 되는 문제이다. 미력하나마 가능한 기회에 조선인에게 접촉하여 고려하고 싶다고 생각하고 있다.【68】

---

21 의회에서 두 정당의 세력이 비슷할 때 그 승패를 결정하는 제3당의 투표.
22 어떤 사항에 대한 생각을 딱 잘라 결정함. 또는 그렇게 결정된 생각.

11

우시마루 준료牛丸潤亮[1]

미발견된
조선인

조선인은 어떠한 사람인가! 도대체 조선인은 어떠한 사람인가. 본정本町 부근을 서성거리고 있는 지게꾼, 일본인의 가정에 고용되어 있는 어머니·총각, 월급을 받고 허리를 구부려 인사하는 월급쟁이, 이러한 사람만이 조선인은 아닐 것이다. 때로는 8도道의 산하山河에서 조용히 '기미가요君が代'[2]를 노래하며 병합의 천양무궁天壤無窮[3]을 생각하는 사람도 조선인이다. 또 때로는 마음껏 목 놓아 독립만세를 부르는 사람도 조선인이다. 이러한 변화무쌍한 조선인,

---

[1] 우시마루 준료에 대해서는 부록 「주요 인물 소개」란을 참고할 것.
[2] 이전에 일본의 국가(國歌)를 이르던 말. 일왕을 찬양하는 내용이 담겨 있으며, 특히 일제강점기에는 황민화 정책의 하나로 이 노래를 조선인에게 강제로 부르게 했다.
[3] 하늘과 땅처럼 영구히 끝이 없음.

이들은 도대체 어떠한 사람인가. 생각해 보면, 그 정체가 전혀 발견되지 않은 것 같은 생각이 든다. 무엇보다도 서로 있는 체 뽐내며 실제보다 비싸게 물건을 사거나, 의심하거나 폄하하거나 하는 것이 세상이다. 예술이나 철학이나 무언가를 빌리지 않으면 자기 발견도 할 수 없는 것이 인간이므로, 조선인 정도 발견하지 못했다고 하여 이상한 일은 아니다. 하지만 발견할 수 있다면, 이들을 보기 시작해 보는 것도 나쁘지는 않을 것이다.

민족성의 본능과 관련하여, 마침 1919년(大正 8) 여름쯤의 일이었다. 조선 조야朝野의 정치가들이 조선독립소요(3·1운동)의 원인에 대해 논하면서 말하길, "이는 미국인의 선동이다" 또는 "이는 천도교의 술수이다" 또는 "해외의 소수 불령선인不逞鮮人[4]의 음모이다" 또는 "데라우치寺內[5] 총독 무단정치의 반동反動이다"라고 하며 아주 시끄럽게 갑론을박했다. 그때 지금의 유게弓削[6] 철도부장(전 학무과장)만이 홀로 어느 석상에서 "그 원인은 단순히 위에서 말한 것에만 있는 것이 아니라, 그 근본은 조선인 민족성의 본능에서 오는 것이다"라고 설파했다. 이는 확실히 정확한 명언이었다고 생각한다. 실로 그대로이다. 조선인은 이로 인해 무의식중에도 그것만을 위한 운동을 행한 것이다.

만일 미국인이 종로 한복판에서 【69】 독립 반대 연설을 했다면 조선인은 과연 그 운동을 그만두었을까. 또한 손병희孫秉熙[7]가 대일본제국 만세를 불렀다면 조선인은 여기에 화답했을까. 이승만李承晚[8]이나 이동휘李東輝[9]가 임시정부 철폐를 통고했다고 해서 조선인은 그 운동을 그만두었을까. 무단정치 대신

4   일제강점기에 '불온하고 불량한 조선 사람'이라는 뜻으로, 일본제국주의자들이 자기네 말을 따르지 않는 한국인을 이르던 말.
5   데라우치 마사타케에 대해서는 부록 「주요 인물 소개」란을 참고할 것.
6   유게 고타로에 대해서는 부록 「주요 인물 소개」란을 참고할 것.
7   손병희에 대해서는 부록 「주요 인물 소개」란을 참고할 것.
8   이승만에 대해서는 부록 「주요 인물 소개」란을 참고할 것.
9   이동휘에 대해서는 부록 「주요 인물 소개」란을 참고할 것.

에 문화정치를 시행했어도 오히려 조선인의 운동이 없어지지 않은 것은 아무래도 이상한 일이 아닌가. 생각해 보면 당연한 일로 알기 쉬운 이치이다. 이를 정확히 볼 수 없었던 것이야말로 어리석다.

그런데 이것이 점점 일부 식자識者 사이에서 발견되고 있다. 지바 료千葉 了[10]의 조선의 현재 및 장래론과 같은 것이 여하튼 조선인을 적극적으로 발견한 부류일 것이다. 그러나 나는 일본에 반항하려고 꾀하는 것이 조선 민족성 본능의 전부라고는 생각하지 않는다.

예를 들어 말하면, 요즈음 자주 있는 '입막음'이라는 것이다. 즉 관공서에서도, 회사에서도, 개인의 집에서도 이러한 것은 조선인에게 말하게 하지 말라고 하여 함구령을 내리는, 곧 입을 막는 일을 자주 한다. 그런데 그 결과는 대개 적수敵手의 입막음이 되지 못하고, 도리어 자신의 귀를 막는 일이 된다. 입막음을 당한 조선인은 입막음을 한 사람의 면전에서는 이를 말하지 않는다. 그런데 다른 데서는 역시 그 본능이라는 것을 발휘하여 모두 다 말해 버린다. 그렇지만 그것이 이상하게도 입막음을 한 사람의 귀에는 전혀 들리지 않는다. 이는 귀를 막았기 때문이다. 좀 더 현명한 사람이라면 상대의 입을 막더라도 자신의 귀만은 확실히 열어 둘 것이다. 그런데 오히려 이러한 일은 하지 않는다. 결국 자신이 뿌린 속임수 씨앗에 자신이 걸려들고 만 것이다. 이러한 예는 적지 않다. 그리하여 모처럼 나타난 조선인의 정체를 결국 발견하지 못하고 끝나 버리는 것은 유감스러운 이야기가 아닌가.

이 밖에 나는 조선인을 잘 이해하고 있다며 참으로 가엾은 조선인을 동정하는 사람이 바로 나라고 하는 사람도, 그 마음속에서는 역시 조선인을 동일선상에 있는 같은 인간으로는 보고 있지 않다. 즉 자신은 우월한 사람이고, 자비로 그들을 애호愛護하고 있는 것이다. 이것도 감사한 일이기는 하지만, 아직

---

10 지바 료에 대해서는 부록 「주요 인물 소개」란을 참고할 것.

인간으로서 깨닫지 못한 경향이 있다. 이러한 경향 또한 조선인의 정체 발견을 어렵게 하는 것이다.

그렇다면 조선인의 정체는 무엇인가? 그렇게 깊이 파고들면 쉽사리 대답하기가 곤란하나, 조선인은 조선인이라고 말하는 것 외에는 달리 답이 없다.
【70】

12
오키 엔키치大木遠吉[1]

내선 문제의 귀결

우리 동양의 조선 문제와 유럽의 아일랜드 문제는 모두 세계의 2대 암癌적 존재로서 식자와 정치가에 의해 활발하게 논의되고 있는 문제이다.

그러나 아일랜드 문제는 잠시 접어두고, 우리 조선 문제의 전도前途에 대해서 세계의 학자나 정치가의 평판과 같이 그렇게 절대 불치병처럼 비관하는 것은 너무 일정하게 자신이 주장하는 의견이 없는 단안斷案이라고 생각한다.

과연 민족적 관념에 주의를 기울인다든지, 현대 일본 다수의 정치가가 생각하고 있는 것처럼 조선을 식민지적 분위기하에 통치한다든지, 또는 제국주의적 국방상의 용도로 함께 가는 이외에, 민족 그 자체에 기대하지 않는

---

1 오키 엔키치에 대해서는 부록 「주요 인물 소개」란을 참고할 것.

견해로 조선 문제에 대해 난폭한 정치가가 일부 실권을 쥐고 있는 현대에 보면, 동양 문제의 암적 존재로서 조선 문제의 장래를 비관할 수밖에 없을지도 모른다.

그러나 서로의 인격 관념을 윤리적 개념 아래 두고 서로 공조해 갈 기회를 만들면, 결코 불치병으로서 비관할 것은 아니라고 생각한다. 즉 윤리적 개념에 눈뜨는 전제는 감정의 융화에 있고, 영혼의 공감과 인간미의 표현에 있으며, 정신적 결합이 없으면 안 된다. 이른바 인간미의 표현과 정신적 결합을 통해 단 하나가 되어 여실히 체험하고 있지 않은 현대에, 아무리 내선융화를 말하고 일시동인을 내세워도 인간의 심리를 움직일 수 없는 것은 오히려 당연한 귀결이다. 일시동인이라는 천고千古의 명구名句로 공통된 인심을 얻을 수 없는 것은 일본인이 조선인도 하나의 인격의 주체라는 자명한 진리를 깨닫지 못했기 때문이다. 이는 영혼의 공감이 부족한 일본인의 죄이다. 이와 동시에 제국의 국민으로서 당연히 부르짖지 않으면 안 되는 조선의 참정권 운동에 대해 진지한 일본인【71】지지자를 찾을 수 없는 것도, 그 속에 예민한 문제는 있지만 여하튼 공명共鳴의 동기를 많이 그르치고 있다. 조선인 측에도 불행이라고 하지 않을 수 없다. 이 감정의 충돌을 융화시키는 것과 인격적으로 깨닫는 것은 조선 문제에서 오늘날 최대의 급무이다. 이른바 내선의 정신적 결합에 따라 일어나는 운동 그 자체는 장래 내선 문제의 귀결을 지배하는 전제이고 또 대세를 낳는 것이다.

>>> 조선현치론朝鮮縣治論(초抄)

경성신문京城新聞

　　　　　　　　　우리 문화정치의 운용에 비추어 한 걸음 앞으로 나아가, 가까운 장래에 조선을 일본의 부현제府縣制로 하여 10년 후 장래에 일본의 자치제도를 확립하고, 대일본주의가 조선에 널리 퍼지게 하여 왕도王道를 선포하는 한편으로 엄정嚴正한 위력을 발휘하여 울지 않으면 울게 한다는 의기意氣로 나아가지 않으면 안 된다고 생각한다.

　　생각건대 조선인은 압제와 교화 사이에는 커다란 차이가 있음을 깨닫지 않으면 안 된다. 조선통치의 주된 목표는 조선의 산업 개발과 조선인의 교화에 있다고 할 수 있다. 조선인은 항상 총독정치는 압제정치라고 말한다. 그런데 조선 민족은 오랜 세월 중국의 굴레와 공갈恐喝과 자국정부의 압제 아래 생활하며 가렴주구에 계속 울었고, 전국의 보통민은 피폐해져 이곳저곳 기웃거리는 상갓집 개[2]처럼 되지 않았는가. 병합 이후 자유와 민권이 신장한 통치하에 생존하고, 산업의 자유, 영업의 자유, 언론의 자유도 얻고 있다. 그런데도 압제를 입에 담는 것은 거기에 아무런 사실과 근거를 증명하지 못한다. 단지 막연히 거리낌 없이 논할 뿐이다.

　　무릇 조선과 같이 매우 황폐한 (기왕에) 망한 나라 그 자체 같은 사회의 사람과 사물을 정리·계발하기 위해서는 질서적 곧 점진적이지 않으면 안 된다. 급진적인 시설과 계책을 시행하면 교각살우矯角殺牛[3]의 폐해에 빠진다. 소수의 상지上智[4]는 최대 다수의 중지中智[5]·하지下智[6]의 민족을 위해 참지 않을 수 없는 것은 당연하다. 일본제국

2　상가지구(喪家之狗)는 상갓집의 개라는 뜻으로, 여위고 기운 없이 초라한 모습으로 이곳저곳 기웃거리는 사람을 놀림조로 이르는 말.
3　소의 뿔을 바로잡으려다가 소를 죽인다는 뜻으로, 잘못된 점을 고치려다가 그 방법이나 정도가 지나쳐 오히려 일을 그르침을 이르는 말.
4　가장 뛰어난 지혜. 또는 그런 지혜를 가진 사람.
5　평범한 지혜.
6　낮은 지혜라는 뜻으로, 슬기로운 정도가 보통 사람에도 이르지 못함을 이르는 말.

은 실로 과거 조선의 압제정치, 중국의 공갈적 통치가 통합하여 하나로 된 압제정치의 최후에, 병합에 따라 특별히 세워진 총독부를 통해 조선 민족을 선량하게 또 안전하게 하는 조건을 완비할 때까지 조선 민족을 교화·동화하는 임무를 선량하게 수행하고 있다. 조선 민족은 전대미문의 안정을 얻었고, 자유에 날갯짓하고 있지 않은가. 그 자유는 이따금 지나쳐서 정당하지 못한 자유까지 부르짖고 있지 않은가.

사이토[7] 총독은 8, 9년 전 부임할 때, 장래 기회를 보아 시市·정町·촌村의 자치제를 시행할 것을 유고諭告[8]했다. 총독으로서 이를 인민에게 공약한 것이다. 이는 물론 장래 민심의 안정, 사회의 정리, 교육의 향상, 산업 개발, 교통 발전 등의 실적에 비추어, 지방정치 권력을 인민에게 부여하여 인민이 조선의 정치권 일부를 분담하게 하는 이상적인 유고이다.【72】

---

[7] 사이토 마코토에 대해서는 부록 「주요 인물 소개」란을 참고할 것.
[8] 나라에서 결행할 어떤 일을 여러 사람에게 알려 줌. 또는 그런 알림.

13

호소이 하지메 細井肇[1]

내선인의
진로

조선의 청년에게 쓴다.

조선의 청년은 입만 열면 "일본은 조선을 망하게 했다. 조선을 빼앗았다"고 말한다. 과연 그럴까. 소위 민족주의자의 '조선 독립'은 이 망한 나라, 빼앗긴 나라를 회복·탈환하려고 하는 정신에서 출발한 것이라고 봐야 한다. 만일 조선을 망하게 한 것이 일본이 아닌 것이 명확해지면, 민족주의의 주의는 바로 그 가치와 의의를 상실하게 된다.

옛 말에도 '6국을 멸망시킨 것은 6국이고, 진秦이 아니다'라고 한다. 이름은 실질에 종속되는 것이다. 탁상에 선 젓가락은 손을 놓으면 쓰러진다. 독보적인

---

1 호소이 하지메에 대해서는 부록 「주요 인물 소개」란을 참고할 것.

실實이 없는 곳에 독립은 없다. 독보적인 실이 없는 자는 누구라도 의지하지 않으면 자기 자세를 유지할 수 없다. 단도직입적으로 말하면, 조선을 멸망시킨 것은 조선이다. 조선의 인격이다.

조선의 쇠망은 보통 조선 500년의 — 특히 후기 200~300년간의 — 악정惡政에 따른 것이라고 간주되고 있다. 필자도 여러 차례 이러한 의견을 피력해 왔다. 그러나 다른 한편으로 보면, 악정을 탄압하는 심성心性·기백氣魄을 소유하지 못한 인격, 인격의 총화總和인 민족격民族格도 연대의 책임을 피할 수는 없다. 부정不正을 받아들이고, 불의에 따르고, 아마 세계 어떠한 민족에게서도 발견할 수 없는 음험, 기만, 불신, 배리背理²의 악정에 대해 일찍이 한 사람도 의분義憤을 터뜨린 자가 없었던 것은 대체 왜 그런가.

일본에도 봉건제도의 시대, 무사계급의 횡포, 악한 지방관[代官³]의 전횡, 악한 번주藩主의 주구誅求는 있었다. 그러나 이와 함께 그 악정을 탄압하기 위해 일어선 의민義民·협객俠客도 적지 않았다. 조선에서는 이야기『홍길동전』에서 볼 수 있는 인물 이외에, 곧 가공의 상상적 인물 이외에 실재 인물로는 의민·협객이 한 사람도 없었던 것은 아닌가. 【73】그 유일한 인물인 홍길동조차 일본의 네즈미코조鼠小僧⁴에 비할 수 없는 인격에 불과하다. 제세濟世⁵·애민愛民의 큰 뜻을 홍길동에게는 찾을 수 없다. 다만 조선 말기 최제우崔濟愚⁶, 최시형崔時亨⁷ 두 명이 반딧불과 같이 과감한 빛을 뿜어내기는 했지만, 슬프게

---

2 사리에 어긋남.
3 중세에 주군(主君)을 대리하여 행정을 보던 사람. 또는 에도(江戶)시대에 막부 직할 토지를 관할하고, 그곳의 민정(民政)을 맡아 보던 지방관.
4 에도시대 말기의 도둑. 이름은 지로키치(次郎吉). 몸은 왜소했으나 동작이 민첩하며 잘사는 무가(武家)의 저택에만 침입했다고 하는 의적(義賊)으로, 1832년 처형되었다. 일본의 강담(講談)·소설·희곡의 소재가 되었다.
5 세상을 구제함.
6 최제우에 대해서는 부록「주요 인물 소개」란을 참고할 것.
7 최시형에 대해서는 부록「주요 인물 소개」란을 참고할 것.

도 이때 이미 조선은 완전히 자립할 수 없는 망국의 참상慘狀에 억눌려 있었다.

필자는 여기에서 악정이 얼마나 심각했는지를 일일이 예를 들어 증명하는 것은 생략하겠다. 다만 권력계급인 양반 가운데 포악한 관리인 탐관오리들은 인류사상 전에 없던 방자한 마음의 망령된 행동을 감행했고, 산이 벗겨지고 강이 마르는데도 조금도 돌보지 않고 생민生民을 억압하여 그 피땀을 극도로 착취했다. 이러한 포악한 정치에 대해 그동안 한 사람도 일어나 이를 탄압하는 인격이 없었고, 따라서 물론 사회혁명이 일어날 이유도 없이 나라가 위미萎靡[8] 하고 퇴폐한 채로 쇠퇴하여 멸망한 것에 대해 우리는 한없이 적막함을 느낀다. 이는 민족주의자뿐만 아니라 최근의 소위 사회주의자가 비추어 보아야 할 최대 요점이 아닐까.

만약 한 사람이라도 '의분'을 터뜨리는 인격이 나타났다면, 조선은 문학의 나라가 되어 그 시가詩歌이든 소설이든 아주 많은 통렬한 눈물이 나오고, 사람의 창자가 끊어질[9] 듯한 대걸작이 나왔을 것이다. 그런데 시가에, 소설에, 어디 그러한 '의분'이 나타나는가. 그래서 단지 중화中華의 문학을 모방하여 훌륭하지 못한 범작凡作[10]이나 우작愚作[11]만을 보게 되는 것이 아닐까.

인격도, 국격도 별로 다른 점은 없다. 이기적이고, 나태하고, 맹종하고, 비굴하면 모두 파가망국破家亡國으로 끝날 수밖에 없을 것이다. 필자가 여기에서 세계 망국의 공통적인 질환을 열거하기에는 지면이 부족하다. 다만 다음에 시리シーリー[12] 교수의 인도 망국에 대한 몇 마디를 인용하는 데 그치도록 한다.

---

8 시들고 느른해짐.
9 슬픔이나 분노 등이 너무 커서 참기 어렵다.
10 평범한 작품.
11 보잘것없는 작품.
12 시리가 어떤 인물인지 불분명하다.

우선 인도는 적어도 외국인에게 정복되었다고 말할 수는 없다. 오히려 스스로 자신을 정복한 것이다. …… 인도에는 인도의 국민감정이 전혀 없었다. …… 정부는 권리를 주장할 수 없게 되고, 국가는 애국심에 호소할 권리를 잃었다. …… 그렇다면 인도는 스스로 공고鞏固한 정부를 수립할 힘이 없었고, 세계 만국 중 가장 열등했던 것이다. …… 자유나 국민의 희망에 따르는 제도는 인도의 역사 또는 전설을 모두 봐도 거의 그 흔적을 찾을 수 없다.

시리 교수의 소위 인도의 국민감정이란 것은 곧 조선에서는 조선의 민족감정이다. 본능의 가장 중요한 사실이라고 말하는 그것이다. 【74】

물론 조선과 인도는 지리적 관계가 매우 다르다. 독일의 정치사가政治史家 발렌틴Valentin[13]은 "인도에는 인도 국민이 없고, 인도 인민이 없다. 따라서 이 대륙에는 형식상·정치상·사회상·종교상의 통일이 없다"라고 갈파喝破[14] 했다. 인도 그 자체의 면적은 일본·영국·프랑스·독일·이탈리아 5개국 본국 면적 합계의 2배에 상당하다. 그 인구는 남·북미 두 대륙에 호주를 더한 것보다도 훨씬 많다. 100종에 가까운 언어가 쓰이고, 계급제[階制]가 복잡하다. 이런 점은 조선에 비교할 만하지 않다. 하지만 미신이 많은 것, 위생사상이 전혀 없는 것, 부인이 은둔적인 것, 동족이 시기하여 협동의 풍속이 없는 것, 이기적이고 나태한 것, 맹종하며 비굴한 것은 조선의 청년이 인도를 거울삼아 비추어 볼 점이 상당히 많지 않은가 하고 생각한다.

대원군大院君[15]은 이집트의 이스마일[16]처럼 외채를 모집하지는 않았지만,

---

13 발렌틴이 어떤 인물인지 불분명하다.
14 큰 소리로 꾸짖어 기세를 눌러 버림. 정당한 논리로 그릇된 주장을 깨뜨리고 진리를 밝힘.
15 흥선대원군(興宣大院君)은 조선 고종 때의 정치가(1820~1898). 이름은 이하응(李昰應). 고종의 아버지로 아들이 12세에 왕위에 오르자 섭정하여, 서원을 철폐하고 외척인 안동김씨 세력을 눌러 인재를 고르게 등용하는 등의 내정 개혁을 단행했다. 한편으로는 경복궁의 중건, 천주교에 대한 탄압, 통상 수교의 거부 정책을 고수하여 사회·경제적인 혼란을 불러일으키기도 했다.

경회루와 같은 급하지 않은 공사를 일으켜 국민 1,100만 명을 제사상에 올렸다.[17] 민비閔妃[18]는 서태후西太后[19]처럼 이화원頤和園[20]을 짓지는 않았지만, 무희舞姬로 분장한 미소년을 폐행嬖幸[21]으로 삼고 음탕한 습관을 갖고 궁궐을 진흙탕같이 만들지 않았는가. 페르시아의 불완전하고 난잡한 조세제도는 궁중宮中·부중府中의 차별이 없고, 얼마만큼 세입이 있고 얼마만큼 정무에 쓸 비용이 필요한지 도무지 알 수 없었다. 바로 조선 말기 궁정 정치의 질서가 순서 없는 조세제도 그 상태가 아니었는가.

정약용丁若鏞[22]이 조세의 난잡함을 지적하여 "백성[生民]의 뼈를 깎는 병폐가 되었으니, 백성이 죽고 나라가 망할 것은 바로 눈앞에 닥친 일이다"라고 통언痛言한 것은 결코 과장된 문장이 아니다. 민둥산의 낙목落木[23]이 살아난 사실이 명백히 우리에게 그 실증을 보여 주고 있다.

16 이집트의 부왕(副王) 이스마일 파샤(Ismā'īl Pasha, 1830~1895). 이집트 근대화를 위해 수에즈 운하 건설을 지지했으나, 재정 곤란으로 운하의 주식을 영국에 매각하여 영국과 프랑스의 공동 재정 관리를 받다가 양국의 간섭으로 물러났다.
17 원문에는 '조육(俎肉)으로 했다'라고 쓰여 있는데, 여기서 조육은 '제사를 마치고 제관들이 나누어 먹는 제사에 쓴 고기'를 가리킨다.
18 명성황후(明成皇后)로 조선 고종의 비(妃, 1851~1895). 대원군의 집정을 물리치고 고종의 친정(親政)을 실현했다. 통상·수교에 앞장서 1876년 일본과 외교 관계를 맺게 했으며, 1882년 임오군란 후에는 청나라를 개입시켜 개화당을 압박하고 친러시아 정책을 수행하다가 을미사변 때 피살되었다.
19 중국 청나라 함풍제(咸豊帝)의 황후(1835~1908). 함풍제가 죽자 동치제(同治帝)와 광서제(光緒帝) 대신 섭정했다. 무술정변을 탄압하고, 의화단운동이 일어나자 이를 선동하여 배외(排外) 정책을 취했다.
20 중국 북경(北京)에 있는 공원. 청나라 건륭제(乾隆帝) 때 정원으로 꾸며졌으며, 1860년에 영국·프랑스군이 불 지른 것을 1888년 서태후가 다시 지어 이 이름을 붙였다. 만수산(萬壽山)과 곤명지(昆明池)를 둘러싼 웅대한 정원이다.
21 임금에게 아첨하여 사랑과 총애를 받는 신하나 후궁.
22 조선 후기의 학자(1762~1836). 호는 다산(茶山). 문장과 경학(經學)에 뛰어난 학자로, 유형원(柳馨遠)과 이익(李瀷) 등의 실학을 계승하고 집대성했다. 신유사옥(辛酉邪獄) 때 전라남도 강진으로 귀양 갔다가 19년 만에 풀려났다. 저서에 『목민심서(牧民心書)』, 『흠흠신서(欽欽新書)』, 『경세유표(經世遺表)』 등이 있다.
23 잎이 진 나무.

이러한 국정國情에 놓인 상태에서, 미드하트 파샤Midhat Pasha[24]를 암살한 터키의 당쟁과 혈투와 참형慘刑은 조선의 토반土班[25] 사이에서 늘 되풀이되고 있다. 조선 왕조 300년 동안 붕당을 짓고 한패가 되어 정권을 탈취하기 위해 방략·술책을 써서 얼마나 심각한 음모와 배제排擠[26]와 함해陷害[27]가 행해졌는가. 이중환李重煥[28]은 그의 저서『팔역지八域志』[29]에서 붕당의 폐해에 대해 통탄한 후 다음과 같이 논했다.

> 최근에 사색四色[30]이 나아가 성기盛氣[31]로 혈투血鬪[32]하는 관습이 점점 소설처럼 되었다. 그런데다 그 위에 위미萎靡, 퇴타頹惰[33], 연약軟弱한 새로운 폐해가 생겨, 당심黨心을 가지는 것 외에는 나타내지 않고 쾌소快笑[34]로 미봉彌縫[35]한다. 그러므로 공좌公座[36]의 많은 모임에서 싸우고 웃는 소리는 들을 수 있어도, 그

---

[24] 미드하트 파샤(Midhat Pasha, 1822~1883)는 콘스탄티노플(지금의 이스탄불) 출신. 루멜리아 지방의 반란을 평정하여 두각을 나타냈으며, 불가리아 등 여러 주(州)지사를 역임했다. 술탄전제(專制)를 입헌군주제로 변혁하고자, 압둘 아지즈 황제의 총리가 되었다가 사양하고 그의 폐위를 꾀하여 무혈혁명에 성공했다. 이후 압둘 하미트 2세의 총리가 되었고, 1876년 '미드하트헌법'을 발표했다. 얼마 뒤 반대파의 책동과 황제의 증오를 사서 '술탄의 권리를 부정하고 압둘 아지즈 황제의 암살을 꾀했다'는 죄로 아라비아로 유형(流刑)되었으며, 그곳에서 살해당했다.
[25] 여러 대를 이어서 그 지방에서 붙박이로 사는 양반.
[26] 물리쳐 어려운 지경에 빠뜨림.
[27] 남을 재해에 빠지게 함.
[28] 조선 영조 때의 실학자(1690~1752). 벼슬은 병조 좌랑에 이르렀다. 이익의 실사구시의 학풍을 계승하여 전국을 돌아다니면서 지리·사회·경제를 연구했다. 저서에『택리지(擇里志)』가 있다.
[29]『택리지』를 가리킨다. 1751년에 이중환이 지은 우리나라의 지리서. 전국 8도의 지형, 풍토, 풍속, 교통에서부터 고사 또는 인물에 이르기까지 상세히 기록했다.
[30] 조선 선조 때부터 후기까지 사상과 이념의 차이로 분화하여 나라의 정치적인 판국을 좌우한 네 당파. 노론, 소론, 남인, 북인을 이른다.
[31] 기운이 번쩍 오름. 또는 한창 번성하는 기운.
[32] 죽음을 무릅쓰고 치열하게 싸움. 또는 그런 싸움.
[33] 해이하고 게으름.
[34] 시원스럽고 즐겁게 웃음. 또는 그런 웃음.
[35] 일의 빈구석이나 잘못된 것을 임시변통으로 이리저리 주선하여 꾸며댐.

정사政事를 하는 것을 보면 오직 자기 이익만을 도모하고 애국愛國·봉공奉公하는 자가 없다. 관작官爵을 보는 것이 매우 가볍고, 공좌를 보는 것을 여사旅舍[37]에서와 같이 한다. 재상宰相은 중용中庸으로 현명하다고 하고, 삼사三司[38]는 【75】 말하지 않으면 높다고 하며, 지방관은 청렴하면 어리석다고 한다. 거침없이 어떤 일도 하지 못할 것이 없다.

그리고 마지막으로 "이에 따라 개선하는 것이 없다면, 장차 어떠한 세계가 되려 하는가. 한쪽 구석 탄환 만한 나라, 본디 자그마하다고 하나 백성[生靈]이 100만 명인데 장차 무엇으로 이들을 구제할 것인가"라고 글을 맺고 있다. 영조대 기술記述한 것인데, 이를 봐도 100년 전 이미 조선은 명백히 망하고 있던 것이 아닌가.

더욱이 독립의 의의에 대해서도 필자는 의심하지 않을 수 없다. 일찍이 삼한으로 나뉘어 대립했고, 조선시대에 들어서는 명·청에 복속되었다. 정치적으로 어떠한 시대를 조선의 '독립'이라고 부르는 것인가. 참으로 결실 있는 독립을 실현한 것이 조선사朝鮮史의 어느 페이지에 존재하는가. 이것도 사실史實의 예를 인용하면 쓸데없이 장황해지므로 생략하겠다.

조선의 청년 제군에게 묻는다. 제군은 '민족주의'를 고조하고, 오는 4월에는 조선청년총동맹[39]을 경성에서 개최하여 크게 적화赤化의 풍조를 고조하려

---

36 공적인 업무를 맡아보는 직위.
37 일정한 돈을 받고 손님을 묵게 하는 집.
38 조선 시대에 임금에게 직언하던 세 관아. 사헌부, 사간원, 홍문관을 이른다.
39 1924년 서울에서 조직된 사회주의 청년운동단체. 3·1운동 후 자연 발생적으로 일어난 전국의 600여 청년단체를 망라해 1920년 12월 조선청년연합회가 결성되었다. 그러나 1922년 1월 김사국(金思國)·김한(金翰) 등 서울청년회 간부는 장덕수(張德秀)·오상근(吳祥根) 등 조선청년연합회 간부가 김윤식(金允植)의 사회장위원회에 관계하자 이를 배격하고, 같은 해 3월 개최된 제3회 조선청년연합회대회에서 우파 간부들을 배격하여, 전국의 청년단체는 민족개량주의와 사회주의적 진영으로 대립하게 되었다. 1924년 2월 양 계열 330여 명의 대표들이 참석해 조선청년총동맹(약칭 청총)

고 기도하고 있다. 갓 아래에 빨간 셔츠를 입은 것이 어울리는지 어울리지 않는지는 별도로 하고, 여기에서는 '독립' 그 자체에 대해서만 말하겠다. 제군은 설마 독립의 공명空名을 얻고 싶다고 생각하는 것은 아닐 것이다. 예를 들어 일본의 국명을 개칭하여 조선이라고 부르게 된다면 제군은 만족할 것인가. 공명을 바라는 것이라면, 즉각 '조선과 일본을 총칭하여 국명을 조선이라고 개명'해도 전혀 지장은 없다. 그러나 그것으로는 만족하지 않을 것이다. 그 만족하지 않는 근본적인 이유가 어디에 있는가. 제군은 우선 이 근본적인 문제에 대해 심사숙고해야 한다.

필자는 굳이 지나치게 숙명론적으로 말해 과거에 그러했기 때문에 현재도, 장래에도 그러할 것이라고 말하는 것이 아니다. 과거에 그러했기 때문에 더욱 현재에는 그렇게 되지 않도록 하는 것이 조선 청년의 중대한 평생의 임무이다. 그것이 임무여야 한다. 현재 조선을 망하게 한 것이 조선의 인격이라면, 조선의 민족주의자 내지 사회주의자가 일본에 향한 창을 거꾸로 자기 가슴과 배에 들이대야 하는 것이 아닐까. 우선 자기 자신의 인격을 만들자. 이는 실로 촌각을 다투는 조선 최대의 급무이다.

팔페스[40]의 폭력주의도, 간디Gandhi[41]의 사티아그라하satyāgraha[42](비폭력 저

발기준비회를 개최하고, 서울청년회 본부에 창립사무소를 설치했다. 그리고 4월 서울 종로 중앙청년회관에서 223개 단체 대표 170명이 참가하여 청총 창립대회를 개최했다. 전국의 사회주의적 청년단체를 거의 망라했으나, 경찰이 그해 7월 3명 이상의 집회를 금지했다. 이에 1930년 11월 중 전형위원들이 일일이 지방을 돌아다니며 구전 방법으로 대회를 개최하여 신중앙기관을 선출했다. 그러나 같은 달 광주학생운동에 관련된 인사들의 검거 선풍으로 좌익 계열 대부분이 검거되어 전 중앙기관에 비하면 우익화되었다. 이 문제는 청총 산하 지방단체의 좌익 계열을 자극하여, 신간회 해소운동과 때를 같이해 중앙기관의 우익화를 반대하는 투쟁에 나서도록 했다. 1931년 2월경 각지의 청총 지방단체들이 해소론을 들고나와, 청총은 해소대회도 없이 유야무야의 존재로 쇠퇴하여 1931년 5월 사실상 해소되어 버렸다.

40 팔페스가 어떤 인물인지 불분명하다.
41 마하트마 간디에 대해서는 부록 「주요 인물 소개」란을 참고할 것.
42 간디의 반식민(反植民)투쟁의 근본 사상. 용어의 의미는 사티아(진리)의 그라하(파악·주장)를

항운동)도, 그것이 참으로 조선을 구제할 유일한 길이라면 크게 시도해 봐도 좋다. 그러나 【76】제군은 진심으로 이것이 유일한 길이라고 믿고 있는가. 만약 과연 그렇다면, 그것은 목을 매어 자살하려는 사람의 다리를 끌어당기는 것과 같다. 즉 더욱 몰락으로 발걸음을 재촉하는 것이다.

　병합 당시『이브닝 포스트Evening Post』가 조선의 현 상태를 "조선은 미신迷信과 빈혈貧血로 쇠약해졌다"고 평가한 것은 정말 적절하다. 그 미신과 빈혈이 16년여 동안 얼마나 구제되었는가. 이 1,700만 명 민중의 '무지無智의 가난' 그 상태로 아무리 단체를 만들고, 아무리 선언을 발표하고, 아무리 강령을 정해도 그것은 한바탕의 유희遊戲가 아니겠는가. 그것도 단순한 유희가 아니라, 유해有害한 유희이다. 1,700만 명이 우선 그 인격을 주시했다면, 자기 혼魂의 혁명이 무엇보다도 급무란 사실이 비로소 마음속에 떠올랐을 것이다.

　조선뿐만이 아니다. 중국도, 일본도, 동양 전체가 그러하다. 그렇지만 특히 조선이 가장 심하다고 생각하는 것은 권력과 공명을 아주 좋아하기 때문이다. 상해上海 임시정부[假政府]의 무슨 총장이라고 하면 굉장히 높은 사람인 것처럼 생각하여 맹렬히 권력 쟁탈을 벌인다. 그 임시정부에서 보내온 사방 2, 3척이나 될까 하는 사령서辭令書에 무슨 부장이라든지 무슨 국장 등으로

뜻한다. 1894~1914년 간디가 아프리카 남부에서 현지 인도인 노동자들의 공민권 획득 투쟁을 하던 중 처음으로 이 운동을 시작했다. 그 후 1906년 12월 캘커타의 국민회의대회에서 스와데시(swadeshi, 경제적 독립과 국산품 장려)와 더불어 구호로서 등장했다. 간디의 대중적 반식민투쟁에서 시종일관 이 사티아그라하가 근본 사상이 되었다. 일반적으로 '시민적 불복종 운동'과 거의 같은 의미로 사용되나, 한국에서는 '비폭력 저항운동'으로 번역되고 있다. 점포·공장 등의 전면적 작업정지인 하르탈(Hartāl)이나 영국과의 비협력 등을 구체적인 내용으로 하는 이 투쟁은 20세기 초의 B. G. 틸라크, B. C. 팔 등의 민족파 지도자들의 '수동적 저항' 운동을 답습하는 것이었으나, 간디는 이것을 근본 사상으로 삼아 대중적으로 이해하기 쉽게 설명했다. 이를 슬로건으로 간디가 지도·투쟁하던 시기는 제1차 세계대전 후인 1919~1922년으로 세계공황에 인도가 휩쓸린 때였다. 1930-1934년 2차로 투쟁이 전개되었고 농민을 포함하여 인도 전역에 파급되어 거의 모든 계급·계층을 반제(反帝)투쟁으로 규합했다. 이후 노동자와 농민이 스스로의 요구를 내건 투쟁에서도 이 이름을 내거는 경우가 자주 있었다.

임명되면 천하를 얻은 것처럼 기뻐한다. 재산도 생명도 내놓을 것처럼 권력과 공명을 매우 좋아하는 것이 아마 식욕과 색욕보다도 심할 것이다.

권력을 아주 좋아하는 자는 예배禮拜를 좋아하고, 예배를 좋아하는 자는 우상偶像을 필요로 한다. 우상을 필요로 하는 자는 지휘자 없이는 혼자서 한 걸음도 내디딜 수 없다. 자치의 정신이 부족한 것이다.

이 본질을 고치지 않고 무슨 공산共産이고, 무슨 공화共和인가. 만일 그들이 입으로 외치는 것처럼 노농공산 또는 내선공화 정체政體가 가령 출현한다면, 다음 순서로 가장 용감하게 타도할 자는 바로 현대 조선의 청년이다. 이해하기 쉽게 말하면, 오늘날 조선의 청년이 말하는 그러한 사상은 배짱도 없는 말뿐이다. 내지에서 발행하는 잡지의 첫머리에 생존권이라는 한 논문이 게재되면, 한 달, 두 달 지나서야 갑도 을도 병도 정도 생존권 문제를 말하지 않으면 사상이 없는 사람인 것처럼 마치 축음기와 같이 생존권 합창이 여기저기에서 일어난다. 이래서야 과연 조선이, 미신과 빈혈에 쇠약해진 조선을 구제할 수 있겠는가. 종이로 만든 탑은 그것이 아무리 훌륭해도 오를 수는 없는 것이다.【77】

조선에는 예로부터 인재가 상당히 많았다. 가토 기요마사加藤清正에 필적할 만한, 정치가적 풍채와 인품이 뛰어나다고 생각되는 이순신李舜臣[43]이 있다. 또 홍법대사弘法大師[44]에 비교하여 더 복잡한 조선문의 어원을 발명한 설총薛聰[45]이 있었다. 조선시대에도 율곡栗谷[46], 퇴계退溪[47], 우암尤庵[48] 등 동양

---

[43] 조선 선조 때의 무신(1545-1598). 시호는 충무(忠武). 32세에 무과에 급제한 후에 전라좌도 수군절도사가 되어 거북선을 제작하는 등 군비 확충에 힘썼다. 임진왜란이 일어나자 한산도에서 적선 70여 척을 무찌르는 등 공을 세워 삼도 수군통제사가 되었다. 노량해전에서 적의 유탄에 맞아 전사했다. 저서에 『난중일기』가 있다.
[44] 구카이(空海)는 일본 헤안(平安)시대의 불교 승려(774-835). 일본 불교 진언종(眞言宗)의 창시자이며 법명은 홍법대사(弘法大師)이다. 그의 진언종은 마음과 육체의 합일을 강조하고 현세에서의 이익을 인정했다. 저서로는 『십주심론(十住心論)』, 『즉신성불의(卽身成佛義)』 등이 있다.
[45] 신라 경덕왕 때의 학자(655-?). 국학(國學)에서 학생들을 가르쳐 유학의 발전에 공헌했으며, 이두(吏讀)를 정리하고 집대성했다.

유학사상 특필할 만한 석학·대가가 적지 않다. 그러나 이들 3~5명의 걸출한 인재로는 시대를 만들 수 없었다. 피리를 불어도 민중은 춤추지 않은 것이다.

나폴레옹이 백 걸음 문밖으로 나가 아무리 높은 지휘력으로 전진하라고 소리 높여 호령해도, 그를 뒤따르는 장병들이 전투하고 싶어하지 않고 돈을 좋아하고 처妻를 좋아하고 집을 좋아하는 중국군과 같다면 어떨까. 나폴레옹이 분사憤死하거나 투항하는 방법 밖에는 없을 것이다.

노기乃木[49] 대장은 오늘날 인격을 초월하여 신격神格으로 모셔지고 있다. 그러나 노기 대장이 아무리 니레산爾靈山[50] 위에서 충성스럽고 용맹하며 의기가 장렬했더라도 그를 뒤따르는 장병들이 연약한 자들뿐이었다면 어땠을까. 노기 대장의 인격은 숭상하는 것이 마땅하고, 그의 신격은 공경하는 것이 마땅하다. 동시에 노기 대장의 인격 이외에 더 숭상해야 할 커다란 것이 존재하는 사실을 잊어서는 안 된다. 그것은 수천 년 동안 단련된 일본 민족성 곧 충군애국의 정신이다. 메이지유신明治維新 혁명이 사쓰마번薩摩藩[51]·조슈번長州藩[52]·도사번土佐藩[53]·히젠번肥前藩[54][薩長土肥[55]]의 굴지의 청소년 10인

---

46   이이(李珥)는 조선 중기의 문신·학자(1536~1584). 자는 숙헌(叔獻). 호는 율곡(栗谷)·석담(石潭)·우재(愚齋). 호조, 이조, 병조 판서, 우찬성을 지냈다. 서경덕의 학설을 이어받아 주기론을 발전시켜 이황(李滉)의 주리적(主理的) 이기설과 대립했다. 저서에 『율곡전서』, 『성학집요』, 『경연일기』 등이 있다.
47   이황은 조선 시대의 유학자(1501~1570). 자는 경호(景浩). 호는 퇴계(退溪)·퇴도(退陶)·도수(陶叟). 예조 판서, 양관 대제학 등을 지냈다. 정주(程朱)의 성리학 체계를 집대성하여 이기이원론(理氣二元論), 사칠론(四七論)을 주장했다. 작품에 시조 「도산십이곡(陶山十二曲)」, 저서에 『퇴계전서』 등이 있다.
48   송시열(宋時烈)은 조선 숙종 때의 문신·학자(1607~1689). 아명은 성뢰(聖賚). 자는 영보(英甫). 호는 우암(尤庵)·우재(尤齋). 효종의 장례 때 대왕대비의 복상(服喪) 문제로 남인과 대립하고, 후에는 노론의 영수(領袖)로서 숙종 15년(1689)에 왕세자의 책봉에 반대하다가 사사(賜死)되었다. 저서에 『우암집』, 『송자대전(宋子大全)』 등이 있다.
49   노기 마레스케에 대해서는 부록 「주요 인물 소개」란을 참고할 것.
50   203고지(高地)를 가리킴. 러일전쟁 시 노기 마레스케가 명명했다. 중국 요녕성(遼寧省) 대련시(大連市) 여순(旅順)에 있는 표고(標高) 203미터의 고지로, 러일전쟁의 격전지였다.
51   지금의 가고시마현(鹿兒島縣) 서반부.

이나 20인의 손으로 이루어졌다고 해석하는 것은 아직 역사를 읽을 자격이 없는 이의 관찰이다. 수천 년 동안 단련되고 또 단련된 민족성이 있었기 때문에, 저들 혁명 소년이 표면에서 주도할 수가 있던 것이다. 소지素地가 있었기 때문에 비로소 이루어진 것이다.

현재 중국은 어떤가. 흥한멸만興漢滅滿의 혁명이 무슨 개선을 가져왔는가. 중화민국으로 된 이후 저 상태이다. 일전 단기서段祺瑞[56]의 집정執政 정치로 일단락된 것처럼 보이지만, 중국은 아직도 몇 번이고 이러한 동란動亂을 되풀이할 소질素質을 가지고 있다. 원래 중국의 청년만큼 세계에서 비분강개悲憤慷慨의 자태로 견줄 만한 훌륭한 이들이 없었다. 그런데 자국의 순수한 국유철도는 겨우 700마일[哩] 되고, 그 밖에는 모두 외국 자본 또는 외국정부의 손으로 만들어졌다. 염세鹽稅도, 관세도, 대체로 국가의 수입은 모두 외국에 빼앗기고 있다. 만약 동양 지도에서 경제적으로 중국이라는 나라를 찾는다면, 중국이라는 나라는 완전히 몰락하여 중국 영역에는 터무니없는 외국의 【78】 국명들이 쓰여 있을 것이다. 나는 흥한멸만의 혁명도, 그냥 아편을 피우는 청조清朝의 대관大官과 아편의 독에 물들지 않은 혹은 물든 것이 심하지 않은 황흥黃興[57], 여원홍黎元洪[58] 등이 체력의 강약을 결정한 데 불과한 한 편의 해학촌극[道化芝居[59]]이라고 본다.

일본에 유학하고 있는 조선인 유학생들의 표를 조사해 본 적이 있다. 진재

---

52 지금의 야마구치현(山口縣).
53 지금의 고지현(高知縣)의 일부.
54 지금의 사가현(佐賀縣)과 나가사키현(長崎縣)의 일부.
55 메이지유신을 추진하여 메이지정부의 주요 정치세력을 형성한 4개 번인 사쓰마번·조슈번·도사번·히젠번.
56 단기서에 대해서는 부록 「주요 인물 소개」란을 참고할 것.
57 황흥에 대해서는 부록 「주요 인물 소개」란을 참고할 것.
58 여원홍에 대해서는 부록 「주요 인물 소개」란을 참고할 것.
59 익살스러운 몸짓이나 대사로 관객을 웃기는 연극. 해학촌극(諧謔寸劇). 풍자극.

震災 전의 통계인데, 이에 따르면 전부 정치·법률 또는 철학·종교 관련 학교에 재학하고 있었다. 공역工役·공업학교에 재학하는 이는 겨우 20~30명에 지나지 않았다. 공론空論과 명상으로, 이 미신과 빈혈로 쇠약한 조선을 과연 구할 수 있을 것인가. 오늘날 조선이 요망하는 인물은 상해 임시정부의 무슨 무슨 총장 등이 아니다. 토목기사, 전신기사, 산업기사가 필요한 것이다. 온돌 개량이 조선인의 손으로 이루어지지 않고 일본인의 손으로 발안·실행되고 있는 것은 결코 조선 청년의 명예가 아니다.

과격파 청년이 자기 자신의 논리에 도취하여 정말 우국애민憂國愛民하는 지사志士인 것처럼 우쭐대고 있다. 가령 백보 양보하여 이를 인정한다고 하자. 500년간 탐관오리로부터 착취당해 완전히 쇠하게 된 무고無辜[60]하고 슬픈 동포에게서 이번에는 공산운동 자금이다, 이번에는 사회주의운동 자금이다, 이번에는 노동운동 자금이다 하면서 각종 명목으로 재물을 강제로 빼앗아 주색酒色으로 자기들의 입과 배를 채우는 그 행위는 부도덕할 뿐 아니다. 미신과 빈혈로 쇠약해진 이 1,700만 명의 민중을 돌아보라. 이러한 행위는 예컨대 변소에 빠져서는 자기 코앞에만 향수를 놓고서 독선적으로 말하는 것과 조금도 다를 것이 없지 않은가. 이것으로 과연 조선을 구제할 수 있다고 생각하는가. 이것이 무슨 우국이며, 무슨 애민인가. 도대체 또 무슨 지사란 말인가. 이들 청년은 나라를 걱정하는 것이 아니다. 자기의 주색 비용이 부족한 것을 걱정하는 것이다. 민중을 사랑하는 것이 아니라, 자기의 열정劣情[61]을 사랑하는 것이다. 이들 청년이 지사의 얼굴을 하고 활보하는 동안 조선은 단연코 구제될 수 없다. 목을 매어 자살하려는 사람의 다리를 끌어당기는 것처럼, 점점 몰락을 향해 발걸음을 재촉하는 것이라고 간절히 말하고 싶다.

---

60 아무런 잘못이나 허물이 없음.
61 못나고 천한 마음. 정욕(情慾)에만 흐르는 마음.

다음으로 꼭 같이 한마디 할 필요가 있는 말은 조선의 일본에 대한 무력 대항에 대해서이다. 세계에 엉뚱한 일도 적지 않지만, 이런 것은 우선 세계에 흔치 않다고 할 만한 매우 어리석은 엉뚱한 일이다. 무력은 일본이 세계에 자랑하는 특별히 뛰어난 장점이다. 소위 불령단不逞團이 【79】 국경에 침입하여 전신선을 절단하고 동족을 위협하며 경찰을 살상하는 그것이 무엇인가. 대국大局을 보면 아이들 장난에 불과하다. 설사 일시적으로 함경북도, 평안북도를 점령한다고 가정해도, 일본의 대부대大部隊 군대가 도착하는 것은 시간문제이다. 조선인이 무력으로 일본에 대항하여 침입해서 정복하려고 하는 것은 꿈도 꿈이거니와, 정상적인 정신 상태에서 벌인 행위라고 생각할 수 없는 어리석고 엉뚱한 일이다.

조선의 자랑은 그러한 것이 아니라 따로 훌륭한 것이 있다. 문화와 부력富力에서 조선은 근대 국가 민족으로서 완전히 영패零敗[62]의 지위에 놓여 있다. 그러나 단 하나 세계 어느 민족도 가지고 있지 않은 뛰어난 자랑거리가 있다. 그것이 무엇인가 하면 예의를 중시하는 풍속, 가정에서는 장유유서長幼有序[63]의 효제孝悌[64] 풍속, 사회에서는 인보隣保·협동의 풍속이다. 이것이야말로 조선 민족이 세계에 자랑할 수 있는 보석이다.

조선인이 지금이라도 반성하지 않으면, 그 민족의 운명이 어찌될지 뻔하다. 무엇이 자국을 멸망시킬지, 무엇이 진정한 적인지, 무엇이 특별히 뛰어난 장점이고 무엇이 단점인지, 스스로 충심衷心으로 깊이 돌아봐야 한다. 그냥 일본에 반항만 하면 되고, 그것으로 조선을 구제할 수 있다고 생각하는 것은 진실로 조선을 걱정하고 조선을 사랑하는 이가 가질 생각이 아니다.

---

62 경기나 시합에서 점수를 전혀 얻지 못하고 짐. 형편없이 패함을 과장하여 이르는 말.
63 오륜(五倫)의 하나. 어른과 어린이 사이의 도리는 엄격한 차례가 있고 복종해야 할 질서가 있음을 이른다.
64 부모에 대한 효도와 형제에 대한 우애를 통틀어 이르는 말.

>>> 내선이해론內鮮利害論

통치는 결국 이해利害에 따라 좌우된다. 이 이해 앞에는 동문同文·동종同種도 소용없다. 동양평화라든지 내선융화라든지 이러한 한문자閑文字[65]는 아무런 효력이 없다. 물싸움이 있으면 갑을 촌村이 분쟁을 한다. 계급투쟁으로 다른 부락을 불태운 실례도 있다. 이해가 상반되면 친자식, 친형제도 소송을 한다.

내선 관계도 오로지 이해에 따라 좌우된다. 내선인 이해의 조화, 이것이 무엇보다도 중대한 일이다.【80】

---

[65] 아무 쓸모없는 군글자(쓸데없는 글자나 필요 이외에 더 있는 글자)나 문장, 쓸데없는 말.

14

후지와라 기조藤原喜藏[1]

치안상으로 본
조선 사정[2]

　조선 독립이라는 것은 얼마 안 되는 사람들이 꿈꾸고 있는 것에 불과한가 하고 말하면, 꼭 그렇지는 않다. 독립하고 싶다는 생각은 조선인 거의 전부가 꿈꾸고 있다고 해도 좋을 정도이다. 여러 가지 지장支障이 있지만, 우선 대부분 독립할 수 있으면 좋겠다고 하는 희망을 가지고 있는 것은 부정할 수 없는 점이다.
　그렇다면 과연 독립할 수는 있는가 하는 것이 문제가 된다. 그런데 이 일은 조금 큰 문제이다. 죄송하지만 내 친구의 예를 들어 말하겠다. 그는 대학

1　후지와라 기조에 대해서는 부록 「주요 인물 소개」란을 참고할 것.
2　이 글의 원문은 구어체로 되어 있으나 번역하면서 문어체로 바꾸었다.

을 나온 조선인 유력자이다. 그는 이러한 질문을 했다. 일본은 문화를 세계에 펼치고, 대의大義를 세계에 펼치는 등 상당히 훌륭하다고 말하지만, 도대체 어떤 문화가 있는 것인지, 참으로 그렇다면 조선을 독립시킬 수 있지 않은지 하고 물었다. 또한 원래 조선은 환자[病시]이고 일본은 의사라고 하는데, 의사가 환자를 치료한 후에는 자유로이 활동하게 하는 것이 본인을 위해서 좋은 것이 아닌지, 대의를 세계에 펼친다는 명목에도 들어맞는 것이 아닌지, 병을 치료했다면 독립시켜도 지장 없는 것이 아닌지 하고 물었다. 나는 이 질문에 조금 말문이 막혔다. 하지만 나는 이렇게 답했다. 병에도 여러 가지가 있는데, 외과 또는 내과의 병 중에는 여러 가지 치료되는 병도 있지만, 조선의 병은 정신병이어서 치료된 것처럼 보여도 근본적으로는 좀처럼 치료되지 않는다고 말이다. 치료된 것처럼 보여도 또 무엇인가 문제가 생기면 그 병이 발작적으로 또 일어나는 성가신 병이어서, 아무리 해도 좀처럼 의사의 손을 떠날 수 없지 않은가 하고 답했던 적이 있다. 맞게 답했는지 어떤지 알 수 없다.

그런데 【81】 조선에서 조선도 재정 독립이 되지 않았는가 하고 말하는 사람이 있다. 그러나 잘 생각해 보면, 사단師團에 필요한 자금 또는 헌병을 배치하여 치안을 유지하는 자금은 그중에 들어 있지 않다. 완전한 재정 독립은 이루어지지 않은 것이다. 오늘날에도 1,500만 엔의 보급금에 의존하고 있다. 만약 확실히 독립한다고 하면, 군비軍備도 독립하지 않으면 안 된다. 군함 한 척을 만드는 데에도 상당히 많은 자금이 필요하다. 이것을 만들려고 하면 지금보다도 많은 세금을 징수하지 않으면 안 된다. 그것이 상당히 쉽지 않다. 중국 등지에서는 해군을 확장하려고 해도 새로이 군함을 건조할 수 없는 상태이다. 조선이 스스로의 힘으로 군비를 정돈하여 밖에서 업신여김을 받지 않을 만큼 하는 것은 결코 쉬운 일이 아니다. 단지 군함을 건조할 필요가 있을 뿐만 아니라 기타 여러 가지 군비를 정돈하지 않으면 안 된다. 결국 조선에서 군비만큼은 일본에 맡겨야 할지도 모르는데, 그렇다면 이는 독립은 아닌 것이다.

조선의 병은 불치병으로, 항상 간호가 필요한 병체病體[3]라고 스스로들 생각하고 있다. 그리하여 일본으로부터 보면, 일본이 조선을 독립시키는 것은 절대로 불가능한 사정이다. 이는 누구도 부정할 수 없을 것이라고 생각한다. 요시노 사쿠조吉野作造[4] 박사 등이 상당히 탈선脫線하여 조선인에게 동정을 표하고 있어도, 결코 조선의 독립을 용인하려고는 하지 않았다.

조선이 중국 세력에 뒤덮이고, 일본은 커다란 위협을 받았기 때문에 청일전쟁이 일어난 것이다. 그 후 러시아로부터 위협을 받아 국운을 걸고 러일전쟁을 감행한 것이다. 일본에서 보면, 예전부터 조선은 화란禍亂의 중심지로 실로 위험한 곳이었다. 그러나 지금 중국은 저와 같은 상태이고, 또 러시아도 저러한 상태가 되었다. 그러므로 중국이나 러시아는 두려워할 필요가 없지 않은가 하고 말할지도 모른다. 그러나 중국이나 러시아에 대신하는 제2, 제3의 나라가 나타날지도 모른다. 그런데 조선의 이 병체는 간호가 필요하다. 동시에 일본의 입장에서 보면, 조선을 이대로 내버려 두면 아무리 해도 자위自衛할 수 없다. 일본이 쓰시마해협對馬海峽[5]의 제해권制海權을 상실한다면 일본은 위태로운 상태에 빠질 것은 말할 것도 없다. 일본으로서는 자위상 조선을 화란의 근원으로 둘 수 없는 것이다.

또한 【82】 조선으로부터 보면, 일본을 무시하는 독립은 절대로 가능성이 없다고 나는 믿고 있다. 그러나 지금은 아무리 해도 독립운동이 그치지 않고 있다. 그래서 이에 번갈아 비관론, 낙관론이 일어나는 것이다.

이에 대해 여러 가지 커다란 문제가 있을 것이다. 첫 번째는 일본의 국제적 지위를 더욱 더 높이는 것이 가장 큰 요건일 것이라고 생각한다. 일전의 봉직전쟁奉直戰爭[6] 당시 조선인이 어떻게 말했는가 하면, 우리가 직무상 이에 대해

---

3 병에 잘 걸리는 체질. 병든 몸.
4 요시노 사쿠조에 대해서는 부록 「주요 인물 소개」란을 참고할 것.
5 일본 쓰시마섬(對馬島)과 이키섬(壹岐島) 사이에 있는 해협. 일본 측에서 보면 대한해협의 동쪽 수로를 이르는 말이다.

조사해 봤더니 미국은 직예파直隸派의 배후에 있고 일본은 봉천파奉天派의 배후에 있음에 틀림없다고 말했다. 그래서 만약 봉천파가 패하면 반드시 일본이 나설 것이고, 또 직예파가 패하면 미국이 나설 것이라고 말했다. 그러면서 미국과 일본이 맞부딪치면, 그때야말로 우리가 활동해야 할 때라고 선전하며 암암리에 소위 직업적 독립운동가가 활동 계획을 세운 것이다. 그렇지만 이런 식으로 받아들이고 아무런 일도 없어, 이런 계획을 세운 자는 대단히 실망했다고 한다.

요컨대 무엇인가 국제적 변조變調가 생기면 민심은 어느 정도 동요하는 것이다. 평화회의 때도, 또 연맹회의 때도 조선의 독립 문제가 어찌될까 기대했다. 또한 태평양회의 때도 조금은 희망을 이어갔다. 이러한 생각은 어디에서 나오는가 하면, 우선 일본이라는 나라를 대단히 침략적인 나라라는 식으로 보는 데서 나오는데, 결국은 이러한 생각이 독립만세소요(3·1운동)의 원인 중 하나로도 꼽혔다. 이러한 생각이 여하튼 중대한 원인이 된 것이다. 그러므로 무슨 일이 있어도 외교상 또는 국력의 증진에 따라 더욱 더 일본의 국제적 지위를 높이는 것이 첫 번째 방책일 것이라고 생각한다.

두 번째로 일본의 국제적 지위를 향상하기 위해서는 말할 것도 없이 국력의 충실을 이루지 않으면 안 된다. 이와 관련하여 작년에 진재震災가 있었을 때 어떠한 분위기였는가 하면, 도쿄 진재 소식이 일단 경성에 전해지자 종로와 그 밖에 조선인들이 모인 부락에서는 이구동성으로 만세를 부른 사실이 있다. 진재로 인해 도쿄는 전부 망할 것이라고 그렇게 속단하여, 그런 상태라면 이때가 바로 우리가 활동해야 할 시기라고 생각하는 상황이었다. 무슨 일이 있어도 국력을 충실히 해야 하는 것은 말할 것도 없다. 국력을 충실히 하고

---

6 1920년대 중국 군벌(軍閥) 사이에 벌어진 전쟁. 일본의 지원을 받는 장작림(張作霖)의 봉천파(奉天派)와 영국의 지원을 받는 조곤(曹錕), 오패부(吳佩孚) 등의 직예파(直隸派) 사이의 전쟁으로 1922년과 1924년 두 차례에 걸쳐 일어났다.

국제적 지위를 더욱 더 높여 가는 이상 【83】 조선의 통치는 결코 걱정할 것이 없다.

또한 세 번째로 내지에는 여러 가지 중대한 문제가 있는데, 그것이 모두 조선에 영향을 미치는 것이다. 일본에는 사회주의·공산주의가 널리 퍼져 있고, 지금도 좌경주의가 대두하여 내부에서 혁명이 일어날 것이며 그때야말로 우리가 기회를 엿볼 때라는 식으로 내지의 문제가 대단히 민감하게 영향을 주고 있다. 지난번 궁내성宮內省의 모 대관大官이 앞으로 섭정관攝政官의 행차 시에는 일절 예정을 발표하지 않고 또 경로를 발표하지 않았으면 좋겠다고 말한 것이 신문에 나왔다. 그런데 이러한 것을 보고도 조선인들은 드디어 일본이 위험해졌고, 지난번 도라노몬虎ノ門 사건[7]이 있었기 때문에 궁내관이 저런 말을 하는 것이며, 혁명의 봉화가 타오를 것임이 틀림없기에 이를 예방하기 위해 저런 계획을 하는 것이라는 식으로 생각했다. 그 영향이 빠른 것에 놀랄 것은 없다. 내지도 그러한 여러 가지 문제가 빨리 해결될 수 있도록, 우리 국局에서 특히 경찰 업무 담당자로서는 어떻게든 빨리 문제를 해결하고자 하고 있다.

그러나 이들 문제는 세계적 경향에 따라 움직여지고 있으므로 일조일석一朝一夕에 바랄 수는 없지만, 일본인은 상당히 신중한 태도를 가질 필요가 있다고 생각한다. 또한 조선의 통치는 일본인 전체의 문제라는 자각을 가졌으면

---

7 1923년 12월 27일 일본 황거(皇居) 도라노몬(虎ノ門) 밖에서 황태자 겸 천황 섭정궁 히로히토(裕仁) 친왕이 난바 다이스케(難波大助)의 저격을 받은 사건이다. 이날 섭정으로서 제48회 통상 의회 개원식에 참석하기 위해 자동차로 귀족원으로 가고 있던 황태자에게 도라노몬 밖에서 군중 사이에 있던 난바 다이스케가 접근하여 스틱 장착식 산탄총으로 황태자를 저격했다. 총탄은 차창을 부수고 황태자에게는 맞지 않았으나, 함께 타고 있던 시종장 이리에 다메모리(入江爲守)가 가벼운 부상을 입었다. 그 후 난바 다이스케는 주위의 군중으로부터 뭇매를 맞아 그의 신병을 확보하려던 순사들도 난바에 대한 구타를 나서서 막아야 할 정도였다. 난바 다이스케는 대역죄를 적용받아 사형 선고를 받고 곧 사형이 집행되었다. 이 사건으로 내각총리대신 야마모토 곤노효에(山本權兵衛)는 황태자에게 곧바로 사표를 제출했다. 야마모토는 1924년 1월 7일 내각 총사직을 인정했다.

한다. 조선통치 문제를 논하면 대부분의 사람은 꼭 총독정치의 시비是非·선악善惡만을 문제 삼는 듯한 분위기가 있는데, 자신들이 조선을 다스린다는 자각이 없기 때문에 작년의 진재 당시와 같은 경거망동을 하는 모양이다.

아무래도 일본은 이민족의 통치에서 서투른 점이 있다고 생각한다. 매우 부끄러운 이야기이지만, 지금까지 일본의 교육에서 이른바 국제적 훈련 방면의 교육이 어떤 것이 있었는가. 이는 결코 나의 발견이 아니라 다른 사람도 자주 그 점을 말한다. 다시 말해 일본인의 단결력은 강하고 청일전쟁·러일전쟁에서 그것이 가장 명확히 드러났지만, 그러한 세력이 있는 동시에 배타적인 기세도 자연히 도야陶冶되어 훈련된 것이 아닌가 하고 생각한다.

중국인을 보면 아이들은 바로 '장코로'[8]라고 부르고, 또 조선에서도 그렇게 말하지 말라고 해도 소학교 아이들은 조선인을 보면 【84】'여보, 여보' 하며 우월감을 가지고 있는 것처럼 말을 내뱉는다. 자존심이 강한 것도 좋지만, 국제적이라고 할까 상대방의 인격을 존중하는 관념이 없어서는 타인과 공존공영하는 결실을 거두는 데에 결함이 있지 않은가 하고 생각한다. 이러한 것은 작은 문제이지만, 요컨대 국력을 충실히 하고 국제적 지위를 향상하는 것은 일본 내부부터 반성하지 않으면 안 되는 일본인 자기 자신의 문제이다.

다음으로 조선 내 문제로 되돌아오자. 아까 반동주의 단체라는 것을 말했는데, 이 사람들은 본년(1924년) 3월에 11개 단체가 연합[9]하여 명확히 친일이라고 할까, 총독정치를 옹호한다는 옹호파의 기치를 천명했다. 이전에는 총독정치 또는 일본 옹호라는 것을 공공연하게 말한 적이 없는데, 본년 3월 당당히 11개 단체의 사람들이 관민일치·협력하여 점점 정치를 개선해 가야 한다는 표어를 내걸었다. 이 사람들이 자주 말한 것은 요컨대 조선에 빨리 자치제를

---

8 중국인에 대한 멸칭. 중국인의 중국어음인 '중궈런(Zhōngguórén)'이 전와(轉訛)된 것이다.
9 '각파유지연맹'을 가리킨다.

시행해 달라는 것이었다. 이미 일시동인하는 이상 역시 내지에 시행하고 있는 자치를 시행하라고 주장했다.

새로운 총독은 취임 당초 조선인 본위의 정치를 하겠다고 선언했다. 이에 대해 일본인 측에서는 아무래도 조선인만 생각하고 조선 내 일본인의 일은 전혀 걱정하지 않는다고 이번에는 반대로 원망하는 자도 있었다. 그만큼 조선인 본위의 정치를 하고 있는데, 조선인에게 물으면 아직도 충분하지 않다고 말한다.

그렇지만 대체로 그 내용을 보면, 데라우치寺內[10] 총독, 하세가와長谷川[11] 총독 시대는 소위 군사를 위한 조선통치였다. 그런데 새로운 총독에 의해 군사를 위하는 것은 주가 아니게 되고, 조선인 본위의 정책을 점점 시행하게 되었다. 그러나 여러 가지 점에서 아직 충분히 일시동인의 결실을 거두지 못했다. 무슨 일이 있어도 명실공히 일시동인하지 않으면 안 된다고 논하는 반동주의자도 있다. 도대체 일본인과 조선인의 통치가 달라지는 것은 어디에서 오는가. 과연 정치 방향에서는 일시동인이 가능해질 것이다. 그러나 현재 조선인은 정치에 참여할 권리가 주어져 있지 않다. 참정권이 주어져 있지 않은 한 어디에 일시동인이 있는지 조선인은 납득할 수가 없다. 이것이 어려운 것이다.

원래 조선인은 정치에 취미를 가지고 있었다. 이전의 사회활동을 보면, 정치 관념만큼은 【85】 가장 진보하여, 종교 방면을 봐도 완전히 정치에 억압되어 있었다. 또한 실업가實業家가 일어나도 소위 내지의 어용상인 같은 방식이어서 실업가 그 자신이 독립적으로 활동하거나 자유경쟁의 경제조직도 아니었다. 또한 부자라고 하는 사람은 관직에 오른 사람으로, 다시 말해 정치가가 부자였다. 마치 중국의 독군督軍[12]이 정치상 세력을 가진 동시에 부자이던 것과

---

10 데라우치 마사타케에 대해서는 부록 「주요 인물 소개」란을 참고할 것.
11 하세가와 요시미치에 대해서는 부록 「주요 인물 소개」란을 참고할 것.
12 중국 신해혁명(辛亥革命) 후에, 각 성에 둔 지방관. 본래는 군사 장관이었으나, 대개 성장(省長)을

같은 상황이다. 무엇이라도 정권을 쥐고 있는 사람이 부자가 되는 상태였다. 일반인도 여하튼 관리가 되는 것이 최고라고 생각하고 있다. 동시에 관리가 되고 싶다고 바라는 것은 정치에 대한 취미가 대단히 많기 때문이다. 하지만 지금은 아직 정치에 참여하는 것이 해결되어 있지 않다. 생각해 보면, 도평의원 제도는 있다. 그러나 도평의원이든, 부협의원이든, 면협의원이든 모두 자문기관이고 의결기관이 아니다.

새로운 총독이 부임할 당시 시기를 보아 장래에 지방자치를 시행한다고 성명했는데, 이 지방자치조차 부여하지 않고 아무리 일시동인한다고 해도 우리는 납득할 수가 없다. 물론 이것은 각각의 방면에서 연구되고 있어, 조만간 이 성명이 실현될 것이라고 생각한다. 그러나 지방자치가 해결되어도 꼭 그것만으로 끝나는 것은 아니다. 제2의 희망으로서 일어나고 있는 것은, 국민협회 방면에서 제기한 것으로 내지연장주의인 이상 조선에 헌법을 적용하여 조선에 있는 자를 선거를 통해 제국의회에 보내게 해 달라고 하는 청원이다. 국민협회가 이러한 청원을 하여 여하튼 이것이 채택되었는데, 이런 문제도 있다. 즉 이에 대해 내지에 의원을 보내면 정당 사이에 개재介在하여 이른바 캐스팅보트를 행사할 위험이 있지 않은가 하고 말하는 사람도 있다. 그런데 또 이에 대해 조선인은 일치단결할 수 없는 민족이므로 꼭 그 사이에 당파가 일어나 일치단결할 수 없을 것이고, 따라서 캐스팅보트는 행사할 수 없을 것이라고 말하는 논자도 있다. 이러한 사정으로 이 문제는 상당히 큰 문제이다. 또한 캐스팅보트 등으로 될 위험도 있기에, 조선자치의회를 인정하면 어떨까 하는 설도 있다. 이는 조선인 역시 상당히 연구하고 있다.

또한 당국에서도 무관심으로 있는 것만은 아니다. 이러한 사정으로 요컨대

겸하여 문무의 권한을 장악해서 모두가 독립한 군벌(軍閥)을 형성했다. 후에 독판(督辦)이라 고쳤다가 1928년 국민혁명 때 없앴다.

조선의 새로운 정치라고 해도 【86】 통치의 진의眞義라는 것을 어디까지 철저하게 해 나갈 것인가 하는 큰 문제가 해결되지 않으면 안 된다.

그리고 우리처럼 직접적인 당국자로서는 앞에서 말한 중견뿐만 아니라, 이 중견이 되는 사람이 민중의 8할을 좌우하므로 이 중견인물과 일반 민중 사이를 충분히 격리하여 가는 것이 또한 중대한 문제이다. 이는 대단히 미묘한 문제여서, 너무 상세히는 말할 수 없다. 하지만 일반의 8할 다수가 농부이므로, 어디까지나 이들이 생활의 안정을 얻도록 하지 않으면 안 된다는 것은 물론 다 같이 인정하고 있다. 이를 위해 현 정무총감도 조선통치의 제일 요체는 생활의 안정을 얻게 하는 것이라고 말했다. 이는 근본적인 선정善政이고, 또 독립운동을 방지하는 데 핵심이다. 이러한 문제가 생활을 안정시킨다. 동시에 이는 중견인물을 세워서 하지 않으면 안 된다고 생각하고 있다.

다음으로 조선인 자체가 앞서 말한 대로 정치 방면에만 너무 취미가 있다. 원래 조선인은 대단히 극단성을 가지고 있다. 산을 봐도 이편에서 보면 상당한 언덕처럼 보이지만, 뒤편은 매우 완만한 경사일 수 있다. 또 앞이 경사가 급하면, 반드시 뒤는 완만하게 되어 있기 마련이다. 또 강을 봐도 평상시에는 물이 없어도, 하루 비가 내리면 한꺼번에 물이 생긴다. 내지에서는 저녁에 구름의 변화가 상당히 볼 만하고 온화함을 가지고 있다. 하지만 조선에서는 구름의 변화를 생각조차도 할 수 없다. 이러한 식으로 구름의 변화가 전혀 없다고 보기에, 모든 일을 극단적으로 하고 있는 것처럼 생각된다. 그래서 선이라든지 형태, 색채에 대한 관념이라는 것이 아무래도 천지·자연에서 길러지기에는 매우 멋쩍은 점이 있다.

이에 대해 당국은 생각한 것이 있어, 앞서 조선미술전람회[13]라는 것을 개최

---

[13] 일제시기에 조선총독부가 개최한 미술 작품 공모전. 약칭으로 '선전(鮮展)' 또는 '조선미전(朝鮮美展)'이라 부른다. 1922년부터 1944년까지 23회를 거듭했다. 관전(官展) 형식의 권위주의로 한국 근대 미술 전개에 매우 큰 영향을 미쳤다. 조선총독부의 이른바 문치 정책의 하나로 창설되어

했다. 또한 학무당국에서도 그러한 이유로 정조情操[14] 방면을 도야하지 않으면 안 되므로, 조만간 미술학교를 세우거나 음악학교를 세워 음악·미술 방면에서 도야하게 하는 것도 생각하고 있다. 요컨대 조선인의 마음을 황폐하게 하지 않고 【87】 온화하게 하는 정조 방면의 도야가 조선통치에서도 상당히 중대한 항목이 되어 있다.

내지에 있는 사람 중 조선통치에 대해 아주 비관설을 가지고 있는 사람들이 상당수 있다고 생각되는데, 자신들에 대해서는 결코 그러한 비관설은 가지고 있지 않다. 충분한 확신을 갖고 하늘에, 땅에 부끄럽지 않을 정도로 통치해 간다면 조선통치는 상당히 성공할 것이다. 이러한 확신으로 나와 말단 후배에 이르기까지 모두 조선통치를 담임하고 있는 상태로, 내지에 돌아가게 되면 이 점을 가급적 선전해 주기를 부탁한다.

14 많은 미술가들을 배출하고 성장하게 하는 등 작가 활동의 기반 조성에 기여한 점도 있다. 하지만 한국 근대 미술의 일본화를 촉진하는 구실을 하여 화단을 일본화(日本畵)로 물들게 했다. 진리, 아름다움, 선행, 신성한 것을 대했을 때 일어나는 고차원적인 복잡한 감정. 지적·도덕적·종교적·미적 정조 등으로 나눈다.

>>> 의회에 대한 조선인의 심리

조선공론朝鮮公論

구제안區制案이 상정된 3월 20일 중의원에서 일어난 폭행 난투극에 대해, 이런 데 익숙한 내지 민중은 단순히 '참으로 곤란한 일이다'라는 정도로 정리했다. 하지만 조선에서는 이를 단지 곤란한 일이라고 정리하지는 않았다.

조선 민중은 여하튼 병합 이후 일본인의 문명·제도와 그 지식 등에 대해 무조건적으로 이를 우수하다고 경외해 왔다. 그리고 조선 내 보통학교 곧 소학교 이상은 모두 일본어로 여러 학과를 가르치고 있다. 오늘날 조선의 청년 중 일본어로 말하지 못하는 자는 시류時流에 뒤처진 자이다. 향학열은 끝없이 불타오르고 있다.

이들 청년이 지금 요즈음 의회의 난투 기사를 보면 내지를 어떻게 볼까. 일본어를 해독할 수 없는 조선인을 위해 임시로 조선에도 3개의 약간 반일주의의 조선문 신문이 있다.

이들 신문이 글 쓸 준비를 하고 저 폭력적인 상황, 저 참상, 저 참혹하고 잔인한 폭행난투극의 일체를 보도한다면, 조선 민중은 과연 언제까지 일본인을 우수하다고 보고 선진 민족으로서 야마토大和 민족에 경의敬意를 가질까. 이러한 점도 생각해 봤으면 한다.

국가의 선량選良[15]인 이상, 의회에서 자신들의 행동이 어떻게 2,000만 조선 민중에게 영향을 미칠까 하는 정도는 생각해 보기를 바란다.

저 폭행극을 신문에서 본 조선의 뜻 있는 이들은 입에 담기도 괴로워 이를 묵살하고, 혈기 있는 청년·소녀는 '바보'라고 말하고 있다. 국가의 선량이 바보인 것이다. 아아. 계속 바보가 되지 말라. 그리고 일본이라는 국가를 바보로 만들지 말라.【88】

---

[15] 뛰어난 인물을 뽑음. 또는 그렇게 뽑힌 인물. '(국회·의회)의원'을 달리 이르는 말.

15

스기 이치로헤杉市郎平[1]

이해에서
융화로

　회고하면 1917년(大正 6)의 일이다. 나는 조선인 일반의 사상이 현저히 변화한 것을 통절히 느꼈다. 그것은 제1차 세계대전[歐洲戰爭]의 영향이 1917년경부터 조선에 팽배하게 밀어닥친 것이 가장 큰 직접적인 원인인 것처럼 생각되었다. 그러므로 이때까지와 같은 생각으로 조선통치를 한다면 의외의 일이 양성釀成되지 않을까 하고 나는 깊이 걱정했다. 이에 두세 명의 유력자에게도 내가 생각하는 의견을 피력했다.

　그 후 얼마 지나지 않아 저 1919년(大正 8)의 만세소동(3·1운동)이 발발했다. 이러한 일종의 자유·해방을 희구希求하는 사상은 꼭 조선에서만 일어난 것은

1　스기 이치로헤에 대해서는 부록 「주요 인물 소개」란을 참고할 것.

아니다. 전적으로 제1차 세계대전[歐洲大戰] 영향의 결과로, 거의 세계적인 경향이었다. 조선도 역시 그 사상의 영향을 받았다. 특히 러시아혁명과 윌슨 Wilson[2]이 주창한 고원高遠[3]한 사상의 큰 기치 두 가지가 조선의 민심을 대단히 자극했다. 그 결과 갑자기 새로운, 그리고 편향된 기운이 조선 전국에 넘쳐, 결국 저 만세소동(3·1운동)이 발발하게 된 것으로 생각된다.

그렇지만 어느 시대에도, 정치의 변혁, 혁명이 있던 때에도 일부 불평자가 생기는 것은 피할 수 없는 것으로, 모두가 새로운 정치에 만족하는 것은 아니다. 특히 조선은 예로부터 오랫동안 독립된 한 국가를 이루고 있었고, 일본과 역사를 달리하고 풍속, 습관, 언어 등을 달리했으므로, 한일병합에 대해 불평을 품은 사람이 있는 것은 자연스러운 사정이라고 생각한다.

게다가 이러한 일은 단지 조선만이 아니라 일본의 일을 생각해 봐도 그렇다. 메이지유신明治維新이 행해진 때 옛 사족士族들은 새로움을 싫어하여 새로운 정치에 대해 불평을 가지기도 했다. 이는 단지 조선만 아니라, 내지뿐만 아니라, 나아가 세계 공통의 현상이라고 생각한다. 이러한 관계로 일본에서는 유신 후 여러 가지 불평이 있었고 【89】 각지에서 여러 가지 폭동까지 일어났으며, 결국 이것들이 쌓여 1877년(明治 10) 세난전쟁西南戰爭[4]이 일어나게 되었다. 그러나 보기에 따라서는 세난전쟁이 일어났기 때문에 메이지정부의 기초가 견고해졌다고도 말할 수 있다.

---

2   우드로 윌슨에 대해서는 부록 「주요 인물 소개」란을 참고할 것.
3   품은 뜻이나 이상이 높고 원대함.
4   19세기 일본의 에도(江戶) 막부를 타도하고 왕정복고를 선언하여 1867년 메이지유신을 성공시키며 유신삼걸로 등극했던 사이고 다카모리(西鄕隆盛)는 1873년 정변으로 메이지 신정부의 집권세력에서 실각한 뒤, 가고시마현(鹿兒島縣)[구 사쓰마번(薩摩藩)]에 사학교(私學校)를 설립하여 무사를 양성하고 신정부의 개혁 정책에 반발하는 지방 사족(士族)을 규합했다. 이로써 사학교를 중심으로 한 무사들이 메이지 신정부에 대항하는 반군을 조직하고, 사이고 다카모리를 옹립하여 1877년 2월 15일부터 구마모토현(熊本縣) 일대에서 6개월간 반란을 지속했는데 이를 '세난전쟁'이라고 한다.

조선에서도 한일병합 후 10년 만에 만세소동(3·1운동)이 일어났다. 이 일로 인해 일본인도, 조선인도 모두 대단히 심사숙고하고 자각했다. 물질적으로도 또 정신적으로도 조선인이 진보한 것은 현저한 사실이었다. 그러므로 보기에 따라서 이 소동(3·1운동)은 오히려 좋았다고도 말할 수 있다.

고故 데라우치[5] 백작은 매우 친절하고 진지한 사람이었는데, 과연 정확히 이해했는지는 조금 의문이다. 나는 1922년(大正 11), 1923년(大正 12) 2년간에 걸쳐 거의 조선 전국을 순회하고 강연을 몇 백 회 했다. 또한 지방의 청년과 회견하여 직접 무릎을 맞대고 내 의견도 말하고 청년 제군의 불평도 들어 봤다. 각지에서 여러 가지 설을 들었는데, 어느 지방의 상당한 교육을 받은 청년은 "지금의 총독정치는 자유방임의 정치이다. 자유방임의 정치 아래서는 문화가 저급하여, 빈약한 조선인으로서는 도저히 경쟁할 수 없다. 따라서 열패자劣敗者가 될 것이므로 지금의 정치 방식은 유감이다"라는 의견을 말했다. 그리고 "조선인 본위의 정치를 보호하는 정치를 시행했으면 한다"는 희망을 진술했다. 그때 나는 조선인 본위의 정치 요구는 지당하고 필요하다고 생각하지만, 단순히 조선인 본위의 정치를 해 달라거나 보호정치를 시행하라고 말하는 것만으로는 너무 추상적이어서 이해하기 어려우니 조금 구체적으로 의견을 듣고 싶다고 말했다. 그러자 그 청년은 데라우치 백작은 친절한 정치가로 조선인을 위해 진력했으니, 아무쪼록 데라우치 총독처럼 정치를 했으면 좋겠다고 말했다. 그래서 나는 청년에게 과연 데라우치 백작은 매우 친절한 정치가였다고 말했다. 또한 어떻게든 조선인을 행복하게 하려고 생각하며 정치를 했으나, 조선의 제군이 당시 데라우치 백작의 정치에 대해 과연 감사히 여기며 이해했는지에 대해서 나는 조금 의문을 가지고 있다고 말했다.

먼저 일례를 말하면, 농공은행을 설치한 때 데라우치 백작의 생각으로는

---

5 데라우치 마사타케에 대해서는 부록 「주요 인물 소개」란을 참고할 것.

조선의 농공업이 매우 유치하므로 어떻게든 조선의 농공업을 번창하게 하여 조선인의 생활을 향상하기 위해, 자금을 융통하는 특종 금융기관의 설치를 급무로 했다. 그렇지만 아직 회사 등에 경험이 없고 지식이 없는 조선인이므로, 이에 새로이 농공업에 종사하는 자를 보호한다는 의미에서 농공은행의 주주株主는 실제로 농공업에 종사하는 【90】 조선인이 아니면 안 되게 했다. 특히 주식을 일본인은 가지지 못하도록 했는데, 조선인 농공업자의 몫으로 영원히 남지 못하여 보호의 목적은 달성되지 못했다.

또한 병합 당시에 은사금恩賜金을 주었는데, 이는 양반 등 가운데 조선에 공로가 있는 사람의 생활 안정을 위해 폐하께서 하사한 것으로 기명식記名式[6]의 공채증서[7]로 주었다. 기명식으로 한 취지는 영구히 그 은전恩典[8]을 입게 하고, 그리하여 그 금리로 생활비를 보충하여 생활의 안정을 얻게 하기 위해서였다고 생각된다. 그런데 이를 받은 사람 중 때때로 총독부 또는 경무총감부에 가서 제발 공채증서를 담보로 해 달라고 하거나 또는 팔게 해 달라고 자꾸만 청원하는 자들이 있었다. 그 이유는 해마다 몇 할의 높은 이자를 내지 않으면 안 되는 많은 빚이 있어, 연 5~6분의 공채로는 아무리 해도 이를 충당할 수 없었기 때문이다. 그러므로 제발 공채증서를 팔아 부담을 정리하게 해 달라고 하여, 이를 처분하는 것을 부득이 허가했다. 이를 허가하자 즉시 공채증서는 속속 다른 사람의 수중에 넘어가고 말았다. 또 금융조합도 그리하여 지방에서 금융 편便을 연 것인데, 당시에도 역시 일본인은 부분적인 대우를 받고 금융조합원이 될 수 없었다.

이 같이 두세 가지 예를 봐도 특수한 보호를 받았는데도 조선인 대부분의 제군은 총독에게 불평만 말했다. 그리고 마침내 저 만세소동(3·1운동)을 일으

---

6 증권 등에 권리자의 이름이나 상호를 적는 방식. 또는 적어서 표하는 방식.
7 국가 등이 공채의 채권자에게 주는 증권.
8 예전에 나라에서 은혜를 베풀어 내리던 혜택.

키기에 이르렀다. 선정善政을 펴도 그때의 민중에게 이해받기는 상당히 어려운 일이다. 따라서 이 청년이 말하는 보호정치를 어떻게 펼치면 마음에 들지는 매우 어려운 일이라고 생각된다고 대답했다.

또 대구에 갔던 때에도 이와 유사한 말을 청년회 간부 제군에게서 들었다. 그때에도 나는 말했다. 실제로 우리가 조선에 온 때, 매우 실례인 말이지만 일본인이 조선에 온 때, 조선에는 일부 도로는 있었지만 한 지방에서 다른 지방으로 쭉 통하는 간선幹線으로서 도로다운 것은 거의 없다고 할 만한 상태였다. 그런데 통감정치 시대부터, 특히 총독정치가 시행되고 나서 총독은 열심히 도로의 개착開鑿[9]에 힘썼다. 산업 발달을 위해서는 우선 교통기관의 정비가 급무이고, 그중에서도 도로를 만드는 것이 필요하기 때문에 활발히 도로를 개수改修[10]하여 옛날과 달리 완전히 면목을 일신一新하게 되었다. 특히 대구에서 경주를 거쳐 포항에 이르는 도로, 대구에서 안동에 이르는 【91】 도로 등은 내지에도 거의 드물다고 할 수 있는 모범 도로이다. 내가 경북에 출장 가서 그 길이 통하는 부근의 사람들에게 물으니 실로 좋은 도로라고 말하고 지방의 자랑이 되어 있었다. 그런데 이는 그 당시에는 매우 비난받던 것이었다. 이런 식으로 도로를 만드는 데에도 지방 인민의 이해를 쉽게 얻을 수 없다. 그러나 이는 조선에 한정된 일은 아니다. 실로 내지에서도 미시마 미치쓰네三島通庸[11]가 후쿠시마현령福島縣令이었을 때, 활발히 도로를 개수했는데 세금이 상당히 늘었다는 등 여러 가지 불평을 말하며 폭동마저 일어났을 정도였다. 그런데 이 도로를 만들어서 현縣이 발달하게 되었고, 나중에는 송덕비頌德碑까지 세워졌다. 내지에도 이러한 실례가 있는데, 이해를 얻을 수 없던 일례를 든 것이다.

또한 동양척식주식회사[東拓]는 도처에서 조선인 측의 평판이 나쁘다. 그

9　산을 뚫거나 땅을 파서 길이나 터널, 운하 등을 냄.
10　고쳐서 바로잡거나 다시 만듦.
11　미시마 미치쓰네에 대해서는 부록 「주요 인물 소개」란을 참고할 것.

중 조선인 청년회 사람들은 대부분 동척을 나쁘게 말한다. 조선 남부의 어느 군군郡에서 그 지역 조선인 청년회 간부 10여 명과 내가 의견을 교환했을 때, 간부 중 한 사람이 이렇게 말했다. 동척 이민을 그만두었으면 좋겠다는 것이다. 동척 이민자 한 사람이 오기 위해 조선인 10여 명이 유리流離·전패顛沛[12]하고, 동척 이민으로 인해 조선인 다수가 사는데 집이 없고 경작하는데 경지가 없고 살기 익숙해진 토지에서 유리되거나 만주, 시베리아 혹은 일본 내지로 건너간다는 것이다. 나는 이 말에 대해 이렇게 답했다. 그의 말처럼 실제로 동척 이민 때문에 다수의 조선인이 괴롭다면 이는 고려하지 않으면 안 되는 큰 문제인데, 그렇지만 일본인이 오기 때문에 조선인이 멸망한다든지 유리·전패한다고 하는 말은 나는 바로 동의하기 어렵다고 말이다. 조선인이 내지에 가거나 또는 만주, 시베리아 지방에 가는 것은 내지에 가면 조선에 있는 것보다 이익이 많고 벌이가 되기 때문에 가는 것이다. 만주에 가서 논을 경작하면 유리하다고 하여 호황 시절에는 만주로 나가려고 했고, 시베리아에 가는 것도 그 때문이다. 조선에서 일하는 것보다는 유리하기 때문이다. 돈벌이한다는 적극적인 의미에서 나가는 것으로, 마치 일본인이 하와이나 북미에 돈벌이하러 나간 것과 같은 의미이다. 그런데 조선인이 내지나 만주와 몽골 등에 가는 것을 유리·전패 등으로 보는 것은 편견이다.

또한 각지의 조선인 측에서 자주 듣는 말인데, 일본인이 오면 조선인은 멸망한다는 사람이 있는데 이것도 나는 동의하기 어렵다. 러일전쟁 무렵 함북 청진淸津은 매우 빈약한 부락으로, 분명히 산기슭 해변에 20호 정도 가난한 어부의 집들만 있었다. 이곳은 조밥[粟飯][13]이나 고구마, 감자 등을 【92】 주식으로 하는 비참한 상태에 있는 일개 작은 한촌寒村[14]에 불과했다. 그런데 러일전

---

12 걸려 넘어짐. 엎어지고 넘어짐.
13 좁쌀로만 짓거나 입쌀에 좁쌀을 많이 두어서 지은 밥.
14 가난하고 쓸쓸한 마을.

쟁 후 나남羅南에 이어 철도를 부설하면서, 청진에 일본인이 다수 들어와 골짜기를 개간하여 당당한 시가市街를 건설했다. 기선汽船이 매월 청진에 출입하고, 육지에 기차가 다니는 모습으로 한촌은 일약 부府로 되었다. 나는 1923년(大正 12) 청진을 보고 그 두드러진 변화에 놀랐다. 그래서 인구는 어느 정도 있는지 찾아보니, 2만 1,000명을 초과해 있었다. 그중 조선인은 약 1만 4,300명, 일본인은 6,000여 명으로, 조선인이 일본인의 2배 이상 거주하고 있었다. 러일전쟁 당시 20호 정도의 빈약한 조선인 부락을 회상하면 놀랄 만한 변화이다. 더욱이 현재 1만 4,000명 이상의 조선인이 모두 생활하고 있다. 어쨌든 일본인이 오면 유리·전패·멸망한다는 말은 완전히 틀린 말이다. 이 청진의 사실을 봐도 공존공영하고 있는 것이 증명된다. 인천도 개항 당시에 제물포는 빈약한 어촌에 불과했다. 진남포, 군산, 목포, 원산 등지도 모두 그러했다.

내지의 요코하마橫濱는 지금 세계적인 대도시이지만, 메이지유신 개항 당시에 이곳 역시 빈약한 어촌이었는데 외국 무역으로 인해 대도시가 된 것이다. 고베神戶도 그러했다. 오사카大阪도 마찬가지였다. 제군. 모든 사람은 발밑만 보고 걸어가면 전신주에 부딪힌다. 앞만 보고 가도 돌에 발이 걸려 넘어진다. 세상도 그러하여 항상 크게 보고 가까이 봐서 오류에 빠지지 않도록 해야 한다. 질투하는 것은 잘못을 낳는 근원이다. 조선과 같은 토지는 내지의 자금과 지식을 주입하지 않으면 그 진보·발달을 도저히 기대할 수 없다.

그런데 근래 조선인 가운데 상당히 머리가 좋은 새로운 사람 중에서 자포자기적이라고 해야 할까, 매우 비관적인 말을 하는 사람이 있다. 즉 조선의 재산은 모조리 일본인에게 먹혀 버렸다는 것이다. 이들은 과거 20여 년간 조선의 자산은 모두 일본인의 수중에 들어가 지금은 아무것도 남아 있지 않다고 한다. 토지도, 가옥도, 유가증권류도 조선인의 소유는 대부분 채권 담보가 되어 있다는 것이다. 작은 것은 조선인 사이에 대차貸借되고 있지만, 조선인이 조선인에게 빌려준 그 돈은 일본인의 자본으로 성립된 은행에서 빌린 것으로 자신의 돈이 아니기 때문에 결국 모두 일본인의 돈이라는 것이다. 그리고 조선인은 이 돈을 갚을 가망이 없으므로 결국에 모든 재산은 일본인의 것이 될 수밖에 없다고 한다. 이렇게 전도前途를 보고 있다고 말한다.

잠깐 생각하면 그렇게 생각할 수도 있다. 하지만 이것도 앞의 이야기와 비슷한 것인데, 부채를 쓸데없는 데 【93】 낭비하면 그 돈은 영원히 돌아오지 않지만, 상업이나 공업 혹은 토지개량이나 수리사업과 산업 등에 사용하면 어느 정도는 고정되고 부채가 되어도 결국에는 갚을 수 있다. 갚지 못해도 없어진 것이 아니다. 학자금도 학교에 다니지 않고 놀아 버리면 학자금으로 빌린 돈은 손해가 되지만, 공부하면 상업자금과 다름없다. 한 집의 자녀 양육에 쏟는 돈도 아이가 사망하면 손해이지만 생존하면 그 아이가 훗날 세상에서 일하기 때문에 이전의 양육비는 손해가 아니다.

미국과 같이 처음에는 본국인 영국의 자금은 물론이고 프랑스, 기타 국가로부터도 자금을 받아 산업 개발에 힘쓴 나라도, 초기 상태는 부채국이었으나 오늘날에는 그 부채를 갚고 반대로 유럽에 자본을 투자하고 빌려주는 측이 되었다. 조선인 제군은 이를 깨닫고 발분·노력하지 않으면 안 된다. 조금도 노력하지 않고 자포자기하여 채산이 맞지 않는 생활을 하는 것은 자신이 판 구멍에 자신이 뛰어드는 것이다. 나는 조선인 제군에게 바란다. 시기하거나 비관하는 것은 절대로 좋지 않다. 발분하면 반드시 천혜天惠[15]의 혜택을 고르게 받을 수 있다.

지금 더 말하고 싶지만 너무 길어지므로 생략하고, 마지막으로 한마디하고 싶은 말은 세계 인류는 백인, 황인, 흑인, 갈색인, 적인赤人 등이 있는데, 그중 인류의 진보에 공헌한 명예가 있는 역사적 민족은 황인·백인 2대 민족이라는 것이다. 그중에서도 황색 인종은 일찍이 인류 중 가장 오래되고 우수한 문화의 소유자였는데, 오늘날에는 백인의 물질문명에 압도되어 가련하고 불행한 처지

---

15 하늘이 베푼 은혜. 또는 자연의 은혜.

에 있다. 그리고 황인종 중에서도 백인과 어깨를 나란히 하고 진실로 독립·단결하여 세계 강국에 맞서고 있는 것은 일본제국뿐으로, 세계 인류 중 중요한 임무를 맡고 있다. 만약 일본에 차질이 생기게 되면 세계의 유색 인종은 머리를 들 수 없게 될 것이다. 일본에 매우 중대한 책무가 있으므로, 서로 반성하고 지중持重[16]하고 서로의 입장을 이해하며 협력·일치하여, 같은 국민[同民]으로서 연합해서 같은 국민의 현 상태를 구제하고 함께 나아가 인류의 영구한 평화와 행복에 공헌하고 싶다고 염원한다.【94】

---

16 몸가짐을 점잖고 무게 있게 함.

16

경성일보京城日報(사설)

조선의
새로운 혈액

일전에 『재팬 애드버타이저The Japan Advertiser』지는 사이토[1] 총독이 일찍이 범태평양구락부汎太平洋俱樂部에서 말한 조선통치의 현황에 대해 상당히 얄궂지만 조금 재미있는 비판을 했다. 즉 이 신문은 우선 일본의 통치하 조선인의 생활 상태 개선, 무역 증가, 기타 물질적 번영과 경제적 견실에 대해 인정했다. 그러나 이 물질적 번영이 독립을 잃은 것을 보상하는 데 충분한지 아닌지에 대해서는 조선의 외국인 사이에서도 의견이 나뉘어, 상인이나 실업가는 일본의 지배가 좋다고 믿고 선교사나 교사는 대부분 이에 반대하는 의견을 가지고 있다고 말했다. 그리고 사이토 총독이 이에 대해 "지금은 외국인 사이에도 호의와 친선 감정을 가지고 총독정치의 개선에 조력하려고 하는

---

1 사이토 마코토에 대해서는 부록 「주요 인물 소개」란을 참고할 것.

자가 많아졌다"고 말한 것을 인용했다.

　조선에서 외국인의 총독정치에 대한 태도가 사이토 총독의 부임 이후 상당히 변한 것은 누구도 부정할 수 없는 사실이다. 즉 조선에서 외국인들은 이전에는 모두 배일적 계통에 속한다고 해도 과언이 아니었는데, 오늘날에는 매우 적은 예외를 제외하고는 모두 사이토 총독의 조선인에 대한 애무愛撫와 선정善政을 인식하고 있다. 바꿔 말하면 사이토 총독의 문화정치를 가장 뒷받침하고 있는 것은 외국인의 대일對日 태도 그 자체로, 이 사실 하나만으로도 문화정치는 이미 많은 수확이 있었다고 생각한다.

　『재팬 애드버타이저』지는 또한 근래 조선인의 심리상 진보를 특필했다. 이 점은 사이토 총독이 명확히 말한 것은 아니지만, 그의 연설 중에 조금 보이는 "조선인의 혈관 속에는 이제 새로운 혈액이 흐르고 있다. 그 혈액은 자조自助²의 결의이고, 그들 자신의 노력에 따라 그 운명을 개선하려고 하는 자각이다"라는 말이다. 과연 이 신문이 지적한 한국시대 조선인의 심리와 오늘날의 그것은 【95】 같지 않다.

　이제 조선인은 인생에 대한 희망을 보기 시작했다. 그것이 한편으로 현 상태에 대한 불평이 되어 나타나는 것은 어쩔 수 없는 추세이기도 할 것이다. 즉 조선인은 그만큼 인생에 대해 적극적인 태도를 가지고 절망을 버리고 여하튼 무엇인가를 동경하게 된 것이다. 이는 사실상 일본의 선정에 따라 그 비굴함과 무기력을 버리고 새로운 향상·발전의 기력을 갖게 된 증거이다. 바꿔 말하면 우리는 일본의 선정도 또한 저주하려고 하는 조선인 일부조차도 일본의 통치하에서 비로소 그만큼의 기력을 갖게 되었다고 믿는다. 이에 대해서도 이 신문은 다소 인정하고 있는데, 그러나 별도의 견해를 보이고 있다.

　이 신문이 말하는 것에 따르면, 위에서 말한 조선인의 각성과 흥분은 대체

2　자기의 발전을 위하여 스스로 애씀.

로 세 가지로 설명할 수 있다. 이 세 가지 설명은 물론 모두 다른 점에 의거하고 있는데, 그 하나는 사이토 총독 덕분이라는 것이다. 즉 "충심衷心에서 진실로 조선인의 이해利害를 느끼고 그들의 지망志望³과 동경에 동정하는 것 같은" 사이토 총독의 수완과 개인성에 따라 조선인은 이러한 활력을 가지게 되었다는 것이다. 요컨대 총독정치의 효과라는 의미이다. 두 번째 설명은 이에 반해 조선이 병합된 사실과 그 초기의 통치 방법으로 인해 독립운동이 일어난 결과 조선인이 각성되었다는 것이다.

세 번째 설명에 따르면, 조선인의 각성은 단순히 제1차 세계대전[大戰役]으로 일어난 세계적 사조의 발양이 동양에도 나타난 것일 뿐이다. 조선인의 각성이 매우 급속하다는 견해에 대해 지금은 아직 최종적인 판단을 내릴 시기는 아니라고 보류했다. 이 점에 이 신문의 얄궂은 의미도 숨겨져 있다. 더욱이 우리는 일본의 통치가 얼마나 공명정대한가가 세계적으로 인식되고 있고, 이에 따라 일본의 통치가 입증되었다고 생각한다. 실로 일본의 통치에 따라 조선인은 그 전통적인 위축되고 비굴한 인생에서 절망적인 태도를 버릴 수 있었고, 혹자는 그 은혜조차 익숙해져 거기에 반항할 정도의 기력과 자유를 갖게 된 것이 아닌가.

우리는 조선인에게 일본의 통치에 대한 노예적인 복종을 어쩔 수 없이 하도록 하고 싶지는 않다. 그러므로 조선인의 심리적 변화와 물질적 향상이 가령 일부의 감상적 반항이 되어 나타난다고 해도, 그것은 조선인 전체가 자유로운 정신, 진보한 사상에 기초한 총독정치에 대해 【96】이해하고 공명共鳴하게 되었기 때문이라고 믿는다. 우리는 이러한 의미에서 언론의 자유, 교육의 향상, 그 밖의 문화적 정치를 지지하고 싶다. 그렇지만 결코 조선인에게 자살自殺적인 언동을 하게 하고 싶지는 않다.

---

3 뜻을 두어 바람. 또는 그 뜻.

>>> 척식성 소관의 이익을 지켜보라

이쿠타 기요사부로生田淸三郎4

　　　　　　　　　　세상이 주장하고 있는 척식성 신설 반대론, 또는 척식성 관할에서 조선을 제외시키자는 논의는 논점을 혼동하고 있는 것처럼 생각된다. 이 문제는 대체로 두 가지 방면에서 보지 않으면 안 된다. 즉 척식성 신설은 병합의 정신에 반해 조선을 학대하는 것이라는 관점과, 척식성 신설 그 자체에 대한 가부可否 의견에 대해 생각하지 않으면 안 된다.

　동민회同民會, 기타 단체는 일시동인, 동일한 권리·의무라는 병합의 정신에서 말하면, 척식성의 신설에 따라 조선이 그 관할 아래 놓인 것은 남양南洋의 토인土人5과 똑같이 식민지 취급을 하여 반도 동포가 견딜 수 없게 한 것이라고 말했다. 그렇지만 이 관점은 완전히 틀렸다고 생각한다.

　척식성 신설이 조선 민중을 식민지 토인처럼 취급하는 것이라는 말은 도대체 어떠한 측면에서 그렇게 말할 수 있는가. 식민지란 본토에 대한 새로운 판도, 새로운 영토라는 의미로, 결코 반도 동포를 비하하는 뜻이 아니다. 식민지라는 말은 듣기에는 조금 기분 나쁠 수 있지만, 세계 각국에서도 이와 같은 의미에서 사용하고 있다. 척식성이라는 한자의 뜻도 전적으로 식민지와 같이 새로운 판도를 통합統轄하는 성省이라는 의미이다. 동민회에서는 내지연장주의의 관점에서, 결국 조선은 내무행정은 내무성, 산업은 농림성·상공성, 재정은 대장성이라는 방식으로 각각 귀속되어야 한다고 말한다.

　그러나 이것은 이상론으로, 조선은 아직 문화가 진보하지 못하고 역사·민족적인 감정이 다르므로 지금 곧바로 이러한 제도를 취할 수는 없다. 특수한 행정조직을

4　이쿠타 기요사부로에 대해서는 부록 「주요 인물 소개」란을 참고할 것.
5　어떤 지방에 대대로 붙박이로 사는 사람. 문명이 미치지 아니하는 곳에 토착하여 사는 사람을 낮잡아 이르는 말.

취할 필요가 있다. 광대한 권한을 가지고 있는 총독이 있고 그 위에 척식대신이 있어 조선의 제반 행정사무가 원만히 추진되면 결코 반대하지 않을 것이다. 반대론자도 냉정히 판단할 필요가 있다.

척식성 신설의 가부에도 두 가지 관점이 있다. 현재 총독은 수상을 거쳐 상주上奏하고 재가裁可를 거치게 되어 있는데, 수상은 각 관료의 의견을 모두 정리하는 통일기관으로서 분주하고 또 제반 정무로 인해 매우 다망多忙하기 때문에 사실 문제로서 수상이 조선의 사무를 잘 볼 수는 없다. 내지와 거의 동일한 면적에 국방상 중요한 지위에 있고, 2억 4,200만 엔이라는 방대한 예산을 갖고 있으며, 일본의 중요한 구성 분자가 되어 있는 조선의 일이 수상에 의해서는 잘 발언되지 않고 각의閣議에서 책임 있는 주관 대신에 의해서도 발언되지 않는 것은 도리어 조선에 불리한 일이다. 척식대신이 조선의 이익을 위해 대변자가 되어 각의에서 발언하고, 조선총독의 권한을 건드리지 않고 조선의 사무를 진보시키는 것은 매우 좋다고 보는 주장이 있다.

또 하나는 척식대신이 총독의 상위上位에 있어서 통치 방침에 매번 간섭하면, 도리어 사무는 진보하지 못하고 대단히 나쁜 결과를 초래할 것이라고 보는 관점도 있다. 만일 척식대신이 이러한 태도를 취하면 척식성의 신설은 무용지물이 된다. 하지만 정부는 조선의 이익을 위해 척식성을 신설했고, 척식대신으로부터 수상을 거쳐 상주하여 재가를 얻게 되어 있기 때문에 결코 총독의 권한을 건드리지 않을 것이다. 척식성의 신설에 대해 잘 지켜봐야 한다. 【97】

17

소에지마 미치마사 副島道正[1]

조선통치의
근본 의의

(1) 나는 이번에 구미에서 조선으로 돌아와, 오랜만에 본지本紙에서 독자 여러분과 만나게 되어 진심으로 기쁘다. 나는 미국에서 했던 강연에서 솔직하게 조선통치에 대해 독자적인 비판을 하고 장래 희망도 말했다. 그것은 세계의 눈이 모두 일본의 조선통치를 주시하고 있다고 느꼈기 때문이다. 물론 조선은 이미 국제 문제의 범주에 속하지 않는다. 순연한 일본제국의 문제이다. 그러나 일본이 조선을 어떻게 통치하고 조선인의 복지를 증진하는가 하는 것은, 일본제국이 문명에 대해 갖고 있는 최고의 의무를 얼마나 다했고 또 다하고 있느냐의 문제이다. 바꿔 말해 도덕적 제국으로서의 일본을 세계에 증명하는 문제이

---

1 소에지마 미치마사에 대해서는 부록 「주요 인물 소개」란을 참고할 것.

다. 나는 일본 자신을 위해서도 결코 부도덕한 국가라는 오명을 참을 수 없다.

(2) 나는 오늘날의 조선통치에 대한 여론에서 불순한 사상적 분자를 멀리하고, 당면한 정책의 이유가 되는 도덕적 기저를 알게 하며, 다수의 조선인을 건전한 건설적 협력으로 이끄는 것이 무엇보다 필요하다는 것을 통절히 느끼고 있다. 현재는 일본인 자신조차 조선에 대해 의심하고 있다. 의혹을 갖고 있다. 적어도 눈앞을 호도糊塗[2]하고, 온종일 불확실한 점을 말하는 경우가 상당히 많지는 않은가. 현재 조선통치의 근본 의의에 대해 대개 가장 중요한 점을 언급하지 않고 적당히 넘기는 언론을 하고 있는 것은 부정할 수 없는 사실이다. 이러한 기만적인 태도가 결코 조선인 심리에 좋은 영향을 미치지 않을 것은 너무나 당연하다. 【98】

나는 처음부터 조선통치의 대방침이 존재하지 않았다고는 말하지 않겠다. 그렇지만 조선인 다수는 과연 제국의 도덕적 지향을 믿고 있을까 하는 점에 꽤 의문을 갖고 있다.

(3) 내가 보건대, 참정권 문제와 같은 것은 이제는 세상의 속론俗論을 배척하고 합리적인 해결로 나아가야 하는 때이다. 나는 우선 내 자신의 입장을 분명히 하겠다. 나는 내지연장주의의 참정권을 조선인에게 부여하는 것에 반대한다. 즉 조선인을 내지의 문제에 간여하게 하고, 제국의회에 활동하게 하는 등 의의意義의 참정권에는 절대 반대한다.

대저 2,000만 명의 조선인을 제국의회에 대표자로 보내는 것은 바로 영국이 아일랜드에 애먹은 것과 동일한 정치적 행경行徑[3]을 되풀이하는 것이다. 아일랜드인이 얼마나 영국의회를 교란하여 정계 분위기를 악화시켰는지는 헌정사상에 명시되어 있다. 조선인 2,000만 명의 대표자를 제국의회에 보내는

---

[2] 명확하게 결말을 내지 않고 일시적으로 감추거나 흐지부지 덮어 버림. 풀을 바른다는 뜻에서 나온 말.
[3] 좁은 길.

것은 약 100명의 조선인 대의사代議士를 보는 것이다. 이들 대의사가 반드시 민족적 정당을 형성할 것은 각국의 정치 현상에 공통되는 일로, 확실히 일대 세력을 이루게 될 것이다.

특히 보통선거의 시행에 따라 정계가 바야흐로 본질적으로 변동하고 있는 것은 더욱 조선인의 일본 참정을 엄숙히 고려하게 한다. 조선이라고 해도 참정권을 부여하는 이상 보통선거는 반드시 도달해야 할 목표가 된다. 조선의 보통선거는 내지 이상으로 무산계급의 세력 대두가 예상되는 충분한 이유가 있다. 더욱이 그 무산계급의 세력이 민족적 색채를 농후하게 띠고 있는 것은 조선의 사회 상태와 사상 경향을 보면 의심할 것 없는 사실이다. 그리고 조선의 민족적 정당이 필연적으로 내지의 노동자 혹은 무산자 정당과 제휴할 것은 명백하다. 기성 정당의 어느 것이 그 만족할 줄 모르는 정권욕을 위해서 조선의 민족적 정당과 어떠한 정치적 타협을 감행할지도 모른다. "두려운 것은 노동당 또는 무산자정당보다도 기성 정당의 과격화"라는 도코나미床次[4]의 말은 확실히 진리를 담고 있다. 이를 생각하면 막연히 내지연장을 주장하여 조선인에게 일본 참정권을 부여하는 것은 제국을 일대 위험으로 이끌 것이라고 단언하지 않을 수 없다. 1886년 글래드스턴Gladstone[5]이 아일랜드 자치안을 제출한 사상적 배경은 내가 조선인에게 일본 참정권을 부여하는 것에 【99】 반대하는 것과 동일한 것이다.

(4) 조선인에 대해 인종학적으로, 역사적으로, 여러 가지 견지에서 정치적 동화주의를 취하는 것은 너무 조선인의 현실 사상과 생활을 무시하는 것이다. 조선인의 언어, 풍속, 습관과 그 밖의 것에 존재하는 특수한 문화적 의의를 경시하고 있다.

---

4 도코나미 다케지로에 대해서는 부록 「주요 인물 소개」란을 참고할 것.
5 윌리엄 글래드스턴에 대해서는 부록 「주요 인물 소개」란을 참고할 것.

여하튼 조선인은 아무리 시간이 지나도 일본인과는 다른 문화적 향상의 길을 걸어갈 것은 부정할 수 없다. 이는 영구히 평행하는 두 개의 선과 같다. 이 두 개의 선을 하나의 선으로 할 수는 없는 것이다. 조선인이 형성한 문화권은 정치적 동화주의에 따라 이를 소멸시켜야 할 조선인에게 너무 근본적인 것이다. 이는 아일랜드인이 영구히 아일랜드의 문화권을 유지하는 것과 같다. 바꿔 말하면 조선인의 민족주의는 결코 공허한 관념이 아니다. 신화나 학설, 기타 모든 것을 봐도 조선인의 민족주의를 부정할 수 없다.

(5) 나는 조선인에게 그 전통적 폐풍弊風, 인습적 오속汚俗[6]을 존속시키라고 하는 것이 아니다. 나는 조선인이 훌륭한 문명적 발달, 문화적 향상을 할 수 있는 소질을 가지고 있다고 믿기 때문에, 온갖 현재의 사회적 부패, 도덕적 결함, 사상적 퇴폐를 제거하지 않으면 안 된다고 생각한다. 그리고 교육과 경제에서도 모든 조선인이 일본인과 동일한 경지에 도달하지 않으면 안 된다고 믿는다.

이러한 의의의 동화주의야말로 조선통치의 기조基調여야 한다. 더욱이 그 동화주의는 어디까지나 조선인의 본질적으로 고유한 것을 무시해서는 안 된다. 무릇 문명이란 제도적으로 모든 민족을 향상시키는 목표이고, 문화란 민족적 혹은 집단적으로 그 고유의 특질을 발달시키는 이상이다. 조선인은 반드시 문명의 정치적 생활을 이루지 않으면 안 된다. 그 위에 동시에 문화의 민족적 특질을 발달시키지 않으면 안 된다.

(6) 【100】 조선인에게 일본의 정치적 권리를 얻게 하는 것은 제국의 정치를 위험하게 할 뿐만 아니라 조선의 문화적 특질, 민족적 고유성을 손상시키는 일이다. 조선인은 정치상으로도 그 고유문화에 입각한 문명적 제도를 이루지 않으면 안 된다.

---

6 좋지 못한 풍속.

나는 여기에서 나의 조선 참정권 문제에 대한 적극적인 입장을 분명히 하겠다. 나는 장래 조선에 '자치'를 부여하지 않으면 안 된다고 제창한다. 조선에 일본의 참정권을 부여하지 않는 이상, 그리고 언제까지나 현재의 상태에 그치는 이상, 조선자치는 필연적 목표라고 생각한다. 세간에 혹 이 '자치'를 지방자치제도와 같이 이해하는 이도 있는 듯하지만, 내가 제창하는 '자치'는 홈룰Home Rule[7]의 자치이다. 즉 제국의 영토로서 조선 고유의 문화적 특질에 입각한 문명적 정치 형식을 부여하려고 하는 것이다.

조선인 중에는 지금 또 '독립'을 몽상하는 자도 있을 것이라고 생각되는데, 조선의 국가로서 독립은 꿈이라기보다도 아직 실재성이 부족한 것이다. 저 미일美日전쟁에 따라 조선의 독립운동을 기대하는 것은 웃어넘길 가치도 없다. 나는 미국에서 한 강연에서 미일전쟁이 불가능한 까닭에 대해 분명히 했다. 미일전쟁은 머지않아 세계혁명을 야기할 것이고, 문명은 이에 종언을 고하게 될 것이라고 경고했다. 요컨대 미일전쟁은 불가능하다. 조선 독립은 더욱이 우스꽝스러운 공상空想이다. 나는 조선인이 이러한 공상에서 깨어나 그 최선의 정치적 이상 실현에 노력할 것을 요망한다.

(7) 조선자치는 조선인이 바랄 수 있는 최고의 정치 형식이다. 독립을 꿈꾸는 것은 조선인의 민족적 약점을 그대로 폭로하는 것이다. 이는 정신적으로 모르핀 환자의 망상, 그 이상도 아니다. 나태한 심리만이 깃든 피상적인 감상주의일 뿐이다. 저 미일전쟁 혹은 러일전쟁에 따라 만일의 요행을 바라는 것은 조선인으로서 스스로도 치욕스러운 도덕적 결함 그 자체를 보이는 것이

---

[7] (특히 다른 국가·지역의 통치를 받던 국가·지역의) 자치. 내정자치(內政自治). 지방정부가 주(州)정부 등 외부로부터 가해진 통제를 최소한으로 받고 자기 문제를 스스로 해결해 갈 수 있는 권한이다. 이를 채용하고 있는 지방정부는 스스로 헌장(憲章)을 작성하고 그것을 채택하거나 개정하고, 또한 조례 제정이나 법적 효력을 수반하는 행정상의 의사 결정을 할 권한을 가지고 있다.

라고 말할 수 있다. 그러나 나는 그들이 현 상태에 만족하지 않고 앞날의 목표를 잃는 때, 이러한 일종의 도피주의 또는 자기만족에 빠지는 것은 피하기 어렵지 않을까 하고 생각한다. 그러므로 저들을 그 정신적 모르핀 중독에서 구하여, 과격하고 자극적인 사상 대신에 건전하고 영양가 있는 정신적인 먹을 것을 주어 그 자포자기의 상태에서 각성시켜야 한다고 생각한다.【101】그리고 나는 조선인에게 자치의 희망을 주는 것이 오직 저들을 건전한 진보·발달로 이끄는 길이라고 믿는다.

(8) 그런데 나는 조선의 현 상태로 보아 아직 자치를 할 때가 아닌 것을 유감스럽지만 인정하지 않을 수 없다. 아무리 호의적인 눈으로 봐도 현재 조선인은 자치에 따라 행복해질 것이라고는 믿을 수 없다. 대저 정치적 제도는 의복과 같이 그 심신의 발육 상태에 적응하지 않으면 안 된다. 아이에게 어른의 옷을 입히려고 하는 것은 무엇을 의미하는가.

말할 것도 없이 자치라는 최고의 정치 형식은 민중의 정치적·경제적 발달의 결과 도달할 수 있는 것으로, 이에 따라 민중은 비로소 자치의 이익을 누릴 수 있는 것이다. 그렇지 않고 주어진 자치는 민중에게 헛되이 화만 미칠 것이다. 야심가만을 위한, 자치 선동가만을 위한 자치가 민중에게 어떠한 결과를 미칠지는 송연悚然히[8] 두려워하지 않을 수 없다. 현재 조선인이 온건한 정치상 또는 사회상 건설적인 언론 혹은 운동을 환영하지 않고, 헛되이 과격한 언론 또는 운동을 좋아하는 것은 무엇보다 자치의 경지에 도달하지 못했다는 증거가 아닐까. 자치의 관념은 착실한 사상, 온건한 상식, 냉정한 자제심을 떠나 생각하지 않을 수 없다.

(9) 조선 교육의 진보, 산업의 발달은 총독정치의 공적을 이야기하는 것인데, 앞으로도 더욱 더 이 방면에 노력하지 않으면 안 된다. 더욱이 그 노력의

---

8 두려워 몸을 옹송그릴 정도로 오싹 소름 끼치는 듯이.

결과는 필연적으로 조선인에게 그 자치의 희망을 실현할 능력을 갖게 할 것이다. 현재 2,000만 명 중 과연 근대적 교육을 받은 자가 얼마나 있는가. 보통학교 학생조차도 겨우 수십만 명에 달할까 말까 하지 않은가. 이것이 오늘날 조선인이 무의미한 선동이나 반성 없는 불평에 빠지는 이유인 것이다.

저들은 일본제국의 인민으로서 얼마나 행복하고 또 얼마나 희망을 가지고 있는지 모른다. 심한 자는 적화한 러시아[赤露]의 마수魔手에까지 걸릴 정도로 무자각하다. 적화한 러시아의 인민을 봐라. 거기에 무슨 정치적 자유가 있는가. 1억 수천만 명의 인민이 【102】 겨우 공산당원 50~60만 명의 전제적 지배하에 놓여 숨이 곧 끊어질 듯한 상태에 있지 않은가. 거기에는 언론·집회의 자유가 일절 없고, 근대적 국가의 인민 권리도 일절 빼앗기지 않았는가. 그것도 모르고 제국의 문명정치에 불평을 품는 것은 그 자신이 무자각한 것이다.

(10) 더욱이 내가 조선에 자치를 부여하자고 제창하는 것은 조선인에게 건전한 희망을 주고, 착실한 사상을 주며, 합리적인 수단에 따라 그 민족주의의 실현을 도모하게 하기 위해서이다. 바꿔 말해 조선인이 하루라도 빨리 자치의 경지에 이르게 하여, 그 문화적 특질, 민족적 고유성을 발달하게 하기 위해서이다. 그것이 바로 메이지 대제明治大帝가 조선을 병합한 정신에 따르는 길이라고 믿는다. 그 홈룰에 이르는 중간 제도 등을 가급적 빨리 고려하지 않으면 안 된다. 【103】

18

조선지방행정朝鮮地方行政(사설)

독립사상과
교육 방침

　조선은 총독부 시정施政 이후 벌써 16여 년이 지나 사회의 개발, 문화의 향상이 옛날에 비할 수 없을 정도이다. 그렇지만 아직 도덕의 기준이 용이하게 정해지지 않았다. 구도덕에 대항하는 신도덕이 있고, 신학문에 대항하는 유학이 있으며, 또 민족주의와 인도주의가 있고, 문화 보급이 천박한 지방에는 아직 고압적인 도덕과 노예적인 도덕이 배회하고 있다. 조선인들은 지금 한창 회의적인 생각이 가득하여 방황하고 있는 상태이다. 더욱이 조국회복사상, 독립사상은 여전히 조선인들의 머리에 뿌리 깊게 내려 힘을 가지고 있어, 아마 전 민족을 통해 일관된 사상이라고 해도 과언이 아닐 것이다.
　인류에게 경쟁심이 있고, 향상심이 있으며, 그리고 사회의 모든 계급을 없애 버리지 않는 한 인류주의의 사상을 실현시키는 것은 바랄 수도 없다. 국가주의, 민족주의를 일본과 일본인의 머리에서 구축驅逐할 수 없는 것과 마찬가지로, 이를 조선인의 머리에서 포기시키는 것도 매우 어려운 일임에 틀림없다. 더욱이 이런 상태에 처한 조선인들에게 충군애국주의, 의용봉공義勇奉公[1] 정신을 고취하고, 교육칙어의 취지를 봉대奉戴[2]하라고 한다. 즉 일본인 자제에게 임하는 것과 완전히 같은 교육 방침 아래 조선민 자제에게 임하여 내선동화의 결실을 거두려고 하는 것은 커다란 모순이고 오류일 뿐만 아니라 도리어 저들의 조국애, 독립사상을 배양하는 것이 아니겠는가.

우리는 오히려 이때 조선민 교육 방침을 일신一新하고, 저들에게 조선의 역사를 가르치며 한일병합이 합리적인 이유를 철저히 해야 한다. 이와 동시에 다른 한편으로 산업을 개발하고 생업을 부여하며 저들을 속히 생활고生活苦에서 구제해야 한다. 그리하여 스스로 독립사상의 부조리함을 터득하게 하는 것이 합당하다고 믿어 의심치 않는다.【104】

더욱이 우리는 조선인 제군에 대해, 제군의 조국애 정신에 아주 많은 동정을 금할 수 없다. 더욱이 제군은 헛되이 무모한 독립사상에 사로잡히는 일 없이, 제군의 조국이 과거에 어떠한 도정道程을 거쳐 왔는지, 독립이 되면 과연 제군이 기대하는 것과 같은 이상을 실현하고 행복과 만족을 얻을 수 있을지 없을지 신중히 고찰해야 한다. 오히려 일시동인의 성덕聖德 아래 내선융합하여 서로 의지하고 서로 도우며 조선의 개발에 노력하여, 참으로 제군이 조국을 사랑하는 방법을 자각할 것을 간절히 바라 마지않는다.

---

1 국가나 사회를 위하여 자기의 몸을 희생하여 있는 힘을 다함.
2 공경하여 높이 받듦.

>>> 시대에 눈뜨고 있는 조선인의 논조와 사조思潮

도키오 도호釋尾東邦3

조선인 측 신문은 한때는 연조비가燕趙悲歌⁴의 논조가 많았다. 어둠 속에서 독립열의 강조에 힘쓰거나 또는 과격한 적화주의를 주장하거나 하여, 사상의 악화에 혼신의 힘을 다하고 파괴적으로 내닫는 것이 많았다. 그러므로 1년에 70여 회 발매금지를 당하거나, 3개월 사이에 발행정지의 중형에 처해지거나, 또는 그 간부가 치안유지법 위반으로 반년 내지 1년간 투옥되어 철창에서 신음하거나 하는 경우도 상당히 있었다. 이에 무단파는 이를 보고 어설프게 문화정치 등을 제창하여 조선인에게 신문·잡지를 허가했기 때문에 이러한 결과에 빠진 것이며, 사상은 악화하고 죄인은 생겨났기에 이러한 어리석은 정책이 있는가 하고 비웃고 있다. 나도 조선인의 언론 해방에 찬성한 한 사람인데, 그 결과를 보고 오히려 후회하지 않을 수 없었다.

그런데 근래 — 근래도 정말로 근래의 일로 — 재작년경부터 조선인 측의 신문 논조가 상당히 바뀌었다. 저들은 독립열의 사주使嗾나 적화를 강조하는 데 쓰던 붓끝을 돌려, 조선인의 개선·진보나 산업 장려, 교육 진흥, 사회 개량 등과 같은 일반적인 건설론으로 향하고 있다. 그리하여 조선인의 실력 양성을 강조하게 되었다. 이는 확실히 저들의 자각과 반성이고 또 일대 진보이다. 동시에 일본에는 저들의 연조비가의 강개慷慨⁵보다는, 도리어 이러한 경향이 장래에 두통의 원인이 되는 것이다. 왜냐하면

---

3 도키오 슌조(釋尾春芿, ?~?)가 본명이며, 별명이 도키오 도호(釋尾東邦)이다. 『조선병합사(朝鮮併合史)』[조선급만주사(朝鮮及滿洲社), 1926], 『조선물산안내(朝鮮物産案內)』(조선급만주사, 1938), 『쇼와 30년사 : 폭풍 속의 일본(昭和三十年史 : 嵐の中の日本)』[황미출판사(黃薇出版社), 1961] 등을 저술했다.
4 연조비가사(燕趙悲歌士)라고 하여, 중국 춘추전국시대 연(燕)나라와 조(趙)나라에서 세상(世上)을 비관하여 슬픈 노래를 부른 사람이 많았다는 뜻으로, 우국(憂國)의 선비를 이르는 말이다.
5 의롭지 못한 것을 보고 의기가 북받쳐 원통하고 슬픔.

저들은 실력, 실력을 키우자고 부르짖으며, 모든 문제 해결은 실력에 있다는 것을 자각하게 되었기 때문이다. 【105】

19

야나이하라 다다오矢內原忠雄[1]

조선통치
방침

(1) 1910년(明治 43) 8월 22일 한일병합조약 제1조에 따라 "한국 황제 폐하는 한국 전부에 관한 일체의 통치권을 완전히 또 영구히 일본국 황제 폐하에게 양여"했다. 그리고 '최후의 한국 황제 폐하'였던 이왕李王[2]이 1926년(昭和 元年) 4월에 훙거薨去[3]했다. 신문에 따르면 다수의 조선인이 이른 아침부터 창덕궁 밖에 모여 슬피 울고 있었다고 한다. 박명薄命[4]의 조선 땅[李花地]에 떨어져 백의白衣의 민중이 이로 인해 슬피 운다. 듣는 이로 하여금 감동하게 하는

---

1 야나이하라 다다오에 대해서는 부록 「주요 인물 소개」란을 참고할 것.
2 '순종 황제'를 가리킨다.
3 왕이나 왕족, 귀족 등의 죽음을 높여 이르는 말.
4 복이 없고 팔자가 사나움. 수명이 짧음.

정경情景이다. 그런데 기마騎馬 순사를 비롯하여 경관대는 이들 슬피 우는 민중 다수가 동시에 궁궐 밖에 모여 일대 군집이 되지 않도록 노력하고 있다고 한다. 저들 사이를 치구馳驅[5]하며 군집을 분산시키고 있다는 것이다. 이 무슨 살殺풍경이냐!

일본인도 또한 가까운 과거에 똑같은 커다란 국민적 경험이 있었다. 메이지 천황이 붕어崩御했을 때 다수의 사람이 니주바시二重橋[6] 앞에 모여 애도의 성의誠意를 피력했다. 그 순진한 국민적 감정의 발로는 특히 일본에서는 최고의 수신修身·훈화訓話의 제재題材였다. 그런데 비슷한 경우가 이왕과 조선인 사이에 일어나면, 경관이 군집을 사방으로 흩어지게 하려고 특별한 노력을 기울인다. 군집을 두려워하는 것이다. 민중을 두려워하는 것이다. 여기에 정치 문제가 있다. 도덕적으로도, 인정人情으로도, 논리로도 동정하고 상찬賞讚할 만한 행위도 정치적으로는 단속하지 않으면 안 된다고 생각하는 것이다. 어째서 조선에서는 이러한 경우에도 두려워하지 않으면 안 되는가. 여기에 조선통치의 문제가 있다.【106】

그렇기에 정치 문제로서는 이왕의 홍거를 메이지 천황의 붕어의 경우와 비교할 수는 없다. 이를 이태왕李太王[7] 홍거의 경우와 비교해서 생각하지 않으면 안 된다. 1919년(大正 8)에 이태왕이 홍거한 때, 다수의 민중이 애도하기 위해 경성에 모였다. 그리고 이를 기회로 하여 장의葬儀[8]로 정해진 날의 이틀 전, (누락)[9]

---

5 말이나 수레를 타고 달림. 몹시 바삐 돌아다님.
6 황거(皇居) 정문의 수로[堀]에 놓인 철제 다리의 속칭. 에도시대에는 나무로 된 다리였는데, 수로가 깊어 상하 이중으로 다리 기둥 위에 걸쳐서 널빤지를 지탱하는 도리를 놓았기 때문에 이렇게 불린다.
7 '고종 황제'를 가리킨다.
8 장사를 지내는 일. 또는 그런 예식.
9 원문에 'x' 표시가 되어 있고 여백이 있는데, 3·1운동에 대한 내용을 검열하여 누락시킨 듯하다.

1919년(大正 8)의 독립만세사건(3·1운동)이 일어난 후, 일본의 조선통치 방침에는 일대 변혁이 있었다. 즉 관제를 개혁하여 총독은 꼭 이전과 같이 현역 대장·중장에 한정하지 않기로 했다. 헌병에 의한 경찰제도를 폐지하고 보통 경찰관에 의한 제도로 고쳤다. 행정 관리, 학교 교원 등의 제복·대검帶劍도 폐지되었다. 무단주의는 버려지고 문치주의로 되었다. 교육·위생 설비를 충실히 하고, 사무의 간첩簡捷, 민의民意의 창달에 힘썼다.

1920년(大正 9) 7월에는 지방제도를 개정하고, 도지방비, 학교비와 부府·면面의 지방단체에 대해 공선公選 또는 임명의 자문기관을 설치했다. 요컨대 새로운 통치 방침의 취지는 "문화적 제도의 혁신에 따라 조선인을 유도誘導·제시提撕[10]하여 그 행복·이익의 증진을 도모하고, 장래 문화의 발달과 민력民力의 충실에 따라 정치상·사회상 대우에서도 일본인과 동일한 취급을 하는 궁극적인 목적을 달성할 것을 【107】 간절히 바란다"[1919년(大正 8) 9월 3일 신임 사이토[11] 총독의 시정施政 방침 훈시는 것이었다. 이로부터 일선동치日鮮同治, 일선융화, 공존공영 등은 조선통치의 표어가 되었다.

관제 개혁 후 벌써 7년, 문화정치의 영향이 이제 나타나야 할 시기이다. 그리고 지금 이왕의 훙거에 민중이 모였다. 마치 무단주의의 총독정치가 1919년(大正 8)에 시험되어 그 무능력이 폭로된 것처럼, 문치주의의 총독정치 효과가 지금 똑같이 시험대에 오른 것이다. 그리고 총독부는 가장 나쁜 경우를 상상하여 군집을 사방으로 흩어지게 하려고 노력하고 있는 것이라고 볼 수 있을 것이다. 나는 충심衷心으로 무사하기를 기도한다.

그런데 민중을 두려워하는 것은 두려워할 만한 불안의 원인이 있어야 한다. 조선의 민중이 총독정치에 기쁜 마음으로 복종하고 있다면, 이러한 경우에

이를 역자가 '(누락)'이라고 기재했다.
10 기운을 내어 떨쳐 일어남. 몸에 지니어 가짐.
11 사이토 마코토에 대해서는 부록 「주요 인물 소개」란을 참고할 것.

민중을 두려워할 이유는 없을 것이다. 조선통치 방침에 대해서는 연구할 수많은 문제가 아직 남아 있다고 봐야 한다.

문화정치의 직접적인 효과는 민중의 문화적 욕망이다. 교통의 진보, 무역 발달의 결과, 조선인의 경제적 욕망은 매우 자극되어 향상되었다. 조선에 철도가 개통된 당시에는 무슨 용무도 없이 단지 신기해하며 기차를 타서 도는 사람이 많았다고 한다. 여행의 유혹, 조선인은 어떻게 해서 이 욕망을 만족할 수 있을까. 자기 재산을 파는 것에 따라, 재산이 없는 이는 자기 노동을 파는 것에 따라, 또 에서Esau[12]와 같은 저들은 일반을 위해 가독권家督權을 판다. 이리하여 많은 조선인이 그 토지 소유를 잃었다.

그리고 이것이 꼭 저들이 무지하여 일시적 욕망 충족에 현혹되었기 때문만은 아니다. 저들은 일본인 금융업자로부터 융통을 받는다. 그 이율은 이전의 고리대보다는 낮지만, 채무 상환의 의무는 완비된 법률하에서는 더욱 엄중하다. 학교, 병원, 기타 문화적 설비는 저들도 역시 이익을 얻는 것이므로 저들도 그 비용을 부담하지 않으면 안 된다. 저들의 재정상의 부담은 이로 인해 한층 무거워졌다. 또한 저들의 재래 생산 형식은 새롭게 수입된 일본인의 자본주의적 경영의 경쟁에 견디지 못하여, 독립된 기업가의 지위로부터 몰락한 이도 많다. 그중에는 직접 자본주의적 공장 경영을 시도하려고 하는 이도 나올 것이다.

이러한 모든 사정은 조선인으로 하여금 그 토지를 팔아 버리고 화폐를 찾게 만든다. 조선 【108】 토지의 커다란 부분이 이리하여 일본인의 소유로 옮겨가거나 또는 담보로 들어갔다. 나는 이에 대한 정확한 수치는 모른다. 혹자는 전 토지의 절반이라고 하고, 혹자는 8할이라고 한다. 여하튼 토지에

---

12 구약 성경에서 아브라함(Abraham)의 아들 이삭(Isaac)이 낳은 쌍둥이 가운데 형. 장남이지만 신(神)의 선택을 받지 못하여 아우 야곱(Jacob)에게 팥죽 한 그릇에 상속권을 팔았다고 하며, 후에 소돔(Sodom) 땅으로 떠나 에돔(Edom) 사람의 조상이 되었다.

대한 실권을 일본인이 장악하게 된 것은 두드러지는 사실이다.

조선인에 대해서 말하면, 이 과정에 따라 생산자는 생산수단에서 분리되었다. 저들은 무산자화했다. 이제는 타인을 위해 노동하는 이외에 자기 생활을 지지할 길이 없어졌다. 그리고 이들 무산자가 모두 조선 내에서 직업을 구하기는 불가능하다. 왜냐하면 조선의 주된 산업은 농업이고, 공업은 아직 매우 유치하여 도저히 다수의 노동자를 수용할 능력이 없기 때문이다. 그리고 농업에서도 전과 같이 작은 면적의 경지를 농가 경영 단위로 해서는 생활이 향상하고 부담이 증가하는 근대 조선인이 견딜 수 없다. 그리하여 농민이 이촌離村하는 것이다. 많은 조선인이 시베리아와 만주로 이주했다. 만주 이민자 중에는 개척의 곤란, 상업조합[商組] 문제의 미해결, 마적馬賊의 약탈 등으로 인해 궁지에 몰린 이가 많다고 한다. 또한 근래 많은 조선인이 내지로 이주하여 노동하고 있는 것은 우리가 일상에서 보는 것과 같다. 저들 중 성공하여 고향으로 돌아올 수 있는 이가 과연 몇 명이나 될까.

조선인의 경제적 욕망은 향상했다. 그러나 욕망 만족의 수단은 이에 따르지 못하고 있다. 저들의 생활 정도는 진보했을 것이다. 그러나 생활의 불안은 더욱 증가했다. 그리고 교통의 진보, 무역의 발전, 법치제도의 완비, 교육·위생의 시설, 산업 개발, 사업 경영의 자본주의화 등 전체 이러한 문화적 정치의 실행이 조선인에게 준 경제적 영향은 결코 무조건적으로 양호한 것은 아니다. 아니, 도리어 어떤 의미에서 조선인의 오늘날 경제적 불안은 문화정치의 결과라고 할 수 있다. 이러한 관계는 경제생활 이외의 점에서도 볼 수 있다. 문화적 교육 아래 저들은 정치적 자유의 가치를 알았다. 그런데 지방단체의 자문기관에 임명되거나 또는 선거되는 이외에 저들은 아무런 참정권을 부여받지 못했다. 교육은 장려되어도 학교 졸업생에 대한 충분한 사회적 활동의 지위가 열려 있지 않다.

욕망이 자극되었지만 욕망 충족의 수단이 얻어지고 있지 않다. 문치주의의 총독정치 아래 조선인의 상태는 요컨대 이러하다. 【109】 그 결과는 불안,

절망, 광명 없음이다. 나는 조선 사회의 저류底流에 이 절망적 불안이 울적鬱積[13]한 것처럼 느껴진다. 조선 사회의 실정을 관찰하는 사람은 아마 누구라도 피상적으로 낙관할 수 없을 것이다. 표면적인 평안으로 문화정치의 성공이라고 생각하는 이는 화를 입을 것이다. 평안하지 않은데 평안하다고 선전하는 이도 화를 입을 것이다. 조선인은 땅거미가 내릴 때 멈춰 서서 자기 주위를 둘러본다. 사회적 제 관계의 급격한 변화가 마치 강력한 불가항력처럼 저들을 파산破産적인 심연深淵으로 끌어들이려고 한다. 저들은 어떻게 하면 자기 생활에 희망이 있게 할지를 알지 못한다. 어떠한 길을 걷고, 어디에 머물러야 하는지를 알지 못한다. 불안과 절망이 저들에게 닥쳐오고 있다.

모르겠다. 총독부는 어디로 저들을 이끌려고 하는 것인가. 공존공영이라는 결실을 어떻게 해서 거두려고 하는 것인가. 일선동치라고 하여 어떻게 해서 조선인에게 일본인과 똑같은 사회 및 정치적 대우를 해 주려고 하는 것인가. 문화정치의 결과 조선인이 참정권을 요구하게 된 것은 너무 당연할 정도로 당연하다. 어느 때, 어떠한 모습으로 여기에 응하려고 하는 것인가. 일본의회의 대표인가, 조선의회의 특설인가. 이러한 근본 방책이 결정되지 않는 이상 '문화정치'도 조선인의 정치적 불안을 없앨 수는 없다. 또는 정부 스스로도 조선을 어디로 이끌지 알지 못하는 것은 아닌가. 맹인이 맹인을 인도하는 것인가!? 조선통치의 책임을 부담하는 일본인의 한 사람으로서 그 통치 방침은 어디에 목표를 두어야 할 것인가의 문제에 대해 나도 또한 소견을 진술할 의무를 느낀다. 식민정책 연구의 한 학도로서 의무감이 강하게 든다.

(2) 조선통치 방침을 논하는 데에 나는 우선 식민지 통치 정책에 대한 일반적 이론에 대해 한마디 하지 않을 수 없다. 왜냐하면 실제 정책 이론에 기초해야 하기 때문이다. 식민지 통치 정책은 종속정책, 동화정책, 자주정책으

---

13 불평불만이 겹쳐 쌓임.

로 분류된다. 각종 정책의 인과관계를 연구하여, 조선통치 정책을 결정하는 데 참고해야 할 것이다.

종속주의의 통치 정책은 식민지를 완전히 본국의 이익에 종속시키는 것이다. 주민의 이익을 고려하지 않고, 이를 고려해도 【110】 단지 본국의 이익 범위 내에서만 고려한다. 식민지에서 여러 정책의 결정에는 전혀 주민을 참여시키지 않는다. 이와 같은 전제專制적 착취 정책은 16~18세기 무렵 유럽의 여러 나라가 그 식민지에 대해 취한 것으로, 근대에 이르기까지 스페인과 포르투갈이 취했고 영국이 인도에, 네덜란드가 자바에 대해 취했다. 종속정책의 결과는 두 가지가 있을 뿐이다. 하나는 원주민의 절멸이고, 다른 하나는 그들의 반항이다. 왜냐하면 이와 같은 정책에 대해 기쁜 마음으로 복종하는 원주민은 한 사람도 없고, 또 여기에 어쩔 수 없이 굴복하는 이는 미력한 데 그치기 때문이다. 다 멸망할 수 없을 정도로 다수인 원주민에 대해서 종속정책은 반항을 낳을 수밖에 없다. 본국의 이익 중심의 정책이 미합중국의 독립을 가져온 것은 영국에는 괴로운 경험이었다. 그러므로 오늘날 종속주의 정책이 식민지 통치 방침으로서 표방되는 경우는 없어졌다. 도리어 원주민을 보호하고 발달시키는 것이 인도주의적인 요구에 따르는 것일 뿐 아니라 본국의 이익에도 부합하는 것이라고 인정하게 되었다. 단, 종속정책이 폐지되었다고 해도 완전히 본국의 이익을 무시하거나 또는 식민지의 이익을 본국의 이익보다도 우선시하는 것은 아니다. 현실 식민정책은 결코 본국의 이익을 떠날 수 없다.

종속정책을 표방하지 않고 원주민의 보호·발달을 통치 방침으로 하게 되면, 그 수단 혹은 방향은 동화정책과 자주정책으로 나뉜다. 전자는 식민지를 본국의 일부로서 취급하고, 본국의 법제·풍습·언어를 보급시키며, 잡혼雜婚을 장려한다. 요컨대 식민지 사회와 식민지인의 본국화이다.

프랑스는 그 주된 식민지에 대해 동화정책을 시도했다. 특히 알제리는 프랑스에 지리적으로 근접해 있기 때문에 통치제도상 이를 본국의 연장으로 간주했고, 알제리의 각 현縣은 본국의 각 현과 똑같이 파리의 의회에 대해

의원을 선출했다. 그런데 프랑스에서도 20세기 이후 동화정책이 실패했다는 목소리가 높아졌고, 소쉬르Saussure, 시지Siige, 비뇽Vignon[14] 등의 학자가 이를 비난했다. 알제리에서 토인土人 반란이 빈발하는 원인의 하나는 프랑스어 교육의 강제라고 이야기된다. 푸앵카레Poincaré[15] 내각[16]의 식민대신植民大臣이던 사로Sarraut[17]와 같이 실제가實際家[18]도 또한 앞으로의 식민통치는 동화정책을 버리고 자주·협동적인【111】정책에 따라야 한다고 주장했다.

무슨 까닭으로 동화정책은 실패했다고 하는 것일까. 그것은 원주민이 기쁜 마음으로 복종하지 않았기 때문이다. 무슨 까닭으로 기쁜 마음으로 복종하지 않았는가. 그들에게 동화의 강제는 곧 압박과 다름없기 때문이다. 타인에게 억지로 자기와 같이 되라고 한다. 이는 타인의 인격을 모욕하는 것이다. 그 독립을 침해하는 것이다. 타인이 자유로이 모방하게 내버려 둬라. 강제는 압박이다. 또한 과연 타인을 자기에게 동화시킬 수 있는지 의문이다. 외형 생활상의 동화를 심적 동화와 동일시하는 것만큼 어리석은 일이 없다. 양복을 입고, 양식을 먹고, 영어를 말하고, 영문학을 배우는 것으로 인도인은 영국인으로 변화하지 않았다. 그들은 영어를 공격하는 데 그치지 않았다. 또한 미국에 재주하는 흑인은 그들 선조의 아프리카 생활 흔적이 거의 남아 있지 않은데도, 여전히 미국과 동화한 자라고 인정받지 못한다. 환경의 영향은 현상형現象型[19]의 변화에 그치고, 원인형原因型의 변화에는 미치지 않는다고 유전학자는 말한다. 가령 환경의 영향이 원인형의 변화에까지 미칠 수 있다고 해도, 그것은 수천 백 년이 필요한 자연적 발전의 결과이고 현실 정책의 목표로 삼을 수는

---

14 소쉬르, 시지, 비뇽 각 인물이 어떤 인물인지 불분명하다.
15 푸앵카레에 대해서는 부록 「주요 인물 소개」란을 참고할 것.
16 제4차 푸앵카레 내각(1926.7.23.~1928.11.6)을 가리킨다.
17 알베르 사로에 대해서는 부록 「주요 인물 소개」란을 참고할 것.
18 실제적인 사람.
19 유전학상 단순히 외형으로만 나타나는 형태적, 생리적 형질(形質).

없다. 정책은 현실의 사회적 관계와 가까운 장래의 예상으로 결정된다. 단기간의 성공을 목적으로 해야 할 현실 정책에서 식민지인의 동화를 도모하는 것은 도리어 식민지인의 반항을 불러올 것이다.

사회군群의 심적 동화, 곧 집단적 의식 동화의 문제는 식민지에 특별의회를 설치해야 하는가 또는 본국 의회의 대표가 되게 해야 하는가의 문제 결정과 중요한 관계가 있다. 왜냐하면 의회제도는 통일적인 국민에게 비로소 가능하기 때문이다. 상이한 집단적 의식을 가지는 민족이 동일 의회에서 그 내정內政을 심의하는 것은 민족심리학적으로 불가능하다. 식민지가 본국 의회에 대의사를 보낸다고 하자. 본국은 식민지인에 의해 그 법률을 정하게 되고, 식민지는 본국인에 의해 입법하게 되는 관계가 생길 것이다. 식민지 선출 의원이 본국 선출 의원보다도 소수인 때에는 ─ 그리고 성질상 그것은 결정적 소수이다 ─ 많은 경우에 식민지인의 본국에 대한 지배보다도 본국인의 식민지에 대한 지배가 될 것이다. 그 결과는 식민지의 사정을 모르고 거기에 흥미가 적은 본국 의원이 사회관계를 달리하는 식민지의 사회관계를 규율하는 것이 된다. 그러므로 식민지에서 본국 의회로 대표를 보내는 것은 식민지에는 【112】 누차 압박의 미명美名에 그칠 것이다. 이에 반해 식민지 의원이 유력하거나 또는 캐스팅보트를 가질 때에 본국의 정치는 식민지인에 의해 좌우되게 된다. 만약 중대 문제에 대해 양자가 항상 다투고 있다면, 동일 의회 대표 제도는 의미가 없을 것이다.

역사는 본국과 식민지의 동일 의회 결합에 대해 유리한 증언을 해 주지 않는다. 애덤 스미스Adam Smith[20]는 미국 독립 직전에 열심히 이런 종류의 결합 가능성을 논했지만, 식민지인은 이러한 의논에 귀 기울이지 않았다. 그들

---

[20] 영국의 경제학자·철학자(1723~1790). 고전파 경제학의 창시자로, 중상주의적 보호 정책을 비판하고 자유경쟁이 사회 진보의 요건임을 주장하면서 산업혁명의 이론적 기초를 다졌다. 저서에 『국부론』, 『도덕 정조론』 등이 있다.

은 이미 독립된 국민의식을 가지고 있었기 때문이다. 프랑스는 알제리의 각 현을 비롯하여 두세 개의 식민지에서 의원을 본국 의회에 선출하게 하고 있다. 그러나 그 성적은 두드러지지 않다. 아일랜드는 오랫동안 웨스트민스터 Westminster[21] 의사당에 대의사를 선출하는 제도를 부여받고 있는데, 이를 통해 영국의 아일랜드 통치가 완성된 것은 아니다. 1916년 아일랜드의 독립적 반란은 영국 정치가를 놀라게 했다. 반란은 진압되었으나, 민중의 독립심은 진압되지 않았다. 아일랜드공화국의 건설, 곧 완전한 독립은 영국의 필사적인 저항으로 저지되었지만, 아일랜드는 이제 영국 본국 의회에 의해 직접 통치를 받지 않는다. 아일랜드자유국으로서 자기 의회를 가지는 자치령dominion[22]적 지위로 영국제국 내에 머물게 된 것이다.

  동화정책은 이처럼 이론적 결함과 역사적 약점을 가지고 있다. 그러므로 자주·협동의 방침에 따른 식민지 통치 정책이 발달해 왔다. 이는 식민지 사회의 역사적 특수성, 그 자주적 집단 인격을 인정하고, 그 자주적 발달을 지원하는 동시에 이와 제휴·협동하여 일대 제국을 유지하려고 하는 것이다. 아니, 자주적 발달의 원조에서만 제국적 결합의 유지 수단을 찾을 수 있는 것이다.

---

[21] 영국 런던시 템스강 북쪽 기슭에 있는 자치구. 국회 의사당, 버킹엄(Buckingham) 궁전 등이 유명하고, 부유층의 주택 지대이다.

[22] 국가 영역 일부에 광범위한 자치권이 부여된 지역. 일반적으로 자치령은 국제법상 특별한 지위에 있는 영국자치령(英國自治領)을 가리킨다. 이전에는 영국 본국의 식민지를 의미했으나, 현재는 조약 체결 등 독자적인 외교권을 가지며 대외적으로는 영국 본국과 동등한 지위를 가지고 영국연방(英國聯邦)을 구성하는 주권국가를 지칭한다. 이는 1926년 밸푸어보고서(Balfour Report)에 따른 것이다. 1931년 웨스트민스터헌장은 자치령을 캐나다·호주·뉴질랜드 등 6개 공동체의 각 구성국을 의미하는 것으로 규정하고, 밸푸어보고서의 취지를 전면 실현하여 자치령의 독립적 지위를 법적으로 확립했다. 자치령은 독립성을 가지나 영국연방의 통일성을 유지하기 위해 각 구성국은 특히 외교관계 처리에 관한 사전 통고 및 의견 진술을 할 의무를 진다. 영국연방 제국(諸國) 상호 간에는 외교사절이 파견되지 않고, 고등판무관이 파견된다. 그런데 제2차 세계대전 이후에는 인도가 공화제를 채택하는 등 구성국에 변화가 생겨 자치령에 대신하여 영국연방(The Commonwealth of Nations)의 구성국 개념으로 더 자주 쓰이고 있다.

캐나다, 호주, 뉴질랜드, 남아연방, 기타 영국제국의 자치령은 이것이 가장 현저한 전형이다. 즉 이들 자치령은 자기 의회 및 이에 대해 책임을 지는 내각을 가지고, 영국 본국과는 제국의회에서 결합되어 있는 것에 불과하다. 그들은 거의 독립국이나 마찬가지이다. 영국 본국에 대해서는 종속·지배 관계를 가지지 않고, 자매국姉妹國으로서 영국 본국 내에서 대등한 지위를 요구한다. 그들이 헌법상 영국제국에서 탈퇴할 권리를 가지고 있느냐 아니냐 하는 것도 실제 문제로서 때때로 논해진다. 그러나 아직 탈퇴한【113】자치령도 없고, 또 탈퇴하려고 하는 곳도 없다. 영국은 그 식민지에 자치를 허용하는 것에 따라 제국을 유지할 수 있었다. 19세기 중엽 더럼Durham[23] 경卿의 보고에 의거하여 캐나다에 자치를 허용했을 때, 그것은 영국에는 일대 모험이었다. 그러나 결과는 버린 것에 의해 얻은 것이 되었다. 자치령적 결합인 영국은 엄격한 종속주의의 식민제국보다도 도리어 공고한 결합을 유지했다. 그 성공이 전통적으로 동화정책을 취한 프랑스의 학자·정치가를 반성하게 했고, 특히 최근의 세계대전을 계기로 하여 프랑스의 식민지 통치도 자주정책으로 접근하게 되었다. 영국제국에서는 위에서 서술한 것처럼 아일랜드에 자치령 지위를 부여했고, 또 인도도 점차 그 단계로 발전하고 있다고 보인다. 비단 이와 같은 유력한 식민지뿐만 아니라, 아프리카 서부·중부 등의 흑인 지방에 대해서도 재래의 법제·관습을 존중하고 추장酋長의 통치를 인정하는 자주적 정책이 실행되었다. 그리고 이와 같은 식민지 통치 방침은 점점 학자·정치가의 관심을 불러일으켰다. 노동당 정부하에서 특히 그러했다.

자주정책은 결코 식민지의 방기放棄를 주장하지 않고, 또 그 독립을 예상하지 않는다. 도리어 식민지와의 협동에 의한 결합의 공고함을 도모하며 집단적 인격을 존중하는 한편, 다른 한편으로는 일대 제국적 결합의 근세적 필요가

---

[23] 더럼에 대해서는 부록 「주요 인물 소개」란을 참고할 것.

이 기대를 합리적이게 한다. 식민지의 집단적 인격을 존중하는 것에 따라 압박 중의 최대 압박인 인격 독립에 대한 외래자外來者의 강제 지배가 제거된다. 무엇에 반항할 만한가라고 할 때, 개인 혹은 국민의 독립성에 대한 압박만큼 반항할 만한 것이 없다. 이런 종류의 반항은 미력하기 때문에 표면적으로 진압될 수는 있지만, 결코 근본적으로는 굴복하고 끝날 것이 아니다. 기회를 얻으면 반드시 폭발할 만한 위험성을 안고 있다. 그러므로 이런 종류의 반항의 원인이 근본적으로 제거되지 않으면, 본국과 식민지 간의 공고한 결합은 있을 수 없다. 종속정책이나 동화정책에 따라 식민사회의 독립적 집단의식을 유린한다면, 이러한 반항은 기회가 있을 때마다 일어날 것이어서 두려워하지 않으면 안 된다.

집단적 인격의 독립성, 사회생활의 역사적 특수성이 인정되는 식민지는 이에 본국에 대해 우의적으로 협동·결합하는 【114】 심리적 기초를 가지게 된다. 우의에 의한 결합만큼 공고한 것은 없다. 그리고 우의뿐만 아니라 이익의 측면에서도 또한 꼭 식민지의 분리를 장려하지 않는다. 근세 경제의 현저한 발달은 경제적으로 소국주의小國主義를 불가능하게 했다. 본국이 식민지의 원료품, 식료품이 필요한 것처럼, 식민지도 또한 본국의 자본 및 상품이 필요하다. 일대一大 경제 지역을 지배하는 나라가 가장 부강하다. 결합은 힘이 있고, 분리는 힘이 없다. 다만 결합관계 내부에서 압박이 있어서는 안 된다. 강제나 사기가 있어서는 안 된다. 우의는 결합하게 하고, 압박은 파괴시킨다. 이리하여 자주정책에 따른 식민지 통치는 협동·결합의 합리적 기초를 가지는 것이다.

(3) 조선에 대한 일본의 통치 정책은 위에서 서술한 세 가지 종류 중 어느 것인가. 또 어느 것이어야 하는가.

조선은 2,000년의 역사와 1,800만 명의 인구를 가지고 있다. 지금으로부터 16년 전까지는 '한국 황제 폐하'를 추대하는 독립국이었다. 조선에 대한 통치 정책을 논의할 때는 이 사실을 잊어서는 안 된다. 이와 같은 역사와 인구를 가지고 있는 조선에 대해 철저한 종속주의를 취할 수는 없다. 이 인구의 대부분을 절멸하거나 또는 경계 밖으로 구축驅逐하는 것은 도저히 불가능하다. 조선인 다수를 만주에 이주시키고, 그 자리에 일본인을 이식하는 것에 따라 조선을 일본인의 사회화하려고 하는 생각 등은 공상에 그칠 것이다. 인구 증가율이 큰 조선인은 그 이주에 의해 생긴 인구의 빈틈을 금세 자연 증가에 따라 보충할 것이다. 그러므로 대체로 조선은 조선인의 땅으로서 계속될 것이라고 보지 않으면 안 된다. 조선은 조선인을 주로 하는 사회라는 사실을 확인하는 것은 통치 정책 결정의 제일 요건이다. 조선을 온통 일본의 이익으로만 복속시키려고 하는 종속정책은 이 사실을 무시하는 것으로, 조만간 조선인의 반항을 받게 될 것이다. 일본의 조선통치 방침은 처음부터 노골적인 종속정책이 표명된 것은 아니지만, 1919년(大正 8)의 혁신 이후 명백히 조선인 보호·교도敎導의 방침이 선언되었다.

문화정치, 그 자체는 매우 옳다. 그러나 공존공영을 목적으로 하는 문화정치가 말로 끝나지 않기 위해서는 객관적인 【115】 보장이 필요하다. 그것은 곧 조선인의 참정이다. 조선의 통치는 하나도 조선인의 사회적·경제적 생활에 영향을 미치지 않는 것이 없다. 그런데 그 결정에 대해 조선인 스스로에게 아무런 참여권을 인정하지 않고, 어떻게 공존공영이 말로 끝나지 않는다고 보장할 수 있겠는가. 그것은 노동조합을 인정하지 않는 자본가가 말하는 공존공영과 같은 것이 아닌가.

이렇게 말한다고 물론 내가 정부 시설이 다 조선인에게 불리하다고 말하는 것은 아니다. 그러나 동시에 또 정부가 완전히 애타愛他·무사無私[24]하고 전지전능하지 않은 한, 주민에 대해 아무런 참여를 인정하지 않는 정치가 주민에게 유리할 리가 없다. 특히 식민지에서와 같이 특수한 통치의 경우에는 선의善意

---

[24] 사사로움이 없이 공정함.

의 과실過失도 많이 일어날 수 있다.

예를 들면, 조선 산업 정책의 중추로서 중요시되는 산미증식계획도 총독부에 의해 입안되어 제국의회의 협찬協贊[25]으로 의회를 통과했다. 이 계획이 주목적으로 하는 것은 내지 식량 문제의 해결, 조선의 쌀 소비 증가량 공급, 조선인의 경제적 번영 세 항목이었다. 일찍이 내가 『농업경제연구』 제2권 제1호에서 상세히 논한 것처럼, 조선쌀의 내지 수출에 따라 제1의 목적을 달성하기 위해서는, 제2의 목적은 현재 1인당 쌀 소비량을 표준으로 하여 조선의 인구 자연 증가에 따른 필요에 대비하는 정도로 충족하는 데 그쳐야 한다. 내지에서 쌀 1인당 1년간의 소비량은 1석石 1두斗 5승升인 데 비해, 조선에서는 6두 5승에 불과하다. 조선쌀의 내지 이출이 증가하면 할수록 조선인 자신이 소비할 수 있는 쌀은 적어진다. 그러므로 산미증식계획과 함께 대용 식물의 생산과 수입 장려가 시행되고 있는 것이다. 조선인은 한마디로 말하면 쌀을 내지에 팔고 자신은 저렴한 만주산 조[滿洲粟]를 사서 먹고 있다. 내지의 식량 문제를 해결하는 데 충분할 정도로 조선쌀을 이출하기 위해서는, 산미증식계획이 성공한 때에도 조선인 자신은 여전히 6두 5승의 쌀을 먹고 또 공복空腹을 채우기 위해 계속 조, 콩, 감자 등[薯[26]]을, 심하게는 초근목피草根木皮까지도 구하러 다니지 않으면 안 될 것이다. 내지의 식량 문제를 해결하려다가 심각한 조선의 식량 문제가 생겼다는 혐의를 받지 않을 것이라고 장담할 수 없다. 그리고 제국의회에서 산미증식계획 예산이 이의 없이 통과된 것은 내지 식량 문제 해결의 효과를 믿었기 때문이었다. 의원 중 누구 한 사람이라도 이 계획이 조선인에게 미칠 영향을 구명究明하려고 하는 자는 없었다.

혹자는 말할 것이다. 쌀을 팔아 조를 사자고, 그것이 조선인 치부致富의

---

[25] 구일본 헌법에서, 의회가 법률안 또는 예산안을 성립시키기 위한 의사 표시를 함.
[26] 감자·고구마·토란 등의 총칭.

길이라고 말이다. 그러나 첫째로, 【116】 대부분의 조선인은 소작미를 납입한 후 또 팔 만한 쌀의 여유분을 가지고 있지 않다. 둘째로, 화폐를 먹을 수는 없다. 셋째로, 화폐 지출의 필요도 증가하고 있다. 산미증식에 관련한 토지개량 공사비 부담은 결코 경미하지 않다. 또한 이 계획에 따른 예산의 증가는 조세 부담의 증가를 의미한다. 유력한 자본가는 틀림없이 계획이 완성된 후에는 이익을 받게 될 것이다. 그러나 미력한 조선인 지주 또는 소작인은 이 계획 자체의 재정적 부담을 과연 견딜 수 있겠는가.

나는 결코 정부의 선의를 의심하는 것은 아니다. 오히려 정부는 조선인의 생활 안정과 번영을 바라고 있다고 믿는다. 그러나 여기에 중점을 두고 생각하지 않으면, 위정자의 선의도 계획 그 자체의 파괴적 작용을 예방할 수 없다. 누가 여기에 중점을 두고 생각하고 있는가. 여기에 중점을 두고 정책을 결정하도록 보장하려면 조선인 자신이 정책 결정에 참여해야 한다. 조선인의 참정이다. 물론 조선인이 참정한다고 해서 이에 따라 사회적·경제적 폐해를 모두 제거하고 조선에 황금사회를 가져올 수는 없다. 그러나 무지에 의한 많은 과오를 피할 수 있다. 노동계급이 자기의 계급적 대표자를 의회에 보내지 않으면 그 이익을 충분히 옹호할 수 없는 것처럼, 식민지인도 스스로 정책 결정에 참여하지 않으면 충분히 자기의 이익을 옹호할 수 없다. 적어도 옹호할 수 있다는 보장이 없다. 희망이 없다. 보장 없고 희망 없는 곳에 불안이 지배하고 절망이 잠재한다. 조선인의 경제적·사회적 불안을 완화하고, 앞으로 나아갈 길에 광명과 자신감을 줄 수 있는 유일한 수단은 그 경제생활·사회생활에 관련한 정책, 이에 따른 재정적 부담 문제 등에 대한 참정권을 승인하는 것이다.

이 문제에 대한 총독부의 방침은 어떠한가. 1919년(大正 8) 관제 개혁에 따른 총독의 훈시에서는 이미 말한 것처럼 "장래 문화의 발달과 민력의 충실에 따라 정치상·사회상 대우에서도 일본인과 동일한 취급을 하는" 것을 시정의 궁극적인 목적이라고 언명했다. 정치상 일본인과 동일한 취급을 한다는 것은 어떤 의미인가. 내지에서와 같은 참정권을 용인한다는 의미인가. 이 언명만으로는 장래 조선의 정치적 상태에 대해 아무런 명확한 내용 있는 방침을 살필 수 없다.

현재 조선인이 정치에 참여하는 것은 1920년(大正 9)에 개설된 도道·부府·면面의 협의회뿐이다. 이것들은 단순한 자문기관이므로, 정당한 의미에서 참정은 아니다. 그러나 조선인이 이 운용에 숙련되면 장래 지방자치제도로 발전시킬 것이【117】예상되고 있다. 그런데 조선총독부에 대한 민의民意 대표의 중앙기관으로서 의결권 있는 입법의회는 물론 아무런 자문기관조차도 설치되어 있지 않다. 또한 장래 이것에 대한 약속도 없다. 중추원 등은 유명무실한 영예榮譽 관제에 불과하다. 그렇기에 조선에서 중앙행정은 총독의 단독 전제이다.

이와 같은 식민지 통치제도는 널리 세계에도 유례가 없는 것이다. 특히 면적·인구·역사가 소규모이지 않은 식민지들을 살펴보면, 아마 세계 유일의 전제적 통치제도일 것이다. 영국의 많은 식민지 중 전혀 입법 평의회를 가지고 있지 않은 곳은 아샨티Ashanti, 바수톨란드Basutoland, 베추아날란드Bechuanaland, 지브롤터Gibraltar, 북나이지리아North Nigeria, 북골드코스트North Gold Coast, 세인트헬레나Saint Helena, 소말릴란드Somaliland, 스와질란드Swaziland, 우간다Uganda, 위해위威海衛, 서태평양제도諸島이다. 이들 작은 면적의 미개 흑인 지역 혹은 함대艦隊 근거지와 동등한 정치적 지위밖에 우리 조선에는(대만에도, 기타 일본 식민지 전체에도) 인정되고 있지 않은 것이다. 반면에 프랑스 식민지 대부분에는, 그중 동양 방면에 대해서 말하면 프랑스령 인도차이나에도, 또 미국의 필리핀에도, 네덜란드의 자바에도 정도의 차는 있지만 주민의 참정권은 인정되고 있다.

어째서 조선에서는 총독의 전제정치가 행하지고 있는가. 조선인의 정치 능력이 아직 발달하지 않았기 때문인가. 의회에서 와카쓰키若槻[27] 수상도 대만 의회 설치 운동에 대해 이런 이유로 시기상조라고 의원 질문에 답했다. 그러나 어느 때가 되어야 조선인의 정치 능력이 성숙했다고 판단할 것인가. 현재 조선인의 정치 능력은 필리핀인이나 자바인에도 미치지 못한다는 것인가. 또는 조선인은 참정 희망을 가지고 있지 않다고 보는 것인가. 이렇게 말하는 자의 얼굴을 나는 눈을 동그랗게 뜨고 주시할 것이다. 조선에 가 봐라. 길가의 돌도 모두 자유를 외친다. 돌은 아무리 자유를 외쳐도 경관에게 감시당하지 않기 때문이다. 요컨대 조선 민중에게 참정을 인정하지 않는 것은 정부가 이를 바라지 않는다는 것 이외에 아무런 적극적 이유가 존재하지 않는다.

그렇다면 참정을 인정한다고 하면 어떠한 양태에 따라야 할 것인가. 이 점에 대한 방침이 확정된다면 참정권 용인의 방침 【118】 그 자체도 확정되지 않을까. 문제는 조선의 대의사를 제국의회에 보내야 하는가 혹은 조선의회를 특설해야 하는가이다. 와카쓰키 수상은 의회에서 식민지의회의 특설은 외사外事라는 식으로 언명했다고 기억된다. 일본 정치가의 견해는 대체로 제국의회로의 합병설에 기울어져 있는 것 같다.

그러나 나는 이에 대해 근본적으로 반대한다. 사할린과 같이 주민 대부분이 일본인으로 인구 총수도 적은 식민지는 이들을 내지에 포용하여 제국의회에 의원을 선출하게 하는 것이 적당하다.

하지만 조선은 전혀 사정이 다르다. 전항에서 서술한 일반적 이론에 따라, 조선은 내지와 동일 의회로 대표할 만한 사회적 기초를 가지고 있지 않다는 것을 알아야 한다. 제국 정치에 대한 조선의 참여 문제는 두 번째 문제이다. 우선 조선의 내정에 대한 조선의 참여 문제를 해결하지 않으면 안 된다. 그리고 조선의 내정은 조선인을 주로 하는 의회에서 이를 해결해야 한다. 이는 곧 내지의 내정은 일본인 의회에서 해결해야 하는 것과 같다. 만약 소수의 조선 대의사를 히비야日比谷에 보낸다면 조선의 내정에 관련한 결정권을 얻을

---

27 와카쓰키 레지로에 대해서는 부록 「주요 인물 소개」란을 참고할 것.

수 없고, 또 만약 상당히 다수의 조선 대의사를 보낸다면 그 투표가 때에 따라 내지의 정치를 결정할 것이다.

일본의 식민지 통치는 일반적으로 동화주의의 색채를 띠고 있다. 법률도 점차 내지법을 연장하는 형세이다. 교육도 그 골자는 내지 교육이다. 조선의 보통학교(소학교) 교과서는 내지의 국정 교과서 또는 이를 기초로 한다. 역사도, 지리도 내지의 역사·지리를 주로 하고, 이에 조선의 재료를 점철하는 것에 불과하다. 교수敎授 용어는 조선어과 시간 이외에는 모두 일본어를 강제하고 있다. 법제·관습·교육·언어 등의 일본화, 즉 동화주의가 조선인의 생활 질서를 교란하고 사회적 불안을 양성釀成한 것은 부정할 수 없다.

그렇기에 1919년(大正 8) 독립만세사건(3·1운동) 후에 시정 방침이 변경될 때, 구관舊慣 존중이라는 항목을 올리지 않을 수 없었다. '묘지규칙墓地規則', '도장규칙屠場[28]規則' 등은 개정되어 구래의 관습이 존중되었다. 또한 보통학교에서 조선어를 교수하게 된 것도 1919년(大正 8) 이후의 일이다. 이러한 일은 모두 부주의한 동화정책의 오류를 독립소요사건(3·1운동)이란 값비싼 희생 후에 비로소 체험한 것이다. 조선은 일본과 개별적인 역사적 사회로서 취급해야 한다. 정책에 따른 동화는 불가능하다. 그러므로 동화정책은 오류이다. 이미 하나의 사회로서 동화할 수 없다. 하나의 의회로 대표되게 하는 것도 역시 불가능하기 때문에 그 정책은 오류이다. 【119】

조선인의 조선통치에 대한 참여는 조선의회의 방법에 따라야 한다. 이에 따라 비로소 민의를 창달하고, 조선인이 앞으로 나아갈 길에 대해 자신과 희망을 획득하게 할 수 있다. 그리고 일본은 조선인을 '희생물'로 하고 있다는 의혹에서 벗어날 수 있다. 조선인에게 불안과 의혹이 없어진 때, 적어도 이를 경감하고 소멸시킬 희망이 생긴 때, 비로소 조선통치는 공고한 기초를 얻게

---

[28] 고기를 얻기 위하여 소나 돼지 등의 가축을 잡아 죽이는 곳.

될 것이다.

조선의회 개설의 결과를 일본의 이익과 관련하여 두려워하는 이는 있을 것이다. 그 상상되는 나쁜 결과 중 최악이라고 할 만한 것은 조선의 독립·분리이다. 나는 이러한 논자에 대해 다음과 같이 말한다.

첫째, 조선은 반드시 분리·독립되지 않을 것이다. 반항 없는 곳에 분리는 없다. 도道를 통해 접하는 데에 반항은 없다. 종속정책으로 임할 것인가. 그렇다면 반항은 필연적이다. 동화정책으로 임하면 동화는 불가능할 뿐만 아니라 사실상 동화정책은 피동화자被同化者에 대해서는 강제 지배일 수밖에 없다. 그렇기에 똑같이 반항은 필연적이다. 도를 통해 접한다는 것은 인격의 자주·독립을 존중하는 것이다. 사회군의 접촉으로 보면, 집단적 인격을 존중하는 것이다. 이에 따라 비로소 협동·융화는 가능하다. 인격 존중에 기초하지 않은 공존공영, 융화·제휴의 제창은 약자에 대한 아편과 같다. 거세去勢이다. 나는 이를 증오한다. 조선의 자주적 존재를 인정하면, 조선은 일본에 반항할 심리적 이유를 잃는다. 그리고 경제적·군사적 이해관계가 공통되어 그 결합력을 유효하게 발휘할 수 있게 된다. 조선은 굳이 분리를 위한 반란을 반복하지 않을 것이다. 왜냐하면 조선 자신의 이익도 역시 이를 요구하지 않기 때문이다.

둘째, 가령 자주 조선이 완전히 일본에서 분리·독립하기를 원한다고 해도, 그것이 일본에 대단히 슬픈 일인가. 도를 통해 영유領有관계가 평화적으로 종료된 경우에는 그 후 우의적 관계 유지를 도모할 수 있다. 가령 조선이 일본에서 분리했다고 해도 당연히 일본의 적국敵國인 것은 아니다.

셋째, 조선시대 이후 피폐하고 고달팠던 조선이 일본통치하에서 활력을 얻고 독립국가로서 설 수 있는 실력을 함양하게 된다면, 이것은 일본 식민정책의 성공이고 일본 국민의 명예가 아닌가. 조선통치의 책임을 완전히 다한 것으로 만족해야 하는 것이 아닌가.【120】

요컨대 조선에 사회상·정치상 자주적 진전을 이루게 하고 자주적 지위를 용인하는 것은 정의가 요구하는 일이다. 그리고 이는 또 조선과 일본의 제국적 결합을 공고히 하는 유일한 길이다. 준 자는 100배로 받을 것이다. 자주주의의 통치 정책은 이익의 점에서 말해도 본국에 가장 유리할 것이다. '우선 정의를 구하라. 그렇다면 다른 필요물은 모두 여기에 따라 올 것이다'라는 격언은 식민지 통치 정책에서도 또한 진리라고 나는 믿는다.

조선의회의 개설은 조선통치의 근본 방침, 그 목표여야 한다. 그러나 조선의회의 조직 및 권한이 어떠해야 하는가에 대해서는 더 구체적으로 이를 정해야 한다. 이 문제에 대해서 나는 여기서 논할 여유가 없다. 각국 식민지의회의 실례를 참고하여 필시 차츰차츰 나아가야 할 것이다. 대만의회 설치 청원 운동자가 요구하는 것 또한 참고하여 연구해야 한다.

내가 본 논문에서 주장한 것은 조선통치 정책의 기초를 조선의회의 개설, 적어도 개설 방침에 두어야 한다는 근본 문제에 있다. 조선 병합 이후 16년, '문치주의'의 시정 이후 7년, 통치의 근본 방침을 확정해야 할 때가 이제 오지 않았는가. 눈이 단순하면 사물이 잘 보인다고 한다. 어디로 조선을 이끌어야 하는가 하는 근본 방침이 결정되면, 조선통치의 여러 문제는 자연히 통일적으로 해결의 길을 찾게 될 것이다. 나는 곤란한 조선통치 당국자를 깊이 동정하지 않을 수 없다. 동시에 조선통치의 중요한 책임을 가지는 일본 국민이 이 문제에 대해 더욱 주의를 기울일 것을 바라 마지않는다. 이것이 이왕의 훙거를 맞아 이 글을 기초起草한 이유이다. 【121】

20
고쿠보 기시치小久保喜七[1]

조선통치의
근본 의의

일본의 정사正史는 옛날부터 언어로 구전되던 것을 겐메 천황[元明帝][2]의 와도和銅[3] 연간에 이르러 문자로 번역한 것은 누구나 아는 사실이다. 그런데 그 시대에 이미 조선에는 중국 세력이 상당히 강했다. 그러므로 그 이후에 생긴 사기[史乘]에 상고上古 일본과의 관계에 대한 기술이 없는 것은 생각건대 어쩔 수 없는 일로, 결국 오늘날에는 거의 인멸湮滅된 것 같아 매우 유감스럽

---

[1] 고쿠보 기시치에 대해서는 부록 「주요 인물 소개」란을 참고할 것.
[2] 겐메 천황은 일본의 제43대 여성 천황(재위 660~721)으로, 손자의 황위를 위해 스스로 천황에 즉위했다. 즉위 후에 화폐 주조, 영토 확장, 사서 편찬, 수도 천도 등의 역사적 과제를 추진했다.
[3] 일본 연호의 하나. 연호 게운(慶雲)의 다음이고 레키(靈龜)의 앞이다. 708년 1월 11일부터 715년 9월 2일까지의 기간이다.

다. 하지만 나는 지난번 유람할 때 다른 측면에서 일본인과 조선인의 풍속·습관의 공통점을 보았는데, 이 또한 일선동근日鮮同根의 증좌證左라고 할 수 있다. 초가지붕, 관복冠服, 나막신[木履] 등은 고대 일본에서 행해지던 것과 동일한 모양이다. 실로 오늘날 일본의 신관神官은 고대 복장을 하고 있는데, 그것이 모두 조선인의 복장과 같은 모양인 것은 의외일 정도이다.

또한 상용常用 음식과 그 용구, 여자의 쪽 찐 머리[結髮]⁴, 장옷⁵ 등도 매우 흡사하다. 조선어와 일본어가 언어학상 같은 맥脈인 것은 가나자와 쇼자부로金澤庄三郞⁶ 박사가 논단했다. 기타 불상이나 종鐘의 종류도 같은 형태의 것이 남아 있고, 고대 순장의 풍습이 있던 것도 공통된다고 말할 수 있다. 빙실氷室·빙고氷庫를 축조했던 것도 비슷하다.

내가 지난번 경성과 경주의 박물관에서 본 것을 말해도, 신라시대의 발굴물이라는 진열품을 보면서 일본 박물관 역사부 상고시대의 진열을 보는 것과 동일한 느낌이 들었다. 즉 다음의 발굴물은 일본 상고의 발굴물과 조금도 다를 것이 없다. 따라서 일본인과 조선인이 선조를 같이한다는 사실을 떠올리기에 충분하다.

① 곡옥曲玉⁷, 관옥管玉⁸
② 고경古鏡⁹
③ 석검石劍, 동검銅劍, 철검鐵劍

4 가운데 가르마를 타서 머리를 땋은 다음 뒤통수 아래에 틀어 올려 비녀를 꽂은 머리 모양.
5 예전에 여자들이 나들이할 때에 얼굴을 가리느라고 머리에서부터 길게 내려 쓰던 옷.
6 가나자와 쇼자부로에 대해서는 부록 「주요 인물 소개」란을 참고할 것.
7 예전에 옥을 반달 모양으로 다듬어 끈에 꿰어서 장식으로 쓰던 구슬.
8 구멍을 뚫은 짧은 대롱 모양의 구슬. 구슬 가운데 가장 먼저 발생한 형식으로, 우리나라에서는 신석기시대부터 조선시대까지 주로 목걸이에 썼다.
9 고대의 금속제 거울. 낡고 오래된 거울.

④ 안장[鞍], 재갈[轡]

⑤ 석곽石槨[10]

⑥ 도기陶器

⑦ 경대鏡臺[11], 철은鐵銀, 족집게

규장각의 【122】 소견에 따르면, 주족主族 장의葬儀의 영구靈柩[12] 구조나 그 장식·번기幡旗[13] 등은 완전히 일본과 동일한 것이다. 더욱이 경주에 가서 실제로 신라의 시조始祖 외에 4제四帝를 장사 지낸 능을 보니, 정면에서 볼 때 일본 고대식에 따라 만들어진 모모야마桃山 능[14]과 조금도 다르지 않아 특히 감회가 깊었다. 그 밖에 중요한 일본인과 조선인의 유사점은 그 대체적인 기질氣質이다. 일반적으로 열정적이고, 돈이 많은 것을 몹시 좋아하는 것을 숨기지 않거나, 정치적 취미가 농후한 점 등이 그것으로, 이 또한 고대 동일한 민족이었음을 떠올리게 하는 데 충분하다.

이상은 일선동근의 대개를 서술한 것이다. 오늘날의 급무는 이 대의大義를 기초로 하여 교육 및 통치 방침을 수립하고, 우선 선인先人[15]의 정신적 방면에서 새로운 경지를 개척하는 것이 제일의第一義가 되어야 한다. 그러나 이것은 말하기는 쉬워도 국민 전체의 큰 각오가 필요한 문제이다. 즉 그 취급에서도 동일하지 않으면 안 된다. 바꿔 말해 조선은 식민지라는 견해는 절대로 틀린 것으로, 내지의 연장이라는 것을 명심하여 만반의 일에 임하지 않으면 안 된다. 그렇다면 정치상 문제로는 당연한 귀결로, 관리 임용 및 기타 취급상

10 자연 석괴로 토광 내 장방형의 곽을 축조한 것.
11 거울을 버티어 세우고 그 아래에 화장품 등을 넣는 서랍을 갖추어 만든 가구.
12 시체를 담은 관.
13 불보살의 위신력을 나타내고 도량을 장엄하기 위해 거는 깃발.
14 교토시(京都市) 모모야마(桃山)에 있는 메이지 천황(明治天皇)의 능.
15 전대(前代)의 사람.

일본인과 조선인의 차별 철폐, 참정권 부여 등은 실제상의 문제로서 점차 해결해 나갈 방침을 취해야 한다. 내지 국민의 상당한 결심으로 그 선도善導를 위해 진력하고, 동시에 조선인 일반에게도 필요한 교양과 각오를 가지게 하여 그 실현의 날을 하루라도 앞당기도록 하지 않으면 안 된다.

지금 문제가 되고 있는 위임통치와 같은 것도 점차 이를 폐지하고, 내각 총리대신의 직접 통할統轄에 속하게 하여 정치상의 통일을 도모하지 않으면 안 된다. 만약 이 대방침에 따라 정치를 추진해 가는데 여전히 여기에 반항하는 불령不逞한 도배徒輩가 있다면 물론 엄혹한 형벌을 내려야 한다. 이것이 지금 내가 조선통치의 근본적 대방침에 대해 국민의 이해를 얻고 싶은 이유이다.

오늘날 도쿄와 경성 간의 여행은 불과 40여 시간밖에 걸리지 않는다. 이는 오키나와현沖繩縣과의 교통보다도 훨씬 편리한 상태이다. 조선의 통치에 대해 모 박사나 모 정당의 영수領袖는 마치 미국의 호주나 캐나다에 대한 통치와 같이 자치론을 주장하기도 했지만, 이는 지리를 분별하지 못하고 인종을 이해하지 못한 의논으로 일종의 폭언이라고 평가할 수 있다. 조선통치론은 이러한 점이 요항要項인데, 이에 대해 유식有識하고 우국憂國하는 인사들의 질정叱正을 바란다.

혹자는 일선동근이라는 것에 대해서 조선인이 이를 좋아하지 않는다고 말하는데, 그것은 틀린 말이다. 오히려 저 땅의 식자識者는 【123】 이를 매우 환영한다. 가끔 내가 여행하는 도중 다음과 같은 일이 있는 것을 봐도 이를 알 수 있다. 그때 나는 경성의 규장각을 방문하여 어윤적魚允迪[16]과 만나 다음의 한 절구絶句를 선사했다. 이에 대해 어윤적은 크게 기뻐하며 서너 시간 동안 동호同好의 학자 8명과 함께 화운和韻[17]했다. 내가 숙소에 붙여 놓은 것인

---

[16] 어윤적에 대해서는 부록 「주요 인물 소개」란을 참고할 것.

데, 그중 한두 가지를 다음에 기록한다. 자구字句 사이에서 스스로 얼마나 동근론同根論을 좋아하는지 알기에 충분하다고 생각한다.

박물관 소감
- 고쿠보 조난小久保城南[18]

동서 천리의 거리를 왜 논하겠는가.	千里何論西與東
배와 차로 오늘날에는 순식간에 통하는구나.	舟車今日瞬時通
역대 왕조의 문헌과 유물이 많이 남아 있어	歷朝文獻多遺物
검과 옥새를 보니 태고의 모습이 함께 존재하는구나.	劍璽同存太古風

- 화운 어윤적魚允迪

무궁화와 뽕나무를 동아시아에 함께 심으니	槿桑同植亞州東
바다를 사이에 두고 있어도 근원과 기맥이 통하네.	隔海源根氣脈通
꽃은 절로 무궁하고 가지는 절로 의지하니	花自無窮枝自倚
아지랑이가 피어오르는 것이 오래도록 봄기운을 띠는구나.	靄然長得帶春風

- 화운 서상훈徐相勛[19]

멀리 동쪽에서 빛나는 별을 바라보니 기쁘구나.	喜看華星遠自東
동종同種이 온 것을 알고 선조가 통하는 것을 생각하네.	認來同種意先通
모름지기 공도公道로 세상일을 논하고자 하니	欲論世事須公道
비로소 세차게 부는 대국의 바람을 알겠네.	始識颯颯大國風

---

[17] 남이 지은 시의 운자(韻字)를 써서 화답하는 시를 지음.
[18] 조난(城南)은 고쿠보 기시치의 호(號)이다. 고쿠보 기시치에 대해서는 부록 「주요 인물 소개」란을 참고할 것.
[19] 서상훈에 대해서는 부록 「주요 인물 소개」란을 참고할 것.

- 화운 윤희구 尹喜求[20]

설령 산과 바다에 동서가 있다고 하더라도	縱然山海有西東
이로써 하늘과 사람이 하나의 이치로 통하네.	自是天人一理通
선각자가 후각자를 다만 부지런히 이끌어 주니	先覺但勤提後覺
고풍이 이 현대에 만들어진 풍속을 받아들이네.	古風容是作今風

【124】

---

[20] 윤희구에 대해서는 부록 「주요 인물 소개」란을 참고할 것.

21

오사카마이니치신문大阪每日新聞(사설)

조선문 투표를 유효하게 하라

효고현兵庫縣의 군시장郡市長 회의에서 보통선거에 직면하여 조선인의 선거 자격에 관련해 흥미로운 문제가 제의提議되었다. 즉 ① 조선인 중 내지 재주자在住者로서 중의원 의원 선거 자격을 구비한 자의 투표는 유효한가. ② 그 경우 조선 문자 곧 조선문을 사용한다면, 그 효력이 어떻게 되는 것인가 하는 것이 문제였다. 그리고 이에 대한 법제국法制局 또는 내각 측의 의향으로 전해진 것에 따르면, ① 조선인 유자격자의 투표는 유효하다. ② 그러나 그것은 일본 문자를 사용하여 투표한 경우에 한해서로, 조선문 사용은 무효라는 것이다.

정부가 제국헌법의 효력은 새로운 영토에도 미친다는 해석을 채택한 이상, 중의원 의원 선거제도가 시행되고 있는 지역에 거주하는 제국 신민臣民에 대해서는 선거 자격을 구비하는 한 구래舊來의 국민이든 새로 부속[新附]된 국민이든 불문하고 그 합법적인 투표를 유효하다고 해야 하는 것은 논할 것도 없다.

그러므로 첫 번째 문제는 제국헌법의 효력에 대한 정부의 해석을 긍정하는 이상, 전혀 문제가 되지 않을 만큼 명료한 사실이다.

다만 조선문 투표의 효력 여하에 대해 내각 또는 법제국 측의 해석이 온당한지 어떤지에 대해서는 의논할 여지가 있다. 원칙적으로 말하면, 일반적으로 통용되지 않는 문자의 사용은 물론 이론상 무효이다. 하지만 이미 로마자 및 점자點字의 투표도 유효로 인정한 이상, 인구상 적어도 3분의 1을 차지하는 제국 신민이 사용하는 문자를 유효하다고 인정하지 않는 것은 이론상으로도 또 정의情義상으로도 매우 온당하지 않다. 특히 보통선거의 실시와 함께 의원 후보자는 일정한 보증금을 납부하여 신고하게 되어 있기 때문에, 선거에 입회하는 이원吏員이 그들이 한정된 후보자의 씨명을 조선문으로 【125】 쓰는 것을 아는 정도는 매우 쉬운 일이다. 중의원 의원의 선거권을 행사하는 것은 입헌치하의 인민에게는 가장 중대한 권리 행사의 하나인 점을 고려한다면, 제국 신민의 3분의 1이 사용하는 문자를 무효로 하는 것은 입헌 정신에 어긋나는 것이다.

우리는 당국자에게 마땅히 영국령 캐나다의 예를 숙고할 것을 권하고 싶다. 캐나다의 하원은 의원 235명으로 되어 있는데, 그중 65명은 프랑스계 캐나다인의 본거지인 퀘벡주에서 선출된 의원이다. 그리고 캐나다의회는 이들 소수의 퀘벡주 선출 의원을 위해 프랑스어의 사용을 인허하고 있고, 그 의사록도 또한 영어·프랑스 두 언어로 인쇄하는데 번거로움은 있으나 싫어하지 않고 있다. 더욱이 이들 프랑스계 캐나다인은 물론 요즈음의 이주자가 아니라 캐나다 건국 시 옛날부터의 주민이다. 영국인은 이들에 대해 그 국어를 존중하여 오늘날에 이르렀다. 영국이 위대한 이유는 이러한 점에서도 저절로 알 수 있지 않은가.

일본이 조선통치상 조선어를 존중하는 것이 이익인지 아닌지는 별도의 문제로 하고, 여하튼 입헌치하의 제국 신민으로서 매우 중대한 권리를 행사하려고 하는 데 그 사용하는 문자 때문에 이를 저지하는 것은 캐나다의 예에 비추어도 너무 정의가 부족한 일이다. 하물며 앞에서 서술한 것처럼 이미 로마자의 사용을 인허하고, 또한 매우 소수인 맹인 유권자의 권리를 존중하여 점자까지도 인허한 정신에 비추어 보면 말이다.

그러나 내지 재주 조선인의 선거권과 관련하여 일어난 이번 문제는 결코 단순한 선거와 관련한 문제만이 아니다. 실은 정부가 제국헌법이 새로운 영토에도 그 효력을 미친다고 하는 견해를 가지고 있는 점에서 오는 통치상의 무리와 불편이 나타난 것이라고도 할 수 있다. 국민들은 마땅히 이번 문제가 일어난 것을 좋은 기회로 하여, 오히려 그 근본 문제를 해결하기 위해 나아가야 한다. 【126】

22

경성일일신문京城日日新聞(사설)

조선총독의 지위
(초抄)

　조선은 식민지가 아니다. 특히 통례로 이렇게 부르는데, 식민지라는 말을 쓰고 있기는 하지만 이것은 조선인이 가장 꺼리고 싫어하는 말이다. 하물며 조선을 남양南洋 민족 등과 동렬同列에 놓고 똑같이 한 척식대신의 관할 아래 두는 것은 그 근본 의의에 어긋난다는 것을 알아야 한다.

　즉 한일병합 당시 메이지 대제明治大帝가 내려 준 조서詔書를 보면, "짐은 특히 조선총독을 두어 그가 짐의 명을 받아 육해군을 통솔하고 제반 정무를 총할總轄하게 한다"고 분명히 선언했다. 물론 그 후 하라原[1] 내각 당시 관제를 개정하여 조선총독을 천황 직속으로 하는 점은 삭제하게 되었다. 그러나 조선

1　하라 다카시에 대해서는 부록 「주요 인물 소개」란을 참고할 것.

통치에 대해서는 특별히 중점을 두어, 적어도 조선을 다른 것과 동일시하는 일 없이 한 성省의 관외管外에 두는 것이 지당하게 되었다. 그런데 특히 척식성은 아무리 척지拓地[2]·식산殖産[3]의 뜻이라고 해도, 조선을 식민지로서 취급한다는 것을 명시했다. 외람된 말이지만 문자에서는 이러한 편이 선진국이다.

　　이 문제는 별로 큰 문제가 아닌 것처럼 보이지만, 이것이야말로 조선통치의 근본 의의와 관련한 중대 문제이다. 2,000만 민중과 3,000년의 유서 있는 역사를 가진 조선을 남양 민족과 동렬에 놓고 취급하고, 또 조선을 다스리는 조선총독을 한 척식대신 밑에 두는 것은 실로 생각지 못한 심한 것이다. 더욱 신중히 고려하여 조선총독의 지위도 이전과 같이 총리대신을 거쳐 천황에게 예속하는 것으로 하지 않으면 장래 참으로 통치상 깊이 근심하게 될 것이다.

【127】

2　땅을 개척함. 영토의 경계를 넓힘.
3　생산물을 늘림. 재산을 불리어 늘림.

23

와타나베 데이치로渡邊定一郎[1]

조선의 민심을
고려하라

　조선에 관련한 중대한 시행·조치를 하는 데 조선 재주민의 의향을 돌아보지 않는다는 것은 아무리 선의로 해석해도 부주의하다고 생각한다.
　지난번 척무성 설치 시에도 정부에서는 단지 조선 재주 인민은 기뻐할 것이라고 자신하며 일을 추진했다. 사전에 민정民情을 연구하지 않았기 때문에 여러 가지 오해를 야기한 것이다.
　다행히 사이토齋藤[2] 자작의 창도唱導에 따라 그 결함은 보완되어 내선 시국 장래의 화근을 제거한 것은 국가를 위해 경축할 일이다. 만약 한 걸음 잘못

---

[1] 와타나베 데이치로에 대해서는 부록 「주요 인물 소개」란을 참고할 것.
[2] 사이토 마코토에 대해서는 부록 「주요 인물 소개」란을 참고할 것.

내디뎌 감정의 골이 깊은 채로 나아가 상호 간에 무언無言의 마음속 칼날을 품고 대치한다면, 실로 두려워할 만한 중대한 결과가 나타날 날이 있을지도 모른다.

앞으로도 조선에 관련한 시행·조치를 행할 때에는 사전에 충분히 그 민의民意를 연구하여 만전을 기해서 훗날 후회하지 않기를 진심으로 바란다.【128】

24

한강 어부漢江漁夫

다스리지 못하고
다스려진 조선 민족

…… 일본인과 조선인 중 온건 분자와는 서로 도와 조선의 안온安穩을 영원히 확보할 방법을 강구하지 않으면 안 된다. 이를 위해서는 ① 조선통치의 근본 방침을 명확히 해야 한다. ② 이를 행할 방법과 수단 모두 철저히 하지 않으면 안 된다. 그리고 ③ 치자治者는 피치자被治者의 앞에서 옳은 것을 옳다고 하고 틀린 것을 틀리다고 하는 공명한 태도를 잃어서는 안 된다. ④ 더욱이 가장 고려할 것은 외부에 대해 본국의 위엄을 지키며 위에서 유감없도록 해야할 것이다.

조선통치의 근본 방침에 대해서는 선정善政을 시행하여 조선인의 동화에 힘쓰는 것이 필요충분한 주의·정책이라는 것을 정부도 식자識者도 믿고 있는 듯하다. 이에 대해서는 아직 일찍이 이의를 제기하는 말을 듣지 못했는데, 동화라는 것을 정치적으로 취급하여 성공한 예가 없다. 또한 선정이라고 해도 위정자가 믿는 것과 인민이 보는 것이 반드시 일치하지 않을 뿐만 아니라 선정의 정확한 의의意義는 바로 통치 수단이다. 이에 조선통치의 근본 방침은 정치적으로는 아직 확립되어 있지 않다고 할 수 있다. 그리하여 만족스러운 치적治積을 들 수 있다면 그것은 오히려 기적이라고 할 수 있을 것이다. 조선인의 1919년(大正 8)의 망동(3·1운동)은 일본 위정자에게 각성의 기회를 주었다.

돌아보건대 총독부의 이전 시정은 토지를 다스려 인민에게 보급하고, 형해形骸¹를 어루만져 그 마음을 잡으려고 한 것이었는데, 이는 확실히 본말이 전도顚倒된 것이다. 조선인은 그들이 과장스럽게 자랑하는 대로 반만년의 역사를 가진 국민이다. 그리고 근대 1세기 동안 인민은 오직 호랑이보다도 사나운 폭리暴吏²의 주구誅求 대상으로서 존재하여, 다스리지 못하고 다스려져 온 민족이다. 그만큼 현대에도 그들의 마음은 유전적으로 기울어져 있다는 것을 잘 알지 않으면 안 된다. …… 【129】

---

1 사람의 몸과 뼈. 어떤 구조물의 뼈대를 이루는 부분.
2 도리에 어긋나는 일을 하는 관리. 포악한 관리.

25
고마쓰 간비小松寬美[1]

내선 환원還元에 대해

한일병합 후 벌써 19년의 세월이 지났다. 그 사이 일본과 조선의 유식자 여러분이 내선융화를 말하고 공존공영을 외쳐, 어떻게 해서든 두 민족 간의 격의 없는 제휴를 도모하는 데 노심초사해 온 것에 대해서는 내가 항상 경의를 표하고 있다. 하지만 나는 하여간 내선융화, 공존공영 등의 문제는 두 민족 간의 제휴를 촉구하기에 너무 형식적인 주장이 아닌가 하고 생각한다. 적어도 두 민족의 조국肇國[2]의 옛날로 거슬러 올라가 그 지리적 관계와 역사를 연구하여 본다면, 오늘날 서로 너는 일본인이다, 나는 조선인이다, 또 일본은

---

[1] 고마쓰 간비에 대해서는 부록 「주요 인물 소개」란을 참고할 것.
[2] 처음으로 나라가 세워지거나 나라를 세움. 또는 나라가 세워지거나 나라를 세운 처음.

개국 이래 외국의 모욕을 받은 적이 없는 신국神國이다, 조선은 개국 이래 4,000년의 역사가 있다는 등 이제 와서 말의 각을 세우고 서로 언쟁할 필요는 조금도 없다고 생각한다. 즉 심사숙고하여 평정平靜한 태도로 우리가 오늘날까지 취해 온 것 혹은 견문해 온 것 모두를 돌아볼 때, 그 모순이 너무 심한데 깜짝 놀라게 된다.

누구라도 동반구東半球의 지도를 펼쳐 보면, 조선은 아시아 대륙의 동부에 돌출한 반도이고 내지는 그 전방前方 태평양 위에 놓인 열도列島이며, 양자 사이를 일본해(동해)가 가르고 있는 것을 알 수 있을 것이다. 그런데 지리학자가 설명하는 것에 따르면, 내지와 조선 사이를 감싸 안고 있는 일본해(동해)는 소위 연해緣海[3]로, 육지가 함몰하여 바다로 변한 것으로 원래 조선과 내지 사이는 하나의 육지로 연속되어 있었다고 한다. 우리의 비전문적인 생각으로는 육지가 함몰되었다는 것을 좀처럼 상상하기 어렵다.【130】하지만 현재 내지 호쿠리쿠北陸[4] 방면에서도 끊임없이 지층地層이 침강沈降하고 있어, 약 700년 전 미나모토 요시쓰네源義經[5]가 통과한 것으로 유명한 아타카安宅[6]의 관문이 지금은 해상 3리里[7]의 근해近海로 해저海底로 되어 있는 사실에 비추

---

3 대륙의 가장자리에 있어, 섬이나 반도에 의하여 대양에서 격리되어 있는 바다. 우리나라의 동해와 황해 등이 있다.
4 후쿠이(福井)·이시카와(石川)·도야마(富山)·니가타(新潟) 등 여러 현의 총칭.
5 일본 헤이안(平安) 말기의 장군(1159~1189). 미나모토 요리토모(源賴朝)의 이복동생. 헤지(平治) 난 때 교토의 절에 숨어 목숨을 건진 뒤, 1180년 형의 봉기에 참여하여 다이라씨(平氏) 토멸에 공을 세웠다. 일본 역사상 구스노키 마사시게(楠木正成)에 비견되는 충신이었으나, 연소(年少)한 데 비해 자부심이 많아 교만했다. 고시라카와(後白河) 천황의 명으로 교토를 경비하던 중 신임을 얻어 중직을 맡으면서, 형과 상의하지 않아 형의 분노를 사 해임되었다. 그러나 노리요리(範賴, 요리토모의 동생)가 다이라씨 소탕에 무능하자 다시 기용되었고, 1185년 단노우라(壇浦)에서 그들을 전멸시켰으나 측근들의 모략과 시기심으로 요리토모는 그의 가마쿠라(鎌倉) 입성을 금지했다. 이후 요리토모의 끈질긴 추격을 받아 각지에 피신하던 중 고로모가와(衣川)에게 습격받고 자살했다.
6 이시카와현(石川縣) 고마쓰시(小松市) 서부의 지명.
7 조선 리로는 30리에 해당함.

어 봐도, 지표地表의 변동은 충분히 입증된다. 이러한 지표 변동에 따라 내지와 조선 사이는 현재와 같이 바다를 사이에 두고 서로 마주하게 된 것이다. 두 지역에 서식하고 있는 포유류의 종류에 대해 봐도, 호랑이를 제외한 이외에 조선 내에 서식하는 포유류의 거의 전부가 바다가 주위를 둘러싼 일본 내지에 서식하고 있다. 또한 식물을 고찰해도, 조선에 생육하는 3,000종류의 7할까지는 내지와 공통된다. 특히 조선의 오엽송五葉松[8]과 눈잣나무[9] 등 동물에 의해서만 종자種子가 운반되는 수종樹種이 내지와 조선 두 지역의 높은 산에 번식하는 것은 가장 명백히 두 곳의 육지가 연속되어 있던 사실을 입증해 준다.

그리고 인류학자가 논하는 것에 따르면, 내지와 조선과 북중국과 몽골에 현재 거주하고 있는 사람들은 모두 두발이 검고 체모體毛가 적으며 피부는 광택이 없고 황색 혹은 황갈색을 띠고 있다. 또 광대뼈가 돌출되어 있고 눈은 일종의 특유한 몽골안蒙古眼[10]을 하고 있는 점에서 모두 북부 몽골 종족에 속한다고 이야기되고 있다. 요컨대 일본인의 선조인 야마토大和 민족은 몽골·만주 방면에서 조선을 경유하여 내지에 도래해 온 것이라고 볼 수 있는 것이다.

또한 풍속의 점에서 생각해도, 여러 회화에 나타나는 일본 고대인의 복장이 50~60년 전의 조선인의 복장과 똑같은 저고리, 바지 식을 입고 있다. 또

[8] 소나뭇과의 상록 교목. 높이는 10-30미터이고 나무껍질은 잿빛을 띤 갈색이며 얇은 조각이 떨어진다. 잎은 다섯 개씩 뭉쳐나고 바늘 모양이다. 암수한그루로 5월에 연두색의 단성화가 피고 열매는 긴 타원형으로 10월에 열리며 씨는 '잣'이라고 하여 식용한다. 재목은 건축, 가구재 등에 쓰고 정원수로 재배한다. 한국, 일본, 중국, 시베리아 등지에 분포한다.
[9] 소나뭇과의 상록 침엽 교목. 산꼭대기에서는 옆으로 자라나 평지에서는 곧게 자라며, 잎은 다섯 개씩 뭉쳐나고 바늘 모양이다. 6~7월에 자주색을 띤 붉은 꽃이 피고, 열매는 녹색의 구과(毬果)로 이듬해 가을에 누런 갈색으로 익는다. 관상용이고 땔감으로 쓰인다. 높은 산꼭대기에 자라는데 한국, 만주, 사할린, 시베리아, 일본 등지에 분포한다.
[10] 황인종 특유의 눈. 위 눈꺼풀에 지방질이 많아 두툼하고, 가늘며 길게 째진 눈의 모양을 이른다.

나라奈良, 헤안平安시대의 당상관[殿上人[11]]의 복장을 보면, 모두 조선의 관冠[12]과 유사한 것을 쓰고 있다. 당시 궁녀[女官[13]]의 복장 또한 조선인 부녀가 사용하는 치마와 유사한 하카마袴[14] 식을 입고 있다. 이뿐만 아니라 자주 그림책[繪草紙[15]] 여기저기에서 보이는 '소가曾我 형제兄弟의 복수[仇討][16]'란 그림에서, 고쇼노 고로마루御所五郞丸[17]가 부녀로 변장하여 장옷[被衣][18]을 쓰고 소가 고로曾我五郞에게 접근하는 사실에 비추어 봐도, 당시 일본 부인이 조선인과 같은 장옷을 쓰고 있던 것을 엿볼 수 있다. 구루시마 다케오來島武雄[19] 선생의 강연에 따르면, 일본인이 기모노着物란 것을 '의상衣裳'이라고 부른 것은 원래 일본인의 복장이 '의衣'와 '상裳'으로 나뉘어 있던 것을 전국시대戰國時代에 전란이 이어지면서 전란으로 인해 의복을 돌볼 겨를이 없어, 복장의 간이簡易를 도모하기 위해 '의衣'의 길이를 길게 하고 '상裳'을 없애게 된 것이라고 한다. 현재의 의복은 곧 옛날의 '의衣'가 길게 변화한 것이라는 말이다. 이 이야기는 헤안시대 당상관의 복장과 아울러 생각하면 수긍할 수 있다. 【131】

---

11 4품, 5품 이상과 6품의 장인(藏人)[장인소(藏人所)]의 직원. 처음에는 기밀문서, 소송 등을 다루다가 뒤에는 궁중의 허드렛일을 처리으로서 정전(正殿)에 오르는 것이 허락된 당상관.
12 검은 머리카락이나 말총으로 엮어 만든 쓰개. 신분과 격식에 따라 여러 가지가 있었다.
13 궁중에서 일하던 내시(內侍)·명부(命婦) 등 신분이 높은 궁녀.
14 일본 옷의 곁에 입는 주름 잡힌 하의(下衣).
15 에도(江戶)시대에 희한한 사건 등을 그림으로 그려, 한두 장의 종이에 인쇄한 흥미 본위의 책. 장마다 그림이 들어 있는 목판본의 소책자.
16 1193년(建久 4) 음력 5월 28일 미나모토노 요리토모(源賴朝)가 개최한 후지산(富士山) 사냥 때 소가 스케나리(曾我祐成)와 소가 도키무네(曾我時致) 형제가 아비의 원수인 구도 스케쓰네(工藤祐經)를 살해한 사건을 말한다. 관련자 3명이 모두 미나모토 가(源家)의 가인(家人)이어서 당시 파문이 컸다. '아코번(赤穗藩) 낭사(浪士)들의 복수'와 '이가(伊賀) 고개의 복수'와 함께 일본 3대 복수극 중 하나이다.
17 헤안시대 말기부터 가마쿠라시대 초기에 걸쳐 활동한 무장(武將). 소가 형제의 복수 사건에서 미나모토 요리토모의 위기를 구한 것으로 알려져 있다. 가부키(歌舞伎)에서는 고쇼노 고로조(御所五郞藏)란 이름으로 알려져 있다.
18 헤안시대 이후, 귀부인이 나들이할 때 머리로부터 덮어쓰던 장옷.
19 구루시마 다케오가 어떤 인물인지 불분명하다.

이상에서 서술한 것처럼, 내지와 조선의 관계는 매우 밀접하여 떨어질 수 없는 관계이다. 현재에는 오히려 풍속·관습상 상당한 차이가 있는데, 옛날로 거슬러 올라갈수록 점차 내지와 조선이 접근하는 점이 많다. 이에 비추어 보면 원래 두 민족은 동종동근同種同根으로 두 민족 사이에 아무런 구별이 없고, 또 야마토 민족과 조선 민족의 교류에서 옛날에는 전혀 통역이 필요하지 않았던 점을 봐도 양자의 언어가 원래 동일했던 것은 조금도 의문의 여지가 없다. 그러므로 나는 내지와 조선 간의 관계는 일본해(동해)의 함몰과 시간의 경과에 따라 오늘날과 같이 동떨어지게 된 것이라고 고찰하는 것이 정당하다고 믿는다.

또한 각종 문헌상에 나타난 내지와 조선 두 민족 교류의 역사에 비추어 봐도, 지금으로부터 1,954년 전(스이닌垂仁 천황 2) 신라의 왕자 천일창天日槍이 왕자비를 뒤쫓아 산인도山陰道 다지마국但馬國에 도항한 이후, 조선 민족 중 일본 내지에 도항·귀화한 자가 일일이 셀 수 없을 정도였다. 특히 백제의 수사秀士[20] 왕인王仁이 야공冶工, 포목공[吳服工], 양주공釀酒工 등을 이끌고 귀화한 것은 역사상 유명한 사실이다. 당시 조선은 중국 방면에서 불교가 전래되는 동시에 각종 문명이 수입되어 내지에 비해 훨씬 문화 정도가 진보되어 있던 시대였다. 그러므로 학자, 승려, 의사, 채약사採藥[21]師, 화공畵工, 사공寺工[22], 도기공陶器工, 안공鞍工[23], 직식공織飾工[24], 조선공造船工 등을 이끌고 귀화하여 내지의 문물·제도 개발에 공헌한 것이다.

조선 민족의 귀화는 야스히토慶仁 천황[25] 시대부터 도요토미 히데요시豊臣

---

20 학술과 덕행이 뛰어난 선비.
21 약초나 약재를 캐거나 뜯어서 거둠.
22 예전에 절을 짓는 일을 맡아 하던 일꾼.
23 말안장을 만들고 수리하는 일을 직업으로 하는 사람.
24 직물을 제조하고 꾸미는 일에 종사하는 사람.
25 나카미카도(中御門) 천황. 제114대 천황(재위 1709~1735). 이름은 야스히토(慶仁).

秀吉의 임진왜란 당시에 이르기까지 끊임없이 계속되었는데, 그중에는 수백 명, 수천 명의 단체가 이주한 적도 적지 않았다. 즉 지금으로부터 1,262년 전(덴지天智 천황 4)에 남녀 400명의 단체가 백제국에서 오미국近江國으로 이주하여 간자키군神前郡에 거주했다. 또한 1,211년 전(겐쇼元正 천황[26] 2)에는 1,790명의 단체가 고구려에서 이주하여 무사시국武藏國 고마군高麗郡(현재의 고마촌高麗村)에 거주지를 정했다. 그리고 1,110년 전(사가嵯峨 천황 10)에는 똑같이 신라국에서 남녀 180명의 단체가 지쿠젠筑前[27] 다자이후太宰府[28]에 귀화했다. 그 밖에 현저한 사실로 임진왜란 때 일본군이 조선에서 철수하면서 전라남도 및 경상남도에서 시마즈 요시히로島津義弘를 따라 귀화한 심沈, 박朴, 장張, 이李, 주朱, 정丁, 김金, 최崔씨 등 18성姓 60명의 남녀가 사쓰마薩摩에 영주永住했다. 이곳이 현재 나에시로가와촌苗代川村[29] 및 기모쓰키군肝付郡의 일부로 되어, 나에시로가와촌에 영주한 자들은 대대로 사쓰마도기[薩摩燒]를 만드는 것을 업으로 했다. 그 자손도 더욱 번창하여 일족 중에서 시회 의원, 육해군 장교, 학교

[26] 일본의 제44대 천황(재위 715-724)으로 양로율령(養老律令)의 편찬을 시작했으며, 723년에는 개간을 장려하기 위해 삼세일신법(三世一身法)을 시행했다.
[27] 현재의 후쿠오카현(福岡縣)의 북서부.
[28] 7세기 후반에 규슈(九州)의 지쿠젠국(筑前國)에 설치된 지방행정기관.
[29] 나에시로가와(苗代川) 조선인 도공(陶工)마을은 1598년 정유재란 때 가고시마현(鹿兒島縣)의 다이묘(大名) 시마즈 요시히로에 의해 일본으로 끌려간 조선인 도공들이 정착하여 도자기를 만들면서 사쓰마도기[薩摩燒]의 원류를 이룬 마을 이름이다. 나에시로 가마터에 남아 있는 『유장(留帳)』에 의하면, 1598년 12월 시마즈 요시히로는 전라도 남원 등지에서 조선 도공들을 납치하여 일본으로 돌아와 도자기를 굽기 위한 가마를 만들었다. 조선 도공들이 도착한 곳과 그 인원은 정확하지 않지만, 도착지는 지금의 구시기노시(串木野市) 시마히라(島平)와 히오키군(日置郡) 히가시(東市) 이치키정(來町) 가미노가와(神之川), 가고시마시(鹿兒島市) 마에노하마(前之浜) 등으로 전해진다. 인원은 시마히라에 남녀 43인, 가미노가와에 남녀 10여 인, 마에노하마에 남녀 20여 인, 총 약 80인의 조선 도공이 끌려 왔다고 한다. 이들은 1663년, 1669년 현재의 히가시 이치키정 미야마(美山) 나에시로가와로 옮겨가 도자기를 굽게 되었다. 이들 가운데에는 훗날 사쓰마도기를 개창하는 심당길(沈當吉)과 박평의(朴平意)가 있었다. 현재까지도 이 지역에는 심당길의 후손인 제15대 심수관(沈壽官)이 '심수관도기[燒]'를 이어가고 있고, 박평의의 후손인 박무덕(朴茂德) 곧 뒤에 일본으로 귀화하여 일본 외무대신이 된 도고 히데노리(東鄕茂德)의 기념관이 있다.

교원, 경찰서장 등이 배출되었고, 세난전쟁 때는 사이고 다카모리西鄕隆盛[30]의 부하로서 에노키榎, 다바루자카田原坂[31] 등에 전전轉戰[32]하며 용명勇名을 떨친 자도 있었다. 또한 아코 의사赤穗 義士[33]의 【132】 한 사람인 다케바야시 다다시치武林唯七[34] 및 고노이케鴻池[35]의 선조가 귀화 조선인인 것은 인구에 회자되는 사실이다.

그리고 통계학자가 설명하는 것에 따르면, 현재 일본국 인구 증가 비율은 해마다 1,000명당 34명의 출산율을 보이고 있다. 한편 1,000명당 22명의 사망률을 보여, 결국 해마다 인구 1,000명당 12명씩 증가하고 있다. 지금 시험 삼아 이 비율에 따라 1,262년 전(덴지天智 천황 4), 곧 백제에서 내지에 귀화한 남녀 400명의 증가율을 계산하면, 100년 후에 1,300명이 되고, 300년 후에는 1만 3,847명이 되며, 500년 후에는 18만 7,198명이 되고, 900년 후에는 실로 2,382만 7,285명에 달한 것이 된다.

이상 이주 사실에 대해 예시한 것은 단순히 이주 사실 중 커다란 단체에 대해 네다섯 가지 사례를 보인 데 불과하다. 또한 계수計數에 대해서는 단순

---

30   사이고 다카모리에 대해서는 부록 「주요 인물 소개」란을 참고할 것.
31   구마모토시(熊本市) 북부에 있는 고개. 1877년의 세난전쟁 때 격전지.
32   이리저리 자리를 옮겨 다니며 싸움.
33   1703년(元祿 15) 12월 14일(1월 30일) 주군(主君)인 아사노타쿠미노카미나가노리(淺野內匠頭長矩)의 치욕을 설욕하기 위해 기라코즈케노스케요시나카(吉良上野介義央)를 토벌한 구(舊) 아코번사(赤穗藩士) 47명을 가리킴. 다음 해 2월 4일 막부의 명에 따라 할복자살하여 센가쿠사(泉岳寺)에 모셔졌다.
34   에도(江戶) 전기의 무사(1672~1703). 아코(赤穗) 47의사[士]의 한 사람. 선조는 중국 무림(武林)의 한 사람으로, 도요토미 히데요시(豊臣秀吉)의 조선 출병 시 명나라 지원군의 일원으로 종군했다가 체포되어 일본에 왔다고 한다.
35   16세기 말 고노이케(鴻池) 가문이 셋쓰국(攝津國) 가와베군(川邊郡) 고노이케촌(鴻池村)[현 효고현(兵庫縣) 이타미시(伊丹市) 고노이케에서 청주(淸酒) 양조를 시작했다. 이후 그 일족이 셋쓰국 오사카에 진출하여 환전상(換錢商)으로 돌아섰고, 고노이케 젠에몬(鴻池善右衛門) 가를 중심으로 한 이 동족 집단은 에도시대에 일본 최대의 재벌로 발전했으며 메이지유신 후에는 화족(華族)에 올랐다.

히 일개 이주단체의 증가율을 든 데 불과하다. 이처럼 놀랄 만한 수치를 보이는 것에 따라 생각해 볼 때, 현재 일본인이라고 칭하는 6,000만 명 중 그 몇 할은 유사有史 이후에 귀화한 조선 민족의 후예라고 할 수 있다. 더욱이 이들 귀화자 대 야마토 민족 간에 행해진 결혼 횟수에 대해 한번 생각해 보면, 양자의 혈통은 완전히 혼효混淆하여 구별이 어려운 상태에 있다고 논단할 수 있다. 이렇게 고찰하면 나는 어떤 필요가 있어 내선인을 구별하는지, 어떤 근거가 있어 내선인을 판별할 수 있는지 주장하지 않을 수 없다.

특히 현재 일본인 중에 불리고 있는 성姓에 대해 연구하면, 복福, 희喜, 오吳, 진秦, 정鄭, 남南, 임林, 금今, 백柏, 박朴, 이李, 주朱, 정丁, 재齋, 신申, 진進, 하荷, 호蒿, 차車, 변卞, 심沈, 진陳, 유劉, 김金, 최崔, 감甘, 원元 등 완전히 조선인의 성과 구별하기 어려운 한 글자의 성이 많다. 또한 사이토 마사오齋藤正雄[36]가 조사한 『황간신지皇幹臣枝』[37] 부록에 따르면, 나카시나中科, 히로노廣野, 후지이藤井, 미후네御船, 미야하라宮原, 이시노石野, 오오카大岡, 스가노菅野, 니시고리錦織, 마노眞野, 미요시三善, 아쿠자와阿久澤, 이노오飯尾, 오카와大川, 오사와大澤, 오타太田, 후세布施, 마치노町野, 미즈나미水浪, 야노矢野, 요코보리橫堀, 하루노春野, 히로이廣井, 가와치河內, 스구리村主, 스나다砂田, 다카노高野, 하야시林 등 각 성은 백제 왕족의 계통에 속한다. 또한 이시카와石川, 가야마香山, 기요타淸田, 기요미치淸道, 구니나카國中, 사카하라坂原, 사카타坂田, 스기타니杉谷, 다카시로高代, 도요다豊田, 도요우라豊浦, 나가누마長沼, 나가노長野, 나카노中野, 나카야마中山, 후쿠치福地, 마쓰이松井, 미즈오水尾, 미노三野, 오가와小川, 고다카小高, 시모이下井, 후와不破, 후루이치古市, 온치御地, 미하루御春, 【133】오카岡, 오카하라岡原 등 각 성은 백제 민족의 계통에 속한다. 그리고

---

[36] 『동인도의 문화(東印度の文化)』[보운사(寶雲舍), 1940], 『남양군도의 신화와 전설(南海群島の神話と傳說)』(보운사, 1941) 등을 저술했다.
[37] 성훈봉지회(聖訓奉旨會)에서 1924년 간행되었다.

아다치安達, 가타시베堅部, 시라카와白河, 다카쿠라高倉, 난바難波, 다카이高井, 나가세長瀨, 고高의 각 성은 고려 왕족의 계통에 속한다. 또 아사히朝日, 데미즈出水, 오이大井, 가키이柿井, 시모베下部, 기요오카淸岡, 기요하라淸原, 고베後部, 시게이滋井, 시노이篠井, 시마島, 우와베上部, 스스키須須岐, 다카다高田, 다가와田川, 다카미네高嶺, 다카야스高安, 다마카와玉川, 다마이玉井, 다무라田村, 도요오카豊岡, 도리이鳥井, 신시로新域, 히오키日置, 마쓰카와松川, 미카사三笠, 미사카御坂, 미이御井, 무라카미村上, 야사카八坂, 요시이吉井의 각 성은 고려 민족의 계통에 속한다. 그리고 미야케三宅, 이마키今木, 우키타浮田, 고지마兒島, 나카시마中島, 마쓰사키松崎, 와다和田의 각 성은 신라 왕족의 계통에 속한다. 또한 가이바라海原, 긴金, 가네시로金城, 구니미國見, 다케하라竹原, 도요하라豊原, 마시로眞城, 히로타廣田, 요시이吉井의 각 성은 신라 민족의 계통에 속한다. 그리고 시미즈淸水, 우노宇野, 오우치大內, 오미야大宮, 에기江木, 가키나미柿竝, 구로카와黑川, 스에陶, 스에타케末武, 미기타右田, 야다矢田, 야마구치山口, 이노우에井上, 오노小野, 고마타小俣, 오토모大伴, 미타三田, 미치타道田의 각 성은 임나任那 왕족의 계통에 속한다. 또 도요타키豊瀧, 도요쓰豊津 두 성은 임나 민족의 계통에 속하는 것으로 되어 있다.

또한 임진왜란 때 시마즈 요시히로를 따라 귀화·이주한 귀화 조선인 중, 현재까지 심沈, 박朴, 최崔, 장張 등 옛날 그대로의 성을 쓰는 자도 있는데, 내지 성으로 칭하는 자도 또한 적지 않다. 몇 해 전 나에시로가와에 놀러 갔을 때 시험 삼아 그곳 주재소의 호구조사부를 조사해 보니, 사메지마鮫島, 시노자키篠崎, 소야마曾山, 네지메根占, 소메카와染川, 우네모리畦森, 마루야마丸山, 가와카미川上, 우에하라上原, 사코酒匂, 이시가미石神, 미야자키宮崎, 가쓰메勝目, 나카지마中島, 사키모토崎元, 오사코大迫, 도고東鄕, 야먀구치山口, 고다마兒玉, 노자키野崎, 가와하타川畑, 소메우라染浦, 아사히로朝廣, 기지마貴島, 미조구치溝口, 오노우에尾上, 가와노川野, 스즈키鈴木, 아리마有馬, 히사마쓰久松, 미야우치宮內, 사카이다堺田, 다카라베財部, 다시로田代, 우치야마內山,

구와바라桑原, 우베宇部, 가와노河野, 가와사키河崎, 오리타折田, 시게노부重信, 마쓰오카松岡, 모리야마森山, 야마시타山下, 요시모토吉本, 오쿠하라奧原, 모리나가森永, 다구치田口, 시모하라下原, 다나카田中, 시모다下田, 도조東條, 요시나가吉永, 가와하라川原, 우에무라上村, 노모토野元, 이치키市來, 이케다池田, 야마노타山之田 등 완전히 내지 성으로 칭하는 자가 있는 것을 발견했다.

이상에서 기록한 것은 주로 조선 민족의 내지 귀화 사실에 대해 고증한 것이다. 한편 야마토 민족 곧 일본인의 선조가 조선 내지에 이주·귀화한 사실도 또한 역사상에서 상당히 발견할 수 있다. 즉 『신찬성씨록新撰姓氏錄』[38] 「우경황별右京皇別」에 기록된 것에 따르면, 시라키新良貴 씨 우가야후키아에즈鸕鷀草葺不合尊[39]의 아들 이나이노미코토稻氷尊[40]는 신라 국왕의 선조였다고 한다. 신라의 선조 박혁거세朴赫居世[41]가 야마토 민족에서 나온 것을 명기하고 있다. 또한 월성석씨月城昔氏 명원록明源錄, 월성석씨 실기實記, 월성석씨 세보世譜에 따라 석씨 도래의 경위와 박朴·석昔·김金씨 왕위 교체의 관계를 【134】 고찰할 때, 신라 왕족과 야마토 민족 사이에 밀접한 뗄 수 없는 관계가 있는 것을 알 수 있다.

신라는 본래 진한 12국 중 사로斯盧, 곧 일본해(동해) 방면에 발달한 6촌村이 통일되어 나왔다. 시조는 박혁거세라고 하고, 금성(현재의 경주)을 도읍으로 했다. 한漢의 선제宣帝[42] 오봉五鳳[43] 원년[44] 갑자甲子(기원전 57)에 박씨 시조 왕이

---

38 헤이안시대 초기인 815년에 사가(嵯峨) 천황의 명에 따라 편찬된 고대 씨족 명감(名鑑).
39 일본 신화의 신. 히코호호데미노미코토(彦火火出見尊)의 아들. 어머니는 도요타마히메(豊玉姬).
40 『일본서기』에서는 '이나이노미코토(稻飯命)', 『고사기』에서는 '이나이노미코토(稻氷命)'라고 표기되어 있다. 초대 천황인 진무(神武) 천황의 형이다.
41 신라의 시조(기원전 69~4, 재위 기원전 57~기원후 3). 왕호는 거서간(居西干). 13세에 왕위에 올라 재위 17년에 전국을 순시하여 농사와 양잠을 장려했으며, 21년에는 수도를 금성(金城)이라고 하고 성을 쌓아 나라의 기틀을 닦았다.
42 중국 전한(前漢)의 제10대 황제(기원전 91~49, 재위 기원전 74~49). 상평창(常平倉)을 처음으로 설치하여 빈민 구제에 힘쓰고, 흉노를 격퇴하여 변경 지역을 안정시켰다.

재위 60년에 졸하고, 2대 박씨 남해왕南解王⁴⁵이 등위登位했다. 이로부터 앞서 시조 박혁거세 39년(기원전 19) 진한 땅 동해 하진포구河珍浦口(경상북도 경주군 양남면陽南面 나아리羅兒里)에 궤짝 하나가 물결에 떠돌아다니다가 뭍에 닿은 것을 한 노모가 발견하여 궤를 열어 보니 큰 알이 있어 손을 대 보니 기위奇偉⁴⁶한 작은 아이가 출생했다. 이것이 곧 신라 제4대 석탈해왕昔脫解王⁴⁷의 출세出世이다. 이하 이 전설이 훗날 일본인에 의해 날조되지 않았음을 증명하기 위해, 월성석씨 세보 중 한 절을 발췌하면 다음과 같다.

　　월성석씨 시조 왕기王記⁴⁸

　　(석탈해는) 본래 다파나국에서 태어났다.　　　　　　初多婆那國
　　이 나라는 왜국의 동북쪽 천여 리 되는 곳에 있는데　在倭國東北一千里

43　중국 전한 선제 때의 연호(기원전 57~54). 선제의 다섯 번째 연호이다.
44　박혁거세가 죽은 해는 4년인데, 오봉 원년은 기원전 57년으로 차이가 있다.
45　신라의 제2대 왕(?~24, 재위 4~24년). 박혁거세의 맏아들로, 시조의 능을 짓고 석탈해를 사위로 맞아 대보(大輔)로 삼고 정사를 맡겼다.
46　뛰어나게 훌륭함.
47　신라의 제4대 왕(?~80, 재위 57~80). 성(姓)은 석(昔). 토해(吐解)라고도 한다. 국호를 계림(鷄林)이라 했으며, 일본과 화친(和親)하면서 백제·가야와 자주 싸움을 벌였다.
48　『삼국사기(三國史記)』「신라본기(新羅本紀)」의 '탈해이사금(脫解尼師今)'에 비슷한 내용이 나온다. 그러나 이 글에 수록된 내용과 차이가 있는 부분이 있어, 『삼국사기』「신라본기」 제1 탈해이사금 원문 번역본을 참고로 기재하면 다음과 같다. "탈해이사금이 왕이 되었다. 이때 나이가 62세였다. 왕의 성은 석씨(昔氏)로, 왕비는 아효(阿孝) 부인이다. 탈해는 본래 다파나국(多婆那國)에서 태어났다. 그 나라는 왜국(倭國)의 동북 1,000리에 있다. 처음에 그 나라 왕이 여국(女國) 왕의 딸을 맞아 아내로 삼았는데, 임신한 지 7년 만에 큰 알을 낳았다. 왕이 말하기를, '사람이 알을 낳은 것은 상서롭지 않다. 마땅히 버려야겠다'라고 하니, 그 여자가 차마 그렇게 하지 못하고 비단으로 알을 싸서 보물과 더불어 궤짝에 넣어 바다에 띄워 가게 했다. 처음에 금관국(金官國) 해변에 닿았는데, 금관국 사람들이 괴이하게 여겨 취하지 않았다. 다시 진한(辰韓)의 아진포구(阿珍浦口)에 이르니, 바로 시조 혁거세(赫居世) 재위 39년(기원전 19)의 일이었다. 이때 바닷가의 할멈이 줄로 끌어서 바닷가에 매어두고 궤짝을 열어 보니 어린아이 한 명이 들어 있었다. 할멈이 아이를 거두어 길렀고 장성하니 신장이 9척이나 되었으며 풍채가 빼어나고 지식이 남달랐다. 혹자가 말하기를, '이 아이는 성씨를 알지 못하는데, 처음 궤짝이 왔을 때 까치 한 마리가 날아와 울며 따라다녔으므로, 까치 작(鵲)의 글자를 줄여서 석(昔)으로 씨(氏)를 삼고, 또 궤짝을 열고 나왔으므로 이름을 탈해(脫

일명 용성국龍城國[49]이라고 한다.	一名龍城國
그 나라 왕 함달파[50]는	其國王含達婆
여국의 왕녀를 왕비로 삼았는데	娶女國王女爲妃
임신한 지 7년 만에 큰 알을 낳았다.	有娠七年乃生大卵
왕은 "사람이 알을 낳았으니 이는 상서로운 일이 아니다.	王曰人而生卵不祥
그것을 버리는 것이 마땅하리라"라고 말했다.	宜棄之
그 왕비가 비단으로 알을 싸서	其妃以帛裹之
채색된 궤에 넣어 배에 실어 바다에 띄워 보내며	置彩櫃載船艀[51]海
하늘에 복을 빌며	訣以祝天
인연이 있는 땅에 가 닿도록 놓아주었다.	任到有緣之地
다행히 목적한 것을 이루고 덕을 닦아	幸受成就修德
건국의 위업을 달성하고	建國樹功
백세가 되도록 안락하고	百世安樂
만수무강했다.	疆壽焉

解)라고 하는 것이 마땅하다'라고 했다. 탈해가 처음에 고기 잡는 것을 업으로 삼아 그 어미를 공양했는데, 한 번도 나태한 적이 없었다. 어미가 말하기를, '너는 보통 사람이 아니다. 골상이 특이하니 마땅히 학문을 배워 공(功)과 이름을 세우도록 해라'라고 하니, 이에 학문에 정진하여 땅의 이치를 겸하여 알게 되었다. 양산(楊山) 아래 호공(瓠公)의 집을 바라보고는 길지(吉地)라고 여겨 속임수를 써서 취하여 거기에 살았는데, 그 땅이 뒤에 월성(月城)이 되었다. 남해왕(南解王) 5년(8년)에 이르러 그가 현명하다는 이야기를 듣고 왕이 딸을 그의 아내로 삼게 했으며, 7년(10년)에는 등용하여 대보(大輔)로 삼고 정사를 맡겼다. 유리왕(儒理王)이 죽음을 앞두고 말하기를, '선왕께서 돌아가시기 전에 유언하시기를, '내가 죽은 후에는 아들과 사위를 따지지 말고 나이가 많고 어진 자로 왕위를 잇도록 하라'라고 하셔서 과인(寡人)이 먼저 왕이 된 것이다. 이제는 마땅히 그 지위를 탈해에게 전하도록 하겠다'라고 했다.

49　용성국은 『삼국유사』권제1 기이1 석탈해조에 보이는 표현으로, 『삼국사기』에는 없는 표현이다.
50　함달파 역시 『삼국유사』권 제1 기이1 석탈해조에 등장하는 인물이고, 『삼국사기』에는 나오지 않는다.
51　'艀'는 '浮'의 오기로 보인다.

때는 경술년 정월 초삼일이었다.	歲在庚戌正月初三日
다파나국 왕비가	多婆那國王妃
삼가 혈서를 썼다.	謹以血書[52]
그 궤는 처음에 금관국(지금의 김해)에 닿았다.	初至金官國(今金海)
금관국 사람은 이를 괴이하게 여겨 거두지 않았다.	國人恠以不取
이에 그 궤는 떠다니다가	乃轉泊
다시 진한 땅 동해 아진포구에 닿았다.	于辰韓界東海阿珍浦口
이때 빨래하던 할멈이 있었는데	是時有漂媼[53]
상서로운 기운이 홀연히 하늘로 뻗치는 것을 보았고	忽見瑞氣連天
또 신령스러운 까치가 따라오면서 울었다.	且神鵲來鳴
괴이하여 그것을 살펴보니	怪而審視之
어느 이상한 물건이	有何異物
떠돌고 있었고	漂泊轉到
그 물건 중에 자주색 기운이 돌연 생겨	而物中紫氣忽生
계속해서 떠다녔다.	來連漂椎
마음이 흔연히 스스로 동하여	心欣自動
궤 하나를 얻어 열어 보니	就得一櫃開視
여기에 채색 비단과 붉은 천과 함께 큰 알이 들어 있었다.	
	乃彩帛紅綿有如斗大卵
기쁜 마음에 손을 대어보니	喜以接手

[52] '삼가 혈서를 썼다'는 표현은 이 글 작성 시 첨가된 부분이다. 『삼국사기』와 『삼국유사』 모두에 나오지 않는다.

[53] 『삼국사기』, 『삼국유사』에 모두 '해변에 있는 할멈'(삼국사기 '時海邊老母', 삼국유사 '時浦邊有一媼')이라고 표기했으나, 이 글에서는 '빨래하던 할멈(漂媼)'으로 고쳤다. 한편 기이하거나 신이한 인물을 보좌하여 길러내는 역할로서 고대의 늙은 여성의 존재는 일찍부터 주목되어 왔다(최광식, 「삼국사기 소재 노구의 성격」, 『사총』 25, 고대사학회, 1981, 22~23쪽).

알이 갑자기 깨지면서 아이가 거기에서 나왔는데	卵忽剖兒已出
기위한 한 남자 어린아이가 있었다.	奇偉一男小兒在焉
또한 혈서가 채색 비단에 쓰여 있었다.	而且血書于櫝而彩帛云[54]
그 할멈은 이 아이를 데려다 길렀다.	漂媼收養之
3세에 능히 말을 했고	三歲能言
능히 글을 지었으며	而能文
성장해서는 기풍과 정신이 훌륭했고	及長風神秀朗
지식이 남보다 뛰어났다.	智識過人
을축년에	歲乙丑
남해왕이 그가 훌륭하다는 말을 듣고서	南解王及聞而延之
그의 위용과 신이함을 보고	見其偉異
혈서를 보고 느끼는 점이 있어	感其血書[55]
대답하여 말하기를 범상하지 않다고 했다.	而對之不凡
어떤 사람이 "이 아이는 성씨를 알 수 없으나	或曰此兒不知姓氏
처음 궤가 왔을 때	始來時
신령스러운 까치가 울면서 날아왔으니	有神鵲飛鳴
마땅히 ('까치 작鵲'자에서) '조鳥'자를 빼서 '석昔'을 성씨로 삼고	
	宜去鳥存昔以爲姓氏
또한 궤를 열고 나왔으니	又解櫝而出
'벗을 탈脫'자와 '풀 해解'자로 이름을 짓는 것이 좋겠다"고 말했다.	
	宜名脫解

---

54 '혈서' 관련 구절은 이 글 작성 시 첨가된 부분이다. 『삼국사기』와 『삼국유사』 모두에 나오지 않는다.

55 '혈서' 관련 구절은 이 글 작성 시 첨가된 부분이다. 『삼국사기』와 『삼국유사』 모두에 나오지 않는다.

무진년 봄 정월	戊辰春正月
왕이 그의 덕성과 기질, 신이함을 시험해 보고	王驗其德器神異
큰딸을 아내로 삼게 하고	以長女妻之
내외 정사를 위임했다.	委任內外政事
죽기 전에 명을 남겨 말했다.	臨薨有遺命焉

불가사의한 운명의 신에게 농락당해, 멀리 일본해(동해)를 표류해 온 탈해는 노인의 손에 의해 양육되었다. 3세가 되어 능히 말을 하고, 능히 글을 짓고, 【135】성장해서는 기풍과 정신이 훌륭했다. 더욱이 지식인들에게 그가 탁월하다고 들은 남해왕은 그를 깊이 아껴서 자기 장녀에게 장가들게 했다. 또한 남해왕이 훙거할 때 그의 아들 유리儒理와 사위 탈해에게 "박朴·석昔 두 성姓은 아들과 사위를 막론하고 나이가 많고 덕이 있는 이에게 왕위를 잇게 하라"고 유언했다.

월성석씨 명원록에는 그 경위를 다음과 같이 싣고 있다.

실기

갑신 20년 가을에	甲申二十年秋
혁거세가 장차 훙거하려고 할 때	赫居世將薨
명을 남겨 말하기를	遺命曰
"너희 박, 석 두 성은	爾朴昔二姓
아들과 사위를 막론하고	毋論子婿
나이가 많고 덕이 있는 이에게	以年長有德者
왕위를 잇게 하라"고 하고 곧 훙거했다.	嗣位焉及薨
태자 유리는 탈해가 평소에 덕망이 있어	太子儒理以脫解素有德
그에게 왕위를 미루었다.	望推讓其位

탈해가 이르기를,	脫解曰
"신성한 기물(왕이 될 재목)은 큰 보배이므로,	神器大寶
보통 사람은 감당할 수 없는 것입니다.	非庸人所堪
제가 듣건대 성스럽고 지혜로운 사람은	吾聞聖智人
잇금齒理(치아)이 많다고 합니다.	多齒理
치아로 떡을 깨물어서 시험해 봅시다"라고 했다.	試以齗餅
유리가 잇금이 많았으므로	儒理齒多
곧 왕이 되었고	乃立之
이사금[56]이라고 불렀다.	號尼師今
정사丁巳 33년 겨울 10월	丁巳三十三年冬十月
유리가 훙거하여	儒理薨
시조[57]가 왕이 되었다.	始祖王立
그에 앞서 유리의 건강에 이상이 생겨	先是儒理不豫
신료들에게 말하기를	謂臣僚曰
"탈해는 몸으로는 나라의 척족이고	脫解身聯國戚
지위로는 보필하는 신하인데	位處輔臣
공과 명성이 누차 현저히 드러났다.	屢著功名
내 두 아들은 재주가 그에 미치지 못하고	朕二子其才不及
또 선왕의 명이 있었으니	且有先王之命

---

[56] 『삼국사기』에는 김대문의 말을 인용하여 "이사금은 방언으로 잇금[齒理]을 일컫는 말이다. 옛날 남해왕이 죽음을 앞두고 아들인 유리와 사위인 탈해에게 '내가 죽은 후에 너희 박, 석 두 성씨는 나이가 많은 자가 왕위를 잇도록 하라'고 말했다. 그 후 김씨 성이 일어나서 세 성씨가 치아가 많은 것으로 서로 왕위를 이어 갔으므로, 이사금이라고 칭한 것이다"라고 했다고 기록하고 있다(『삼국사기』「신라본기」제1 유리이사금조 "金大問則云, 尼師今方言也, 謂齒理, 昔南解將死, 謂男儒理壻脫解曰, 吾死後, 汝朴昔二姓, 以年長而嗣位焉, 其後金姓亦興, 三姓以齒長相嗣, 故稱尼師今.").

[57] 석씨로서 처음으로 왕위에 오른 석탈해를 가리킨다.

아들과 사위를 가리지 않고	毋論子婿
나이가 많고 또 현명한 자로 왕위를 잇게 할 것이다.	以年長且賢者繼位
이로써 내가 먼저 왕위를 잇고	是以寡人先立[58]
지금은 마땅히 그 왕위를 전하니	今也宜傳其位
내가 죽은 뒤에 그가 왕위에 오르게 해야 할 것이니	吾死後俾卽大位
나의 유훈을 잊지 말라"고 했다.	無忘遺訓
이에 (탈해가) 즉위하니	至是卽位
원년 정사, 한나라 명제 중원 2년의 일이었다.	元年丁巳漢明帝中元二年

　이상과 같이 남해왕이 세상을 떠나자, 태자 유리는 덕망이 있다고 하여 탈해에게 그 자리를 양보했다. 그러자 탈해는 "신기대보神器大寶는 범인凡人이 감당할 것이 못 된다"고 하며 이를 고사하고 받지 않았다. 결국 '성스럽고 지혜로운 사람은 치아가 많다'고 하는 예로부터 전해 오는 속담에 따라, 두 사람이 각자 떡을 물어 보았다. 그러자 유리의 치아가 많았으므로, 마침내 유리를 받들어 왕으로 세웠다. 유리왕이 재위 34년에 세상을 떠나자, 한 명제 중원 2년 정사년(57) 탈해왕이 즉위하여, 재위 34년에 대단히 치적을 거두었다. 또한 탈해왕 9년 을축년(65) 봄 3월 금성의 서쪽 시림始林[59] 사이에서 닭 울음소리가 나는 것을 듣고 다음 날 아침 표공瓢公[60]을 대보大輔로 파견해서 이를 보게 했는데, 금색으로 된 조그만 궤짝이 나뭇가지에 달린 것을 발견하고 궤짝을 열어 보았더니 용모가 기이하고 뛰어난 한 사내아이를 발견했다. 왕은

---

[58] 밑줄 친 부분은 필자가 추가한 문장으로, 『삼국사기』 원문에는 없다.
[59] '신라'의 다른 이름. 숲속에서 이상한 닭 울음소리가 들리기에 가 보니, 나뭇가지에 금빛의 궤가 걸려 있고 그 아래에서 흰 닭이 울었는데 그 궤 속에 신라 김씨 왕조의 시조가 되는 김알지가 있었다는 설화에서 유래한다.
[60] '호공(瓠公)'이 맞다.

"적손嫡孫이 없었는데 하늘이 나를 위해 후손을 보내 준 것이 아니겠는가" 하고 희열하면서, 아이를 알지閼智라고 명명하고 그에게 김씨 성을 하사했다.

참고를 위해 석씨 세보에 게재된 것을 발췌하면 다음과 같다.

월성석씨 세보	
시조왕 9년 을축년 봄 3월	始祖王九年乙丑春三月
밤사이에 금성의 서쪽 시림의 나무 사이에서	夜聞金城西始林間
닭이 우는 소리를 들었다.	有鷄聲
날이 밝자 호공을 보내어 살피게 했는데	遲明遣瓠[61]公見之
금색의 작은 궤짝이	有金色小櫝
나뭇가지에 걸려 있었다.	掛樹梢[62]
궤짝을 열어서 보았더니	取櫝開視
작은 아이가 있었는데	有小兒
용모가 뛰어나고 훌륭했다.	姿貌奇偉
왕이 기뻐하여 좌우에 일러 말하기를	王喜謂左右曰
"이 아이는 어찌 하늘이 나에게 좋은 후계를 보낸 것이 아니겠는가?" 라고 하며	此豈非天祚我以胤乎
이름을 '알지'라고 하고	名曰閼智
데려다가 길렀다.	遂養之
김씨 성을 내려주었고	賜姓金氏[63]

---

61 '호(瓠)'자의 오기이다.
62 『삼국사기』에는 바로 뒤에 "흰 닭이 그 아래에서 울고 있었다[白鷄鳴於其下]"는 내용이 있지만, 여기에서는 생략되었다. 닭이 금궤가 걸려 있는 나뭇가지 바로 아래에서 울고 있던 연유로 시림의 명칭을 계림으로 바꾸었기 때문에 내용 전개상 필요한 부분인데 생략된 것이다.

시림을 고쳐 계림이라고 했는데 改始林爲鷄林
이로 인해 계림이 국호가 되었다. 因以爲國號
【136】

위와 같이 기록되어 있다. 또한 월성석씨 세보에 실린 왕위의 변천을 발췌하면 다음과 같다.

석씨 시조 탈해왕이 재위 34년에 훙거하자, 한의 선제宣帝[64] 건초建初[65] 5년(80)에 박씨 사파왕娑婆王이 왕위에 오르고, 재위 23년에 박씨 지마왕祇摩王[66]이 왕위를 계승했다. 박씨 일성왕逸聖王[67], 박씨 안달라왕安達羅王을 거쳐, 한의 영제靈帝[68] 중원中元 원년元年(184)에 석씨 벌휴왕伐休王[69]이 왕위에 올랐다. 석씨

---

63 『삼국사기』에는 바로 앞에 "금궤에서 나왔기 때문에 성을 김씨라고 했다[以其出於金櫝 姓金氏]"는 내용이 있지만 여기에서는 생략되었다. 성명의 유래를 밝히는 부분으로 내용 전개상 필요한 부분인데 생략된 것이다.
64 '장제(章帝)'의 오기로 보인다. 장제는 중국 후한의 제3대 황제(57~88, 재위 75~88). 학자들을 백호관(白虎觀)에 모아 오경(五經)의 이동(異同)을 토론하게 했고 도량이 넓은 정치를 폈으며, 서역 경략(西域經略)을 시도했다.
65 중국 후한 장제 때의 연호(76~84). 장제의 첫 번째 연호이다.
66 신라 제6대 왕(재위 112~134). '지마이사금(祇摩尼師今)'이라고도 부른다. 전왕 사바왕(娑婆王)의 적자로 비(妃)는 김씨 애례부인(愛禮夫人)이다. 115년(지마왕 4)에 가야가 내구(來寇)하여 황산(黃山)에서 싸웠는데 이때부터 두 나라 사이에 싸움이 그치지 않았다. 121년(지마왕 10)에는 동변(東邊)에 왜구(倭寇)가 넘나들어 123년(지마왕 12)에 왜국과 강화를 맺었고, 125년에는 말갈의 북변 침입이 있어 백제의 구원을 얻어 이를 물리쳤다. 왕이 승하하자 일성이사금(逸聖尼師今)이 왕위에 올랐다.
67 신라 제7대 왕(?~154, 재위 134~154). 말갈의 침입을 자주 받았으나, 농본국의 정책을 펼쳐 제방을 고쳐 쌓고 농지를 개간하는 한편 백성들의 사치를 금하고 검소한 생활을 장려했다.
68 중국 후한(後漢)의 제12대 황제(156~189, 재위 168~189). 13세의 나이로 즉위한 이후 환관 십상시들이 난립하여 조정을 어지럽게 했으며, 곳곳에서 반란이 일어났다. 특히 184년에 일어난 황건적의 난으로 한때 후한이 멸망할 위기에 놓이기도 했다. 이 밖에 후계자 문제와 궁중 암투에 휘말리다가 사망했다.
69 신라 제9대 왕(?~196, 재위 184~196). 탈해왕의 손자로 처음으로 좌군주(左軍主), 우군주(右軍主)의 군직을 만들어 소문국(召文國)을 정벌했다.

내해왕奈解王[70], 석씨 조분왕助賁王[71], 석씨 첨해왕沾解王[72]을 거쳐, 조분왕의 사위 김씨 미추왕味鄒王[73]이 왕위에 즉위했고 그가 재위 23년에 훙거하자, 진晉의 무제武帝[74] 태강太康[75] 5년(284)에 다시 석씨 유례왕儒禮王[76]이 왕위에 올랐다. 석씨 기림왕基臨王[77], 석씨 흘해왕訖解王[78]을 거쳐 진의 목제穆帝[79] 영화永和[80] 12년(356)에 김씨 내물왕奈勿王[81]이 왕위에 즉위했다. 이후 김씨가 왕위에 오른 것이 34대, 박씨가 왕위에 오른 것이 2대이며, 경애왕景哀王[82] 때 백제왕 견훤甄萱[83]

[70] 신라의 제10대 왕(?~230, 재위 196~230). 209년 포상 팔국(浦上八國)의 침입을 받은 가락국의 요청으로 구원병을 파견하여 이를 물리쳤다. 재위 기간에 여러 차례 백제의 침입을 받았으나 이를 격퇴했다.
[71] 신라 제11대 왕(?~247, 재위 230~247). 감문국(甘文國)을 정벌하여 군(郡)으로 만들고 왜병의 침입을 물리쳤으며, 골벌국(骨伐國)의 항복을 받았다.
[72] 신라 제12대 왕(?~261, 재위 247~261). 사량벌국(沙梁伐國)을 쳐서 통합하고 고구려에 사신을 보내 화친을 맺었으며, 달벌성(達伐城)을 축조하여 백제를 견제했다.
[73] 신라의 제13대 왕(?~284, 재위 262~284). 김씨 왕가의 시조로, 농사를 장려하고 여러 차례에 걸친 백제의 침입을 물리쳤다.
[74] 중국 서진(西晉)의 초대 황제(재위 265~290). 이름은 사마염(司馬炎)으로, 사마소(司馬昭)의 아들, 사마의(司馬懿)의 손자이다. 위(魏)나라 원제(元帝)의 선양을 받아, 낙양(洛陽)을 도읍으로 진나라를 세웠다. 280년 오(吳)나라의 항복을 받아 천하를 재통일했다. 점전법(占田法), 과전법(課田法), 호조식(戶調式)을 공포했다.
[75] 중국 서진 무제 때의 세 번째 연호(280~289).
[76] 신라의 제14대 왕(?~298, 재위 284~298). 286년에 백제와 수교했고, 297년에는 삼한 소국의 하나인 이서국(伊西國)의 침입을 격퇴했다.
[77] 신라의 제15대 왕(?~310). 조분왕의 손자이며 이찬(伊湌) 걸숙(乞淑)의 아들로, 즉위 3년(300)에 왜국과 사신을 교환했고 빈민을 구제하는 등의 선정을 폈다.
[78] 신라의 제16대 왕(?~356, 재위 310~356). 기림왕이 대를 이을 자식이 없이 죽자 대신들의 추대로 즉위했다.
[79] 중국 동진(東晉)의 제5대 왕(재위 344~361). 이름은 사마담(司馬聃)이다. 목제의 재위 기간에 동진(東晉)은 여러 차례 북벌을 추진했다. 347년에는 환온(桓溫)이 사천(四川) 지역에 있던 성한(成漢)을 공격하여 멸망시켰다. 352년에는 은호(殷浩)가 북부군(北府軍)을 이끌고 북벌에 나서 허창(許昌)까지 진격했으나 후진(後秦)의 요양(姚襄)에게 패하고 물러났다. 356년에는 환온이 다시 북벌에 나서 과거 서진(西晉)의 도읍이던 낙양(洛陽)을 점령하기도 했다.
[80] 중국 동진 목제 때의 연호(345~356). 목제의 첫 번째 연호이다.
[81] 신라 제17대 왕(?~402, 재위 356~402). 고대 국가 체제를 갖추고 왕권을 강화했으며, 이 시기에 한자가 처음 사용된 듯하다.

에 의해 멸망했다. 그리고 동생 김부金傅⁸⁴가 왕위에 즉위했다. 경순왕이라고 불리나 재위 9년(935)에 고려에 항복했다. 신라 왕조의 종언을 고한 것이다.

신라가 건국된 때는 전한前漢 선제 오봉 원년(기원전 57)으로 삼국 쟁란爭亂의 시대였으나, 역대 왕권을 전적으로 내치에 썼다. 고구려·백제 양국에 비해 문화의 진보가 현저했으며, 특히 불교의 흥륭에 따라 찬란한 문화가 고구려·백제를 훨씬 능가했다. 박씨 왕이 전후 10왕, 석씨 왕이 전후 8왕, 김씨 왕이 38왕, 합계 56왕, 992년 곧 신라 1,000년의 왕조는 대체로 마음을 민업民業의 발달에 썼다. 한편 인근의 여러 소국小國을 병합하고, 나아가 고구려와 백제를 멸망시켰다. 성덕왕聖德王⁸⁵ 34년(735)에 대동강 이남의 땅은 전부 신라가 영유하게 되었다.

이처럼 신라의 국위가 왕성하여 다른 두 나라를 압도하게 된 것은 지리적 관계가 매우 유리한 것도 하나의 큰 원인이 되었다. 한편 신라의 국체는 조금 독특하여 골족骨族(골족이란, 일종의 혈속적 단체로서 곧 왕종王種이다)에서 나온 자를 왕으로 추대했다. 예를 들면, 왕위가 박씨에서 석씨로, 석씨에서 김씨로, 다시 김씨에서 박씨로 옮겨간 것도 이를 혁명으로 보지 않았고, 큰일이 있을 때에는 골족 간에 화백和白이라고 하는 회의를 열어 이를 의논하는 등 상호 단결력이 가장 공고했던 것이 주된 원인이 되었다고 생각된다. 따라서 동일 왕족 간의 순결을 지키기 위해 극단적인 혈족 결혼을 하고, 이모異母 형제·

---

82 신라 제55대 왕(?~927, 재위 924~927). 신라의 국세가 쇠퇴할 때 즉위하여 왕건(王建)과 견훤(甄萱)의 압박을 받았으며, 즉위 4년(927) 포석정(鮑石亭)에서 연회를 하다 견훤의 습격을 받자 자살했다.
83 후백제의 시조(867~936). 효공왕 4년(900)에 완산에 도읍하고 후백제를 세웠다. 929년 고창(古昌)에서 왕건의 군사에게 크게 패한 뒤 차츰 형세가 기울자 935년에 고려에 항복했다.
84 경순왕(敬順王)으로 신라 제56대 마지막 왕(?~979, 재위 927~935). 경애왕이 죽은 뒤 견훤에 의해 왕위에 올랐으나, 935년 고려 왕건에게 항복했다.
85 신라 제33대 왕(?~737, 재위 702~737). 당나라 문화를 받아들이는 데 힘썼다.

자매, 숙질叔姪 간 등의 근친결혼이 【137】 당시 보통 이루어지던 상태였다. 그러므로 그 성은 박, 석, 김이라고 부르나, 예컨대 박씨 남해왕의 딸을 석씨 탈해왕의 왕후로 삼고, 석씨 2대 강조康造[86]의 딸을 김씨의 시조 김알지[87]의 왕후로 삼고, 박씨 안달라왕의 딸을 석씨 내해왕의 왕후로 삼고, 석씨 흘해왕의 딸을 김씨 실성왕實聖王[88]의 왕후로 삼고, 석씨 조분왕의 딸을 김씨 미추왕의 왕후로 삼는 등 완전히 혈통에서 3씨 사이에 구별이 없던 것이다.

그리고 고려 충렬왕忠烈王[89] 때 칙명으로 동성同姓이 서로 결혼하는 것을 금지한 이후, 박·석·김씨 사이의 혈족 결혼은 점차 사라지게 되었고 다른 성과 어쩔 수 없이 결혼하게 되었다.

석씨 세보에 대해 조사해 보니, 그 후에 다음과 같은 각 성과의 사이에 혼인 관계가 맺어졌다.

개성왕씨開城王氏	남평문씨南平文氏	성산여씨星山呂氏	청송심씨靑松沈氏
분성김씨盆城金氏	인동장씨仁同張氏	전주이씨全州李氏	순흥안씨順興安氏
동래정씨東萊鄭氏	진주강씨晉州姜氏	해주오씨海州吳氏	은진송씨恩津宋氏
경주이씨慶州李氏	성산이씨星山李氏	진주하씨晉州河氏	수원백씨水原白氏
광산유씨光山庾氏	남양홍씨南陽洪氏	청주한씨淸州韓氏	달성배씨達城裵氏
김해허씨金海許氏	김해김씨金海金氏	파평윤씨坡平尹氏	현풍곽씨玄風郭氏
연백정씨延白鄭氏	영양남씨英陽南氏	원주원씨原州元氏	밀양박씨密陽朴氏

---

[86] 『삼국유사』에 따르면, 탈해이사금(脫解尼師今)의 장남의 이름이 강조(康造)라고 기록되어 있다.
[87] 신라 때 경주 김씨의 시조(65~?). 금궤에서 나왔다고 하여 성을 김이라고 했다. 그의 7대손인 미추(味鄒)가 12대 첨해왕의 뒤를 이어 등극함으로써 신라 왕족에 김씨가 등장하게 되었다.
[88] 신라 제18대 왕(?~417, 재위 402~417). 내물왕이 죽자 즉위했으며, 고구려·일본과 수호를 맺었다.
[89] 고려 제25대 왕(1236~1308, 재위 1274~1308). 원(元)나라에 굴복하여 세조(世祖)의 공주를 아내로 맞이했으며, 그 풍습과 문물제도를 받아들이고 원나라의 간섭을 심하게 받았다. 1298년 정치에 염증을 느껴 상왕(上王)이 되었으나, 물러난 지 7개월 만에 다시 왕위에 올랐다.

거창유씨居昌劉氏	대구서씨大丘徐氏	경산전씨慶山全氏	평해황씨平海黃氏
단양우씨丹陽禹氏	고창오씨高敞吳氏	밀성박씨密城朴氏	강릉유씨江陵劉氏
능성주씨綾城朱氏	성주배씨星州裵氏	밀성손씨密城孫氏	김해허씨金海許氏
덕산이씨德山李氏	원주변씨原州邊氏	청도김씨淸道金氏	상주태씨尙州太氏
영천이씨永川李氏	안동권씨安東權氏	영양천씨潁陽千氏	월성최씨月城崔氏
의성김씨義城金氏	죽산박씨竹山朴氏	옥구임씨沃溝林氏	영암김씨靈巖金氏
영산신씨靈山辛氏 【138】			

이상은 주로 야마토 민족의 혈통을 받은 신라 왕 석씨를 중심으로 하여 서술한 것이다. 또한 『삼국사기三國史記』에 기록된 것에 따르면, 탈해왕의 치세에 재상으로 중용된 표공瓢公[90]도 역시 일본인으로서, 멀리 일본해(동해)를 건너 당시 금관국에 상륙한 것이 명료하다. 그리고 근대의 사례로는 임진왜란 때 가토 기요마사加藤淸正를 따라 조선에 건너온 사야카沙也可[91]라는 자가 일본군을 배반하고 그대로 조선에 영주하여, 현재 자손이라고 칭하는 자가 경상북도 달성군 가창면嘉昌面 우록동友鹿洞에 다수 거주하고 있다.

1925년(大正 14) 8월 30일 천황 탄신의 가일佳日을 택해 대구에서 동쪽으로 5리里[92] 떨어진 우록동을 직접 방문하여 그 사적事績[93]을 찾았다. 옛날을 회상할 수 있는 유물은 하나도 없어 완전히 예상을 뒤집었는데, 모하당[94] 실기와 모하당 문집인 목판 2책이 보존되어 있는 것을 발견했다. 모하당 실기의 한 절에는 다음과 같이 기재되어 있다.

---

90 '호공(瓠公)'이 맞다.
91 김충선(金忠善)을 가리킨다.
92 조선 리로는 50리에 해당함.
93 일의 실적이나 공적.
94 김충선을 가리킨다.

읍지邑誌

김공 모하당 충선은 일본인이다.　　　　　　　金公慕夏堂忠善日本人也

본래 성은 사씨沙氏이고　　　　　　　　　　　　　　　　本姓沙氏

이름은 야카也可이다.　　　　　　　　　　　　　　　　　名也可也

어렸을 때부터　　　　　　　　　　　　　　　　　　　　年自齠齔

항상 '예의의 나라禮儀之邦(조선)'에 태어나길 소원했는데

　　　　　　　　　　　　　　　　　　　　常願生於禮儀之邦

의관과 문물의 교화[(소)중화의 교화]에 젖어 들었다.　沾於衣冠文物之化矣

만력 임진년에 거짓으로 기뻐하며　　　　　　　　萬曆壬辰佯若欣

(가토 기요마사의) 우선봉장이 되어　　　　　　　　然爲右先鋒將

그 병사 3,000명을 데리고　　　　　　　　　　　　　　以其兵三千

경상좌도병마절도사 김응서金應瑞[95]에게 귀화했다.

　　　　　　　　　　　　　　　　　　　歸和於慶尙左兵使金應瑞

---

[95] 평민 신분으로 평안도 용강(龍岡)에서 거주하던 1583년(선조 16) 별시 무과에 급제했다. 1588년(선조 21) 감찰(監察)이 되었으나 집안이 미천하다는 이유로 파직되었다. 1592년(선조 25) 임진왜란이 일어나자 다시 기용되었고, 이해 8월 조방장(助防將)으로 활약했다. 1593년 1월에는 명나라 이여송(李如松)의 원군과 함께 평양성 탈환에 공을 세워 전라도병마절도사가 되었다. 1594년 울산에서 가토 기요마사(加藤淸正)를 만난 후, 가토가 송상현(宋象賢)의 죽음을 의롭게 묘사하며 집안사람이 시체를 거두어 반장(返葬)하도록 허락했기에 경내를 벗어날 때까지 호위했고, 유민들이 길에서 옹위하여 울며 전송했다는 사실을 조정에 보고했다. 이후 선조(宣祖)는 김응서로 하여금 송상현의 관을 찾아오라 했고, 이를 성사시켰다. 1597년(선조 30) 도원수 권율(權慄)로부터 의령의 남산성(南山城)을 수비하라는 명을 받았지만 불복하여 강등되자 면직된 채 종군(從軍)했다. 이때 울산의 1차 도산성전투에 참전하여 밤마다 투항한 일본군을 거느리고 나아가 많은 왜적을 참획했고, 경리(經理) 양호(楊鎬) 등에게 공을 인정받았다. 그 후 다시 당상(堂上) 품계를 제수받았으며, 중영장(中營將)의 직책에서 공을 세워 복직되었다. 1598년 9월에는 2차 도산성전투에 마귀(麻貴)의 동정군(東征軍) 일원으로서 5,500명의 군사를 이끌고 경주를 출발하여 참전했다. 이때 먼저 동래의 적군을 격파하고 울산과 부산 사이 적의 연락선을 차단했으며, 이어서 치열한 전투로 적에게 타격을 주고 적에게 잡혀 있던 조선인 1,100여 명을 구출했다. 1599년(선조 32) 1월 경상좌도병마절도사로 부임하고, 이해 5월 울산도호부사를 겸임했는데, 부모의 무덤을 돌보기 위해 누차 사직을 요청하여 10월에 체직(遞職)되었다고 한다. 1603년(선조 36) 충청도병마절도사로 군졸을

응서가 임금에게 아뢰어 올리자	啓達
선조가 불러서 맞이하며	宣廟引見
특별히 가선계에 제수했다.	特除嘉善階
명나라 장군 이여송이	天將李如松
증성(울산왜성)전투를 지휘할 때	節制甑城之戰
적의 머리 수백여 개를 베었는데	斬賊數百級
일이 조정에 알려져	事聞于朝
임금이 특별히 김충선이라는 성명을 내리고	上特賜姓名金忠善
그의 무리를	命領其衆
수어호위[96]의 친군에 속하도록 명했으며	屬於守禦扈衛親軍
우리 조정의 관복과 청포 3,000필을 주었다.	賜我朝冠服與青布三千疋
조선은 본래 조총, 화약이 없었는데	我國本無鳥銃火藥
이에 별도로 훈련도감을 새로 설치하여	而別設訓局創造
조총과 화약이 이로부터 비롯했다.	鳥銃火藥自此始
갑자년(1624) 역도 이괄李适의 난에	甲子逆适之亂
부장 서아지徐牙之라는	副將徐牙之
용력이 있는 자가 도망치는데	有勇力遁逃

학대하고 녹훈(祿勳)에 부정이 있어 파직되었다가, 1604년 전공을 인정받아 포도대장 겸 도정(捕盜大將兼都正)이 되었으며, 9월에 다시 경상좌도병마절도사 겸 울산도호부사에 임명되었지만 곧 다시 체직되었다. 그 후 1616년(광해군 8)에는 함경북도병마절도사, 2년 뒤에는 평안도병마절도사가 되었다. 명나라가 건주위(建州衛)의 후금(後金)을 정벌하기 위해 원병을 요청하자, 평안도병마절도사로 부원수가 되어 원수 강홍립(姜弘立)과 함께 출전했다가 강홍립과 함께 잔여 병력을 이끌고 후금에 투항했다. 포로가 된 뒤 적정을 탐지한 기록을 보내려고 하였으나 강홍립의 고발로 탄로 나 처형되었다.

96 실제 수어청(守禦廳), 호위청(扈衛廳)은 모두 인조 대에 설치되었다. 즉 수어청은 오군영의 하나로, 남한산성을 지키고 경기도 광주, 죽산, 양주 등지의 여러 진(鎭)을 다스리던 군영(軍營)으로서 인조 4년(1626)에 설치되었다. 또한 호위청은 궁궐을 지키는 일을 맡아보던 군영으로, 인조 원년(1623)에 설치되었다.

감히 붙잡을 사람이 없었다.	人莫敢捕
이에 김충선이 추격하여	而金公忠善追
영남의 궁벽한 시골에서 베어 버렸다는	斬嶺南藪
공적에 대한 이야기도 있다.	獻于云云[97]

즉 이상의 실기에 따르면, 임진왜란 때 김충선은 22세로 "명분 없는 군사를 내는 것은 이웃 나라에 화가 되는 데 지나지 않는다. 오히려 조선의 예악禮樂·문물文物을 보아야 한다"고 하며, 【139】 영유하는 곳에서 3,000명의 병사를 거느리고 경상좌도병마절도사 김응서金應瑞에게 항복하고 조선군을 위해 여러 차례 일본군과 싸웠다. 또한 김충선은 조총을 잘 쏘며 이를 조선에 전했기 때문에 특별히 가선대부嘉善大夫[98]를 받았다. 그 후 평안병마절도사 이괄李适의 논공論功에 불평을 품고 반란한 부장副將 일본인 서아지徐牙之가 귀화 일본인 130명을 거느리고 선전善戰하면서 필적할 만한 이 없이 승승장구하며 개성을 거쳐 강도江都[99]로 들어와 이에 조야朝野에서 깜짝 놀랐는데, 김충선이 그와 싸워 이겨서 용명勇名을 떨쳤다. 더욱이 병자호란 때 쌍령雙嶺에서 죽이고 싸우며 분투하여 청국 군사를 패배시키고 크게 조선군을 위해 기염을 토했다. 이를 마지막으로 대구에서 동남쪽으로 5리 떨어진 우록동友鹿洞에 은둔하며, 인동장씨仁同張氏 춘점春點의 여식을 맞이하고, 또 후처로 청도김씨淸道金氏를 맞이했다. 아들 다섯을 낳고 이후 자손이 더욱 번창하여, 현재 우록동에 거주하는 자가 65호 400명, 경남 김해에 30호, 경북 김천 및 청도에 있는 자가 약 30호, 전남 장수에 있는 자가 약 50호, 기타 곳곳에 있는 자를 포함하

---

[97] 모하당 실기 목판본 원문에는 '獻于朝云云'이라고 되어 있다.
[98] 조선시대에 둔 종2품 문무관의 품계. 가의대부의 아랫급으로, 태조 원년(1392)에 설치했으며 고종 2년(1865)부터 문무관, 종친, 의빈(儀賓)의 품계로도 썼다.
[99] 4도(四都)의 하나. 지금의 강화(江華).

면 약 300호 1,000 수백 명에 달한다.

종가宗家 김석우金錫禹 방에 보관된 족보에 대해 혼가婚家처를 조사하면 다음과 같다.

영일정씨迎日鄭氏	안동김씨安東金氏	진해김씨鎭海金氏	고성이씨固城李氏
옥산전씨玉山全氏	여흥이씨驪興李氏	평산신씨平山申氏	대구서씨大丘徐氏
밀양박씨密陽朴氏	월성이씨月城李氏	경주이씨慶州李氏	남양홍씨南陽洪氏
전주이씨全州李氏	인천채씨仁川蔡氏	단양우씨丹陽禹氏	의성김씨義城金氏
벽진이씨碧珍李氏	은진송씨恩津宋氏	고령김씨高靈金氏	성주여씨星州呂氏
경주이씨慶州李氏	인동장씨仁同張氏	일직손씨一直孫氏	중화양씨中和楊氏
재령이씨載寧李氏	반남박씨潘南朴氏	죽산박씨竹山朴氏	순천박씨順天朴氏
청도김씨淸道金氏	아산장씨牙山蔣氏	의흥예씨義興芮氏	함안조씨咸安趙氏
인천이씨仁川李氏	김해허씨金海許氏	경주김씨慶州金氏	창녕조씨昌寧曺氏
영월엄씨寧越嚴氏	달성배씨達城裵氏	현풍곽씨玄風郭氏	평원임씨平源林氏
성주도씨星州都氏	청주김씨淸州金氏	완산이씨完山李氏	여흥민씨驪興閔氏
초계정씨草溪鄭氏	성산여씨星山呂氏	봉화금씨奉化琴氏	능주구씨綾州具氏
성주배씨星州裵氏	연안이씨延安李氏	청송심씨靑松沈氏	거창신씨居昌愼氏
해풍김씨海豊金氏	영산김씨永山金氏	충주박씨忠州朴氏	선산김씨善山金氏
예천임씨醴泉林氏	서산유씨瑞山柳氏	축산전씨竺山全氏	파평윤씨坡平尹氏
진주강씨晉州康氏	남원양씨南原梁氏	제주고씨濟州高氏	청주한씨淸州韓氏
합천이씨陜川李氏	하양허씨河陽許氏	남평문씨南平文氏	삼척박씨三陟朴氏
덕수이씨德水李氏	나주임씨羅州林氏	풍천노씨豊川盧氏	안음서문씨安陰西門氏
밀양손씨密陽孫氏	옥천육씨沃川陸氏	평산신씨平山申氏	안동권씨安東權氏
신천강씨信川康氏	천안전씨天安全氏	창원황씨昌原黃氏	신안생씨新安生氏
고양은씨高陽殷氏	강화노씨江華魯氏	분성김씨盆城金氏	김녕김씨金寧金氏

거창유씨居昌劉氏   영산신씨靈山辛氏   연안차씨延安車氏   용궁전씨龍宮全氏

행주은씨幸州殷氏   창녕성씨昌寧成氏   【140】

　이처럼 90성에 달한다. 그 밖에 임진왜란 당시 재상이던 유서애柳西厓[100]의 진중일기陣中日記의 한 절에, 용산의 일부에서 다수 일본군 상병傷病兵[101]을 요양한 것은 군량軍糧의 영향이었다는 기사가 있다. 또는 용산 이태원梨泰院의 부락민이 오랜 세월 동안 일본인의 자손으로서 특별한 대우를 받아 왔다는 말도 있다. 열거하면 이 외에도 사회의 구비口碑에 나타나지 않는 수많은 귀화·이주 사실이 있다. 따라서 현재의 조선 민족 중 수많은 야마토 민족의 자손이 번영하고 있는 것을 긍정할 수 있다. 특히 신라 석씨를 중심으로 하여 나누어진 혈족 관계, 김충선의 자손을 둘러싼 혼인 관계 등에 대해 한번 생각해 보면 어떻게 내선인을 구별할 수 있는가. 어떠한 근거에 따라 양자를 판별할 수 있는가 하고 주장하지 않을 수 없는 것이다. 【141】

　요컨대 지금까지 내가 기록한 것을 종합해 보면, 내선 민족은 원래 동종동근이고 중국 민족과 같이 동일 국내에서 민족을 달리하는 것이 아니라 북중국 및 몽골족과 똑같이 북부 몽골 종족에 속하는 동일 종족이다. 더욱이 유사有史 이후의 상호 귀화 상황에 비추어 봐도, 두 민족의 자손은 서로 완전히 혼효하여 도저히 이를 구별하는 것이 어려운 상태이다. 현재 일본인 중 문관·무관으로서 국가의 중요한 정무에 참여하는 인물 중에도 그다지 멀지 않은 연대의 조선 민족을 선조로 하는 인물이 적지 않은 실황이다. 그렇기에

---

100 유성룡(柳成龍)이다. 조선 선조 때의 재상(1542~1607)으로, 자는 이현(而見), 호는 서애(西厓)이다. 이황의 문인으로, 대사헌·경상도 관찰사 등을 거쳐 영의정을 지냈다. 임진왜란 때 이순신(李舜臣)과 권율(權慄) 같은 명장을 천거했으며, 도학·문장·덕행·서예로 이름을 떨쳤다. 저서에 『서애집(西厓集)』, 『징비록(懲毖錄)』, 『신종록(愼終錄)』 등이 있다.
101 싸움터에서 병들거나 다친 군인.

기리하라桐原¹⁰² 의학박사가 연구·발표한 혈청학血淸學¹⁰³에서 본 일본과 그 주위 민족이 중국 중앙보다 북부 만주에서, 북부 만주보다 조선에서, 조선 서·북부보다 조선 남부에서 인종계수人種系數가 점차 농후해진다고 설명한 것은 우연히도 이상의 사실을 화학적으로 증명하는 것이다.

그러므로 단순히 지형의 변동과 시일의 경과에 따라 풍속·습관을 달리해 온 두 민족이 병합 후 오늘날 또 서로 자기가 가장 우량한 민족이라 하며 다른 민족을 배제·배척하는 것은 생각지 못한 심한 것이다. 이와 같은 인물은 마땅히 두 민족의 번영을 위해 속히 반성할 필요가 있다. 그리하여 나는 한일병합을 역사상의 일대 사건으로서 특필하기보다도, 오히려 일본 내지의 왕정복고에 의한 폐번치현廢藩置縣, 조선 내지의 삼한 통일, 삼국의 합병과 통일을 인정할 만한 것이라고 생각하는 것이다. 따라서 우리 내선 두 민족이 오늘날 서로 질시·반목하는 것은 소위 형제가 담을 쌓는 것으로, 결국 외부로부터 모멸을 부르고 나아가 천만년의 후회를 낳지 않겠는가 우려하는 것이다.

그리고 이상의 사실史實에 비추어 볼 때, 오늘날 서로 내선융화 또는 공존공영을 말하는 것은 두 민족 간의 특별한 관계, 두 민족 간의 뗄 수 없이 밀접한 사실史實을 무시하는 말로, 오히려 지금 우리는 마땅히 동종동근인 저 옛날로 돌아가야 한다고, 원래로 돌아가야 한다고 나는 외치고 싶다. 그리고 그 범위를 다시 북중국과 몽골로 연장하여, 참된 동일 민족 간의 대동단결을 실현하고 세계로 웅비하는 날이 도래할 것을 빌어 마지않는다. 현재 제국이

---

102 기리하라 신이치(桐原眞一)는 경성의학전문학교 외과교실 교수였다. 1922년 제자 백인제(白麟濟)와 조선 거주 일본인의 인종계수는 1.78인 데 비해 조선인은 평균 1.07로 나왔다고 발표했다. 기리하라 교수는 일본인이 조선인보다 서구에 가깝다는 사실을 내세워 '탈아입구(脫亞入歐)' 논리를 두둔하는 동시에, 경기(1.00)나 평북(0.83)보다 전남(1.41)은 일본과 유사성을 보인다며 '내선일체(內鮮一體)'의 당위성을 시사했다. 그러나 이는 과학적 근거가 없음이 밝혀졌다.
103 항원 항체 반응을 연구하는 학문. 면역학의 한 분야이다.

만주에서 특별한 지위를 획득하고, 한편 몽골 종족이 자진하여 우리에게 접근해 오는 것은 결코 우연이 아니고 그 유래가 깊은 것은 특히 우리 내선인이 유의해야 할 점이다. [1928년(昭和 3) 8월 16일 경성 영락정永樂町 관사官舍에서]【142】

26

하시 모리사다 土師盛貞[1]

정당정치와
조선 문제

정당정치와 조선이라는 관계를 널리 일반적으로 보면, 대체로 세 가지 경우를 상상할 수 있다. 첫 번째는 조선 재주민(조선인, 일본인)이 참정권을 가지고 조선의 독자적인 의회에 의원을 보내 조선의 정치에 참여하는 경우이다. 두 번째는 조선 재주민에게 참정권이 있으나 별개의 의회를 가지지 않고 내지의 제국의회에 의원을 보내, 즉 내지와 일체가 되어 정치에 참여하는 경우이다. 세 번째는 조선 재주민이 전혀 참정권을 가지지 않고, 따라서 어떠한 의회에도 의원을 보내는 일 없이 내지 선출 의원만으로 구성된 제국의회의 협찬協贊에 따라 조선정치가 행해지는 경우이다.

---

[1] 하시 모리사다에 대해서는 부록 「주요 인물 소개」란을 참고할 것.

첫 번째는 세상에 조선의회 설치론으로 논해지고 있는데, 그 의회의 권한이 어떤가에 따라서는 소위 조선자치로도 될 수 있다. 이 경우에는 직접적으로는 이 조선의회를 상대로 하여 행정을 행하는 정부[官府]가 생겨야 한다. 그것과 의회와의 관계는 마치 내각이 제국의회에 대하는 것과 유사한 관계가 되는 것이다. 따라서 조선 자체에서 정당을 만들고 정당정치의 면모를 보일 것은 상상하기 어렵지 않다. 더욱이 그 정당은 내지 정당과 연계를 가질지도 모르지만, 직접적인 관계가 없을 수도 있다. 두 번째의 경우는 소위 내지연장의 참정권 제도로, 이 경우에도 정당 관계가 나타나는 것을 상상할 수 있지만 대개 내지와 조선이 일체된 정당 관계일 것이다.

첫 번째와 두 번째의 경우에 소위 참정권 문제, 즉 참정권을 조선 재주민에게 부여해야 하는지 아닌지, 부여해야 한다면 언제부터 또 어떠한 형식에 따라 부여해야 하는지, 또한 참정권이 부여되는 경우 어떠한 정당적 파문이 조선에 일어날 것인지 하는 문제는 매우 중요하고 흥미로운 문제이다. 그러나 필자가 여기에서 언급하고자 하는 것은 이러한 문제가 아니다.【143】

앞에서 서술한 첫 번째와 두 번째의 경우에 조선정치가 정당정치화하는 것, 즉 이러한 경우 조선에도 공공연하게 정당이 존재하여 활동하게 되는 것은 근본적으로 정당을 무용하다고 하여 부인하지 않는 한 이론상 유력하게 반대할 수 없다고 생각된다.

그렇다면 세 번째의 경우, 즉 조선 재주민에게 어떠한 형식의 참정권도 없고 내지에서만 의원이 선출되는 제국의회의 협찬에 따라 조선의 행정이 행해지는 경우에 정당과 조선의 관계는 어떻게 될까. 조선통치는 정당정치의 권외圈外에 놓이지 않으면 안 되며, 정쟁政爭의 파랑波浪을 조선에 미치게 해서는 안 된다는 언설은 누구이 들어 왔고 듣는 이도 이를 무조건적으로 수긍하여 굳이 이의를 제기하지 않았다. 그러나 나는 이에 대해 조금 의문을 품고 있다. 조선 문제는 과연 논자가 말하는 것처럼 정당정치를 초월하지 않으면 안 되는 것이고, 또 이를 초월할 수 있는 것일까. 이 글은 학구적으로 이 문제를 바라보아 비견鄙見을 조금 서술하려고 하는 것이다. 물론 지금 현실 정당정치가 군자의 다툼인지, 서투른 연극과 비슷한 것인지 하는 점을 보려는 것도 아니고, 또 특정 정당의 조선에 대한 구체적 정책을 비평하려고 하는 것도 아니다. 다만 일반적 이론상의 문제로서 고찰을 시도하여 식자의 가르침을 구하고자 하는 것이다.

조선 문제는 정당을 초월하여 정쟁 권외에 있지 않으면 안 된다고 하는 설이 보통 이유로 하는 것은 조선 문제가 실로 일본의 중요한 문제라고 하는 점에 있다. 또한 보통 표면상으로는 드러나지 않지만, 이 설의 기초가 되는 다른 한 가지 이유는 정당에 의한 정치가 수많은 폐해를 수반한다는 것을 인정하는 데 있는 듯하다. 즉 일괄하여 말하면 정당정치는 당쟁이고 당원의 이득 획득 운동 등에 따라 수많은 폐해를 양성하는 것인데, 중요한 조선 문제를 이러한 당쟁의 도구로 하는 것은 국책상 좋지 않다는 것이다.

조선 문제가 중요한 것은 완전히 동감하며, 그 중요성을 인식하는 정도에서는 결코 남에게 뒤지지 않는다. 그러나 중요한 사항이라면 왜 정당정치의 목적이 될 수 없는 것인가. 아니, 중요하다면 도리어 더욱 입헌제도의 중요 산물인 정당정치가 필요한 것이 아닌가. 또한 조선 문제가 아무리 중요하다고 해도 일본의 유일한 중요 문제는 아니다. 내지의 【144】교육·산업·교통 등 제반 사물도 똑같이 중요하다는 것에 아마 누구도 이의는 없을 것이다. 그런데 내지의 이러한 문제는 정당정치의 목적으로 하면서, 오직 조선에 관련한 여러 문제만 정당을 초월해야 한다는 것은 어째서인가.

이에 정당의 필요론에 대해 조금 말하지 않을 수 없다. 다만 필자가 새삼스럽게 여기서 정당의 발생 유래와 그 존치 필요 여부를 논하려고 하는 것은 아니다. 위에서 든 논자가 만약 정당을 지목하여 결국 폐해를 양성하는 것이라고 인정하여 움직이지 않는 것이라면, 오직 조선 문제를 정당의 정쟁으로부터 초월하게 할 뿐만 아니라 내지의 제반 행정 모두를 정당정치로부터 분리하지 않으면 안 된다. 대저 현대의 정치사상에서 말하면, 입헌정치에서 정당의 현출現出은 부정할 수 없는 것이다. 즉 정당의 건전한 발달, 최선의 운용은 입헌정치국의 목표이며, 모든 국책은 정당정치에 따라 선처되어야 한다. 다만 정당 무용론자라면 일단은 그 설에 귀를 기울여야 하겠지만, 정당을 근본적으로 부인하지 않는 이상 내지의 여러 문제에 대해서만 이를 인용하고 오직 조선 문제만 정당정치를 초월해야 한다는 것은 분명히 모순된 설이라고 할 수 있다.

그러나 다시 한 걸음 나아가 생각건대, 조선 문제는 정당 관계를 떠나 고려해야 한다고 하는 설은 외교 문제에 대해 단순히 거국일치擧國一致를 기대하는 논리와 동일한 필법筆法에 따르는 측면이 없지 않다. 즉 내정에 대해서는 정쟁을 한다고 해도, 외교 문제에 대해서는 정당을 초월하여 일치하지 않으면 안 된다고 하는 것이다. 조선 문제에 대해서도 마찬가지가 아닐까 하고 생각한다.

외교 문제에 대해 가능하면 국민 여론을 일치시키는 것은 매우 바람직한 일이고, 조선 문제에 대해서도 마찬가지이다. 그러나 이는 내정 문제에 대해서도 역시 실로 완전히 마찬가지라고 말할 수 있다. 그런데 많은 사람이 내정에 대해서는 의견의 차이가 생기고 정당의 분파가 생기는 것을 용인하면서도, 외교에 대해서는 오직 한 가지로 여론이 일치되기를 기대하는 것은 이 또한 논리가 일관되지 않는 것이다. 생각건대 이는 내정과 외교 양자가 완전히 별개로 독립된 천지天地에 속하는 것이고, 양자가 상호 동떨어진 것이라는 전제에 따른 것이 아닐까.【145】

대저 일국의 국무國務는 이를 내정과 외교로 크게 구별할 수 있다. 그러나 이는 분류로서 구별할 수 있다는 것이지, 양자 사이에는 매우 밀접한 관계가 있고 양자는 정책의 실행상 반드시 일목요연하게 분리될 수 있는 것이 아니다. 내정의 국제화가 점차 현저해지고 있는 오늘날에는 특히 그러하다. 또한 이를 행정상·정치상의 조직으로 말해도, 입헌정치국의 상태常態[2]로서 내각이 책임을 지고 수행하는 국정 가운데에는 당연히 내정과 외교 양자가 포함되어 있다.

더욱이 내각의 이에 대한 책임은 양자 사이에 결코 경중의 차이가 없고, 양자에 대한 각각의 책임이 전부 내각에 귀속되는 것이다. 책임의 귀속이 이미 이와 같다면, 내각은 내정과 외교 어느 쪽인지 불문하고 그 소신으로 국무 수행을 담당해야 하는 것은 당연한 이치이다.

더욱이 나아가 말하면, 내각의 배경을 이루는 정당의 주의·주장은 당연히 내각의 내정과 외교상에 영향을 미치지 않을 수 없어, 이 점에서도 내정과 외교 사이에 어떠한 차별이 있을 수 없다. 그러므로 정당내각의 경질更迭로 인해 내정뿐만 아니라 외교 정책상에도 부득이하게 다소의 변혁이 있는 것은 이상한 일이 아니다. 따라서 내각 경질에 따른 내정상의 방침 변경을 시인하면서, 외교만은 일정불변해야 한다는 것은 이 또한 비논리적이라고 말할 수 있다.

의회의 어머니라고 불리며 걸핏하면 일본 정치가에 의해 인용되고 거의 맹목적으로 모방되고 있는 영국 정계는 어떠할까. 보수당, 자유당 모두 그 전통적인 주의·방침이 내정뿐만 아니라 외교 방면에서도 나타나, 정권의 추이에 따라 외교 정책에도 상당한 변혁을 가져오고 있는 것은 특별히 이상하게 여겨지지 않고 있다. 비교적 근래 정계에 대두하여 마침내 정권을 잡은 노동당의 내각 당시에는 노농러시아를 승인하여 크게 교류에 힘썼고, 동양에서는 싱가포르의 해군 근거지 방기放棄를 단행하여 외교상 어느 정도의 충격을 주었다. 그런데 그 후의 보수당 내각에서는 소비에트 러시아와의 통상을 단절하고, 싱가포르의 근거지는 복구를 계획하게 되었다. 재작년 중국 문제에 대해서도 영국 내각은 보수당의 강한 주장을 배경으로 하여 멀리 중국 출병을 감행했는데, 재야의 노동당은 강경하게 출병 반대의 태도를 보였다. 이처럼 정당정치는 당연히 외교에도 영향을 미치고, 적어도 국정 가운데 그 목표로 하지 않는

---

2   보통 때의 모양이나 형편.

것은 없다. 여러 가지 모범을 영국에서 취하고 영국의 실례를 금과옥조로 여기는 일본에서 왜 외교에 대해서만 맹목적인 일치를 요망하는 것일까.

이를 요컨대 정당정치의 목표를 【146】 내정에 한정해야 한다고 하고, 외교는 중요하기 때문에 정당을 초월해야 한다고 하는 것이다. 이는 형식적으로 정당정치의 이론에 위배될 뿐만 아니라 정당정치의 상례常例에도 반하는 것이다. 실질적으로 이를 관찰하면 일본 국민이 아직 충분히 정당정치의 본령本領[3]을 이해하지 못하여, 정당은 국민 실생활의 필요물이 아니라 일부 취미와 도락道樂을 위해 존재하는 것처럼 생각하는 경향이 있는 것을 볼 수 있다.

정당정치와 외교의 관계에 대한 설명은 쉽게 이를 정당정치와 조선 문제의 관계에 원용援用할 수 있다. 조선 문제는 내정 문제이고 외교 문제가 아니다. 가령 외교 문제에 준하는 것이라고 해도 앞에서 서술한 것처럼 정당정치와 관계가 없을 수 없다. 하물며 분명히 내정에 속하는 경우, 과연 정당을 초월하여 이것과 관계가 없다고 할 수 있을까. 또한 관계가 없을 수 있을까. 나는 이론상 그렇지 않다고 믿는다.

즉 조선 재주민 자체에게 참정권이 없어도, 조선 제반 행정이 제국의회의 협찬에 따라 행해지고 또 일본 의회에서 정당정치가 행해지는 이상, 조선에 대한 정치만이 정당을 초월하여 행해져야 한다는 것은 도저히 납득할 수 없다. 이뿐만 아니라 정당정치 그 자체를 부인하지 않는 이상, 정당정치에 따르는 것이 조선 문제의 선량한 해결을 위해서도 필요하고 적어도 유리하다고 믿는다. 본디 이는 이론적 사색思索의 결론이고 또 이상이다.

그렇다면 실제 정당정치에서 조선 문제는 어떻게 취급되고 있는가. 일본의 각 정당은 중요 문제의 하나로서 조선에 대해 주도면밀한 연구를 하여 이에 관련한 정책을 수립하고 그 실현에 힘쓰고 있는가. 매우 유감스럽지만 정당이

---

[3] 근본이 되는 강령(綱領)이나 특질.

정당으로서 이 문제에 무관심한 것이 외교 문제 이상이고, 정당이 내건 주의·강령, 또는 정당이 발표한 성명 등에서는 내가 과문해서인지 몰라도 아직 일찍이 조선에 대해 철저한 주의·정책이 주장된 것을 들은 적이 없다. 세간에는 조선 문제가 중요하다는 소리가 드물지 않게 들려오는데도, 또한 이론상 조선 문제가 정당정치를 초월할 수 없는데도, 정당 활동의 실제에서 이처럼 무관심한 것은 어째서인가. 나는 대체로 다음과 같은 점에 기인한다고 본다.

(1) 일본의 정당정치는 현재 국민의 실생활과는 반드시 일치·적응하지 않는 경향이 있고, 일부 사람들의 정치운동 욕구 충족을 위해 【147】 운용되는 경향이 있다. 정쟁은 주의·사조의 다툼이라기보다도 투표 획득을 위해 하는 다툼인 색채가 강하다.

(2) 그런데 선거권자, 특히 보통선거 시행 이전의 유권자는 일반적으로는 조선에 대한 지식이 빈약하고 조선 문제에 주의하는 정도가 비교적 적다. 그러므로 정당 운용자가 많은 투표를 획득하기 위해서는 유권자에게 친숙하지 않은 조선 문제 등보다도, 개인적 또는 지방적 이해관계가 있는 철도·도로·교육·경제 등의 문제로 유인하는 것이 득책이다. 따라서 정당이 조선 문제 등을 거론하며 노력하는 것은 특별한 사정에 따라 당략黨略상 필요한 경우가 아니고서는 보통 현실과 거리가 먼 감이 있다.

(3) 조선 문제가 선거법 시행 지역 내의 지방적 문제가 아니라는 사실 이외에, 조선 문제가 물질상의 이익을 떠난 정신상의 문제인 색채가 강한 것도 확실히 정당이 충분히 주의하지 않는 하나의 원인이라고 생각된다. 생각건대 본디 일본 의회와 정당이 이전부터 정쟁의 목적으로 삼는 것의 대부분은 물질적인 문제로, 지방적 물질상의 이해를 떠난 순수한 정신적인 문제는 매우 적다.

가까운 예를 들어 말하면, 지난날 의회에 제안된 공창公娼 폐지 법률안처럼 그 안의 적부適否는 별도로 하고 여하튼 일본 사회문제로서 인도人道상 중요한 사항인데도 일반적으로는 오히려 냉소를 머금고 바라보고, 이에 대해 정당은 당의黨議로 일정한 방침을 처리하지 않고 자유 토의에 방임한 것은 분명히 그러한 사정을 말해 준다. 만약 공창 문제가 유권자의 투표에 영향 있는 것이었다면, 아마 정당은 이를 자유 토의에 방임하지 않았을 것이다.

이상으로 나는 우선 정당정치와 참정권이 없는 조선의 관계를 이론적으로 서술했다. 다음으로 실제 현상은 꼭 이 이론에 합치되지 않는 것과 왜 그러한지에 대해 의견을 서술했다. 그렇다면 장래에는 어떻게 변해 갈 것인가. 또는 지금 상태로 지나갈 것인가.

이 글은 이론을 서술하는 것을 주된 목적으로 하므로 장래에 대한 소감을 굳이 설명하지 않겠다. 하지만 요컨대 내가 서술한 이론이 옳다고 해도, 위에서 든 것과 같은 원인이 계속 잠재한다면 현 상태에서 특별한 변화가 있으리라 기대할 수 없다. 이에 반해 국민의 정치사상이 향상하여 정당정치가 취미·도락의 대상물에서 국민 실생활의 필요물로 바뀌고, 정쟁의 목적도 지방적 이해 등에【148】한정되지 않고 순수한 정신적인 문제에도 미치는 상황이 된다면, 조선 문제에 대한 주의의 정도도 달라지고 실제 책략도 결코 구태舊態를 묵수墨守[4]하지 않을 것이다. 특히 한마디 덧붙이지 않을 수 없는 것은 보통선거의 실시가 이 변천에 영향을 줄 것이라는 점이다.

제1회 보통선거 실시 후 아직 얼마 지나지 않아 그 실적을 비추어 볼 것도 없지만, 예상으로는 보통선거가 유권자에게 크게 새바람을 일으켜 여러 가지 방면에서 면목을 갱신하는 분위기가 나타나리라 기대된다. 그중에서 조선 문제도 이와 관련한 지식이 보급되고 주의가 환기되는 동시에, 정당 사이에서도 반드시 이 문제를 언제까지나 운연과안雲煙過眼[5]의 태도로 취급하지 않게 되리

---

[4] 제 의견이나 생각 또는 옛날 습관 등을 굳게 지킴. 중국 춘추시대 송나라의 묵자(墨子)가 성을 잘 지켜 초나라의 공격을 아홉 번이나 물리쳤다는 데서 유래한다.
[5] 구름이나 연기가 문득 눈을 지나 사라진다는 뜻으로, 사물이 순식간에 사라짐을 비유적으로 이르는 말.

라 믿는다.

그런데 이때 특히 주의해야 할 것은 소위 무산정당과 조선 문제의 관계이다. 원래 조선 문제는 사회 계급투쟁 사상 분자分子를 포함하지 않는 것도 아니나, 결코 그 전부를 단순한 사회문제로 보는 것도 아니다. 그러나 조선 문제와 사회문제는 일맥상통하는 점을 가지고, 그 결과 조선 문제는 사회운동자의 목표가 되기 쉬워, 현재 두세 개의 무산계통 단체에서 발표한 강령 중에 조선 문제에 대한 어떤 주장이 포함된 것을 볼 수 있다. 앞으로 이들 단체가 조선 문제에 대해 어떠한 태도로 나설 것인지에 대해서는 대단히 주의가 필요하다.

다만 여기서 걱정되는 한 가지 점은 조선 문제에 대한 지식이 빈약하거나 철저하지 못한 인사人士 사이에서, 내가 말하는 소위 조선 문제가 자칫 사회운동과 혼동되어 인식되고, 조선 문제에 대한 논의 내지 실제 운동을 하는 자가 사회운동가와 동일시되며, 극단적인 경우에는 위험한 사상가처럼 인식되지 않을까 하는 점이다. 이것이 기우杞憂로 끝난다면 정말 다행이다. 그런데 조선에 대한 선량한 이해의 발전이 오히려 지체되는 데 반해, 한편으로 급진적 사회운동자가 (온화한 것과 과격한 것을 불문하고, 또 국내적인 것과 국외적인 것을 불문하고) 조선을 파악하고 자기의 주장·운동의 목표로 삼는 것이 비교적 빨라지지 않을까 생각하면 더욱 이러한 걱정을 깊이 하지 않을 수 없다.

【149】

27

조선경찰신문朝鮮警察新聞(사설)

내선융화의 일고찰

영국의 아일랜드 문제, 중국의 남북항쟁과 같이 민족이 다르다는 것은 국가 통일상에서 하나의 난관이다. 그렇기에 일본의 조선도 과연 융합·동화될 수 있을 것인가에 대해서 많은 의논이 있는 듯하다.

그런데 우리는 일본 과거의 역사를 돌아볼 때, 또 일본의 국민성을 회고할 때 그것이 불가능하지 않다고 믿는다. 오늘날의 시세時勢는 과거의 시세와는 그 사정을 달리하며, 반드시 과거와 같은 상태를 반복할 것이라고는 생각하지 않는다. '민족자결'이라는 시대정신에도 매우 어려운 점이 있는 듯하나, 조선을 통치하고 나서 다년간의 공로에 따라 한 걸음 한 걸음 융화의 길로 나아가리라 믿고 있다. 그 사업이 일조일석에 될 일이 아닌 것은 물론이고, 오히려 자자손손 이어져야 할 대사업일 것이다. 야마토大和 민족과 이즈모出雲 민족의 융합·동화와 같이 시간문제일 것이다. 내선융합의 길에 대해 여러 가지 방도도 있을 것이다. 교육에 따라, 또는 종교에 따라, 정치·산업에 따라 각각 방법이 있을 것이다.

옛날부터 조선은 다년간 외교적으로 위축되고, 또 다년간 주구誅求로 민력이 피폐해졌기 때문에 인정이 매우 편벽偏僻해 있다. 따라서 문화의 발전이라는 것도 매우 뒤처져 있다.

신앙도 매우 얄팍하다. 오늘날 기독교가 영향을 두루 미치고 있는 듯한데, 진실로 그 신앙을 유지하고 있는지 어떤지는 의문이다. 1926년(昭和 元年) 9월 평안남도 순안順安에서 미국 선교사 하스만[1](하이스모)이 겨우 12세의 조선인이 사과 두 개를 훔쳤다는 이유로 두 뺨에 '도적'이라는 자청刺青[2](낙인)을 찍은 일로, 【150】 경성지방법원의 판결로 이어지고 규탄대회로 되는 등 조선에서 큰 문제가 되었다. 이 일을 봐도 조선에서 기독교라는 것이 점차 성가聲價를 잃고 있는 것을 알 수 있다. 그렇다고 해서 이를 대신할 만한 종교가 있는가 하면, 불교 역시 그 역할을 하지 못해 여전히 종교가 없고 신앙이 없는 지경에 있다. 다만 관헌의 압박과 주구를 피하기 위한 방편으로 종교에 들어가는 경우만 있는 상태이다. 천도교라는 종교도 있는데, 조선 전국을 아우를 만한 세력은 가지고 있지 않은 듯하다.

이제는 조선신궁이 진좌鎭坐[3]하여 있고, 또 각지에 신사가 창설되어 있어 조선통치 사업과 함께 내선융화의 한 방도가 되면 국가[邦家]를 위해 경하하여 마지않을 것이다. 그런데 지금의 상태로는 아직 여전히 일본인의 숭경崇敬이 중심인 듯하다. 하지만 앞으로 조선인의 숭경을 중심으로 하는 데 아직 전도前途가 있다고 생각한다.

우리는 이에 내선융화의 한 방법으로는 역시 결혼에 의해 내선을 융화·동

---

1 하스만이 어떤 인물인지 불분명하다.
2 얼굴이나 팔뚝의 살을 따고 홈을 내어 먹물로 죄명을 찍어 넣던 벌.
3 신령이 그 자리에 임함. 자리 잡아 앉음.

화하는 것이 가장 좋다고 생각한다. 고대사에서도 이즈모 민족과 야마토 민족이 결혼 정책에 따라 융화한 것처럼, 이만한 것은 없다고 생각한다. 나시모토노미야梨本宮 마사코方子[4] 여왕 전하와 이왕 세자 은垠[5] 전하의 결혼에 의해 알려진 것처럼, 장래 내선인은 서로 먼저 혈액의 동화로부터 융화하는 것이 합리적이라고 믿는다.

이를 위해서는 우선 조선인의 씨명을 바꾸는 것이 그 첫걸음이 아닐까. 씨명에 따라 저들은 조선인이라는 차별 관념을 주는 첫인상을 제거하고 함께 일본인이라는 느낌을 주는 것이다. 예컨대 내지에 와 있는 조선인인 임금영林金永이라는 사람이 하야시 긴타로林金太郞라고 불리고 있는 것은 그 필요에 따라서이기도 하지만, 성명이 다르다고 하는 것은 한편으로 확실히 차별 관념을 주기 때문이다. 단지 내지 재주 조선인뿐만 아니라 조선에 있는 이도 호적상 씨명이 동일한 것이 내선융화의 한 방법이 아니겠는가. 물론 이 씨명에는 상당한 집착도 있을 것이다. 선조 이래의 성명을 바꾼다고 하는 것은 인정상 참을 수 없는 일일 것이다. 거기에 상당한 반항도 있을 것이다. 우리가 이를 강제해서라도 행해야 한다는 것은 아니지만, 어느 정도 이를 장려해 가면 좋지 않을까 생각한다. 가능하다면 호적부터 개정해 가는 것이 적당하다고 본다. 만약 여기에 따르지 않는 이는 불령不逞이라고도 할 것 없이 진실로 융화·동화를 좋아하지 않는 【151】이라고 생각할 수 있다. 진실로 조선인이 동화를 생각하고 상애相愛를 염두에 둔다면 이렇게 하는 것이 방책이 아니겠는가.

또 하나는 재외 조선인, 만주, 상해上海 등지에 있는 조선인을 항상 불령하다고 보고 이들을 압박하는 것은 오히려 이들을 구축驅逐하여 더욱 불량하게 만드는 것으로, 이 경향이 오늘날 조선에 상당한 폐해를 가져오고 있다. 이때

4　이방자에 대해서는 부록 「주요 인물 소개」란을 참고할 것.
5　이은에 대해서는 부록 「주요 인물 소개」란을 참고할 것.

내선동화를 염두에 둔다면 적극적으로는 결혼 정책과 성명 개칭에 노력하는 동시에, 다른 한편으로는 재외 조선인에게 지나치게 가혹한 단속을 하지 말아야 한다.

　재외 조선인은 곧 불령선인이라고 보는 것은 근시안적인 태도이다. 나아가 조선인과 일본인의 구별을 명확히 하지 말아야 한다. 만약 조선인의 생활 혹은 차별 관념에 사로잡혀서 내지의 저들 생활과 구별하여 일군一群을 이루게 된다면, 오늘날 우리가 융화에 힘쓰고 있으면서도 아직 그 효과가 없다고 개탄하고 있는 특수 부락의 전철을 밟게 되지 않을까. 이는 동포로서 참으로 참을 수 없는 일이다. 이 일은 결코 우리만 생각할 것이 아니라, 조선인 유력자들도 크게 창도唱導해야 할 것이라고 부언해 둔다.

28
마키노 에이치牧野英一[1]

박열朴烈[2] 사건
(초抄)

내가 외국에서 박모朴某 사건을 들어서 알았을 때, 내가 아는 한 외국인이 내 어깨를 두드리며 물었다. 일본정부는 대對 조선 문화 정책을 위해 한 걸음 내딛으려고 하고 있는가 하고 말이다. 나는 다만 웃으며 얼버무리고 화두를 다른 곳으로 돌리지 않을 수 없었다.【152】

박모가 조선인이기 때문에 그에 대해 감형을 주청奏請했다는 것은 정부가 우선 이를 부정하고 있다. 만약 정부가 이를 긍정한다면 야당은 이에 공격의 요점을 찾게 될 것이다. 그러나 정부이든 야당이든 일본 국민으로서 박모가

---

1   마키노 에이치에 대해서는 부록 「주요 인물 소개」란을 참고할 것.
2   박열에 대해서는 부록 「주요 인물 소개」란을 참고할 것.

조선인인 것에서 이 문제의 요점을 파악해야 하지 않을까.

일본이 이 사건을 특히 중요시하는 것은 사실상 결국 그가 조선인이기 때문이 아니겠는가. 그를 무겁게 처벌하지 않으면 안 된다는 이유도 그가 조선인인 점에서 찾을 수 있을 것이고, 그를 다소 너그럽게 용서하지 않으면 안 된다는 것 또한 똑같이 이 점에 귀착되는 것이다. 만약 은사恩赦 문제의 요점을 여기서 찾아야 한다면, 주청의 이유는 정부가 재판소와 형법 적용상의 소견을 달리한 점에 있지 않고 완전히 정치상의 문제가 되는 것이다. 그리하여 이를 정치상의 문제로 보면, 일본의 대 조선 정책의 기본은 어떠한가 하는 점에까지 거슬러 올라가지 않으면 안 되게 된다. 또한 무관 총독을 대신하여 문관 총독을 두자는 지금의 정신이 어디까지 확충되어야 하는가 하는 문제가 될 것이다.

박모 사건은 단순히 박모에 대한 문제에 그치는 것이 아니다. 나의 매우 협소한 견문의 범위에서도 조선인은 이를 조선인 전체의 문제로 보고 있지 않은가 하고 생각한다. 그리하여 일본이 이 문제를 특히 중요시하는 것도 이를 대 조선 정책 문제라고 생각하는 것이 잠재의식 속에 있기 때문이 아니겠는가.

만약 이와 같은 잠재의식을 긍정할 수 있다면, 일본 국민으로서 이 문제를 더 정말 근본적으로 생각할 필요가 있지 않겠는가. 나는 내 어깨를 두드리며 물은 그 외국인의 미소를 잊을 수 없다. 단지 형법학자로서 여기서 의논해야 할 정도가 아니다. 【153】

29

야마모토 미오노山本美越乃[1]

그릇된
식민지 교육정책(초抄)

　조선과 대만의 원주민에 대한 교육은 어떻게 하면 이들 지방에서 천연자원의 개발을 완수하고, 이를 통해 저들의 경제상·사회상 지위를 향상시키며, 나아가 모자母子 양국의 융성·번영을 가져오게 할 수 있을까 하는 점에 착안하여 그 교육 방침을 정해야 한다. 바꿔 말하면 저들에게 의식衣食을 충족하는 교육을 하는 것을 최선의 급무로 하고, 그 밖의 교육은 이 제일 목적을 달성한 후에 서서히 그 필요 정도와 일반적인 효과를 연구하여 시행 여부를 결정해야 한다. 식민지 원주민에 대한 교육의 근본 방침은 실로 이 점에 있어야 한다.

1　야마모토 미오노에 대해서는 부록 「주요 인물 소개」란을 참고할 것.

이를 더 자세히 말하면, 저들이 습득한 지식은 즉시 이를 그 부원富源 개발에 응용할 수 있도록 그러한 성질의 것, 예를 들면 농업·임업·광업·수산업 및 각종 공업 등에 관련한 교육을 하는 것을 주안점으로 해야 한다. 그렇지 않아도 공상空想에 빠져 공론空論을 좋아하는 분위기가 있는 식민지 원주민에게 자칫하면 헛되이 공리空理를 논하는 폐해에 빠지기 쉬운 추상적인 지식, 예컨대 법정法政·문과文科 등에 관련한 지식을 솔선하여 교육하는 것은 잘못된 것이라고 할 수 있다.

이러한 방면에 관련한 교육은 꼭 거액의 국비를 투입하여 식민지 원주민을 위해 특별한 교육기관을 설치해서 이를 가르칠 필요는 없다. 만약 식민지 주민이 이러한 교육을 받으려고 하면, 모국에 유학시키면 가능하고 모국의 공사公私 교육기관이 저들의 희망을 충분히 만족시킬 수 있다.

이뿐만 아니라 이러한 종류의 교육은 한번 이를 잘못하는 때에는 민족적인 자각심을 극단적인 방향으로 이끌어, 모자 양국의 친선을 유지하기보다는 도리어 이를 손상할 위험조차 따른다.【154】

이상의 주된 뜻에서 우리는 조선대학에 법문과를 솔선하여 설치한 것은 식민지 원주민에 대한 교육의 근본 방침에서 찬성할 수 없다. (예를 들어, 이것이 조선인을 위한 교육기관이 아니라 오히려 일본인을 위한 교육기관이라고 해도, 이러한 종류의 대학은 일본에서 현재 이미 과잉 상태에 있다.) 조선과 대만에서 아래로는 보통교육에서 위로는 고등교육에 이르기까지 농학·공학·이학·의학 등에 관련한 교육기관을 충실히 하는 것은 매우 필요하나, 기타 여러 학과는 특별히 이를 급하게 설치할 필요가 없다. 하물며 재정상으로 아직 자립·자급할 수 있는 지위에 달하지 못하고 해마다 적지 않은 모국의 보조를 받지 않으면 식민지정부의 재정을 유지할 수 없는 상태에 있는 조선에서, 이러한 불요불급의 교육기관을 위해 적지 않은 국비를 투입하는 것은 잘못된 것이라고 말하지 않을 수 없다.

30

알렉산더 바우어 Alexander Bauer[1]

일본의
조선 정책 평가

조선이 독립을 상실한 것은 지리적 관계가 그렇게 만든 것이다. 조선반도는 실로 바로 일본에 들이댄 단총短銃 형상이라고 말할 수 있다.

이 단총이 그냥 책상 위에 방치되어 있는 동안에 일본은 우선 안심하고 있을 수 있다. 그러나 만약 누군가가 이 단총에 손을 대려고 할 경우에 일본은 자국의 안전을 위해 결연히 일어서지 않을 수 없다. 자위自衛가 자연계의 제일 원칙인 것은 국가나 개인이나 완전히 똑같다. 청일전쟁·러일전쟁도 실로 여기서 배태했다.

그리하여 러일전쟁 후 일본은 조선을 보호국으로 하고 당시의 대정치가

---

1 알렉산더 바우어가 어떤 인물인지 불분명하다.

이토伊藤² 공公을 통감으로 했다. 이는 마치 영국이 그 동서 두 지역 연락의
【155】요충지인 이집트에 크로머Cromer³ 경卿이란 수완가를 파견한 것과 같은
이치이다.

처음에 일본이 합병한 당시 조선은 학정虐政이 극에 달하여, 관리는 미국
태머니Tammany⁴파의 트위드Tweed⁵나 크로커Croker⁶를 능가하는 악덕을 자행
하여 인민을 학대하고 뇌물로 사욕을 채우고 있던 상황이었다. 농민은 아무런
권리도 누리지 못하고 다만 착취당하기만 했으며, 궁정宮廷은 기만과 음모로
가득차서 그들의 사욕 앞에는 생명·재산의 안전도 없었고 암살·모살이 일상
다반사로 행해지고 있었다.

원래 한일 간에는 보호조약에 따라 조선의 외교는 일본을 통하기로 규정되
어 있었다. 그런데도 음모를 좋아하는 조선정부는 1907년 6월에 헤이그에 밀사
를 보내 당시 개회 중인 제2회 평화회의에서 일본에 간섭해 달라고 호소한
것이다. 이 사건은 도리어 일본의 분개를 사기만 했다.⁷ 이에 따라 당시 황제는

---

2 이토 히로부미에 대해서는 부록 「주요 인물 소개」란을 참고할 것.
3 영국의 외교관이자 관료(1841~1917). 인도·이집트에서 행정업무를 담당하며 재정개혁에 뛰어난 능력을 보였다. 총영사로 이집트에 파견되어 이집트의 발전과 영국의 지배권 확립에 힘썼다.
4 태머니홀(Tammany Hall)은 뉴욕 시정(市政)을 지배하던 보스 기구의 속칭. 혁명전쟁 퇴역 군인들이 조직한 공화파의 정치기구로, 1789년 출범 당시에는 명목상 자선단체의 성격을 띠었다. 그러나 1800년 연방파의 존 애덤스(John Adams)와 공화파의 토머스 제퍼슨(Thomas Jefferson)이 맞붙은 대통령선거에서 공화파가 뉴욕시와 뉴욕주를 석권하여 이후 공식적인 정치기구로 자리매김하게 된다. 19세기 후반 정치적으로 관심 없는 이민자가 많아짐에 따라 투표 매수 조작을 배후 조종하는 등 태머니의 보스로서 절대적 권력을 행사하면서 부패정치의 온상 노릇도 했다. 보스정치의 전형으로 불리며, 20세기에도 뉴욕시 및 뉴욕주의 정치에 강력한 영향력을 행사했다. 그러나 스미스(Emanuel Smith) 시장 때 부패사건이 속출하여 1930년경 철저한 조사가 행해진 결과 시장이 사임하고 태머니의 신용도 떨어져 이후 급속히 쇠퇴했다.
5 윌리엄 매기어 트위드에 대해서는 부록 「주요 인물 소개」란을 참고할 것.
6 리처드 웰스티드 크로커 시니어에 대해서는 부록 「주요 인물 소개」란을 참고할 것.
7 '헤이그 특사 파견' 사건을 가리킨다. 대한제국 광무 11년(1907)에 고종이 헤이그에서 열린 만국평화회의에 밀사를 보내 을사조약이 무효임을 주장하려던 사건이다. 이상설(李相卨), 이준(李儁), 이위종(李瑋鍾)이 밀사로 갔으나 일본과 영국의 방해로 뜻을 이루지 못하고, 이준은 거기서 사망했다.

퇴위하고 새로운 황제가 즉위하면서 일이 매듭지어졌다. 이후 일본의 태도는 더욱 강경해졌는데, 결국 이토 공이 암살된 것을 기회로 하여 1910년 8월 정식으로 조선을 병합하게 되었다.

병합과 동시에 일본의 대對 조선 정책은 이토 공의 융화 정책에서 일변하여 비스마르크Bismarck[8]류의 철혈 정책鐵血政策[9]으로 되었다. 일본은 강압적으로 조선인을 일본화하고, 그들의 국어도, 문학도, 민족적 이상도, 풍속·구관舊慣도 모두 일본화할 수 있다고 잘못 믿었다. 더욱이 이 조선인의 일본화란 것이 마치 미국의 흑인과 같은 지위에 두는 조선인의 일본화는 아니었는지 그것조차 의심스럽다. 이 대 조선 정책은 일본의 소위 군벌軍閥의 방침에서 나온 것으로, 진보주의의 일본 여론에서는 상당히 유력한 반대설도 있었던 것으로 기억하고 있다. 그러나 여하튼 잘못된 이 정책이 결과적으로 일본을 비난하는 자에게 수많은 좋은 빌미를 제공한 것은 일본을 위해 아쉬워하지 않을 수 없는 일이다.

그 후 하라原[10] 내각 시대에 일본의 정책은 일변했는데, 그때까지 사이에 조선인의 불평 사항을 낱낱이 나열하면 다음과 같다.【156】

① 의회 없는 징세
② 언론 및 집회의 부자유
③ 조선어를 폐지하려고 하는 방침

---

[8] 근세 독일의 정치가(1815~1898). 1862년에 프로이센의 수상으로 임명된 후, 강력한 부국강병책을 써서 프로이센·오스트리아 전쟁, 프로이센·프랑스 전쟁에서 승리하고 1871년 독일 통일을 완성한 후, 신제국의 재상이 되었다. 밖으로는 유럽 외교의 주도권을 장악하고, 안으로는 가톨릭교도, 사회주의운동을 탄압하여 '철혈 재상'이라고 불린다.
[9] 1862년에 비스마르크가 제창한 독일의 통일 정책. 자유주의자의 반대를 무시하고 무력으로 통일을 수행하려 한 정책이다.
[10] 하라 다카시에 대해서는 부록 「주요 인물 소개」란을 참고할 것.

④ 교육상의 차별 대우

⑤ 종교운동에 대한 간섭

⑥ 경찰권의 남용

⑦ 민족적 감정을 저해하는 수많은 법령과 그 부당한 적용

⑧ 공유지公有地의 수용收用

⑨ 조선인에 대한 경제적 압박

⑩ 조선인 영수領袖들에 대한 대우

⑪ 일본 관헌의 횡포

⑫ 사회적인 차별 대우

켄들C. W. Kendall의 『조선의 진상The Truth about Korea』[11]이나 신흥우[12] 박사Dr. Hugh Cynn의 『조선의 소생The Rebirth of Korea』 등은 여러 가지 사실을 거론하고 있지만, 내가 공정한 입장에서 보면 인정할 수 없다.

그렇지만 이 사이에 조선은 놀랄 만큼 물질적 진보를 이루었다. 부패정치는 일소되고, 지방행정조직과 사법제도는 개선되었으며, 감옥은 근대식으로 되고, 건전한 화폐제도도 마련되었다. 철도도 크게 발전하고, 항만이 구축되었으며, 기타 위생 설비와 수도도 갖추어지고, 도로가 개발되었다. 산업의 발달도 볼 만했다. 소학교·중학교를 비롯하여 각종 실업교육기관도 완비되고, 농산農産·광산鑛産도 크게 증가했다. 【157】 병합 이전에는 5,900만 원에 불과하던 무역액도 7개년 사이에 1억 3,100만 엔에 달했다. 또한 이전에 저축심이 그다지 없던 조선인 중에서 100만여 명의 저금하는 이들이 나오게 된 것은

---

11 켄들(Carlton Waldo Kendall, 1895~1976)은 1919년 7월 샌프란시스코 대한인국민회에서 『조선의 진상(The Truth about Korea)』을 출간했다. 이 책은 1975년 신복룡에 의해 『한국독립운동의 진상』이란 제목으로 번역되었다.
12 신흥우에 대해서는 부록 「주요 인물 소개」란을 참고할 것.

물질적 진보의 표징表徵이 아닐까. 그러므로 물질적 진보에 따라 식민통치의 성공을 판단하면 최고의 찬사가 주어질 것이다.

제1차 세계대전[歐洲大戰]이 계기가 되어 조선에도 점차 새로운 기운이 일어나 결국 독립운동이 발생하게 되었다. 그러나 이 원인을 완전히 일본통치의 죄로 돌리는 것은 잘못일 것이다. 그 주요 원인은 조선인이 자유를 바라고 또 스스로 통치하고자 하는 신념에서 찾아야 하지 않을까.

이에 대한 일본의 압박적인 정책은 수많은 의논을 낳았는데, 그 의논의 결론은 일본 군벌이 항상 군사적 수단만 사용하면 공적을 쌓을 수 있다고 믿었다는 점에 있다. 비슷한 유례는 다른 나라에서도 찾을 수 있다. 그러나 그 예를 가지고 일본의 이 정책이 옳았다고 하기는 당연히 불가능하다. 그 후 하라 내각은 구미 제국諸國이 일본의 반도 개선 정책을 신용할 수 있도록, 또 다른 한편으로 일본 군벌에 대한 반감을 방지하기 위해, 사이토齋藤[13] 해군 대장을 한지閑地에서 데려와 총독으로 하고 전 내무대신 미즈노 렌타로水野鍊太郎[14] 박사를 정무총감으로 했다.

1919년 8월 20일에 개혁 실시 조칙詔勅이 발포되어, 일본정부는 교육·산업 및 문관 임용 등에서 일본인과 조선인 간의 구별을 일체 철폐하고 모든 점에서 차별 대우를 폐지하는 방침을 취할 것을 선언했다.

이리하여 여하튼 비난이 많던 헌병제도는 철폐되고, 경찰은 개선·확장되어 문관의 감독 아래 놓였다. 태형笞刑은 폐지되고, 감옥은 개량되었으며, 또 새로운 교육규칙이 발포되어 국어상의 제한은 완화되었다. 종교운동의 단속도 관대해졌다. 그 밖에 제한적인 회사법은 개정되고, 조선인 소유 조선문 신문의 재간행도 허가되어 언론의 자유는 한 걸음 나아가게 되었다. 【158】

---

13 사이토 마코토에 대해서는 부록 「주요 인물 소개」란을 참고할 것.
14 미즈노 렌타로에 대해서는 부록 「주요 인물 소개」란을 참고할 것.

이 개혁사업의 이면에서 주목해야 할 것은 조선 정치가로 조직되어 있는 중추원의 설치일 것이다. 1주 1회 개회하여 제한적이기는 하지만, 조선인만의 언론기관도 변칙적이나 생긴 것이다. 이 새로운 통치 방침에 대한 조선인 측의 비평을 들으면, 아직 구식의 조선 영수領袖가 중용되고 진보분자는 하여간 기피되고 있는 것 같다. 또한 교육 표준도 일본보다는 2개년 뒤처져 있고, 경찰관도 아직 지방에서는 권력을 너무 휘두르고 있으며, 감옥의 취급도 충분히 개선의 결실을 거두지 못하고 있다고 말하고 있다. 그렇지만 아무리 통치 정책이 몇 번이고 개선되어도 일본의 군벌이 완전히 쓰러지기 전까지는 철저하게 조선인 대부분이 만족할 수 있는 시설施設은 이룰 수 없을 것이다.

이와 같이 협조적인 융화 정책이 순조롭게 시행되어 독립운동도 표면상 끝난 것처럼 보이는데, 그 실제가 결코 그런 것은 아니다. 그들의 독립운동에는 두 종류가 있는데, 하나는 격렬한 수단으로 호소하여 목적을 달성하려는 것이고 다른 하나는 평화적인 수단을 주장하는 것으로, 오늘날에는 후자가 우세해 보인다. 만약 일본이 이 소강상태를 틈타 선정善政을 시행한다면 장래 평안을 기대할 수 있을 것이다. 반면에 일본이 그 선언을 위배하여 다시 구시대적인 정책으로 돌아가 압박적·근시안적인 방침을 취한다면, 나는 조선사상史上 참담한 일장一章을 쓰게 될 것이라고 우려한다.

조선의 병합에 따른 독립 상실은 어떠한 비평적 채점採點을 해도 부득이한 것이었다고 말할 수 있다. 당시 조선이 일본에 속할지, 그렇지 않으면 러시아에 귀속될지 모르는 운명을 가지고 있던 사실은 간과할 수 없다. 일본의 입장에서 보면, 조선이 러시아령이 되어 자국의 독립을 위태롭게 하는 것을 우려하여 먼저 손을 썼다고도 말할 수 있을 것이다.

독립운동의 선도자들은 형식적인 국가에 연연하는 감정만으로는 장래 민족이 암흑에서 헤맬 뿐이라는 사실을 알아야 한다.【159】

이렇게 말하는 것으로 일본의 조선통치에 결점이 없다고 하는 것은 단연코 아니다. 일본 관헌은 앞에서 서술한 것처럼 상당한 공적을 거두고 있다. 그러나 그들에게 숙달, 동정, 양해가 부족한 것은 거듭 말할 수 있을 것이다. 요컨대 일본 군벌의 정책은 실로 엄혹하지만, 일본인의 커다란 통치 능력과 그 물질적 개선력은 간과할 수 없는 점이 있다.

나는 조선인을 동정하는 동시에 일본인에게도 동정을 아끼지 않는다. 공정한 입장에서 볼 때, 반드시 일본은 그 조선 정책에서 절대로 비난받을 만하다고는 생각하지 않는다. 한 걸음 더 나아가 말하면, 일본의 치하治下를 탈피하는 것은 조선에는 최대의 재앙이라고까지 생각한다. 물론 일본은 조선에서 단연코 철퇴하지 않을 것이다. 중국은 불안하다. 러시아는 위험하다. 그러므로 일본은 더욱 반도를 공고히 쥐고 놓지 않아야 할 것이다.

왜냐하면 조선은 극동 전국全局의 열쇠이고, 일본의 시베리아, 만주, 중국에 대한 경제적 진전의 근거지이기 때문이다. 그러므로 조선인은 일본의 반도 영유領有의 결심이 견고하고 단단한 점을 빨리 알아야 한다. 동시에 또한 일본인도 조선인은 결코 속국적인 압박 정책에 영구히 굴복하지 않을 것을 이해해야 한다고 생각한다.

그렇다면 일본은 가능한 한 조선에 대해 융화적·양보적 태도를 취하고 시기가 되면 자치를 허용하는 정책을 확립하며, 조선인도 또한 바라지만 달성할 수 없는 완전한 국권 회복 요구를 우선 제쳐두고 자치제의 획득에 노력해야 하지 않을까. 이렇게 하면 극동의 형세에서 조선 문제는 모습을 감추게 될 것이다.

[편자의 말 : 본편 중 중추원 설치가 1919년(大正 8) 소요(3·1운동) 후인 것처럼 사실을 오해한 것이 있으나, 정정하지 않고 원문대로 게재했다.] 【160】

31
모리야 에후守屋榮夫[1]

조선 문제에 대해

1) 조선 문제

조선 문제는 오늘 발발한 문제가 아니라 실로 긴 역사를 가지고 있고, 그 해결에는 앞으로 또 긴 세월이 필요할 것으로 생각된다.

처음에 조선이 일본에서 세상 사람의 주의를 끌게 된 것은 진구 황후神功皇后가 조선에 간 무렵부터이다. 1910년(明治 43) 조선과 일본은 병합하게 되어 한국을 대신하여 새로운 조선이 생겼다. 그런데 이에 따라 이때까지의 조선 문제는 결코 종국적 해결을 보지는 못했다. 그리고 이는 단순히 조선 문제의

---

[1] 모리야 에후에 대해서는 부록 「주요 인물 소개」란을 참고할 것.

제1기를 맞은 데 지나지 않았다. 문제는 여전히 미해결인 상태로 이월된 것이다.

2) 병합 후의 조선

그러나 내선 병합 그 자체가 의의 없이 끝난 것이 아니라, 병합 후 조선 내 치안 유지, 행정 개선, 민중의 복리가 증진된 것은 진지하고 냉정한 태도로 조선을 자세히 관찰하는 이라면 외국인과 일본인, 조선인 할 것 없이 시인할 것이다. 이는 조선통치 당국자의 자찬自讚이라고만은 할 수 없다.

3) 치안 유지

【161】 병합 이전 조선에는 화적火賊 등이 발호跋扈·도량跳梁하여 재물을 약탈하고 인명을 빼앗았다. 그리하여 경성에서조차 야간에는 남대문, 동대문을 닫지 않으면 성내 사람들도 안심하고 잘 수 없을 정도로 포학이 자행되었다.

그런데 오늘날에는 1만 8,000명의 경찰관이 각 도에 배치되어, 지난날의 불안은 없어지고 치안이 거의 완전히 유지되고 있다. 병합 후에도 1919년(大正 8)의 소요사건(3·1운동) 당시 불안한 기운이 조선 전국에 퍼져 각지에서 폭거가 행해졌는데, 지금에는 거의 우려하지 않아도 될 상태가 되었다.

그런데도 내지의 일본인 중에는 지금도 조선에 가면 폭탄을 던지지는 않을지, 권총으로 저격하지는 않을지 하고 공포감을 갖고 있는 이들도 있다. 조선에 가는 데 미개한 땅[蠻地]에라도 가는 것처럼 호신용 단도短刀라든지 권총을 몰래 준비하는 사람도 있다. 그런데 사실 시모노세키下關에서 배를 타고 부산의 잔교棧橋²에 도착하면, 지금까지 품고 있던 위구심이 얼마나 어리석은 것이었는가를 깨닫고 자신의 과장된 경계심에 대해 부끄러운 느낌이 들게 된다.

4) 행정상의 개선

옛날 조선의 정치는 정실情實[3]에서 생기는 폐해로 가득차 있어, 관리 채용 등도 후지와라藤原시대[4]의 일본처럼 공정한 수단에 의하지 않고 보통 정실에 따라 행해지고, 국세 부과 등도 일정한 규준이 있는 것이 아니라 가렴주구가 극에 달했다.

이러한 실례는 여기서 자세히는 기술하지 않지만, 정약용丁若鏞이라는 사람이 저술한 『목민심서牧民心書』라는 조선의 지방 개량에 관련한 교훈을 쓴 책을 읽어 보면, 당시 조선의 정치가 얼마나 부패해 있었는지, 얼마나 가렴주구가 심했는지, 또 조선의 학자 자신이 얼마나 그 부패와 타락을 개탄하고 있었는지를 엿볼 수 있다.

그런데 총독정치가 시행되고 나서 여하튼 '문관임용령文官任用令'[5]이 생겨, 인물 임용에 대해서는 정실을 배척하고 전적으로 인재 등용 방침이 채택되어 이때까지의 폐해는 일소되었다. 세금 부과도 공정한 표준이 세워져 그동안

---

[2] 부두에서 선박에 닿을 수 있도록 해 놓은 다리 모양의 구조물. 이것을 통하여 화물을 싣거나 부리고 선객이 오르내린다.

[3] 사사로운 정이나 관계에 이끌리는 일.

[4] 후지와라(藤原) 씨가 정권을 전단(專斷)했던 시대. 나라(奈良)시대에 이미 강력한 귀족으로 성장한 후지와라 씨는 천황의 외척으로서 천황가에 버금가는 강대한 귀족의 지위를 차지했다. 858년 후지와라 씨는 자신의 외손자를 천황으로 즉위시키고 섭정했다. 황족이 아닌 신분으로는 최초로 섭정이 된 것이다. 884년에는 관백(關白)이 되어 다시 권력을 잡았다. 969년 이후 천황은 모두 후지와라 씨 딸이 낳은 황자가 즉위했고, 외조부인 후지와라 씨는 거듭하여 섭정과 관백이 되었다. 969년 이후 천황은 이름뿐이었으며 모든 정치는 섭정과 관백에 의해 이루어졌다. 이처럼 외척인 후지와라 씨는 천황이 어리면 섭정, 천황이 장성하면 관백이 되어 11세기 말까지 권력을 독점했다. 969년부터 약 100년간의 정치를 섭정과 관백의 첫 글자를 따서 섭관정치(攝關政治)라 하며, 이 시대를 후지와라 시대(藤原時代)라고 한다(정혜선, 『일본사 다이제스트 100』, 가람기획, 2011 참고).

[5] 실제 '문관임용령(文官任用令)'은 1893년 제정되었다. 문관임용령 제정에 따른 개혁에 의해 고등문관시험이 처음 실시되게 되었으며, 1899년 동령의 재개정을 통해 칙임관의 정치 임용(추천 임용)이 폐지되었다. 따라서 이후 고등문관시험에서 많은 수의 칙임관이 배출되었다.

부정이 행해지던 것을 허용하지 않게 되었다. 그리하여 강기綱紀·관기官紀는 숙정肅正⁶되고, 가렴주구는 완전히 그 자취를 감추었다.【162】

일반 민중의 생활로 말해도, 조선은 상당히 내지에 가깝게 되어 내지화해 왔다.

조선의 산은 민둥산이라고 사람들은 말한다. 병합 전에 조선에 간 적이 있는 사람은 오늘날도 그렇다고 믿고 있는데, 지금은 도처의 산이 푸르게 되었다. 이는 조선통치 17년간 노력의 덕분이라고 말하지 않으면 안 된다.

5) 생산액은 5배 이상

조선 전체의 생산액은 병합 전에는 불과 3억 원 정도였다. 그런데 1923년(大正 12)에는 16억 엔을 나타내 약 5배 이상이 되었다.

6) 무역액은 13배

조선의 무역은 병합 전에는 총액 5,000만 원 내외였다. 그런데 1925년(大正 14)에는 그 13배가 조금 안 되는 6억 8,164만 엔이라는 액수에 달하게 되었다. 이는 물가의 등귀에 따른 수이출입 무역품 가액의 팽창과 관계가 없다고는 할 수 없지만, 경제 방면의 실질적 진전을 의미하는 것은 의심할 여지가 없다.

7) 예산은 8배

정치 예산은 1910년(明治 43) 한국정부의 예산이 2,396만 원이었다. 그런데

---

6 부정(不正)을 엄격히 단속하여 바로잡음.

조선총독부의 1926년(大正 15) 경비는 1억 9,282만 5,000엔으로 약 8배 남짓 증가했다.

8) 기타

기타 도로, 항만에 대해서 봐도, 또는 위생 방면의 설비, 병원, 공의公醫의 배치 상태에 대해서 봐도, 또 지방제도에 대해서 봐도 오늘날은 내지의 제도와 마찬가지로 진보해 있다. 그리하여 13도道, 12부府, 218군郡, 2도島, 2,504면面에서 【163】 군郡·도道에 이르기까지 민의民意를 창달하는 기관이 설치되어 있다.

9) 사회사업 방면

궁민구제, 구료·구호, 이재罹災·구조 등 일반 사회사업에서는 은사금恩賜金과 기타 자산에 의해 제반 시설을 이루었고, 원산元山에서 가까운 영흥永興에는 감화원感化院[7]도 설치되어 있다.

10) 교육

학교 교육은 내지연장주의에 따라 내지의 사람들과 같은 교육을 받게 하

---

[7] 일본은 1923년 '감화령(感化令)'을 발표하고 1924년 10월 함경남도 영흥에 조선총독부 직속의 감화원(感化院)으로 영흥학교(永興學校)를 설치했다. 영흥학교의 설립 목적은 8세에서 18세의 소년으로 불량 행위를 하거나, 불량 행위를 할 우려가 있는 자를 감화시킨다는 것이었다. 불량 행위에는 가벼운 절도뿐만 아니라 항일독립운동도 포함되었다. 따라서 영흥학교는 일반 학교와 동일한 교과 수업을 진행함과 동시에 식민지 지배 정책에 철저히 순응할 수 있도록 하는 교육을 담당했다.

고, 사회교육의 출발은 내지와 같이 출발선을 끊도록 한다는 생각으로 총독부는 진력하고 있다. 이러한 것에 대해 기록하면 한이 없으므로, 쓰기를 멈추고 간단히 내지인과 밀접한 관계가 있는 산업에 대해서만 기술하기로 한다.

11) 조선쌀

조선에는 현재 156만 7,500여 정보町步의 논이 있다. 여기에서 생산되는 쌀은 평년작으로 약 1,400만 석이 넘는다. 그중 내지에 이출되는 양은 적어도 350만 석이 되고, 최근 가장 많을 때에는 460만 석을 돌파했다.

이 쌀의 질은 일반적으로 매우 열등한 것처럼 오해하고 있다. 하지만 이는 내지의 쌀 도매상이 양질의 조선쌀[朝鮮米]을 내지쌀[內地米]이라고 하고 열악한 내지쌀을 조선쌀이라고 하여 파는 간사한 계책을 쓴 결과 조선쌀의 진가가 진실로 인정되고 있지 않기 때문으로, 조선쌀은 사실 이와 같이 품질이 열악한 것이 아니다. 오늘날에는 도쿄와 오사카에서 조선쌀의 소개에 힘쓰고 있기 때문에 그 진가도 자연히 일반에게 인정되리라고 믿는다.

12) 임업

【164】조선도 경성 방면에서는 산림다운 형체를 볼 수는 없으나, 압록강과 두만강 두 유역의 상류에는 울창한 큰 삼림이 있고 여기에서 매우 풍요롭게 목재가 산출되고 있다.

13) 수산

조선은 북부 국경 방면을 제외하고는 바다에 접해 있기 때문에 수산물 양도 매우 풍부하여 그 생산액이 8,000만 엔을 넘고 있다. 이것이 내지로 운반되어 소위 세토내해瀨戶內海⁸ 것이라고 칭해지며 높이 평가되고 있다.

14) 조선소

근래 내지 도처에서 그 모습을 볼 수 있는 조선소[朝鮮牛]는 체질이 강건하고 힘도 세며 온순하여 노역勞役에 적합하다. 이뿐만 아니라 식용으로도 매우 우량하기 때문에 결코 경시할 수 없는 산물로 되어 있다.

15) 원예

원예, 특히 과수 원예는 매우 유망하다. 포도, 배, 사과 등은 지미地味⁹에 매우 적합하여, 장래 내지의 과실계에 큰 영향을 줄 것으로 보인다. 그 밖에 양잠 등도 점차 장족의 진보를 이루고 있어, 모두 내지에 뒤지지 않을 정도로 되고 있다고 보인다.

이상과 같이 조선 민중의 복리는 증진되고 있고, 장래에도 관민의 노력에 따라 조선 민중의 복리는 더욱 증진할 것이라고 믿는다.

이러한 사업을 위해 정부와 민간에서는 어느 정도의 경비를 조선에 투입하고 있는가 하면, 정부가 투입한 금액은 1923년(大正 12)까지 13억 5,000만 엔이었고, 그중 조선 내 재원에 의한 것 곧 조선인들에게 부과한 세금에 의한 것이 8억 2,000만 엔이었다.【165】

그 밖의 5억 3,000만 엔은 일본정부가 특히 조선통치를 위해 지출한 것이

---

8 일본의 주고쿠(中國), 시코쿠(四國), 규슈(九州)로 둘러싸인 다도해. 아와지시마(淡路島)·쇼도시마(小豆島) 등 약 1,000개의 섬과 스오(周防)·히우치(燧) 등 8개의 나다(灘)로 구성됨.
9 어떤 식물에 맞고 안 맞는 땅의 성질.

다. 이중에는 소위 조선의 예산 부족을 보조하는 국고보충금이 있고 병합 시 하사금도 있다. 이를 합하여 5억 3,000만 엔이 되는 것인데, 이 내지에서 나온 5억 3,000만 엔의 돈과 8억 2,000만 엔의 세금에 의해 17년간 정치를 하여 앞에서 기술한 것과 같은 결과를 낳을 수 있었던 것이다.

이것은 공공 비용이다. 그런데 이 밖에 민간의 돈으로 내지에서 투자된 금액이 3억 5,000만 엔이므로, 13억 5,000만 엔의 공비公費에 3억 5,000만 엔의 조선의 투자액을 합하여 1923년(大正 12)까지 조선을 위해 투자된 금액은 17억 엔이 되었다.

16) 왜 반감을 갖는가

이렇게 관민의 노력과 거액의 경비 주입으로 조선이 지금의 상태를 보게 된 것이라고 말해도 좋다.

이 정도의 노력과 거액의 경비를 지불하여 조선의 상태가 이렇게 개선되었는데도, 왜 독립운동 등의 소요 사건이 일어나는 것일까. 왜 자치운동이 일어나는 것일까. 왜 조선인들은 일본의 통치에 대해 반항심을 품고 있을까. 이러한 문제가 일어나 왔다.

1919년(大正 8) 3월 1일 소요(3·1운동) 시 나는 아직 조선의 관리 생활을 하고 있지는 않았으므로 그 당시의 상세한 사정은 모르지만, 같은 해 9월 2일에 사이토齋藤[10] 총독이 미즈노水野[11] 정무총감과 함께 경성 남대문역에 도착했을 때 갑자기 먼저 폭탄 세례를 받았다. 그런데 그 당시의 일을 회상해 보면 여하튼 조선인들 가운데에는 풀리지 않은 감정상의 불만이 있어, 이성의

---

10 사이토 마코토에 대해서는 부록 「주요 인물 소개」란을 참고할 것.
11 미즈노 렌타로에 대해서는 부록 「주요 인물 소개」란을 참고할 것.

요구보다는 오히려【166】이 충족되지 않은 불만이 쌓여 있다고 생각하지 않을 수 없다.

17) 이성으로 본 조선 문제

조선 문제를 취급하는 데 이를 단순히 이성 방면에서만 보면 바로 결정할 수 있다. 그래서 조선 재주 일본인은 물론 내지 사람들도 하나같이 이성적으로만 생각하여 독립할 실력이 없는 조선인이 왜 독립을 요구하는지 이해할 수 없다고만 생각하고 있다.

조선은 일찍이 언제 참된 자유를 획득했던 적이 있는가. 조선이 진실로 독립한 때라고 한다면, 청일전쟁·러일전쟁 후 중국 세력이 조선에서 떠나고 러시아 세력이 조선에서 소탕되어 한국의 왕이 황제가 된 그때[12]였다는 것은 진지하게 동양사를 펼쳐 읽은 자라면 누구라도 수긍할 것이다.

조선은 지세地勢상 일목요연하게 국경의 압록강과 두만강이 한없이 크고 넓은 바다가 되지 않는 한 항상 대륙 세력에 압도되어, 독립을 얻으려고 해도 쉽게는 얻을 수 없는 상태이다. 이는 참으로 슬픈 운명으로 받아들여지고 있다. 압록강과 두만강을 바다로 만들지 않은 조물주를 원망할 수밖에 없다. 하늘에 호소하고 땅을 치며 통곡해도 소용없는 일이다.

저 국경이 해양이어서 대륙과 조선이 완전히 격리되어 있었다면, 대륙의 직접적인 영향에서 독립하여 어떠한 모습이 되었을까. 그렇다면 독립의 체면을 지킬 수도 있었을 것이라고 생각하지 않는 것도 아니다. 하지만 조선의 지세를 도외시하고 조선의 운명을 생각할 수는 없다. 여하튼 현재의 상태에서 추측할

---

[12] 고종이 새롭게 황제국을 선포하고 국호를 '대한'으로 고쳐 대한제국을 수립한 때는 1897년으로 러일전쟁 전이다.

때, 조선인이 독립의 체면을 유지할 수 있을지 여부는 의문이다. 저 민족자결운동의 결과로 유럽 각국에서는 소국小國이 우후죽순으로 발흥했다. 【167】

발틱 부근에 라트비아, 에스토니아, 리투아니아, 핀란드가 있고, 발칸 부근에 유고슬라비아, 아르메니아, 불가리아가 있다. 그런데 모두 재정난에 빠져 있지 않은 곳이 없다. 저들이 독립한 결과 다른 나라에 대립하여 그 면목을 유지해 가기 위해서는 우선 국가를 보호할 군대를 정비하지 않으면 안 된다. 따라서 국방비는 그 예산의 과반을 차지하고 있다. 그 결과 모두 재정난에 빠지지 않을 수 없어 매우 어려운 지경에 놓여 있다.

조선도 만약 독립했다면, 우선 그 병력을 기르지 않으면 안 됐을 것이다. 또한 문화사업을 시행하기 위해 1,500만 엔의 국고보조금을 갖고 있지 않으면 안 됐을 것이다. 그리고 여기에 더해 군비軍備를 1,000만 엔으로 하는 상태로 어떻게 조선이 독립의 체면을 유지해 갈 수 있었겠는가.

이러한 점에서 생각하면, 조선은 오히려 일본의 지도·후원 아래 민중의 복리를 증진하고 행정의 쇄신을 도모하며 민중 한 사람, 한 사람의 인격을 원만하고 완전하게 발달시키기를 희망하는 것이 지당하지 않을까.

이성적으로 이는 매우 지당한 일이라고 생각된다. 그리고 이러한 생각은 일본인이 일반적으로 가지고 있는 생각이다. 일본인뿐만 아니라 조선인 중에도 매우 소수이기는 하나 이와 같은 생각을 하고 있는 사람도 있다.

18) 감정으로 본 조선 문제

그러나 사실 조선 문제는 이와 같이 간단하게는 정리할 수 없다. 이는 세상일이 대부분 이성보다도 감정에 따라 결정되는 경우가 많고 또 이것이 보통이기 때문이다. 즉 조선 문제는 이성 문제가 아니라 민족 감정의 충돌이라는 점에 커다란 근거가 있기 때문에 문제는 어렵고도 어려운 문제가 아닐 수 없다. 【168】

조금 오래된 일이기는 하지만, 1921년(大正 10) 6월 도쿄 오쿠보大久保에서 이판능李判能이라는 조선인이 17명을 사상死傷시킨 사건이 있었던 것은 누구나 기억하고 있을 것이라고 생각된다. 그런데 이 사건도 그 근본은 감정 문제로, 평소의 울분이 단지 한 장의 수건을 도둑맞은 사소한 사건을 도화선으로 하여 폭발한 것이었다.

이 밖에 세상 사람의 이목을 놀라게 한 여러 대참사도 대부분은 감정의 틀어짐에 의한 경우가 많았다. 이러한 일을 생각하면 이성이라는 것이 얼마나 감정에 의해 교란되는 것인지 생각하지 않을 수 없다.

이는 단지 개인 생활에서만이 아니라 민족 생활에서도 다르지 않은 사실이다. 조선의 독립운동, 조선의 배일운동의 내면에는 이러한 감정 문제가 잠재되어 있기 때문에, 단순히 이성 방면에서만 이를 해결하는 것은 불가능하다.

조선인은 일본인에게 친밀함을 가지는 경우가 적다. 즉 일본인은 신뢰할 수 있는 사람들이라고 생각하고 있지 않다. 호랑이처럼 두려운 사람들이라고 생각하고 있는 사람도 있다. 언제 힘을 발휘하여 자기들을 억누를지 모르는 무서운 인간들이라고 생각하고 있는 사람이 많다.

이는 조선인들에게 취해 온 일본인의 태도, 조선에 대한 일본의 역사에서 생각해 보면, 조선인에게 이렇게 불신을 준 것 또한 부득이한 일이 아닐까 하고 생각한다. 본래 조선과 일본의 관계는 결코 전쟁으로 일관되어 오지 않았다. 조선과 일본의 관계를 기술하고 있는 역사가 단순히 전쟁만을 애써 기록하고 있어, 참된 사실에서 멀어진 것 같은 일에만 의거하지 않았는가 하고도 생각된다.

예를 들어 조선 고대사인『삼국사기』를 읽어 보면, 권두卷頭에 일본 군대가 바다를 건너 도래하여 조선을 침략했는데, 그 당시 왕은 매우 덕망이 있었기 때문에 그 덕망의 평판을 듣고 난폭하게 굴지 않고 철수했다는 사실이 기록되어 있다.【169】그 당시 경제적인 교류, 사상・문예상의 교섭이 있었다고 생각되는데, 일본이 변경邊境을 침략한 것만을 특별히 게재한 것은 역시 그 당시부터 일본인들은 조선인들에게 두려운 백부伯父처럼 보였던 것은 아닌가 하고 생각해 봐야 한다. 그 후에도 일본은 조선에 얼마만큼 힘을 가했지만 눈물을 흘리게 한 일은 다시 없었던 것으로 생각된다.

그러나 같은 폐하의 신민臣民이고 동포라는 것을 한일병합 시에 세계에 성명한 우리가 형제인 조선인에게 형제로서 그들의 고민을 없애고, 그 눈물을 닦게 하고, 그들의 슬픔을 마음으로부터 동정했는가 하면 결코 그렇지는 않았다.

도리어 조선인은 일본인보다도 학문의 정도가 낮고, 인격도 열등하며, 생활의 정도도 낮고, 불결하다는 등 마치 미개의 야만인인 것처럼 생각하며, 여러 가지 결점만을 찾아내 헛되이 비난과 공격만을 일삼고 그 미덕과 장점에는 눈길도 주지 않았다.

그러나 우리가 한번 경주를 방문해 보면, 진실로 경이로운 조선의 문화를 볼 수 있다. 새삼스러운 말 같지만 경탄을 금치 못할 것이라고 생각한다. 경주만 가도 조선인의 과거의 문화적 노력, 공적에 대해 눈물이 날 만큼 존경의 생각을 갖게 되는데, 이러한 고귀한 예술은 조선 내 각처에서 발견할 수 있다. 조선인은 과거에 이처럼 위대한 예술을 만들어 냈다. 동시에 장래에도 같은 발전 가능성을 가지고 있다는 점에 주의하는 사람은 아직 적다.

이와 같이 조선인은 일본인으로부터 참된 동포, 형제 취급을 받지 못했다. 말하자면 양자養子 취급을 당하고 있는 것이다. 그 결과 자연히 양자 근성을 갖게 되어 버렸다. 현재 상당한 이익이 주어지고, 권리가 부여되고, 생활은 향상되고, 교육·교통·산업 등 모든 방면에서 격세지감의 발전을 보이고 있는데도 흉중에 불평불만을 끊임없이 갖고 있는 것이다. 【170】

즉 냉정한 이성적 비판에 따르면 현대 시정施政에 대해서는 당연히 구가謳歌하지 않으면 안 될 것인데도, 일본인의 냉혹함, 몰이해의 태도, 모멸적인 태도가 끊임없이 조선인의 반감을 돋우고 일본인에 대한 친화를 저해하고 있는 것이다.

19) 내지인은 이 점에 주의하라

일본인은 조선인의 마음속 깊이 그들의 민족적 감정이 잠재되어 있다는 사실을 잊어서는 안 된다. 조선의 현 상태를 한 마디로 말하면, 맑고 깨끗한 물이 가득한 수렁[13]이라고도 말할 수 있다. 그 맑고 깨끗함만을 보고 그것이 이 연못의 영원한 모습이라고 생각한다면 커다란 오산이다.

정체 모를 깊은 진흙의 침적沈積이 물을 탁하게 하면서도 평정함을 유지하고 있는 것이 다만 일시적인 현상인지 또는 영속적인 것인지는 예단할 수 없다. 그것은 전적으로 앞으로의 형세 추이를 살펴볼 수밖에 없다. 가령 지금 이를 교란하는 자가 있어 동요하는 자가 있으면, 갑자기 진흙이 올라와 맑고 깨끗함이 사라지고 흙탕물이 극심해질 것은 필연적인 일이다.

조선의 통치에 대해 말하면, 조선의 통치는 취약한 지반 위에 세워진 집과 같은 느낌이 있다. 일본이란 국가는 공고한 지반 위에 세워진 집과 같다. 예를 들어 거센 바람이 휘몰아치고 호우가 쏟아지면, 창이 깨지고 지붕이 부서지는 일은 있어도 그 집을 받치고 있는 지반은 신대神代부터 단단해서 흔들리지 않는다. 그런데 조선의 통치는 마치 새로 건조된 마천루摩天樓[14]에 비해야 할지도 모르겠는데, 더욱이 이를 지탱하고 있는 민심은 결코 공고하지 않다.

조선통치라는 건물은 그 지반인 민심의 동요에 의해 자칫하면 무너질 위험마저 있다. 그렇기 때문에 약 2만 명의 경찰관과 2개 사단의 군비가 있어야 비로소 무너지는 것을 막을 수 있는 것이다.

따라서 앞으로의 과제는 이 취약한 지반을 어떻게 해서 경화硬化시키는가 하는 점에 있다. 물론 이 취약한 지반 위에 세워져 【171】 있는 조선통치의

---

13 곤죽이 된 진흙과 개흙이 물과 섞여 많이 괸 웅덩이. 헤어나기 힘든 곤욕을 비유적으로 이르는 말.
14 하늘을 찌를 듯이 솟은 아주 높은 고층 건물.

건물을 불어서 넘어뜨리려고 하는 폭풍도, 붕괴시킬 것 같은 호우도 현재는 없다. 일반적으로는 이러한 파괴적인 세력을 전향하여 개선적으로 움직이게 하려는 경향을 가지고 있는 것처럼 보인다.

이렇게 파괴만 일삼아 헛되이 통쾌감만을 맛보려고 하는 것에서 깨어나야 한다. 예컨대 불완전한 것이라도 협력하여 완전한 것으로 하려고 하는 경향, 곧 사소한 감정 문제를 버리고 마음을 합하여 동일한 이상, 동일한 목적을 향해 제휴하여 나가려고 서로 노력하는 것은 매우 절박하고 긴요한 일이다.

즉 앞에서 기술한 것처럼 취약한 지반을 단단하게 하기 위해 끊임없이 또 꾸준히 사라지지 않고 무너지지 않는 힘을 가진 석괴石塊[15]를 그 지반에 투입해 가지 않으면 안 된다. 그리고 이 투입하는 석괴 그 자체가 사라지지 않고 무너지지 않는 힘은 바로 사랑과 존경에서 나오지 않으면 안 된다.

사랑에 대해 특별히 말하고 싶은 것은 남을 우리의 노력으로 우리와 같은 인격자로 길러 내지 않으면 안 된다는 신념을 가지는 것이다. 존경은 조선인들이 아직 발로發露하지 않은 장점·미덕을 무시하지 않고 이것을 신뢰하는 마음이다.

우리는 자기 자식이 콧물을 흘리고 있는 것을 봐도, 자기 형제가 하찮은 일을 하고 있어도 바로 깔보는 생각을 가지는 것을 주저하는데, 이는 아직 나타나지 않은 맹아, 아직 길러지지 않은 혼魂에 우리를 능가하는 어떤 것이 잠재되어 있을지도 모른다는 생각을 갖고 있기 때문이 아니겠는가. 우리도 조선인들 중에서 우리와 함께 훌륭한 일을 할 수 있는 인재가 배출될 수 있는 힘이 있다고 믿지 않아서는 안 되며, 그 힘을 존경하지 않아서는 안 된다고 생각한다.

몇 해 전 경성제국대학의 예과생 모집 시 최고점으로 통과한 조선인 학생

---

[15] 돌멩이보다 크고 바위보다 작은 돌.

도 있었다. 장래 교육이 보급되어 철저해지면 이처럼 우수한 두뇌를 가진 조선인들의 수가 반드시 많아질 것이다.

또한 조선인들은 자기들의 향상·진전을 위해 진지한 노력을 계속하고 있다고 믿는다. 그리고 이 노력에 대해【172】우리는 충심衷心으로 경의敬意를 표하지 않을 수 없다. 이렇게 사랑하고 존경하며 부단한 노력을 다할 때, 정체 모를 수렁도 바뀌어 공고한 지반으로 될 수 있다.

물론 일본인의 생각이 이러한 방면으로 향할 수 있을지, 또 조선인의 생각이 여기에 합치할 수 있을지는 문제이다. 이를 위해서는 내지 관민의 헌신적·봉사적인 노력이 있어야 함은 말할 것도 없다. 그런데 경제적 방면에서, 경찰·군대 등도 그 힘을 움직여 떨어져 있는 두 가지 다른 것을 합치시켜 갈 수 없는 것은 아니나, 완전히 융합하여 같은 생각, 같은 목적을 향해 나아가게 하기 위해서는 단순한 외부의 강한 힘만으로는 불가능하다. 사랑과 존경의 두 가지, 이것이 없이는 결코 바랄 수 없다.

조선인과 일본인을 일시동인해야 한다는 말을 자주 듣고, 또 조선인과 일본인이 공존공영해야 한다는 말도 자주 듣는데, 일시동인이나 공존공영은 모두 사랑과 존경이라는 불멸의 힘에 의해서만 실현할 수 있는 것이라고 믿는다.

조선 문제는 하늘이 야마토 민족에게 준 일대 과제이다. 만약 조선을 진실로 일본의 형제로서 마주할 수 없다면, 조선의 지도가 우리에게 보여 주는 것처럼 조선은 일본의 심장을 향한 권총으로 영구히 일본을 위협할 것이다. 이 권총이 러시아의 힘으로, 또는 중국의 힘으로, 아니면 다른 어느 힘으로 탄약을 장전하면 일본은 생존의 위기에 빠져 버릴지도 모른다. 그러나 조선인이 일본의 동포로서 완전히 융합하면 조선은 대륙을 향한 잔교가 될 것이다.

즉 일본이 조선을 아시아를 향해 건국의 대사명을 수행하는 다리bridge로 만들지, 아니면 일본에 총구를 향한 권총이 되게 할지는 우리 야마토 민족의 깊고 간절한 고려에 따라 결정될 어려운 문제이다.

이성 문제는 냉정한 이론에 따라 결정될지도 모르지만, 감정 문제만큼은 진실로 나를 잊고 남을 위해 애쓰는 헌신적인 사랑과 피상적인 관계를 넘어 그 혼을 존경하는 마음으로만 비로소 해결될 수 있다고 믿는다. 즉 조선 문제는 야마토 민족과 조선인이 보조를 맞춰서 목적을 하나로 하여 서로 사랑하고 서로 존경하는지 여부에 따라 결정되는 것이라고 믿는다.【173】

32

고노 세쓰오河野節夫[1]

민족의 귀추
(초抄)

(편자의 말 : 이 책은 조선통치를 논한 것이 아니나, 조선 민심 연구상 필요하여 그 일부분을 게재한다.)

우리는 민족의 장래를 전망하며, 민족과 여러 많은 정치적·사회적 문제의 관계를 밝히고 민족과 국가는 어떠한 길로 나아가야 하는지 고찰해 왔다. 그래서 나는 여기에 나의 민족 문제에 대한 비견卑見을 요약하려고 한다.

민족통치책으로서 이전부터 여러 나라가 취해 온 태도는 다음과 같이 변천해 왔다.

---

[1] 고노 세쓰오에 대해서는 부록 「주요 인물 소개」란을 참고할 것.

① 이이제이以夷制夷주의 : 이는 옛날에 중국이 주변의 민족통치책으로 그 주위 민족을 서로 견제하게 하고 항쟁하게 하며 이를 배후에서 조종한 정책이다. 스페인이 남미에서, 또 영국이 인도에서 계급적 대립을 이용하는, 곧 이간離間정책도 이 부류에 속하는 것이라고 할 수 있다.

② 보호주의 및 특허주의 : 이는 근대 유럽 여러 나라가 식민지를 영유領有할 당초에 채용한 것으로, 주로 그 상업상의 이익을 농단壟斷[2]하려고 하는 고려에서 나온 것이다.

③ 동화주의

④ 자치주의

⑤ 제1차 세계대전[歐洲大戰] 후에 나타난 두 통치책 : 소수 민족 보호조약에 따른 통치, 【174】 위임통치

⑥ 러시아의 동방책東方策

이와 같이 민족통치책은 상고上古부터 변천을 거듭해 왔다. 그리고 이는 그 당시 통치국의 국정國情, 이민족의 문화 정도, 이민족 간의 종교 관계, 본국과 피통치민족 소재지까지 거리의 원근, 민족 혈통 관계의 친소親疏 등을 감안한 것이다. 그 당시 사정으로는 부득이한 것이 많아, 이에 따라 일률적으로 민족통치책의 시비·장단점을 논하기는 물론 불가능하다. 따라서 오늘날 이를 보면 매우 야만적으로 보이는 것이어도, 여하튼 그 당시에는 상당한 사적事績을 보아 만든 것이 적지 않은 것이 사실이다.

이민족통치책의 시비·득실을 일률적으로 논평하는 것은 위에서 서술한 것처럼 불가능하다. 하지만 지금 이들 정책과 그 시대마다의 정치사상을 비교

2 　이익이나 권리를 독차지함. 『맹자』의 「공손추(公孫丑)」에서 유래한 것으로, 어떤 사람이 시장에서 높은 곳에 올라가 사방을 둘러보고 물건을 사 모아 비싸게 팔아 상업상의 이익을 독점했다는 데서 나왔음.

하여 생각하면, 참으로 흥미진진함을 느끼게 된다. 그 통치책의 변전變轉마다 그 배후에 있던 본국의 대對 식민지 관념, 특히 정치사상적 변화를 알 수 있다.

지금 근세에 대해 봐도, 첫 번째로 동화주의에서 자치주의로의 변화는 식민정책상 급전직하急轉直下[3]의 대변화이다. 그만큼 그 배후의 사상 변동도 컸다고 볼 수 있다. 앞에서도 서술한 것처럼 프랑스대혁명은 유럽 정치사상의 분수령이었다. 이 사상적 대변화는 물론 유럽 정국政局에 많은 변화를 주었다. 그런데 이 사상적 여파는 영국 고유의 자치적 사상과 함께, 동화주의에서 자치주의로라는 식민정책상의 분수령을 또한 만들어 냈다. 그리하여 자치주의는 생겼다. 그러나 대혁명이 프랑스에서 일어나 영국은 그 여파를 받은 데 불과했던 것처럼, 그 동화주의에서 자치주의로의 변화도 실질적으로는 그렇게까지 중대한 변화는 아니었다. 영국은 식민지 자치를 크게 외치면서도, 이를 캐나다를 비롯하여 본국 민족과 동일 민족의 식민지에서만 시행했다. 자치가 만약 유일한 민족의 심의心意를 창달할 수 있는 좋은 정책이라면, 도리어 이민족에게 자치를 주는 것이 순리이다. 하물며 영국은 제1차 세계대전 때 원조를 구할 때 인도의 자치를 공약했을 정도였다. 그런데 거기에 이르지 못한 까닭은 단순히 순리에 따를 수 없는 이유가 있었기 때문이다.【175】

이리하여 100년의 세월이 흘렀다. 그리고 더욱이 러시아 제국帝國의 붕괴는 공산주의의 천하를 출현시켰다. 이에 또다시 이민족통치책은 대변화를 이루었다. 러시아는 솔선하여 공산주의의 정치적 효과를 그 동방 제국諸國에 구현했다. 영국의 같은 민족에 대한 자치는 이제 러시아의 이민족에 대한 연방聯邦으로 나타나게 되었다. 본디 이 러시아의 동방책은 표면상으로만 그렇고, 내면에서는 꼭 그렇지 않은 것은 앞서 서술한 것과 같다. 여하튼 러시아 내부의 대혁명은

---

[3] 사정이나 형세가 걷잡을 수 없을 만큼 급작스럽게 전개됨.

여기에서 발원하여 재차 이민족통치책에 변화를 가져왔다고 말해도 좋을 것이다.

이렇게 생각할 때, 식민정책이라고 하고 이민족통치책이라고 하나 결국 식민본국 정치사상의 말류未流에 지나지 않는 것이다. 더욱이 말류에는 말류에서 또 이를 혼탁하게 하는 원인이 존재한다. 그리고 이는 원시문화를 가지고 있는 데 불과한 식민지, 중도中度문화를 가지고 있는 식민지, 매우 오래된 정치사와 문화를 가지고 있고 그 위에 민족 자각이 왕성한 식민지 등 각각이 모두 특수한 지리·역사를 가지고 특수한 외부적 영향을 받는 입장에 있는 것이다. 따라서 근대 식민정책, 민족통치라고 하나, 실은 본국의 정치 상태, 식민지의 특수 사정 등에 따라 각각 다르다. 말하자면 가지각색의 상태로, 다 똑같지 않은 것은 말할 것도 없다.

이처럼 정책에 차이가 있는 것은 부득이한 일이다. 그렇다면 현재 식민제국諸國이 채택하고 있는 민족정책, 식민정책은 각각 모두 타당하고 적절한가 하면, 이를 현재의 국제정세에 비추어 생각할 때 아직 꼭 그렇다고 단언할 수 없을 것 같다. 당시 파죽지세로 식민지를 획득한 식민제국諸國은 이제는 모두 그 식민지 유지에 매우 어려움을 겪고 있다. 식민정책은 창업적인 정책에서 유지적인 정책으로 전력을 경주하지 않으면 안 되는 시대가 되었다. 유지될 것인가, 붕괴될 것인가. 참으로 식민정책의 일대 위기에 들어섰다. 그렇다면 왜 이러한 위기에 들어섰는가. 그 중요한 원인을 요약하면 다음과 같다.

(1) 사상적으로 이를 보면, 과거 정책은 불완전하나 그 당시 본국의 사상을 이민족통치상에 반영해 왔다. 그리고 단지 지금 상태만으로 좋은 오늘날의 정책도, 각각 그 본국과 이민족의 상황에 따라 정해진 것이다. 또한 주로 이에 따라야 할 것이지만, 국제 교통이 빈번하게 수반되는 세계 문화의 교착交錯 결과 이민족은 이미 세계 사조思潮에 감염되었다.【176】이에 단순히 과거와 같이 본국 특유의 국정國情에 따라서만 통치하는 것을 허용하지 않는 상황에 이르렀다. 그 결과 민족의 불안·동요는 표면상으로는 어떻든 간에 이면에서

는 상당히 더 심각해졌다. 근래 왕성하게 서구 여러 나라에서 창도되어 조직되고 있는 반反제국주의연맹 등도 요컨대 식민본국이 식민지 획득 시대의 이민족통치 심리에 교착膠着[4]하여, 뒤에서 서술할 원인과 더불어 피통치민족이 극단적인 사상적 변혁을 일으켜 이민족통치책, 식민정책과 피통치민족 사이에 사상상 불균형과 불일치를 초래하여 그 결과 통치상의 균형을 잃게 된 것이다.

(2) 다음으로 정치적으로 식민본국의 식민지에 대한 통치 능력에 대해 고찰하면, 영국을 비롯하여 식민제국帝國의 대부분은 그 통치 능력에 비해 식민지가 너무 많다. 그리하여 그렇지 않아도 통치에 곤란함을 느끼는 한편으로, 이들 식민지에서 양적으로 인구 증가, 물질적으로 민족의 자각이 날이 갈수록 커졌다. 이에 또 양자의 균형을 더욱 더 맞출 수 없게 되었다. 통치국가는 그 실력이 의심되어 그 지위가 전복되려는 상태가 되었다. 그 결과는 비만증肥滿症의 사람처럼 여러 많은 병인病因을 유발하고, 이전에는 도저히 독립이 불가능하여 침묵하고 있던 민족까지도 소동을 일으키게 했다. 나아가 연쇄적으로 다른 식민지에 그 영향을 미치게 되었다.

(3) 마지막으로 경제적으로 보면, 옛날과 같이 세계에 인류가 생존할 수 있는 미개척지[未開地]가 많던 시대에 인류의 경제적 욕망은 이 미개척지로의 자유로운 진전에 따라 충족되었다. 그런데 신대륙의 발견을 멈추고 식민지 영유가 세계의 구석구석까지 행해져 이민족에 대한 문호門戶가 폐쇄되자, 이에 반대로 국내적으로 부富의 분배에 대해 중점을 두는 시대가 되었다. 결국 사회주의·공산주의사상이 고양되었다. 그리고 이는 러시아를 중심으로 하는 혁명적 방화放火에 따라 다시 전환하여 식민지에까지 사회주의·공산주의가 성행하는 시대를 출현시켰다.

문제는 이와 같이 변화해 왔다. 그런데 이에 대한 지금까지의 정책은,

---

4 어떤 상태가 굳어 조금도 변동이나 진전이 없이 머묾.

(1) 첫 번째 세계 사조의 식민지에 대한 범람에 대해서 식민제국諸國은 거의 수수방관했다.

(2) 정치적으로 식민지 통치 능력에 비해 피통치량이 과대한 것에 대해서는 한 걸음 한 걸음 본국이 정치적으로 양보하고 있는 데 불과했다.【177】

(3) 사회주의·공산주의에 대해서 러시아 등은 당초부터 피통치이민족을 공산주의화했으므로 문제는 없으나, 기타 국가에서는 단순히 탄압정책을 시행하거나 또는 이와 함께 미약한 정도의 사회정책에 따라 완화책을 시행한 데 불과했다.

이와 같이 식민정책은 더 이상 갈 수 없는 지경까지 가 버렸다. 식민본국의 본루本壘[5]는 사회주의·공산주의운동과 민족운동에 협공당하는 형세가 되었다. 이에 민족 문제는 초미의 큰 문제가 되었다.

생각건대 식민지 영유에는 일정한 한계가 있다. 스페인이 그 식민지를 잃은 이유에 대해 많은 사람은 그 동화정책이 실패한 것이라고 말하지만, 오히려 식민지가 과다한 것이 큰 원인이었다. 다수의 식민지를 일시에 동화하는 것은 물론 불가능하다. 소수의 식민지였다면, 저 스페인이 동화정책 중 가장 난폭한 정책에 따랐어도 오늘날 식민제국帝國으로서 활보하고 있을지도 모른다. 영국은 자치론자가 고맙게 생각하는 자치정책을 그 다수의 식민지에서 시행하고 있다. 그런데도 지금 그 통치난難에 괴로워하고 있는 이유는 무엇인가. 역시 그것은 식민지가 과다한 것이 최대의 원인이다. 그래서 다음과 같이 말할 수 있을 것이다.

(1) 식민지가 본국과 같은 민족인 경우에는 식민지의 총량이 본국 세력에 따라 커져도 여하튼 통치를 유지할 수 있으나, 그렇지 않은 경우에 그 식민지의 유지는 곤란하다.

---

[5] 근본이 되는 보루(堡壘).

(2) 식민지 민족이 본국 민족과 다른 민족인 경우에는 본국의 세력이 식민지에 비해 훨씬 크지 않은 한, 서서히 일일이 이민족을 동화한 후가 아니면 다른 이민족의 통치는 곤란하다.

(3) 그리고 이상의 두 경우와 함께 본국이 식민지보다도 문화 수준이 높을 것, 국민의 포용력이 클 것이 절대 필요하다.

이상은 이전부터 있던 식민지 영유의 한계인데, 요즈음에 와서는 또 하나의 원인이 더해졌다.

(4) 동화든 자치든 그 통치는 항상 식민지가 사회주의·공산주의에 의해 복멸覆滅[6]되지 않을 정도에서 선행先行되고 철저하지 않으면 안 된다.

이렇게 생각할 때 세상 사람들은 걸핏하면 문화가 발달한 식민지 문제의 해결은 자치정책에 따르지 않을 수 없다고 말하는데, 이 논리는 아직 꼭 긍정할 수 없는 것이다. 가령 자치정책이 식민지 통치책으로서 가장 옳은 것이라고 해도 그것은 【178】 사회주의·공산주의가 아직 식민지를 잠식하지 않은 시대의 정책으로, 이러한 주의의 침입을 계산에 넣고 있는지 아닌지가 매우 의문이다. 따라서 오늘날 이를 보면, 이전부터 고창高唱되어 온 자치정책도 실로 아직 절반의 식민정책, 이민족통치책에 불과하다. 이에 고찰하려고 하는 경제적 근본 문제는 여전히 해결되지 않은 것이다.

이렇게 말하면 사람들은 혹 현재 독립운동의 일부가 이미 계급적으로 분열되고 있는 현상을 말하거나, 또는 사회주의·공산주의자는 민족 독립의 때에는 민족운동의 지도권이 부르주아의 손으로 옮겨갈 것을 제국주의 이상으로 두려워하고 있는 사실을 지적한다. 그 밖에 우리가 앞서 서술한 민족운동과 사회주의·공산주의운동의 근본적인 차이를 예를 들어 보이며 이들 주의의 침입을 두려워해서는 안 된다고 할지도 모른다.

---

6 어떤 단체나 세력이 뒤집히어 망함.

그처럼 이들이 분열하는 경향이 존재하는 것도 사실이다. 이들은 중요한 여러 점에서 서로 배치되는 것도 진실이다. 그러나 이러한 사실이 있고 또 이론적인 착오가 있는데도, 이들의 주의가 식민지에 자꾸 침입해 오고 있는 것 또한 사실이다. 따라서 단순히 이에 따라 이들이 자연적으로 붕괴하기를 기다릴 수만은 없다. 그래서 우리는 또 식민정책, 이민족통치책의 다른 반면半面으로서 이 경제적 근본 문제를 고려하지 않으면 안 되는 것이다.

이에 지금까지 정치상의 동화주의, 자치주의를 그대로 이 경제적 방면에 준용하여 생각하면, 정치상의 동화주의는 경제상에서도 동화로 되고, 정치상의 자치주의는 경제상에서도 자치로 된다. 그 결과 전자에서는 본국의 경제조직이 어떠한지에 따라 식민지의 경제조직이 정해지지만, 후자에서는 그 경제조직이 자본주의로 되건 혹은 사회주의·공산주의로 되건 자유라는 논리가 된다. 그리고 그 결과 본국은 자본주의이면서 식민지는 사회주의·공산주의가 되는 기이한 현상도 일어날 수 있게 된다. 물론 식민지의 통치자는 재가裁可하지 않을 권리를 가지기 때문에 이를 방지할 수 있다고는 하나, 오늘날 자치 식민지에서는 이미 자기 함대를 가지고 외교관을 교환하며 국제적인 교류의 장에서도 독립된 자격으로 여러 가지 중요 회의에 출입할 수 있다. 이러한 경우에 이 단순한 내부 조직의 변경 정도가 장래에도 불가능할 것이라고 누가 감히 예언할 수 있겠는가. 이렇게 생각할 때 이전에는 어떠했든지 간에 장래에는 식민지에 자치를 용인한다고 하면, 동시에 그곳에 사회주의·공산주의사회도 구현될 것을 미리 【179】 승인한 것으로 보지 않으면 안 된다.

따라서 이제 자치정책의 의미는 종전과 같은 의미의 자치정책이 아니다. 그것은 정치적 자치에 그치지 않는 사회조직적 자치이다. 이리하여 정치적 차이는 결국 사회적으로까지 영향을 미쳐 본국과 식민지, 본국 민족과 이민족이 서로 동떨어지게 되는 것이다. 그리고 그때는 일발천균一髮千鈞[7]의 지탱할 수 없는 상황이 되고, 그 결과는 식민제국의 와해만 있을 뿐이다. 이것을 식민본국이 잘 참을 수 있을까.

이전에 세상 사람들은 자치정책을 너무 높이 평가했다. 저 더럼Durham[8]이 장래 영국 통치에서 떨어져 나가려고 하는 캐나다에 대해 가한 일침은 캐나다의 명맥을 잘 잇게 했다. 그러나 캐나다를 비롯하여 캐나다 이상으로 불리한 조건에 있는 여러 식민지는 그 후 점점 병세病勢가 험악해졌다. 영국은 대영제국 회의를 거듭할 때마다 식민지에 대해 양보를 거듭했다. 이제 대영제국이 대영연방으로 변한 것은 앞서 서술한 것과 같다. 자국 민족과 피[血液]를 같이 하는 식민지에서 이미 그러했고, 사회주의·공산주의가 성행하지 않은 때에도 이미 그러했다. 원래 다른 역사와 피를 가진 이민족에 대해 사회주의·공산주의의 큰 파도가 소용돌이치는 오늘날 이 위험이 많은 자치주의를 주장하는 것은 생각하지 않아도 심하다고 말하지 않을 수 없다.

생각건대 동화는 식민제국 건설의 근본적 요건이다. 콘크리트를 잘 바르지 않고서는 큰 건물과 높은 누각을 만들어 올릴 수 없는 것처럼, 본국 민족과 이민족 사이를 혼魂과 피로 잘 견고하게 하지 않고서 대국가를 건설하는 것은 도저히 불가능하다. 그리고 앞에서도 서술한 것처럼 세계 인류는 점점 혼화混化의 법칙을 따르고 있다. 그러므로 동화로 나아가는 것은 대세에 순응하는 것이고 결코 무리한 정책은 아니다.

그래서 식민지 민족을 본국 민족과 동일하게 하기 위해서는, 여하튼 이민족에 대해서는 원칙적으로 동화정책을 써야 한다. 물론 이민족의 동화가 혹 일정한 한도에 달해, 이전의 자치령에서와 같이 본국과의 사이에 혈액적 또 기타 측면에서 긴밀한 관계가 생긴 경우, 그때에는 자치를 용인해도 지장이 없을 것이다. 하지만 동화로 가능한 정도라면 왜 굳이 위에서 서술한 것처럼

---

7 한 가닥의 머리털로 천균(千鈞), 즉 만 근(斤)이나 되는 무거운 물건을 매어 끈다는 뜻으로, 매우 위태로운 일을 이르는 말.
8 더럼에 대해서는 부록 「주요 인물 소개」란을 참고할 것.

위기가 닥쳐올 자치주의로 나아가야 하는가. 우리는 이민족에 대해서는 동화정책에 따르는 수밖에 없고, 동화되지 않는다면 독립을 승인하는 수밖에 없다고 믿는다. 본국 민족과 【180】 서로 같은 정도의 동화도 시행하지 않고 갑자기 이민족에게 자치를 인정한다면, 일시적으로는 이를 인정할 수 있다고 해도 영구히 이민족을 통치할 수는 없으리라고 생각한다.

마지막으로 이상을 통해 보면, 국가는 이권에 현혹되어 방대한 영토로 괴로운 폐해를 없애고 오로지 내정內政에 집중해야 한다. 한편 이민족의 문화 진전에 따라 그 정치적 권리를 확대하고, 다른 한편으로 부의 분배에 대해 적당한 시설施設을 시행하여 식민지 민중이 피압박·피착취계급이란 관념을 벗어 버리도록 하는 것이 필요하다.

식민지를 밝게 하자. 이민족 특히 프롤레타리아가 살기 편하고 좋은 환경을 주자. 그것이 식민정책, 이민족통치책의 최초이자 또 최후의 목적이다. 이렇게 본국과 본국 민족이 대할 때, 식민지 민족은 반드시 본국과 서로 호응하여 통치에 기쁜 마음으로 복종하며 시정施政을 익찬翼贊[9]하게 될 것이다.

이에 반해 식민지를 암흑으로 하여 저들을 더욱 더 불행한 처지로 이끌 것인가. 저들은 소위 폭로曝露정책으로 배은망덕해지고 식민지는 결국 인류의 수라장修羅場[10]으로 변화하게 될 것이다.

식민정책이든 이민족통치책이든 결국은 민족과 민족의 마음 문제이다. 본국 민족은 식민지 민족의 마음이 되고, 식민지 민족은 본국 민족의 마음이 될 때, 정치, 경제, 기타 모든 문제는 해결되고 그 사이에 적당한 식민정책, 이민족통치책이 고안될 것이다. '천승千乘의 나라를 다스리려면, 일을 공경하고 믿음으로 하며, 쓰기를 절제하고 사람을 사랑하라[道千乘之國, 敬事而信, 節用

---

[9] 도와서 올바른 데로 이끌어 감.
[10] 싸움이나 그 밖의 다른 일로 큰 혼란에 빠진 곳. 또는 그런 상태. '아수라왕이 제석천과 싸운 마당'이란 뜻으로 불교 설화에서 비롯되었다.

而愛人]'"¹¹고 2,400여 년 전에 나라를 다스리는 방법을 말한 공자의 한 마디는, 이를 식민정책, 이민족통치책에 준용할 수 있을 것이다.【181】

---

11 『논어(論語)』「학이편(學而篇)」에 이것이 나온다. 공자는 "천승의 나라를 다스리려면, 일을 공경하고 믿음으로 하며, 쓰기를 절제하고 사람을 사랑하며, 백성을 부리기를 때를 맞추어야 한다[子曰, 道千乘之國, 敬事而信, 節用而愛人, 使民以時]"고 했다. '천승지국(千乘之國)'은 제후의 나라를 뜻한다. 전쟁이 일어났을 때, 네 필의 말이 끄는 전차 한 대에 30명의 보병을 실어 천 대를 낼 수 있는 나라라는 뜻이다. 이런 천승의 나라를 다스리기 위해서는 다섯 가지를 시행해야 한다고 공자는 말했다. 자기가 하는 일에 분수를 넘지 말 것이며, 이것으로 백성들에게 믿음을 줄 것, 물자를 아껴 쓰며, 백성을 사랑할 것, 부역은 농사철을 피할 것 등이다.

33

나카무라 겐타로中村健太郎[1]

이해와 동정
(초抄)

1) 우리의 노력

조선 문제는 아마 일본에서 가장 중요한 문제 중 하나일 것이다. 그리고 그 해결은 당국 관헌 혼자서만 할 수 있는 것이 아니다. 어떻게든지 관민일치의 협력에 의하지 않으면 안 된다. 특히 조선에 재류하는 일본인은 직접 그 사명을 띠고 있다는 각오가 없으면 안 된다.

대저 조선 문제의 해결에서 가장 필요하고도 급무인 것은 내선인의 융화이다. 내선인이 융화되지 않고 서로 반목해서 조선 문제는 결코 해결되지 않는

---

1 나카무라 겐타로에 대해서는 부록「주요 인물 소개」란을 참고할 것.

다. 그런데 현재는 아직 완전히 융화의 결실을 거두었다고는 말할 수 없다.

그러나 근래에 가장 기뻐할 만한 현상은 식자識者 사이에서 내선융화의 급무를 말하는 자가 현저히 많아진 것이다. 그리고 또한 내지 재주 식자 사이에서도 왕성하게 이것이 창도되게 되었다.

일본 야마토大和 민족과 조선 민족은 원래 동근同根이었다. 이는 근래 학자의 연구에 따라 한 점의 의심도 없이 규명되었다. 다만 2,000 수백 년 동안 서로 나라[邦]를 달리하고 그 거처를 따로 했기 때문에, 인정과 풍속, 언어상 많은 장애가 생긴 것이다. 그러나 이민족과 이민족이 한일병합에 따라 동일 국민이 된 것처럼, 이제는 내선융화 등을 특히 내세워 말하지 않으면 【182】 안 되게 되었다.

내선 두 민족이 동근·동예同裔인 것은 저 박물관에도 진열되어 있다. 내선 고대의 발굴물 등을 봐도 그 일단을 엿볼 수 있다. 오늘날 우리가 제창하는 내선융화는 형태상의 문제가 아니라 정신상의 문제이다. 일본인은 검은 의복을 착용하고 조선인은 흰옷을 입고 있어도, 그들을 별도로 볼 것이 아니다. 서로 정신만 융합되면 그것으로 좋은 것이다.

예로부터 종교를 같이하고, 문화를 같이하고, 취미를 같이한 우리 두 민족이 지금에는 융합할 수 없다는 등의 의논은 하잘것없는 것이다. 다만 지금은 아직 여러 가지 장해가 양자 사이에 끼여 있거나, 또는 측면에서 이것을 파괴하려고 하는 자들이 있어 많은 어려움이 따르는 것은 말할 것도 없는 사실이다. 하지만 이 또한 시간문제로, 시간은 자연히 이를 해결해 줄 것이다.

그렇다면 이 경우 이때에 우리는 어떠한 태도로 여기에 대처해 가면 좋을까. 우선 우리 두 민족은 원래 동원同源·동근으로 그 후예라는 신념을 서로 견고히 가져야 한다. 이 매우 단단하여 흔들리지 않는 신념에 따라 앞으로 나아가야 할 길을 걷지 않으면 안 된다. 그리고 그 걸어야 할 길이란 말할 것도 없이 공존공영의 길이다. 만약 여기에 장해가 되는 것이 있다면, 이를 적절히 배제하기 위해 노력하지 않으면 안 된다.

요컨대 융화할 수 있는 것도, 융화할 수 없는 것도 사소한 감정의 문제이다. 대저 감정이라는 것은 그 순간순간의 문제이므로, 도저히 이를 일일이 적을 수는 없다. 하지만 서로 견고한 신념 위에 서 있기만 한다면, 때로는 풍파가 일어도, 또 때로는 폭풍우가 불어도, 때가 지나면 자연히 원래의 화창한 맑게 갠 하늘을 볼 수 있는 것처럼 원만히 해결할 수 있을 것이다.

2) 먼저 조선인을 알라

【183】먼저 일본인이 첫 번째로 이해해 두지 않으면 안 되는 점은 조선의 사정이다. 단지 조선의 사정이라고 하면 이 또한 여러 가지 방면이 있는데, 여기에서 말하는 이른바 조선의 사정이란 최근 수년간의 사상의 경향이 어떠한가를 말하는 것이다.

최근 수년간만큼 조선의 인심에 변화가 있던 적은 없었을 것이다. 그것은 실로 놀라울 정도의 변화였다. 그래서 지금의 조선인을, 그중에서도 청년을 옛날의 조선인처럼 여긴다면 이것이야말로 커다란 잘못이다. 수년 전까지 조선인의 사상이라는 것은 실로 혼돈스럽고 몽롱한 것이었다. 동서를 분별하지 못하고 방황했던 것이다.

물론 대다수의 민중은 아직 적확한 주의도 목적도 없고, 바람이 부는 대로 물이 흐르는 대로 움직이는 상태로 전혀 그 방향이 정해져 있지 않다. 하지만 일부 인사 사이에서는 그 경험이라는 종자種子에서 발아發芽해서 반성과 성찰의 결과 그 역량이 어떠한지를 측정하게 되었다. 즉 그들은 물질적으로 생산력·소비력의 분량이 어떠한지도 알게 되었고, 정신적으로는 이전부터의 습관과 인습因襲의 옳고 그름도 판단하게 되었으며, 또 도덕상·윤리상의 비판력 등도 놀라울 정도로 발달하게 되었다.

그들은 과거 수년간의 경험에 따라 그 생활 정도를 충분히 측량할 수 있었다. 그 결과로 산출産出된 것이 곧 최근 조선 인심의 변화이다. 나는 오히려 이것을 '자각'이라고 말하고 싶다.

그 자각의 결과로 사회주의의 색채가 농후해졌다. 즉 자기가 자기의 생활 내용을 해부하고 분해하여 그 총 감정勘定을 한 결과, 과거의 몽롱한 과신過信에서 생긴 실망의 반동反動으로 일부 사이에서는 일종의 유행이라고 할 만한 분위기가 나타나게 되었다. 그것은 문화파의 비관悲觀과, 사회주의적 분위기가 왕성하게 된 것이다.

즉 문화파가 골자로 하는 것은 이른바 실력 양성이라는 것인데, 그 실력 양성은 자본주의적 경제력의 발달이 주안점으로 되어 있다. 곧 현대 문명은 자본주의적 경제력에 따라 이루어진 것이므로, 쇠퇴한 조선을 기사회생起死回生시키기 위해서는 선험자先驗者가 밟아 온 유일한 방법인 자본계급의 발달을 도모하지 않으면 안 된다는 것이다. 이에 산업 발달을 목적으로 하는 여러 가지 경제적 활동이 시도되었다. 그런데 그 결과는 모두 성공하지 못하고 끝나 버리고 말았다.【184】

그들은 또한 이에 대해 여러 가지 연구한 결과로 그 실패의 원인도 알게 되었다. 첫째, 금전의 힘이 근본적으로 부족하고, 둘째, 기술이 부족하며, 셋째, 경제적 역량이 부족하고, 넷째, 자본주의적 단결력이 부족하다는 것을 알았다. 동시에 또 이러한 점은 일조일석에 한 사람, 한 개인의 힘으로는 어쩔 수 없다는 것을 알았다.

그리하여 한번은 극도로 비관하여 자포자기에 빠지려 했는데, 그 순간 그들은 일종의 새로운 진리를 동경하게 되었다. 그리고 머지않아 전신轉身[2]의 방법을 강구하게 되었다. 이것이 바로 사회주의 분위기가 농후해진 이유이다.

그리고 그들은 일대 진리를 발견한 것처럼, 하늘의 복음福音이 하늘에서 내려온 것처럼, 사회주의 분위기 속으로 나아가게 되었다. 원래 일의 성공과

---

2   주의(主義)나 생활 방침 등을 바꿈.

실패는 별도 문제로 하고, 조선인의 생각은 최근에 대개 이와 같이 나아가고 있다.

또한 현저한 현상은 권리에 대한 마음의 향상과 극기克己[3]정신의 맹아이다. 즉 수년간 민중적 심리는 매우 대담해졌다. 그들은 수백 년간 관존민비官尊民卑 사상과 특히 전제專制제도하에 길러져 온 민중의 사상에 지배되어 당연히 행사해야 할 권리도 행사하지 못했다. 당연히 말해야 할 것도 말하지 못했다.

총독정치 실시 후에는 민중의 자유를 인정하고 권리의 신장을 허용했다. 하지만 수백 년간의 인습과 함께 초대 총독 시대는 옛 제도에서 새로운 제도로 옮겨가는 과도기였고 다소 무단통치의 경향을 띠었기 때문에 충분히 자기의 권리를 신장할 수 없었다. 그런데 제도의 개정과 함께 수백 년간 일찍이 꿈에도 볼 수 없던 문화정치가 시행되었다. 이에 그들은 비로소 그 두려움과 겁에서 탈피하여 인간으로서 살아갈 길을 찾게 되었다. 그리고 수백 년간의 경험과 연습에 따라 민중적으로 어느 정도 움직이게 되었다. 자주 듣는 말로, 조선인이 최근에는 매우 건방져졌다거나 악화했다고 하는 것은 이러한 사정을 단지 표면에서 보고 받은 느낌에서 나온 비판에 지나지 않는다.

민중적인 권리에 대한 마음의 향상에 관련한 사례는 일일이 셀 수 없을 정도로 많이 있다. 일례를 들면, 당연히 취해야 할 권리라고 생각하는 것에 대해 단체로 관청에 청원 또는 질문하거나, 또는 나아가 당국의 행위에 대해 제의提議하고 반항하거나, 【185】심하게는 시위운동을 하는 것이다.

그중 지구성持久性을 가지고 있는 것으로는 소작인의 지주에 대한 반항, 노동자의 고용주에 대한 반항, 관공리의 평등한 대우를 요구하는 운동, 또한 최근 현저히 발달한 백정계급의 평등 요구의 절규 등이 있다. 이것들은 모두 권리에 대한 마음의 향상으로 볼 수 있을 것이다.

---

[3] 자기의 감정이나 욕심, 충동 등을 이성적 의지로 눌러 이김.

다음으로 최근 현상으로는 극기정신이 싹튼 것이다. 수년 전부터 일어난 금주·금연의 유행, 물산장려운동 등은 그것이 두드러진 것이다. 이는 신문·잡지에서 고취한 간디의 사상이 큰 원인이 된 것으로, 일시적 유행에 불과한 현상일지도 모른다. 그러나 여하튼 이것이 극기정신의 발아인 것은 틀림없는 사실이다.

또 하나 현저한 현상은 조선 사회에 양극단이 대립하게 된 것이다. 아직 충분히 발달하지 않은 사회에 미신적 사상이 있는 것은 당연한 일인데, 조선 사회에는 이 사상이 아직 상당히 세력을 확장하고 있다. 그리고 조선의 미신 중에는 정치적 미신이 있는데, 여러 가지 미신 중에 이 정치적 미신만큼 세력을 가지고 있는 것은 없다. 이 정치적 미신의 유래가 된 것은 조선의 비서秘書라고 불리는 일종의 예언서라고도 할 만한『정감록鄭鑑錄』[4]이다. 조선시대에는 이 책을 소장하면 엄벌에 처해졌다. 그런데 무서운 것을 보고 싶어하는 것이 인간의 심리이다. 이 책이 금지되면 금지될수록 사람들은 어떻게든 이 책을 보려고 했다. 나는 두세 종의 것을 봤는데, 모두 달력의 이면지에 베낀 것이었다. 그 '이재궁궁을을利在弓弓乙乙'[5] 등의 문자는 대단히 세상 사람들을

---

[4] 조선 중기 이후 백성들 속에 유포된 나라의 운명과 백성의 앞날에 대한 예언서. 풍수지리상으로 본 조선 왕조 후 역대의 변천 등을 예언한 것으로, 이심(李沁)과 정감(鄭鑑)의 문답을 기록한 책이라 하나 이본이 많아 확실한 것은 알 수 없다.

[5] 『정감록(鄭鑑錄)』등에 전해 오는 비결로, 한자의 뜻은 '이익이 궁궁을을에 있다'고 풀이할 수 있으나, '세상 사람들 그 뜻을 알기 어렵네[世人難知]'라 하여 그 숨은 뜻을 알기 어려운 것으로 전해 왔다. 이것이 동학가사인 '몽중문답가(夢中問答歌)' 등에 인용되어 있으며, '궁궁을을'에 대한 다양한 해석이 내려져 왔다. 예컨대『대종경(大宗經)』'변의품(辨疑品)' 29장의 법문에도 이 말이 나온다. 이 가사의 뜻을 묻는 조원선(曺元善)의 질문에 대해 원불교 교조 소태산대종사(少太山大宗師)는 "궁궁은 무극 곧 일원이 되고, 을을은 태극이 되나니 곧 도덕의 본원을 밝히심이요, 이러한 원만한 도덕을 주장하여 모든 척(隻)이 없이 살면 이로운 것이 많다는 것이니라"고 답하고, 이 '궁을가'를 부르면 운이 열린다는 의미에 대해 '그러한 도덕을 신봉하면서 염불이나 주송(呪誦)을 많이 계속하면 자연히 일심이 청정해져 각자의 내심에 원심과 독심이 녹아질 것이며, 그에 따라 천지 허공 법계가 다 청정하고 평화로워질 것이라는 말씀이니 그보다 좋은 노래가 어디 있으리오. 많이 부르라'고 답했다.

현혹했다.

이 『정감록』이 어느 정도의 가치가 있는지는 모르나, 이를 야심가가 이용하게 되었다. 이에 결국 정치적 미신단체도 생기고, 심하게는 이를 사리私利 수단으로 이용하게 되었다. 그리고 왕성하게 미신을 선전하고 있다. 더욱이 이에 대해 아무런 엄정한 고찰도 하지 않고, 단지 이를 지나치게 믿어 여기에 현혹되는 것이다. 다만 자각이 있는 청년은 이를 일소一笑에 부치는데, 아직 대다수의 무지한 민중 사이에서는 이것이 상당히 왕성하게 믿어지고 있는 듯하다. 【186】

이러한 미신파에 대립하여 반反미신적 사조가 나타나게 되었다. 그들은 대개 새로운 학문을 하고, 새로운 사상을 접하여 만사萬事를 과학적으로 해석한다. 그리고 그들 중에는 예로부터의 잡종 미신을 배척할 뿐만 아니라 선조로부터 전래되는 도덕과 종교도 배척하는 기풍이 발흥하게 되었다. 무엇보다도 이것에는 두 가지 분파가 있다. 그 하나는 철저하게 종교에 반대하는 것으로, 인습因襲한 종교까지도 일절 배척하려고 한다. 또 다른 하나는 종교와 도덕은 인정하나, 그중 허위 분자를 비판하고 고찰하여 배척하려고 하는 것이다.

그리고 또 선배의 배척과 청년 숭배의 기풍이 왕성해졌다. 과거의 일을 돌아보아 그것이 모두 허위, 황당무계, 실신失信[6], 무지의 소치인 것을 각성한 일반 민중은 그 책임을 선배에게 돌리게 되었다. 세상이 이처럼 된 것은 자기들보다도 먼저 태어난 선배들의 죄악이라고 보는 그들은 결국 역사라는 귀중한 것을 읽지 않게 되고, 역사를 존중하지 않는 이면에서는 선배의 인격을 숭배하지 않게 되었다. 아니, 숭배하지 않을 뿐만 아니라 원망하거나 혹은 배척하게 되었다.

여러 죄악은 선배들의 비열한 행위에서 생겼다고 하거나, 소위 선배들이

---

6 신용 없음.

이룬 것을 보면 하나도 배울 만한 것이 없다고 하는 등, 이와 같은 것을 믿게 된 현재의 인정은 그 반동으로서 청년을 존중하게 되었다. 모두가 청년시대, 청년시대라고 말하는 것은 조선의 현대는 지식이든 심법心法[7]이든 청년이 아니면 그 임무를 맡을 수 없다고 하는 선배 배척에서 온 것이다. 청년을 숭배하는 마음은 다시 또 미래의 청년인 소년을 존중하는 것으로 이어졌다. 개벽사開闢社 주최로 '어린이날[8]'이라고 칭하는 소년운동을 시도한 것은 그 일례로, 이는 아마 조선 개벽 이래 처음 있는 일이었을 것이다.

신사풍紳士風의 감퇴와 노동풍勞動風의 발흥도 또한 최근에 두드러진 현상이라고 할 수 있다. 유의유식遊衣遊食[9]하는 조선 일류의 신사풍이 나날이 감퇴하고 있는 것은 사실이다. 그리고 그 반면에는 정신적으로도 심리적으로도 노동 존중의 기풍이 유행하여, 귀천을 차별하고 계급을 중시 여긴 예로부터의 풍습은 점차 사라지고 노동 존중의 기풍이 인심에 깊은 영향을 주게 되었다. 【187】

3) 자존심을 건드리지 말라

오늘날 조선인이 가장 싫어하는 것은 이미 눈치 챈 사람도 있겠지만 그 자존심을 건드리는 일이다. 이는 특히 조선인이라고 불리거나, 조선인이라고 쓰이거나 하는 것이다. 예를 들면, 조선인이 어떻게 했다든지, 조선인 아무개가 어떠하다든지 하고 쓰는 식이다.

---

[7] 마음을 쓰는 법.
[8] 어린이의 지위 향상을 위하여 정한 날. 1923년에 어린이들에게 민족정신을 고취할 목적으로 방정환(方定煥)을 비롯한 일본 유학생 모임인 색동회가 5월 1일로 정했다. 1956년에 국가의 정식 법령으로 정해지면서 5월 5일이 되었다.
[9] 하는 일 없이 놀면서 입고 먹음.

조선 본토박이를 조선인이라고 하고, 내지에서 조선에 와 있는 자를 내지인이라고 하는 것에 무슨 이상한 점도 수상한 점도 없지만, 조선인들은 특히 조선인이라고 쓰이거나 불리는 것을 일종의 굴욕처럼 느끼고 있기 때문이다. 그러나 또 조선 민족이 어떻다고 하는 것처럼, 조선인을 몹시 고조高調하는 경우도 있으므로 그럴 리는 없다고 하는 사람도 있을지 모른다. 하지만 대다수 사람의 심리는 앞서 서술한 것과 같다. 그래서 나는 이런 말을 가능한 한 사용하지 않으려 하고 있다.

그러나 내지인 대 조선인의 문제를 논할 경우에는 자연히 내지인이 어떻다든지 조선인이 어떻다든지 말하지 않을 수 없게 된다. 그러므로 완전히 이를 없애는 것은 도저히 불가능한 일이기는 하다. 하지만 특별히 조선인 운운이라고 쓰지 않아도, 말하지 않아도 되는 경우에는 가급적 이를 피하는 것이 어떤가 하고 생각한다.

이에 대해 일례를 들면, 모 재판소의 공판정에서 판사가 피고를 세게 때린 사건이 있었다. 그런데 그 판사는 조선 출신 사람이고, 피고는 내지 출신 사람이었다. 그런데 이를 보도하는 신문이 특히 '조선인 판사, 일본인을 구타하다'라고 커다란 제목을 붙여 보도했다. 그러자 이를 읽은 조선인은 크게 분개했다. "'조선인 판사가 일본인 운운'이라고 하여 일부러 조선인이라고 쓰지 않아도 되지 않나", "이래서 내선융화라고 하는 것은 구두선口頭禪[10]에 불과하다", "판사 아무개가 아무개를 운운이라고 쓰면 그것으로 충분하지 않은가"라는 것이었다. 실로 사소한 일처럼 보이지만 주의해야 하는 일이라고 생각한다.【188】

조선인이 한때 독립열에 들떠 있던 당시에는 조선 반만년의 역사가 어떻

---

10 실행이 따르지 않는 실속이 없는 말. 경문(經文)의 글귀만 읽고 참된 선(禪)의 도를 닦지 아니하는 태도.

고, 조선 민족이 어떻고, 조선 문화가 어떻고 하면서 첫째도 조선, 둘째도 조선이라고 과도하게 조선을 표방하는 것이 유행했다. 그런데도 조선인이라고 불리거나 쓰이는 것은 크게 싫어한다. 여하튼 조선인이 싫어하는 것은 그냥 하나씩이라도 고쳐 가고 싶다.

그래서 나는 생각건대, 예를 들어 무슨 무슨 정町의 아무개와 무슨 무슨 동洞의 아무개[11]가 싸워 무슨 무슨 정의 아무개가 다쳤다고 한다면 매우 작은 문제로 끝나겠지만, 조선인 아무개와 내지인 아무개가 싸워 조선인 아무개가 다쳤다고 하게 되면 똑같은 문제라도 매우 큰 영향을 주어 알게 모르게 조선인은 내지인에 대해, 내지인은 조선인에 대해 서로 적개심을 갖게 될 것이다. 이러한 사소한 문제로 인해 내선인이 서로 반목하게 되는 것을 결코 등한시해서는 안 된다.

이러한 일은 결코 어려운 문제는 아닐 것이라고 생각한다. 나는 우선 신문 지상에서 내선인의 관계를 쓸 경우 내지인, 조선인이라고 쓰지 않고, 어디의 이모李某라든지 어디의 아무개라든지 라고만 쓰면 좋지 않을까 한다. 또한 서로 말할 때도 내지인이 어떻다든지, 조선인이 어떻다든지 하는 말을 사용하지 않고, 역시 어디 어디의 아무개와 아무개가 어떻다는 식으로 말하면 문제는 작게 끝나지 않을까 한다.

조선인은 개인적으로 모욕을 받는 것도 고통은 고통이지만, 가장 견딜 수 없는 것은 민족 권리의 유린, 민족적으로 받는 모욕이라고 말한다. 이는 우리가 조선인을 대할 경우에 특별히 주의해야 할 점이다. 요컨대 우리는 하루라도 빨리 내지인이라든지 조선인이라든지 하는 차별적인 관념에서 벗어나, 진실로 따뜻한 심정으로 반도에서도 조금 진지하게 문제를 대하고 제국 국민으로서 함께 행복과 번영을 도모해야 한다. (이하 생략)【189】

---

[11] 원문에는 '김모(金某)'라고 되어 있으나, 문맥상 '아무개'로 바꾸는 것이 적절할 듯하여 고쳤다.

34

이지마 덴자부로飯島傳三郎[1]

내선인의 융화 촉진에 관련한 적당한 방법

(1) 일본인의 섬나라 특유의[島國的] 소심함[卑小]이여. 당신들에게 대륙 경영의 수완이 있는가. 당신들에게 이민족을 포용할 도량度量이 있는가. 당신들의 조선 병합 후의 성적을 봐라. 병합 후 벌써 20년, 그런데 무엇이 남았는가. 모멸과 반감과 압박과 음모와 권총과 그 밖에 무엇이 있는가.

그러한 소리가 세계 어딘가에서 들리는 듯한 기분이 든다. 그리고 일본인 자신에게도 그러한 소리를 들을 수 있을 것 같은 기분도 든다.

우리는 더 이상 이러한 소리에 귀 기울일 필요는 없다. 그리고 또 힘을 믿는 자에게는 변명도 소용없다.

1　이지마 덴자부로가 어떤 인물인지 불분명하다.

우리는 자기의 힘을 믿으면서, 당당히 자기의 길을 나아가면 된다. 이즈모出雲 종족과의 융합을 완전히 이룬 아름다운 역사를 가지고 있는 일본이 아닌가. 왜 자기의 힘을 의심하는가.

그러나 나라와 나라의 참된 병합은 인간 세계에서 가장 곤란한 문제 중 하나임에 틀림없다. 거기에는 역사가 마음의 장벽을 이루고 있다. 피가 혼魂의 도랑[溝渠²]을 이루고 있다. 일선융화는 참으로 일본 민족에게 던져진 커다란 시련이 아닐 수 없다.

일본 민족이여. 당신들의 피를 끓어오르게 하는 것이 단순히 총검과 함성만이어서는 안 된다. 민족적으로 일어난 이 커다란 시련을 훌륭히 견디지 않겠는가.【190】

(2) 그렇다면 우리가 노력해야 할 점은 무엇인가. 나는 첫 번째 급무로서 인도적 기조基調에 선 따뜻한 사랑을 제창한다. 비뚤어진, 지적 이해가 부족한 저들 조선인에게 가장 필요한 것은 사랑의 손이다.

병합 이후 일본은 막대한 비용을 투입하여 철도를 부설하고, 도로를 개발하고, 황무지를 개간하고, 식림하는 등 크게 저들의 복리를 증진했다. 그런데 또 저들을 기쁜 마음으로 복종시키지 못하고 걸핏하면 불평불만의 소리를 듣는 까닭은 그것이 사랑의 정신에서 이루어지지 않은 단순한 정책적 시설에 그쳤기 때문이다. 이는 다소의 물질적 이익을 준 것이다. 그러나 물질적 이익은 정신과 정신의 융합에 비해서는 제이의적第二義的이다. 그 깊숙한 곳에 또는 그 속에 정신적 사랑이 들어 있지 않고서 무엇으로 정신적 화합이 가능하겠는가.

사람들은 걸핏하면 내선융화의 미美를 거두지 못한 것을 정책의 잘못으로 돌리고 즉시 대對 조선 정책을 공격하려고 하는데, 이는 잘못되어도 한참 잘못

2 수채 물이 흐르는 작은 도랑.

된 것이다. 단순한 정책에 그러한 큰 힘은 없다. 정책적 통치가 어떠한 결과에 빠지는가는 과거의 역사가 분명히 보여 준다.

즉 정책을 위해 폴란드를 병합한 러시아는 그로 인해 크게 괴로움을 겪었고, 그리고 결국 세계대전의 결과 완전히 폴란드를 잃어버리고 말았다. 또한 국리주의·압박주의에 의한 스페인, 포르투갈의 식민정책은 실패로 돌아갔고 이들은 그 영토의 대부분을 잃게 되었다. 한편 보호정책에 따른 영국은 성공하여, 이제는 세계 각지에 그 영토를 가져서 영토 내에 태양이 지지 않는다고 호언장담하고 있다.

이들의 과거 사실을 좋은 교훈으로 삼아, 일본 국민은 대 조선 사상에 일대 전향을 시도하지 않으면 안 된다. 정책에 대한 평판을 버리자. 대신에 따뜻한 사랑의 정신으로 대하자. 그 사랑은 계급의식을 근저에 둔 온정적 사랑이어서는 안 된다. 또한 천박한 공리功利의 사랑이어서도 안 된다. 그것은 인류 상애相愛의 사상에 눈뜬 정신적 사랑이 아니면 안 된다.

(3) 두 번째로 서로 근본적인 이해가 필요하다. 합병의 참된 의의에 대한 근본적인 이해와 두 민족 서로의 습성, 특질에 대한 근본적인 【191】 이해가 필요하다. 이해 없이는 부자 간에도 융화할 수 없다. 하물며 민족과 민족이 어떻게 완전히 융화할 수 있겠는가.

그러므로 참된 내선융화를 도모하기 위해서는 수많은 운동을 일으키기 전에, 전 국민에게 서로를 이해하게 하고 그 위에 양국 병합의 국제적·문화적 참된 의의를 이해시키며, 이러한 국민적 이해 위에 양자가 손을 잡아야 한다.

이렇게만 말해서는 너무 추상적이다. 이것을 실행하는 데에는 여러 가지 방법이 있을 것이다. 즉 팸플릿, 활동사진, 강연회 등의 방법에 따라 합병의 의의나 서로의 실상 등을 알게 하는 것도 좋다. 또한 국민 사상의 대세를 지배하고 지도해야 할 신문지를 이용하는 것도 한 방책이다.

그리고 이러한 것도 일시적인, 식어 버리기 쉬운 선전으로는 효과를 거둘 수 없다. 꾸준히 영속적으로 선전을 진행하여, 서서히 민심 속에 이 이해를 심지 않으면 안 된다. 그러나 이러한 방법은 아직 간접적이다. 보다 직접적인 방법은 일본인을 저 땅에 이주시켜 직접적으로 저 땅의 실정을 알게 하는 것과 조선인을 내지에 오게 하여 일본인의 진의를 알게 하는 것이다. 근래에 상호 이주가 점차 많아진 것은 기뻐할 만한 일인데, 일본인의 그릇된 태도나 취급은 더욱 더 저들의 반감을 깊게 할 뿐이다. 이것으로는 민족적 이해가 영구히 불가능할 것이다. 이에 국민의 맹성猛省[3]을 간절히 바란다.

(4) 세 번째로는 조선인의 교육을 더욱 보급하여 가는 것이 필요하다. 조선인의 교육 정도는 일반적으로 일본인과 비교하면 매우 유치한 수준이다. 이로 인해 저들은 오늘날의 국제적 위기나 합병의 진의를 이해할 수 없게 되었다. 또한 이것이 걸핏하면 저들이 다른 선동에 동조하는 원인이 되었고, 또 일본인이 저들을 모멸하는 하나의 원인이 되었다.

따라서 우선 첫째, 교육기관을 완비하고 교육의 완성을 기해야 한다. 저들에 대한 교육도 모두 내지와 똑같은 제도를 시행하고, 그 수학修學 · 연구 · 교양에 아무런 지장이 없고 유감이 없도록 【192】 최선의 방법을 강구해야 한다.

무지無知는 불보다도 위험하다. 저들이 오늘날의 교육 상태에 그치게 하는 것은 영구히 불을 안고 잠자는 것과 같다. 우리는 이 위험을 묵시할 수는 없다.

(5) 네 번째로는 저들의 생활을 개선하고 향상하여, 적어도 일본인과 동등한 정도까지 이르게 하는 것이 긴요하다. 오늘날 생활 개선이라든지 교풍矯風[4]이라든지 제창하는 사람은 왜 유한계급有閑階級[5]의 증답품贈答品[6]이나 사치품만 느긋하게 이것저것 바라고, 불쌍한 우리 동포의 일부는 주시하지 않는

---

[3] 매우 깊이 반성함.
[4] 옳지 못한 풍속이나 습관을 고쳐 바로잡음.
[5] 생산 활동에 종사하지 아니하면서 소유한 재산으로 소비만 하는 계층.
[6] 선물로 서로 주고받는 물품.

것인가. 저들의 생활은 실로 20세기에는 이것이 인간의 생활인가 하고 생각될 정도로 비참한 생활을 하는 경우가 많았다. 이러한 생활의 이면에서 일본인의 사치스러운 생활을 본다면, 과연 아름답지 않겠는가. 선망은 불평이 되고, 원한이 되고, 반항이 된다. 특히 계급의식이 예민하게 느껴지는 현재이다.

가가와 도요히코賀川豊彦[7]는 고베神戶의 한 작은 빈민굴에 투신했다. 그런데 1,800만 명의 조선인 속에 투신하여 저들과 함께 울고, 저들과 함께 잠잘 젊은이는 없는가.

(6) 요컨대 참된 내선융화는 인도적인 사랑 위에 입각하여 상호 근본적인 이해를 도모하고, 그 위에 저들의 정신적·물질적 생활의 수준을 일본인과 동등한 이상으로 끌어올리는 것에 의해서만 실현된다. 이 주지主旨를 철저히 하지 않으면, 어떠한 명안名案으로도 이 목적은 달성될 수 없다.

철도도 부설하고, 위생 설비도 정비하자고 한다. 그러나 조선인들도 2,000년의 역사를 가진 민족이다. 단순히 물질적 시설로 마음과 마음의 문제를 해결하려고 해도 그것은 결국 효과가 없을 것이다. 【193】

---

7   가가와 도요히코에 대해서는 부록 「주요 인물 소개」란을 참고할 것.

35

우에쓰카 쓰카사上塚司[1]

조선통치책
사견私見

1) 일본의 조선통치와 동아 민족의 기대

지난번 박열朴烈[2] 문제가 일어나고 나서, 일본 국민의 눈과 귀가 일시에 조선인에게 집중된 느낌이 있다. 그러나 이 박열 문제에 대해서도 오직 박열, 가네코 후미코金子文子[3]의 일만 생각하고 있고, 그들의 배후에 어떠한 사상이 잠재되어 있는지, 또 어떠한 사람들이 관계되어 있는지, 조선인 일반의 생각과 박열, 가네코 후미코의 사상이 어떻게 연계되어 있는지를 탐구하고, 더 나아가

---

1 우에쓰카 쓰카사에 대해서는 부록 「주요 인물 소개」란을 참고할 것.
2 박열에 대해서는 부록 「주요 인물 소개」란을 참고할 것.
3 가네코 후미코에 대해서는 부록 「주요 인물 소개」란을 참고할 것.

조선통치에 대해 생각하고 있는 이는 거의 없다. 현재 신문지상에서도 박열, 가네코 후미코가 이러니, 괴怪사진이 저러니 하고 있을 뿐, 박열, 가네코 후미코의 사상을 충분히 고려하고 그 배후에 있는 전 조선인 사상의 흐름을 해석하여, 국민에게 경고하고 정부를 편달鞭撻하고 있는 이는 거의 없다고 해도 좋을 정도이다.

일본 국민은 여하튼 서양 문제가 되면 사소한 것까지도 중대한 문제처럼 느끼고 정중히 취급하면서도, 조선이나 중국 문제가 되면 중대한 문제도 가볍게 취급하는 경향이 있다. 이는 일본 국민이 크게 주의해야 할 사항이라고 생각한다.

나는 1918년(大正 7) 초가을부터 1920년(大正 9) 봄에 걸쳐 약 2년간 양자강楊子江을 중심으로 하여 남북 13성省을 답파踏破하고 돌아왔다. 당초 나는 상해上海에 체재하여 주로 강소江蘇, 절강浙江, 복건福建, 광동廣東 방면을 조사했다. 그 당시에는 아직 배일열排日熱도 일어나지 않았고[배일운동이 일어난 것은 1919년(大正 8) 5월 8일이다], 또 광동정부도 수립되지 않아 혁명의 원훈元勳[4] 손일선孫逸仙[5]은 상해 프랑스조계의 작은 【194】 집에 생활하고 있었다. 나는 여러 번 그 집을 방문하여 손문을 비롯해 그 막하幕下[6]의 장계張繼[7], 대천구戴天仇[8], 정인결丁仁傑[9] 등 여러 인사와도 만나 여러 차례 의논을 했다.

어느 날의 일이었다. 손일선이 진지하게 나를 향해 이렇게 술회述懷[10]했다.

---

4 나라를 위한, 가장 으뜸이 되는 공. 나라를 위해 훌륭한 일을 하여 임금이 아끼고 믿어 가까이하는 늙은 신하.
5 손문에 대해서는 부록 「주요 인물 소개」란을 참고할 것.
6 장막의 아래라는 뜻으로, 지휘관이나 책임자가 거느리는 사람. 또는 그런 지위.
7 장계에 대해서는 부록 「주요 인물 소개」란을 참고할 것.
8 대계도에 대해서는 부록 「주요 인물 소개」란을 참고할 것.
9 정인결이 어떤 인물인지 불분명하다.
10 마음속에 품고 있는 여러 가지 생각을 말함. 또는 그런 말.

"나는 일찍이 대단한 친일론자였다. 러일전쟁 당시 나는 런던에서 왕성하게 중일병합론까지 제창했다. 그런데 오늘날 이와 같이 일본에 반대하게 된 것은 한일병합 이후 일본의 대對 조선 정책을 보고 나서부터였다. 오늘날 조선인에게는 언론·교육·산업 등의 자유가 주어져 있지 않고, 그들은 극단적인 차별적 취급을 받고 있다. 이러한 조선의 상황을 보고는 중일병합을 제창할 용기도 없어졌다"라고 말이다.

나는 이 말을 듣고 깜짝 놀랐다. 우리는 지금까지 중국 문제는 중국, 조선 문제는 조선 문제로 분리하여 생각하고 있었다. 그런데 어찌 생각이나 했으랴. 이 조선통치에 대해서 중국인, 필리핀인, 베트남인[阿南[11]시], 시암[暹羅][12]인, 인도인 등 모든 동아東亞의 형제국이 다 눈을 빛내며 그 여하如何를 주의하고 있던 것이다.

손일선은 또 말하기를, "러일전쟁에서 동아의 한 소국小國 유색 인종인 일본인이 일찍이 우월시되어 온 백인종인 러시아인을 일격을 가해 완패하게 한 것은 동아의 여러 민족에게 크게 용기를 주었다. 그리하여 일본을 선배로 하여 형처럼 받들어 그 원호援護하에 백인종에게 대항하여 지금의 굴레[羈絆]를 벗어나 자유민이 되자는 염원이 왕성하게 일어났다. 일본은 일제히 이들 나라 국민들의 동경의 대상이 되었다. 따라서 일본의 조선 정책은 그 제일의 시금석試金石이었다. 과연 일본이 저들 여러 민족의 희망대로 백인종의 손에서 동아의 여러 나라를 해방시키고 동아를 동아인의 동아답게 할 것인가 하는 것은 바로 그 조선통치를 보면 알 수 있다는 생각으로 일본의 대 조선 정책을 크게 주목한 것이다. 그런데 우리의 기대는 완전히 어긋났다. 우리는 일본의 대 조선 정책에 매우 실망을 느꼈다. 현재와 같은 상태로 우리는 도저히 일본

---

11 안남(安南, 베트남)을 아남(阿南)이라 한 것으로 보인다.
12 '타이'의 전 이름.

과 함께 걸어갈 수는 없다는 것을 명확히 깨달았다"라고 했다. 【195】

이에 나는 일본의 조선 정책이 대 중국 관계, 아니, 대 세계 정책상에 위대한 관계를 가지는 것을 깨달았다. 일본이 조선정치에 성공하면, 머지않아 대 중국, 대 시암, 대 베트남, 대 인도, 대 페르시아 정책에도 성공할 것이다. 또한 대 세계 정책에도 성공할 것이다. 이에 반해 만약 조선통치에 실패하면, 일본은 전 세계에 국력을 발전할 만한 자격이 없다는 것을 스스로 표명하는 것임을 각오하지 않으면 안 된다고 생각한다.

2) 전 조선인 사이를 흐르는 다섯 가지 사상

나는 조선과는 상당히 오래 전부터 관계를 가져 왔다. 즉 조선 전체를 조사하기 위해 간 것은 1916년(大正 5) 9월이었다. 다음 해 7월까지 거의 조선 전국을 구석구석까지 답사했다. 우선 경성을 중심으로 하여 경기도, 황해도, 평안남북도에서 충청남북도, 전라남북도, 경상남북도로 갔다. 거기에서 강원도, 함경남북도를 들렀다가 마지막으로 두만강을 건너 간도間島로 들어가 만주로 갔다. 그리고 1920년(大正 9) 중의원 의원으로 당선되고 나서 한 번, 1921년(大正 10)에 한 번, 또 1922년(大正 11)에 한 번 조선에 갔다. 이때는 중의원을 대표하여 헌정회憲政會에서 아라카와 고로荒川五郎[13], 무소속에서 소에지마 기이치副島義一[14], 정우회政友會에서 나 3명이 가서 널리 조선인들의 희망과 의견을 들었다.

이때는 미리 조선 각계에 통지했기 때문에 조선 13도 각지에서 온갖 계급의 사람들이 우리가 머물고 있는 경성의 조선호텔에 몰려왔다. 아침 7시부터

---

13 아라카와 고로에 대해서는 부록 「주요 인물 소개」란을 참고할 것.
14 소에지마 기이치에 대해서는 부록 「주요 인물 소개」란을 참고할 것.

오후 3시까지를 면회 시간으로 하여 10일간 대체로 300명 이상의 사람들을 만나서 그들의 희망이나 의견을 청취했다.

그리고 오후 3시 이후에는 아무런 예고도 없이 경성 내 귀족, 학자, 신문기자, 관리, 지주, 무산계급동맹, 노동동맹 등을 방문하여 그 사람들의 의견이나 희망도 들었다. 그때 들은 것을 나는 일일이 필기했다. 그것을 지금 개괄적으로 분류하여, 대체로 그 사상이 흘러가고 있는 방향을 지금 간단히 기록해 보겠다. 【196】

그 첫 번째는 자치론자이다. 이는 조선에도 내지와 똑같이 자치제도를 시행해 달라는 의논으로, 매우 온건한 일파이다. 장래에는 조선에도 내지와 똑같이까지는 아니더라도 어느 정도까지 자치제를 시행하는 시대가 올 것이라고 나는 생각하고 있는데, 이는 그것을 신속하게 실현시켜 달라고 하는 것이다.

두 번째는 참정권론자이다. 이는 오늘날 조선인에게도 일본인과 똑같이 일반 선거권을 달라고 하는 것이다. 그리하여 일본의 제국의회에도 조선인을 선출하게 해 달라고 하는 의논으로, 자치론자와 마찬가지로 비교적 온건한 사람들의 희망이다.

그러나 이 자치론과 참정권론은 아직까지는 조선인 사이에서 목소리를 낮추고 있다. 그 원인은 무엇인가 하면, 이 자치론이나 참정권을 제창하면 일부 과격한 사람들로부터 "저 자는 온화파穩和派다. 평화파平和派다. 미온파微溫派다. 나라를 파는 자다"라고 심하게 공격받고 비난받기 때문이다. 그러므로 심중에 이러한 생각을 하고 있어도 후환이 두려워 이를 입 밖에 내는 자가 없는 상태이다.

몇 해 전 도쿄역 앞에서 암살된 민원식閔元植[15]은 이 참정권론자로, 관련된 요청으로 도쿄에 왔다가 뜻밖의 죽음을 당한 것이었다. 당시 일본 내지인들은

---

[15] 민원식에 대해서는 부록 「주요 인물 소개」란을 참고할 것.

왜 조선인의 권리를 신장하려고 하는 민원식을 같은 조선인 아무개가 죽였는지 그 이유를 아는 사람이 거의 없었다. 또한 이를 꼭 알려고 노력하는 분위기도 없었다.

왜 이 민원식이 조선인 아무개에게 죽음을 당했는가. 이는 앞에서 서술한 것처럼, 자치론이나 참정권론을 제창하는 것은 일본과 타협하려고 하는 것이며 나라를 팔려고 하는 것이라는 위험 사상이 조선인 다수 사이에 널리 퍼져 있기 때문이다. 민원식은 완전히 그 희생양이 되어 과격분자에 의해 죽음을 당하게 된 것이다. 이러한 일은 앞으로도 혹 일어날지도 모른다. 주의가 필요한 사항이라고 생각한다.

세 번째는 내정內政의 독립을 제창하는 자이다. 이는 일본의 천황 폐하의 외교·군사를 제외한 모든 정치를 조선에 독립시켜 달라고 하는 의논이다. 즉 조선을 일본의 천황 폐하 아래 속하게 하고 군사와 외교는 여전히 일본에 좌우되게 하나, 그 이외의 모든 정치는 일본에서 독립한다는 것이 내정독립론자의 의논이다. 이는 오늘날 매우 진지하게 【197】 비교적 세계 사정에 밝은 사람들 사이에서 제창되고 있는 의논이다. 일찍이 절대적 독립론을 제창한 사람들 중에서도 이 논리에 가담하게 된 사람이 다수 있다. 예를 들면, 이희간 李喜侃[16], 이희만李喜晚[17]이라는 사람도 이전에는 절대독립론자였는데, 세계의 현황, 세계에서 일본의 입장 등을 생각할 때 조선의 지금 실력으로는 도저히 아직 독립은 할 수 없으므로 그것에 이르는 순서로 우선 내정부터 독립하기 시작하자는 의논으로 변하게 되었다. 이 일파는 1922년(大正 11) 도쿄 의회에 가서 내정의 독립을 청원했다.

네 번째는 절대독립론자이다. 이는 조선의 1,700만 명 대부분이 그렇다고

---

16 이희간에 대해서는 부록 「주요 인물 소개」란을 참고할 것.
17 이희만이 어떤 인물인지 불분명하다.

해도 과언이 아니다. 이 논리는 가장 민심을 파고들기 쉽고, 특히 청년 중 분발하는 무리는 열렬히 이를 외치고 있다.

다섯 번째는 적화론赤化論―허무주의를 신봉하는 사람들이다. 이는 대부분 청년들 사이에 논해지고 있다. 이 적화론자 중 연해주沿海州, 간도, 만주, 혹은 상해 등 국외에 가 있는 자가 많은 것은 당연하다. 그런데 오늘날 도쿄에 유학 하고 있는 조선인 사이에도 이 적화론에 경도된 자가 매우 많은 것은 위정자로서 또 나라를 근심하는 자로서는 철저히 연구할 필요가 있다고 생각한다.

3) 열렬히 창도되는 절대독립론

이상에서 서술한 대로 조선인의 생각은 대체로 다섯 가지 색채로 나뉘어 있다. 그런데 그중 첫 번째 세력이 있는 한편, 또 열렬한 힘을 가진 자는 절대적 독립론을 외치는 자이다. 따라서 나는 이하 이 절대적 독립론에 대해 한마디 하고 싶다.

자치론이나 참정권론은 표면상 거의 소멸하고 있는 모습인데, 절대독립론은 상당히 열기가 있다. 더욱이 일시적인 세계적 사조에 촉구되거나 혹은 단순히 만연漫然히 의논에 의거한 것이 아니라, 오늘날 독립론자는 일종의 공고한 기초 위에 서 있다.

오늘날 일본인 대부분은 "조선이 독립할 수 있는가. 독립할 능력이 과연 있는가. 그들이 아무리 움직여도 소용없다. 가령 독립이 가능해도 지금 이상으로 좋은 정치가 행해질 리 없다"고 아무 반성 없이 이 문제를 정리하고 있다.

【198】

그런데 이는 저 영국의 고민이 모로코 문제에 있던 것, 러시아의 고민이 폴란드에 있던 것을 모르는 것이다. 이민족을 도야陶冶하는 어려움을 모르는 교만한 인간이라고 하지 않을 수 없다. 오늘날 영국이 아일랜드의 통치로 괴로워하고 있는 것, 러시아혁명의 그림자로 폴란드 통치의 실책이 있던 것을 안다면, 우리가 조선 독립의 외침에 대해 충분히 연구하고 이에 대한 정책을 미리 시행해 두지 않으면 나중에 후회를 남길 것이라고 생각한다.

조선 독립론자의 의논을 나누어 보면, 대체로 다음의 세 가지 점으로 귀착된다. 다만 이것도 앞서 말한 대로 색채가 확연히 나뉘어 있는 것은 아니다. 대체로 그러한 색채를 띠고 있다는 것뿐이다.

즉 그 의논의 첫 번째는 한일합병 후의 정치적 병합에 대해 메이지明治 천황이 내려 준 조칙의 취지를 따르고 있지 않다고 하는 것이다. 이는 주로 이상재李商在[18]라는 인물과 그 일파에 의해 활발히 제창되고 있는 설이다.

이 이상재라는 인물은 이미 80세의 노인으로 조선의 두산옹頭山翁이라고 불리는데, 청년 사이에서는 크게 신망이 있는 사람이다. 나는 중의원의 각파를 대표하여 조선에 간 때, 아라카와, 소에지마와 함께 이상재 거처에 방문했다. 그 북한산 중턱에 일가정一可亭이라는 양반의 궁술弓術 경기장이 있었다. 다다미[疊] 10장 정도 크기의 작은 정자로, 거기에서 이상재는 손자의 병을 돌보고 있었다.

우리가 그곳에 가자, 그 작은 정자에서 성큼성큼 여윈 노인이 나왔다. 정답게 웃으면서 악수를 청했다. 통역자의 말에 따라 그 노인이 이상재라는 것을 알았다. 이상재는 "여기는 지저분하니 저 방으로 안내하겠습니다. 조금은 깨끗하고 넓은 곳이 있으니까요"라고 하면서 혼자서 앞서갔다. 우리는 "아니요. 우리는 지금 매우 바빠서 여기도 괜찮습니다"라고 말했다. 그런데 이상재는 조금도 신경 쓰지 않고 걸어갔다. 그리고 커다란 소나무 아래까지 가서 "자. 여기가 나의 응접실입니다"라고 말하며 종[從者]에게 명하여 의자를 가져오게 해서 거기에서 이야기를 나누었다.

---

[18] 이상재에 대해서는 부록 「주요 인물 소개」란을 참고할 것.

이상재는 말하기를, "원래 합병이라는 것은 민족과 민족의 마음에서 우러나온 융합이 아니고서는 안 됩니다. 완전히 한몸[一身同體]이 되지 않고서는 안 됩니다. 사람의 【199】 신체로 말하면, 몸에 두 손, 두 발이 붙어 있고, 거기에 같은 피가 흐르고, 동일한 생각, 동일한 감정 아래 움직여 가는 그러한 것이 아니면 안 됩니다. 그런데 저 한일병합은 힘의 병합이었습니다. 그것은 마치 두 사람의 인간을 줄로 묶어서 한 몸이라고 하는 것과 마찬가지였습니다. 똑같은 피도 흐르지 않고, 생각도 달랐습니다. 한 편은 오른쪽으로 가려고 하고, 한 편은 왼쪽으로 가려고 하는 것을 무리하게 붙여서 한 몸이라고 하는 것이 오늘날 한일병합 후의 상태입니다. 이렇게 병합 그 자체가 민족애[民族愛]에서 출발한 것이 아니고 단순히 형식적·구획적인 것에 지나지 않았기 때문에, 그 통치 방침도 따라서 형식적·구획적인 것이 되었습니다. 억지로 강행한 병합은 억지로 강행하는 정치를 낳았습니다. 부자연스러운 병합은 자연히 정치적으로도 부자연스럽게 되었습니다. 그러므로 만인 사이에 불평불만의 목소리가 충만해 있는 것입니다.

이 감정을 융화시켜 일치하여 같은 방향으로 나아가게 하기 위해서는, 일단 조선인을 그 줄에서 풀어 주어 자유인이 되게 하는 방법밖에 없습니다. 일본인은 조선인을 묶어 휴대하고 있다고 생각하고 있는 것 같은데, 잘 모르는 것 같습니다. 일본인 자신도 또한 같은 줄에 묶여 있는 것입니다. 이 줄을 끊고 양자를 자유로운 입장에 두는 것이 무엇보다도 선결문제입니다.

이렇게 하면 동양의 형세, 세계의 형세에서 볼 때, 조선과 일본은 무슨 일이 있어도 떨어질 수 없음을 서로 통감하게 될 것입니다. 그리고 일본과 조선 양국이 진실로 자기 존립의 필요를 느껴 자발적으로 병합을 하게 되면, 이전과 같이 일본이 우월자인 병합 관계는 일소되고 동등한 입장에서의 병합이 될 것입니다. 이에 비로소 참된 병합을 실현하게 되는 것입니다"라고 했다. 이것이 이상재 일파의 의논이다. 이 설에 찬성하는 사람들은 매우 많다.

4) 발흥한 고국 역사의 탐구열

두 번째는 민족자결주의에서 나온 절대독립론이다. 민족자결의 주장은 이제는 세계의 대세가 되어 있다. 특히 제1차 세계대전[歐洲大戰] 후 미국 대통령 윌슨[19]이 이를 제창하고 나서 이후 세계 곳곳에 커다란 반향을 일으켰다. 유럽 중앙에서조차 십수 개국의 【200】 독립국이 발흥하게 되었다. 그 밖에 아프가니스탄, 페르시아, 터키 등이 각각 독립하고, 최근에는 인도, 베트남 등지에서도 독립열이 왕성해졌다. 이에 자극되어 조선에서도 전후戰後 일시적으로 독립론이 제창되었다.

조선은 과거 4,000년의 역사를 가지고 있고, 문화도 일본의 선배이다. 일본의 문화는 조선에서 들어온 것이 아닌가. 지금은 다소 문화의 정도가 뒤떨어져 있어도, 일본인이 다스릴 이유가 아무것도 없지 않은가. 우리가 열등하면 열등한 정도에서 우리 자신이 다스려 가면 되는 것이다. 이렇게 말하는 의논이 그들의 입에서 나오는 말이다. 이 논자는 조선의 오래된 역사, 과거의 문화를 매우 고조高調하고 있다.

최근 조선인 사이에서 활발하게 자국의 역사를 읽는 풍조가 일어나고 있다. 그리고 조선의 과거 역사의 정화精華[20]로 국민정신을 긴장시키고, 민족자결주의를 철저하게 하려고 생각하고 있다.

이 일파가 항상 걱정하는 것은 오늘날의 조선통치에 조선인이 만족하고 그것을 구가謳歌하며, 끝내는 조선 독립의 정신이 조선인 사이에서 멸실해 버리는 것이다. 그러므로 이 민족정신을 자극해 가기 위해 무엇인가에 붙어서 일본에 반항하는 방법을 취하고 있다.

---

19 우드로 윌슨에 대해서는 부록 「주요 인물 소개」란을 참고할 것.
20 깨끗하고 순수한 알짜. 정수가 될 만한 뛰어난 부분.

이 점에서 말하면, 박열의 공판 때 재판장이 그에게 조선 귀족 중 최상류자 最上流者의 복장을 허락한 것은 대단히 잘못한 일이라고 생각한다. 생각건대 미천한 박열이 조선 귀족의 당당한 복장을 하고 일본의 법정에서 일본 반대의 큰 목소리를 낸 것이 신문을 통해 조선 전국에 알려졌을 때, 대단히 조선인의 민족심을 부추기고 조선 청년의 피를 끓어오르게 했다.

따라서 또 박열, 가네코 후미코를 옥중에서 결혼하게 한 것도 이런 의미에서 생각하면 바람직하지 않은 일이었다고 생각한다. 일본에 반대하는 서로 사랑하는 남녀가 주의主義 때문에 투옥되어 철창 속에서 결혼한다는 로맨스는 조선 청년의 피를 끓어오르게 하기에 충분했다. 물론 다수 청년에게 "너희도 그 일을 따르라"라는 마음을 유발하는 힘도 있었다. 주의하지 않으면 【201】 안 되는 것이다.

5) 발전의 진로가 막힌 조선 동포

세 번째로 독립론의 기초를 이루고 있는 것은 생활 문제이다. 이 생활 문제는 그중 중대한 요인으로, 대저 살아가기 위해 온갖 수단과 방법을 강구하는 것은 당연하다.

이 논자의 설에 의하면, "우리가 오늘날 독립을 하지 않으면 안 되는 이유는 극단적인 생활의 곤궁困窮을 개선하기 위해서이다. 봐라. 조선에서는 사농공상士農工商 모두 나아갈 길이 없지 않은가. 사士는 오늘날의 관리인데, 조선인이 일본이나 외국에 유학하여 애써 공부하고 귀국하여 관리의 길에 나아가도 기껏해야 군수(일본의 군장郡長) 정도에 그친다. 그 위에 일본의 지사知事에 필적할 만한 도장관道長官이 있는데, 조선 13도 중 조선인이 도장관인 경우는 겨우 서너 명에 지나지 않는다. 그 밖에는 모두 일본인이 취임하고 있다. 그러므로 조선인은 평생 노력하여 가장 잘 되어도 도장관인 것이다. 더욱이 도장관이 되어도 오늘날의 제도하에서 그 권력은 미약하다. 걸핏하면 그 하급 관리인 일본인 내무부장 같은 급으로부터 압도당하는 느낌이 들지 않는가. 이러한 상태에서 조선의 청년 중 관리를 희망하는 자가 드문 것은 당연하지 않겠는가"라는 것이다.

조선인은 관리가 되는 것을 매우 좋아하는 국민이고, 또 정치를 의논하는 것을 좋아하는 국민이다. 그러므로 관리의 채용 및 그 전도前途에 대해서도 충분히 고려하여, 가능한 한 그 희망을 만족시켜 가기 위해 노력하지 않으면 안 된다고 본다.

경성에 있는 경성전수학교京城專修學校는 조선의 관리양성소인데, 현재 대심원 검사인 아비코 마사루吾孫子勝[21] 박사가 일찍이 이 학교의 교장이었다. 아비코 박사는 내 은사이기도 해서, 그 당시 내가 조선에 갔을 때 방문한 적이 있다. 아비코 박사는 말하기를, "최근 이 전수학교에 오는 학생의 소질이 나빠졌다. 그것은 관리가 되어도 어차피 변변한 지위는 얻을 수 없기 때문이다. 관리양성학교라고 【202】 해도 형식뿐이다. 이러한 것으로 조선인을 회유하려고 하는 것은 너무 뻔뻔하다. 따라서 이 학교를 기피하는 경향이 현저해졌다. 그리하여 요즘 많은 청년들은 이전에 자신들이 배척했던 외국 선교사가 경영하는 종교학교에 가려고 하게 되었다"고 했다.

위와 같은 상태로, 관리로는 생활할 수 없다는 생각이 이제는 조선인 사이에 깊이 스며들게 되었다.

6) 농촌 문제는 어떠한가

다음은 농촌 문제이다. 농민은 조선 인구의 2/3 이상을 차지하고 있다. 특히 조선은 대지주의 나라여서, 1만 정보町步, 2만 정보, 혹은 10만 정보 이상

---

21 아비코 마사루에 대해서는 부록 「주요 인물 소개」란을 참고할 것.

의 토지를 가지고 있는 이도 적지 않은 상태이다. 그런데 대다수는 소작인이다. 더욱이 이 소작인은 조상 대대로 수백 년이나 소작을 계속하고 있는 소작인이다. 특히 10만 정보, 20만 정보 대지주의 소작인은 그 소작료를 납부하기를 마치 세금을 납부하듯이 하고, 그 소작지는 자기 소유지와 같이 생각하며, 그중에는 소작지에 일가一家의 분묘까지 두고 있는 상태이다.

그런데 병합 후 일본의 은행, 회사, 자본가가 왕성하게 침입해 와서, 이들의 토지를 활발히 매수했다. 이 교섭은 소유자인 대지주와 직접 행해진 것이므로, 소작인은 아무것도 몰랐다. 토지를 얻은 은행, 회사, 자본가들은 조선의 그러한 습관 등을 무시하고, 법률상 소유권을 얻으면 이쪽 것이라며 이전의 조선인 소작인을 내쫓고 거리낌 없이 일본인으로 바꿔 버렸다. 1명의 일본인이 들어오면 5명의 조선인이 나가지 않으면 안 되었다. 5호戶의 일본인이 들어오면 25호의 조선인 가족이 나가지 않으면 안 되었다.

이리하여 옛날부터 오래 살아 정든 고향을 버리고, 눈물을 흘리며 멀리 간도, 만주 혹은 연해주 등으로 나가게 되었다. 현재 이들 지방에 흩어져 살고 있는 조선인 수가 실로 200만 명이라는 엄청난 수에 달하고 있는 것은 당연하다. 【203】

그리고 일단 국외를 유랑하게 된 자는 어떠한 일이 있어도 다시 국경을 넘어 고국으로 돌아오기는 곤란해졌다. 이로 인해 모두 한恨을 품고 고국의 하늘을 바라보고 있다. 고국을 그리워하고 일가친척을 그리워하여, 이룰 수 없는 한은 곧 매우 강한 일본 반대의 목소리가 되어 나타나게 되었다.

다음은 공업 문제이다. 원래 조선에는 자원이 없다. 공업 재료가 없다. 또한 그 기술도 그다지 진보하여 있지 않다. 그리고 공업에 가장 중요한 요소인 자본도 없다. 그러므로 아무리 해도 일본의 기술과 자본으로 조선에서 공업을 발흥시키지 않으면 안 된다.

그런데 일본인은 결코 조선에서는 기업企業하지 않는다. 일본인은 가급적 일본에서 공업을 일으키고 제조한 것을 조선에 보내 왕성하게 조선인의 돈을 거두어들일 궁리만 하고 있다. 이것이 그들의 의논이다. 물론 이는 그들의 편견인데, 여하튼 조선에서는 공업도 완전히 부진하다.

그렇다면 상업은 어떠한가. 상업의 제일 요건은 금융 문제이다. 조선의 금융기관은 조선은행이나 식산은행이 주된 것인데, 이것들은 모두 일본인에 의해 경영되고 있고 정부로부터는 특종의 이익을 받고 있다. 그리고 일본인이라면 한 명에게도 몇 만 엔이라는 큰돈을 융통하여 주지만, 조선인이라면 담보라든지 무엇인가 여러 가지 문구를 붙여 좀처럼 돈을 빌려주지 않는다. 일본인에게는 몇 십 만, 몇 백 만 엔의 돈을 빌려줘도, 조선인에게는 돈 한 푼도 빌려주지 않기 때문에, 여기서 상업의 경쟁상 커다란 차이가 생긴다. 이 때문에 조선인 상인은 일본인 상인에 대해서는 도저히 경쟁할 수 없다고 말하고 있다.

"이리하여 우리가 갈 길은 사농공상 모두 가로막혀 있다. 우리는 이리하여 인간 생활에서 자멸해 갈 수밖에 없다. 그것은 모두 일본인 때문이다"라는 식의 사상이 조선의 일부 사람들에게 깊이 스며들어 있다. 【204】

7) 실패한 무력적 · 문화적 독립 수단

이렇게 오늘날의 조선 독립사상이라는 것은 병합의 동기 및 정치 방식에 대한 반감, 민족자결주의, 혹은 생활고라는 절실한 문제상에 기초를 두고 있다. 종전과 같이 그냥 시끄럽게 경거망동하고 있는 것과는 전혀 그 궤를 달리하고 있다.

그렇다면 조선은 어떠한 방법과 수단으로 그 목적을 달성하려고 하고 있는가. 이에 대해 이하에서 조금 본 것을 기술해 보겠다.

1919년(大正 8)에 '만세소요'(3 · 1운동)라는 것이 있었다. 이것은 조선의 1,700만 명의 사람들이 일제히 일어나 폭력에 의해 독립을 기도한 일이다. 실로 맹렬한 계획이었다. 그런데 그 결과는 어떠했는가. 일본 경찰과 군대는 전광석

화로 활동을 개시하여 그 소요를 진무鎭撫해 버렸다.

그래서 그들은 생각했다. "1,700만 명의 조선 동포가 무력으로 조선의 독립을 도모해도 그것은 소용없다. 총독부에 폭탄을 던지고 대관大官 한두 명을 죽인 것으로는 도저히 조선의 독립은 바랄 수 없다. 또한 지금 조선의 힘으로는 설령 일어나도 즉시 진압되어 버린다. 그뿐만 아니라 이번 사건은 일본의 조야朝野에 아무런 반향도 주지 못했다. 이래서는 할 수가 없다"고 말이다.

이에 첫 번째로 무력 또는 폭력에 의해 독립을 도모하려고 하는 소위 무단파 세력은 줄어들고, 점차 두 번째 수단으로 옮겨 갔다. 이는 무력에 의한 수단을 방기放棄하고, 문화정치에 따라 독립을 도모하려고 한 것이다.

즉 문화적 수단으로서 독립론자가 취한 첫 번째 수단은 열강에 호소하고 그 동정·원호 아래 독립을 도모하는 것이었다. 그들은 우선 베르사유회의(파리강화회의)에 사절을 보내 활발히 일본의 조선정치의 잘못을 비판하며 호소했다. 그러나 이 베르사유회의에서 가장 중대한 힘을 가지고 있던 것은 영국, 프랑스, 일본 3개국이었다. 미국은 최초로 참가했지만 【205】 중도에 탈회脫會했다. 더욱이 이 영국, 프랑스, 일본 3개국은 모두 식민지를 가지고 있어 식민지의 독립 문제에는 공통된 이익을 가지고 있었기 때문에 좀처럼 그들이 말하는 것을 듣지 않았다. 그래서 그 사절은 활발히 시위 등을 했는데, 결국 조금도 영향을 주지 못하고 신문지 등에도 6호 활자로 두세 줄 쓰인 데 불과했다. 그들은 또 실망했다. 그 후 워싱턴회의 때 다시 사절을 보냈다. 그러나 이 회의에서도 문제는 매우 가볍게 취급되고 끝나 버렸다.

이와 동시에 취한 다른 수단은 내지와 조선에 대한 선전이었다. 조선을 독립시키는 것이 일본의 존립存立상, 장차 또 동아 공립共立·공존共存상으로 볼 때 가장 긴요하다는 것을 내지와 조선의 국민 전반에게 주지시켜 원만한 양해 아래 그 목적을 달성하려고 한 것이다. 이를 위해 사절을 일본에 보냈다. 앞서 여운형呂運亨[22]이라는 인물이 일본에 온 것은 바로 그 때문이었던 것이다. 그러나 그 결과도 전과 같아, 일본 국민의 주의를 환기하거나 그 동정을 얻을 수 없었다.

8) 독립을 미래에 도모하는 실력양성론

이와 같이 열국列國에 호소하여 조선의 독립을 도모하는 수단도, 또 일본에 설명하여 그 양해 아래 독립하려고 한 것도 헛되게 되었다. 이에 세 번째 수단으로 옮겨갔다. 그 수단은 어떤 방법인가 하면, 조선인 중 진지한 분자는 무엇보다도 실력을 기르지 않으면 안 된다는 소위 실력양성론자로 변해 갔다. 그리고 그 밖의 무리는 이러한 상태로는 적화하는 수밖에 없다는 일종의 과격론으로 기울어졌다.

이 실력양성론은 "우리는 열국에 호소해도 소용없다. 또한 일본에 의지하는 것도 소용없다. 그렇기 때문에 이 상태에서 의지할 것은 오직 자신뿐이다. 자기 자신이 독립의 힘을 기르는 수밖에 방법은 없다. 그리고 조선의 독립을 위해서는 우선 교육의 보급을 도모하지 않고서는 효과가 없다. 자력資力의 충실도 도모하지 않으면 안 된다. 또한 산업의 발달도 도모하지 않으면 안 된다. 그런데 스스로 돌아보건대 교육제도도, 금융조합도, 산업 상태도 뭐 하나 볼 만한 것이 없다. 교육은 일본인이 내지에서 와서 일본식 교육만 하고 있다. 【206】 즉 일본인을 위한 교육이다. 금융도 마찬가지로 조선인의 금융이 아니고 일본인을 위한 금융인 느낌이 든다. 산업의 발달·장려도 조선인을 위해서가 아니라 일본인을 위한 산업이다. 이것으로는 도저히 조선의 발달을 도모할 수 없다. 마땅히 일본에 반성을 촉구하여 조선을 위한 교육, 금융, 산업기관을 만들게 하지 않으면 안 된다"고 하는 것이다. 현저하게 민족적인 요망의 정신이 농후하게 드러나, 꿋꿋하게 독립을 장래에 도모한다는 식으로

---

22 여운형에 대해서는 부록 「주요 인물 소개」란을 참고할 것.

하고 있다. 이는 조선인으로서는 지당한 의논이고, 일본 위정자의 고려가 필요한 것이라고 생각한다. 풍문으로 들은 것에 따르면, 최근 일본정부도 조선의 산업 발달에 대해 상당한 자금을 투입하겠다고 성명한 듯한데, 이는 원래 당연한 일이다.

한편 적화론자는 어떻게 말하고 있는가. 즉 "열국에 의지해도 소용없다. 일본에 바라도 소용없다. 그런데 조선이 실력을 기른 후 독립하자는 것은 도저히 불가능하다. 우리는 그때까지 살고 있을 것 같지도 않다. 우리가 인간으로서 자유롭게 활동하기 위해서는 더 적화하는 수밖에 없다. 적화에 따라 지금까지의 국가조직을 근본적으로 파괴하고, 다음으로 일본도 적화하여 인간으로서의 자유, 생활의 보장을 얻지 않으면 안 된다"고 완전히 잘못된 생각으로 자포자기하여 가장 슬픈 심경에 있는 이가 적지 않다. 더욱이 도쿄나 외국에 유학해 있는 청년들에게 이러한 사상이 깊이 침투해 있는 것은 주의를 요한다.

9) 주의해야 하는 재일 조선 유학생

마지막으로 한마디 해 두고 싶은 것은 조선인이 일본에 와서 조금만 지나면 대부분은 일본에 반감을 가지는 과격한 인간이 되는 것이다. 그래서 어느 착실한 유학생에게 들어 보니, "조선에서 나올 때에는 누구라도 '남자가 뜻을 세우고 고향을 떠나서[男子立志出鄕關], 배움을 만약 못 이루면 죽어도 돌아오지 않겠다[學若不成死不歸]'는 의기意氣로 나오는데, 일본에 와서 일단 기숙사 등에 들어가면 이전부터 거기에 있던 같은 조선인인 나쁜 학생에게 휩쓸려서 점차 악화해 버린다. 착실하게 공부하고 있으면, 그 나쁜 학생이 와서 '공부 따위 해서 뭐가 될 거냐. 아무리 【207】 공부해도 관리도, 월급쟁이도 만족스럽게 될 수 없지 않느냐. 조선이 일본에서 떨어지지 않는 한 소용없지 않느냐'라고 말하며 공부를 방해한다. 그래도 모르는 얼굴을 하고 공부하고 있으면,

'저놈은 친일파다. 의기가 없다'고 매도한다. 그리하여 여하튼 양질良質의 사람들도 이러한 나쁜 분자에게 끌려가게 되어 버리고 만다"라고 말했다. 특히 일본인이 경영하고 있는 기숙사에서는 자주 문제가 일어난다. 방세나 식비를 지불하지 않는 것은 조선인의 특권인 것처럼 생각한다. 즉 "일본인은 조선인으로부터 집을 빼앗고, 재물을 빼앗고, 나라까지도 빼앗지 않았는가. 기술사를 달라. 밥을 먹게 해 달라"며 이러한 것쯤은 당연한 일이라고 같은 기숙사 학생을 부추기는 나쁜 학생이 있는 듯하다.

 이상에서 서술한 대로 조선 문제의 해결은 상당히 어렵다. 그러나 조선은 일본을 위해 없으면 안 되는 나라이다. 자원을 얻는다는 의미에서의 식민지가 아니라, 일본 존립을 위해 필요 불가결한 토지이다. 그러므로 단호하게 일정한 정책을 수립하여 추진해 가지 않으면 안 된다. 그렇지만 허용해야 하는 자유, 주어야 할 것은 당연히 주어야 한다. 영합할 필요는 조금도 없지만, 조선인도 우리 동포인 이상 그 행복은 가능한 한 도모하지 않으면 안 된다고 생각한다.
(끝)

36

아마노 유키타케天野行武[1]

조선통치론
(초抄)

병합 이후 18년, 세 번 총독이 바뀌어 통치 방침이 여러 차례 다시 고쳐져 오늘날에 이르렀다. 총독 이하 관료들이 입만 열면 내선융화를 고조高調하고, 제반 시설과 경영 대개가 이를 기조로 하지 않는 것은 없다.

그런데도 엄밀히 그 실정을 진상 조사해 보면, 누구라도 그 치적이 지지부진하다고 하지 않을 수 없다. 【208】 여전히 옛날의 오하아몽吳下阿蒙[2]인 데

---

1 1923년 호남일보 충북지사장을 맡으면서 『충북산업지(忠北産業誌)』를 청주에서 편찬했다. 이 책은 모두 5편으로 구성되어 있는데, 제1편 환경, 제2편 산업에서는 당시 충북의 사회구조와 산업발달 등을 통계자료를 바탕으로 정리했고, 제3편 충북의 사업과 관련 인물에서는 당시 충북지역 유지들의 활동내용을 담았으며, 제4편과 제5편에서는 충북의 저명지역과 명승고적을 소개했다.
2 세월이 지나도 학문의 진보가 없이 그냥 그대로 있는 사람을 이르는 말. 무력(武力)은 있으나 학식이 없는 사람을 놀림조로 이르는 말. 중국 삼국시대 오나라의 노숙(魯肅)이, 무략(武略)에만

깜짝 놀라지 않을 자가 있을까. 비단 위정자 측만 그러한 것이 아니다. 민간에서도 통치 공헌을 표방하여 무슨 무슨 회, 무슨 무슨 구락부, 무슨 무슨 협회 등이라고 칭하는 것 대부분이 사람에 의해 일어나 사람을 위해 설립된 기관이 아닌 것은 아니다. 하지만 무슨 무슨 단, 무슨 무슨 조합, 무슨 무슨 회사라고 칭하는 것도 대개 눈앞의 이익 하나만 보고 이합집산하며 말과 행동이 오로지 물질적 이익을 표준으로 하고 있다. 그러므로 진실로 조선통치의 큰 방책에 공헌하여 동양 영원의 평화에 기여하는 일을 완전히 이들에게 일임하여 신뢰하는 것은 너무 낙천적이다. 너무 무모하다.

내가 조선에 건너온 지 24년, 그동안 13도 산하山河 대부분을 두루 돌아다녔다. 어렸을 때부터 조선어를 배우고 조선인과 어깨를 나란히 하며, 밤낮으로 시와 술을 같이 즐기고 서로를 초대하거나 방문했지만 그들 가슴속의 깊은 뜻을 다 안다고는 생각하지 않는다. 지금 내 눈에 비치는 대로 정말 마음대로 떠드는 것을 허용한다면, 지금 위정자의 행동은 아무리 생각해도 사상누각砂上樓閣처럼 느껴진다. 그 일체의 시설·경영이 모두 표면을 호도糊塗하는 것을 능사로 하고, 소위 '하루살이' 주의로 일관하고 있지 않은가 하고 의심된다. 또한 내지 정객政客, 실업가 등이 종종 조선에 건너와 시찰하고 조사하여 낸 통계 보고 등이 여러 사람 의논의 근저가 된다. 금과옥조金科玉條로 삼는 사업 계획이 얼마나 실제에 부합하지 않는지, 국정國情과 여론에 배반되는 터무니없고 조잡한 재료를 근거로 하고 있는지 생각하면, 한편으로는 매우 우습게 느껴진다. 한편으로는 이로 인해 국사國事를 그르치는 것을 크게 우려하지 않을 수 없다. 현재 여러분은 이 보고에 따라 재료를 믿고, 융화·동화의 실적이 순조롭게 볼 만하다고 추측하고 있는 것이다.

뛰어난 인물이라고 알고 있던 여몽(呂蒙)을 오랜만에 만나 이야기를 나누어 보니 학문도 깊으므로 감탄하여 이전의 여몽이 아니라고 말했다는 데서 유래한다.

그런데 여러분이 한번 발길을 권외圈外로 옮겨 직접 조선 전국 1,200여 곳의 보통학교에 가 봐라. 장래 조선 민족의 중추가 될 소지素地를 가지고, 더욱이 천진난만하게 적나라한 진상을 표명하는 데 주저하지 않는 아동들에게 거리끼지 말고 생각하는 그대로를 말하라고 하면, 전체 40여 만 명의 학생 중 한 명이라도 배일의 경향을 가지지 않은 자가 없는 데 놀랄 것이다. 또한 더 놀랄 만한 것은 전국 도처 공중변소의 벽과 문에 꼭 준열峻烈한 배일적 문자와 고故 이완용李完用[3]을 사정없이 욕하는 문자가 쓰여 있는 것이다. 항간에서 노래하는 잡가雜歌와 민요 또한 모두 배일 문구를 포함하지 않은 것이 없다. 천진난만한 유아들의 뇌리에 이미 그 같은 인상을 남겨 이것이 꽉 박혀서 뿌리 뽑을 수 없는 근저를 이루고 있다. 아이는 이러한 항간에서 자라 점차 성장하여 결국 과격하고 음흉한 대세에 【209】익숙해지는 것이다.

봉록을 받거나, 생활의 안정을 보장받거나, 그 밖에 어떠한 사정에 의해 반항할 수 없다든지, 혹은 반항이 불이익이라고 생각하는 경우에는 이해利害를 보는 데 민감한 그들은 매우 유순柔順한 태도를 취한다. 중심에서 친일의 충량한 신복臣僕임을 표현하는 데 상당히 교묘하다. 그러나 이는 표면뿐이다. 그들의 마음속에는 끊임없이 배일·불평의 조류가 흐르고 있다. 민족적 배타사상이 흘러넘치고 있다. 그러므로 하루아침에 봉록을 받는 생활을 그만두거나 혹은 그들에게 불이익인 경우에 직면하면, 그들은 당장 창끝[鋒]을 거꾸로 하여 포효하며 반격해 오는 실례가 비일비재하게 많아 셀 수 없을 정도이다. 그러나 이는 오래된 먼 역사를 가진 민족 심리로는 또 어지간히 무리가 아닌 차선책이다. 저 백이숙제伯夷[4]叔齊[5]를 위인으로 삼아 경모景慕하는 정은 지금

3 이완용에 대해서는 부록 「주요 인물 소개」란을 참고할 것.
4 중국 은나라 말에서 주나라 초기의 현인(?~?). 이름은 윤(允). 자는 공신(公信). 주나라 무왕(武王)이 은나라의 주왕(紂王)을 치려고 했을 때, 아우인 숙제(叔齊)와 함께 간했으나 받아들여지지 않고 주나라가 천하를 통일하자 수양산으로 들어가 굶어 죽었다.

도 옛날도 변하지 않은 것이다. 그러므로 일괄적으로 이를 불령不逞사상이라고 하여 억지로 이들을 억압하고 박멸하려고 하는 것은 노력해도 헛되고 공이 없을 뿐만 아니라 도리어 큰일을 그르칠 위험이 있다고 할 수 있다.

그렇다면 저 극단적인 내지연장주의의 신자信者로서 정론가政論家를 자임하고 있는 경성의 모 정객과 같이 "내선 두 민족은 원래 동종·동족이기에 통일되어야 하는 숙명을 가지고 있다", "일본은 병합 이후 막대한 국가 재정을 투입하여 그 개발을 맡아 조선의 오늘날이 있게 했으므로, 조선인은 이를 은혜로 여기고 덕으로 여겨 일본에 복종해야 한다", "병합은 일본을 위해서뿐만 아니라 조선 그 자신을 위해서 단행된 것"이라고 하는 등 매우 낙천적으로 소위 '독선獨善'적인 단안斷案을 내리고 있는 이도 있지만, 그러한 말로 2,000만 민중은 결코 승복도, 수긍도 하지 않을 것이다.

예로부터 이들 일류一流의 아무 쓸모없는 얕은 소견의 유학자, 남에게 빌붙는 인물을 총독부 고문이나 촉탁으로 채용하여 믿고서 조선인을 조종하는 중요한 임무를 맡기거나, 혹은 조선인 중에 경조부박輕佻浮薄[6]한 인물, 돈밖에 모르고 정견定見[7]·정조情操도 없이 아첨과 영합을 일삼는 무뢰배를 숙달시켜 시정施政 구가謳歌의 목소리를 높이게 한 것 등이 모두 조선통치를 망친 하나의 원인을 이루고 있는 것이다. 일본인이 조선의 큰 은인이라고 자만하던 이토伊藤[8] 공작이 하얼빈이라는 이름도 없는 들판에서 한 조선 청년의 총탄에 쓰러져 죽은 과거는 물론이고, 신임 사이토齋藤[9] 총독, 미즈노水野[10] 총감을 남대문

---

5 중국 은나라 말기의 현인(賢人, ?~?). 이름은 지(智). 자는 공달(公達). 주나라 무왕이 은나라 주왕을 치려고 할 때 형 백이와 함께 간했으나 받아들여지지 않자 수양산에 숨어 살다가 굶어 죽었다.
6 말하고 행동하는 것이 신중하지 못하고 가벼움.
7 일정하게 자기의 주장이 있는 의견.
8 이토 히로부미에 대해서는 부록 「주요 인물 소개」란을 참고할 것.
9 사이토 마코토에 대해서는 부록 「주요 인물 소개」란을 참고할 것.

역 앞에서 떨게 한 폭탄의 타격을 격세지감의 일로 해도, 근래 고故 이왕 전하의 국장國葬에서도 역시 지식계급 중에서 만세소요(6·10만세운동)를 연출하여 당국자를 아연실색하게 하지 않았는가. 총독·총감 대신으로 서거한 다카야마 다카유키高山孝行의 분토墳土가 아직 새 것인데, 또 부상당한 사토 도라지로佐藤虎次郎는 간신히 몇 달 전 완쾌했다고 공표한 정도가 아닌가.[11] 지난해 섣달 말에는 일개 흉한兇漢이 백주白晝에 공공연히 폭탄과 권총을 휘두르면서 경성 중앙에 【210】 뛰쳐나와, 생각대로 동양척식주식회사와 조선식산은행을 위협하며 인명을 살상했다. 이후 몇 달 동안 눈에 띄는 관청, 은행, 회사 등에 엄중한 경호를 실시하여 어린아이의 조소嘲笑거리가 되지 않았는가. 또 사이토 자작의 내지 왕래, 혹은 이왕, 왕비 전하의 부내府內 산책 때조차 거의 계엄령과 같은 경계를 하는 등 어디를 봐도 조금도 내선융화라고 할 수 있는 태평한 표징表徵다운 것을 찾을 수 없다.

더욱이 통계 및 보고는 부지런히 면서기나 군속郡屬의 책상머리에서 교묘하게 태평 구가의 수치로 산출되고, 정평定評 있는 것이 되어 도청이나 총독부에 오르며, 바뀌어 여러 사람의 시설로 되면 의논·사업의 근저로도 되는 것이다. 그러므로 그 주변 사정을 숙지하고 있는 우리로서는 이를 보면 너무 바보 같고 또 실로 한심해서 견딜 수 없는 것이다.

오호라. 조선의 일이 조야朝野가 서로 이끌어 이러한 착실하지 못한 천만

---

10 미즈노 렌타로에 대해서는 부록 「주요 인물 소개」란을 참고할 것.
11 송학선(宋學先)이 안중근(安重根) 의거 후 항일운동을 결심하고 기회를 기다리다가, 1926년 순종의 죽음을 조상(弔喪)하러 오는 조선총독 사이토 마코토(齋藤實)의 암살을 계획하여 금호문(金虎門) 앞에서 대기하고 있다가, 당시 경성부회(京城府會) 평의원이던 다카야마 다카유키(高山孝行)·사토 도라지로(佐藤虎次郎)·이케다 조지로(池田長次郎) 등이 탄 차를 총독이 탄 차로 오인하고 뛰어올라 이들을 살상했다. 그리고 송학선은 추격해 오는 한국인 순사 오환필(吳煥弼)을 찌른 후 휘문학교(徽文學校) 교문 앞에서 체포되어 서대문형무소에서 사형당했다. 사토 도라지로는 상업회의소 의원, 국수회(國粹會) 경성지회장, 동민회(同民會) 이사였고, 다카야마 다카유키는 국수회 부회장이었으며, 이케다 조지로는 학교조합 평의원이었다.

명 사이에서 변해 가고 있는 것이다. 열국列國의 눈은 도대체 이 상태를 어떻게 보고 있을까. 세계 사상의 조류는 흙탕물이 가득하여 앞에서도 뒤에서도 우리를 위협하고 있지 않은가. 4,000년의 역사를 가지고도 틈만 나면 민족자결의 선동에 편승하고, 공산 소비에트의 달콤한 속삭임에 취하는 2,000만 민중은 언제나 충량한 일본제국의 신민臣民으로서 격의 없이 우리 6,000만 민중과 동포로서 사귀고 친척으로서 교제할 수 있겠는가. 나로 하여금 지금 다시 생각하는 대로 말하라고 한다면, 지금의 일본제국은 마치 조선이라고 하는 위험천만한 폭렬탄爆裂彈을 품고 있는 분화산噴火山 위에서 방황하고 있는 것 같다. 만약 하루아침에 큰일을 겪으면, 비단 새로 부속한 땅을 잃을 뿐만 아니라 자기의 본체 또한 산산조각이 나서 분쇄粉碎될지도 모르는 일대 위기에 처해 있는 것이다.

우리는 지금 인격 높은 사이토 자작이나 임시대리인 우가키宇垣[12]나 근엄 그 자체의 화신化身인 유아사湯淺[13]를 부적임한 인물이라고 말하는 것이 아니다. 또한 꼭 지금의 시정 방침이나 행정 조직을 부적당하다고 비판하는 것이 아니다. 더욱이 조야에 달견達見[14] · 구안具眼[15]이 있는 인사가 없다고 말하는 것도 아니다. 다만 일본제국의 상하에서 아직 근본적으로 조선통치의 큰 방침을 확립하고 있지 않은 것을 질책하고 일깨우고 싶은 것이다. 우리는 또한 '더 깊게', '더 밝게' 조선의 실정을 적어도 내지의 상하에 다 알게 해서 '더 완전한' 조선통치의 【211】 큰 방침을 확립할 것을 열망하고 있다.

이러한 의미에서 우리 동지는 일찍부터 조선 선전을 전문으로 하는 한 신문지를 제국의 수도 도쿄에서 간행할 계획을 세워, 현재 열심히 이를 준비하

---

[12] 우가키 가즈시게에 대해서는 부록 「주요 인물 소개」란을 참고할 것.
[13] 유아사 구라헤에 대해서는 부록 「주요 인물 소개」란을 참고할 것.
[14] 사리에 밝은 견문과 학식. 뛰어난 의견.
[15] 사물의 시비를 판단하는 식견과 안목을 갖추고 있음.

고 또 동지를 규합하고 있는 중이다. 때마침 조선 관계 단체로서 가장 신망 있고 가장 착실하다고 생각되는 중앙조선협회中央朝鮮協會[16]가 '조선에 대한 논문 모집'을 하는 것을 듣고, 나는 내 평소 소회所懷의 한 부분을 피력하여 이를 세상에 밝히는 것이 또한 우리 동지의 뜻을 행하는 길이 될 것이라고 믿고 문장이 서투른데도 이에 그 모집에 응하여 기고하게 되었다. 다만 나는 위와 같은 정치적 견지에서 입론立論[17]하여, 이로부터 연역적으로 재정경제, 산업, 교통, 교육, 사회문제에도 관련된 사항을 논급하는 것이므로, 혹 이 협회의 모집 방침에 적합하지 않을지도 모른다. 이 점은 미리 이 협회의 심사원 여러분과 독자 여러분의 양해를 바란다.

1) 우리의 주장

(1) 내선인의 구별을 전폐全廢하라

조선통치를 근본적으로 파괴하는 것은 뭐라 해도 내선인의 구별이다. 합방의 대조서大詔書에서는 황공하옵게도 역대 총독이 모두 융화를 강조하여 미치지 않는 곳이 없게 하라고 우려했는데도, 지금 아직 그 실적이 지지부진하여 볼 만한 것이 없는 것은 주로 내선의 구별을 전폐하지 않은 데 있다. 천언만어

---

[16] 1926년 일본에 귀국한 조선총독부 고관이 중심이 되어 조선과 관계있는 재계인, 언론인, 중의원·귀족원 의원, 재조선일본인 등을 회원으로 해서 일본 도쿄에서 조직한 식민지협회. 산미증식계획, 철도 12년 계획, 참정권 문제, 재만조선인 문제, 조선쌀 이출 문제, 조선농지령 제정, 창씨개명, 동아일보 폐간 문제 등 1920년대에서 1940년대에 이르기까지 총독부의 중용통치정책에 직간접적으로 관여했으며, 내각과 의회에 영향을 미쳤다. 한편 민족 문제, 계급 문제, 통치 권력과 지역 주민 사이의 문제 등 다양한 사회문제에 개입하여 일본의 식민지배에 많은 영향을 미쳤다. 패전 후 구우구락부(舊友俱樂部), 동화협회(同和協會), 중앙일한협회(中央日韓協會), 우방협회(友邦協會)로 탈바꿈하면서 통치 자료를 정리하고 한일교섭에 직간접적으로 관여하는 등 전후 한일관계와 일본의 식민지 인식에도 큰 영향을 미쳤다(중앙조선협회, 『중앙조선협회회보』, 어문학사, 2015 참고).
[17] 의론(議論)하는 취지나 순서 따위의 체계를 세움. 또는 그 의론.

千言萬語[18] 혀를 휘둘러 융화·동화를 말해도, 사실상 내선 구별의 철책이 엄연히 존재하는 이상은 공염불空念佛로 무슨 효과가 있겠는가. 백 개의 시설도, 천 마디 회유도 모두 조금도 효과가 없을 것이다. 논자가 혹 법률상에서, 행정상의 운용에서, 관리 임용에서 조금도 내선인의 장벽을 두지 않겠다는 강변強辯[19]을 떠들지도 모른다. 유아사 총감 등도 제52의회에 정부위원으로서 참석하여 "5인까지 조선인 지사知事를 임명하고 있다"고 기고만장하고 무책임하게 말했다. 하지만 이는 물론 강변에 지나지 않는다.

사실상 분명히 【212】 내선인의 구별이 선명한 것은 어떤 것이 있는가. 지금 다음에서 그 가장 현저한 것 두세 가지를 열거하겠다.

① 호적법상의 차별 엄존嚴存

현행 호적법에는 내선인 상호의 호적이 공통될 방법이 없다. 일본인은 가령 50년, 100년 조선에 있어도 어디까지나 일본인이고, 무슨 무슨 부府·현縣의 평민이거나 화족華族[20]·사족士族[21]이다. 동시에 조선인도 어디까지나 본적을 조선에 두지 않으면 안 된다.

현재 나도 조선에 있은 지 24년이 지나, 어느 모로 보나 이제는 소위 출가出稼[22] 인종은 아니다. 조선을 분묘를 둘 땅으로 정하고 있는 순수한 조선인이다. 그런데도 법은 나를 대우하기를 역시 기후현岐阜縣 평민으로 한다. 내가 기후현인인 것도 그렇지만, 또 아직 한 번도 실제로 현해탄玄海灘[23]을 건넌 적이

---

18 천 마디 만 마디 말이라는 뜻으로, 수없이 많이 하는 말을 이르는 말.
19 우격다짐으로 하는 주장. 변명.
20 작위를 가진 사람과 그 가족. 메이지(明治) 초에 생겨 제2차 세계대전 후에 폐지되었다.
21 무사의 가문(家門). 메이지유신 이후 무사 계급 출신자에게 주던 명칭이었으나 현재는 폐지되었다.
22 한때 타관에 가서 벌이를 함. 또는 그 사람.
23 대한해협 남쪽, 일본 후쿠오카현(福岡縣) 서북쪽에 있는 바다. 우리나라와 규슈(九州)를 잇는 통로로, 수심이 얕고 풍파가 심하다. 쓰시마(對馬) 해류가 동북쪽으로 흐르고 동해 해류가 남쪽으로

없는 내 자녀까지도 구태여 기후현인이라고 하는 것은 정말 우스꽝스러운 일이 아닌가.

전하는 말로, 총독 사이토 자작이 재직한 지 8년으로 오래되어서, 앞으로 남은 생애는 조선에 의탁하여 영구히 잊지 못할 이 땅의 진호鎭護[24]의 귀鬼가 되겠다는 의사가 있었으나 법은 결국 굽히지 않았다. 사이토 자작은 어디까지나 내지의 화족 자작으로, 조선의 화족 자작일 수 없는 것이다. 이리해서는 모처럼 뜻한 건전한 각오도 완전히 그 의의를 잃게 된다. 결국 계획이 중지되고 마는 것이다. 과연 사실이라면 유감천만遺憾千萬[25]이고 조선통치상 말하지 않는 사이에 잃는 것이 클 것이다. 제52의회에서 협찬協贊한 왕공가王公家[26] 자녀 전적轉籍에 관련한 법률도, 또한 실로 이 예외 규정을 제정한 것이다. 그 밖에 이와 유사한 불편하고 불합리한 점은 일일이 셀 수 없다.

징병령과 기타 관계도 있으므로 그 개정은 쉬운 일은 아니겠지만, 원칙적으로는 꼭 호적을 공통으로 하는 길을 열고 언제라도 상호 이적移籍할 수 있도록 개정하지 않으면 안 된다. 생각건대 이것이 내선 구별 철폐의 제일보第一步이다.

② 교육상의 차별 엄존

한편에서는 중학교, 소학교라고 하고, 한편에서는 보통학교, 고등학교라고 한다. 인천 등지에서는 상업학교에서 조선인 반과 일본인 반을 구별하고 있다. 이처럼 엄연히 둘을 서로 대비하여 어디까지나 일본인은 일본인 학교

흐른다.
24 난리를 진압하고 나라를 지킴.
25 섭섭하기 짝이 없음.
26 왕공족(王公族)이란, 한국병합 후의 구한국 황제와 그 일족에 대한 일본의 칭호인 왕족(王族)과 공족(公族)의 총칭이다. 황제의 직계가 왕족, 이왕가(李王家)의 일족인 2가(家)가 공족이다.

에서 일본식으로 가르치고, 조선인은 조선인 학교에서 조선식으로 가르치려고 하는 것이다. 부지불식간에 일종의 적개심을 양성하는 것과 같다. 이러한 【213】 상태이므로 보통학교의 조선인 아동조차도 무슨 날이면 그 마음속 깊이 민족적 반항 기운을 불어넣는 것이다.

나는 일찍이 충북 영동에서 일본인과 조선인 유아를 한자리에 모아 놓고 교육하는 모 일본인 부인의 사영私營 유치원이 있는 것을 보았다. 또 현재 각 보통학교에서 1학년부터 직접 교수敎授하여 국어(일본어)를 가르치고 있는 것을 보았다. 그리고 또 각지의 소학교에 조선인 아동이 취학한 것과 벽지의 보통학교에 일본인 아동이 취학한 것을 보았다. 이에 내선공학內鮮共學이 결코 어렵지 않다는 것을 느꼈다. 다만 어렵지 않다고 느꼈을 뿐만 아니라 국어(일본어) 보급의 의미에서도, 내선융화의 점에서도 이렇게 하는 것에 깊이 감탄하고 또 오히려 그 필요조차 느꼈다.

조금 전 이야기는 과도기의 일이고, 현 제도도 혹 부득이하게 나온 것인데, 이제는 기우杞憂나 원려遠慮²⁷를 할 시대는 아니다. 굳이 정체불명의 제도인 학교조합 등을 존치할 필요는 없다. 하루라도 빨리 학제를 통일하고, 경비의 부담을 공평히 하며, 실제 부담력에 따라 내선인의 구별 없이 학교비를 부과해야 한다. 그 밖에 학제상 수많은 내선의 구별을 두고 있는 것을 전부 개폐改廢해야 한다. 또한 그 아동의 수학受學 능률에 대해서는 성대城大를 비롯하여 각종 전문학교의 공학자에 대해 자세히 점검한다면 얻는 것이 많을 것이다.

③ 관리 임용상의 성벽城壁 엄존

지사知事나 참여관參與官이나 군수에 조선인을 임용한다고 해서, 유아사 총감의 말처럼 소위 5인까지 조선인 지사를 임용한다고 해서, 그것으로 임용

---

27 멀리 떨어져서 근심하거나 걱정함. 또는 그런 근심이나 걱정.

상에서 내선인의 구별을 하지 않는다고는 말할 수 없다. 임용상의 실질에서, 가봉加俸[28]제도에서 분명히 반대 사실이 증명되고 있지 않은가. 예로부터 관리가 되는 것을 인간 제일의 영예로 아는 다수의 조선인이 이 불평등 대우의 사실을 눈앞에서 보고 어찌 불평을 느끼지 않을 수 있겠는가.

똑같은 야마토大和 민족 사이에서조차도 올해 번벌자류藩閥[29]者流에 대한 민권론자의 반항이나 원망이 그처럼 격렬하지 않았는가. 근래에는 히비야日比谷 들판에서 천하의 의원[選良]이 당동벌이黨同伐異[30] 하여 결국 유혈 참극을 보아 사법 관헌이 부득이하게 발동하지 않았는가.

하물며 이는 전통적으로 수천 년 동안 침윤浸潤[31]하고 도야陶冶된 관권 만능 신자官權萬能信者이고, 민족을 달리하고 역사를 달리하며, 시기와 의심이 많고 불평으로 괴로워하며, 무언가 기회를 노려 무언가 구실을 잡으려고 명목장담明目張膽[32] 하고 있는 조선 국민에게 다다르는 것이다. 더욱이 그와 【214】같이 현저한 불평등 대우를 하고 단단한 성벽이 엄연히 존재하면서, 관리 임용상 아무런 구별을 하지 않는다고 단언하는 것은 너무 사람을 바보로 만드는 말이다.

또 게다가 일본인 측에서 반대로 말하면, 참여관, 군수(군수는 지정면指定面 대부분에서만 일본인을 임용하고 있음), 중추원 참의參議 등을 어찌 꼭 조선인에 한정할 필요가 있냐고 항의해도 일리가 없다고는 할 수 없다.

이렇든 저렇든 현재 정세[政情]에서 즉각적으로 이들 제도를 변경하고 성벽을 철거하기는 매우 어려울 것이라고 생각한다. 그러나 인도人道상으로 이를

---

28 정한 봉급 외에 일정한 액수를 따로 더 줌. 또는 그런 봉급.
29 메이지유신에 공이 있던 번(藩)의 출신자가 만든 파벌.
30 일의 옳고 그름은 따지지 않고 뜻이 같은 무리끼리는 서로 돕고 그렇지 않은 무리는 배척함.
31 스며들어 젖음. 사상이나 분위기 따위가 사람들에게 번져 나감.
32 눈을 밝게 하고 담을 넓힌다는 뜻으로, 두려워하지 않고 용기를 내어 일함.

말해도, 일시동인의 천황의 마음을 살펴도, 동양 영원의 장구지계長久之計[33]로 판단해도, 더욱이 야마토 민족의 자위상으로도 국책으로서 단연코 이 구별을 철폐하지 않으면 안 된다.

하물며 관리 여러분은 국책 수행을 위해서라고 하면, 어떠한 희생도 견딜 수 있는 우수한 인물일 것이다. 또 하물며 이를 단행하면 가봉 폐지에 따라 국비와 지방비에서 연간 1,000만 엔 내외의 일대 절감을 볼 수 있을 것이다. 그렇다면 재정난을 겪는 오늘날 하루라도 서둘러 그 단행을 결정하지 않으면 안 된다고 생각한다.

④ 징병령상의 엄격한 구별

병역은 국민의 의무인 동시에 권리이다. 더욱이 일본인에 대해서는 그 주거지가 어딘가에 상관없이 징병제도를 힘써 행하고 있다. 그러면서 조선인에 대해서는 거의 절대로 이를 시행하고 있지 않다. 이뿐만 아니라 중등학교에서도 어느 곳에서는 군사교련을 시행하고 어느 곳에서는 이를 시행하지 않기 때문에, 이를 시행하지 않으면 내선공학의 상급 학교인 경성제국대학에서 일본인은 복역 기간이 단축되는 특전特典을 잃어버린다. 이를 시행하려고 한다면, 하나는 3년간의 예습을 거친 것, 하나는 완전히 연습하지 않은 것을 군사교련의 중요한 목적을 배반한 것으로 하면 어떤가. 그렇다고 해서 일본인과 조선인 학생들을 개별적으로 교련하는 것은 사태가 타당하지 않을 뿐만 아니라 여러 가지 지장과 불편을 견디기 어려울 것이다. 결국 일종의 특별한 편법을 생각해 내서 군사 당국과 교섭 중이라고 들었다.

요컨대 이 또한 조선인에게 징병령을 시행하지 않기 때문에 생기는 하나의 희극喜劇에 지나지 않는다. 원래 다수의 조선인은 일본인의 일부에도 있는

---

33 어떤 일이 오래 계속되도록 꾀하는 계책.

것처럼 꼭 징병제도를 기뻐하지는 않는다. 아니, 기피할 수 있는 한 기피하려고 하는 경향을 가지고 있다. 하지만 징병령을 시행하지 않는 것은 이 조선인 다수의 의향을 받아들인 제도는 아니다. 극단적으로 말하면, 다수의 조선인에게 무기를 손에 쥐고 이를 숙달시키는 것을 쓸데없이 걱정하고 위험시하는 비겁한 원인에서 나온 것은 아닌가 하고 생각한다.【215】만약 과연 그렇다면, 너무 속수무책이고 너무 무지한 것이다.

완전히 다른 인종으로 구성된 영국의 인도 병제兵制나 프랑스의 안남安南[34] 병제조차도 현재 시행되고 있다. 하물며 갈대처럼 가늘고 좁은 강[一葦帶水]을 사이에 두고 본토에서는 강대한 무력을 손에 쥐고 만일의 경우에는 일거수일투족을 주시하여 처리할 수 있는 형승形勝에 있다. 이미 언어와 문자를 서로 이해하고, 상호 간 자연히 따뜻한 마음 한 점이 서로 통하는 지금의 상태에서, 어째서 쓸데없는 걱정을 할 필요가 있는가. 충량한 신민으로서 폐하의 적자赤子로서 우리와 짝이 되어 같이하는 그들이 "조선인은 왜 군인이 되고 국가의 간성干城[35]이 될 수 없는가"라고 정면에서 항의해 온다면, "너희는 위험성을 띠고 있기 때문에 군인이 될 수 없다"고 말할 수 있겠는가. 또한 일본인에 대해 말해도, 징병령을 시행하고 있지 않기 때문에 조선 내 재주자는 멀리 향리로 돌아가 징병에 응할 것을 원칙으로 하고 있는 것은 이 또한 매우 불합리하고 비경제적이기도 하다. 만약 조선에도 징병령을 시행하면 내선인이 섞여 손과 팔을 잡고 동일한 영내營內에서 일상생활을 함께하며 복역하게 되어, 내선융화의 미풍이 흡연翕然히[36] 이 청년 남자 사이에서 일어날 것이라고 생각한다.

---

[34] 19세기 프랑스 식민지로 삼분된 베트남의 중부 지방을 이르던 이름. 당시 응우옌 왕조(阮王朝) 왕권이 프랑스 보호령으로 있었다.
[35] 방패와 성이라는 뜻으로, 나라를 지키는 믿음직한 군대나 인물을 이르는 말.
[36] 대중의 뜻이 하나로 쏠리는 정도가 대단하게.

더욱이 조선의 국정國情이 전혀 내지와 동일하지 않으므로, 우리는 특히 조선에는 조선에 적합한 일종의 특별한 병제를 시행할 것을 주장한다. 그것은 마치 몇 해 전 홋카이도北海道에서 '둔전병屯田兵[37]'이라는 특별제를 시행한 것처럼, 조선 현재의 민정民情에 반드시 적합하다고 할 수 있는 '노동공병勞動工兵'이라고 할 수 있는 특별제를 시행하는 것이다. 이 병제에 대해서는 뒤의 장章에서 다시 상세히 논하겠다. 이리하여 재주 내선인이 똑같이 이 병제에 복역하게 해야 한다.

⑤ 조선인에게 다가가는 시설을 다시 만들라

내선의 구별은 꼭 조선인 측에서만 그 철폐를 요망하는 것은 아니다. 일본인 측에서도 이를 요망하는 점이 적지 않다. 대저 조선을 병합하여 유종의 미를 거두기 위해서는 결코 위정자의 독점에 맡겨서는 안 된다. 내선인 8,000만 민중이 똑같이 그 마음을 하나로 하고, 서로 격려하고 서로 주의하고 서로 이끌어 목적지에 도달하기 위해서 모두 혼신의 노력을 기울여야 하는 국가적으로 큰 문제이다.【216】

그중 재조선 일본인은 위정자와 함께 그 책임을 나누어야 할 당면의 중임을 맡은 이라고 해도 과언이 아니다. 총독 이하 당국 관료가 아무리 노심초사하여 내선융화의 결실을 거두려 하고 백방으로 시설을 경영해도, 밤낮으로 직접 서로 접촉하여 권리와 의무가 서로 뒤섞인 다수의 재주 일본인 중 이 대의大義에 통하지 않거나, 또는 오만하게 모멸하는 태도를 취하여 쓸데없이 민심을 격하게 하거나, 혹은 출가 근성根性으로 방자하게 굴어 조선인들에게 나쁜 감정을 유발한다면 그 시설도 경영도 한 끝에서 파괴되어 갈 것이다. 이는 일본인 재주자가 가장 깊이 주의하고 경계해야 할 점이다.

---

[37] 메이지 초기에 홋카이도의 개척·경비 등을 위하여 두었던 농병(農兵).

이와 동시에 위정자 측에서도 신중하게 저들 일본인의 입장을 양해하려고 하여 가능한 한 이를 참작하고 그들을 대우하지 않으면 안 된다. 인도상으로 말해도 만사萬事 한 걸음 먼저 나아간 연장자인 일본인에게 그에 상당하는 우대를 해야 한다. 이는 일본인이기 때문에 우대하는 것이 아니라 우수한 자이기 때문에 우대하는 것으로, 이른바 인물 본위인 것이다. 즉 어디까지나 인물 본위를 관철하는 것이지, 결코 인종 본위로 별개의 대우를 하는 것은 아니다.

그런데 종래 많은 관헌은 거의 전통적으로 이 취지를 잘못 이해하여 소위 교각살우矯角殺牛[38] 식으로 이 중대한 책임을 분담하여 말하지 않고서, 국책에 순응하고 있는, 국가적으로 큰 공로가 있는 일본인을 박대하고 양자[繼子] 취급하거나 또는 경우에 따라서는 조선통치의 방해물인 것처럼 여기는 자도 있었다. 심한 경우에는 도리어 조선인에게 알랑거리고, 조선인이 일본인을 흘겨보는 등의 태도를 가지게 하는 것을 조선통치의 능사로 여기며 진수眞髓인 것처럼 오해하는 바보 같은 이가 많아 유감이었다. 그래서 일본인 유력자가 자본 투자를 주저하게 만들었고, 또는 영주永住할 결심을 박약하게 한 것이다. 이러한 사실은 실로 관리전도冠履顚倒[39]로, 오히려 조선통치를 해치는 것이다.

앞서 관리 임용의 경우에서도 말한 것처럼, 중추원 참의라도, 참여관이라도, 군수·면장이라도 꼭 조선인으로 한정할 필요는 없다. 어느 것도 민족 본위로 할 것이 아니라, 인물 본위로 하고 사실 본위로 하며 더없이 공평하고 더없이 올바르게 하면 옳은 것이다. 쓸데없이 조선인을 총애하여 은혜를 입게

---

38 '쇠뿔을 바로 잡으려다 소를 죽인다'라는 뜻으로, 결점이나 흠을 고치려 수단이 지나쳐 도리어 일을 그르침.
39 관(冠)과 신의 위치를 바꾼다는 뜻으로, 앞뒤 순서를 뒤바꾸어 일을 그르침을 비유적으로 이르는 말.

하는 것은 단연코 옳지 않다.

우리는 사이토의 소위 '문화정치'가 특히 이와 같은 폐풍에 이를 수 있다고 생각한다. 병합 이후 20년이 거의 지났는데, 아직도 재주 일본인 수가 40만 명 내외로 조선인 50명당 1명 비율에 지나지 않는 것은 이러한 원인이 저변에 잠재하기 때문이 아니겠는가. 한편으로는 조선인이 그와 같이 불평등한 대우를 원망하고, 다른 한편으로는 일본인이 '조선은 【217】 의외로 살기 나쁜 곳, 일하기 나쁜 곳'이라는 탄성嘆聲을 지르게 하고 있는 현 위정자의 심리 상태는 반드시 근저에서 개선되지 않으면 안 된다.

(2) 외교·군사를 제외한 완전한 자치제를 시행하여 재조선 내선인에게 참정권을 부여하라

보통선거 실시 결과 내지 재주 내선인은 똑같이 법이 정한 데에 따라 중의원 의원의 선거권을 가지고 있지만, 재조선 내선인 ─ 2,000만 명의 조선인은 물론 40만 명의 일본인 모두 ─ 전부는 이를 가지고 있지 않다. 동일한 제국 신민이면서 그 재주지를 달리한다고 해서 조선 재주자에 한해서만 국정 참여의 공권公權을 빼앗는 것은 언어도단言語道斷[40]의 천만부당한 일이다.

그렇지만 일본인은 차치하고 재주자의 대부분이 조선인이고 문화 정도도, 조세 부담력도 도저히 내지에 미칠 수 없다. 또한 3,000년 동안 도야에 도야를 거듭한 야마토 민족과, 앞으로 크게 도야·훈련이 필요한 조선 민족을 하루아침에 완전히 동일시하여 동일한 제도 아래 참정권을 주자고 하는 것은 아니다. 같은 내지 중에서도 도쿄, 오사카, 나고야 등지의 대도시와 홋카이도나 오키나와 등지는 현재 그 취급을 달리하고 있다. 이같이 조선에는 조선에 상응하는 정도로 참정권을 주어야 한다고 강요한다. 그렇다. 우리는 헌법 치하

---

[40] 말할 길이 끊어졌다는 뜻으로, 어이가 없어서 말하려 해도 말할 수 없음을 이르는 말.

의 국민으로서 이를 강요할 권리가 있다고 확신한다.

이 문제에 관련해서는 다년간 정치단체로서 국민협회가 계속해서 매년 제국의 상하에 청원·진정을 하고 있다. 또한 경성 유지 집단인 갑자구락부甲子俱樂部[41]는 지난번 다음과 같은 신청을 당국에 제출했다고 들었다.

    가. 조선 내 대시가지인 경성, 부산, 평양, 대구를 중의원 의원 선거법 부속 별표 중에 더할 것.

    나. 조선 귀족, 다액 납세자, 조선에 있는 학식·명망 있는 국가 훈공자勳功者를 귀족원에 참여하게 할 것.

우리는 그 어느 것에 대해서도 경청한다. 그러나 우리는 이보다도 더 비근하고 또 가장 가능성을 띠고 있는 방법에 따라 이 문제를 해결하기를 바란다. 우리의 사견私見으로 말하면 다음과 같다.【218】

---

[41] 1924년 8월 서울에서 조직된 친일단체. 조선총독부가 기존 친일파 중심의 단체로는 선전 효과를 충분히 거두지 못하자, 1924년 8월 오가키(大垣丈夫)·이케다(池田長次郎)·핫토리(服部豊吉) 등 일본인과 예종호(芮宗鎬)·조병담(曺秉擔)·방규환(方奎煥) 등 친일파로 구성된 새로운 친일단체를 구성했다. 주로 참정권 부여, 주요 도시의 자치, 교육제도 완비, 산업 교통기관 완비 등 식민통치의 협조를 표방하고, 전국적으로 고양되던 노동운동과 농민운동에 대처하려 했다. 그러나 표방한 구호 중 내정 참정권 청원 운동은 기만적인 것에 불과했다. 그 이유는 첫째, 친일단체인 국민협회의 청원 운동과 때를 같이하여 행해진 점, 둘째, 청원에 대해 일본정부나 국회가 전혀 상대하지 않은 점, 셋째, 주장한 선거법 자체를 일본인이 많이 사는 서울·평양·부산·대구의 4개 도시에만 한정시켜 극단적인 제한선거로 소수의 친일파를 일본의 귀족원에 보내려고 했던 점 등에서 잘 나타난다. 청원 방법도 이전과는 달리, 2만 명의 재류 일본인과 친일파의 서명을 얻은 이른바 건백서(建白書)를 일본 국회에 보내는 교묘한 방법을 사용하거나, 일본인과 한국인 하급 관공리를 억지로 동원하여 이른바 '공직자대회'라는 이름으로 결의문을 채택하는 형식을 취하기도 했다. 이러한 책동은 민족주의자나 사회주의자의 맹렬한 반대에 부딪혀, 갑자구락부는 급속하게 쇠퇴하여 유명무실한 존재가 되었다.

① 속히 조선의회를 창설하고, 도평의원회와 부·면협의회를 순수한 결의기관[42]이 되게 하고, 외교와 군사를 제외한 그 이외에는 완전한 자치제를 시행할 것

옛날부터 식민지 통치에 대해서는 구미 선진국도 지금까지 적지 않은 고통을 맛보고 수많은 실패의 역사를 거듭해 왔다. 일본은 앞에 대만이 있고, 뒤에 조선이 있고, 사할린의 남부가 있고, 조차지로서 관동주가 있고, 위임통치하는 남양제도가 있다. 그중 대만 및 기타는 자그마한 하나의 섬 혹은 하나의 작은 구역으로, 재주자 수도 적고 세상의 이목을 끌 만한 것도 크지 않다. 오직 조선만 그 토지 면적이 일본 혼슈本州에 뒤지지 않게 넓고, 인구가 2,000만 명의 다수에 달하며, 4,000년의 역사를 가지고 있고, 가까이는 중국, 러시아, 일본 3국 사이에 끼여 있어 청일전쟁과 러일전쟁의 화근이 되는 등 예로부터 불가사의한 나라로서 세계의 이목을 놀라게 한 나라이다. 게다가 북동쪽으로 활발히 그 민심을 선동하여 그 화란禍亂의 발발을 위해 야합하려는 민족이 있다.

이 점에서 우리는 조선통치는 보통의 식민지 이상으로 특수한 주의와 연구가 필요한 것을 통감하며, 아직 비가 오지 않을 때 창과 문을 단단히 얽어서 매어 놓을[43] 필요를 인정한다. 그러므로 우리는 그 외교와 군사는 반드시 이를 대일본제국 국권의 처리에 맡길 절대적 필요를 느끼는 것이다. 그렇다면 이 외교와 군사를 제외한 그 밖의 일체는 제국 국치國治의 대방침인 지방자치제도에 따라서, 완전한 자치제도를 조선에 시행하여 그 자유재량에 맡기자고 주장

---

42 법인의 의사를 결정하는 합의 기관. 지방 의회나 주주 총회, 사원 총회 등이 있다.
43 '유호(牖戶)'는 사전에 대비하는 것을 말한다. 『시경(詩經)』 빈풍(豳風) 치효(鴟鴞)편에, "유호는 보금자리에 기운이 통하는 출입처[牖戶, 巢之通氣出入處也]"라고 했다. 그리고 여기서 "장맛비 오기 전에 뽕나무 뿌리 가져다가 창과 문을 단단히 얽어서 매어 놓았나니, 너희 낮은 곳의 백성들이 감히 나를 깔보리오[天之未陰雨, 徹彼桑土, 綢繆牖戶, 今女下民, 或敢侮予]"라고 했다.

하는 것이다.

최근 캐나다, 호주, 서인도제도 등 영국의 주요 식민지 수상 회의에서 의결이라고 할 수 있는 형식을 통해 이들 국가는 거의 반半독립단체가 되었고, 캐나다와 같은 경우에는 이웃 나라 미국에 공사까지 파견하게 되었다. 피차 짐작하듯이 조선에서도 하루라도 빨리 앞서 기술한 것과 같은 자치제를 시행하는 것이 가장 시대 조류에 순응하는 최선의 방법일 것이라고 믿는다.

이 자치제 문제에 대해 어느 완고한 일파는 자치를 허용하는 것을 마치 독립을 허용하는 전제인 것처럼 오해한다. 그리고 이를 창도唱導·논의하는 이를 꾸짖으며 조선인의 독립심을 선동하는 이처럼 헐뜯는 무지한 사람들도 볼 수 있다. 이러한 사람들은 내지연장주의나 황실중심주의라고 할 수 있는 추상적인 기치旗幟를 표방하고, 소위 충군애국과 조선통치 논의는 그들만이 할 수 있는 일인 것처럼 사유하고 있다. 이들은 매우 무지하고 몰이해하며 치기만만稚氣滿滿⁴⁴하고 다소 과장스러우며 따로 증오해야 할 정도로 맞지 않다. 이들은 시세의 진운과 국치의 대방침을 고찰할 수 없다. 쓸데없이 포효하고 노호怒號하며 왕왕 속된 관리가 되어 국가[邦家]의 【219】 대사大事에 다소 해를 주지 않을 것이라고 보장할 수 없다. 그러므로 우리는 이 때문에 다소 변명하지 않을 수 없는 것이다.

대저 자치와 참정권은 표리와도 같고 안팎과도 같아, 나아가서는 참정권이 되고 물러나서는 자치가 되는 것이다. 그러므로 참정권을 준다면 당연히 자치를 허용해야 하고, 자치를 허용하면서 참정권만 주지 않을 도리는 없다. 이에 우리는 완전한 자치를 허용하는 동시에 완전한 참정권을 주어야 한다고 말하는 것이다. 이것도 국책에 순응하는 자치이고, 외교와 군사를 제국 국권에 맡기는 참정권이다. 즉 조선에 상응하는 완전한 자치와 완전한 참정권을 주자

---

44 유치한 기분이나 기운이 가득함.

고 절규하는 것이다. 이러한 의미에서 우리는 앞서 갑자구락부가 주창한 의원법 부속 별표의 확장보다도 '조선의회'의 창설을 주장하려고 한다.

전부터 누누이 자세하게 말한 것처럼, 조선과 내지는 국체도, 역사도, 습관도, 인정도 다르다. 그러한 이상 조선에서는 어디까지나 조선으로서 그 국체, 역사, 습관, 인정 등에 순응하는 시설을 시행하지 않으면 안 된다. 지금 만일 논자가 말하는 것처럼 경성과 기타 여러 시가지에서 의원법을 시행하여 약간 명의 의원을 히비야日比谷에 보낸다면, 어쨌든 어느 만큼의 이익을 조선에 줄 것이다. 하지만 이보다도 조선은 조선에 한하여 '조선의회'를 창설하고 완전한 참정권을 부여하여 마음껏 진지하게 조선 내 국사를 논의하고, 원만하고 또 주도면밀하게 그 자치를 시행하는 편이 나을 것이다. 저 와명선조蛙鳴蟬噪[45] 하게 경솔한 모습과 추태를 보이고 있는 모국 의회의 대열에 들어가는 것보다 더 나을 것이다.

도평의원회와 부·면협의원회는 현재 순수한 자문기관이다. 그런데 이는 물론 결의기관으로 하려는 도정에 있어, 원래 입법 취지도 장래는 당연히 결의기관으로 할 정신이었음에 틀림없다. 다만 위정자爲政者·의정자議政者인 당국자가 지방행정에 능숙해지게 하기 위해 당분간 시설로서 이를 자문기관으로 한 것이다. 그런데 현재 충분히 지방행정에 능숙해져서 이제는 이를 결의기관으로 하는 것이 조금도 불안하지 않을 정도에 달해 있지 아닌지는 의문이다. 그러나 걱정은 아무리 지나쳐도 걱정이다. 완전히 걱정 없는 시기를 기다리는 것은 도저히 불가능하다. 그렇다면 과감하게 여기서 손을 떼어 속히 독립시켜 직접 경영하는 연습을 하게 하는 것이 상호 이익인 동시에 당연한 귀결로 빨리 도착할 수 있는 길이다.

---

[45] 개구리와 매미가 시끄럽게 운다는 뜻으로, 속물들이 시끄럽게 말재주를 부리며 농(弄)함을 이르는 말.

그리하여 위로는 조선의회부터 아래로는 부·면협의회에 이르기까지 모두 이를 결의기관으로 하여, 국민이 삼중三重의 참정권을 가지게 하는 것이, 마치 내지에서 시市·정町·촌村, 부府·현縣, 제국의회라는 삼중의 참정권을 주고 있는 것과 같게 하는【220】것이다.

② 중추원을 내지의 귀족원에 준하게 하고, 그 의원에는 공로·공훈이 있는 일본인도 추선推選·임명하여 하원인 조선의회를 대하게 할 것

지금의 중추원은 우리가 그 존재의 필요를 인정하지 않는다. 그러므로 근저에서 이를 개혁하여 내선인을 불문하고 유식하고 공훈이 있는 자를 망라하여 이들을 의원(현 참의)으로 추선 또는 임명하고, 순 민선民選인 조선의회와 서로 보완하여 이원二院제도의 묘미를 분명히 살려야 한다고 생각한다.

그리고 특히 일본인도 의원이 되게 하자는 것은 앞서 말한 이른바 '조선의 일은 조선에서 한다'는 주의를 여실히 실현하고 싶기 때문이다. 다년간 조선의 조야에 있은 일본인 중 뛰어난 자가 가능한 한 그 남은 생애를 조선통치에 바치도록 만들고 싶기 때문이다. 현재 내지의 중앙조선협회 사람들을 비롯하여 각지에 흩어져 있으면서 한가한 세월을 보내고 있는 여러 명사名士가 적지 않기에, 또 조선 내에서도 민간의 실업계와 문단 및 그 밖의 곳에 적당하다고 생각되는 인격자가 결코 적지 않기에 걱정하지 않는다.

그러므로 이들을 망라하여 의원이 되게 하고, 여기에 이전의 조선인 중 유식자와 공훈이 있는 자를 더하고, 이에 더해 조선 귀족이나 내선인 다액 납세자 중에서 그 대표자를 선출하게 하는 것이다. 이는 마치 내지의 귀족원처럼 만드는 것이다. 이는 실로 권위 있고 의의 있고 또 통치상 유익한 기관이 될 것이다. 때로는 하원인 조선의회가 상도[常軌]를 벗어날 때 완화기관이 될 수도 있을 것이다. 여러분이 이처럼 중추원을 개혁할 것을 요망한다.

우리는 꼭 내지연장주의나 황실중심주의나 중의원 의원 선거법의 확장 실시에 반대하는 것이 아니다. 그러나 우리는 오히려 실질적으로 효과가 있고

또 가능성이 풍부한 방법을 주장하려고 한다. 이에 현행 도평의원회나 부·면협의회를 결의기관이 되게 하는 것과 중추원 개혁은 거의 일거수일투족一擧手一投足[46]의 노력에 지나지 않는다. 또 조선의회의 창설은 새로운 시설로 쉽게 단행할 수 있는 사항은 아니지만 조선 민심 완화를 위한 만대불역萬代不易[47]의 철안鐵案[48]으로, 저 의원법 확장 등 작은 일과 동일시할 만한 문제는 아니다. 참으로 조선 병합을 의의 있게 할 조선통치의 제일책이다. 그러므로 우리는 만사를 무릅쓰고 이 뜻을 【221】관철할 것을 주장하고 요망하는 것이다.

만약 이것저것을 실현하는 데 헌법 및 기타 법규에 무엇인가 저촉되는 것이 있다면 국가로서는 매우 중대한 사항임에 틀림없다. 하지만 헌법 발포 당시 물론 20년 후의 조선 병합을 상상할 수는 없었다. 그러므로 이는 병합 후 오늘날 동양 백 년의 장계長計[49]를 정하고 2,000만 민심을 안정시키며 제국의 국리國利·민복民福을 증진하기 위해 유일무이한 큰길이다. 그러므로 법이 정한 방법에 따라서 오랜 법규를 개정하는 것은 마치 최근 '왕공가궤범王公家軌範'[50]을 제정한 것처럼 결코 불법도 무리도 아니다. 그러므로 위정자도 의정자도 신중히 심의하여 적당한 법안을 협정하기를 바란다. (생략) (중앙조선협회보 전재轉載)

---

46 손 한 번 들고 발 한 번 옮긴다는 뜻.
47 영원히 바꿔지 아니함.
48 좀처럼 변경할 수 없는 단안(斷案).
49 어떤 일이 오래 계속되도록 꾀하는 계책. 장구지계(長久之計).
50 일본이 한국병합 후 만든 구한국 황제 및 그 친족의 신분과 재산 등에 관련한 규정. 1926년에 황실령(皇室令)으로 공포되고, 1947년 일본국 헌법의 시행과 함께 폐지되었다.

37

시라기 료新羅亮[1]

조선 문제와
우견愚見

한일병합은 동양평화의 보전을 위해 부득이했다. 한일 두 황제 폐하의 합의에 따라 맺어진 것이다. 세밀히 한일병합의 동기를 고찰하면, 당시 한국이 동양평화의 확립에서 항상 그 방해 원인을 만들었고, 나아가 일본제국의 안전에까지 화를 초래했기 때문이다. 또 한국 황제 및 그 보필 기관인 각원閣員의 힘으로는 한국통치를 지지支持할 정도의 능력이 부족했기 때문이다. 그러므로 그 통치를 일본 황제에게 의뢰하여 도탄에 빠져 괴로워하는 1,500만 민중을 구제하고 싶다는 안목에서 한국 황제는 그 통치권을 일본 황제 폐하에게 양여한 것이다.

---

1 시라기 료가 어떤 인물인지 불분명하다.

당시 한국 국민이 얼마나 세계의 대세에 뒤처져 있었는가 하면, 마치 일본의 막부 말기와 비슷했다. 사람들은 아직 천마개를 두르고 있었다. 문자를 해독하는 사람도 전 민중 가운데 극소수라고 할 정도였다. 그로 인해 한일병합의 칙유勅諭가 발표되었는데도 대중은 크게 놀라지 않았던 것이다. 솔직히 말하면 나라가 이동된다는 중대 사건에 민중은 완전히 무관심했다고 【222】할 수 있다. 이는 조선 왕조 500년의 정치가 얼마나 민중의 사상적 경향을 압박했는지 증거가 되는 것이라고 생각한다.

여하튼 대세가 부득이하여 1910년(明治 43) 8월 29일 두 민족은 병합에 따라 순연純然한 일가一家를 형성한 것이다.

당시 메이지 대제明治大帝가 발표한 조칙詔勅의 절들을 살펴 다시 깊이 한일병합의 진의를 음미해 보고 싶다.

> 짐이 동양의 평화를 영원히 유지하고 제국의 안전을 장래에 보장할 필요를 생각하고, 또 항상 한국이 화란禍亂의 연원인 것을 돌아보아, 앞서 짐의 정부에 한국정부와 협정하게 하여 한국을 제국의 보호 아래 두어 화의 근원을 두절하고 평화를 확보할 것을 도모한 것이다. (하략)

이 정신은 바로 야마토大和 민족이 이상·신앙으로 하는 수리고성修理固成[2]의 대어심大御心[3]의 표현이라고 삼가 살필 수 있다.

동양인의 완전한 발달은 동양인이 평화로운 생활을 영위하는 데 있기에, 동양의 평화는 동양 자신이 특립特立[4]·자존自存하는 데 필요한 요구이다. 동

---

2 『고사기(古事記)』에 나오는 말이다. 신(神) 둘이 내려와 일본 열도를 비롯한 나라를 만든다. 이것이 '수리고성(修理固成)'이었다.
3 천황의 마음.
4 여럿 가운데서 특별히 뛰어나 우뚝 섬. 남에게 의지하지 않고 자립함.

양인 자체가 평화에 따라 통일된다면 세계 평화의 태반을 성취했다고 할 수 있다.

동양의 선각 민족인 야마토 민족의 사명은 당연히 여기에 이르러야 했다. 그런데 백관유사百官有司[5]는 자주 메이지 대제의 정신을 부연하여 다음과 같이 말했다.

> 민중(한국)은 직접 짐이 수무綏撫하여 그 강복康福을 증진할 것이다. 산업 및 무역은 치평治平 아래 현저한 발달을 보게 될 것이다. (하략)

이 정신은 한일 두 민족의 평등한 입장을 분명히 한 동시에, 이용·정복이라는 꺼림칙한 사실에 따라 양국이 병합된 것이 아니라 선진국이 도덕적 입장에서 후진국의 향상과 발달을 호의로 이끌어 공존공영의 결실을 거두려고 한 대어심이라고 삼가 받들 수 있는 것이다.

> 백관유사가 능히 짐의 뜻을 헤아려서 시설施設의 완급緩急을 적절하게 하여 중서衆庶[6]가 영구히 치평의 경사慶事에 의지하게 하도록 도모하라.

이 대어심은 실로 조선인들에게 영구적으로 그 생활에 광명을 주고 그 생활을 보전해 주려고 새로 부속한 국민에게 약속한 말인 동시에 백관유사에게 칙유한 것이다. 【223】 조선통치에 관련한 이 말씀은 참으로 매우 황송한 것이다.

이 조칙에 대해 한국 황제는 그 구 신민臣民에게 고유告諭[7]를 발표했다.

---

5 조정의 많은 관리.
6 뭇사람. 서민. 국민.
7 어떤 사실을 널리 알려서 깨우쳐 줌. 일정한 직위를 가진 행정관이 일반 백성에게 어떤 사실을

그 말씀이 비통하고 지성至誠의 정情이 현저하여 병합에 따라 한국 국민을 행복하게 하고자 노력한 것이 간절했음을 엿볼 수 있다.

지금 그 전문을 게재하여 여러분이 참고하게 하고 싶다.

> 짐이 부덕否德하여 간대艱大[8]한 업을 이어받아 임어臨御한 이후 오늘에 이르도록 유신維新의 정령政令에 대하여 누차 도모하고 갖추어 시험하여 힘쓴 것이 전혀 이르지 않은 것이 아니로되, 원래 허약한 것이 쌓여서 고질이 되고 피폐가 극도에 이르러 시일 간에 만회할 시책을 행할 가망이 없다. 한밤중에 우려해도 선후책善後策이 망연茫然하다. 이를 맡아서 지루함이 더욱 심해지면 끝내는 수습할 수 없는 데 이를 것이다. 차라리 대임大任을 남에게 맡겨서 완전하게 하는 방법과 혁신하는 공효功效를 얻게 하는 것만 못하다.
>
> 그러므로 짐이 이에 결연히 내성內省하고 확연히 스스로 결단을 내려 이에 한국의 통치권을 종전부터 친근하게 믿고 의지하던 이웃 나라 대일본제국 폐하에게 양여하여, 밖으로 동양의 평화를 공고히 하고 안으로 팔역八域의 민생을 보전하게 하려고 한다. 생각건대 그대들 대소 신민은 국세國勢와 시의時宜를 깊이 살펴서 번거롭게 소란을 일으키지 말고, 각각 그 업에 안주하여 일본제국의 문명의 새 정치에 복종하고 행복을 함께 받으라. 짐의 오늘 이 조치는 그대들 민중을 잊은 것이 아니라, 참으로 그대들 민중을 구원하려고 하는 지극한 뜻에서 나온 것이니 그대들 신민은 짐의 이 뜻을 잘 헤아리라.

한 번 읽으면 감개무량하고, 두 번 읽으면 눈물을 흘리지 않을 수 없는 비통한 조칙이다. 이와 같이 하여 일본과 조선 두 민족은 완전히 동일한 체계

널리 알리던 일. 또는 그런 내용.
[8] 비할 데 없이 힘들고 어려움.

를 구성한 것이다.

회고하면 이미 20여 년의 세월이 흐른 것을 지금 다시 통감하지 않을 수 없다. 그동안에 또 수많은 사건이 속출하여 총독의 경질도 네 번 행해졌다. 하지만 역대 총독은 충실히 중앙정부의 근본 정책을 시행하여, 무단정치에서 문화정치로 나아가며 수많은 지난한 사업을 일으켰다. 또한 지대한 시설을 경영하여 그 발달이 신속했던 것은 누구도 이를 인정하는 것이다.

따라서 호랑이가 나온다고 이야기되던 조선도 기차와 기선의 교통망이 종횡하여 20세기 문화를 그대로 전유專有할 수 있게 되었다.【224】교육도 또한 장족의 진보를 이루어 학술과 문예가 크게 융·흥隆興했다. 이리하여 조선 통치는 실로 장족의 발달을 이루었다고 말하지 않을 수 없다.

그러나 조선 그 자체에 포괄된 조선인 자체는 여전히 곤고困苦[9]한 상태로 남아 있다. 아니, 오히려 현재에는 문화에 따른 이중생활을 어쩔 수 없이 하여 더욱 곤각困却[10]한 상태이다. 어떤 사람은 말하기를, 이것은 조선인 자체의 실력 부족에 따른 것이라고 한다. 물론 일리는 있지만, 그것만으로 전부 귀착시키는 것이 과연 타당할까.

조선인은 게으르다. 단결력이 없고, 냉정함이 부족하다. 이 점은 인정하지 않을 수 없다. 이 점은 조선 동포가 크게 깨닫지 않으면 안 되는 것이다. 그러나 조선 동포가 이를 깨달았다고 가정해도 과연 완전한 내선융화를 성취할 수 있을까.

현재의 조선을 한번 보면, 명료한 사실은 조선인과 일본인의 감정이 소원한 것이다. 아마 조선인 중 일본인에게 호의를 가지고 있는 이는 적을 것으로 생각한다. 물론 사회적으로, 또는 서로 체면을 유지하는 데에서는 호의를 가지

---

9 형편이나 처지 따위가 딱하고 어려움.
10 곤란하거나 고생스럽게 삶.

는 것이 보통 일반적이다. 그러나 민족적으로는 앞에서 서술한 것과 같은 상태에 있다고 말하지 않을 수 없다. 이것이 원시적인 입장에서 구체화되어 1919년(大正 8) 3월 1일의 소요(3·1운동)로 되었다고 볼 수 있다. 어떤 사람은 무단정치의 반감에 따른 것이라고도 말하고 여러 가지 억측이 있으나, 핵심은 두 민족 간의 이해의 결핍에 따른 것이다.

이는 그저 일례에 지나지 않는 것이다. 이와 같은 '상호 이해'라는 것은 실로 조선 문제에서 근본적으로 중요한 것으로, 일선 두 민족의 행복의 열쇠라고도 할 수 있다고 나는 간절히 말하고 싶다. 인도 독립운동의 중견으로서 영국 관헌의 압박에서 그 화를 피해 일본 오사카大阪에 체재하고 있는 버마 승려 오타마Ottama의 이야기에 따르면, 인도의 천지는 사랑의 한발旱魃이라는 것이다. 이러한 냉정하고 정 없는 위압과 고민의 사회에서 독립을 열망하는 것은 당연할지도 모르지만, 나는 그보다도 그 힘으로 사랑의 운동을 일으켜야 한다고 생각한다.

나는 일선 관계를 영국과 인도의 관계와 동일하다고는 결코 보지 않는다. 그러나 앞으로 우리가 취해야 할 길은 사랑의 【225】 운동이 아니면 안 된다. 오타마가 '사랑의 한발'을 부르짖은 비통한 한마디에도 깊이 생각할 만한 것이 있다. 실로 커다란 사랑은 국경과 민족을 초월하여 인생을 성스럽게까지 높이는 것이다. 이와 같은 커다란 입장에서 생각하여 한일병합이 사랑의 결론을 얻지 않으면 메이지 대제의 대어심에 위배되는 것이고 민족에게 죄악이 될 것이라고 생각한다. 우리가 공동생활을 영위하는 것은 정신적으로 서로 위로하고 서로 사랑하기 위해서가 아니겠는가. 사랑 없는 부부는 헤어진다. 사랑 없는 가정은 이산離散한다. 이것은 진리이다. 부정할 수 없는 정리定理이다. 어리석은 무리는 일선 문제를 논할 때 실리주의로 말한다. 그러나 결코 이해利害 문제로 논할 것은 아니다. 소중하고 바르게 성스러운 견지에서 논해야 할 도덕상의 문제이고 정신적인 문제이다. 정치나 사회제도는 사랑의 힘에 따라 향상할 수 있다. 그러나 두 민족에게 사랑이 없으면, 아무리 좋은 제도와 기운에 봉착해도 소용없을 것이다. 정치론·사회론을 떠나, 단지 적나라하게 사람으로서 양심과 이성으로 논해야 한다고 확신한다. 우리는 한일병합에 대한 메이지 대제의 조칙과 한국 황제의 고유告諭 정신을 살펴, 더욱 힘을 기울여 우선 일선 문제를 깊이 생각해야 한다. 민족적이고, 편협한 국수國粹적 입장으로부터 서로가 갱생하여 문호를 개방하고 권한과 인격을 보장할 수 있는 이상理想의 천지를 개척해야 한다. 차는 두 바퀴로 움직인다. 우리의 현실 생활도 또한 사랑과 이해로 이상의 세계에 도달할 수 있다고 생각한다. [1928년(昭和 3) 12월 14일]

38

이와모토 요시후미岩本善文[1]

사회 및 교육에 관련한 사항

(1) 조선인이라는 이를 사회적으로 고찰할 때, 일본의 국가 사회의 하나의 암종癌腫이라고 할 수 있다. 암종이라는 것은 보통 나쁜 【226】 의미에서 쓰지만, 선악은 별개의 문제로 하고 여하튼 다른 일종의 작용을 일본의 국가 사회 일반에 미칠 수 있는 하나의 발동·원천이라는 것에 누구도 이론은 없을 것이다.

---

[1] 『회사 창립과 파탄 : 부록 주주의 마음가짐(會社創立と破綻 : 附·株主の心得)』[문무당서점(文武堂書店), 1919], 『상고의 반도 통치 이면사(上古之半島統治裏面史)』[동방문화연구회(東方文化研究會), 1925], 『조선 철도 일반(朝鮮鐵道一班)』(편집, 조선철도협회, 1926), 『조선에서 본 일본의 고대(朝鮮から見た日本の古代)』(동방문화연구회, 1927), 『북선의 개척(北鮮の開拓)』(공저, 북선의 개척 편찬사, 1928) 등의 저서를 남겼다.

한일병합이 단행되자 일본 국민은 누구나 이를 일본의 국가 팽창, 국운의 진전, 동양평화의 보증으로서 경하하는 것을 잊지 않았다. 청일전쟁·러일전쟁 때 충용忠勇한 생령生靈을 수많이 만주의 들에 묻은 것도 오직 단지 조선 문제 때문이었다. 그리고 한일병합은 일본이 건국 당초부터 스진崇神 천황, 오진應神 천황 이후 내려와 호타이코豊太閤²의 임진왜란 등 기억할 것이 많은 수많은 역사를 가지고, 또 내선 일가가 일본 국민이 전통적으로 꿈꾸어 오던 하나의 이상이기도 했기 때문에 이를 위해 한일병합을 이룬 것이다. 그러자 일본 국민은 우리의 일이 성사되었다고 알고 이를 기뻐하고 이에 안심하는 것을 잊지 않았다. 그러나 조선이 단지 이러한 형식적인 병합에 따라 이전부터 이웃 나라에 주어 온 위협을 제거할지 어떨지에 대해 고려를 기울이는 것은 오히려 매우 등한시되었다. 병합으로 만사가 해결되었다고 하는 생각은 조선에 대한 일본정부와 국민의 고려가 등한시된 것이 아니라, 조선이 내면적으로 병합 전보다도 더욱 우려할 만한 상태에 이르고 있던 것을 생각하지 못한 것이다.

한일병합이라는 사실은 조선을 일본의 국가 내부에 받아들여 이에 대한 세계적·인도적인 모든 책임이 일본에 전가된 형식상의 문제로, 조선이라는 것의 실질에 변화를 주는 변질 작용은 아니었다. 그러므로 한일병합은 일선 관계의 결론이 주어진 것 없이, 참된 일선 관계의 봉합縫合을 앞으로 시작할 출발선을 끊은 것이다. 그것은 단안斷案 없이 앞으로 진행해야 할 사업의 전제였던 것이다.

일본 국민은 한일병합을 보고 최후의 결론으로 생각했는데, 사실은 이에 반해 최초의 출발이었다고 하면 이에 커다란 대對 조선책의 괴리가 생기지 않을 수 없다. 그 결과 일본 국민은 조선을 단순한 일본 국가의 한 지방으로

2 도요토미 히데요시(豊臣秀吉)의 별칭.

간주하여, 조선 문제를 순연純然한 한 지방의 문제로 생각하고 이를 국책상 대국大局적으로 고찰하는 것을 등한시하고 말았다. 그 등한시한 시간이 상당히 오랫동안 계속되었다.【227】

이 등한시한 오랜 시간에 조선은 과연 어떠한 방면으로 나아갔는가. 그들의 국가가 해체되고 정치적 중심을 잃고, 그들은 단순한 객원客員으로서 일본 통치를 받지 않으면 안 되었다. 그때 그들의 정치적 국내 동요는 표면적으로 한동안 고요한 상태를 나타냈다. 그런데 이는 제1의 상태에서 제2의 상태로 옮겨 가는 과도기의 고요함이었다. 그들의 정치적 특권계급은 이들이 농락하던 정권을 떠났다. 이와 동시에 이들을 대신할 만한 제2의 누군가를 얻기 위해 부심腐心했다.

대저 한일병합은 신성한 두 국가의 영원한 결합이다. 그런데 이를 조선의 구 특권계급에서 볼 때 그들은 단순히 그들 한 정파의 승리라고 간주했다. 한일병합이 되었다는 소리에 일본 국민이 환희하던 때, 그들 조선인 정치가는 이를 친일파의 개선가凱旋歌라고 판단했다. 한일병합도 하나의 정치적 변화이고, 그리고 이는 이전부터 여러 차례 반복된 것처럼 정치가 일파의 음모에 지나지 않는다고 봤다. 한일병합은 이들 특수 정파가 일본의 국내 국민을 이용하여 자기의 원망願望을 달성한 하나의 쿠데타에 불과하다고 본 것이다.

이 점은 또 반대 정파만 그렇게 생각한 것이 아니라, 당시 친일파도 또한 그러한 작정으로 개선가를 부른 것이었다. 이에 다른 정파는 이전에도 여러 차례 그들이 해 오던 것처럼 일패도지一敗塗地[3]한 이상 국외로 그 난을 피하여 다시 거사할 길을 강구하는 경로를 걸었다. 이 국외로 난을 피한 사람들 중에 친러파와 친미파가 있었다. 친러파는 블라디보스토크에서 연해주, 간도로 잠

---

[3] 싸움에 한 번 패하여 간과 뇌가 땅바닥에 으깨어진다는 뜻으로, 여지없이 패하여 다시 일어날 수 없게 되는 지경에 이름을 이르는 말. 한 고조 유방의 말로서 『사기』의 「고조본기(高祖本紀)」에 나오는 말이다.

행하고, 친미파는 상해에서 미국, 유럽까지 유랑의 여정에 나섰다.

그렇다면 국내에 남은 국민은 개선장군과 유사한 친일파와, 그리고 이 정변에 여느 때와 같이 오불관언吾不關焉[4]하는 태도를 보인 중인中人과 상민常民이었다. 중인은 대부분 상업에 종사했고, 상민의 대부분은 농민이었다.

이 두 계급은 지금까지도 항상 정치적 변동의 와중에서 멀어져 조용히 그 추이를 방관할 뿐인 계급이다. 특히 중인은 고려 왕씨王氏의 유민으로, 화식貨殖[5]경제의 길을 강구하며 유럽의 유태인과 같은 기풍과 입장을 가지고 있다. 그리고 상민은 "우물을 파서 마시고, 밭을 갈아서 먹는데, 제왕의 은택이 우리에게 무엇이랴"라고 하는 형세였다. 물론 정치적 중심이 【228】 왕씨 소유이든, 이씨로 옮겨지든, 또는 그것이 일본, 러시아, 미국, 중국 어딘가로 옮겨지든 하등 관여하지 않았다. 단지 추이하는 자연의 운명에 그 몸을 맡기고 돌아보지 않는 것에 습관화된 국민이었다.

(2) 한일병합은 이전에 조선에서 행해진 정치적 변천보다도 그 사회적 동요가 오히려 가볍게 끝났다. 따라서 국민 다수를 차지하던 중인, 상민은 이를 국가의 큰 이변이라고 생각하지 못하고, 오히려 그 자극이 급격하지 않은 것을 기뻐했다. 조선인이 다루기 쉽다고 보인 것은 실로 이러한 관계에서였다. 그렇지만 표면의 평화는 큰 바람이 한번 지난 후 권태와 쓸쓸함으로 되어, 암담한 무형의 암투가 이 평화 주위를 에워싸고 앞서 기술한 정치적 특권계급 사이에서 점차 양성되어 간 것은 어쩔 수 없었다.

이윽고 인심의 동요는 우선 국내 친일파에서 일어났다. 병합 당초 일본의 국가적 은우恩遇[6]는 국내에 그쳐 있었다. 친일파에게 남김없이 그 개선가에 상당할 만한 당장의 보수를 주었기 때문에, 표면상 민정은 한동안 고요한

---

4 나는 그 일에 상관하지 아니함.
5 재물을 늘림.
6 은혜로 대우함. 또는 그런 대우.

상태에 놓였다.

영전榮典7도 주어졌다. 돈도 받았다. 친일파는 그것으로 숨을 이어갔는데, 그러나 그 정태情態도 오래가지는 않았다. 영전에 따라 주어진 환희의 인상은 점차 희미해져 갔고, 받은 돈은 다 써 버렸다. 환희가 끝난 상태에서 환멸의 비애가 그들의 가슴속을 덮쳤다.

처음에 친일파는 병합의 승리에 따라 얻을 수 있는 보수가 상당히 많을 것이라고 몽상했음에 틀림없다. 일본정부가 그들의 뜻대로 상당히 해 줄 것이라 예상하고 그 바람을 일본정부에 갖고 있었는데, 일본정부는 일시동인의 성지聖旨를 봉대奉戴하고는 그들이 몽상한 정도로 그들의 뜻대로는 보수를 주지 않았다.

그중 친일파의 중견이던 일진회는 열혈과 같은 노력으로 일선日鮮의 제휴를 획책한 단체였다. 그런데 한일병합이 【229】 되자 조선에서는 정치단체를 허용하지 않게 되어, 일진회는 해산되고 그 결과 중심조차도 잃고 말았다.

그들이 열혈로 잔뜩 얻은 보수는 단순히 그 결집의 해산이라는 것에 지나지 않았다. 그런데도 그 간부는 이를 대신할 만한 이외의 보수가 존재하리라 예상했다. 그리하여 그 해산도 무사히 단행되었는데, 적어도 그들의 기대에 어긋난 것은 적지 않았음에 틀림없다.

이에 그들은 정치단체를 대신할 만한 방법으로, 종교단체의 결집으로 빨리 태세를 바꾸었다. 정치는 불가하지만 종교라면 상관없다는 일본정부의 의향에 굳이 의거해서, 이에 그들에 의해 시천교, 천도교 등의 종교단체가 편성되었다.

유교·불교·도교 세 가지를 혼합한 듯한 신흥종교의 이름으로 그들은 또 세력의 부식扶植과 당인黨人의 결속을 도모했다. 친일파가 이 종교적 운동

---

7 국가에 뚜렷한 공적을 세운 사람에게, 그 공적을 치하하기 위해 인정한 특수한 법적 지위.

을 일으킨 것은 다른 한편으로는 국외에 있는 반대파가 그 연락을 국내의 신구 기독교 교회에 취하고, 거기에 스파이를 보내 인심을 얻고서 호시탐탐 기회를 노리는 모습을 보였기 때문이기도 하다.

이러는 사이에 일시동인, 성심성의의 모토 그대로인 데라우치寺內[8] 총독의 조선통치로 추상열일秋霜烈日[9]과 같이 이전의 연고緣故 같은 것은 모두 차단되고, 새로운 사회 시설이 근대 행정의 정수[粹]를 모아 두드러지게 실현되었다. 이 점에서 국가 사회는 공서公序·공안公安을 해치는 자를 제외하고는 새로운 정치의 은혜를 매우 평등하게 베풀어, 거기에 친일파이든 무슨 파이든 구별은 없었다.

총독부는 이를 자랑으로 삼고, 이에 따라 반도 민중의 만족을 사려고 했다. 그런데 특수한 인연을 가지고 특수한 은우를 요구하며 특수한 지위를 욕망하던 소위 친일파는 이 일시동인의 냉담한 조치에 만족할 수 없었다.

특히 친일파 중에도 신구 양파가 있어, 구 친일파 중에는 직접 병합에 공로가 있지 않던 자도 있어 그 은우가 신 친일파만큼 되지 않았기 때문에 우선 불평의 목소리가 구 친일파로부터 나왔다. 김윤식金允植[10]과 같은 일대一代의 기로耆老[11]로 외부의 유혹에 화를 입은 자도 생겼다. 다음으로 신 친일파 수령 중에도 이 냉담한 총독부의 태도를 살펴 만족하지 않는 자가 생겼다. 그 종교 단체 중 말단[末派] 가운데에서는 【230】 점차 동요하는 형세가 두드러졌다.

그리고 가장 우려할 만한 현상을 보인 것은 현대 사회조직의 폐해였다. 특히 경제시설의 은혜에 이르러서 이를 이용하여 그 은혜를 입은 자는 일부

---

8 데라우치 마사타케에 대해서는 부록 「주요 인물 소개」란을 참고할 것.
9 가을에 내리는 찬 서리와 여름의 뜨거운 태양이라는 뜻으로, 형벌이 엄하고 권위가 있음을 비유적으로 이르는 말.
10 김윤식에 대해서는 부록 「주요 인물 소개」란을 참고할 것.
11 연로하고 덕이 높은 사람. 기(耆)는 예순 살을, 노(老)는 일흔 살을 이른다.

자본계급으로, 그 자본의 운전·이용에서 현대 조직의 효용을 유감없이 받을 수 있었다. 그러나 대다수를 차지하는 하급 농민계급은 거의 아무런 은혜를 입을 수 없었다. 이에 그들은 정치적인 압박에서 벗어나, 다시 경제적인 압박을 상당히 받게 된 것 이외에 아무런 얻은 것이 없었다. 다만 가장 그 은혜를 보다 많이 느끼고 받을 수 있던 이들은 화식貨殖의 길을 알고 경제사상이 풍부했던 중인계급이다. 이들 중인계급은 때를 만나 사회의 표면에 서서, 그 수완을 유감없이 발휘할 수 있는 시대를 맞이했다. 500년간 참고 견뎠던 그들의 시대가 점차 다가온 것처럼도 보였다.

전 왕조의 유민遺民, 반도의 유태인으로서 업신여김을 받던 중인계급의 대두를 보고, 양반, 유생, 하급 농민의 마음은 결코 평탄하지 않았다. 이리하여 일시동인의 조선통치는 반도 민중의 인심을 얻지 못하고, 도리어 예기치 않은 반동을 불러온 것이다.

이 일시동인의 정책은 비단 친일파의 마음을 배반했을 뿐만 아니라 또한 거의 같은 기대를 가지고 있던 재주 일본인의 마음도 배반하는 것이었다. 이리하여 총독부 정치에 대한 비난의 목소리가 우선 재주 일본인에 의해 터져 나왔다.

(3) 그렇지만 데라우치 총독의 위압적 무단정치는 이들의 꿈틀거리는 내부적 불평이 표면에 드러나기에는 너무 강압적인 것이었다. 그 불평은 평온한 외피 아래를 소리도 없이, 목소리도 없이, 형태도 없이 다만 서서히 흘러갔다.

이 사이에 국외에 있는 친러파, 친미파는 계속 국내 종교단체와 연락하며 기운의 양성에 힘썼다. 그런데 친러파는 무단파이고, 친미파는 문화적 온건파인 관계와 그 정파의 역사적 감정상 두 파의 제휴는 쉽지 않았다. 국내의 이면을 흐르는 【231】 불평의 기류도, 3파 각각 서로 반일反日·질시하고 서로가 서로를 견제하여, 이 세 세력이 셋 다 꼼짝 못 하는 상태를 드러내어, 표면의 평온이 이 셋의 상호 견제로 생긴 이상한 균형에 따라 유지되어 아직 그 동요를 피하고 있었다.

이 평온한 상태가 계속되다가 먼저 내부적 위기에 봉착한 것은 친러, 친미 두 파였다. 우선 친러파는 블라디보스토크, 연해주, 간도를 근거지로 하여 상당한 위세를 떨치고 있었는데, 제1차 세계대전[歐洲戰亂]이 발발하자 러시아는 일본의 환심을 사기 위해 그들에게 전에 없던 일대 압박을 가했다. 이로 인해 그들은 금성철벽金城鐵壁[12]으로 의지하던 이 지방 토착 조선인(대부분 러시아 귀화인)의 인심을 잃고 군자금 조달도 뜻대로 되지 않았다. 그들의 근거지는 나날이 고갈되어 어느새 그들은 자멸할 수밖에 없는 상태에 빠졌다. 이에 뜻밖에도 친러, 친미 두 파는 이전의 경로를 버렸고 두 파의 합동이 획책되었다. 이와 동시에 친일파인 종교단체의 불평파 또한 위에서 기술한 두 파의 합동의 유혹에 빠졌다. 이에 조선의 내외에서 상호 견제하던 3파는 상호 견제 상태에서 벗어나 서로 제휴·연락하는 대동단결을 완성했다.

이 급격한 불령파不逞派의 책동과 조선 내 인심의 동요에 대해 총독의 주의는 너무 산만했다. 또한 너무 그 사태를 경시했다. 세 합동파의 책원지策源地는 상해에 설치되어, 그들은 그곳에서 임시정부[假政府]를 조직하고 조선 내 인심에 충격을 주는 동시에 친미파가 가장 자신 있는 세계적 선전을 야기했다.

전부터 한일병합을 단순한 하나의 정변에 불과한 정도로 생각하고 있던 조선 내 민중은 일찍이 그들 민중이 추대했던 정치가의 수재秀才에 의해 구성된 상해 임시정부가 다시 정변을 야기할 수 있는 유력한 단체라고 아무런 의심 없이 믿었다. 아니, 오히려 한일병합은 그들 일파에 의해 행해진 음모였는데, 이번에는 근대에 조선을 좌우했던 유력한 세 정파의 합동 책동이 이루어진 것이다. 그래서 한일병합의 취소를 획책하는 것은 아무 것도 아니라고 믿은 것도 무리는 아니다.

---

12 쇠로 만든 성과 철로 만든 벽이라는 뜻으로, 방어 시설이 잘되어 있어서 공격하기 어려운 성을 이르는 말. 서적(徐積)의 「화예복(和倪復)」에 나오는 말이다. 견고하고 빈틈이 없는 사물을 비유적으로 이르는 말.

때마침 제1차 세계대전[世界戰亂]의 강화기에 들어가, 미국 대통령이 민족자결의 선언을 발표했다. 또 때마침 한일병합의 당사자이던 이태왕李太王이 【232】 훙거했다. 이에 내외의 정세가 좋은 이 기회를 놓칠 수 없다며 3파 합동의 임시정부는 매우 은밀하고 교묘한 수단으로 조선은 이에 독립하겠다는 선전을 발표했다.

한일병합조약은 그 한편의 당사자가 사망했다. 또 체코슬로바키아와 같은 나라는 이제 자결自決을 선언했다고 하는 내외의 정세를 조망한 1,700만 민중은 그 목소리를 따라 한일병합을 해결할 수 있다고 생각하고 소리 모아 독립만세를 연이어 불렀다. 이는 제3자가 볼 때 매우 우스운 것인데, 조선인 그 자신으로서는 확실히 이를 믿을 수 있는 충분한 이유와 신뢰를 국외의 음모론자가 준 것이다.

그렇지만 이 독립운동은 물론 한일병합을 취소하는 데 아무런 효과도 없었다. 그것은 단순한 일시적인 소요(3·1운동)로 끝났다. 그러나 이 소동(3·1운동)이 완전히 실패로 끝났는지 여부에 대해서는 조선을 연구하는 자가 깊이 고려하지 않으면 안 된다.

일본 국민은 이 소요(3·1운동)를 목격하고, 이는 데라우치 총독의 무단정치에 대한 반동이고 일본정부는 조선을 너무 압박했으며 그 반동으로 조선인의 울분이 이에 따라 폭발한 것이라고 관측했다. 문화정치를 펼쳐 차별 대우를 폐지하고 헌병경찰을 철폐하라, 가능한 한 조선인의 요구를 수용하라는 그러한 목소리가 왕성하게 조선통치를 향해 쏟아졌다. 그리하여 소요(3·1운동) 후의 조선통치는 거의 그 말대로 무단정치에서 문화정치로 변하고, 이른바 개혁이 행해졌다. 역시 일종의 정변이 조선통치에 주어진 것이다.

일본 국민은 독립운동을 목격하고 완전히 음모론자의 실패라고 단정했는데, 조선인은 이에 따라 많은 수확을 얻은 것에 충심衷心으로 환희를 느꼈다. 그리고 죽음이 경각에 다가온 국외 음모론자 단체는 이에 따라 최후의 광채光彩로 잠시 군량을 얻었다. 상해 임시정부는 그 후 점차 【233】 그 모습을 감추어

갔으나, 한번 나타난 그 환영幻影은 조선 민중에게 깊은 인상을 남기고 또 그 출현이 언제라도 예기될 것 같은 감격을 남겼다.

(4) 국외 음모단의 독립운동은 당초부터 독립을 위한 운동이었는지 아니었는지 의문이다. 그들은 단순히 국내에서 음모론자(그들은 굳이 국사國土라고 말한다)의 존재를 인정받은 것과, 그 끊이지 않은 여맥餘脈[13]에 한 줄기 생기를 불어넣은 것과, 권태로운 조선통치자를 무엇인가를 향해 동요하게 한 것과, 그리고 구 조선 정치가의 정치적 심의心意의 울분을 치유한 점에서 오히려 예상한 것 이상의 효과를 거두었다.

그리고 데라우치 총독의 무단정치에 대해 나온 악평은 그들 음모론자 단체가 당초부터 생각한 개혁의 항목이 아니었고, 또 조선 민중이 실로 그와 같이 느낀 불평의 목소리가 아니었다. 그것은 오히려 일본의 민중이 데라우치 총독의 시정施政을 비판한 목소리였다. 그들은 사후事後에 이 비난의 목소리를 차용하여, 일본 내지 정계 및 일본 국민의 동정을 이에 따라 구한 것이다. 일본 국민은 자신들이 직접 낸 목소리가 그들에게 이용되었고, 또 일본정부와 국민도 그들로 인해 한방 먹은 모양새이다.

그렇다면 우리는 이를 결코 그들의 실패라고 봐서는 안 된다. 또한 이를 총독부 시정의 어떤 결함의 반동이라고 보는 것도 경솔한 생각이다. 이러한 구 정치가 계급의 책동은 조선통치 과정에서 어떠한 선정善政을 펼쳐도 피할 수 없는 필연의 형세였다. 이 필연적으로 올 동요를 예상하지 못하고, 그 원인·동기를 비근卑近한 총독부 시정의 결함에서 찾아 오히려 몹시 당황한 끝에 갑작스럽게 시정의 형태를 변경했다. 일본정부의 조선통치야말로 오히려 실패였다고 말하지 않으면 안 된다.

그렇다고 해서 내가 오늘날의 문화정치를 나쁘다고 하는 것은 아니다.

---

[13] 남아 있는 맥박. 세력이 점점 줄어 겨우 허울만 유지하는 것.

물론 문화정치는 무단정치보다도 우수한 것임에 틀림없다. 무단정치는 조만간 개혁될 운명에 있었겠지만, 그 무단정치를 문화정치로 옮긴 동기가 능동적이 아니라 소위 【234】 수동적이었던 것을 실패로 본다. 이 때문에 그 개혁이 가령 합리적이고 정명正明¹⁴·고대高大¹⁵한 것이었다 해도, 그 부산물·부작용으로서 나타난 것은 일시동인이 초래한 반동과 같이 더욱 꺼림칙한 것이다. 지금 그 부작용으로서 두드러지는 것은 조선인의 마음에 새롭게 일종의 방자함이 조장되어, 이전에는 무관심했던 모든 일이 이제 모두 그들의 주의를 환기하여 다 그것을 관심 있게 보게 된 것이다.

이전에는 단념하고 있던 욕망에 대해 그들은 무한한 요구를 느끼게 되었다. 반면에 또 이전에는 단순한 하나의 정변으로 여기고 전에 여러 차례 시도된 정치적 개혁과 같은 종류의 것이라고 여기던 한일병합이, 약간의 동기에 의해 조변모개朝變暮改¹⁶될 수 있는 것이라고 알던 한일병합이라는 사실이, 오히려 뜻밖에도 국가와 국민의 절대 운명을 결정한 대변혁이었던 것을 깨달았다. 이를 취소하고 또 원래의 형태로 되돌리는 것이 얼마나 어려운가를 깨달은 동시에, 그들은 똑똑히 한일병합이라는 사실이 중대하다는 것을 눈앞에서 직접 보고 진심으로 적지 않은 경이驚異와 비애悲哀를 느낀 것이다.

언제라도 취소될 수 있다고 알던 것이 미래에 영원히 되돌릴 수 없다고 느낀 때, 그들은 얼마나 그 속박이 통절하게 느껴졌겠는가. 그들은 얼마나 병합되지 않았던 그 이전이 그리웠겠는가. 할 수 없어도 되돌려 보자, 그 속박에서 벗어나 보자 하는 이러한 일종의 반항적인 마음이 생긴 것이 이상하지 않다.

---

14 공명정대함.
15 높고 큼.
16 아침저녁으로 뜯어고친다는 뜻으로, 계획이나 결정 따위를 일관성이 없이 자주 고침을 이르는 말.

이러한 의미에서 이전에는 단순히 구 정치가 계급만이 그 전통적 의식에서만 바라던 소원이 미약하나마 전 민중에게 전파되어, 한일병합의 과정에서 조만간 다가올 것이라고 생각한 제1기의 각성이 돌연 이에 대두하기 시작했다. 그래서 일본과 조선에 대한 차별적 관념 등도 소요(3·1운동) 이후에 오히려 명확하게 일본과 조선 상호 민중에 의해 감지되어, 여러 가지 경우에서 이를 꺼리는 모습이 상호 의식에 떠올랐다. 이 차별을 인정하지 않으면 않을수록 이 차별은 더욱 명료하게 의식되었다.

소요(3·1운동) 이후에 조선인이 악화했다고 말하는 자가 많다. 그리고 그 악화는 특수 계급에서 점차 보편적으로 민중화하는 도정道程으로 나아갔다.

특히 두드러지게 된 일본인의 조선인에 대한 유연화[軟化], 차별하지 말자고 하여 차별에 주의하는 고심苦心이 조선인에게는 마치 허위와 【235】 같이도 보였다. 부자연스러운 조선인 우대의 태도가 조선인에게는 반감의 원인이 되기도 했다.

한번 느끼게 된 비애와 속박은 아무리 생각하지 않으려고 해도 그들을 매우 흥분시키지 않을 수 없었다. 잠들려고 해도 잠들 수 없을 때의 괴로움과 같이, 이 매우 흥분된 마음을 누르고 평정을 찾기에 조선인의 심기는 너무 거세져 갔다. 내면적인 이 투쟁은 그들에게 적지 않은 고민을 주었다.

그리고 이 고민의 결과, 그들이 도달한 필연적인 결론은 자기가 너무 힘이 약하다는 것이었다. 그리고 너무 무지하다는 것이었다. 그들은 이 미력함과 무지를 채우는 것으로 이 곤경에서 벗어날 수 있다고 생각하게 되었다. "실력을 양성하자", "강해지자", "현명해지자"는 목소리가 예기치 않게 그들 사이에서 나오게 되었다. 조선품 이외의 물품 사용을 배척하자는 목소리도 나왔다. 학교를 증설하여 교육의 보급을 도모하자는 목소리도 높아졌다.

그리고 청년들은 소리 모아 '금색야차金色夜叉'[17] 노래를 불렀다. 금색야차 소설 속 인물인 하자마 간이치間貫一가 생애를 유린당하고서도 은인隱忍하고 각고刻苦하여 시기사와 미야鴨澤宮에게 통쾌한 보복을 할 수 있었던 소설에 그들은 무한한 동정과 공명共鳴을 온몸으로 느낀 것이다.

금색야차 소설은 무대를 평양으로 하여 조선어로 번역되었고, 그 노래는 조선어와 일본어로 13도 방방곡곡에 보급되었다. 어쩐지 처참한 광경이었을 것이다.

(5) 그 후 국외 불령단의 준동蠢動은 일전에도 끊임없이 계속되었다. 국내 민중은 그 선동에 편승하여 지금은 너무 총명해졌다.

구 정치가의 노력은 독립소동(3·1운동)을 최후로 하여 그 생명이 종식된 것이다. 따라서 국내의 양반 유생 세력도 땅에 떨어져, 이제는 그들에게 무엇을 기대하는 자가 없어지고 말았다. 종교단체도 그 수재가 몰락하면서 옛날의 【236】권세는 과거의 꿈으로 사라지고, 기독교를 이야기하는 여러 많은 잡배雜輩도 지금은 새로이 일을 시작할 수 없게 되었다. 선교사에 대한 신뢰도 실추되고, 교회는 간신히 학교 경영으로 인심을 잃지 않고 있지만 그나마 지금은 학생들의 동맹휴교가 빈발하게 되었다.

독립소요(3·1운동) 당시의 원동력은 이렇게 모두 일반에게 잊혔다. <u>그러나 그 소요(3·1운동)로 조선 민중이 품게 된 마음의 고민과 분발[奮起]은 보편적으</u>

17　일본의 작가 오자키 고요(尾崎紅葉)가 쓴 장편 사회소설. 1897년 1월부터 1902년 5월까지 『요미우리신문(讀賣新聞)』에 연재하고, 1903년 1월부터 3월까지 『신소설(新小說)』에 발표했다. 1898년 전편, 1899년 중편, 1900년 후편, 1902년 속편, 1903년 속속편 등 5책을 슌요도(春陽堂)에서 간행했다. 작가의 최후 대작으로 신문 독자들에게 널리 읽혔지만, 1903년 오자키가 위암으로 사망하면서 완성하지 못했다. 그 내용은 다음과 같다. 제일고등중학생인 고아 하자마 간이치(間貫一)는 시기사와(鴫澤) 집안의 배려로 그 집에서 거처하며 대학에 들어가면 시기사와의 딸 미야(鴫澤宮)와 결혼하기로 되어 있었다. 미야도 간이치를 사랑했지만, 은행가의 아들 도미야마 다다쓰구(富山唯繼)와 결혼한다. 돈 때문에 가장 소중한 사람을 빼앗겼다고 생각한 간이치는 학업을 그만두고 고리대금업자가 되어 사회에 복수하려 한다. 미야는 결혼 후에도 간이치를 잊지 못하고 편지를 보내고 어느 날 그에게 찾아와 잘못을 빌지만 간이치는 용서하지 않는다. 후에 간이치는 도미야마에게 버림받은 미야의 처지를 알게 되고 그녀의 편지를 읽기 시작한다는 내용이다. 이 소설은 메이지 사회가 자본주의 사회로 발전하는 과정에서 팽배해진 금전욕, 물질욕을 긍정하는 풍조 등 여러 문제를 표면화했다. 오자키는 이 작품을 통해 돈보다 인간의 애정, 우정, 헌신, 사회정의의 우위를 호소했다. 우리나라에서는 신소설인 『장한몽(長恨夢)』으로 번안되어 널리 읽혔다.

로 되어, 2,000만 민중의 마음에 모두 무형의 임시정부를 건설하게 했다. 마치 부스럼이 낫고 그 병독이 전 세포에 미치게 된 것과 동일하다.

이 조선인의 보편적 사회정신은 구 정치가의 책동에 영합하기에는 너무 총명해졌다. 그 대신에 그들은 구 정치가보다도 더 고등高等한 목표를 구하여 여기로 서로 향하려고 하고 있는 것이 현재의 상태이다.

그들이 구 정치가를 떠나 바로 도달한 것은 "실력을 양성하자"라는 모토였다. 더욱이 최근에는 널리 지식을 세계 사조에 구하여 청년 자제가 새로운 사상에 의한 여러 가지 책동에 대해 흥미를 갖게 되었다.

특히 일본이 제1차 세계대전[歐洲戰] 후 긴 시간 재계財界의 피폐로 고생하고 산업의 쇠퇴와 노동력의 과잉으로 고심하고 있던 때에, 무산계급에게 유리한 새로운 중노주의重勞主義 사상은 무산무식자無産無識者가 많은 조선의 다수 민중에게, 특히 마음의 근심과 동요를 떨쳐 버리지 못하고 괴로워하고 있는 그들 민중에게 가장 안성맞춤이고 또 가장 친밀해지기 쉬운 위로의 말이었다.

조선의 학생은 이러한 의미에서 이제는 국사國士[18]적 입장에 놓여 있다. 그리고 그들에 의한 조선의 토산물土産物이라고 할 만한 유일한 선물은 사회사상에 의한 사회제도의 변혁과 현대 사회에 대한 저주의 목소리이다.

그렇지만 조선의 민중은 사회주의자가 주장하는 것처럼 사회적 결함을 정말로 인지하고 있는 것은 아니다. 그 심각한 경제사회의 압박에 진실한 고뇌를 느끼고 있는 것이 아니다. 그들은 다만 현대를 저주하는 나쁜 욕설과 나쁜 목소리에 대해 그들 마음의 다른 고뇌에 위안과 도취를 느끼고 있는 것뿐이다. 바꿔 말하면 그들은 무엇인가 말할 수 없는 회한과 고뇌에 대해 이를 전환할 만한 어떠한 변동과 자극을 바라고 있을 뿐이다. 무엇인가 여기에 동요 거리가 있으면 그들은 그 사정의 시비와 관계없이 즉시 이를 먹어【237】치우

---

[18] 나라의 뛰어난 인사.

려고 하는 것뿐이다. 이는 마치 인간 세상의 밑바닥에 놓인 비참한 방랑자가 강렬한 알코올과 피비린내 나게 싸우는 논쟁에서 잠시 마음 쏟을 곳을 찾는 것과 같다.

조선의 민심은 이러한 의미에서 아직 절대로 안정되어 있지 않다. 언제라도 그들은 강렬한 자극에, 유혹의 마수에 부화뇌동할 수 있다.

만일 여기에 일본인과 조선인이 있어 경성 시내에서 서로 상대를 때리기 시작한다면, 조선인들은 어느새 구름과 같이 모여들어 일본인 한 명을 세게 때리기 시작할 것이다. 이 현상은 결코 단순한 떠들썩한 구경꾼의 행위가 아니라, 여기에는 구경꾼이 가진 이상의 흥분을 볼 수 있는 것이다. 더욱이 이러한 광경은 경성 시내에서 오늘날 종종 반복되는 현상이다. 얼마나 조선인이 최근에 초조하고 살벌한 기운으로 가득 차 있는가는 조선에 거주하는 자가 모두 이를 감지하고 있다.

또한 최근의 사회 시사時事로서 무슨 원인도 없이 사람을 총살하고, 칼을 휘두르고, 폭탄을 던지고, 또 사소한 일에서 큰 소동을 야기하는 일이 유행하고 있다. 참으로 광기의 사태라고 하지 않을 수 없는데, 일반은 이를 보고 이것이 개인적·우발적 행위이고 사상적으로나 음모적으로 조금도 개의할 만한 범죄가 아니라고 판단하고 있는 것 같다. 그렇다. 참으로 그대로이다. 그러나 그 흉악한 행위자 마음의 이면을 생각하면, 여기에는 <u>2,000만 민중을 객석에 세운 자기도취와 긍지 같은 것이 없다고 할 수 있을까.</u> 이 광기의 사태를 맞아 우레와 같은 박수가 암묵리에 어딘가에서 귓가에 들리는 듯한 환영이 범죄자의 마음을 움직인 것이 아니고 무엇이겠는가. 완전히 범죄자의 마음은 그 <u>대중적 호기심에 편승했다.</u> 이 흉포한 연기演技를 굳이 하는 것에 깊은 주의를 기울이지 않으면 안 된다.

요컨대 오늘날 조선인의 마음은 그 각성 초기에 누구라도 경험하는 것처럼 몹시 거칠고 몹시 어지럽다. "만일 유혹해 오는 자가 있다면, 없다고 생각하라"라는 노래 구절처럼, 절대적인 유혹 성병性病에 걸려 있다. 진심으로 진정된 안심입명安心立命[19]이 그들의 마음에는 그려져 있지 않다. 아마 그들은 무엇이라도 의심하고, 무엇이라도 두렵고 무섭고, 무엇이라도 만족할 수 없는 불안정한 【238】 상태에 빠져 있을 것이다.

(6) 조선인의 마음이 과연 위와 같은 상황에 있다면, 그 사람들에 의해 형성된 사회가 적어도 일본의 암종이라고 말한 나의 전제에 크게 틀린 점은 없을 것이다. 그리고 이러한 사람들이 일본 국민 총수의 1/3을 차지하고, 게다가 해마다 30~40만 명의 인구가 증식하며, 또 만주·간도 방면에 있는 자가 무려 200만 명이라고 하고, 일본 내지에 침입하는 인구도 수십만 명에 달한다고 생각하면, 그들에 대한 사회 시설 내지 교육 문제는 결코 그들 자신의 복리·영욕의 문제에 그치지 않는다. 이는 나아가 일본 전 국가 사회의 진전·성쇠와 관련된 중대 문제임에 누구도 이의가 없을 것이라고 생각한다. (중앙조선협회월보 전재轉載, 하략)

---

[19] 불교 용어로, 선원에서 자신의 불성(佛性)을 깨닫고 삶과 죽음을 초월하여 마음의 편안함을 얻는 것을 이르는 말.

39

다카하시 쇼노스케高橋章之助[1]

한일병합의
유래에 비추어[2]

나는 여기에서 언급하고 있는 것처럼 오늘은 본회를 개최한 취지, 즉 개회사를 말씀드리기로 다른 사무를 보는 분으로부터 요청을 받았다. 그런데 어쩔 수 없는 일로 5시 전에 올 수 없었다. 조금 시간이 지체되었기 때문에 개회의 취지를 말씀드릴 기회도 잃었고, 또 통고된 연설·강연자가 계속 있었기 때문에 이제 차례가 되어 간신히 방금 발언권을 얻은 것이다.【239】

내가 여러분에게 말씀드리고 싶은 것은 '한일병합의 유래'라고 제목을 붙인 것이다. 지금 말씀드린 것처럼 등단 시간이 늦어졌기 때문에 앞의 연설·강

---

1 다카하시 쇼노스케에 대해서는 부록「주요 인물 소개」란을 참고할 것.
2 이 글의 원문은 구어체로 되어 있으나 번역하면서 문어체로 바꾸었다.

연자가 말씀한 점은 되도록 생략할 예정이다. 하지만 대체로 그 항목만이라도 최소한 말씀드리고 싶다.

첫째, 내가 여러분에게 말씀드리지 않으면 안 되는 것은 한일병합의 유래를 논하는 데 가장 필요한 것은 곧 병합 당시의 조칙이라는 점이다. 이 조칙에 대해서는 앞의 연설·강연자도 계속 이야기했으므로 나는 생략하겠다. 그런데 다만 한일병합이라는 것은 양국 주권자의 임의 행동이었다는 점을 말하고 싶다. 이러한 사실만큼은 특히 기억해 주셨으면 한다. 각 조칙의 내용은 생략하겠다.

둘째, 여러분에게 공표하여 말하지 않으면 안 되는 것은 대만, 사할린, 남양제도 이 각 방면이 일본제국의 영토가 되었다고 하는 점이다. 그 원인은 어디에 있는가 하면, 대만은 청일전쟁의 결과 일본 영토가 되었다. 사할린은 러일전쟁의 결과 일본 영토가 되었다. 남양제도는 저 제1차 세계대전[世界大戰爭]에서 승리한 결과 독일이 영유하고 있던 것을 일본이 위임통치하게 되었다. 요컨대 이들 영토권을 획득한 것은 모두 전쟁의 결과이다.

그런데 다시 반복하여 말하는데, 조선이 일본제국의 영토가 된 것은 양국 주권자의 평화 시에 이루어진 행위이다. 실은 여기에 한일병합 조칙도 가지고 왔는데, 각 사항에 대해 이야기하려고 했지만 이후에 어느 사항을 논할 경우에 그 조칙 중 어느 부분을 인용하여 여러분에게 말하는 것이 있을 것이다.

지금 말하는 것처럼 일본제국이 종래의 영지領地 이외에 이렇게 다수의 새로운 영토를 얻게 되었다면, 일반적인 제국의 시정施政상 그에 상당하는 조치를 취하지 않으면 안 된다는 것은 말할 필요도 없다. 즉 이에 척식성 설치 논의가 일어난 것이다. 세간에는 아무쪼록 어느 사람을 대신으로 하지 않으면 안 된다고 하여, 이를 위해 무주소無住所 대신을 만들기보다는 우선 척식성을 만들어 대신의 지위를 할당한 편의주의인 것처럼 말하는데, 이는 신문의 욕설이라고 나는 생각하고 【240】 있다. 일본제국이 새로운 영토를 얻음에 따라 척식성을 신설하지 않으면 안 되는 것은 나는 중앙정부의 방침으로서 가장 중요하다고 생각한다. 이는 당연한 일이다. 이 일에 대해서는 찬동의 뜻을 표한다. 여기에 양해를 구하는데, 척식성을 신설한다는 사항과 조선을 식민지로 한다는 것은 대단히 취지가 다르다. 그 구별을 잘 이해해 주시기를 바란다.

지금과 같이 대만, 사할린, 남양제도 외에, 또 그 밖의 곳에서도 일본제국은 금일 이후에 새로운 영토가 점점 늘어나게 될지도 모른다. 또한 늘어나지 않으면 안 된다고 나는 생각하고 있다. 서로 일본제국 국민으로서 새로운 영토가 늘어나도록 허리띠를 졸라매고 착수하여, 크게 영토를 획득하기 위해 노력하지 않으면 안 된다고 생각한다. 그러므로 척식성의 설치는 필요하다. 그러므로 그 일에는 찬동한다.

그러나 전쟁의 결과 얻은 새로운 영토 그것과, 양국 주권자가 평화 시에 병합조약을 체결하고 더욱이 세계 열국이 이를 승인하여 이루어진 한일병합은 결코 한일 양국의 주권만의 일이 아니다. 세계 열국의 각 주권자가 한일병합이라는 사항을 승인했고 세계가 이를 인정하고 있다. 이는 평화 시에 일어난 일이다. 그리고 그 한일병합의 취지는 어떠한가 말하면, 단순히 동양의 평화만을 위한 것이 아니다. 결국 세계의 평화를 위해 한일의 평화가 필요하다. 이는 세계적 국제관계에서 본 한일병합이다.

이를 한일 국민의 입장에서 말하면 어떠할까. 국가의 입장이 아니라 국민의 입장에서 보면, 서로 일본제국의 국민으로서 이전보다 면적도, 인구도, 각 사항에서도 크게 증가한 대국민이 된 것이다. 그러므로 모국에 거주하는 일본제국 국민은 이를 가장 기뻐한다. 다른 한편으로 보면, 당시 한국 내에서 곧 한국민 여러분은 어떠했겠는가. 이것이 문제이다. 오늘날에도 친일파가 있고 배일파가 있다. 두 가지로 나뉘어 각각 의견을 달리한다는 것은 사실상 피할 수 없는 일이다. 따라서 일괄적으로는 말할 수 없다. 그렇지만 큰 국면에서 이를 관찰할 때에 어떠한가 하면, 국민 중에 곧 합병을 옳다고 하여 당시 한국의 국무대신인 제공諸公도, 또 【241】 민간의 유지자有志者 중에도 이것이 한국 국민의 장래를 위해 이익과 행복을 증진하는 것이라는 생각을 가지고 있었다. 그리하여 무엇보다도 다수의 국민이 이를 시인했다고 할 수 있다.

즉 양국의 국민이 시인한 한일병합의 대사업이고, 그리하여 그 결과 그 당시 한국민은 일본제국의 국민이라는 국적을 획득했다. 오늘날에는 조선 민족이라고 말하지만, 일본제국 국민이라는 점에서 내선인의 구별은 없다. 앞의 연설·강연자가 말씀하기도 했지만, 일본제국의 이전 국민 중에도 조선 민족의 종種이 많이 들어와 있을 뿐만 아니라 그 성姓을 써서 현재에도 조선인과 동일한 성을 쓰고 있는 민족이 내지에 어느 정도 있다. 더 훨씬 거슬러 올라가 오랜 역사를 조사해 보면, 혹 조선인이 내지의 다수 민중의 본가本家, 근원의 선조일지도 모른다. 그렇지만 이와 같은 사항에 대해서는 여기에서 깊이 논급하지 않겠다. 우선 한일의 당시 상황에 대해 생각하면, 여하튼 조선 민족도 또 이른바 야마토大和 민족도 그 근원을 거슬러 올라가 조사해 보면 동일 민족이라고 말해도 지장 없다고 생각한다. 그런데 민족이 다른가, 다르지 않은가, 그러한 점은 또 별개 문제라고 생각한다. 민족이 어떤지에 관계없이, 이것이 일반 민중의 이익과 행복을 증진하는 데 필요한 양국 병합의 대사大事라는 점을 시인한다면 민족이 다른가, 다르지 않은가, 그러한 점은 상관없다.

이처럼 매우 평온한 때에 체결된 조약은 세계의 학자, 세계의 위정가가 진실로 훌륭한 일이라고 하여 칭찬해 준 조약이다. 세계 중에 반대자가 없는 이러한 훌륭한 한일병합의 사업이었던 것이다. 그러므로 당시 이를 병합한 주권자인 메이지 대제明治大帝 폐하는 일본인, 조선인이라는 구별을 하지 않았을 뿐만 아니라 국가라는 측면에서도, 일반 민중이라는 점에서도 가능한 한 보호를 했다. 모두 우리 적자赤子, 우리 자식이라고 하여 보호하고, 모든 일에서 발전·향상의 길을 열어 준 점은 조서 중에 명확히 나타나 있다.

무기에 의해, 전쟁에 의해 영토가 된 대만의 민중 중에는 생번生蕃[3]과 같은

---

[3] 교화되지 아니한 만인(蠻人). 대만의 고사족(高砂族) 중 원시생활을 하던 원주민을 가리킨다.

성가신 원주민[土시도 있다. 【242】 사할린도, 남양제도도 전쟁의 결과 획득한 토지이고 거기에 거주하는 민중, 그 민중과 조선의 토지에 거주하는 민중 사이에 동일하게 보이는 점이 과연 어떤 것이 있는가. 실로 대만, 사할린의 거주자와 조선의 거주자가 동일하다고 말하는 자가 세계의 학자, 정치가, 유지가有志家 중에 어디에 있는가. 겨우 일본제국의 관리 일부가 있을 뿐이다.

이 같은 점이 있다고 한다면, 우리는 가장 주의하지 않으면 안 된다. 한일병합을 새로운 영토 관계에서 대만, 사할린, 남양제도와 비교하여 생각해 보면, 이러한 생각을 가지고 있는 자는 어디에도 없을 것이라고 생각한다. 그런데 더욱이 모국 일본의 어느 정치가 중에 이러한 자가 있고, 또 내각 주변에도 이러한 자가 있어, 조선이 식민지이며 새로운 영토는 모두 식민지라고 하는 등의 생각으로 시정 방침을 정한다면, 이는 중앙정부 당국도 대단히 잘못된 것이다. 또한 이렇게 말하는 것을 가만히 보고 있는 사람도 크게 잘못된 것이다. 그러므로 무엇보다 먼저 그 잘못을 바로잡지 않으면 안 된다는 것이 바로 오늘 여러분과 이야기하고 싶은 요점이다.

그런데 세계의 큰 국면에서 보면 어떠한가. 나는 영토의 주권상에서, 두 국가 민중의 측면에서 보아 말하겠다. 한일병합은 단지 동양 평화뿐만 아니라 세계 평화의 근본이 되고 있다. 실제로 유럽의 대전쟁, 아니 세계의 대전쟁(제1차 세계대전)에서는 만일의 경우 저 세계의 대전쟁이 독일과 프랑스만의 싸움이었다면 독일의 힘에 의해 프랑스는 당장 때려눕혀져 버렸을 것이다. 그렇지만 독일에 대항하여 유럽의 여러 강국이 동맹했고 미국도 도왔다. 만약 당시 일본제국이 세계 대전쟁에서 독일의 반대 측이 되지 않고, 독일을 일본이 도왔다면 그것이야말로 큰일이었을 것이다. 아니면 독일이 이겼을지도 모른다. 일본이 독일을 도왔다면, 다른 나라의 동맹이 혹 깨졌을지도 모른다.

또 하나 내용을 달리하여 생각해 보자. 만일 일본제국이 국외局外 중립으로 열국의 동맹에도 기여하지 않고, 독일에도 기여하지 않고, 엄정히 중립을 지켰다면 어떻게 되었을까. 그래도 아직 독일은 세계 열국을 상대로 하여 크게 싸울 정도의 힘이 있었을지도 모른다.【243】그런데 일본이라는 나라가 독일에 대항하여 독일은 금세 패해 버린 것이다. 이것은 그 당시의 전쟁 역사를 보아 그 종국終局에 어떠한 상황이었는가를 조사해 보면, 일본이 독일에 대항했기 때문에 그 전쟁이 수습된 것을 분명히 알 수 있다. 그렇다면 일본제국은 세계 평화를 만든 국가이다. 세계 평화를 만들기까지의 힘을 어떻게 양성했는가 하면, 청일전쟁도 있었고 러일전쟁도 있었다. 그렇지만 그 사이 한일병합이라는 것이 있어 대국민이 되었기 때문에, 일본제국은 이전보다도 커다란 국가가 되었고 커다란 힘이 주어져 이 같은 커다란 공적을 드러내게 된 것이 아니겠는가.

세계의 대전쟁에서 독일을 패배시키고 연합군이 승리했다. 이는 무엇인가 하면, 역시 한일병합이 준 힘이 있었기 때문이다. 만약 한일병합이 없었다면 그때 일본제국의 국력은 병합 전의 힘이고, 병합 후와 비교하여 보면 훨씬 약한 힘에 지나지 않았다. 그 약한 힘이던 것이 한일병합으로 인해 큰 것이 되어 세계가 인정하는 대일본제국이 된 것이다. 그러므로 중국을 패배시키고, 러시아를 패배시키고, 담소談笑하는 사이에 한국을 병합한 일본이 적을 에워싼 것만으로, 독일은 그 이야기를 들은 것만으로도 무너져 버린 것이다. 이 점을 생각해 보면, 일본제국으로서 일본인 측은 말하자면 조선이 하나로 되어 주었기 때문에 세계대전에서 그만큼 활약할 수 있었다고 말할 수 있다. 이에 하나가 되어 준 조선 분들에게 크게 감사의 뜻을 표해도 좋다고 생각한다.

세계의 대세가 이런 것인데, 이번에는 또 이와 반대로 일본제국의 입장에서 조선의 현황을 조금 연구해 보고 싶다. 조선통치 현황은 어떠한가. 우리는 1905년(明治 38)부터 와 있어 25년이나 조선에 있었고 조선에는 친구들이 매우 많다. 이로부터 생각할 때, 실례이지만 일본의 내지인들과 비교하여 조선을 잘 이해하고 잘 알고 있는 점에서는 결코 남에게 뒤지지 않는다고 생각한다. 나는 나만큼은 우선 다른 사람보다 뛰어나다고 생각한다. 그런 내가 일본제국의 입장에서 조선의 현황을 보면, 조선의 현황은 논하는 자에 따라【244】어떠한 식으로라도 비평할 수 있다. 논의의 여지는 많이 있겠지만, 나는 위임통치 시대인 통감부 정치 때부터, 마침내 병합이 되어 총독부가 설치된 그때부터 우선 살펴보겠다.

병합 후 제1의 총독 시대는 곧 데라우치寺內[4] 시대였다. 데라우치는 평화리에 병합했어도 아직 마음을 놓을[油斷5] 수 없었다. 배일자도 아주 많았으므로 마음을 놓을 수 없었던 것이다. 이는 일본 측에서 생각해 보면, 그만큼 경계하고 그만큼 주의하는 것은 당연하다. 그러므로 그 당시의 총독정치는 무단주의를 택한 것이 적절했다고 생각된다. 문관까지도 검을 들게 했을 정도였다. 그런데 무단주의로 한 일에 대해서는 각 방면에서 의논이 일어나게 되었다. 그 의논이 일어난 것은 당연하다. 앞서 말한 것처럼 매우 평화로운 상태에서 병합한 나라를 다스리는 데 무단주의로 다스린 것은 어째서인가 하는 의논이 일어났다. 그리하여 총독이 경질되고, 정무총감이 경질되었다. 그 다음에 나타난 것이 곧 문화주의이다. 무단주의에서 문화주의가 되었다. 그런데 이 문화주의라는 것은 명목은 참으로 좋았지만, 그로 인해 대단히 문화주의라는 것의 폐해가 또 점점 생기게 되었다.

문화주의의 폐해는 어떠한 점이 있는가 하는 것을 이 자리, 여기에서 논하는 것은 우선 보류하겠다. 우리도 현재 문화주의라는 것의 폐해가 있는 사실을 지적하고, 그리고 그때의 총독, 총감 등에게 진언進言한 실례가 많이 있다. 그렇지만 이는 생략하겠다.

그리고 다음에 온 것은 무엇인가 하면, 무단주의도 좀 너무 엄하고 문화주의도 좀 지나치니 어떻게 하면 좋을까 해서, 그래서 점점 연구하게 된 문제가 절충주의이다. 나는 이를 절충주의라고 부른다. 지금 총독부의 시정 방침은

4 데라우치 마사타케에 대해서는 부록 「주요 인물 소개」란을 참고할 것.
5 불교 용어로, 정신을 늦춤. 넋 잃고 있음. 『열반경(涅槃經)』을 보면, 옛날 유발(油鉢, 기름 그릇)을 든 자가 부주의로 그 그릇을 떨어뜨려 그 벌로 죽임을 당했다.

무단주의·문화주의에 대조하면 이 양자를 좋게 안배하여 취사取捨·참작한 것이다. 지금은 절충주의라는 이러한 것을 생각하고 있는 것이다.

그런데 절충주의가 좋은가, 나쁜가. 이것이 여러분과 함께 충분히 연구하고 싶은 점이다. 무릇 세상의 정치는 무엇보다 먼저 하나의 【245】 도리를 연구하는 것이 필요하다. 사회상태와 정치상의 도리(순리)를 대조할 때, 순리는 나아가 있으나 사회상태는 뒤처져 있는 것은 당연하다. 그 순리를 실제 사회상의 상태에 꼭 들어맞게 하려면 어떻게 하면 좋을까 하는 것이 위정자의 재량이다. 그것은 입법상의 활동에서도, 행정상의 활동에서도 그것을 좋은 방식으로 조화시키는 것이 가장 중요하다. 이른바 조선에는 특수한 사정이 있고, 특수한 관계가 있다. 그렇기에 조선의 특수한 사정, 특수한 관계를 존중하고, 그리하여 좋은 방식으로 정치를 하는 것이 정치가의 역량이라고도 할 수 있다. 이것이 가장 중요한 일이다. 그러므로 나는 이를 절충주의라고 말하는 것이다. 그런데 절충주의 그 자체는 주의상으로는 좋지만, 만일 이를 실행할 때 잘하지 못하면 큰 잘못을 하게 될 수 있다.

여러분! 이에 허심탄회하게 잘 생각했으면 한다. 조선의 통치 상황을 여러분에게 말할 때 처음 무단주의를 말했다. 그러고 나서 문화주의를 말했다. 무단주의도 가혹하고, 문화주의도 어딘가 폐해가 있었다. 자, 그럼 어떻게 할까 할 때 나는 절충주의를 말했다. 그런데 잘못된 정치가도 있고, 생각이 다른 정치가도 있다. 대만이나 사할린이나 남양제도와 동일하게 하는 것이 좋을 것이라고 하면서, 조선의 사정도 모르고 조선의 사정을 충분히 생각하지 않고서 절충주의는 실패할 것이라고 하면, 즉 조선을 식민지라고 하는 것과 같은 매우 경솔하고 피상적인 관찰을 하면 이때 문제가 일어나게 된다.

나는 이에 다시 말씀드린다. 우리 조선 거주 동지는 내지인이라고 하지 말고, 조선인이라고 하지 말자. 조선을 위해 입법권을 부여하자고 할 때 이것도 국민 전체에게라고는 하지 말자. 2,000만 민중 전체라고는 하지 말자. 마침 내지에서 중의원 의원 선거법을 홋카이도北海道에서 시행할 때 하코다테函館,

오타루小樽, 삿포로札幌의 세 시가지에 국한한 적이 있다. 이와 마찬가지로 우리가 요망하는 것은 경성, 부산, 대구, 평양 이 네 대도시 정도에만 선거권을 주는 것이다. 이는 앞서 말한 것처럼 순리와 【246】 사회상태라는 것이 다른데, 총론으로 말하면 보통선거이다. 2,000만 민중에게 모두 선거권을 주는 것은 당연하다. 그렇지만 순리는 반드시 사회 현 상태에 부합하는 것이 아니다. 그러므로 순리를 매우 제한하여 입법권의 적용을 이렇게 하는 것이 좋다는 것이다.

행정도 그러하다. 행정에 대해서 논급할 것은 있지만, 우리 법률상 전문에 속하는 상속에 관련한 문제에 대해서 말해 보자. 내지의 상속에 관련한 사항을 바로 조선에 가지고 와도 좋은지, 친족 법규를 즉시 실행해도 좋은지, 이러한 사항은 단순히 순리론으로 강행할 것이 아니다. 그 지방의 관습, 그 지방에서 실제 어떻게 하는 것이 타당한지 하는 등의 사회상태를 잘 조사하여 행정의 기초를 정하지 않으면 안 된다.

그러므로 조선에는 입법권을 부여하지 않으면 안 되지만, 이를 부여하기 위해서는 어떻게 할지, 행정도 어느 정도로 제한할지, 어떠한 방식으로 실행할지를 생각할 때 내지의 그것과 똑같이는 할 수 없다. 그렇지만 조선에 상당한 입법권, 조선에 상당한 행정 방법을 연구하면, 지금 말씀드린 조선통치의 절충주의라는 것을 상당한 정치가가 좋은 방식으로 실행하게 된다면, 조선의 토지에 거주하는 2,000만 민중, 일본인이든 조선인이든 정말 참으로 훌륭한 정치라고 말하며 안심할 수 있을 것이다. 그러므로 그러한 것을 정치가는 크게 고려하지 않으면 안 된다. 그런데 절충주의를 채택해야 한다고 생각하고 있는 현 내각의 제공諸公도, 총독부 관리들도, 그러한 것을 주의해야 한다는 점에서는 25년 동안 조선을 연구하고 있는 입장에서 보면 참으로 불충분하고 불완전하다. 조금 더 무엇인가 해야 할 것이 있을 텐데 항상 유감스러운 점이 많이 있다.

그것은 무리도 아니다. 내지에서도 관리가 시종 교체되기 때문에 조선에 와서도 안정되게 조선의 정치를 할 수가 없다. 관리가 여기서 교체되고 저기서 교체된다. 형편대로 전임轉任하기 때문에 결코 충분한 정치를 할 수 없다. 이에 조선의 사정에 통달한 자를 중앙의 입법부에 참여시킬 필요가 있다. 행정당국도 조선의 사정을 【247】 아는 사람이 길게 일하도록 해야 한다. 이를 시정의 요체로 해야 하는 것은 입법상으로 봐도, 또 행정상으로 봐도 가장 필요한 일이다.

나는 조선의 행정에 대해서도 교육 문제이든, 교통 문제이든, 산업 문제이든, 군비軍備 문제이든, 특히 군비 문제에 대해서는 충분히 논급하고 싶다. 하지만 이러한 것을 논하면 길어지므로 우선 항목만 말씀드리겠다. 지금 말하는 교육, 교통, 군비, 이것들을 어떻게 하면 좋을까 하면, 이 기관의 운용 방식에 대해서는 거슬러 올라가 앞서 말한 입법·행정에 적당한 인물을 얻어야 한다. 입법·행정에 적당한 인물을 얻기 위해서는 우선 조선의 주요한 장소에 참정권을 주어, 행정국을 맡을 수 있는 토박이로 조선의 사정을 충분히 아는 인물을 행정관으로 하지 않으면 좋은 일은 할 수 없는 것은 매우 당연한 일이다. 이는 물론 조선인뿐만 아니라 일본인도 적당히 안배하지 않으면 안 된다.

끝으로 내가 여러분에게 가장 말하고 싶은 점이 있다. 그것은 동민회同民會 부회장 박영철朴榮喆[6]이 지난번 영국과 미국을 시찰하고 돌아온 때, 무사히 조선에 돌아온 것을 환영하며 시찰 결과를 이야기로 듣고 또 여러 가지 그 감상담을 듣던 중에 재미있는 이야기도 많이 있었는데, 그중 내가 잊으려 해도 잊을 수 없을 정도로 깊은 인상을 준 것이다. 그것은 무엇인가 하면 유럽에 가서도, 미국에 가서도, 어디에 가서도 일본제국 국민이라는 것으로 도처에서 우대를 받았다는 것이며, 그리하여 여러 가지 다양한 편의를 누렸다는 것이다. 그것이 가장 유쾌하고 즐거웠다. 실로 조선인으로서 대일본제국 국민이 된

---

6 박영철에 대해서는 부록 「주요 인물 소개」란을 참고할 것.

기쁨은 여기에 있다. 배일주의를 주장하는 자, 독립론을 행하는 자, 이러한 사람들을 대일본제국 국민으로서 세계 유람을 시킨다면 대일본제국 국민이라는 지위를 아마도 고맙게 느낄 수 있을 것이다. 이러한 이야기는 내가 실로 기쁘게 들어서 잊으려고 해도 잊을 수 없는 이야기였다.

그런데 여러분!! 이번에 척식성이 생겨 조선은 식민지로서 처리된다. 대일본제국까지는 좋은데 그 식민지 【248】 조선의 거주자로 된다면, 저 영국 같은 곳에서는 이러한 문명국까지도 자기 영토 내, 자기 지배 내의 자라도 식민지 인간이라고 하면 모두 대우를 달리한다는 명확한 사실이 있지 않은가. (박수) 저 세계의 문명국을 자임하는 영국도 식민지 인간이라고 하면 모국의 인간과 대우를 달리한다. 그러한 생각으로 대일본제국의 식민지 조선 주민이라고 하면, 위쪽은 커도 아래쪽은 유령처럼 작아지게 되어 버려 대우의 결과에서 어떠한 냉혹한 취급을 받게 될지 모른다. 만약 이와 같은 일이 있다면, 이것이야말로 어떻게 해서도 식민지 대우를 받는 것은 억울한 일이고 그때 아무리 분개해도 소용없는 일이다. 그러므로 이와 같은 대우를 받지 않도록 지금부터 이를 주의하는 것이 필요하다.

나는 오늘밤 박영철 선생이 이 문제 때문에 도쿄에 가게 되었다고 들었다. 지금 말씀드린 취지의 끝에 지금 말씀드린 말로 전별하게 된다면, 이전에 대일본제국 국민으로서 구미를 유람한 때에 우대를 받고 모든 편리함을 누린 일이 오래 지속될 것인가, 그렇지 못할 것인가 하는 점이 박 선생의 흉중에 있을 것이라고 생각한다. 이와 같은 것에 대해서는 내지에 가서 당국, 정치가, 유지, 학자와 각 방면에서 크게 힘 있는 의논이 가능할 것이라고 생각한다. 그러므로 이를 선물로 말씀드린 것이다.

결국 나는 척식성의 신설은 필요하지만, 그 척식성에서 취급하는 행정사무 중에 조선을 더하는 것에 대해서는 내각 제공諸公도 생각하지 않으면 안 된다고 본다. 또한 조선총독도 상당히 생각하기를 바란다. 이와 같은 일이 없도록 해야 한다. 특히 어느 일부의 이야기처럼 대신의 지위를 만들기 위해 신규로 관청을 만들었다는 것과 같은 말이 만약 진실이라면 정당의 폐해도 또한 심할 것이다. 설마 정우회政友會는 다음과 같은 일은 하지 않을 것이다. 그러나 크게 그러한 것에 주의하지 않으면 안 된다고 생각한다. 척식성 신설은 참으로 훌륭한 것이다. 일본도 점점 식민지가 늘어나는 가운데 필요할 것이다. 하지만 조선만은 내지와 같이 정치를 시행할 것을 잊지 말기를 바란다. 이를 여러분과 함께 【249】 이야기하여 중앙정부의 반성을 구하기 위해 이에 나의 의견을 진술한 것으로, 이로써 나의 연설은 마치겠다.

>>> 3인이 모이면 7개의 단체

이토 간도伊藤韓堂[7]

"조선인은 3인이 모이면 7개의 단체를 만든다"는 말이 있다. 이에 갑, 을, 병 3인이 있으면 함께 결합하여 하나의 단체가 생긴다. 그리고 갑과 을은 별도로 또 하나의 단체를 만들고, 을과 병, 병과 갑은 또 각각 별도로 하나의 단체를 만든다. 이에 3인으로 4개의 단체가 생긴다. 그 위에 갑, 을, 병은 또 각각 별도로 하나씩의 단체를 만들거나 또는 만들려고 하기 때문에 3인으로 총 7개의 단체가 생긴다는 것이다. 이를 가리켜 "조선인은 당파심이 강하기 때문에"라고 하거나 간단히 비웃어서는 안 된다. 이는 조선인에게 너무 미안한 일이다.

지금 조선인, 특히 청년들의 마음은 매우 복잡하다. 겨우겨우 생각하여 학교를 졸업하게 되면, 그날부터 취직난에 울지 않으면 안 된다. 그리고 온순한 자는 차치하고, 조금 탄력적이고 부유한 자는 특히 눈이 빛난다. 무심코 입을 열면 큰일이다. 집에 돌아가면 제일 먼저 부친이나 큰형 등이 무자각無自覺하게 보이는 것이 충돌의 원인이 된다. 모친의 무지無智, 아내의 무학無學이 자꾸 싫어진다. 이에 뛰쳐나와 놀러 가는 곳은 가장 가까이 있는 청년××, 무산無産××, 노동×× 등의 장소로, 여기에는 다수의 동지, 동감자가 두 팔 벌려 기다리고 있다.

많은 청년은 대개 이상과 같은 제일보에서 나아가 투신하게 되는 것으로, 최초부터 사회운동이나 그 밖의 것에 확고한 신념으로 관계하는 자는 매우 적다. 이에 청년회에서 소리가 모이지 않으면 노동단체로 달려가고, 노동단체에서 우대받지 못하면 다른 사상단체로 향하여 가는 모양이다. 그때 형편에 따라서는 자기 자신이 나아가 하나의 분파를 만들기도 한다. 그런 까닭에 좁은 땅에서 무엇인가 회합이 있고, 무엇인가 단체가 생기면 같은 사람의 이름만 나열되어 있다. 천도교도가 기독교청년회에 적을 두고, 기독교도가 천도교의 여러 운동에 참여하고 있는 것이다. 그래서 분파는 분파를

---

[7] 이토 간도에 대해서는 부록 「주요 인물 소개」란을 참고할 것.

낳고, 세포는 세포를 낳아 마침내는 3인으로 7개의 단체는 말할 것도 없고, 10개, 20개의 단체에까지 관계하게 된다. ……【250】

40

후지이 간타로藤井寬太郎[1]

조선통치의
근본 문제

이번에 척식에 관련한 성省이 하나 설치되는 것에 대해 성명省名과 관련하여 일본인 사이에도 이론異論이 있고 조선인 유지의 진정陳情도 있었다는 것을 들었다. 성명과 같이 지엽적인 이야기로 많이 논할 필요도 없는데, 정부와 민간에서 다 같이 이러한 작은 문제에 구애되면서 통치의 근본 문제를 등한시하고 있는 것은 유감이다. 특히 작은 사항이라도 조선인이 반대하고 운동하면 내지의 정치가가 이러지도 저러지도 못하고 즉시 고려하여 양보하는 등의 태도는 장래 통치상 심히 나쁜 결과를 낳을 것이라고 우려하지 않을 수 없다.

최근 수년간 조선통치의 가장 중대한 문제로서 조선을 내지연장주의로

---

1 후지이 간타로에 대해서는 부록 「주요 인물 소개」란을 참고할 것.

할지, 또는 조선을 자치로 할지 하는 점이 한창 논의되었다. 그러나 내지연장이든 자치이든 결국 큰 차이는 없을 것으로 보인다. 왜냐하면 우선 일본의 조선에 대한 커다란 국시國是에서 이를 볼 때, 무슨 일이 있어도 일본은 자위상 대륙을 향해 전력을 기울여 발전할 수밖에 없다. 그렇다면 조선을 향해서는 반드시 조선이 일본의 존립을 위해 가장 알맞은 나라가 될 것을 요구하지 않으면 안 된다. 조선을 자유로이 독립시켜 일본을 위한 나라가 되지 않게 하는 것은 어떤 방면으로 생각해도 절대로 허용할 수 없는 일이다. 이는 조선 병합의 근본 정신으로, 양자가 이에 따라 공존공영의 행복을 누릴 수 있는 것은 지금 다시 논할 것도 없는 명확한 사실이다. 이미 이 점이 결정되어 있는 이상, 내지연장이든 자치이든 모두 조선이 일본을 위해 이익이 되어야 할 나라라는 형식 아래서 정해져야 한다. 즉 내지연장주의이든 조선 자치이든 이는 하나의 형식에 지나지 않는 것이다.

이렇게 말하면 현재 조선인 일반 다수의 사상에 크게 반하는 것처럼 보일지도 모른다. 그런데 나는 결코 그렇지 않다고 말하고 싶다. 즉【251】물론 조선을 단순히 독립하게 하여 조선 자체가 행복해질 수 있다면 기꺼이 독립에 찬성할 것이다. 그런데 결코 행복해질 수 없는 것을 알면서 한때의 환심을 얻기 위해 감언甘言을 말하는 것은 오히려 새로운 동포를 위해 가장 불친절한 것이라고 믿는다. 일본은 청일전쟁, 러일전쟁 이후 조선을 위해 오랫동안 실험을 해 왔다. 조선을 독립하게 하려 해도, 그 결과 열국 생존 경쟁이 격렬한 가운데 당당하고 훌륭하게 독립을 완수할 수 없는 것은 너무 명백한 일이다. 현재 이와 같은 것을 논할 필요조차도 없다. 그렇다면 만일 일본이 조선을 독립시켜도 즉시 어느 나라인가의 지배를 받게 될 것은 명료한 일이다. 이와 같은 일은 조선을 위해서도 매우 불리한 동시에 일본에는 실로 초미의 문제이다.

근래 조선인의 사상 악화를 두려워하여 빨리 병합의 근본 정신을 잊으려고 하는 것 등은 결코 일본국의 존립을 안전하게 하는 것이 아니다. 조선은 한때 유행한 민족자결론의 공상空想에서 깨어나 세계의 큰 변화를 달관하고, 진실로 조선인의 행복은 병합의 정신을 발양하여 공존공영의 행복을 누리는 외에 절대로 좋은 길이 없다는 것을 알아야 한다. 그렇다면 어디까지나 일본인으로서 국가의 안녕·행복을 도모하지 않으면 안 된다. 이러한 조선 병합의 최대 이유를 불과 18년 경과한 오늘날에 이러니저러니 논의하는 것은 오히려 비웃을 만한 일이다.

그래서 내지연장주의라고 해도 조선인을 일시동인하여, 조금도 조선인의 이익을 희생시킬 필요는 없다. 어디까지나 새로운 동포를 대하며 우리는 일본 내지의 일부가 연장되었다고 생각하고 조선에 임하면, 일시적으로 이러니저러니 의논이 있어도 그 자신이 조선이고 조선인을 위해 가장 현명한 방법이며 가장 이익이라는 것을 안다면, 결코 조선인이 이에 반하는 행동을 계속하는 일은 없을 것이라고 생각한다. 또한 조선자치론도 조선 병합의 근본 정신을 알고 있는 이상, 조선을 자치하게 한다는 것은 물론 독립하게 한다는 의미가 아니다. 따라서 내지인이 현재 지방을 자치로 하고 있는 것과 같이 일본의 지방자치와 동일한 의미에 지나지 않는 것이다. 만약 이러한 의미에서 조선인이 일본인으로서의 자치를 희망한다면, 【252】기뻐하며 여기에 찬성할 것이다. 이는 단지 시간문제이다. 그렇다면 조선자치론이라는 것도 결국은 내지연장주의의 일이고 조선독립론이 아니다.

조선인으로서의 자치는 독립 바로 그것이다. 이는 조선인의 불행이므로 절대로 허용해서는 안 된다. 이와 같은 알기 쉬운 일인데도 혹자는 자치가 좋다고 말하고, 혹자는 내지연장주의가 좋다고 말하며 자주 다른 의논인 것처럼 활발히 논해지고 있는 것에 우리는 오히려 몹시 헷갈리지 않을 수 없다. 조선인의 사상이 매우 혼란하여 혹자는 배일을 부르짖고, 혹자는 적화赤化운동에 광분하며, 병합으로 인해 우리는 아무런 이익을 받지 않았다고 하거나, 심하게는 조선의 역사를 봐도 지금만큼의 악정惡政은 없었다고까지 극단적으로 논하는 자도 있다. 그렇지만 이 같은 열광적인 언동은 아무런 실제상의 근거가 없는 것이다. 다만 감정에만 지배된 결과로, 이로 인해 도리어 조선인의 불행을 증가시키고 있는 상황은 참으로 슬픈 일이다. 조선인은 그 동포 전체의 행복을 위해 냉정한 판단을 하고, 확고한 사실을 기초로 하여 전도前途의 이해利害를 고찰하지 않으면 안 된다.

그래서 나는 오히려 지금만큼 조선에 좋은 시대는 적었다는 것을 단언하고 싶다. 물론 사람은 어떠한 좋은 생활을 하고, 아름다운 옷을 입고, 좋은 음식을 먹고, 웅장하고 아름다운 집에 살아도, 이것이 타인의 힘에 의해서이고 자기의 발의發意에 의해서가 아닌 경우에는 역시 심중에 불만을 느끼게 되는 것은 인정상 피할 수 없다. 이 점에 대해서 물론 우리가 커다란 동정을 느끼지 않는 것은 아니다. 그러나 악정이 오래 지속되었기 때문에 산은 민둥산이 되고, 토지는 황폐해지고, 민력은 피폐해져, 우리가 조선에 건너간 당시 곧 러일전쟁 무렵의 조선의 상태는 실로 차마 볼 수 없을 정도였다. 조금 흉년인 해에는 길가에서 굶어 죽는 자를 자주 볼 정도였고, 마을의 성가신 일이 되지 않도록 이들을 마을 끝으로 옮겨서 버리고 있는 것 등을 보는 것도 결코 드문 일이 아니었다. 실로 피폐가 극에 달했던 조선이 오늘날처럼 변화한 것이다. 지금 여러 가지 불평불만은 많지만, 이 같은 비참함을 무엇으로 볼 수가 있을까. 이 실정만으로도 조선에는 대단한 행복이고, 오히려 불과 17~18년 만에 이 정도의 대격변이 행해진 것은 【253】 세계적으로 봐도 일대 기적이라고 말해야 마땅한 것이다. 이 사실이 너무 명백하므로 하나씩 이를 거론하여 말할 필요도 없다.

병합 전에는 조선 전 국민의 생명·재산은 조금도 안전하지 않았다. 그 조선이 하여간 오늘날과 같은 모습으로 된 것은 아무리 불평불만인 조선인이라도 실제상 이를 부정할 수는 없을 것이다. 물론 악정 시대의 일부 특권계급 중 조선의 정치상 변화로 인해 그 특권을 잃고 곤란해진 자가 있는 것은 피할 수 없는 일이다. 그러한 자가 상당히 다수에 달한다고 해도, 이것이 전 조선인을 위해서는 불행일지 행복일지 말하면, 말할 필요도 없이 이 같은 특권계급이 이익을 농단했기 때문에 다수의 조선인은 피폐와 고달픔[困憊]이 극에 달했던 것이다. 그 특권계급이 권리를 잃은 것은 물론 다수의 조선인을 위해 이익을 주는 결과가 되었다. 조선 전체로 보면, 오히려 크게 기뻐해야 할 일이라고 생각한다. 이렇기 때문에 조선 병합의 결과 조선은 불행하다는 등의 말을 하는 자는 그저 감정에 치우쳤거나, 또는 무엇인가를 위해 하는 일이 있어 이처럼 말하는 것이다. 조선 밖에서 널리 전체를 보면, 세계 어디에 비해서도 일본은 조선을 크게 행복하게 했다고 성명聲明할 수 있을 뿐만 아니라 이미 세계는 충분히 이를 인정하고 있다.

그런데 일본인 중에도 이에 반하는 언동을 하는 자가 있다. 이는 바로 현재 조선인 일반의 사상에 영합하는 것이다. 이 같은 말이 조선을 위해 이익이 된다면 그것도 좋지만, 나는 이 같은 잘못된 언동이 조선인에게 가장 불행을 준다고 생각한다. 참된 조선인의 행복은 앞으로 영원히 일본의 일부가 되어 행복을 얻는 것이 아니면 도저히 일본의 국시와 일치하지 않는다. 일본의 국시와 일치하지 않는 조선인의 희망은 일본인으로서 단연코 이를 허용할 수는 없다. 만일 일부 불순분자가 포함되어 있어도 단연코 허용할 수 없다. 대일본 불세출不世出의 영주英主[2]인 메이지明治 천황 폐하의 병합 정신은 진실로 일시동인으로, 일본제국의 신민臣民으로서 조선의 새로운 동포에게 행복을 영원히 누리게 한다는 것은 영구히 변하지 않을 【254】 것이다. 그렇다면 세계 중에서 가장 불쌍히 여길 만한 조선 국민이 동양의 맹주盟主로서 장래 전 세계에 우리 동양인의 세력을 확장해야 할 때, 진실로 일본인으로서 함께 행동하는 것이 조선인의 행복이 아니고 무엇이겠는가.

이를 일가족에 비유한다면, 그날의 생활이 곤란하여 도산倒産 지경에 있는 일가 전 호戶가 세력이 욱일승천旭日昇天하는 부호의 양자養子가 된 것과 동일

---

2 뛰어나게 훌륭한 군주.

한 일이다. 개인의 일가족으로서 그러한 일이 일어난다면 과연 누가 이를 도산자로 인해 불행하다고 말하겠는가. 이만큼 훌륭한 일은 없는 것이다. 일본이 만약 일본의 존립상 이 같은 행동을 할 필요가 없다면, 왜 괴로워하며 이러한 식객[3]을 일가족으로 맞이하여 해마다 막대한 국탕國帑[4]을 지출하며 이들을 지탱해 갈 필요가 있겠는가. 말할 필요도 없이 그것은 일본의 존립상 도저히 부득이하기 때문에 이 같은 식객도 가족으로 하여 보살피지 않으면 안 되는 것이다. 일단 보살핀 이상은 철저하게 보살펴서 진실로 충실한 가족의 일원이 되도록 하지 않으면 안 된다.

반대로 조선인의 입장이 되어 이를 볼 때에는 일상생활상 일본인의 생활이 아니꼽고 여러 가지 뜻에 만족하지 못하는 것도 있음은 나도 이를 인정한다. 이에 대해 일본인은 크게 주의하여 새로운 동포를 위해 편벽된 근성根性을 보이지 않도록 이들을 이끌고 이들을 도와줄 필요가 있음은 말할 것도 없다. 그런데 현재 일반 조선인의 사상은 매사에 반감을 가지고 아무것도 아닌 일까지도 모두 일본인의 횡포라고 하거나 차별대우라고 생각하고 있는 것은 매우 유감스러운 일이다. 1919년(大正 8)의 이른바 민족자결주의와 같은 한때의 민족사상 문제에서 조선 독립이라는 의논이 매우 활발해졌고, 또 일본이 이를 압박하는 것은 적당하지 않다고 하는 등의 잘못된 생각을 품게 되었다고 생각된다.

그런데 가만히 생각해 보면, 앞서 말한 대일본의 국시, 조선에 대한 방침은 조금도 잘못된 것이 없을 뿐만 아니라 시종일관 더욱 이 방침에 따라 조선을 대하지 않으면 안 된다. 소위 문화정치라는 언어의 폐해는 오히려 오늘날 조선인에게 매우 불행을 주고 있다고 나는 확신한다. 이는 마치 자기 아이를 매우 귀여워하며 응석받이로 양육했는데, 그 자식이 성장한 후에는 가장 부모

---

[3] 하는 일 없이 남의 집에 얹혀서 밥만 얻어먹고 지내는 사람.
[4] 나라의 재산.

에게 불효하게 되고 부모에게 폐를 끼칠 【255】 뿐만 아니라, 그 자식 자신도 꼭 격렬한 생존경쟁 속에서 훌륭한 생활을 하지 못하고 실패와 곤궁이 극에 달해 매우 불행에 빠져 사회에도 폐를 끼치는 것과 같은 일이다. 자식이 귀엽기 때문에 응석받이로 교육한 결과, 부모에게도 커다란 폐를 끼치고 그 자식도 또한 매우 불행해진 것이다. 이것이 세상사다. 국가도 또한 세상의 인정과 조금도 다름없다고 생각한다. 지금과 같이 조선인의 사상이 지당하다고 하여 그들이 하는 대로 두면 그 결과는 어떻게 될 것인가. 마치 응석받이 자제子弟의 행동과 같이, 이는 조선인을 반드시 불행하게 만들 것이라고 생각한다. 그래서 일본은 어디까지나 조선을 독립시키는 것은 조선 자체에 불행이므로, 그것은 일본이 단연코 허용할 수 없는 것이다. 그렇다면 솔직히 이를 성명하여 철두철미하게 이 방침으로 나아가야 한다.

나는 최근 재미있는 이야기를 신문의 3면 기사에서 보았다. 그 개요는 이러하다. 도쿄의 교외에 사는 어느 화가가 어느 연회 후 야심한 시각에 적적한 길을 걸어 집으로 돌아오는 도중에 강도를 만났다. 그런데 그 화가는 유도 3단으로 능력이 뛰어난 사람이었기 때문에 손쉽게 강도를 진압하고 그를 엄하게 꾸짖었다. 강도는 두려워하며 실은 자신은 이러한 악행을 할 인간이 아닌데, 생활이 어려워 오늘밤 처음으로 이 같은 그릇된 행동을 하여 당신에게 혼나게 되었다고 했다. 참으로 미안하지만 이제 결코 앞으로 이러한 일은 하지 않을 것이니 제발 용서해 달라고 사과했다. 거짓말은 아니라고 생각하고 그 화가는 매우 동정하며 자기가 가지고 있는 지갑을 그대로 강도에게 주었다. 그 후 수년이 지나 왕년의 강도는 꼭 화가를 만나고 싶어 자주 이전의 화가가 다닌 부근을 찾아 걸어 다녔다. 하지만 화가가 다른 곳으로 집을 이사해서 거기에 살고 있지 않은 것을 알고, 마침내 그 이사한 집을 찾기 위해 경찰에게 가서 처음으로 수년 전 자신이 강도를 한 이야기를 했다. 그런데 경찰이 점점 그 자세한 내막을 들어 보니, 그는 그 당시 화가로부터 받은 교훈과 지갑을 받은 것을 후의厚意로 여겨 감격하고 분발하여 열심히 힘을 기울여서 가업에 전념했고, 그 결과 이제는 풍족하게 살 수 있게 된 것이었다. 그래서 어떻게든 이전에 받은 돈을 되돌려주고 그리고 예를 표하고 싶기에 그 화가를 찾고 있다는 것을 알았다.【256】

나는 이것을 오늘날의 조선통치 문제에 적용하면 매우 좋은 참고가 되리라고 생각한다. 만약 그때 그 화가에게 유도 능력이 없어 강도를 만난 때 덜덜 떨며 강도가 말하는 대로 지갑을 뺏겼다면 어떠했을까. 반드시 강도는 재미를 붙여 그 후 점점 강도 기술이 향상되어 끝내 올바른 직업으로 돌아갈 수 없었을 것이라고 생각된다. 그 결과 강도는 평생 강도로 사회 밑바닥에서 추락한 생활을 해야 했을 것이다. 그런데 다행히 화가가 능력이 뛰어났기 때문에 그의 부정을 혼내 주고 이에 강도는 번연翻然히⁵ 마음을 고칠 수가 있었던 것이다.

이러한 경우에 정의의 힘을 드러내지 않고서는 결코 잘못된 행동을 고치게 할 수 없다. 기분 좋게 들리는 달콤한 말로 상대방을 대하면 좋은 일처럼 해석하는 현대에는 이러한 요령을 써야 이해될 것이라고 생각한다. 조선에 대해서도 그저 단순히 내선융화라든지 문화정치라든지 하는 등 조선인의 귀에 듣기 좋은 것만 말하고, 그러면서 조선인의 행복을 간절히 바란다고 하면 그 결과는 그 목적에 반하게 될 것이라고 나는 항상 깊이 우려하고 있다. 그보다도 오히려 솔직하게 일본의 존립을 위해 대륙을 향해 진출할 필요가 있다는 것을 강력하게 성명하고, 부득이한 필요이므로 조선인에게 함께 협력하여 같이 이 목적을 달성하고 진실로 공존공영의 경복慶福⁶을 누리지 않겠느냐고 진심을 피력하며 성의로 조선을 대하면, 조선인은 반드시 충심衷心에서 일본을 신뢰하여 우리의 성의를 관철할 수 있을 것이라고 확신한다.

---

5 깨달음이 갑작스럽게.
6 경사스럽고 복됨. 또는 그런 일. 큰 복.

왜 일본은 이처럼 대륙을 향해 진출하지 않으면 안 되는가. 말할 필요도 없이 일본은 1년에 80~90만 명의 인구가 증가하고 있기 때문인데, 재작년의 통계로는 실로 94만 명이나 증가했다. 이 증가하는 다수의 인구를 유지하기 위해서는 일본 본토만으로 부양할 수 없는 것은 명료하다. 그렇다고 근래 종종 논의되고 있는 것처럼 산아產兒 제한에 따라 이를 조절하려고 하는 것은 거의 망국亡國의 계기를 만드는 것이며 또 인생의 일대 죄악이다. 결코 산아 제한의 방법으로 나아갈 수는 없다. 그렇다면 이 증가하는 인구가 생존할 수 있는 토지를 세계에서 구하는 것은 당연히 하늘이 용서할 것이라고 믿는다. 【257】따라서 이 행동을 할 경우에 하늘은 결코 이를 말리지 않을 것이라고 생각한다. 물론 세계 곳곳의 인구 밀도가 같다고 한다면, 일본인이 진출하는 것은 그 토지에 커다란 폐해를 주게 될지도 모른다. 그러므로 이는 조심하지 않으면 안 된다. 그런데 인구가 조밀한 지역에서 희박한 지역으로 옮겨 가는 것은 자연스러운 일로, 누구도 이를 말릴 수는 없다고 본다. 이러한 사정에서 일본인의 대륙 진출은 불가피하고 부득이한 일이다.

그렇다면 이 목적을 달성하기 위해서는 꼭 조선을 선량한 아군으로 만들어야 한다. 조선이 만약 이를 싫어할 경우, 또 일본에 충실·선량하지 않을 경우에는 어떠한 방법으로라도 이 큰 목적을 관철할 만한 용기가 없으면 일본의 존재는 위험해질 것이다. 자기 존립이 위험한 경우에는 도저히 타인의 일을 돌볼 겨를이 없다. 그렇다면 곧 그 결과 조선에 대해서는 단호하게 처치하지 않으면 안 될 것이다. 그러나 만약 이 경우에 조선인이 일본과 함께 경복을 누리고, 바로 지금 동양의 맹주로서 명성과 덕망이 높은, 또 국운國運이 융성한 일본 국민이 되어 함께 행복한 생활을 보내기를 간절히 바란다면, 어디까지나 이들을 대할 때 참된 동포로서 조금도 차별할 필요가 없다. 이뿐만 아니라 물론 이들을 사랑하고 이들을 어루만져 잘 돌보아 길러야 한다. 여기에는 일본인 누구라도 이론이 없을 것이다.

그러나 조선이 일본에 불리한 것을 도모하고 일본에 방해가 될 경우에는 추상열일秋霜烈日[7]과 같은 태도로 조선을 대하는 수밖에 없을 것이다. 이 큰 방침, 큰 이상이 이해된다면 조선을 대하는 일본의 태도, 조선인에 대한 마음이 매우 명쾌한 것임을 알 것이다. 조선인은 그 어느 쪽을 선택해야 할 것인가. 반드시 자국이 행복해지도록 일본과 함께 번영할 이른바 공존공영의 방침을 취하고 편벽된 근성을 버리는 것이 조선과 조선인의 참된 행복임은 어리석은 사람이 아닌 한 바로 이해할 수 있을 것이라고 생각한다.

조선인을 일본에 동화시키는 것은 지금과 같은 조선인의 수준으로는 조금 어려운 일일 것이다. 하지만 조선이 부富를 누리게 되고 그 생활 수준을 높이며 인격을 향상시켜 일본인과 비교하여 조금도 모자람 없이 그 이상이 된다면, 【258】 자연히 일본인과 조선인 간의 혼인도 행해지고 조선인의 풍속도 자연히 동화될 것이다. 또한 조선 고유의 풍속은 보존된다고 해도 생활 정도와 인격이 일본인에게 뒤처지지 않게 된다면, 조금도 차별대우를 받을 리 없을 뿐만 아니라 오히려 일본인이 조선인을 존경하게 될 것임에 틀림없다. 그러므로 차별대우에 분개하기에 앞서 우선 그 생활과 인격을 높이는 데 유의할 필요가 있다고 생각한다. 이것이 실현된다면 의심의 여지없이 조선인의 불평은 사라질 것이기 때문에, 일반 조선인의 희망이 달성되도록 통치상의 시설施設이 필요하다.

이 점에 대해서는 추가로 산업에 관련한 사항에 대해 말하고 싶다. 나는 조선통치에 대해 항상 하나의 비유를 말한다. 그것은 곧 "조선통치는 기요마사淸正 식이 좋다. 고니시小西 식으로는 안 된다"라는 것이다. 세상 사람들이 아는 것처럼 가토 기요마사加藤淸正는 조선에 와서 귀신상관[鬼上官]이라고 불리며, 우는 아이도 그치게 할 정도로 두려운 존재였다. 그렇지만 기요마사는

---

[7] 가을에 내리는 찬 서리와 여름의 뜨거운 태양이라는 뜻으로, 형벌이 엄하고 권위가 있음을 비유적으로 이르는 말.

결코 무용한 살육은 하지 않았다. 그리고 조선의 왕실이나 왕자에게는 가장 정중한 예의로 이들을 대우했다고 한다. 이러한 점에서 그렇게까지 두려워했던 기요마사가 사망했을 때에는 조선인 중에 그를 따라 목숨을 바치는 사람까지도 있었다. 그 목숨을 바친 조선인의 묘가 아직도 구마모토熊本에 현존하여 있는 것은 누구나 잘 알고 있을 것이다. 즉 믿음으로 대하면 300 수십년 전의 옛날에도 깊이 이를 신뢰한 사람이 많았던 것을 알 수 있다. 입으로만 아무리 교묘한 말을 해도 진심으로 대하지 않으면 누구도 여기에 감격할 이는 없다. 오히려 말뿐인 교묘한 말은 도리어 조선인을 농락하는 것이 된다는 사실은 고니시 유키나가小西行長의 예에서 명료하다. 고니시 유키나가는 심유경沈惟敬[8]과 강화를 하고 일본으로 돌아왔는데, 그 결과 "너를 봉하여 일본 국왕으로 한다"는 문서가 드러나 도요토미 히데요시豐臣秀吉가 크게 화를 내며 문서를 내던졌다는 것은 역사상에 명확한 사실이다.

  지금도 이 같은 말뿐인 임기응변의 진퇴는 무엇에도 도움이 되지 않는다. 어디까지나 믿음으로 조선을 대해야 일본은 그 존립이 가능한 것이다. 그러므로 조선인은 부디 이에 찬동해 주기를 바란다. 찬동해 주지 않을 경우에는 참으로 미안하지만 어쩔 수 없이 대단한 수단을 취하지 않을 수 없다. 물론

---

8 임진왜란 때의 명나라 사신(?~1597). 조승훈(祖承訓)이 명나라 원군(援軍)을 이끌고 조선에 들어올 때 유격장군(遊擊將軍)으로 임명되어 함께 왔다. 1592년(선조 25) 고니시 유키나가와 강화(講和)를 의논하는데, 이때 고니시가 제의한 7개조 조건을 가지고 명나라에 가서 조정의 승인을 얻어 이듬해 일본에 가려고 했으나 실패했다. 그러나 1593년 벽제관(碧蹄館)에서 명나라가 패하자 다시 그를 보내 화의를 청했다. 사용재(謝用梓) · 서일관(徐一貫)을 데리고 나고야(名古屋)에 가서 도요토미 히데요시(豐臣秀吉)와 회담하여, 다음에 다시 양국 간 회담을 일본에서 열 것을 결정하고 귀국했다. 명나라가 1596년 이종성(李宗城) · 양방형(楊方亨)을 일본에 보내도록 결정하자, 심유경은 부산에서 이종성을 위협하고 스스로 부사(副使)가 되어 일본에 건너갔으나 화의는 결렬되었다. 심유경은 귀국하여 거짓으로 화의 성립을 아뢰고 도요토미가 수봉(受封)을 인정했다고 조정을 기만했다. 정유재란으로 사실이 탄로 났으나 석성(石星)의 도움으로 화를 입지 않고 다시 조선에 들어와 화의를 교섭하다가 실패했다. 이에 심유경은 일본에 항복할 목적으로 경상도 의령까지 갔으나 명나라 장수 양원(楊元)에게 체포되어 사형당했다.

이러한 것은 일본이 가장 꺼리는 것이므로, 부디 조선인은 이 명백한 이유 아래 철저하게 일본과 제휴하여 명실공히 동양의 맹주가 되기를 바란다. 이러한 이유로 백년을 하루같이 한결같이 【259】조선을 대하면, 이에 따라 조선인의 사상은 진실로 안정될 것이라고 나는 확신하고 있다. 어설픈 달콤한 말로 조선인에게 독립이 가능한 것처럼 잘못 생각하게 하는 것은 조선과 조선인을 위해 무엇보다 불행한 일이며 불친절하다고 믿는다.

이상에서 말한 것처럼 조선에 대한 통치 방침은 조선 병합의 조칙에 명백하여 변하지 않는 것이다. 그러므로 오늘날 여러 가지로 이를 논의하는 것과 같은 어리석음을 피하고, 오로지 전념하여 이 방침으로 나아가기를 일본인과 조선인 모두 철저히 했으면 한다. 정치상이나 행정상 관련한 사소한 문제는 이 대방침이 결정되면 자연히 명료해질 것이므로 일일이 이를 자세히 논의하는 번거로움은 피하고 싶다.

조선 독립 문제에 대해서 나는 지금 하나 비근卑近한 실례를 더 말하고 싶다. 그것은 덴카쓰天勝[9]와 배구자裵[10]龜子[11]라는 사건이다. 배구자는 어릴 때 큰어머니인 배정자裵貞子[12]가 덴카쓰에게 의뢰하여 덴카쓰의 양녀가 되어 그 후 점점 기예를 배우게 되었다. 그런데 영리한 자식이었기 때문에 유망하다고 하여 덴카쓰는 진실로 자기 자식처럼 귀여워하며 그를 길렀다. 따라서 근래에는 덴카쓰 일좌一座가 없으면 안 될 정도로 인기 있는 화려한 존재가 되었다. 그런데 재작년쯤인가 덴카쓰 일좌가 경성에 온 때에 큰어머니인 배정자는 배구자를 다시 데려와 독립시켰다. 그 결과 별로 잘 되지 못하고 쌍방이 모두 곤란해지게 되었다.

---

9 쇼쿄쿠사이 덴카쓰에 대해서는 부록 「주요 인물 소개」란을 참고할 것.
10 원문에는 배구자의 성이 배(裵)씨로 되어 있으나 배(裵)씨가 맞다.
11 배구자에 대해서는 부록 「주요 인물 소개」란을 참고할 것.
12 배정자에 대해서는 부록 「주요 인물 소개」란을 참고할 것.

하찮은 하나의 실례이나, 조선의 독립 문제에 대해 생각할 경우에 이러한 일이 반드시 상당한 힌트를 준다고 믿는다. 조선통치를 논하는 경우에 피할 수 없는 문제는 단순히 말만 내선융화를 외치고 일시동인을 외치고서, 현재 곤궁한 조선인을 어떻게 하여 부유하게 할 것인가 하는 문제가 해결되지 않으면 안 된다는 것이다. 일반적으로 조선인을 부유하게 하는 방법으로는 별도로 조선의 산업에 대해 논하고 싶다. 조선인에게 활기를 주고 또 국책상 중대한 이익을 얻는 방법은 만주 및 시베리아의 통치권을 확립하는 것이다. 청일전쟁, 러일전쟁에서 일본이 치른 아주 큰 희생으로 지금 오늘날 어떠한 결과를 보고 있는가. 【260】 쓸데없이 장張 일파一派의 안색顔色을 살피며 하찮은 상조권商租權마저도 그들 마음대로 유린당해 어찌할 수 없는 상황이다.[13] 이리하여 조선인을 위해 낙토樂土를 만들고, 또 모국을 신뢰하게 할 수 있을까. 일본이 만약 만주, 시베리아의 권익을 확립한다면, 조선의 새로운 동포를 위해 새롭게 안주할 땅을 주고 또 중국인, 소련인[赤露人]에 대해 우월감을 주어야 비로소 병합의 영광을 통감하게 할 수가 있다. 이 경우 무슨 배일이 있고, 무슨 불령선인不逞鮮人이 있겠는가.

물러나서 적화를 두려워하기보다는 나아가 이를 격파하지 않으면 안 된다. 지키는 자가 반드시 패하고 공격하는 자가 반드시 이긴다는 병법兵法의 비법으

---

[13] 1925년 일제는 중국 동북 지방의 한국 독립운동자 색출을 위해 중국과 이른바 '미쓰야협정(三矢協定)'을 체결했다. 한편 재만 한인을 일제의 침략 앞잡이로 인식한 중국은 이들을 구축하기 위한 수단으로 이용했다. 그런데 당시 일본에는 중국에 대한 두 개의 외교 노선이 대립하고 있었다. 불간섭주의 원칙을 고수하자는 시데하라(幣原喜重郎)의 주장, 무력간섭주의로 중국 본토는 장개석(蔣介石)이, 만주는 장작림(張作霖)이 나누어 갖도록 하려는 다나카(田中義一)의 주장이 팽팽하게 맞서고 있었다. 그러나 1928년 다나카의 강경 외교는 관동군의 장작림 폭사 사건으로 후퇴하면서 시데하라의 불간섭주의 외교가 우위에 서게 되었다. 한편 1928년 12월 말 장작림의 아들 장학량(張學良)은 동삼성(東三省) 총보안사령관으로 취임한 뒤 조직적으로 배일 정책을 추진하여 중국 민족주의를 고취했다. 그 결과 중일 간의 현안인 만철병행선, 호로도 축항 문제 및 재만 한인의 토지 상조권(소유권) 문제 등이 분쟁의 씨가 되었다.

로 봐도, 반드시 일본은 지금 일대 각오를 하지 않으면 안 된다. 이 일은 물론 중대하다. 쉽지 않은 모험이다. 그런데 현재 일본의 실세實勢는 아무리 천사만고千思萬考¹⁴ 해도 나아가 취하는 외에 활로는 없다. 쓸데없이 평화를 추구하다가 이로 인해 국민은 유약해지고 온 세상 사람이 모두 향락을 일삼고 있지는 않은가. 이처럼 가면 국민의 원기元氣는 날로 쇠퇴하고 달로 기운을 잃어 싸우지 않고도 스스로 망할 뿐이다. 조금이라도 국사國事를 우려하는 자는 구구한 와우각상蝸牛角上¹⁵의 싸움을 그만두고 심사숙고하지 않으면 안 된다. 진실로 조선통치를 논하려고 하는 자는 우선 이 큰 문제를 결정하자. 그렇지 않으면 도저히 완전한 조선통치는 불가능하다고 말할 수 있을 것이다.

만주 및 시베리아는 현재 조선인이 미작지米作地로서 쉽게 이용할 수 있는 습지濕地로, 중국인이 이용할 수 없는 토지가 무수하게 있다. 이들 미작에 가장 적당한 곳을 조선인이 개간하여 그것을 점점 키워서 훌륭한 논[水田¹⁶]으로 만들어 경작하고 있다. 그런데 그 토지에 대한 소작 권리가 불안전하기 때문에, 애써 정성 들여 훌륭한 논이 된 때에 그 소작지에서 쫓겨나는 경우가 많은 상태인 것은 조선인을 위해 실로 매우 딱한 일이다. 물론 중국인이 이미 거주하여 이용하고 있는 토지를 조선인을 위해 빼앗게 되면 중국인도 고통을 느끼기 때문에 이를 배척하게 되는 것은 어쩔 수 없는 일일 것이다. 그렇지만 아직 조금도 이용하고 있지 않은 곳 중에 쉽게 훌륭한 미작지로 만들 수 있는 곳이 매우 많다. 즉 만주든 시베리아든 북쪽으로 나아가면 현재 조선에서도 토지가 좁아 고생하고 있는 조선 남부지방 농민을 쉽게 구제할 수 있음은 【261】 의심의 여지가 없다. 이 만주나 시베리아의 미작이 가장 유망하여, 오히려 북쪽으로 나아감에 따라 쌀이 쉽게 생산될 수 있다는 것에 대해서는 별도로

---

14 여러 가지로 생각함. 또는 그런 생각.
15 달팽이의 뿔 위라는 뜻으로, 세상이 좁음을 비유적으로 이르는 말.
16 물을 쉽게 댈 수 있는 논.

산업 항목에서 자세히 논하겠다. 여하튼 중국인 혹은 러시아인이 이용할 수 없는 토지를 논으로 개척해 가는 것은 조선인이 가장 자신 있는 일로 매우 안성맞춤이기 때문에, 일본은 여기에 충분한 힘을 기울여 현재 곤란한 조선인들이 안주할 땅을 만주 및 시베리아에서 구해야 한다. 이에 대해서는 국력을 걸고 충분히 그 목적을 달성하지 않으면 안 된다고 생각한다.

현재 일본의 실상에서 수십 억 엔의 많은 돈을 투입하여 수십 만 명의 희생을 치른 만주 및 시베리아를 향해서는 어떠한 어려움을 참고서라도 이만큼 일본의 세력을 확장할 수 있을 정도로 일을 추진하지 않으면 안 된다고 생각한다. 이 좁은 나라, 1년에 90여 만 명의 인구가 증가하고 있는 일본이 새로운 동포와 함께 거의 무인지경無人之境[17]에 있는 토지를 향해 나아갈 경우, 이를 가로막을 자는 누구도 없을 것이라고 깊이 믿는다. 또한 만일 어떠한 곤란이 있거나 국제적인 문제가 있어도, 일본은 일본의 국시로서 단호히 이를 감행할 용기가 있어야 한다.

일본이 만약 일단 만주 및 시베리아에 확고한 권익을 확립하는 이상, 중국의 적화 또는 러시아의 동진東進 등에 대한 걱정은 없을 것이다. 그런데 현재와 같이 퇴영退嬰적 태도를 취하고 있기 때문에 중국에 대한 위력이 없는 것은 물론이고, 거의 무력한 소련조차도 점점 일본의 안전을 위협하고 있는 상황이다. 조선인에게는 그대들이 가는 곳에는 이러한 훌륭한 토지가 있으니 함께 나아가 이 훌륭한 새로운 세계를 개척하지 않겠는가 하는 태도를 취하면, 비로소 조선인이 일본에 합병된 영광을 느끼고 충심으로 행복을 자각하게 될 것이다. 말뿐인 융화와는 큰 차이가 있음은 말할 필요도 없다.【262】

---

[17] 사람이 살고 있지 않은 외진 곳.

41
아루가 미쓰토요有賀光豊[1]

긴 세월 변하지 않는
일본의 국책

나는 항상 조선이라는 문제를 여러 가지 점에서 관찰하고 있는데, 조선을 이해하는 점이 사람들마다 각양각색이다. 또한 일본 내지의 사람들은 조선에 대한 이해가 매우 부족하다. 그 때문에 조선에 있는 이들은 항상 내지인들은 조선을 이해하는 것이 부족하다고 불평한다. 그러나 이 불평은 맞지 않는다고 생각한다. 시험 삼아 나에게 홋카이도의 사정은 어떤지, 또는 대만의 상황, 또는 사할린의 상태는 어떤지 하고 물어 봐도 나는 이것에 대답할 수 없다. 오히려 그 사정을 잘 모르는 것은 당연하다. 그러므로 내지인이 조선을 이해하는 것이 부족한 것은 당연하다. 이를 조금이라도 이해시키는 데 곧 우리의

---

1 아루가 미쓰토요에 대해서는 부록「주요 인물 소개」란을 참고할 것.

노력이 필요하다.

일본은 신대神代의 시절부터 조선과는 깊은 관계였다. 혹 그 관계가 분리된 시대도 있었으나, 신대의 옛날, 중고中古 시대, 임진왜란처럼 일선 관계의 역사를 보면 조선과 손을 잡았다가 또 몇 번인가 떨어진 적도 있지만, 조선과 일본은 동심일체同心一體가 아니면 안 되는 것이 신대의 옛날부터 결정되어 있었다.

일본의 국책 혹은 정책은 거의 명암에 따라 변하는 고양이 눈처럼 변하고 있다. 심지어 중국에 대한 문제는 매일 변하고 있을 정도이다. 그러나 일본과 조선이 함께하는 문제는 신대의 옛날부터 일정불변하여 조금도 변하지 않았다. 일본에서 변하지 않는 문제는 조선 문제 이외에는 없다고 말해도 좋다. 일본은 작은 섬나라이므로 국력을 신장하기 위해서는 무슨 일이 있어도 조선과 함께하지 않으면 안 된다. 조선반도도 일본의 후원이 없으면 충분히 발전할 수 없는 운명에 있다.

쌀 문제를 봐도 그렇다. 일본은 옛날에 미즈호瑞穗의 나라라고 불렸다. 즉 쌀의 나라라는 뜻이다. 일본은 쌀의 나라이면서도 일본에서 소비할 만큼의 쌀을 국내에서 거둘 수 없다.【263】그것이 조선과 결합하여 비로소 미즈호의 나라라는 의미를 이룬 것이다. 그러므로 미즈호라고 이름 붙인 것은 조선과 일본을 함께 본 것이다. 그런데 이는 결코 견강부회가 아니다. 그러한 의미에서가 아니면 안 된다고 생각한다.

이 정도로 관계가 깊은 조선, 조선도 일본도 근본을 보면 같다. 조선을 개발하지 않으면 야마토大和 민족은 발달할 수 없다. 또한 조선 민족도 발달할 수 없다. 무슨 일이 있어도 함께하지 않으면 발달할 수 없는 관계에 있다.

이를 자칫하면 단지 작게 행정적으로 생각하여, 내지의 한 부府·현縣이라도 개발하는 것처럼 '양잠을 장려하지 않으면 안 된다', '농업을 개발하지 않으면 안 된다' 하는 의미로 생각하는 것은 잘못이다. 농업의 장려, 산림의 개발, 기타 모든 것의 개발을 이루지 않으면 안 되지만, 그 근본에서 각자가 위에서 서술한 것처럼 마음을 다해 매달리지 않으면 우리 일에 힘이 들어가지 않을 것이다. 나는 항상 그러한 생각을 가지고 있다. 단지 각자가 조선은 양잠이 적합한 것 같기 때문에 누에를 키운다든지, 혹은 산림사업이 유망하기 때문에 산림을 한다든지 하는 것으로는 일이 그냥 사무적으로 되어 버린다. 내가 말하는 것을 머리로 옮기면 조선 개발의 문제가 하나씩 하나씩 생기게 된다. 그리해야지만 진정한 조선 개발도 할 수 있다고 나는 항상 생각하고, 또 그럴 작정으로 내 일에 힘쓰고 있다.

>>> 조선인의 피폐를 구제하라

곤도 시로스케權藤四郎介2

조선은 지금 매우 피폐하고 국민은 곤궁한 상태이다. 다수의 학교가 흥해도 학생들이 월사금도 납부하지 못하고 도시락도 지참할 수 없는 상태이다. 이런 상황에서 교육, 산업, 어느 것을 우선으로 하고 주된 것으로 해야 하는지는 명확한 동시에 조선인의 곤궁·피폐가 그 극에 달한 것도 자연히 알 수가 있다.

일찍이 이전에 조선에 재주했다가 향리로 돌아와 있던 일본인이 어쩌다가 오랜만에 조선을 내방하여 조선인의 피폐가 심각한 것을 눈으로 보면 말하는 것이 많다.

가로街路에 가는 조선 동포를 봐도, 안색이 초췌하고 모두 의기소침해 있는 것을 볼 수 있다.

조선통치는 무엇보다도 조선을 부유하게 하는 것이다. 민력을 함양하게 하는 것이다. 특히 새로 부속한 국민의 피폐는 직접적인 방법으로 속히 구제하지 않으면 안 된다고 본다.【264】

---

2 곤도 시로스케에 대해서는 부록 「주요 인물 소개」란을 참고할 것.

42

편자

내선시국론의 추세와
내지연장론의 골자

1) 서론

내선 시국이란 내지와 조선의 존립 관계에서 발생하고 또 전개되어 가는 그 국면이다. 이제 조선은 토지가 개척되고 산업이 흥했으며 교육이 진보하고 경비가 갖추어져, 소위 산하가 윤택해져 국민이 안도하고 있다.

실로 조선 문제는 안정과 해결의 경지를 넘어섰는데도, 다시 수많은 특수 문제에 관련한 논의가 끊이지 않는 이유는 이 시국 관계가 있기 때문이라고 생각한다.

이에 이들 과거 여러 논의의 추세를 서술하고, 또한 앞으로의 국면 전개에 따라 그 중심론으로 연구해야 할 많은 과제를 소개하고 아울러 그 해부를 시도하고자 한다.

2) 여러 설의 추세

(1) 내선시국론에 나타난 추세는 이를 두 파로 나눌 수 있다. 즉 내지연장론과 자치론이다.

자치론은 민족의 장래를 기조로 한 정책이고, 연장론은 국토 경륜經綸[1]을 주안점으로 한 정책이다.

(2) 두 설의 주장과 그 반박을 서술하면,【265】자치론자는 조선 민족을 일본인화하는 것이 불가능하기 때문에 이들을 종래대로 별개의 정치, 경제조직 그대로 지도·개발하여 민족의 향상, 자성自省을 향해 영원히 민족적 융합·제휴를 도모하는 것이 국가 백년지대계라고 말한다. 형식적으로 이미 동일화하는 것이 불가능한 것을 알면서, 또 그 동일을 주장하는 것은 어리석다는 것이다. 또한 형태를 통일하는 것은 도리어 정신적 붕괴를 불러오는 폐해를 낳아 도저히 내선 영원의 융화를 도모할 길이 없다고 말한다.

연장론자는 조선의 통치는 조선 개발, 대중의 생활 안정을 그 제일의第一義로 하여, 이에 따라 정신 문제도 해결하지 않으면 안 된다고 한다. 만약 오늘날 민족정신만을 말하여 자치를 논한다면 50년, 100년 후에 그 욕구가 진전된 때에는 또 무엇으로 대응하려고 하는가 하는 것이다. 그렇다면 통치의 근본 방침은 조선 개발, 대중의 생활 안정을 도모하는 동시에 동일한 국토, 동일한 국민정신인 연장주의로 나아가지 않으면 안 된다는 것이다.

(3) 종래 위 두 가지 설이 서로 논박해 왔다. 물론 모두 국가의 장래를 생각하는 것으로 우열을 가릴 수는 없으나, 입론立論의 착안점이 다른 결과라고 생각한다. 그러나 오늘날 대체로 여론은 연장주의에 일치하여 있는 듯한 느낌이 든다.

1　세상을 다스림. 또는 그런 능력.

따라서 이 책에서는 주로 이 연장주의에 관련한 여러 논의의 골자를 정리하여 보고 싶다고 생각했다. 그런데 종래 통치의 근본 방침론이 위에서 서술한 두 파로 나뉜 관계상, 모든 사물과 사리事理에 관련한 관찰·논평이 각기 달리 나뉘어 하나로 결정할 수 없었다.

본론으로 들어가 앞서 종래 거론된 여러 설의 두세 개를 소개하겠다.

3) 종래 거론된 여러 설 【266】

(1) 주민관

① 교육의 향상과 함께 더욱 민족사상에 가둘 것.
② 이지理智[2]의 향상, 생활 안정과 함께 반성도 또한 하게 할 것.

(2) 인문관

① 동근同根, 동조同祖, 동문同文이고, 장래 혼연渾然 일가一家가 될 것.
② 역사와 습속을 달리해 왔음.

(3) 혈족론

① 내선 결혼을 장려하여 혈족 혼합에 따른 융화를 도모할 것.
② 로마 민족의 쇠퇴는 잡혼雜婚에 따른 혈족적 쇠퇴에 의함.

(4) 경제관

① 내선 태환권兌換券[3]도 통일할 것.

---

2 이성과 지혜를 아울러 이르는 말. 또는 본능이나 감정에 지배되지 않고 지식과 윤리에 따라 사물을 분별하고 깨닫는 능력. 진여(眞如)의 이치를 깨닫는 지혜.
3 정부나 발권 은행이 발행하여 그 소지자의 요구가 있으면 언제든지 정화(正貨)로 바꾸어 주도록

② 경제제도를 달리하고, 저렴한 투자로 개발을 속히 할 것.

(5) 총독 권한

① 병합 조칙대로 총독에게 군사[兵馬⁴] 권한을 부여할 것.
② 위임 입법은 위헌이고, 제령권制令權을 폐지할 것.

(6) 참정권

① 참정권 없는 국민은 일종의 비非단체원이므로 속히 허여許與할 것.
② 캐스팅보트를 줄 우려가 있음.【267】

(7) 연장론

① 연장정책을 취하고, 현치제縣治制를 시행할 것.
② 연장延長이란 나무에 대나무를 이으려고 하는 말임. 일본인이 원적原籍을 조선으로 옮기고, 조선인이 될 수 있겠는가.

(8) 자치론

① 정치·경제상 모두 자립할 수 있는 민족이므로, 별개의 제도로 분립하게 하여 자치를 행하게 할 것.
② 민족 욕구를 자극하고, 그 진전을 재촉할 우려가 있음.

(9) 동화론

① 내선일가, 동화정책으로 나아갈 것.

되어 있는 지폐.
4   병사(兵士)와 군마(軍馬)를 아울러 이르는 말. 군대, 무기, 군비(軍備) 등의 전쟁에 관한 모든 일을 통틀어 이르는 말.

② 민족 동화는 식민 역사상 실패의 흔적을 남겼을 뿐임.

(10) 영토의 정의

① 조선은 내지 이외의 땅으로 문화의 공급을 받아 이를 식민지라고 칭한다.

② 조선은 정신문화가 일찍이 열려 있었고, 또 병합 조칙에서 동일 국민이라고 함. 조선은 실질적으로는 내지와 동일 지역임.

③ 조선은 참정권 없는 비단체원이 거주하는 지역으로 내지와 동일 지역이 아님. 또 홍몽鴻濛[5]의 미개 식민지도 아님. 내지와 법역法域을 달리하는 특수 지역임.

이 밖에 사소한 사례는 일일이 셀 수 없는데, 대체로 이와 같은 것이었다. 그 결과로 현재는 대체로 연장주의가 중심론이 되었다고 생각된다.【268】

4) 조선과 헌법상의 정의

조선에 대한 관찰과 견해가 각기 다른 것은 어쩔 수 없는 추세이다. 그런데 조선이라는 새로운 영토에 대해 헌법의 학리學理에서 그 정의를 일정하게 할 필요가 있다.

조선을 식민지, 동일 지역, 특수 지역, 연장 지역이라고 하는 등 실로 각각 다르지 않은가.

또한 지난번 총리대신은 식민지로 보려고 하는 것이 아니라고 석명釋明[6]했는가 하면, 최근에는 외지라는 새로운 말이 나타나 사용되고 있다.

---

5   하늘과 땅이 아직 갈리지 아니한 혼돈 상태.
6   사실을 설명하여 내용을 밝힘.

이하 여러 설의 장단점을 소개하고, 그 어느 것이 정당한지를 분명히 하고 싶다.

조선이라는 지방 명칭의 근거에 대해 보면, 병합 후 칙령으로 한국 지역을 조선 지방으로 한다고 제정했다. 이 반도의 지방 명칭은 이에 따라 조선이라고 불리게 된 것으로 다른 대명사를 사용할 필요는 없는데, 단지 헌법상에서 본 이 새로운 영토의 정의는 학자에 따라 각기 다르게 나뉘어 있다. 그렇기 때문에 결국 그 칭호도 각각 다르다.

다음에서 그 세 가지 설을 들어 보자.

(1) 제1설

정의 : 조선은 내지와 동일한 지역이다.

학파 : 국수파國粹派 헌법학자.

이유 : 합방 조칙, 병합의 정신, 영토 득실의 원인과 국적 관계 등에서 절대 동일한 신민臣民으로, 동일한 신민이 거주하는 지방은 내지와 동일한 지역으로 한다.【269】

이유의 내용 일부를 서술하면, 조선은 영토 득실의 원인으로 거슬러 올라가 연구해도 할양 또는 발견한 땅이 아니다. 전 정신을 바쳐서 일본과 합병한 것이다.

즉 국가의 새로운 영토인 것은 틀림없다. 그런데 다른 새로운 영토의 원주민은 국적 선택의 자유가 있었다. 조선 주민은 절대로 제국 신민이다. 병합조약 제2항에서 이르길, "조선인은 법령 또는 조약으로 특별한 취급을 하는 것을 정한 경우 이외에는 완전히 내지인과 동일한 지위를 가진다. 반도 재주자에 대해서는 전항 조약의 결과로 현재와 같은 지위를 가지는 것으로 간주한다. 외국에 귀화하여 현재 이중 국적을 가지는 자에 대해서는 추후에 국적법이 조선에 행해지기까지 일본의 이해利害관계에서는 일본 신민이라고 간주한다"고 정해져 있다.

오늘날 국적법이나 참정권 등은 정부에서 장래 그 실시를 인정할 것이므로 동일한 국민이고 동일한 지역이라고 하는 대의명분에서 입론한 국수파 헌법학자의 정의가 이것이다.

(2) 제2설

정 의 : 조선은 식민지이다.
주장자 : 식민학자 및 정치가, 일반 국민의 기분적 여론
이 유 : 주민의 생활 정도가 낮고, 또 본국 이외의 지역으로 본국에서 문화의 공급을 받는 지역이다.

학설로부터 식민지의 정의를 내리면, '식민지colony'라는 것은 곧 홍몽의 미개 지역을 말한다. 또한 영토 득실의 이유에서 생각하면, 【270】 전통적인 방법으로 곧 새로운 발견 지역이거나 또는 주민이 국적 선택의 자유를 가지는 매수 또는 할양된 지역이 아니면 안 된다. 조선은 여기에 해당하지 않는다.

요컨대 이 학파의 학자는 내선인 이민족 관념에 갇혀서, 결국 그 근간의 성격이나 해부解剖 성격을 달리하는 이종족 간의 사례를 파악하거나 혹은 자치를 논하여 영토적 정의를 잘못한 것이라고 판단된다.

(3) 제3설

정 의 : 조선은 특수 지역이다.
주장자 : 이치무라市村[7] 법학박사 외
이 유 : 조선은 참정권이 없는 비단체원의 거주 지역으로, 법역을 달리하는 특수 지역이다.

위 설은 간단하지만, 조선의 정의로는 정당하다고 생각한다. 저 국수파

---

[7] 이치무라 미쓰에 대해서는 부록 「주요 인물 소개」란을 참고할 것.

학자가 무조건 동일한 지역이라고 하거나, 또는 식민학자가 원주민에 대한 이종족 관념으로 식민지설을 주장하는 데 비해 공정한 정의라고 믿는다.

혹 조선의 정의는 이를 논할 필요가 없다고 할지 몰라도, 이를 분명히 하지 않고 조선 시국론을 기초起草하는 것은 마치 개인 생활에서 자기 관념의 성찰 없이 인격 개조를 하려는 것과 같다. 또한 알맞게 조선의 정의나 칭호를 두세 개로 하는 것은 바로 곡학아세曲學阿世[8]하는 것으로 식자가 채택할 것이 아니다.

마땅히 이를 분명히 하고, 그것이 무엇인가를 직시하여 일반의 인식을 바르게 하고, 이를 기초로 하여 내지와 동일한 지역으로 나아가는 방략·순서 등을 연구해야 한다. 특히 연장론자에게는 필수 조건을 이루는 것이라고 생각한다.

한마디로 반도의 명칭은 조선이다.

영토의 정의는 특수 지역이다. 【271】

5) 내지연장주의의 골자

본장에서는 여론의 중심인 내지연장주의에 관련한 여러 설의 요지를 소개하고 싶다. 우선 순서로 이 논리의 결함을 대강 지적하고 각 설 중 주요 자료를 서술하겠다.

(1) 총괄적 결함

종래 연장론은 여하튼 내용이 막연한 것이 많았다. 그중에는 저 동화정책

---

[8] 바른길에서 벗어난 학문으로 세상 사람에게 아첨함.

이라는 몽롱한 관념을 내지연장주의와 합치는 경우도 많았다.

그 막연한 관념으로 일본인이 다수 조선에 와서 오랫동안 역사를 만들어 가면 자연히 조선인의 언어, 습속, 의식주 등을 일본인화할 수 있다고 생각했다. 이것이 내지연장이라고 생각하는 것은 큰 오해이다.

자치론자가 너무 민족의 귀추에 중점을 두고 다른 인종 간의 사례를 파악하여 내선의 장래를 판단하는 잘못을 하는 것과 마찬가지로, 이 연장론자는 민족 귀추 항목은 입론 중에 더하지도 않고 오직 동화라는 관념만으로 전부를 해결하려고 하고 있다.

오늘날의 연장론은 국토경제와 민족정신의 양자를 안배한 새로운 정책론으로, 저 병합 당시 유행한 동화론의 연장이 아니다. 이런 의미에서 앞으로의 입론에서는 새로운 내용, 정의, 재료 등을 갖추지 않으면 안 된다. 단지 막연한 선입관념을 가지는 것은 실로 연장론을 독으로 만드는 총괄적인 제일의 결함이다.

(2) 제2의 결함

시간과 경제를 무시하고 입론하는 것이다. 국토 경륜인 연장 학설이 주안점으로 하는 것은 실로 조선 개발 그것이다. 저 자치론자가 민족정신에 중점을 두는 데 반해, 이 학파의 주장은 토지 개발, 산업 증진에 따라 민족의 피폐를 구제하고 모든 정신 문제도 이에 따라 해결하는 외에는 방법이 없다고 하는 것이다.【272】

그리고 이 개발 목적을 달성하기 위해서는 경제와 시간이 필요하다. 그렇다면 연장파 학설은 이 두 가지 점을 가장 고려하여 입론하지 않으면 안 된다. 그런데 연장론자로서 정반대로 이를 무시하고 논의를 주장하는 자가 많다.

즉 연장론자가 주장하는 것 중 '중요 정무 중앙 이관론'이 그것이다. 사법 사무나 체신 사무 등을 빨리 내지로 이관시키는 것이 내지연장 실현의 한 방법이라고 주장하는 것을 듣는데, 실로 이해할 수 없다. 이전부터 새로운 영토 개발에는 여러 가지 정책이 있었는데, 모두 시간과 경제가 주안점을 이루고 있었다고 생각한다. 즉 모국 대 새로운 영지領地의 경제제도에 차별을 두어, 모국보다 소액의 자금으로 새로운 영지에 커다란 시설을 만들려고 했던 적도 있다.

또한 새로운 영지에 총독 및 기타 중신重臣을 파견하여 책임 정치를 하게 하면, 모국과의 많은 왕복·절충에서 번거로움을 줄여 조선의 개발이 빠르게 된다는 것도 간과해서는 안 된다. 즉 시간과 경제의 문제이다. 오늘날 가령 조선 각 도와 각 부部의 사무를 일일이 중앙과 절충한다면, 조선의 개발은 실로 지체될 것임을 미루어 짐작할 수 있다. 또한 정무의 일부를 중앙에 이관한다면, 그 수입의 결손缺損 또는 다른 각 부 사무와의 연락 관계 등 실로 여러 가지 실제 문제도 뒤따를 것이다.

이를 고려하지 않고, 곧 시간과 경제의 문제를 제외하고, 연장론의 중심점인 조선 개발, 그 자체에 지장이 있는지 없는지도 고려하지 않고, 형식상 중앙에 이관만 하면 그것이 내지연장의 실현이라고 하는 것은 커다란 오해이다. 이것으로는 100년 걸려 조선의 개발을 이룰 수 있는 것을 200년으로 늘리는 시간의 연장이라고 빈정거림을 받아도 무리가 아니라고 생각한다. 요컨대 이것은 연장론의 골자여야 할 조선 개발과 그 필수 조건인 시간과 경제를 무시한 입론으로, 이 자가당착自家撞着은 실로 연장론자의 제2의 결함이다.

(3) 제3의 결함

이상과 현실을 혼동하는 것이다. '총독부 폐지론'과 '조선총독 권한 축소 반대론'이 그것이다.【273】

내지연장이란 총독을 없애고 13현縣을 두어 내무성 직속으로 하고 현치縣治를 하는 것이라고 말한다. 이는 고故 시모오카下岡[9] 총감이 총독부 중심과 총독 책임 정치가 필요 없는 시대에 도달하게 하려던 이상론을 주장한 것이다. 그 기염氣焰의 형용사를 완전히 이 연장주의의 이상이라고 오해하고, 총독부 폐지를 주장하는 무리가 많다.

아무리 연장 이상의 연장이 실현된다고 해도, 조선 방면을 중심으로 하여 통일되지 않으면 안 되는 정무 곧 국경 외교, 경비 등 다수의 문제가 있다. 조선 방면의 정무기관 폐지는 해협海峽을 매립하지 않는 한 상상할 수 없는 것이다.

이는 단지 정치의 중심이 총독부에서 중앙 또는 각 지방단체로 옮겨가는 것을 말하는 것이다. 꼭 정무를 보는 관청 그 자체의 폐지를 의미한 것이 아니다.

그런데 이를 그대로 받아 옮겨 연장주의는 총독부 폐지에 있다고 제창하는 것은 너무 부화뇌동附和雷同이 지나친 논리로, 극단적으로 이상에 심취한 이야기이다.

또한 총독부 폐지를 말하는가 하고 보면, 이번에는 총독 권한 축소에 반대한다고 외친다. 총독부 폐지가 이상이라면 총독 권한 축소도 이상이 아니면 안 될 것이다. 더욱이 총독은 현재 방대한 지역과 인구를 거느리며 책임정치를 하는 중대한 임무를 띠고 있어, 오늘날 급히 그 권한의 축소를 말할 것이 아니다. 현재 조선총독의 군사 권한 등은 1919년(大正 8) 이후 지방장관과 같이 축소되어 있다. 앞으로 특수 법규의 정리·통일과 지방단체의 자치 확립, 조선총독부[本府]의 결의기관 수립, 기타 제도 완비에 따라 총독 중심의 책임정치에서 결의정치로 옮겨감에 따라 그 권한도 차츰 개정·축소될 것은 이 이상론 없이도 당연히 올 결과라고 판단할 수 있다. 그런데 전항 총독부 폐지의 이상론에 반하여, 본항에 한해 오직 총독 중심의 책임정치가 아니면 안 된다고 주장하는 자가 많다. 더욱이 논하는 그 사람들이 어느 것을 이상, 어느 것을 현실에 입각해야 하는지 분별하지도 못하고, 때로는 전자에 치우치고 때로는

---

9 시모오카 주지에 대해서는 부록 「주요 인물 소개」란을 참고할 것.

후자를 고집하는 등 실로 이상과 현실을 혼동하는 것이 제3의 결함이다.

(4) 풍자와 비평

【274】지금까지의 연장론을 검토하면, 실제 위에서 서술한 대로 내용이 막연한 총괄적 결함과, 조선 개발의 요소인 시간과 경제를 무시하는 것, 또는 이상과 현실을 혼동하여 입론하는 등의 세 가지 결함이 있었다. 그것으로 연장 반대론자는 내지연장이란 내용과 정의가 없지 않은가, 즉 구식 동화론의 연장인가, 혹은 조선 개발의 시간 연장인가, 또는 조선 해협을 매립하는 토지의 연장인가라고 하며 한창 야유했다. 이는 연장론자에게는 확실히 아픈 데를 찌르는 따끔한 충고로, 속히 연장론의 윤곽을, 그리고 내용을 분명히 하는 것을 급히 서둘러야 한다고 생각한다.

이하 여러 설의 요지로부터 그 주요 자료를 종합하여, 대체로 연장론의 내용과 윤곽을 묘사해 보자.

① 연장론의 정의

내지와 법역을 동일하게 하는 것을 말한다.

즉 조선의 특수 법령을 정리·개폐하고, 내지와 동일한 법역에 두게 하는 것이다. 그런데 이것도 극단적으로 광의廣義로 해석할 것이 아니라, 이하 보이는 내용과 재료를 갖추면 충분한 것이다.

② 연장론의 내용

연장이란 내선 상호의 연장이다. 그 극치는 일본인이 호적을 조선으로 옮겨 조선 지방의 주민이 되는 것, 또 조선인도 호적을 도쿄로 옮겨 도쿄 지방의 주민이 되는 것이다. 그리고 지금까지의 국적별·인류별·종족별 내선 관념에서 단순히 지방별 신념으로 나아가도록 하는 것을 말하는 것으로, 조선인의 언어·습속을 일본인화하도록 하는 것은 아니다. 또한 특수 정무를 중앙에 옮기는 것도 아니다. 그리고 조선총독부를 폐지하는 것도 아니다. 제국의 수도를 경성으로 옮기는 것도 아니다. 이것들은 일부 극단적인 사례로, 결코 내지연장론의 중심 자료가 아니라고 생각한다.

③ 연장론의 재료

가. 내지연장의 제1 사업은 【275】 행정기관의 제도 쇄신, 특히 지방제도의 개선·확립을 이루는 것이다. 그리고 속히 지방자치의 크고 중요한 근본을 확립하게 하는 것이다.

나. 내지연장의 제2 사업은 중요 도시의 시제市制 시행이다. 우선 각종 공영사업을 부영府營으로 하고 재원의 충실을 도모하여 시제로 변경하는 것이다.

다. 내지연장의 제3 사업은 조선총독부 결의기관의 제정이다.

라. 내지연장의 제4 사업은 조선인의 국적법 해결이다.

마. 내지연장의 제5 사업은 참정권의 부여이다.

바. 내지연장의 제6 사업은 특수 법규를 정리·통일하고, 내선의 법역을 공통되게 하는 것이다.

이상의 여섯 가지 항목은 지금까지의 연장론에 나타난 주된 재료이다. 이에 수십 년을 기해 이를 달성할 수 있을 만큼의 순서와 전략을 세우고 나아간다면, 내선의 중대 현안은 반드시 계획대로 해결되고 내지연장의 결실을 거둘 수 있을 것이다.

그리고 조선의 정무를 집약하여 간결하게 처리할 수 있게 되고, 조선의 지방자치와 조선총독부의 결의기관이 완성되면 방대한 총독의 권한도 자연히 고려될 것이다. 만약 총독의 권한이 축소되어 평화로워지게 된다면, 또한 황족 편의 이주移駐도 부르고, 반도의 외교 의식儀式, 또는 사회도덕의 의표儀表[10]로서 정치 이외 도덕 중심에 다다르는 등 또 수많은 시의적절한 연구를 할 여지가 있을 것이라고 생각한다. 【276】

연장정책의 실시론에 이르면 여러 가지 어려운 문제가 일어난다. 국적법 해결, 참정권 시행, 혹은 법역 공통에 따른 의무교육, 징병령 등과 같은 중대 문제가 있다. 그런데 매우 어려운 문제는 뒤로 미루고 완급을 조절하여 연구・실행한다면, 각각 상당한 이법理法을 발견할 수 있을 것이라 단언한다. 더 많은 실례 자료 등이 있는데, 여기에서는 이를 생략한다는 것을 덧붙인다.

6) 결론

이상 5장으로 나누어 1) 서론, 2) 시국론의 추세, 3) 종래 거론된 여러 설의 요지, 4) 조선의 지방 명칭과 그 법적 정의, 5) 연장론의 골자 등을 소개했다. 이를 통해 논지는 관철되지 않으나, 요점은 제5장에서 연장론의 해부를 시도한 것이다. 앞의 제4장에서는 필요한 키워드를 서술했다.

제6장 본장에서는 연장정책 실행의 급무를 서술하고, 또 민정의 실제를 소개하는 것으로 결론에 대신하고 싶다.

일본인 논객 사이에서도 연장론이라는 것의 내용이 갖추어지지 않은 것을 힐난하고 나아가서는 이 논리의 취지도 부정하려는 이가 있다고 서술했는데, 조선 청년들은 더욱 더 진지하게 이를 사활死活 문제로서 연구・비판하고 있다. 즉 일본인이 논하는 정치 이상이 내용・정의를 갖추지 않고, 그 방법론에 대해서는 더욱 연구할 만한 것이 없다고 한다. 그렇다면 그 이상의 실제화는 100년 후가 될지 500년 후가 될지 더욱 짐작되지 않는다는 것이다. 현재 국적법도 병합된 지 20년이 지났는데도 아직까지 해결되지 않았다는 것이다. 이는 명확히 식민지로서 종속정책을 시행하는 것이라고 한다.【277】

이는 병합을 축복하고 대국민 이상에 동경하는 새로운 부속민이 완전한

---

10 몸을 가지는 태도. 또는 차린 모습.

국민 생활을 영위하고 싶다고 연장정책의 철저한 실시를 강하게 주장하는 목소리이다. 그렇다면 그 반면에는 이 기대의 실현이 지체되는 만큼, 그들에게는 정신적 초조·동요가 따른다는 것도 간과해서는 안 된다. 이와 함께 해마다 교문을 나오는 수만 명의 청년은 가장 국가 신념에 따라 교육되어 내지연장주의를 충실히 실행할 만한 배역을 떠맡았으면서도, 한번 교문을 나와 사회생활의 실제와 그들이 배운 신념 사이에 괴리가 있는 것을 체험하면 이들 또한 거침없이 중심 사상으로부터 멀어지려고 하고 있다. 이는 처음부터 신념만을 강조하고 그 실제를 따르게 하지 않은 결과이다.

즉 이상에서 서술한 새로운 부속민의 기대 실현이 지체되는 것, 청년의 국민 신념과 사회의 실제에 괴리가 있는 것, 이 두 가지는 현재 조선 대중이 시종일관 정신적 혼돈을 느끼는 최대의 원인이다.

더욱이 이는 의논이 갈리는 것처럼 생각된다. 즉 민의 지력智力·부력富力 등 문화 민도民度를 고려하여 이를 실시하지 않으면 안 된다는 논의도 듣지만, 시기를 기다리며 주저하는 사이에 그들이 받은 교육의 힘은 그들에게 많은 초조와 번민을 불러일으켜 중심 사상에서 멀어지게 하고 다른 몽롱한 사상을 환기한다는 것은 과거의 추세가 분명히 이를 입증하고 있다고 생각한다.

이제 곧 병합한 지 20년으로, 메이지·다이쇼·쇼와 3세世를 거쳐 5대째 총독을 맞이하고, 새로운 정치의 대강이 확립되고 반도의 문화 민도도 과거에 비할 것이 아니다. 말하자면 이제는 연장주의 등 이상론을 가질 시기가 아니라, 그 철저한 실시를 도모해야 할 때이다.

이제는 다행히 국론이 연장주의에 일치되어 또 다른 의논을 허용하지 않게 귀착되어 있다. 앞으로는 속히 그 방법을 연구하고 그 실시를 촉구하며 또 시설 완료의 기간을 단축해서, 새로운 부속민이 위에서 서술한 그 기대와 신념에 부합하는 국민 생활을 편안하게 하여 중심 사상의 확립을 도모하고 영원히 조선 문제의 해결을 도모할 것을 기원하면서 붓을 놓기로 한다.【278】

편자 후기

이 책은 편자가 과거 18년간 정리한 것이다. 여러 갈래로 갈려 상당히 복잡했던 시국론의 추세가 지금은 연장주의로 일치하고 있다.

이후 원고를 편집한 것이 십 수 회, 인쇄한 것이 3회로 일부 동호인同好人에게만 나눠주어 왔으나, 이번에는 이를 공표하기로 했다.

논지가 오래된 것, 또는 모가 나서 시사적으로 꺼려지는 것, 또 너무 장편에 걸친 것 등은 모두 취사선택하여 이상의 49장에 그쳤다.

앞으로는 통치의 이상론을 배척하고, 연장책을 중심으로 한 방법론이 나올 것을 기원한다. 또한 이 책이 세상에 나오기까지 이토 간도伊藤韓堂[1]의 지도에 따른 것이 많았음을 부기하고, 이상으로 붓을 놓는다.

편자 이종식李種植 【279】

---

1 이토 간도에 대해서는 부록 「주요 인물 소개」란을 참고할 것.

부록
주요
인물
소개

　　원문에는 주요 인물 소개란이 없으나, 번역본에서는 독자들의 편의를 위해 별도로 주요 인물을 소개했다. 주로 이 책에 수록된 논문을 저술한 필자와 본문에 나오는 식민통치 및 독립운동과 관계된 주요 인물을 한국인, 일본인, 기타 외국인으로 나누어 약력을 정리했다. 그 밖의 인물은 각주에서 소개했다. 인물 소개를 위해 참고한 문헌은 대체로 아래와 같다. (역자)

참고문헌

민중서관, 『인명사전』, 2002.
임석진 외, 『철학사전』, 중원문화, 2009.
조선총독부 편, 박찬승·김민석·최은진·양지혜 역, 『국역 조선총독부 30년사』 하,
　　　민속원, 2018.
크리에이티브 커먼즈, 『위키백과』(한국어판·일본어판).
한국인문고전연구소, 『중국역대인물 초상화』.
한국학중앙연구원, 『한국민족문화대백과』.

講談社, 『日本人名大辭典』.

國立公文書館 アジア歷史資料センター, 「日露戰爭關連用語集」.

國立國會圖書館, 「近代日本人の肖像」.

宮本信次, 『京城府町內之人物と事業案內』 京城新聞社, 1921.

大陸民友社, 『半島官財人物評論』, 1926.

德富蘇峰記念館, 「人物檢索」.

東亞經濟時報社, 『朝鮮銀行會社組合要錄』, 1929, 1931, 1937.

民衆時論社 朝鮮功勞者銘鑑刊行會, 『朝鮮功勞者銘鑑』, 1935.

思文閣, 『美術人名辭典』.

森川淸人 編, 『朝鮮總督府施政二十五周年記念表彰者名鑑』, 表彰者名監刊行會, 1935.

小學館, 『日本大百科全書』.

日外アソシエーツ, 『新訂 政治家人名事典 明治~昭和』.

日外アソシエーツ, 『20世紀日本人名事典』.

朝鮮公論社, 『在朝鮮內地人紳士名鑑』, 1917.

朝鮮新聞社 編, 『朝鮮人事興信錄』, 朝鮮人事興信錄編纂部, 1935.

朝鮮實業新聞社, 『朝鮮在住內地人 實業家人名辭典 第1編』, 1913.

朝鮮中央經濟會, 『京城市民名鑑』, 1922.

朝鮮總督府, 『日本帝國職員錄 : 朝鮮總督府』, 1913.

朝鮮總督府, 『朝鮮總督府及所屬官署職員錄』, 1916~1932.

朝日新聞社, 『朝日日本歷史人物事典』.

한국인

김윤식金允植(1835~1922)　　　서울 출생. 1874년 문과에 급제한 뒤 황해도 암행어사·문학·부응교·부교리·승지 등을 역임했고, 1880년 순천부사에 임명되었다. 정부의 개항정책에 따라 영선사로 학도와 공장工匠 38명을 인솔하고 중국으로 건너가 그들을 기기국機器局에 배치하여 일하도록 했다. 한편 북양대신北洋大臣 이홍장李鴻章과 7회에 걸쳐 회담을 한 결과 조미수호통상조약을 체결했다. 청나라 체류 중 임오군란이 일어나자 청나라에 파병을 요청하는 동시에, 흥선대원군을 제거할 수 있는 방략 등을 제의하여 청나라의 개입을 주도했다. 1882년 임오군란이 수습되고 흥선대원군이 청나라로 납치된 후 그 해 9월 재차 청나라로 건너가 학도·공장들을 본국으로 철수시켰다. 그리고 각종 기기를 도입하여 기기창機器廠을 설치할 수 있는 기반을 마련했다. 이후 호군護軍·강화부유수에 임명되고, 규장각 직제학을 겸임했다. 강화부유수로 있을 때 원세개袁世凱의 도움으로 500명을 선발하여 진무영鎭撫營을 설치했다. 통리내무아문이 설치되자 협판통리내무아문사무로 임명되었고, 그 뒤 아문이 개칭되자 협판군국사무로 임명되었다. 1884년 갑신정변이 일어나자 김홍집金弘集 등과 함께 원세개에게 구원을 요청하여, 청나라 군대와 일본군을 공격하여 정변을 진압했다. 그 후 병조판서를 거쳐 독판교섭통상사무督辦交涉通商事務로서 대외 관계를 담당했다. 독판 재임 중 민씨 척족과 친일 급진 개화파 세력에 대항하기 위해 흥선대원군의 귀국을 도모하여 실현했다. 원세개가 주차조선총리교섭통상사의駐箚朝鮮總理交涉通商事宜로 부임하자 김윤식의 친청 노선은 한층 굳어졌고, 1886년부터 반대파의 반발이 거세졌다. 1887년 부산첨사 김완수金完洙가 일상사채日商私債에 통서統署의 약정서를 발급했다는 죄목으로 면천沔川으로 유배되어 5년 6개월을 지냈다. 1894년 석방되어, 1895년 6월 강화부유수로 임명되었다. 그 뒤 김홍집내각에 등용되어 군국기무처 회의원으로 갑오개혁에 관여했고 독판교섭통상사무에 임명되었으며, 7월 정부기구의 개편에 따라 외무아문대신에 임명되었다. 1896년 아관파천이 일어나자 을미사변과 관련하여 탄핵되고 1898년 제주목에 유배되고, 1901년 지도智島로 이배되었다. 1907년 10년 만에 해금되어 서울에 돌아왔다. 이후 황실제도국총재皇室制度局總裁·제실회계감사원경帝室會計監査院卿·중추원 의장 등을 맡았다. 한편 기호학회 회장, 흥사단 단장, 교육구락부 부장, 대동교총회 총장으로 활약했다. 일본의 한국병합 후 일제가 중추원 부의장직과 작위, 연금 등을 주었으나 이를 거절했다가, 이후에 고종과 순종의 권유에 따라 작위를 받았다. 1916년 경학원대제학經學院大提學에 임명되었으나 두문불출했다. 1919년 고종이 서거했을 때 위호의정位號議定에서 일본 측이 '전한국前韓國'이라고 '전前'자를 고집하자 이에 항의했다. 3·1운동이 일어나자 이용직李容稙과 독립을 요구하는 「대일본장서對日本長書」를 제출했다.

민원식閔元植(1886~1921)   경기도 양평 출생. 1899년 일본으로 건너가 후쿠오카福岡 동아어학교에서 교사로 지냈다. 1905년 3월 경무청 총순總巡으로 임명되었으나 곧 사임했다가 이해 4월 다시 임명되었다. 이후 승훈랑承訓郎, 광제원장廣濟院長, 궁내부 제일 회계담당, 내무부 위생국장, 궁내성 사무시찰관 등을 역임했다. 1908년 대한실업장려회를 조직하고, 조직 확대를 위해 이지용李址鎔과 함께 친일단체 대한실업협회大韓實業協會를 조직하여 부회장이 되었다. 동아개진교육회·제국실업회·정우회 등에 참여하며 합방운동을 주도했다. 1909년 친일단체 국시유세단國是遊說團의 기관지 『대동일보大同日報』 사장에 추대되었으며, 동아찬영회東亞讚英會에도 참여했다. 1910년 1월 『시사신문時事新聞』을 창간하고 대표가 되었고, 병합 이후 중추원 부찬의에 임명되었다. 3·1운동 이후 신일본주의를 표방하는 국민협회國民協會를 조직했으며, 1919년 4월 1일 『시사신문』을 다시 발행하여 사장에 취임했다. 이 시기 도쿄에서 조선인 참정권운동을 전개하던 중, 1921년 2월 16일 도쿄 제국호텔에서 유학생

양근환梁權煥의 단도에 찔려 사망했다.

박열朴烈(1902~1974)　　　경북 문경 출생. 함창보통학교咸昌普通學校를 졸업한 뒤 1917년 경성제2고등보통학교에 입학하여 1919년 3·1운동에 참가했다가 퇴학당하자, 일본으로 건너가 세소쿠영어학교正則英語學校에서 수학했다. 이 무렵 일본의 사회운동가인 오스기大杉榮·사카이堺利彦 등과 접촉하며 사회주의운동에 투신했다. 1921년 김판국金判國·김약수金若水·조봉암曺奉岩·서상일徐相日 등 20여 명과 함께 신인연맹新人聯盟과 흑양회黑洋會를 통합하여 흑도회黑濤會를 창설했다. 1922년 김약수 등 공산주의 계열과 분리하여 무정부주의자들을 규합해서 풍뢰회風雷會(일명 흑우회黑友會)를 결성했으며, 이 단체의 기관지로 『흑도黑濤』·『불령선인不逞鮮人』·『현대 사회』 등을 발간했다. 1923년 비밀결사인 불령사不逞社를 조직했다. 이해 9월로 예정된 일본 황태자 결혼식을 기하여 일본 천황을 비롯한 일본 황실 요인을 일거에 폭살시키고자 가네코 후미코金子文子와 함께 거사계획을 추진하던 중 관동대진재關東大震災가 발생하고 불령사의 조직이 발각되어 붙잡혔다. 1926년 대역죄로 일본 대심원에서 사형이 언도되었으나 곧 무기징역으로 감형되었다. 1945년 광복을 맞아 22년 2개월 만에 석방되었다. 1946년 일본거류민단의 전신인 신조선건설동맹을 조직하여 활동하다가 재일거류민단으로 개편되자 단장으로 활동했다. 1948년 대한민국정부 수립 직후 귀국하여 장학사업에 종사하던 중 6·25 때 납북되었다. 저서로는 『신조선혁명론』이 있다.

박영철朴榮喆(1879~1939)　　　전북 전주 출생. 대한제국 학부 유학생으로 일본으로 건너가 도쿄 세조학교成城學校를 다닌 후 일본 육군사관학교에 입교하여 1903년 졸업했다. 1904년 러일전쟁에 종군하고, 육군 기병 참위와 육군무관학교 교원·교관을 지낸 후 대한제국군대로 복귀했다. 1905년부터 1906년까지 육군 기병의 부관·정위·참령, 육군유년학교 부관, 군부 교무과원·기병과

원, 경성 위수사령부 참모관 등을 지냈다. 1907년 시위혼성여단 참강관, 군부대신 관방 부관을 역임했다. 1908년 6월부터 일제의 한국주차헌병대에 파견되어 정계 동향 파악, 정보 수집 등의 업무를 수행했다. 국권피탈 이후 1911년 조선주차헌병대사령부 기병참령으로 배속되었다. 1912년 전역한 후 그해 8월 전라북도 익산군수, 1918년 함경북도 참여관, 1921년 전라북도 참여관, 1925년 강원도지사, 1926년 함경북도지사로 임명되었다. 1927년 동양척식주식회사 감사, 삼남은행장, 동민회同民會 부회장, 조선산림회 이사, 경성상공회의소 특별위원을 맡았다. 1928년 조선상업은행 부은행장이 되었고, 조선불교단 이사를 역임하고, 경성협찬회를 발의하여 평의원 및 상담역 등을 맡았다. 1930년 경성방송국 이사, 조선미곡창고주식회사 취체역取締役, 1931년 조선상업은행 은행장, 전선시국대회 선전계, 경성부 교육회 부회장과 단군신전봉찬회 고문 등으로 활동했다. 1932년 조선간이생명보험사업자문위원회 위원, 조선철도주식회사와 조선신탁주식회사의 취체역을 맡았다. 1933년 중추원 참의가 되어 사망할 때까지 활동했다. 또한 그해 중추원 시정연구회 경제부 위원, 조선맥주주식회사 취체역, 조선금융조합연합회 설립위원, 조선신궁봉찬회 평의원·고문을 맡았다. 1934년에는 조선대아세아협회 상담역, 경기도 국방의회연합회 부회장과 조선국방의회연합회 상임이사, 조선농회 특별의원, '일본 민족과 일치 합작'을 주장하던 시중회時中會 이사를 맡았다. 1935년 북선제지화학공업주식회사 감사, '사상범을 선도'하기 위해 경기도청에서 조직한 소도회昭道會 부회장 등을 맡았다. 1936년 조선수산회 부회장, 선만척식회사 설립위원, 조선산업경제조사회 위원, 치수조사위원 등을 역임했다. 1937년 경성 주재 만주국 초대 명예 총영사와 조선중공업회사 취체역 등을 맡았고, 조선총독부에 국방헌금 1만 원을 냈으며, 경기도군용기헌납기성회를 발의한 후 모금운동을 주도했다. 또한 '황군위문가皇軍慰問歌'를 적은 카드 5만 매를 만들어 일본군에 배포했으며 순회시국강연회도 개최했다. 1938년 조선총독부의 저축장려위원회·시국대책조사회 위원, 국민정신총동원조선연맹 준비위원·발기인·이사,

조선방공협회 경기도연합지부 평의원, 시국대응전선사상보국연맹 총무 등을 역임했다. 또한 국민정신총동원조선연맹 순회강연반의 연사로 각 도를 순회했다. 1939년 경성부 육군병지원자후원회 이사, 조선지원병제도제정축하회 실행위원 및 발기인, 한강수력전기회사 취체역으로 활동했다.

배구자裵龜子(1905~2003)　　서울 출생. 배정자裵貞子의 조카이다. 12세에 조선 공연에 온 쇼쿄쿠사이 덴카쓰松旭齊天勝의 덴카스곡예단天勝曲藝團에 입단했다. 덴카쓰곡예단의 프로그램은 무용·음악·곡예·연극·가극이었는데 쇼쿄쿠사이 구자松旭齊龜子라는 예명을 받을 정도로 기예가 성장했으나, 1926년 평양 공연 후 서울로 도망했다. 이후 홍순언洪淳彦과 결혼하고, 1928년 서울 장곡천정長谷川町 공회당에 올린 음악무용대회(조선인 최초의 무용공연)에서 발표한 '아리랑'이 큰 호응을 얻었다. 1929년 배구자예술연구소를 설립하여 단원들을 교육하고, 1930년 배구자무용가극단일행이 일본의 흥행사를 통해 일본에서 활동했다. 조선춤의 무대화를 위해 '파계', '물 긷는 처녀', '방아타령' 등의 작품을 발표했다. 1931년을 기점으로 악극이나 레뷰revue 무대에 중심을 두었다. 1935년에 홍순언과 함께 회전무대와 호리촌트horizont를 갖춘 당시로는 최신식의 동양극장을 지었고, 전속극단 청춘좌, 희극좌, 동극좌, 호화선을 운영하며 일제 말기 대중극을 일으켰다. 레퍼토리는 노래, 소규모 관현악, 레뷰 춤, 가극, 만극 등 대중적 취향의 것이었다. 조선과 일본을 오가며 활동하다 해방 후 일본에 정착한 후 특별히 활동하지 않았다.

배정자裵貞子(1870~1952)　　경남 김해 출생. 아버지가 민씨 일파에게 처형된 뒤 죄적罪籍에 올라 어머니를 따라 유랑생활을 하다가 1882년 여승女僧이 되었다. 1885년 아버지의 친구이자 밀양부사인 정병하鄭秉夏의 도움으로 일본으로 도피했다. 망명 중 안경수安駉壽의 도움을 받아 도쿄 소쓰나尙絅여자중학교에 입학했으나 중퇴했다. 김옥균 등에게 의탁했다가, 1887년 이토 히로부미伊藤博文

의 양녀가 되었다. 사다코貞子로 개명하고 철저한 정보원 교육을 받은 뒤, 1894년 동학농민운동 때 스파이 임무를 띠고 일본어 통역 명목으로 귀국하여 신분을 숨기고 고종에게 접근해서 고종의 총애를 받으며 정치 정보를 빼내는 등 고급 밀정으로 활동했다. 1895년 일본공사관의 조선어 교사이던 현영운玄暎運과 결혼했다가 약 1년 후 이혼했으며, 박영철과 결혼했다가 5년 만에 이혼했다. 1905년 이토의 밀서를 고종에게 전달한 밀서 사건으로 절영도에 유배되었다가, 이토가 초대 통감부 통감으로 부임하자 풀려나 다시 밀정으로 복귀했다. 1909년 조선 주둔 일본군의 헌병대 조선인 촉탁, 일본제국 외무부 공무원 등으로 활동했다. 1918년 10월부터 1919년 10월까지 만주 하얼빈 주재 일본총영사관 직원으로 일했다. 1920년에는 조선총독부가 만주지역에 설립한 첩보 단체 만주보민회滿洲保民會에 가입하여 활동하고, 1920년 일본군의 시베리아 출병 때는 봉천奉天의 일본총영사관 직원으로 만주, 시베리아를 오가며 군사 스파이로 활약했다. 그 후 간도, 상해 등지에서 독립운동가 체포를 위해 암약하다가, 귀국하여 1922년부터 총독부 경무국 촉탁으로 근무했다. 그 뒤 총독부 경무국장 마루야마 쓰루기치丸山鶴吉의 지령을 받아 만주, 간도, 상해, 중국 본토 등을 오가며 활동했다. 그러다가 당대 친일파 및 일본인이 두려워하던 대한통의부大韓統義府 비밀암살단 박희광朴喜光의 위협으로 1927년 은퇴했다. 태평양전쟁이 발발하자 '일본군 위안부' 송출 업무를 맡아 70세의 노구에도 조선인 여성 100여 명을 '군인위문대'라는 이름으로 남양군도까지 데리고 갔다. 해방 후 야산에 숨어 살다가 반민족행위처벌법에 의해 1949년 체포·구속되었다.

서상훈徐相勛(1858~1943) 경북 대구 출생. 예조판서 서정순徐正淳의 아들이다. 1885년 진사시에 합격하고, 1889년 경무대景武臺 문과시文科試 병과에 급제했다. 1891년 시강원侍講院 겸설서兼說書를 시작으로 예문관 검열, 탁지부 참서관, 중추원 의관, 비서원승, 성균관장, 궁내부 수학원 차장 등을 역임했다.

1907년 조직된 대동학회의 발기인 겸 총무·평의원, 대동학회 법률교육기관 대동전문학교 설립 시 찬무원, 1908년 기호흥학회 찬무원으로 참여했다. 식민지기에는 조선총독부 중추원 부찬의(1910~1940)로 일제 지배 정책에 협력했다. 1915년 조선물산공진회 경성협찬회 회원, 1920년 대동사문회 창립 이사, 1929년 조선박람회 평의원, 1931년 단군신전봉찬회 고문, 1932년 조선유교회 명리원明理院 법정法正, 1935년 『일월시보日月時報』 경학부 고문, 1939년 조선유도연합회 참여 등으로 활동했다. 임전대책협력회와 흥아보국단을 통합하여 1941년 임전보국단이 조직되자 서울지역 발기인으로 참여했다. 일본정부로부터 1911년 한국합병기념장, 1915년과 1928년 대례기념장, 1922년과 1928년 서보장瑞寶章 등을 받았다.

손병희孫秉熙(1861~1922)　　충북 청원 출생. 방정환方定煥이 사위이다. 1882년 동학에 입도하고, 1892년 최시형崔時亨 등 간부들과 함께 교조 최제우崔濟愚의 신원운동伸寃運動을 전개했다. 1894년 동학농민운동 과정에서 남·북접의 관계가 미묘해지자, 손병희는 두령으로서 남접을 성토했다. 그러나 오지영吳知泳의 중재로 보국안민의 기치 아래 타협하여 갈등은 해소되었다. 그 뒤 북접통령北接統領이 되어 공주전투 등에 나섰다. 또한 북접 산하 동학교도를 지휘·통솔하여 논산에서 남접의 전봉준과 합세했다. 그러나 공주 우금치전투에서 패배했다. 이후 탄압의 손길이 적게 미친 함경도와 평안도 지방으로 피신해서 교세 확장·포교에 힘썼다. 1897년 실질적으로 제3세 교주 일을 맡게 되었고, 최시형이 체포되어 서울 감옥에서 처형된 뒤 정식으로 교주가 되었다. 교주가 된 뒤에는 여러 지방을 돌며 동학의 재건에 진력했다. 1904년 러일전쟁이 일어나자 국내 교도들에게 진보회를 조직하게 했다. 하지만 일제와 손병희의 지령을 배반한 이용구李容九의 합세로 진보회의 혁신운동은 실패했다. 이후 동학의 정교분리政敎分離와 사후 대책을 강구하면서, 동학을 천도교로 개칭하여 본래의 종교운동으로 되돌아갔다. 1906년 1월 일본에서 귀국하여, 2월 「천도교대헌天道敎大憲」을 반포하고 천도교 중앙총부를 서울 다동茶洞에 설치했다. 1907년 일선에서 물러난 한편, 천도교의 당면한 재정난은 교도들이 쌀을 내는 '성미법誠米法'을 제정하여 타개책을 모색했다. 1911년 일제가 성미 염출마저 금지시키자, 교도의 자발적인 특별의연금으로 보충하여 나갔다. 1914년에는 무기명성미제를 실시하여 재정상태가 호전되었으며, 이는 3·1운동 때 운동자금으로 쓰였다. 한편 보성학교普成學校를 비롯하여 합동소학교蛤洞小學校·광명소학교光明小學校·석촌동소학교石村洞小學校, 문창보통학교文昌普通學校 등을 보조했다. 그리고 보성학원, 동덕여자의숙同德女子義塾을 인수·경영했다. 출판기관으로 주식회사 보문관普文館을 설립하기도 했다. 그러나 보문관은 사기사건에 연루되어 경무총감부에 계류되었다. 앞서 1910년 초 사동寺洞 중앙교당 옆에 창신사彰新社를 설립하여『천도교월보』제1호를 냈는데, 이후 보성사普成社와 병합하여 시설을 확충했다. 1918년 천도교 측 대표로 3·1운동의 주역으로 참가하여, 1월 20일경 권동진權東鎭·오세창吳世昌·최린崔麟 등과 함께 독립운동은 대중화해야 하고, 일원화해야 하며, 비폭력으로 진행하기로 합의했다. 1919년 2월 27일 밤 보성사에서 독립선언문 2만 1,000매를 인쇄하여, 이튿날 가회동 자신의 집에 민족대표 23명이 모여 다음 날 거사를 재확인했다. 그리고 파고다공원에서 독립선언식을 할 경우의 불상사를 염려하여 파고다공원 부근 태화관에서 3월 1일 기념식을 거행했다. 그 후 일본경찰에 자진 검거되어 1920년 10월 징역 3년을 받고, 서대문형무소에서 복역 중 1년 8개월 만에 병보석으로 풀려나 상춘원常春園에서 치료했다.

신흥우申興雨(1883~1959)　　충북 청원 출생. 1894년 배재학당에 입학하여 5년간 수학했는데, 이때 접한 기독교와 서구사상이 이후 활동과 사상에 큰 영향을 미쳤다. 서재필徐載弼 등과 교류하며 협성회와 독립협회 활동에 적극 참여했다. 1898년 아펜젤러Appenzeller에게 세례를 받아 기독교인이 되었다. 1901년 아펜젤러의 권유에 따라 관립 한성덕어학교에 입학했는데, 재학 중학생회 대표로 과격한 정치개혁을 주장하다가 투옥되었다. 수감 중 독립협회 주도 인물인 이상재李商在·이승만李承晩 등과 교류했고, 벙커Bunker·게일Gale 등 선교사들이 전달해 준 각종 서적을 통해 기독교와 서구사상에 대한 지식을 심화했다. 1903년 초 출옥한 뒤 미국 서던캘리포니아대학교University of Southern California에 입학하여, 예과 2년을 수료한 후 문리과대학으로 전과해 1910년 학사학위를 받고, 1911년 석사학위를 받았다. 유학하는 동안 1908년 친일 외교관 미국인 스티븐슨Stevens을 저격한 사건으로 재판을 받던 장인환張仁煥, 전명운田明雲의 변호사 및 통역을 맡았다. 1911년 귀국한 뒤 배재학당의 학감이 되고, 이듬해 학당장에 취임했다. 이후 1910년대 내내 정동교회, 감리교 선교부 교육이사회, 조선중앙기독교청년회YMCA 등에서 중심적인 역할을 했다. 그런데 1920년 1월 배재고보 학당직에서 권고사직을 당한다. 3·1운동 당시 평양에 머물면서 만세운동에 소극적인 태도를 보인 것에 배재고보의 교사진과 학생들이 교장 불신임운동을 벌였기 때문이다. 하지만 1920년 9월 YMCA 총무로 선출되어, 당시 기독교가 외국의 신학적 경향을 무비판적으로 수용하는 현실을 비판하고 조선의 주체적인 신학을 수립해야 한다는 '조선적 기독교론'을 주창했다. 1925년 이상재 등과 비밀결사인 흥업구락부를 결성하고, 1927년 신간회운동에 참여했으며, 기독교를 통한 계몽운동에 힘을 기울였다. 그러나 1930년대에 접어들면서 사상과 활동에 큰 변화를 겪게 된다. 1932년 미국 여행 중 『히틀러전』을 읽고, 그해 10월 「자유와 통리」라는 글을 발표하면서 파시즘을 제창했다. 1932년 6월경 파시즘을 받아들인 적극신앙단을 결성하여 단장으로 선출되었다. 1937년 9월 조선총독부 학무국 주최 시국 순회 강연회 강사 등으로 활동하고, 1937년 말 흥업구락부 사건으로 체포되었다가 1938년 9월 전향 입장을 밝히고 기소유예로 풀려났다. 1938년 기독교계 연합 친일단체인 조선기독교연합회 평의원과 국민정신총동원조선연맹 비상시 국민생활개선위원회 위원, 1939년 친일잡지사인 동양지광사 이사로 활동했다. 1941년 조선임전보국단의 상무이사 겸 총무부장, 1944년 국민동원총진회 발기인과 이사를 역임하고, 1945년 조선언론보국회에 참여했다. 해방 후에는 미군 공병단의 하청업체인 한국공사를 운영했다. 1950년 주일특명전권대사, 1954년 대한YMCA 고문·총무를 맡았다. 1957년 민주당 고문으로 추대되어 이승만 반대운동에 참여했다.

어윤적魚允迪(1868~1935)   경기도 광주 출생. 1894년 8월 탁지아문 주사로 관직생활을 시작했다. 같은 해 일본 유학의 명을 받고 10월부터 일본 게이오의숙慶應義塾에서 1895년 8월까지 수학한 후 귀국했다. 그해 12월 박종화朴鏞和와 함께 대원군 손자 이준용李埈鎔의 수행원으로 일본으로 갔다. 1896년 3~8월 일본법률학교日本法律學校 문과대학 강사로 활동하면서 도쿄전문학교東京專門學校(와세다대학早稻田大學의 전신) 교외생으로 들어가 1896년 9월 정치경제과 3년 과정을 수료했다. 1898년 군법기초위원, 1899년 외부 번역관보, 1902년 외부 번역관이 되었다. 그해 7월 칭경시·예식사무위원稱慶時禮式事務委員과 1903년 10월 평식원平式院 총무과장總務課長을 겸했다. 외부 번역관으로 1904년 4~5월 일본 보빙대사報聘大使 이지용李址鎔을 수행했다. 이해 일본정부가 주는 훈5등 욱일장旭日章을 받았으며, 10월 외부 참서관參書官으로 승진하여 총영사관을 겸임했다. 1905년 농상공부 도량형 임시사무위원과 문관전고소文官銓考所 위원을 겸하면서 훈5등 팔괘장八卦章을 받았다. 1906년 1월 용천감리龍川監理로 전임되면서 용천항재판소 판사를 겸했고, 10월 감리서가 폐지되면서 용천부윤 겸 용천항재판소 판사에 재임용되었다. 1907년 학부 편집국장으로 전임되면서, 관립 한성사범학교 교장과 국문연구소 위원을 겸했다. 1908년 3월 학부 비서관에 재직하면서, 5월 관립 한성고등여학교 교장을 겸임했다. 1910년 8월 훈4등 팔괘장을 받았다. 국권피탈 직후인 1910년 10월 중추원 부찬의에 임명되어 1921년 4월까지 활동했다. 1912년 한국병합기념장을 받았다. 1916년 중추원이 주관한 조선반도사 편찬사업의 조사주임을 맡아 사료수집을 담당했다. 1919년 12월 대동사문회大東斯文會 발기인으로 참여하여, 1920년 1월

상무이사 겸 치사부治事部 주임, 12월 총무를 맡았다. 같은 해 12월 조선총독부 임시교과서조사위원회 위원에 위촉되었다. 1921년 4월 중추원 참의에 임명되어 1927년 4월까지 활동했다. 1922년 조선사편찬위원회 위원에 위촉되었다. 1923년 훈4등 서보장瑞寶章을 받았다. 1924~1929년 친일단체 동민회同民會 평의원으로 활동했고 1925년 조선사편수회 위원을 맡아 『조선사』 편찬에 참여했다. 1926~1934년 경성제국대학 법문학부 강사촉탁으로 근무했고, 1927~1929년 경기도 참여관으로 재임했다. 1928년 훈3등 서보장, 11월 쇼와昭和 천황 즉위 기념 대례기념장을 받았다. 1929년 5월 조선박람회 평의원으로 위촉되고, 12월 칙임관 대우 중추원 참의에 재임명되어 1932년 12월까지 활동했다. 1930년 명륜학원 강사, 1931년 단군신전봉찬회 고문, 1932년 명륜학원 평의원을 역임했다.

여운형呂運亨(1886~1947)   경기도 양평 출생. 1900년 배재학당培材學堂에 입학했다가 중퇴하고, 흥화학교興化學校, 관립 우무학당郵務學堂, 평양 장로교회연합 신학교에서 수학하고, 1914년 중국 남경南京의 금릉대학金陵大學에서 영문학을 전공했다. 앞서 1907년 양평에서 국채보상운동 지회를 설립하여 활동했으며, 이 무렵 개신교에 입교했다. 1908년 기호학회畿湖學會에 참여하여 평의원으로 활동했으며, 당시 계몽운동을 주도하던 승동교회勝洞教會를 출입했다. 1911년 강원도 강릉에서 남궁억南宮檍의 후원으로 운영되던 초당의숙草堂義塾의 교사가 되어 청년교육에 힘썼다. 1917년 상해로 활동무대를 옮겨 독립운동에 투신했다. 1918년 신한청년당新韓青年黨 조직을 주도하고 총무간사로 활동했다. 1919년 재일유학생의 2·8독립선언과 3·1운동에 관여하고, 김규식金奎植을 상해로 초빙하여 파리강화회의 한국대표로 결정했다. 1919년 대한민국임시정부의 수립에 힘썼으며, 임시의정원 의원과 외무부 차장으로 활동했다. 같은 해 일본을 방문하여 일제 고위 관리들과 여러 차례 회담하면서 일제의 자치제 제안을 반박하고 즉시 독립을 주장했다. 1920년 상해파 고려공산당과 이르쿠츠크 고려공산당에 가입하고, 1922년 모스크바에서 열린 극동피압박민족대회에 참석했다. 1923년 임시정부의 진로와 독립운동의 방안을 논의하기 위해 열린 국민대표회의에 참석하여 임시정부의 개조를 주장했다. 1925년 손문孫文의 권유로 중국국민당에 가입하고 중국혁명운동에 참여했다. 1926년 중국혁명운동이 실패한 후 독립운동을 하다가, 1929년 상해에서 일제 경찰에 체포되어 징역 3년을 받고 1932년 출옥했다. 1933년 조선중앙일보사 사장에 취임했으며, 1934년 조선체육회 회장직을 맡았다. 1936년 베를린 올림픽 마라톤에서 우승한 손기정孫基禎 선수의 일장기 말소사건으로 신문이 폐간되어 사장직에서 물러났다. 1942년 치안유지법 위반 등으로 구속되어 징역 1년 집행유예 3년을 받았다. 1944년 8월 일제의 패전을 예상하고 조선건국동맹을 조직하고 위원장으로 활동했다. 해방 후에는 조선건국준비위원회 결성을 주도하고 위원장으로 활동한 후 조선인민공화국의 부주석이 되었다. 그해 11월 건국동맹을 모태로 조선인민당을 결성하여 당수직을 맡았으며, 미군정 장관의 고문을 맡기도 했다. 1946년 2월 북한을 방문하여 조만식曺晩植과 김일성金日成을 만나 미소공동위원회의 대처 문제 등을 논의했고, 민주주의민족전선의 공동의장으로 선출되어 활동했다. 5월 미소공동위원회가 휴회된 후 김규식 등과 함께 미소공동위원회 재개와 좌우합작운동을 전개했다. 1946년 9월 조선공산당·조선인민당·남조선신민당 3당 합당문제를 포함한 남한 현안에 대한 의견교환을 위해 북한을 방문했다. 11월 사회노동당 준비위원회의 위원장으로 활동하고, 남조선노동당과 합동을 제의했다. 1947년 1월 우파 세력의 반탁운동과 좌파 세력의 편협성을 비판하는 담화를 발표했다. 그해 5월 근로인민당을 창당하고 위원장을 맡아 활동했다. 김규식·김창숙金昌淑과 함께 민족통일전선운동을 펼치다가, 1947년 7월 19일 서울 혜화동 로터리에서 한지근韓智根에게 저격당해 서거했다.

윤희구尹喜求(1867~1929) 1897년 6월 사례소史禮所 직원에 임명되어 관직에 입문했다. 같은 해 8월 내부 주사가 되었다가, 1898년 의원면직되었다. 1900년 2월 법부 법률기초위원에 임명되었고, 12월 영정모사도감감조관影禎模寫都監監造官이 되었다. 1901년 10월부터 1902년 8월까지 다시 법부 법률기초위원을 맡았다. 1902년 혜민원 참서관, 1903년 문헌비고 편찬위원이 되었다. 1906년 문헌비고 교정위원, 1907년 증보문헌비고 감인위원을 역임했다. 식민지기에 들어 1911년 이왕직 장사계 제의실 사무관이 되었고, 1914년에는 서무계 능무실 사무관으로 전보되었다가, 1915년 퇴직했다. 앞서 1911년 박영효朴泳孝 등이 문예구락부를 조직할 때 취지서 기초위원으로 활동했으며, 문예구락부 결성과 함께 저술장著述長을 맡았다. 1912년 한국병합기념장을 받았다. 1914년 조직된 경성군인후원회에 기부금을 냈다. 1917~1928년 중추원 촉탁으로 근무했다. 특히 1922년에는 유림을 통제하기 위해 조직된 대동사문회大東斯文會 강사로 활동했다. 1925년 경학원 부제학을 역임했다. 1928년 쇼와昭和 천황 즉위 기념 대례기념장을 받았다.

이동휘李東輝(1873~1935) 함남 단천 출생. 1880년 향리 대성재大成齋에서 한문을 수학했다. 1890년 서울에 올라와 이용익李容翊의 소개로 군관학교에 입학하고 졸업 후 육군 참령參領을 지냈다. 1907년 한일신협약에 의해 한국군이 강제로 해산될 때까지 참령으로 강화진위대江華鎭衛隊를 이끌었다. 일제의 강압에 의한 군대 해산에 분노하여, 1909년 3월 군대 동지 연기우延其羽·김동수金東秀 등과 함께 강화도 전등사에서 의병을 조직할 계획을 세우다가 잡혀 유배되었다. 그러나 미국인 선교사 벙커의 활약으로 10월 초순경 풀려났다. 이해에 이동녕李東寧·안창호安昌浩 등과 신민회新民會 산하 무관학교와 독립군기지를 물색하기 위해 만주 일대를 답사했다. 또 신민회 간부로서 개화운동과 항일투쟁을 벌였다. 1911년에는 윤치호尹致昊·양기탁梁起鐸 등과 105인 사건에 연루되어 투옥되었다가 무혐의로 석방되었다. 한편 교육문화 사업에도 적지 않은 활동을 했다. 강화진위대장으로 있으면서도 미국인 선교사 벙커와 박능일朴能一 목사를 움직여 강화도에 합일학교合一學校를 설립했고, 개성·평양·원산 등지에도 여러 학교를 설립했다. 또한 민족계몽단체로서 1906년 오상규吳相奎·유진호兪鎭浩 등 함경도 출신 청년들을 중심으로 한북흥학회漢北興學會를 조직하고, 1908년 서우학회西友學會를 서북학회西北學會로 발전시켰다. 1915년경 노령露領으로 망명하여 한인사회당韓人社會黨을 조직했다. 1919년 8월 말경에는 대한민국임시정부의 국무총리에 취임하기 위해 상해에 도착했다. 취임 후 자파 세력을 확장하기 위해 민족진영 인사까지도 영입하여 1920년 봄 공산주의자그룹을 조직했다. 이것의 발전된 형태로 1921년 한인사회당을 고려공산당高麗共産黨으로 개칭했다. 국무총리직에 있는 동안 모스크바의 레닌으로부터 200만 루블의 원조를 받았으며, 그중 40만 루블을 고려공산당 조직기금으로 쓴 일이 임시정부에 발각되어 사임했다. 만주·간도 방면의 독립운동 무장단에도 일찍부터 관심을 가져, 1920년 말에는 간도의 독립군이 일본에 쫓겨 밀산密山을 거쳐 시베리아의 이만으로 퇴각할 때 긴급구호금으로 1만 원을 보냈다. 임시정부 국무총리를 사임한 이후 시베리아에서 사망했다.

이방자李方子(1901~1989)   대한제국기 마지막 황태자인 영친왕의 왕비. 일본왕족 나시모토梨本宮의 장녀로 1918년 일본 학습원學習院을 졸업한 뒤, 1920년 4월 한일융화의 초석이 되라는 일본왕의 명령에 따라 대한제국의 황태자 이은李垠과 강제로 정략혼인을 했다. 그 뒤 일본에서 왕족의 대우를 받으며 생활했다. 광복 후 귀국하지 못하다가 1963년 한국국적을 취득하고 영왕 이은과 함께 귀국했다. 귀국 후 장애인 사업을 추진하여 1963~1982년 신체장애자재활협의회 부회장직을 맡았다. 1966년에는 사단법인 자행회慈行會를 설립하여 정신박약아를 위한 복지사업을 벌였다. 1967년에는 YMCA에서 빈민돕기사업을 하던 재단법인 보린원保隣園을 인수하여 농아와 소아마비아를 위한 명휘원明暉園을 설립했는데, '명휘明暉'는 영왕의 아호에서 따온 것이다. 또한 명휘원의 교육기관으로 1978년 명휘회관明暉會館을 경기도 광명시에 세웠다. 1971년 경기도 수원시에 자혜학교慈惠學校를 설립하여 정신박약아를 교육시켰으며, 1973년 자혜학교 여자기숙사를 설립했다. 같은 해 영왕기념사업회를 발족시켜 이사장으로 활동하면서 영왕과 왕가의 유물들을 보전하는 데 마지막 사명을 다했다.

이상재李商在(1851~1927)   충남 서천 출생. 1881년 박정양朴定陽의 추천으로 박정양·어윤중魚允中·홍영식洪英植·조준영趙準永·김옥균金玉均 등 10여 명으로 구성된 신사유람단의 수행원으로 유길준兪吉濬·윤치호尹致昊·안종수安宗洙·고영희高永喜 등 26명과 함께 일본에 갔다. 이후 1884년 우정총국郵政總局 총판總辦 홍영식의 추천으로 주사로 임명되었으나, 그해 12월 갑신정변의 실패로 낙향했다. 1887년 박정양에 의해 친군영親軍營의 문안文案으로 임명되고, 그해 6월 박정양이 초대 주미공사로 갈 때 2등 서기관으로 함께했다. 1892년 전환국 위원, 1894년 승정원 우부승지 겸 경연각 참찬, 학무아문 참의 겸 학무국장을 맡았다. 이때 사범학교·중학교·소학교·외국어학교를 설립하고, 외국어학교 교장을 겸했다. 1896년 내각총서內閣總書와 중추원 1등 의관이 되고, 관제 개편에 따라 내각총무국장에 올랐다. 이해 7월 서재필·윤치호 등과 독립협회를 조직하고, 만민공동회 의장과 사회를 맡았다. 만민공동회가 종로에서 개최되었을 때, 척외斥外, 황권皇權 확립 등의 6개 조항을 의결하고 두 차례 상소문을 올렸다. 이로 인해 16명과 함께 경무청에 구금되었으나 참정 심상훈沈相薰의 상소로 10일 만에 석방되었다. 1898년 독립협회가 해산되자, 모든 벼슬을 버리고 초야에 묻혀 나라의 운명을 걱정하며 탐관오리의 부패상과 비정을 탄핵했다. 이 때문에 정부 대신의 미움을 받아, 1902년 국체개혁을 음모했다는 이른바 '개혁당사건'에 연루되어 둘째 아들 이승인李承仁과 함께 다시 구금되었다가 1904년 석방되었다. 1905년 을사조약이 강제 체결된 뒤 잠시 의정부 참찬에 머물렀고, 1907년 법부대신의 교섭을 받았으나 사양했으며 군대해산이 있은 뒤 관계官界를 떠났다. 앞서 1902년 개혁당사건으로 구금되어 있을 때 기독교 신자가 되었으며, 석방된 뒤 황성기독교청년회YMCA에 가입하여 초대 교육부장이 되었다. 식민지기 1913년 YMCA 총무에 취임했으며, 1914년 재일본조선YMCA를 비롯하여 세브란스·배재·경신과 개성의 한영서원, 광주의 숭일, 군산의 연맹, 전주의 신흥, 공주의 연맹 등 학생YMCA를 망라한 조선기독교청년회 전국연합회를 조직했다. 1919년 YMCA를 중심으로 3·1운동에 참여하여 6개월간 옥고를 치렀다. 1920년 YMCA의 명예총무 및 전국연합회회장으로 활동하며, 물산장려운동·보이스카우트운동·학생청년회운동 등을 주관했다. 1922년 YMCA대표단을 인솔하여, 북경에서 열린 세계학생기독교청년연맹대회WSCF에 참석하여 한국YMCA가 단독으로 세계YMCA연맹에 가입할 수 있는 길을 열었으며 한국YMCA 창설에 기여했다. 같은 해 조선교육협회를 창설하여 회장에 취임하고, 조선민립대학기성회를 조직하여 회장이 되었다. 1924년 조선일보사 사장, 1925년 제1회 전국기자대회 의장으로 한국 언론의 진작 및 단합에 기여했다. 1927년 신간회를 조직할 때, 창립회장으로 추대되었으나 얼마 지나지 않아 사망했다.

이승만李承晩(1875~1965)　　　　황해도 평산 출생. 1895년 배재학당에 입학했다. 1898년에는 만민공동회에 참여하면서 독립협회에 참가했다. 같은 해 4월 일간지인 『매일신문』을 창간하여 주필을 지냈으며, 8월 『제국신문』을 창간하여 편집과 논설을 담당했다. 1899년 박영효와 관련된 고종 황제 폐위 음모사건에 연루되어 1904년까지 5년 7개월간 한성감옥에 투옥되었다. 1904년 11월 민영환閔泳煥과 한규설韓圭卨의 주선으로 한국의 독립을 청원하기 위해 미국으로 갔다. 1905년 2월 워싱턴 DC의 조지워싱턴대학교George Washington University에 2학년 장학생으로 입학했다. 1905년 8월 시어도어 루즈벨트Theodore Roosevelt 대통령과 만나 한국의 독립 보존을 청원했지만, 러일전쟁을 계기로 미국은 일본을 지지하고 있었다. 1907년 조지워싱턴대학교에서 학사학위, 하버드대학교Harvard University에서 석사학위, 1910년 프린스턴대학교Princeton University에서 박사학위를 받았다. 1910년 3월 국민회에 가입하고, 같은 해 8월 귀국했다. 황성기독교청년회YMCA 청년부 간사이자 감리교 선교사로 활동하던 중 1912년 '105인 사건'에 연루되자, 미국 미네소타에서 열린 국제감리교대회 참석을 빌미로 도미했다. 박용만朴容萬의 도움으로 1913년 하와이 호놀룰루로 활동 근거지를 옮겨, 한인감리교회 한인기독학원(이후 한인중앙학원)을 운영했으며 『태평양잡지』를 발간했다. 1919년 2월 한국을 국제연맹의 위임통치하에 둘 것을 요청하는 청원서를 윌슨Thomas Woodrow Wilson 대통령에게 제출했다. 1919년 3월 21일 수립된 노령露領 임시정부 국무 급及 외무총장, 4월 11일 수립된 상해 임시정부 국무총리, 4월 23일 선포된 한성 임시정부 집정관총재執政官總裁로 임명되었다. 1919년 9월 대한민국임시정부 의정원은 그를 임시 대통령으로 추대하여, 1920년 12월부터 약 6개월간 임시정부 대통령직을 수행했다. 1921년 5월 워싱턴에서 개최될 군축회의에 참석하기 위해 상해에서 미국으로 건너가, 임시정부 전권 대사로서 한국의 독립 문제를 군축회의 의제로 상정시키고자 했지만 뜻을 이루지 못하고 1922년 9월 하와이로 돌아갔다. 1925년 3월 임시정부 의정원은 그를 탄핵하여 대통령직을 박탈했는데, 그가 주장한 국제연맹 위임통치안이 문제시되었다. 의정원의 폐지령에도 구미위원부 활동을 1929년까지 계속하며 외교활동을 했다. 1933년 제네바에서 열린 국제연맹 회의에서 한국의 독립을 청원하기 위한 활동을 전개했고, 이 활동이 인정받아 임시정부 국무위원에 선출되었다. 1934년 외무위원회 외교위원, 1940년 주미 외교위원부 위원장으로 임명되었다. 태평양전쟁 발발 후 미국정부에 임시정부를 한국의 대표로 승인해 줄 것을 요청하며 한미협회를 조직했다. 1942년 8월부터 '미국의 소리Voice Of America' 방송에서 일본의 패망과 독립운동의 필요성을 강조하는 방송을 했고, 9월에는 미국 전략국과 연락하여 임시정부의 광복군이 미군과 함께 작전을 수행할 수 있도록 연결하는 활동을 했다. 해방 후 1945년 10월 16일 귀국하여, 10월 23일 독립촉성중앙협의회를 조직하여 회장에 추대되었다. 1946년 2월 독립촉성중앙협의회를 대한독립촉성국민회로 확대·개편하고, 같은 달 미소공동위원회 개최를 앞두고 미군정이 조직한 남조선대한국민대표민주의원에 참여하여 의장에 선출되었다. 그러나 미군정이 소련군과 타협하여 한반도 문제를 해결하려 하자 의장직을 사퇴하고 지방 순회에 나섰다. 그는 미소공동위원회에 반대하며, 그해 6월 3일 정읍에서 38선 이남에서라도 단독정부를 세워야 한다고 발언했다. 1947년 9월 미소공동위원회가 완전히 결렬되고, 한반도 문제가 유엔으로 이관되자 유엔 감시하에서 실시된 선거에 참여했다. 1948년 5월 10일 국회의원 총선거에서 동대문구 갑 지역구에 당선되었다. 그달 국회가 소집되자 선출된 국회의원 중 가장 나이가 많아 의장에 선출되고, 7월 국회에서 선거에 의해 대한민국 초대 대통령에 선출되었다.

이완용李完用(1858~1926)　　경기도 광주 출생. 1868년 먼 일가인 판중추부사判中樞府事 이호준李鎬俊에게 입양되었는데, 이호준은 명문 양반으로 노론파의 후손이고 대원군과 교우했다. 서형庶兄 이윤용李允用은 대원군의 사위였다. 1882년 증광별시增廣別試 문과에 급제하여 관계로 진출했다. 1886년 규장각 시교侍敎에 임명되고 홍문관 수찬修撰으로 6품직에 올랐다. 왕 가까이에서 지내며 민비의 총애를 입고 개화파를 정적으로 삼았다. 1887년 육영공원에 입학하여 영어를 비롯한 근대식 교육을 받았다. 이를 계기로 한국 최초 주미공사단의 일원으로 발탁되었다. 그해 9월 주미참찬관으로 임명되고, 전권공사 박정양朴定陽 등과 함께 주미공사관 외국인 서기관 알렌Horace. N. Allen의 인도로 미국으로 건너가 1년여 간 체류했다. 1888년 임시대리공사로 재임명되어 1890년 귀국했다. 같은 해 호조참의 좌부승지, 내무부참의, 1891년 성균관 대사성, 형조참판, 동부승지, 내무협판 등을 지냈다. 1892년 이조참판, 1893년 한성부좌윤, 공조참판, 외무협판 등을 두루 거쳤다. 1895년 박정양 내각이 성립되자 학부대신에 임명되고, 친미파와 함께 알렌의 이권 획득 요구에 적극 협조했다. 같은 해 10월 을미사변이 발생하자 친미파 인사들과 미국공사관으로 몸을 피했다. 러시아공사관으로 피신한 친러파 인사들과 공모하여 '춘생문사건春生門事件'을 일으켜 정권 탈취를 기도했으나 실패했다. 1896년 2월 알렌의 후원하에 이범진李範晉 등 친러파와 공모하여 '아관파천'을 주도했다. 러시아공사관에서 시작한 새로운 내각에서 외부·학부대신, 농상공부 서리, 군부대신, 경무사 등 5개 직책에 동시에 임명되었다. 이해 7월부터 1898년 초까지 독립협회에서 활동하면서 부회장직을 맡았으며 『독립신문』을 발간하는 데 앞장섰다. 고종의 환궁운동을 전개하여 실현시킨 후 러시아 세력의 경계와 압력을 받고 학부대신에서 물러나, 1897년 9월 평남 관찰사로 전임되었다. 1898년 2월 독립협회 회장으로 선임되었으나, 3월 전북 관찰사로 전임되면서 실질적인 활동은 중지되었다. 또한 같은 해 7월 각종 이권을 열강에 넘겨준 책임을 물어 제명처분되면서 공식적으로 독립협회에서 떠났다. 1901년 궁내부 특진관으로 임명되면서 다시 중앙으로 복귀했다. 러일전쟁 이후에는 철저한 친일파로 변신했다. 1905년 9월 학부대신이 되고, 같은 해 11월 이토 히로부미伊藤博文가 한국의 외교권을 접수하기 위해 조약 체결을 강요하자 적극적으로 찬성했다. 이후 이토의 절대적 신임을 받으며 이토를 '영원한 스승'으로 떠받들었다. 조약 체결에 앞장선 공으로 의정대신임시서리, 외부대신서리에 임명되었다. 1907년 의정부 참정대신으로 농상공부대신서리·광산사무국총재를 겸했다. 이해 6월 내각총리대신이 되었으며, 궁내부대신서리를 겸했다. 7월 일제의 요구에 부응하여 헤이그 밀사사건에 대한 책임을 물어 고종 황제의 강제 양위를 주도했다. 이어 '한일신협약'(정미7조약) 체결을 주도했다. 조약 체결 직후에는 한국군대를 강제 해산시켰다. 같은 해 의병장들을 중죄로 처벌했다. 1909년 7월에는 통감 소네 아라스케曾禰荒助와 함께 '한국사법 및 감옥사무 위탁에 관한 각서'에 내각총리대신 명의로 서명하여 사법권을 일본에 위임했다. 1910년 8월 3대 통감으로 부임한 데라우치 마사타케寺內正毅와 '한일병합조약' 체결 협상을 하고, 8월 22일 순종 황제를 압박하여 합병조직을 받아냈다. 이에 마침내 국권이 완전히 일본에게 넘어가게 되었다. 그해 10월 '조선귀족령'에 따라 일본정부로부터 합병에 대한 공로로 백작 작위를 받았고, 1920년 후작으로 올라갔다. 1910년 10월부터 1912년 8월까지 조선총독부 중추원 고문과 중추원 부의장을 지냈다. 1920년 후작이 되고, 농림주식회사 고문, 교육조사위원, 총독부 산업조사위원, 조선사편찬위원회 고문 등을 겸했다. 1924년 일선융화日鮮融和를 내걸고 결성된 친일단체 동민회의 고문으로 활동했다. 1926년 이재명李在明 의사의 칼에 폐를 다친 후유증으로 앓던 해수병咳嗽病이 악화하여 사망했다.

이은李垠(1897~1970)　　고종 황제의 일곱째 아들. 어머니는 귀비엄씨貴妃嚴氏이다. 영친왕英親王 또는 영왕英王이라 칭한다. 순종과는 이복형제 사이이다. 1900년 영왕에 봉해졌으며, 1907년 황태자에 책봉되었으나, 그해 12월 이토 히로부미 통감에 의해 유학의 명목으로 일본에 인질로 잡혀갔다. 1910년 국권 상실로 순종이 폐위되어 이왕李王이 됨에 따라, 황태자이던 영왕 역시 왕세제王世弟로 격하되었다. 1920년 일본 황실의 내선일체 융합 정책에 따라 일본왕족 나시모토梨本宮의 맏딸인 마사코方子와 정략 결혼했다. 1926년 순종이 서거하자 형식상 왕위계승자가 되어 이왕이라 불렸으나 귀국하지는 못했다. 일본에 강제 체류하면서 일본식 교육을 받았으며, 일본 육군사관학교·육군대학을 거쳐 육군 중장을 지냈다. 1945년 해방 후 환국하고자 했으나 국교 단절과 국내 정치의 벽에 부딪혀 귀국이 좌절되었다. 황족으로서의 특권을 상실하고 재일한국인으로 등록하여 일본에서 어려운 나날을 보냈다. 그러다가 1963년 박정희 국가재건최고회의의장의 주선으로 국적을 회복하고, 이방자와 함께 귀국했다. 그러나 귀국 당시 뇌혈전증으로 인한 실어증으로 시달리다가 곧 사망했다.

이희간李喜侃(1875~?)　　평남 순천 출생. 1897년 전후 독립협회 회원으로 활동하고, 1904~1905년 상동청년회尙洞靑年會 간사를 역임했다. 1905년 11월

상동교회에서 열린 을사조약 반대 모임에 참여했다. 1907년 헤이그특사 사건에 관여한 직후부터 신변에 위협을 느끼게 되자 러시아 블라디보스토크로 이주했고, 1908년 블라디보스토크 부근에 있던 추풍동교秋豊洞校 교사로 재직했다. 1910년대에 조선으로 귀국한 뒤부터 일제 관헌의 밀정으로 활동하는 한편, 광업·개간업·상업·고리대금업 등에 종사했다. 1918년 일본의 시베리아 개입 당시 만주와 하얼빈에서 자신의 영향력을 확대하기 위해 자작 송병준宋秉畯, 경찰 구연수具然壽, 밀정 배정자裵貞子를 이용하는 한편, 하얼빈의 조선인 유력자들로부터 자금을 끌어들여 각종 이권을 얻어냈다. 조선총독부 밀정으로 활동하는 동안 상해 주재 대한민국임시정부 와해 공작, 유동열柳東說과 김희선金羲善 등 만주로 망명한 독립운동가에 대한 귀순 및 회유 공작 등을 수행했다. 1919년 10~12월 사이토 마코토齋藤實 조선총독, 우쓰노미야 다로宇都宮太郎 조선군사령관과 수시로 면회했다. 1920년 사이토 총독으로부터 상해 주재 대한민국임시정부 와해 공작 및 조선인 회유 공작 수행 자금으로 2,000엔을 수령했다. 1922년 일본의 국가주의 우익 조직인 흑룡회黑龍會 계열에 속해 있던 조직인 동광회東光會의 조선총지부 총간사로 선임되었다. 1924년 친일단체인 각파유지연맹 발기인으로 참여했다.

최시형崔時亨(1827~1898)   경북 경주 출생. 1854년 포항 흥해읍 마북리로 옮겨 집강執綱에 뽑혀 6년간 활동했다. 최제우가 동학을 포교하기 시작한 1861년 6월 동학을 믿기 시작하여, 정기적으로 최제우를 찾아가 가르침을 받았다. 1863년 동학을 포교하라는 명을 받고 영덕·영해 등 경상도 각지를 순회하여 많은 신도를 얻었고, 이해 7월 북도중주인北道中主人으로 임명되어 8월 14일 도통을 승계받았다. 그해 12월 최제우가 체포되자 대구에 잠입하여 옥바라지를 하다가 체포의 손길이 뻗치자 태백산으로 도피했다. 이어 울진 평해와 죽변리에 은거하면서 최제우의 유족을 보살피다가, 동학의 재건을 결심하고 교인들이 많이 살고 있는 영양의 용화동으로 거처를 정했다. 이곳에서 신도들을 결집시키고, 경전을 필사하고 편집하여 신도들에게 읽게 했다. 그러다가 1871년 진주민란의 주모자인 이필제李弼濟가 최제우의 기일인 3월 10일 영해부에서 민란을 일으켜서 다시 탄압을 받게 되었다. 관헌의 추격을 피해 소백산으로 피신하면서 영월·인제·단양 등지에서 다시 기반을 구축하여, 1878년 개접제開接制, 1884년 육임제六任制를 마련하여 신도들을 조직하고 교리 연구를 위한 집회를 만들었다. 1880년 인제군에 경전간행소를 세워 『동경대전東經大全』을 간행하고, 1881년 단양에 경전간행소를 마련하여 『용담유사龍潭遺詞』를 간행했다. 1892년부터는 교조신원운동을 전개했다. 이에 조정에서 선무사 어윤중魚允中을 파견하여 탐관오리를 파면하자 자진 해산했다. 그러나 1894년 1월 전봉준全琫準이 고부군청을 습격한 것을 시작으로 동학농민운동이 일어나자 신도들의 뜻에 따라 4월 충청도 청산에 신도들을 집결시켰고, 9월 전봉준이 다시 봉기하자 적극 호응하여 무력투쟁을 전개했다. 일본군의 개입으로 1894년 12월 말 동학농민운동이 진압되자 피신생활을 하면서 포교에 진력했다. 1897년 손병희에게 도통을 전수하고, 1898년 3월 원주에서 체포되어 서울로 압송되어 6월 교수형을 당했다.

최제우崔濟愚(1824~1864)   경북 경주 출생. 1856년 천성산千聖山에 들어가 하느님께 정성을 드리면서 구도求道 노력을 시작하여, 그 이듬해 적멸굴寂滅窟에서 49일 정성, 울산 집에서의 공덕 닦기를 계속했고, 1859년 경주로 돌아온 뒤 구미산 용담정龍潭亭에서 계속 수련했다. 천주의 뜻을 알아내는 데 유일한 희망을 걸고 이름을 '제우'라고 고치면서 구도의 결심을 나타냈다. 1861년 포교를 시작했고, 많은 사람들이 동학의 가르침을 따르게 되었다. 천진조약 후 영불연합군이 물러가서 조선 침공의 위험이 없어졌다는 소식을 듣고 민심이 가라앉게 되자 조정에서는 서학을 다시 탄압했으므로, 그해 11월 호남으로 피신했다. 1862년 경주로 돌아갈 때까지 남원의 은적암隱寂庵 피신생활 중 동학사상을 체계적으로 이론화하고, 「논학문論學文」·「안심가安心歌」·「교훈가教訓

歌」·「도수사道修詞」 등을 지었다. 경주에 돌아와 포교에 전념하여 교세가 크게 확장되었다. 이해 9월 사술邪術로 백성들을 현혹시킨다는 이유로 경주진영慶州鎭營에 체포되었으나 수백 명의 제자들이 석방을 청원하여 무죄 방면되었다. 이 사건으로 신도가 늘게 되자 그해 12월 각지에 접接을 두고 접주接主가 관내의 신도를 다스리는 접주제를 만들었다. 경상도·전라도뿐만 아니라 충청도와 경기도에까지 교세가 확대되어 1863년에는 교인 3,000여 명, 접소 13개소를 확보했다. 이해 7월 제자 최시형을 북접주인으로 정하고 해월海月이라는 도호를 내린 뒤, 8월 도통을 전수하여 제2대 교주로 삼았다. 그러나 11월 선전관宣傳官 정운구鄭雲龜에 의해 제자 20여 명과 함께 경주에서 체포되었다. 서울로 압송되던 중 철종이 죽자 1864년 대구감영으로 이송되었다. 이곳에서 심문받다가 3월 사도난정邪道亂正의 죄목으로 대구장대大邱將臺에서 41세의 나이로 참형에 처해졌다.

일본인

가가와 도요히코賀川豊彦(1888~1960)　　고베神戶 출생. 도쿠시마德島중학교 재학 중 1880년대 자유민권운동의 사상적 영향을 받은 기독교 사회주의에 공감하여 기독교 세례를 받았다. 1911년 고베신학교를 졸업하고, 1914년 미국 프린스턴대학교와 프린스턴신학교에서 신학, 심리학, 생물학을 전공했다. 1917년 귀국 후 고베 빈민촌에서 기독교 전도활동을 하면서 노동운동의 제일선에서 활동했다. 의회주의를 신봉했고 노동운동계가 좌경화함에 따라 농민조합운동으로 전환했으며, 1925년 보통선거법이 성립되자 이듬해 오사카에서 결성된 노동농민당의 중앙집행위원이 되었다. 당이 분열되고 노동조합운동의 주류가 의회주의에서 아나코생디칼리즘anarcho syndicalisme(무정부주의적 노동조합운동)으로 선회하고 공산주의자의 대두로 조직이 분열되자 협동조합운동에 주력했다. 또한 종교운동에 힘써 1929년 일본기독교연맹 산하의 '신의 나라운동' 추진자로서 전국을 돌며 전도활동을 하고, 미국 · 유럽 · 필리핀 · 오스트레일리아 · 인도 · 중국 등으로 전도 강연을 다녔다. 제2차 세계대전 중에는 반전反戰운동 혐의로 헌병대에 감금되기도 했다. 패전 후 성립된 황족 출신 히가시쿠니노미야東久邇宮 내각에서 참여參與에 임명되고 귀족원 의원이 된다. 그러나 연합군총사령부가 전쟁 협력을 문제 삼아 승인을 유보하여 한 번도 등원하지 못했다. 이후 일본사회당 결성에 참여하고 세계연방운동 추진에도 진력했다. 한국의 자유당정권 때 개인 자격으로 내한來韓하여, 당시 이승만 대통령을 방문하여 일본인으로는 처음으로 일본의 한국 침략에 대한 사죄의 뜻을 전했다.

가나자와 쇼자부로金澤庄三郎(1872~1967)　　오사카大阪 출생. 도쿄제국대학 박언학과博言學科(언어학과 전신)를 졸업했다. 일본의 한국어학 개척자로, 한국어뿐만 아니라 아시아 각 언어의 비교연구를 했다. 홋카이도(아이누어), 대한제국(한국어), 류큐(류큐어), 시베리아(러시아어), 만주(만주어, 몽골어) 등지를 현지 조사하고 중국어도 배웠다. 국학원대학國學院大學 교수를 지내고, 도쿄제국대학, 도쿄외국어학교, 고마자와駒澤대학에도 출강했다. 그가 저술한 『한일 양국어 동계론日韓兩國語同系論』(1910)과 『일선동조론日鮮同祖論』(1929)에서 한국어와 일본어가 같은 계통임을 주장하여, 한일병합 추진자가 이론적으로 정당화하는 데 이 책들을 자주 인용했다. 1929년 언어학을 바탕으로 『일선동조론』을 간행했으며, 동화정책에 적극적이었다. 일본의 대표적인 국어사전 중 하나로 현대어를 많이 채용하여 널리 활용된 산세도三省堂의 『사림辭林』(1907), 증보판인 『광사림廣辭林』(1925)의 편집·감수를 맡았다.

가네코 후미코金子文子(1903~1926) 가나가와현神奈川縣 출생. 1912년 외할아버지에게 입적되어 약 6개월간 외가에 살다가, 고모부의 양녀가 되어 충북 문의군 부용리(현 세종특별자치시 부강면)에서 살게 되었다. 부강심상소학교와 부강고등여학교에서 수학했다고 알려져 있다. 1919년 7년여의 조선 생활을 끝내고 일본으로 돌아가 외가가 있는 야마나시현山梨縣에 머물다가, 1920년 학업을 이어가기 위해 도쿄에 정착했다. 도쿄에서 낮에는 세소쿠正則영어학원과 겐수硏數학관에 다니며 공부하고, 밤에는 일하며 학비를 벌어야 했다. 이때 사회주의자들과 교류하게 되면서 사회주의사상을 접했고, 1921년 조선인 사회주의자 원종린元鍾麟과 만나면서 일본 사회주의단체에 몸담고 있던 김약수金若水, 정우영鄭又影, 정태성鄭泰成 등 조선인 사회주의자들과 인연을 맺었다. 7년여의 조선 생활과 3·1운동을 직접 목격한 경험이 있었기 때문에 자연스럽게 재일조선인 사회주의운동에 관심을 가지게 되었다. 한편 이 시기 막스 슈티르너Max Stirner의 저술을 접하면서 아나키즘(무정부주의)에 경도되어 아나키스트(무정부주의자)로서 정체성을 확립해 갔다. 본격적으로 사상운동에 뛰어든 계기는 박열朴烈을 만나면서부터였다. 박열의 시에 감명받아 정우영의 소개로 인연을 맺었고, 1922년 5월부터는 박열과 동거하면서 사상운동에도 적극적으로 참여하기 시작했다. 재일조선인 사상단체인 흑도회黑濤會에 가입하고, 박열과 함께 기관지를 발행했다. 그해 10월 흑도회가 해산한 후에는 12월 박열 등이 만든 재일조선인 아나키즘단체인 흑우회黑友會에서 활동을 이어갔다. 1923년 4월에는 흑우회와 별도로 박열과 함께 불령사不逞社를 직접 만들어 더 적극적으로 일제에 저항했다. 그와 박열의 활동은 일제의 폭압에 맞서 직접 무장투쟁을 모색하는 것으로 나아갔다. 이에 폭탄을 입수하여 일본 천황과 황태자를 직접 폭살하려는 계획을 추진했다. 이해 9월 관동대진재가 발생하자 요시찰조선인要視察朝鮮人을 체포하는데, 치안유지와 신변보호를 빌미로 조선인과 사회주의자를 탄압하려는 술수였다. 그와 박열은 옥중에서 혼인신고를 하고 정식으로 부부가 되었다. 재판과정에서 일본인이던 그에게 전향을 종용했으나 끝까지 뜻을 굽히지 않았고, 오히려 일본제국주의와 천황제를 비판했다. 결국 1926년 3월 그와 박열은 일왕을 암살하려고 시도했다는 죄목으로 사형을 선고받았다. 두 사람은 4월에 무기징역으로 감형되었으나, 그는 수감 중이던 그해 7월 23일 스스로 목숨을 끊었다. 그의 죽음에 대해서는 타살 의혹이 제기되고도 있다. 그의 시신은 박열의 가족에게 인계되어 박열의 고향인 경북 문경에 안장되었다가, 현재는 박열의사기념관이 자리한 기념공원 한편에 묘소가 마련되어 있다. 2018년 대한민국정부는 그에게 독립유공자 건국훈장 애국장을 추서했다.

가쓰라 다로桂太郎(1848~1913) 조슈번長州藩 나가토국長門國 아부군阿武郡의 무사武士 집안 출생. 1860년 번藩 정부의 서양식 훈련을 받았고, 1868년 도쿠가와 막부德川幕府를 무너뜨리는 데 활약했다. 막부 타도파와 지지파 간의 전쟁인 보신전쟁戊辰戰爭에 참전하여 정찰과 연락책 등의 지원업무를 담당해서 메이지유신明治維新의 출발에 기여했다. 메이지유신 후 1870~1873년 요코하마橫濱어학학교를 거쳐 독일로 유학하여 국방과 과학을 전공했으며,

1875~1878년, 1884~1885년 독일의 일본 대사관 주재 무관으로 복무하고 돌아와 야마가타 아리토모山縣有朋 밑에서 군제를 배워 1886년 육군 차관이 되었다. 청일전쟁에서 제3사단장이 되어 서해 동북 연안에서 진격하여 요녕성遼寧省 영구營口를 점령했다. 1896년 6~10월 제2대 대만 총독을 맡았다. 이후 1898~1901년 이토 히로부미 내각, 오쿠마 시게노부大隈重信 내각, 야마가타 아리토모 내각 등에서 육군대신을 역임했다. 1901~1906년 제11대, 1908~1911년 제13대, 1912~1913년 제15대 내각총리대신을 지냈다. 또한 대만협회학교를 창립하여 초대 교장을 지냈다. 1905년 7월에는 미국과 가쓰라-태프트 밀약을 맺었다. 2차 내각에서는 한일병합을 추진하는 역할을 했다. 1913년 3차 내각에서 그를 비판하며 헌정옹호운동이 일어나, 급기야 그해 2월 민중이 의회를 둘러싸고 어용 신문사와 경찰을 습격하여 결국 퇴진했고 내각은 붕괴했다.

고노 세쓰오河野節夫(1890~?) 히로시마현廣島縣 출생. 1917년 도쿄제국대학 법과대학 정치과를 졸업하고, 같은 해 고등문관시험에 합격했다. 조선총독부 시보·사무관, 충청북도 제1부 지방과장·심사과장, 경찰관교습소 교수, 강원도경찰부장, 전라북도경찰부장, 경상북도경찰부장, 임시국세조사과장, 황해도 내무부장, 평안남도 내무부장 등을 지냈다. 퇴임 후 조선금융조합 이사·사업부장, 조선석탄조합연합회 이사장을 역임했다.

고다마 겐타로兒玉源太郎(1852~1906) 도쿠야마번德山藩(현 야마구치현山口縣) 출생. 무사 고다마 한쿠로兒玉半九郎의 장남으로 태어났다. 보신전쟁·세난전쟁西南戰爭에서 사족士族 반란을 진압한 후, 1885년 참모본부 제1국장, 육군대학 교장으로서 독일인 멕켈Klemens Wilhelm Jacob Meckel 소좌와 함께 근대 군제 정비에 힘썼다. 1891년 군사 시찰을 위해 유럽에 다녀와, 1898년 중장이 되었다. 1898~1906년 대만총독을 역임했다. 그러면서 러일전쟁 후 방역업무에서 재능을 보인 고토 신페後藤新平를 대만총독부 민정국장民政局長(이후 민정장관으로 개칭)으로 임명하여 통치를 위임했다. 고토는 대만인을 통치에 복종시키기 위해 식민지 통치에 대한 저항은 철저히 탄압하면서 통치에 따르는 자에게는 온건한 처우를 해주는 정책을 실시하여, 대만인의 저항운동을 억압했다. 한편 1900~1902년 육군대신을 역임하고, 1903년 내무·문부대신을 겸임했으며, 1904년 2월 대본영 참모본부 차장 겸 병참 총감, 같은 해 6월 육군대장이 되었다. 러일전쟁 때에는 만주군 총참모장으로서 활약하고, 1906년 참모총장에 취임하며 자작을 받았다. 남만주철도주식회사 설립위원장으로 활약했다.

고마쓰 간비小松寬美(1887~?) 나가노현長野縣 출생. 1911년 조선총독부 순사가 되어 한국에 건너왔다. 1913년 함남 원산경찰서 판임관견습 및 총독부 순사, 1916년 경북 선산경찰서 경부警部 및 서장, 1917년 경북 영덕경찰서 경부 및 서장, 1918년 경기도 경무부 경부, 1919년 경무총감부 재간도 경부 및 외무성 경부, 1921년 함북경찰부 도경부道警部, 1922년 함북경찰부 고등경찰과 경부 및 과장, 1923년 함북경찰부 경시警視, 1924~1927년 도경부 및 도경부보 특별임용고시위원 및 도경시道警視, 함북경찰부 경무과 경시 및 과장, 1926~1927년 경북경찰부 경무과 경시 및 과장, 1928년 경북 대구경찰서 경시 및 서장, 1929~1931년 경기도경찰부 서울 본정경찰서 경시 및 서장, 1932년 경기도경찰부 서울 종로경찰서 경시 및 서장 등을 역임했다. 1932년 4월 의원면관依願免官했다. 같은 달 경성전기주식회사 전차과장에 임용되어 1939년까지 활동하고, 1935~1939년 경인트럭주식회사 이사를 지냈다.

고마쓰 미도리小松綠(1865~1942) 무쓰국陸奧國 아이즈會津지방(현 후쿠시마현福島縣) 출생. 아이즈번사藩士 고마쓰 미쓰아키小松光明의 양자로서 대가 끊어진 가문을 다시 일으켰다. 게이오의숙慶應義塾 졸업 후 미국으로 유학하여 정치학을 배웠다. 유학 기간 8년 동안 예일대학교Yale University에서 법학사, 프린스턴대학교Princeton University에서 문학석사를 취득했다. 귀국한 후에는 메이지학원明治學院 교수로 단기간 근무한 후, 외무성에 들어가 주미일본공사관 서기관, 조선총독부 외무부장 등을 역임했다. 1916년 총독부 중추원 서기관장을 끝으로 퇴임하고, 이후 저술가·외교평론가로 활동했다. 『조선 병합의 이면朝鮮倂合之裏面』(중외신론사中外新論社, 1920), 『메이지사실외교비화明治史實外交秘話』(중외상업신보사中外商業新報社, 1927)를 간행했다. 또 이토 히로부미의 말을 모은 『이토공 직화伊藤公直話』(지쿠라서방千倉書房, 1936)를 편집하여 출판했다. 한편 1929년 스위스 제네바에서 열린 국제노동회의에 자본가 대표 고문으로 출석했다.

고쿠보 기시치小久保喜七(1865~1939)   시모사국下總國(현 이바라키현茨城縣) 출생. 1881년경부터 『여론신보輿論新報』, 『아케보노신문曙新聞』에서 자유민권, 번벌藩閥정권 타도를 주장했다. 1883년 유종회有終會를 조직하고, 오주지사주유회五州志士舟遊會를 설립하여 간사가 되었으며, 자유당 결성대회에 출석했다. 나카타문무관中田文武館을 설립하고 관장이 되어 장사壯士를 양성했다. 오쿠마 시게노부大隈重信 외무대신의 조약 개정안에 반대하다가, 1889년 오쿠마 외무대신 습격 사건으로 검거·투옥되었지만 무죄를 받았다. 자유당 본부 간사로 추대되어 입헌자유당의 창당식 준비위원으로 활동했다. 그러다가 1890년 입헌자유당 창당식 거행일에 자객의 칼에 맞았다. 1892년 이바라키현 의원으로 당선되어 부의장으로 추대되었다. 이후 자유당을 탈당하여 오이 겐타로大井憲太郎, 고무라 도모쓰네神鞭知常, 삿사 도모후사佐佐友房 등과 함께 '비내지잡거론非內地雜居論'을 주장했다. 1895년 이바라키현회茨城縣會 의장 불신임안이 제출되는데, 해당 안을 각하하여 분요를 야기하고 또 임시 현회에서 부의장 불신임안이 제출된다. 이후 현회 의원으로 당선되었으나 의장 선거에 패배하여 즉시 의원직을 사직했다. 1898년 대만에서 대만통신사를 창설하고, 1900년 귀국하여 1901년 입헌정우회에 입당했다. 1908년 제10회 중의원 의원 총선거에 이바라키현 군부郡部에서 출마하여 당선되고, 이후 6회에 걸쳐 중의원 의원으로 활동했다. 그동안 정우회계 자유통신사 사장이 되고, 하라原 내각에서는 체신참사관을 지냈다. 1928년 귀족원 의원으로 칙임되고, 교우구락부交友俱樂部에 소속되어 사망 시까지 재직했다. 오다와라小田原급행철도 이사, 대동문화협회大東文化協會 고문 등도 지냈다.

나카무라 겐타로中村健太郞(1881~?)   구마모토현熊本縣 출생. 극우정당 국권당國權黨의 조선회에서 한국어를 배웠다. 1899년 구마모토현 한국어학생으로 파견되어 3년 과정을 수료한 후 일어학교 교사 등으로 근무하다가, 러일전쟁이 발발하자 한성신보사에 입사하여 한국어 신문을 발행하면서 전쟁수행을 도왔다. 이어서 동향 출신의 경무고문 마루야마 시게토시丸山重俊의 통역관보가 되면서 관계에 진출하여, 한말 신문 검열을 주도했다. 병합 후 도쿠토미 소호德富蘇峰를 보좌하여 신문 통폐합에 앞장섰고, 『매일신보』 발행을 주재했다. 1922년 신문사 퇴사 후, 사이토 마코토 총독과의 인연을 계기로 경무국 촉탁이 되었다. 1923년부터는 조선인과 일본인 유지들로 구성된 동민회를 조직하는 데 주도적 역할을 했다. 1925년 조선 불교를 친일화하기 위한 조선불교단을 조직하고, 조선불교사를 설립하여 잡지『조선불교』를 발행했다. 해방때까지 조선에서 50년을 살았기 때문에 조선에 대해 잘 알았고 한국어에도 능숙했는데, 이런 점들은 내선융화운동을 주도하는 데 큰 도움이 되었다.

난바 기요토難波清人(1888~1940)   오카야마현岡山縣 출생. 1913년 메이지대학明治大學 법률과를 졸업했다. 『중외상업신보中外商業新報』(현『일본경제신문日本経済新聞』) 경제시장부經濟市場部 부장, 가나가와중학교金川中學校 이사장 등을 거쳐, 제15회 중의원 의원 총선거 보궐선거에서 중의원 의원으로 당선되었으며 이후 3회 당선되었다. 쇼와회昭和會와 입헌정우회立憲政友會에 소속되어 활동했다.

노기 마레스케乃木希典(1849~1912)　　　　에도江戶 출생. 조후번사長府藩士로서 에도막부의 조슈번長州藩 정벌 때 조슈번 보국대 포병대원으로 참전했다. 1866년 다카스기 신사쿠高杉晉作가 조직한 기병대에 가담하여 막부군幕府軍과 싸웠다. 1868~1869년 보신전쟁戊辰戰爭 당시 야마가타 아리토모山縣有朋를 따라 막부군에 대항했다. 1871년 육군 소좌로 임관했다. 1877년에는 보병 제14연대장으로 세난전쟁西南戰爭에 참전했으나, 군기軍旗를 사이고 다카모리西鄕隆盛가 이끄는 사쓰마번薩摩藩의 반란군에게 빼앗기는 치욕을 당했다. 이후 1886~1888년 독일에서 군제와 전술을 공부하고 돌아와 1894년 소장으로 승진하고, 청일전쟁 때에는 보병 제1여단장으로 출전했으며, 육군중장이 되어 대만 원정에 참전했고 대만총독에 취임했다. 1904년 러일전쟁 때는 대장으로 승진하여, 제3군사령관으로 여순旅順을 공략했다. 이 전투에서 휘하 병력 13만 명 중 5만 9,000여 명이 희생되고 자기 아들 두 명도 전사하는 고전 끝에 승리를 거두었다. 전쟁 후 황족과 귀족의 교육기관인 학습원장學習院長으로 취임했다. 1912년 메이지明治 천황 무쓰히토睦仁가 죽자 부인과 함께 자결했다. 당시 일본군의 최고 지도자로서 도고 헤하치로東鄕平八郎와 함께 '해군의 도고, 육군의 노기'라고 불린다.

다카타 사나에高田早苗(1860~1938)　　　　에도 출생. 간다神田의 공립학교共立學校(현 가이세開成중학교·고등학교)와 관립 도쿄영어학교(이후 제일第一고등학교) 등에서 영어를 배우고, 1882년 도쿄대학 문학부 철학·정치학 및 이재理財학과를 졸업했다. 앞서 1881년 법학자 오노 아즈사小野梓와 함께 오토회鷗渡會를 결성하고, 1882년 오노로부터 오쿠마 시게노부大隈重信를 소개받아 오쿠마의 입헌개진당立憲改進黨에 참여했다. 오쿠마와 함께 도쿄전문학교(1902년 와세다대학早稻田大學으로 변경) 설립에도 참여하여 도쿄전문학교 평의원·강사를 맡고 학교 운영에 힘을 쏟았다. 1887년부터 1890년 말까지『요미우리신문讀賣新聞』주필을 역임했다. 1901년 법학박사학위를 취득했다. 1907년 와세다대학 초대 학장(초대 총장은 오쿠마)으로 취임하고, 1923~1931년 와세다대학 총장을 역임했다. 그 사이 1890년 제1회 중의원 의원 총선거에 사이타마埼玉 2구區(현 가와고에시川越市)에서 입후보하여 전국 최연소로 당선되고, 입헌개진당계 정당에 참가하여 총 6회 중의원 의원에 당선되었다. 1897년 제2차 마쓰카타松方 내각(오쿠마와 연립한 마쓰쿠마松隈 내각)에서 외무성 통상국장, 1898년 제1차 오쿠마 내각(와이한隈板 내각)에서 문부성 참사관, 고등학무국장, 참여관 겸 전문학무국장을 역임했다. 1915년 5월 귀족원 의원에 칙선되고, 그해 8월에는 제2차 오쿠마 내각에서 문부대신을 역임했다. 그 밖에 영·미 정치 연구의 제1인자로서『영국정전英國政典』,『영국헌법사英國憲法史』등 저서를 많이 남겼다.

다카하시 쇼노스케高橋章之助(1864~?)　군마현群馬縣 출생. 1889년 메이지법률학교明治法律學校 법률과를 졸업하고, 1890년 변호사시험에 합격하여 도쿄에서 변호사조합 상의원常議員 의장에 추대되었다. 당적을 자유당에 두고 입헌정치를 위해 노력했다. 도쿄 시타야구회下谷區會 의원 및 도쿄시회東京市會 의원으로 취임했으며, 관선으로 도쿄시구개정위원東京市區改定委員으로 임명되었다. 1903년 고향인 군마현에서 중의원 의원으로 당선되고 입헌정우회원으로서 정계에 진출하지만, 소속 의회 해산 후 정치를 그만두었다. 1905년 5월 조선으로 건너와 서울에서 변호사를 개업하고, 1911년부터 경성거류민회 의원과 경성거류민단 의장으로 활동했다. 용산, 삼청동, 청파, 조치원에서 농사를 경영했으며, 영등포식산합자회사를 설립했다.

단 다쿠마團琢磨(1858~1932)　지쿠젠국筑前國(현 후쿠오카현福岡縣) 출생. 후쿠오카번사藩士 기마무사 고야 다쿠노조神尾宅之丞의 넷째 아들이다. 1871년 옛 후쿠오카 번주藩主 구로다 나가토모黒田長知를 수행하여 이와쿠라 사절단岩倉使節團에 동행해서 미국 유학길에 오른다. 1878년 매사추세츠공과대학교Massachusetts Institute of Technology 광산학과를 졸업하고 귀국했다. 귀국 후에는 오사카전문학교 조교수, 이어서 도쿄대학 이학부 조교수가 되어 공학·천문학 등을 가르쳤다. 1884년 공부성工部省으로 옮겨 광산국 차석이 되고, 다시 미이케三池 광산국 기사가 되었다. 미이케의 공업과장 겸 가쓰다치 갱장勝立坑長으로 채탄 기술 습득을 위해 유럽에 건너갔다가, 1888년 미이케 광산이 정부로부터 미쓰이三井에 매각된 후에는 미쓰이로 옮겨 미쓰이 미이케 탄광사炭鑛社 사무장에 취임했다. 1893년 미쓰이광산합자회사 전무이사가 되고, 1899년 공학박사학위를 받았다. 1909년 미쓰이광산 회장이 되고, 1914년 미쓰이합명회사 이사장에 취임하여 미쓰이재벌의 총수가 되었다. 1917년 일본 공업구락부를 설립하여 초대 이사장에 취임했다. 1922년 이노우에 준노스케井上準之助와 일본경제연맹회(일본 경제단체연합회의 전신)를 설립하고, 이듬해 이사장, 1928년 회장이 되었다. 같은 해 다년간의 공로로 남작 작위를 받았다. 그러나 하마구치濱口 내각의 노동조합법안에 반대하고, 쇼와금융공황 때 미쓰이가 달러를 매점하여 재벌에 대한 비난의 화살에 맞게 되었다. 1932년 도쿄 니혼바시日本橋의 미쓰코시三越 본점 근처 미쓰이 본관 입구에서 혈맹단血盟團 단원 히시누마 고로菱沼五郎에게 암살당했다.

데라우치 마사타케寺內正毅(1852~1919)   조슈번長州藩의 가신家臣 집안 출생. 우타다 쇼스케宇田多正輔의 셋째 아들로 태어나 본명은 주사부로壽三郎였으나, 외가인 데라우치 가문에 양자로 들어가면서 이름을 바꾸었다. 1863년 입대하여 근대 일본군의 창설자인 야마가타 아리토모山縣有朋의 심복이 되었다. 메이지시대에 군인으로 임관한 뒤 보신전쟁戊辰戰爭과 세난전쟁西南戰爭에 출정했다. 1882년 프랑스공사관 주재무관이 되고, 일본 육군사관학교 교장을 거쳐 1898년 일본 육군 교육총감을 지냈다. 1900년대 초에는 남만주철도 설립위원장을 맡았다. 1902년 제1차 가쓰라 다로桂太郞 내각의 육군대신이 되었으며 이후 10년 동안 유임했다. 러일전쟁에 참전한 공로로 자작이 되고 육군

대장까지 승진했다. 1910년 5월 한국병합의 명령을 받고 제3대 한국 통감에 임명되어, 한국정부를 압박하여 1910년 8월 22일 병합조약을 체결했다. 병합 후부터 1916년 10월까지 초대 조선총독부 총독을 지냈다. 1916년 10월 야마가타 아리토모의 지원으로 제18대 내각총리대신이 되었고, 시베리아 파병과 중국과 식민지 조선에서 일본의 권익 확대를 꾀하는 제국주의 정책을 펼쳤다. 1918년 쌀소동을 계기로 내각이 실각했고, 이듬해 병사病死했다.

도코나미 다케지로床次竹二郎(1866~1935)　　가고시마鹿兒島 출생. 1890년 제국대학帝國大學을 졸업한 후 관계官界에 들어가, 대장성·내무성에서 승진했다. 1906년 제1차 사이온지 긴모치西園寺公望 내각의 내무성 지방국장이 되어, 하라 다카시原敬 내무대신의 신임을 얻었다. 1913년 입헌정우회立憲政友會에 입당했다. 1914년 중의원 의원으로 당선되고, 이후 총 8회 당선되었다. 1918년 하라 내각의 내무대신 겸 철도원 총재를 맡았다. 그러나 하라 사후에는 다카하시 고레키요高橋是淸와 주도권을 다투어, 1924년 기요우라 게고淸浦奎吾 내각을 지지하여 정우회를 나누어 정우본당政友本黨을 결성하고 총재에 취임하여 제2차 호헌운동에 등을 돌렸다. 이후 소수 세력을 이끌어 정권을 잡고자 헌정회憲政會와 합류하여 입헌민정당立憲民政黨을 결성했다가 정우회에 복귀하는 등 동요를 거듭했다. 1931년 이누카이 쓰요시犬養毅 내각의 철도대신을 역임했다. 오카다 게스케岡田啓介 내각의 체신대신 재임 중 사망했다.

마루야마 쓰루키치丸山鶴吉(1883~1956)　　도쿄 출생. 1909년 도쿄제국대학 법과대학 정치학과를 졸업했다. 같은 해 내무성에 들어가 가가와현香川縣 경부警部, 경시청 특고과장特高課長·보안과장, 시즈오카현靜岡縣 내무부장 등을 역임했다. 1922~1924년 조선총독부 경무국장, 1926년 도쿄시 부시장[助役]을 거쳐 1929년 하마구치濱口 내각에서 경시총감에 취임했다. 1931년 하마구치 수상이 도쿄역에서 저격당하자 책임을 지고 사임한 후 칙선에 의해 귀족원

의원이 되었다. 이후 도쿄시회의원, 대정익찬회大政翼贊會 사무총장, 미야기현宮城縣 지사, 도호쿠東北지방총감 등을 역임했다. 1941년 무사시노미술학교武藏野美術學校 교장 겸 이사장에 취임했다. 1946년부터 1951년까지 공직 추방 처분을 받았다.

마쓰오카 마사오松岡正男(1880~1944)　　아모모리현青森縣 출생. 일본 여성 최초의 저널리스트이자 자유학원自由學園의 창립자인 하니 모토코羽仁もと子의 동생이다. 1929, 1931년 즈음 경성일보사 사장, 매일신보사 사장, 시사신보사時事新報社 사장을 역임했다. 저서로 『남양시찰복명서南洋視察復命書』(대만총독부, 1914), 『식민신론植民新論』(간쇼도서점巖松堂書店, 1922), 『식민 및 이민에 대한 견해植民及移民の見方』(일본평론사日本評論社, 1926), 『적나라하게 본 류큐의 현상赤裸裸に視た琉球の現狀』(오사카마이니치신문사大阪每日新聞社, 1926), 『해군대장 야마시타 겐타로 전海軍大將山下源太郎傳』(편찬, 1941) 등이 있다.

마쓰오카 슈타로松岡修太郎(1896~1985)　　도쿄 출생. 도쿄제국대학東京帝國大學 교수이던 미노베 다쓰키치美濃部達吉의 제자로, 1922년 도쿄제국대학 법학부를 졸업하고 같은 해 동 대학원을 중퇴했다. 이후 조선총독부 경성법학전문학교 강사로 활동하다가, 1926년 경성제국대학 법문학부 조교수, 1928년 교수가 되었다. 법학자로 헌법학·행정법학에 대해 연구했다. 1949년 가나자와대학金澤大學 법문학부 교수, 1953년 홋카이도대학北海道大學 법학부 교수, 1960년 홋카이도대학 명예교수, 1961년 후지여자대학藤女子大學 교수, 1964년 홋카이학원대학北海學園大學 법학부 교수, 1974년 홋카이학원대학 명예교수를 역임했다. 홋카이도 법학교육의 선구자로 불린다. 저서로 『조선행정법제요 : 총론朝鮮行政法提要 : 總論』(동도서적東都書籍, 1944), 『헌법강의 : 일본국 헌법의 원칙과 역사憲法講義 : 日本國憲法の原則と歷史』(유신도有信堂, 1959) 등이 있다.

마키노 에이치牧野英一(1878~1970) 기후현岐阜縣 출생. 형법학자. 1903년 도쿄제국대학 법과대학을 졸업했다. 도쿄지방재판소 판사 등을 역임한 후, 1910년부터 독일·영국·이탈리아 등지에 유학했다. 베를린대학의 리스트 Friedrich List에게 사사하여 근대파 형법학을 배우고 귀국했다. 그 후 리스트로 대표되는 신파 형법학(근대학파, 실증학파)의 형법사상과 형법이론을 일본에 널리 소개했다. 1913년부터 1938년까지 도쿄제대 교수를 역임하며 형법강좌를 담당했다. 주관주의, 목적형론, 교육형론에 근거한 형법이론을 제창하고 감옥행정의 개선을 촉구했으며, 많은 입법 작업에 관여했다. 1946년 귀족원 의원을 역임했다.

모리야 에후守屋榮夫(1884~1973) 미야기현宮城縣 출생. 1910년 도쿄제국대학 법과대학 독법과獨法科를 졸업한 후, 고등문관시험에 합격하여 내무관료로 활동했다. 지바현千葉縣, 아이치현愛知縣 이사관, 내무감찰관, 내무성 참사관 등을 지냈다. 1919년 8월 조선총독부로 부임하여 관방 참사관실 등에 근무하며 비서과장, 서무부장 등을 역임했다. 당시 정무총감 미즈노 렌타로水野鍊太郎의 발탁으로 조선에 온 것으로 알려져 있다. 이후 1924년 일본 내무성 사회국으로 옮겨 근무했으며, 1928~1942년 6회 중의원 선거에 당선되었다. 1934년 오카다岡田 내각의 농림정무차관에 취임했다. 1942~1946년 일본 미야기현 시오가마시鹽竈市 시장을 지내다가, 1946년 '공직추방령'으로 시장 직책에서 물러났다.

미시마 미치쓰네三島通庸(1835~1888) 사쓰마번사薩摩藩士 출생. 자작. 사쓰마번사 미시마 미치즈미三島通純의 장남이며, 이지치 마사하루伊地知正治에게 병학兵学을 배웠다. 정충조精忠組(막말 사쓰마번에 존재한 번내 조직)의 일원으로 '데라다야 소동寺田屋騷動'에 관여하여 근신謹慎을 받았으나, 사이고 다카모리西鄕隆盛에게 발탁되었고 번주 시마즈 다다요시島津忠義로부터 인마봉행人馬

奉行에 임명되었다. 존왕양이尊王攘夷운동을 하고, '도바鳥羽·후시미伏見 전' (보신전쟁戊辰戰爭의 서전緖戰)에 참전했으며, 번정 개혁에도 참여했다. 오쿠보 도시미치大久保利通에 의해 신정부에서도 활약하게 된다. 1871년 도쿄부東京府 권참사權參事로서 긴자銀座 벽돌거리煉瓦街의 건설을 진행했다. 1874년 사카타 현령酒田縣令, 쓰루오카현령鶴岡縣令을 거쳐 1876~1882년 야마가타현령山形縣 令을 지내고, 1882년 1월부터 후쿠시마현령福島縣令을 겸임하다가 같은 해 7월 전임하여, 1883년 10월부터 도치기현령栃木縣令을 겸했다. 1884년 내무성 토목 국장으로 옮기고, 이듬해 경시총감에 취임하여 1887년 '보안조례'를 시행하여 민권운동 활동가를 도쿄에서 추방했다. 그 사이 도로 등 대토목공사를 추진하 여 도호쿠東北지방의 산업 육성에 힘써, 적극적으로 지역개발을 추진하는 '토 목현령土木縣令'으로 불렸다. 반면에 강권적인 수법으로 주민의 반발을 일으켜 '귀신현령鬼縣令'이라고도 불렸다. 자유민권운동과 대립하여 1882년 '후쿠시마 福島 사건'이나 1884년 '가바산加波山 사건'을 유발했다.

미즈노 렌타로水野鍊太郎(1868~1949)　　아키타현秋田縣의 번사藩士 집안 출생. 아키타중학교, 제일고등중학교를 거쳐 1892년 도쿄제국대학 법학부를 졸업했다. 이후 내무성에 들어가 지방국장 등을 역임했다. 1913년 내무차관, 1918년 내무대신이 되었다. 1919~1922 조선총독부 정무총감으로 근무했다. 1922 년 내무대신으로 복귀하고, 관동대진재 당시 조선인 학살을 주도한 것으로 알려져 있다. 1927년 문부대신이 되었으나, 1928년 사임했다. 이후 여러 단체의 장을 역임했다. 1949년 병사했다.

사이고 다카모리西鄕隆盛(1828~1877)　　사쓰마번薩摩藩 출생. 하급 무사 사이고 기치베 다카모리西鄕吉兵衛隆盛의 장남으로 태어났다. 번주 시마즈 나리 아키라島津錦와 오쿠보 도시미치大久保利通와 뜻을 같이하여 토막討幕운동의 중심인물로 성장했다. 오쿠보와 함께 1866년 사카모토 료마坂本龍馬의 소개로

조슈번長州藩의 이와쿠라 도모미岩倉具視와 비밀리에 연합하여 사쓰마-조슈
동맹, 이른바 '삿초동맹薩長同盟'을 맺었다. 그리고 토막파討幕派의 리더였던
이와쿠라와 함께 에도막부를 토벌하자는 밀칙을 내렸다. 이에 따라 1867년
10월 14일 군사를 일으키기로 했으나, 공교롭게도 같은 날 앞서 에도막부가
대정봉환大政奉還의 상주문上奏文을 올렸고 메이지明治 천황은 그것을 받아들
였다. 그러자 그는 오쿠보와 함께 그해 12월 9일 각 번藩에서 모인 군사들을
이끌고 궁정을 장악했다. 그리고 반反 토막파를 제외한 공경公卿들을 소집하여
왕정복고王政復古를 선언했다. 이 사건을 '메이지유신明治維新'이라 하며 이로써
천황을 중심으로 하는 새로운 정부가 수립되었다. 1869년 메이지 천황이 권력을
되찾는 데에 공적이 있는 인물들에게 위계位階를 수여할 때 그는 가장 높은
위계를 받았다. 1871년 정부군 사령관이 되었으며 여러 번을 복속시키는 역할을
수행했다. 이후 참의參議에 임명되어 기도 다카요시木戶孝允와 함께 새 정부의
정책을 만드는 책임을 맡았다. 새 정부가 추진한 폐번치현廢藩置縣, 금록공채金
祿公債, 폐도령廢刀令과 징병제徵兵制 등의 정책들은 메이지유신을 성공으로
이끈 사족士族, 즉 무사들의 입지를 좁히는 결과를 가져왔다. 사족들의 불만이
극에 달하자 그는 무사들의 불만이 반란으로 표출되기 전에 전쟁을 일으켜
이를 해소시켜야 한다고 생각하고, 조선을 정벌하자는 정한론征韓論을 강력하
게 주장하기도 했다. 결국 그는 1873년 정한파征韓派 참의들과 함께 사퇴하고
새 정부 내에 있던 백여 명에 이르는 세력을 이끌고 고향인 가고시마현鹿兒島縣
으로 돌아갔다. 이후 사학교私學校를 설립하고 사족의 자제들을 교육시키는
일에 전념했다. 새 정부의 오쿠보는 가고시마를 공격할 구실을 만들기 위해
1877년 1월 '가고시마현이 보유하고 있는 병기와 탄약을 오사카로 운반할 것'을
명하여 그를 도발했다. 그러자 사학교 학생들이 앞장서서 가고시마의 군수 공장
과 해군기지를 공격했고, 2월 그를 옹립하여 군사를 일으켰다. 군사를 이끌고
도쿄로 향하던 그는 구마모토熊本에서 정부군과 맞닥뜨려 6개월간 치열한 전투
를 벌였다. 이로써 '세난전쟁西南戰爭'이 시작되었고 이후 규슈九州 전 지역에서

공방전이 벌어졌다. 그러나 그의 예상과는 달리 전투는 패전을 거듭했다. 그는 상황이 뜻대로 이루어지지 않자 그해 9월 가고시마로 돌아왔다. 그리고 뒤쫓아 온 정부군이 최후의 공격을 단행한 1877년 9월 24일 자결하여 49세에 사망했다.

사이토 마코토齋藤實(1858~1936)　　센다이번仙台藩 출생. 1879년 일본 해군병학교海軍兵學校를 졸업하고 1884년 미국 유학을 떠나 몇 년 동안 일본공사관 소속 해군무관으로 일했다. 귀국 후 해군차관·군무국장을 역임했으며, 1906~1914년 해군대신을 맡고, 1912년 해군대장으로 승진했다. 3·1운동 이후 조선총독으로 부임하여 이른바 '문화정치'로의 전환을 표방했다. 1925년 자작 작위를 받았으며, 1927년 제네바 해군 군축회의에 전권위원으로 참석했다. 귀국 후 조선총독직을 사임하고 천황의 추밀고문관樞密顧問官이 되었다. 1929~1931년 다시 조선총독직을 맡았다가, 1932년 이누카이 쓰요시犬養毅 총리가 암살된 5·15사건 뒤에 일본 총리가 되었다. 1932년 9월 만주국을 승인하고, 1933년에는 일본의 국제연맹 탈퇴를 선언했다. 이후 '제인사건帝人事件'이라는 금융스캔들로 1934년 7월 내각이 총사퇴했다. 그 뒤 내대신內大臣이 되었으나, 1936년 2·26사건 때 청년 장교들에 의해 살해되었다.

소에지마 기이치副島義一(1866~1947)　　히젠국肥前國 사가군佐賀郡(현 사가현佐賀縣) 출생. 1894년에 도쿄제국대학 법과대학 독법과獨法科를 졸업하고 대학원에 진학했다. 1901~1902년 도쿄고등상업학교(현 히토쓰바시대학一橋大學)에서 헌법을 강의하고, 1902년 베를린대학에 유학했다. 헌법학자로서 일찍이 '천황기관설天皇機關說'을 주창했다. 1908년 법학박사학위를 받았다. 와세다대학에서 교수·평의원을 지내면서, 신해혁명 때에는 데라오 도오루寺尾亨와 함께 남경南京의 임시정부 법률 고문으로 취임했다. 1920년에는 제14회 중의원 의원 총선거에 출마하여 당선되었다. 1930년 남경 국민정부의 법률 고문으로 취임했다.

소에지마 미치마사副島道正(1871~1948)　　　도쿄 출생. 백작 소에지마 다네오미副島種臣의 3남으로 태어났다. 영국 케임브리지대학교University of Cambridge를 졸업하고, 귀국하여 궁내성宮內省에 들어가 동궁시종東宮侍從과 식부관식部官으로 근무했다. 1905년 백작이 되었다. 이후 실업가로서 경성일보사 사장, 일영수력전기日英水力電氣・하야카와전력早川電力・조선수력전기朝鮮水力電氣・일본제강소日本製鋼所・도메해상보험東明海上保險 등의 중역을 역임했다. 1918~1925년, 1936~1947년 귀족원 폐지 때까지 귀족원 의원을 지냈다.

쇼쿄쿠사이 덴카쓰松旭齋天勝(1886~1944)　　　도쿄 출생. 메이지에서 쇼와에 걸쳐 활약한 기술사奇術師. 집이 몰락하여 1896년 쇼쿄쿠사이 덴이치松旭齋天一의 제자로 들어갔다. 덴이치의 구미歐美 순회공연(1901~1905)에 동행하고, 귀국공연의 전식電飾 의상衣裳인 '우의羽衣 춤'으로 큰 평판을 얻었다. 1911년 덴이치가 은퇴하자 덴카쓰 일좌天勝一座를 결성하여, 스승의 무대 기술을 화려하게 발전시켜 천수백 종의 기술을 연기했다. 26명의 좌원座員을 거느리고 떠난 두 번째 미국 순회공연(1924~1925)에서는 대일 감정 악화 속에서 재류 일본인들을 위문・격려했다. 다이쇼 시대는 오페라와 신극을 도입했고, 쇼와 시대에 들어서는 미국에서 들여온 리뷰revue(노래와 춤 중심의 연극)와 재즈의 마술 쇼로 전성기를 맞았다. 덴카쓰 일좌는 100명을 넘어 관객 동원 수 일본 제일의 덴카쓰 황금시대를 구축했다.

스기 이치로헤杉市郎平(?~?)　　　오카야마현岡山縣 출생. 청일전쟁・러일전쟁에 참여한 군인으로, 1905년 인천 헌병분대장으로 조선에 들어와 제대 후에도 조선에 머물며 조선일일신문사朝鮮日日新聞社 사장과 잡지사인 신반도사新半島社 사장을 역임했다. 저서로『군인의 본령 : 정신교육軍人の本領 : 精神教育』(병학서원兵學書院, 1901),『무사의 본령 : 병사 귀향 토산武士の本領 : 兵士歸鄉土産』(1893),『대일본제국 군기의 역사大日本帝國軍旗之歷史』(병학서원,

1901), 『병합 기념 조선 사진첩倂合記念朝鮮寫眞帖』(경성 신반도사, 도쿄 원원당서방 元元堂書房, 1910), 『장백산에서 본 조선 및 조선인長白山より見たる朝鮮及朝鮮人』 (동주회同舟會, 1921), 『중국이란 무엇인가支那とは何そや』(제정각齊政閣, 1937) 등이 있다.

쓰루미 유스케鶴見祐輔(1885~1973)   군마현群馬縣 출생. 1910년 도쿄 제국대학 법학부 정치과를 졸업했다. 내각 척식국, 철도성에서 근무하다가, 1926년 퇴관한 후 해외의 대일 여론 완화를 위해 구미, 호주, 인도 등 각국 대학을 순방하고 태평양회의에도 매회 참석하여 민간 외교 추진에 힘썼다. 1928년 이래 중의원 의원에 4회 당선되고 민정당民政黨 등에 소속되었으며, 요나이米內 내각의 내무정무차관을 지냈다. 전시 중에는 익정회翼政會, 일정회 日政會 고문이 되었고, 전후에는 일본진보당日本進步黨 결성에 참가하여 간사 장에 취임했으나 공직에서 추방되었다. 공직 추방에서 해제된 후인 1953년부 터 1기 참의원 의원을 지내고, 그 사이 제1차 하토야마鳩山 내각의 후생대신을 지냈다. 영어에 능통하여 『처칠』, 『현대 일본론』을 영문으로 썼고, 정치평론, 소설, 전기 중 베스트셀러가 된 저서도 많다. 주요 저작으로 『고토 신페이後藤 新平』(전 4권) 등이 있다. 고토 신페이의 사위이다.

시노다 지사쿠篠田治策(1872~1946)   시즈오카현靜岡縣 출생. 1899년 도쿄제국대학 법과대학 법률학과를 졸업했다. 변호사가 되었다가, 1904년 러 일전쟁 발발 무렵 육군성의 국제법 사무촉탁에 임명되어 제3군의 국제법 담당 고문으로서 종군하고, 여순旅順 요새 함락 후에는 여순 요새의 사령부 고문을 겸했다. 1907년 한국통감부의 촉탁이 되어 간도파출소 총무과장, 통감부 비서 관을 역임하고, 한일병합 후인 1910년 10월부터 조선총독부에 의해 평안남도에 파견되었다. 평안남도에서 총무부장·내무부장을 역임한 후, 1919년 9월부터 1923년 2월까지 평안남도지사를 지냈다. 그 사이 러일전쟁의 전시 국제법 등의 연구로 법학박사학위를 수여받았다. 평안남도지사 퇴임 후에는 이왕직李王職 차관으로 임명되고, 1932년부터 1940년 3월까지 이왕직 장관을 지냈다. 같은 해 7월부터 1944년까지 경성제국대학 총장을 맡았다.

시모오카 주지下岡忠治(1870~1925)　　　　셋쓰국攝津國(현 효고현兵庫縣) 출생. 1895년 도쿄제국대학 법과대학 정치학과를 졸업한 후, 내무속內務屬으로 내무성 대신관방 문서과에서 근무했다. 1896년 구마모토현熊本縣 참사관參事官에 임명된 후, 교토부京都府 참사관, 이바라키현茨城縣 서기관, 법제국 참사관 겸 서기관 등을 역임했다. 1906년 아키타현秋田縣지사가 되고, 1908년 농상무성 농무국장이 된 후 농상무차관, 추밀원 서기관장, 내무차관을 지냈다. 1915년 효고현에서 제12회 중의원 의원 총선거에 출마하여 당선되었고, 이후 1924년 제15회 총선거까지 연속 4회 당선되었다. 제2차 오쿠마大隈 내각에서는 1915년 7월부터 8월까지 내무참정관에 취임했다. 1924년 7월 조선총독부 정무총감에 취임했고, 철도국장 사무취급 등을 겸임했다.

아라카와 고로荒川五郎(1865~1944)　　　　히로시마현廣島縣 출생. 1889년 일본법률학교(일본대학 법학부 전신)에 1기생으로 입학하여, 1893년 일본대학 법률과를 수석으로 졸업했다. 일본대학 교무주임, 중국신문 주필 등을 거쳐 1904년 3월 제9회 총선거에서 중의원 의원에 당선된 이래 제9~15회, 제17~19회 총선거에서 총 10회 당선되었다. 대동문화협회大東文化協會 상임이사, 대일본양정회大日本養正會 이사장, 전국사립학교협회 이사장, 일본대학 이사, 구제舊制 일본대학 중학교(현 일본대학 제일중학교·고등학교) 교장, 일본고등철도학교장, 헌정회 정무조사회장 등을 역임했다. 중의원 의원이던 1906년 한반도를 시찰하면서 저술한 『최근 조선 사정最近朝鮮事情』은 20세기 초 한반도 문화를 알리는 중요한 자료가 되었다.

아루가 미쓰토요有賀光豊(1873~1949)　　나가노현長野縣 출생. 1894년 도쿄법학원(현 주오대학中央大學) 영어법률과를 졸업했다. 지원병으로 고노에近衛 야전포병野戰砲兵 연대에 입대하여 청일전쟁에 종군한 후 포병 소위로 제대했다. 1897년 고등문관시험에 합격하여 대장성 주세국主稅局에 들어갔다. 이후 나가사키長崎 세관 감시부장, 하코다테函館 세무서장을 거쳐, 1906년 한국정부에 초빙되어 진남포 세관장이 되고, 통감부 재정감사관, 서기관 감사부장을 지냈다. 이후 조선총독부 서기관 관세과장, 경기도 내무부장, 경기도 제1부장, 탁지부 세관장, 총독부 참사관 사무관 등을 역임했다. 1918년 조선식산은행 이사가 되고, 1920년 은행장이 되었다. 그 밖에 조선저축은행장, 조선잠사회장, 조선곡물상조합연합회장, 조선산림회장 등을 지냈다. 이어서 경성방송국 창립위원장을 거쳐, 1934년 귀족원 의원으로 칙선되어 일본고주파중공업사장, 농림성 식량관리국 고문 등을 역임했다. 1946년 공직에서 추방되고, 같은 해 3월 13일 귀족원 의원직을 사임했다.

아비코 마사루吾孫子勝(1876~1931)　　도쿄 출생. 1900년 도쿄제국대학 법과대학을 졸업했다. 1902년 판사에 임명되어 도쿄 각 재판소 판사를 지낸 후, 1903년 상법商法 연구를 위해 독일과 영국에 유학했다. 귀국 후 도쿄항소원 판사가 되고, 이어서 조선총독부 판사로 전직하여 경성복심법원 판사를 지냈다. 1916년 경성전수학교장으로 옮겨가 동교가 경성법학전문학교가 됨과 동시에 교장으로 취임했다. 1922년 법학박사학위를 받았다. 이듬해 구미歐美로 출장을 갔다가 귀국한 후 대심원 검사가 되었다. 1924년 제일고등학교 강사, 법정대학法政大學 법문학부 교수, 주오대학中央大學 강사를 역임하고, 이후 대심원 판사를 지냈다.

아오야기 쓰나타로靑柳綱太郎(1877~1932)　　사가현佐賀縣 출생. 다이쇼시대의 저널리스트이자 조선사학자이다. 도쿄전문학교(현 와세다대학)를 졸업했다.

1903년 한국에 건너와 1905년 한국 재무고문부 재무관을 거쳐, 1907~1909년 한국 궁내부에서 조선시대사 편찬에 종사했다. 1912년 조선연구회를 주재했으며, 1917년 주간週刊『경성신문京城新聞』을 발간하며 사장이 되었다. 저서로 『조선4천년사朝鮮四千年史』(조선연구회, 1917),『총독정치總督政治』(조선연구회, 1918),『조선독립소요사론朝鮮獨立騷擾史論』(조선연구회, 1921),『이조사대전李朝史大全』(조선연구회, 1922),『조선통치론朝鮮統治論』(조선연구회, 1923) 등이 있다.

야나이하라 다다오矢內原忠雄(1893~1961)   에히메현愛媛縣 출생. 1910년 구제舊制제일고등학교에 입학하여 재학 중, 무교회주의자 우치무라 간조內村鑑三가 주최하던 성경연구회에 입문하여 기독교 신앙을 심화했다. 도쿄제국대학에 입학한 후에는 요시노 사쿠조吉野作造의 민본주의나 인도주의적인 입장에서 식민정책학을 강구하고 있던 니토베 이나조新渡戶稻造의 영향을 받아 사상을 형성해 갔다. 1917년 도쿄제국대학 법과대학 정치학과를 졸업한 후, 스미토모住友 총본점에 입사하여 벳시동산別子銅山에 배속되었다. 1920년 니토베 이나조의 국제연맹 사무차장 전출을 수행하고, 후임으로 모교의 경제학부 조교수가 된다. 같은 해 가을에 유럽으로 떠나 영국·독일·팔레스타인을 여행하고 프랑스·미국 등에서 유학한 후, 1923년 귀국하여 도쿄제국대학 교수로 취임하면서 식민정책을 강구했다. 1937년 '노구교사건盧溝橋事件' 직후『중앙공론中央公論』9월호에「국가의 이상」이라는 제목의 평론을 실었다. 국가가 목적으로 해야 할 이상은 정의이고, 정의란 약자의 권리를 강자의 침해·압박으로부터 지키는 것이며, 국가가 정의에 위배될 때는 국민 속에서 비판이 나와야 한다는 등의 민주주의 이념이 서술되어 있었다. 그러나 이 논문은 대학 안팎에서 그를 배격하는 소재로 꼽혔다. 또 그 무렵 그가 개인적으로 발행하고 있던 기독교 잡지『통신』에 게재한 남경南京사건을 규탄하는 그의 강연의 결어("일본의 이상을 살리기 위해서, 우선 이 나라를 매장해 주세요")도 '불온한 언동'으로 문제가 되었다. 그해 11월 교수회에서 그의 언론 활동이 비난받았고, 결국 1937

년 12월 사실상 추방 형태로 도쿄제대 교수를 사임했다. 그 후에는 『통신』을 『가신嘉信』으로 바꾸어 매월 정기적으로 발행하고, 젊은이들을 상대로 성경 강의를 하거나 월 1회 도쿄제대 성경연구회를 열었으며, 1939년부터 토요학교를 열며 기독교 신앙에 기초한 신념과 평화주의를 계속 설파했다.

야마가타 이소山縣五十雄(1869~1959) 시가현滋賀縣 출생. 도쿄제국대학 영문과를 중퇴했다. 『소년원少年園』의 편집을 돕다가, 이후 『만조보萬朝報』의 영문란을 담당하고 주필로 일했다. 1923년 영자지 『헤럴드 오브 아시아The Herald of Asia』의 주필로 활동했다. 또한 태평양전쟁 중 외무성 촉탁嘱託으로서 공문서의 영어 번역에 종사했다. 『영문학연구英文學硏究』(전 6책) 등의 저서가 있다.

야마모토 미오노山本美越乃(1874~1941) 미에현三重縣 출생. 도바번사鳥羽 藩士 야마모토 쇼헤山本昇平의 셋째 아들로 태어났다. 도바상선학교鳥羽商船學校를 월반으로 졸업하고, 도시샤同志社보통학교를 거쳐, 1903년 교토제국대학 법과대학 선과選科를 졸업했다. 오사카고등상업학교(현 오사카시립대학의 전신) 교사를 거쳐, 야마구치山口고등상업학교(현 야마구치대학 경제학부의 모태) 교수가 되었다. 1905년 경제학 연구를 위해 구미歐美에 유학하여, 컬럼비아대학교 Columbia University 하계 강좌를 거쳐 위스콘신대학교University of Wisconsin 대학원에서 경제학과 폴 라인쉬Paul Samuel Reinsch로부터 식민정책을 배우고 문학석사학위를 취득했다. 영국, 독일을 거쳐 1907년 귀국하여 야마구치고등학교로 돌아와 고등관이 되었다. 문부성 파견으로 청국과 한국을 시찰하고, 1912년 교토제국대학 조교수가 되어 식민정책 등을 강구했다. 1918년 교토제대 교수가 되어 경제학부장, 총장을 역임했다.

오가키 다케오大垣丈夫(1862~1929)　　　　가가국加賀國(현 이시카와현石川縣) 출생. 1880년 가나자와金澤제일사범학교를 졸업한 후, 도쿄에 상경하여 게이오의숙에 입학했다. 재학 중 고향 친구인 나카하시 도쿠고로中橋德五郎와 교유하고 노다 우타로野田卯太郎와 함께 일찍이 정치운동에 참여했다. 1887년 졸업 후, 오자키 유키오尾崎行雄의 인정을 받아 나라奈良의 『야마토신문大和新聞』의 주필이 되고, 가가加賀의 『이시카와일일신문石川日日新聞』 주필을 거쳐, 1899년 도쿄에 가서 『사쿠라신문』을 창간했다. 신문 경영이 이토 히로부미의 눈에 띄어, 이후 이토의 측근으로 일하다가 1905년에 한국에 건너와 한국통감부 경무국 정보위원으로 활동했다. 이완용의 자금 지원을 받아 윤치호, 김가진, 오세창, 윤효정, 여병현, 권동진, 이종일, 이우영, 심의성, 장지연 등과 함께 대한자강회(훗날 대한협회)를 설립하여 고문이 되고, 『대한민보大韓民報』를 창간하여 조선인 교도敎導로 일했다. 그 밖에 대동사문회大東斯文會와 유도진흥회儒道振興會에 참여했다. 일진회가 한일병합운동을 벌이자 이에 반대하여 동양의 맹주가 일본임을 전제로 하는 아시아 연대론인 '일한중 삼국동맹'을 주장했다. 이후 한일병합이 성립되자 조선을 나와 중국을 유람했다. 1912년에는 조선으로 돌아와, 1914년에 경성통신사 사장에 취임했다. 이후 경성부협의원, 1927년 도평의원이 되었다.

오키 엔키치大木遠吉(1871~1926)　　　　도쿄 출생. 이른바 '사가佐賀 7현인賢人'(에도시대 막부 말기부터 메이지시대에 걸쳐 활동하며 메이지유신의 성공에 기여한 사가현佐賀縣 출신의 7명의 고위 인사를 가리키는 말) 중 한 사람인 오키 다카토大木喬任 백작의 아들로 태어났다. 1899년 습작襲爵하여 백작이 되었다. 1907년 귀족원 백작 의원 보궐선거 때에 번벌계藩閥系 후보자로 대항하여 입후보했지만 낙선하고, 백작동지회伯爵同志會를 만들어 반反관료파로서 활동하며 벌족閥族 타파를 주장했다. 1908년 보궐선거에서 당선되어 귀족원 의원이 되었다. 이후 백작 의원의 지도자로서 입헌정우회立憲政友會에 가까운 입장에 섰다.

1920년 이후 하라 다카시原敬 내각, 다카하시 고레키요高橋是淸의 사법대신, 1922년 가토 도모사부로加藤友三郎 내각의 철도대신을 각각 역임했다. 대동문화협회大東文化協會와 제국공도회帝國公道會 설립에 깊이 관여하고, 대동문화협회 초대 회두會頭, 1919년 제국공도회 제2대 회장과 대일본국수회大日本國粹會 총재를 맡았다. 제국농회帝國農會 회장 등도 역임했다.

와카쓰키 레지로若槻禮次郎(1866~1949)   마쓰에번松江藩(현 시마네현島根縣) 출생. 마쓰에번사松江藩士 오쿠무라 센자부로奧村仙三郎의 둘째 아들로 태어나 숙부 와카쓰키 게若槻敬의 양자가 되었다. 1892년 도쿄제국대학 법과대학을 졸업하고, 대장성에 들어갔다. 에히메현愛媛縣 수세장收稅長, 대장성 주세국장 등을 거쳐 1906년 제1차 사이온지 긴모치西園寺公望 내각, 1908년 제2차 가쓰라 다로桂太郎 내각의 대장차관에 취임했다. 1911년 대장차관을 사임하고 귀족원 칙선 의원이 되었다. 제3차 가쓰라 내각, 제2차 오쿠마 시게노부大隈重信 내각의 재무대신[藏相]으로도 취임했다. 그 사이 입헌동지회, 헌정회 창립에 동참했다. 1924년 호헌 3파 내각의 내무대신이 되어 보통선거법, 치안유지법을 성립시켰다. 1926년 가토 다카아키加藤高明 총리의 병사病死로 헌정회 총재를 계승하여 내각을 조직하는데(제1차 와카쓰키 내각), 1927년 추밀원이 대만은행 구제 긴급칙령안을 부결함에 따라 총사퇴했다. 1930년 하마구치 오사치濱口雄幸 내각하에서 런던 해군군축회의 수석 전권을 맡아 난항 끝에 조약을 체결했다. 1931년 하마구치의 병세 악화로 대신하여 입헌민정당 총재로 취임하여, 제2차 와카쓰키 내각을 조직해서 하마구치 내각의 정책을 계승했다. 그러나 만주사변의 발발로 정책의 기본인 시데하라幣原 외교, 긴축 재정이 파탄 나, 내무대신 아다치 겐조安達謙藏의 협력 내각 운동(민정당·정우회 양당에 의한 협력 내각 성립을 목표로 한 운동)에 의해 총사직했다. 1934년 민정당 총재직을 사임하고, 이후에는 중신重臣으로서 오카다 게스케岡田啓介 내각 이후의 후계 수상을 지명하고 중요 국책의 심의에 가담했다. 전쟁에 대해서는 일관되게 비판적인 입장을 표명하고, 개전 후에는 화평파和平派의 입장에 섰으나 정치권에 대한 영향력을 갖지는 못했다. 태평양전쟁 말기에는 고노에 후미마로近衞文麿, 히라누마 기이치로平沼騏一郎, 오카다 게스케 등과 도조 히데키東條英機 퇴진을 획책하여, 고이소 구니아키小磯國昭 내각을 성립시켰다.

와타나베 데이치로渡邊定一郎(1872~?) 1896년 도쿄 가시마조원鹿島組員으로서 철도공사에 종사했다. 이후 오쿠라조大倉組 토목부에 들어가 우지나항宇品港 및 대만철도사업 등에 참여했다. 1904년 조선으로 건너와 경의선 공사에 종사한 후, 일단 귀국하여 야마토국大和國에서 제분업을 경영했다. 1913년 가와카미 사타로川上佐太郎의 위탁으로 다시 조선으로 건너와 조선간척사업을 경영했다. 1918년 마쓰야마 쓰네지로松山常次郎가 황해사黃海社를 창립하여 수리, 간척공사 설계, 감독 및 청부업을 시작하자 입사하여 지배인이 되었고, 1921년 주식회사 황해사로 개편되자 전무취체역으로 취임했으며, 1926년 취체역사장으로 승진했다. 이어서 경성상공회의소 회두로 선임되어 네 차례나 경성상공회의소 회두를 역임하고 1931년 사임했다. 경성상공회의소 회두로 있으며 철도망, 산미産米문제 등과 관련하여 중앙을 설득하는 활동을 했다. 조선토목건축협회 이사, 국수회國粹會 조선지부장을 역임했다. 1935년 중앙물산주식회사 사장을 지냈다.

요시노 사쿠조吉野作造(1878~1933) 미야기현宮城縣 출생. 훗날 일본의 기독교 사회주의 운동의 지도적 인물이 되었다. 1904년 도쿄제국대학 법과대학 정치학과를 수석으로 졸업했다. 대학원을 거쳐 1909년 도쿄제대 법과대학 조교수로 부임하여 정치사를 담당했고, 1914년 교수가 되었다. 이해부터 『중앙공론中央公論』에 계속해서 정치평론을 발표했다. 특히 1916년 11월호 「헌정憲政의 본의本義를 설명하여 그 유종의 미를 거두는 길을 논하자」에서는 데모크라시democracy를 '민주주의'로 번역하여 보통선거법의 시행과 정당정치의 실현을 주장하는 등 다이쇼 데모크라시 운동의 대표적인 논객으로 활동했다. 1924년 도쿄제대 교수직을 사직하고, 아사히신문사朝日新聞社에 들어갔다가 같은 해 필화사건으로 퇴사했다. 이후 도쿄제대 법학부 비상근 강사로 활동했다. 일본에서 가장 영향력 있는 의회정치 주장자의 한 사람으로서, 국민에게 필요한 것이 곧 정부의 기본 목표라고 주장하면서 민본주의를 요구했다. 이를 실현하기 위해 보통선거권, 민간에 의한 군대의 통솔, 귀족원의 민선기구 전환, 사회주의 국가의 점진적 설립 등을 주장했다. 또한 '반反제국주의자'로서 일본제국주의 체제에 강한 비판적인 태도를 보였으며, 제1차 세계대전 이후 국제질서가 평등한 국제적 민주주의로 이동하고 있다고 전망했고, 일본이 군비 통제에 적극적으로 참여할 것을 제안했다. 아울러 식민지 조선을 비롯하여 제 아시아 국가의 독립운동과 중국의 혁명운동에 지지를 표했으며, 일본제국으로 하여금 식민지에 보다 광범위한 자치를 부여할 것을 주문했다. 마르크스주의와는 거리를 두면서 노동운동, 조선의 학생운동 등을 지지했다. 그 밖에 메이지문화연구회明治文化硏究會를 조직하여 『메이지문화전집明治文化全集』을 간행하여 메이지문화사 연구에도 공헌했다.

우가키 가즈시게宇垣—成(1868~1956)　　　오카야마현岡山縣 출생. 1888년 육군사관학교에 들어가 1890년 제1기생으로 졸업하고, 1900년 육군대학을 졸업했다. 1902년부터 2년간 독일에서 유학하고, 러일전쟁이 일어났을 때 제8사단 참모로서 출정하여 원산 후비제대 지휘관을 맡았다가, 1905년 3~5월 한국주차군 참모를 맡았다. 1906년 2월부터는 공사관 소속 무관으로 1908년까지 다시 독일에 파견되었다. 귀국 후 참모본부 총무부 부원, 교육총감부를 거쳐 1911년 육군성 군무국 군사과장이 되었다. 1913년 야마모토山本權兵衛 내각에서 군부대신 현역무관제 개정('현역'이라는 조건 철폐)을 단행하자, 내각에 맞서 군사과장 직을 걸고 이에 반대하는 문서를 배포했다. 이 때문에 그는 보병 제6연대장으로 강등되었다. 그는 통수권하에 있는 군대가 정당 출신 대신 아래 장악

되어서는 안 된다는 신념을 가지고 저항했다. 1915년 다시 군사과장으로 복귀한 그는 참모본부 제1부장, 참모본부 총무부장, 육군대학 교장 등의 요직을 거쳐 1923년 다나카 기이치田中義一 육군대신 아래 차관으로 임명되었다. 1924년 이후 4회에 걸쳐 육군대신을 지냈다. 그동안 1922년 워싱턴회의에서 합의한 군비 축소를 시행하는 한편 군의 근대화에 진력했는데, 이것이 군부 강경파의 반감을 사게 되어 밀려났다. 그 후 제4·7대 조선총독(1927, 1931~1936)으로 부임하여, 이북지역을 중심으로 군수공업화를 추진했다. 그리고 공업 원료 확보를 위해 남면북양정책, 북선개척사업, 산금장려정책을 추진했다. 동시에 농촌진흥운동을 추진하여 총동원 체제를 구축하기 위해 촌락 소식을 강화하고 농촌의 중견 인물을 양성했다. 그리고 내선융화를 강조하면서 황국신민화정책을 펼치고 '일면일교一面一校' 정책을 추진했다. 이후 1938년 고노에近衛 내각에서 외무대신 겸 척무대신을 지냈으며, 제2차 세계대전 후 정계에서 추방당했다. 1952년 해금되어 1953년 참의원 의원 선거에서 최고 득표로 당선되었으나, 임기 중에 사망했다.

우시마루 준료牛丸潤亮(?~?)　　　　　　1923년 조선총독부 내무국 사회과 촉탁을 지냈다. 학자로서, 편저로『최근 간도사정 : 부록 러시아·중국 이주 조선인 발달사最近間島事情:附露支移住鮮人發達史』(무라타 시게마로村田懋麿 공편, 조선급조선인사출판부朝鮮及朝鮮人社出版部, 1927)를 서울에서 발간했다. 이 책에서 간도(중국 길림성吉林省의 조선에 접한 두만강 유역)의 지리·경제사정을 상세히 설명했다. 1875년부터 농민들이 정주定住했다고 하며, 1910년 이후 식민지화의 상징, 정치·경제상 요지가 된 간도의 역사·외교·산업·교통 등을 망라하여 서술했다. 이전에는 남만주철도 연선沿線을 중시하여 간도 관련 책이 쓰인 경향이 있는데, 이 책은 인구·식량 문제상 이 지방이 가지는 기능을 중시하여 만주 경영을 위한 중요한 일차 자료로 평가받았다. 백두산의 정계定界, 간도 문제, 반도 민족 이주의 역사·원인·현상, 대對 러시아·중국 이민 정책,

재외 조선인에 대한 시설 등에 관련한 내용이 담겨 있다.

우에쓰카 쓰카사上塚司(1890~1978)　　　구마모토현熊本縣 출생. 구마모토 상업학교를 졸업하고, 1912년 고베神戶고등상업학교를 졸업한 후, 남만주철도 주식회사에 입사했다. 1920년 중의원 구마모토 5구區 의원(입헌정우회)으로 당선되었다. 1924년 다카하시 고레키요高橋是淸 농상무대신 비서관, 1927년 다카하시 대장대신 비서관을 지냈다. 1928년 중의원 구마모토 2구 의원으로 당선되었다. 1930년 국토관國土館고등척식학교 교장으로 부임했다. 1932년 중의원 의원으로 당선되고, 사이토 내각 대장참여관을 지냈다. 1936년 중의원 의원, 1946년 중의원 의원(일본자유당)으로 당선되어, 제1차 요시다吉田 내각 대장정무차관을 역임했다. 1952년 중의원 구마모토 2구 의원(자유당)으로 당선되었다. 1953년 중의원 의원, 중의원 외무위원장을 지내고, 1955년 정계에서 은퇴했다.

유게 고타로弓削幸太郎(1881~?)　　　오카야마현岡山縣 출생. 1900년 일본법률학교日本法律學校(현 일본대학日本大學) 법과를 졸업했다. 1904년에 고등문관시험에 합격했다. 전매국 속屬, 지바현千葉縣 속 및 경시警視, 가고시마현鹿兒島縣 사무관, 조선총독부 서기관・학무과장・종교과장・철도부장을 역임했다. 퇴관 후에는 부흥건축조성주식회사復興建築助成株式會社 취체역・지배인, 중앙조선협회中央朝鮮協會 이사, 중앙협화회中央協和會 이사, 도쿄부협화회東京府協和會 이사를 역임했다. 저서로『조선의 교육朝鮮の敎育』(자유토구사自由討究社, 1923),『조선을 방문하다朝鮮を訪ふ』(죽백회竹柏會, 1939),『조선시정사朝鮮施政史』(중앙협화회, 1943) 등이 있다.

유아사 구라헤湯淺倉平(1874~1940)　　　야마구치현山口縣 출생. 야마구치고등학교를 거쳐, 1898년 도쿄제국대학 법과대학 정치학과를 졸업했다. 졸업과 동시에 내무성 속屬으로 관료생활을 시작하여, 그해 12월 문관고등시험에 합격했다. 사가현滋賀縣・효고현兵庫縣 참사관, 돗토리현鳥取縣・에히메현愛媛縣・나가사키현長崎縣 경부장警部長, 나가사키현・가나가와현神奈川縣・가가와현香川縣 현사무관 겸 경찰부장 등을 거쳐 1909년 내무사무관으로 승진했다. 1912년 내무성 지방국장을 거쳐 1913년 오카야마현岡山縣 지사, 1914년 시즈오카현靜岡縣 지사를 지냈다. 1915년 내무성 경보국장警保局長을 끝으로 1916년 10월 관직을 떠났다. 이후 1916년 10월부터 1929년 11월까지 칙선 귀족원 의원을 지냈다. 1923년 경시총감에 올랐지만, 이듬해에 발생한 '도라노몬虎の門사건'으로 곧 물러났다. 1924년 6월 내무차관으로 다시 관직에 복귀했다가, 같은 해 12월 조선총독부 정무총감으로 부임하여 1927년 12월까지 재직했다. 이후 회계검사원장, 궁내대신, 내대신 등을 역임했다.

이마니시 류今西龍(1875~1932)　　　　　기후현岐阜縣 출생. 일본의 동양사학자. 사학자 이병도李丙燾의 스승이다. 1903년 도쿄제국대학 사학과를 졸업하고 동 대학원에서 조선사를 전공한 뒤, 1906년부터 경주 등에서 고고학 조사를 했다. 1913년 9월 조선총독부의 고적조사 때 평안남도 용강군龍岡郡에서 동양건축가이자 미술사학자인 세키노 다다시關野貞와 함께 낙랑시대의 고비古碑인 점제현신사비秥蟬縣神祠碑를 발견했다. 같은 해 교토제국대학의 강사가 되고, 1916년 조교수가 되었다. 중국・영국 유학 후 1922년 조선 고사古史 연구로 문학박사학위를 받았다. 1926년 서울대학교의 전신인 경성제국대학과 교토제국대학의 겸임교수가 되어 한국사를 강의했다. 1925~1932년 조선총독부 조선사편수회 회원으로서 한국사를 왜곡・말살하는 데 주도적인 역할을 했다. 저서로『신라사연구新羅史研究』(지카자와서점近澤書店, 1933), 『백제사연구百濟史研究』(지카자와서점, 1934), 『조선 고사의 연구朝鮮古史の研究』(지카자와서점, 1937), 『고려사연구高麗史研究』(지카자와서점, 1944) 등이 있다. 현재 일본의 덴리대학天理大學에는 '이마니시 류 문고'가 있다.

이치무라 미쓰에市村光惠(1875~1928)   고치현高知縣 출생. 1894년 고치심상중학교高知尋常中學校, 1902년 도쿄제국대학 법과대학 독법과獨法科를 졸업하고 도쿄제국대학 강사가 되었다. 1903년 교토제국대학 조교수로 부임하고, 1906~1909년 독일과 프랑스에 유학했다가, 1909년 교토제국대학 교수가 되어 국법학國法學, 헌법을 강의했다. 이듬해 법학박사학위를 받았다. 유학 전에는 '천황기관설天皇機關說'을 배격했는데, 유학 후에는 천황기관설로 전환했다. 정치사상은 중용주의로, 성급한 민주화에 반대하고 러시아혁명을 비판했다. 1927년 교토시장에 선임되어 대학에서 물러나 명예교수가 되었으나, 고위직 관료의 인원 정리로 3개월 만에 사임했다.

이쿠타 기요사부로生田淸三郎(1884~1953)   도쿠시마현德島縣 출생. 도쿠시마중학교를 거쳐, 1905년 주오대학中央大學을 졸업하고 고등문관시험과 변호사시험에 합격했다. 조선통감부 속, 조선총독부 사무관, 식산국 수산과장·상공과장, 감찰관, 평안북도지사 등을 역임했다. 1925년 내무국장에 취임하여 중추원 서기관장과 일본 적십자사 조선총독부 부총장을 겸했다. 1929년 퇴관한 후에는 다사도多獅島철도주식회사 사장에 취임했다. 1945년에는 경성부윤, 경기도지사를 지냈다.

이토 간도伊藤韓堂(?~1943)   후쿠오카현福岡縣 출생. 본명은 이토 우사부로伊藤卯三郞. 결국 자신이 정착한 조선을 자신의 정체성으로 삼는다는 의미에서 이름을 '간도韓堂'로 고쳤다. 1905년 5월 조선에 건너와, 진남포 사립 보영학교保英學校에 입학하여 한국어를 배웠다. 1910년 4월 진남포신보사鎭南浦新報社에 입사하여 조선문 부록 편집주임을 맡았다. 1912년 일신상의 사정으로 퇴사한 뒤, 1915년 조선신문사에 입사하여 조선문판 편집주임을 맡았다. 1919년 3월 경성일보사에 들어갔다가, 1921년 4월 매일신보사로 옮겨 편집장으로서 조선문판 편집을 담당했다. 1923년 2월에는 잡지『부인계婦人界』를 창간하여 조선 가정의 개량과 일반 부인의 지식 향상을 표방했다. 1924년 7월 매일신보사를 퇴사하고 이후 경성일보사에서 편집부장으로 일하다가, 1926년 4월 조선사상통신사를 창립하고, 『조선사상통신』(1929년 『조선통신』으로 개칭)을 1943년 그가 사망하며 폐간될 때까지 발행했다. 조선 언론매체와 저술 가운데 주요 사항을 일본어로 번역하여 연구자료로 일본인들에게 제공하는 등 식민통치에 협력한 공로로, 시정 25주년 및 30주년 기념식에서 두 차례나 조선총독 표창을 받았다.

이토 히로부미伊藤博文(1841~1909)　　　야마구치현山口縣 출생. 조슈번長州藩의 사숙私塾인 쇼카촌숙松下村塾에서 요시다 쇼인吉田松陰의 지도를 받았다. 막부 말기의 존왕양이·도막倒幕운동에 참여했다. 1863년 이노우에 가오루井上馨 등과 함께 영국에 건너가 유학했으며, 이때 개국론으로 전환했다. 메이지유신 이후 영어에 능통한 점이 부각되어 외국사무국 판사 등을 맡았다. 초대 관선 효고현兵庫縣 지사가 되었으며, 초대 공부경工部卿, 궁내경宮內卿 등 여러 요직을 역임했다. 1871년에는 이와쿠라사절단岩倉使節團의 부사副使로 미국과 유럽 등지를 여행했다. 1873년 귀국해서 당시 대두한 '정한론征韓論'에 반대하여 '내치우선론'을 주장한 오쿠보 도시미치大久保利通, 이와쿠라 도모미岩倉具視, 기도 다카요시木戶孝允 등을 지지했다. 이후 메이지정부를 지도하는 인물로 부상했다. 1884년 조선에서 일어난 갑신정변 이후 1885년에는 이홍장李鴻章과 천진조약天津條約을 체결했다. 같은 해 초대 내각총리대신이 되었고, 1888년 추밀원을 만들면서 초대 추밀원장이 되었다. 1894년 청일전쟁에서 일본이 승리한 이후 이홍장과 만나 시모노세키조약下關條約을 체결했다. 1900년 입헌정우회立憲政友會를 만들어 초대 총재에 취임했다. 1903년 총리대신 가쓰라 다로桂太郞, 군부 원로 야마가타 아리토모山縣有朋, 외상 고무라 주타로小村壽太郞 등과 함께 러일전쟁의 개전을 결정했다. 러일전쟁 종전 후 1905년 11월 일본이 한국에 이른바 '을사보호조약'을 강요하여 통감부를 설치하면서 초대 통감으로 부임했다. 1907년 고종 황제를 강제로 퇴위시키고 순종 황제를 즉위시켰으며, 한국 군대를 강제로 해산시켰다. 1909년 6월 통감직을 사임하고, 그해 10월 러시아 재무상과 만나 만주·조선 문제에 대해 회담하기 위해 러시아로 가던 중, 안중근 의사의 의거로 하얼빈역 구내에서 피살되었다.

지바 료千葉了(1884~1963)　　　　　　미야기현宮城縣 출생. 입헌정우회立憲政友會계 관선官選 현지사縣知事. 1908년 도쿄제국대학 법과대학 정치학과를 졸업하고, 대학원에서 경제정책을 전공했다. 같은 해 11월 문관고등시험 행정과 시험에 합격하고, 농상무성에 들어가 산림국山林局 사무관이 되었다. 1909년 내무성으로 옮겨 아오모리현靑森縣 속屬이 되었다. 이후 시즈오카현靜岡縣 이나사군장引佐郡長·이사관, 아키타현秋田縣 경찰부장을 역임하고, 식민지 조선에서 경기도경찰부장, 조선총독부 사무관, 조선총독부 감찰관 겸 참사관 등을 역임했다. 1923년 니가타현新潟縣 내무부장, 1924년 미에현三重縣지사에 취임했다. 1927년 다나카田中義一 내각에서 나가노현長野縣 지사에 임명되었다. 이누카이犬養 내각의 성립에 따라 1931년 히로시마현廣島縣지사에 취임하고, 1932년 니가타현지사로 전임했다가 1935년 퇴직했다. 그 후 동양협회東洋協會에서 동양문제를 연구했다.

하라구치 겐사이原口兼濟(1847~1919)　　　　분고豊後(현 오이타현大分縣) 출생. 모리번사森藩士 하야시 간고林寬吾의 넷째 아들로 태어나 같은 번사 하라구치原口의 양자가 되었다. 1870년 육군병학료陸軍兵學寮 청년학사靑年學舍에 들어가, 1872년 육군 소위로 임관하고 5번 대대에 속했다. 보병 제1연대 대대 부관副官, 육군사관학교 소속 등을 거쳐, 1877년 세난전쟁西南戰爭에 출정했다. 보병 제3연대 대대장, 육사 생도 사령관, 육군도야마학교陸軍戶山學校 차장, 도야마학교장, 근위 보병 제1연대장 등을 지냈으며, 청일전쟁 말 제4사단 참모장으로 출정했으나 곧 종전했다. 1897년 육군 소장으로 진급하고, 보병 20여단장,

대만 수비혼성守備混成 제1여단장, 보병 제17여단장, 유수留守 제1사단장, 한국 주차군 사령관, 대본영大本營 소속, 교육총감부 참모장 등을 역임하고 1905년 1월 육군 중장이 됐다. 러일전쟁에서는 제13사단장으로서 사할린 작전을 수행하여 사할린 전 영토를 점령했다. 1907년 남작을 받았으며, 1910~1918년 귀족원 의원을 지냈다.

하라 다카시原敬(1856~1921)　　　　　이와테현岩手縣 출생. 1856년 모리오카번사盛岡藩士 하라 나오하루原直治의 차남으로 태어났다. 1875년 분가하여 평민이 되어 기자생활을 하고 외무성·농상무성에서 근무했다. 1896년 주한공사로 임명되었다가 1897년 사임하고 오사카마이니치신문사大阪每日新聞社 사장이 되었다. 1900년 입헌정우회 창립에 참여한 후 이토 히로부미 내각의 체신대신을 맡았고, 1902년 중의원 의원으로 당선되었으며, 이후 내각의 내무대신을 역임한 뒤 1914년 입헌정우회 제3대 총재에 취임했다. 1918년 데라우치 내각이 무너지자 제19대 내각총리대신에 취임하여 '평민재상平民宰相'에 의한 최초의 '정당내각政黨內閣'을 조직했다. 1921년까지 수상으로서 교육기관 확충과 고등교육의 확장, 교통기관 정비, 국방 강화, 산업 진흥 등의 정책을 시행하고, 중화민국과의 외교 관계를 완화하며 영국·미국과 협조 체제를 구축했다. 야마가타 아리토모 등의 군 계열 인사들과도 관계를 유지하며, 정당 인사들을 중심으로 한 내각과 정계의 체제를 다져나갔다. 하지만 보통선거법의 실시는 시기상조이며 사회운동 역시 사회질서를 어지럽힌다고 탄압하다가, 1921년 입헌정우회 교토지부 대회에 참가하러 가던 중 도쿄역에서 청년 나카오카 곤이치中岡艮一의 칼에 찔려 암살당했다.

하세가와 요시미치長谷川好道(1850~1924)　　　　야마구치현山口縣 출생. 1870년 오사카병학료兵學寮를 나왔고, 1886년 육군소장이 되었다. 청일전쟁에서 여단장으로서 공을 세워 남작이 되었으며, 러일전쟁 때 육군대장으로 승진하여 자작이 되었다. 1904년 10월 조선주둔군 사령관으로 임명되었다. 1905년 을사늑약을 체결할 때는 한국주차군 사령관으로서 병력을 동원하여 위협을 가해 조약을 강요했고, 조약이 체결되어 이듬해에 통감부가 설치되자 조선주차군 사령관으로 잠시 통감대리를 겸하고 1906년 3월 이토 히로부미에게 초대 통감직을 넘겨주었다. 1908년 군사참의관軍事參議官을 거쳐 1912년 참모총장, 1915년 원수元帥에 올라 백작이 되었다. 1915년 데라우치 총독의 뒤를 이어 제2대 조선총독으로 부임했다. 조선총독으로 재임 중 철저한 무단통치를 했으며, '조선임야조사령', '조선식산은행령', '조선지세령朝鮮地稅令' 등을 공포하고, 영친왕 이은과 일본 화족華族 마사코方子(나시모토노미야梨本宮)의 혼인을 추진하여 조선의 왕통을 흐리게 했다. 1919년 3·1운동 당시 잔혹한 탄압으로 수많은 한국인을 학살하고 사임했다.

하시 모리사다土師盛貞(?~?)　　　　가고시마현鹿兒島縣 출생. 1914년 고등문관시험에 합격하고, 1915년 도쿄제국대학 법과대학 정치과를 졸업했다. 이시카와현石川縣 경부·경시, 와카야마현和歌山縣 히다카군日高郡장을 역임했다. 1920년 조선에 건너가 조선총독부 사무관, 전라남도경찰부장, 경기도경찰부장, 체신국 해사海事과장, 해원海員심판소장, 식산국 상공과장, 상공장려관장을 지냈다. 1931년 전매국장, 1932년 평안북도지사, 1935년 경상남도지사를 역임했다.

하야시다 가메타로林田龜太郎(1863~1927)　　　　히고번肥後藩(현 구마모토현熊本縣) 출생. 히고번사 하야시다 슌타로林田俊太郎의 장남으로 태어났다. 1887년 제국대학 법과대학 정치학과를 졸업하고, 법제국에 들어가 법제국 소속으로 장관관방長官官房에 배속되었다. 1888년 6월 추밀원 속屬이 되었고, 같은 해 11월 법제국 참사관參事官 시보試補로서 법제부에 배속되었다. 이후 법제국 참사관, 임시 제국의회 사무국 비서관, 중의원 서기관 겸 농상무성 참사관, 중의원

서무과장 겸 수위부장守衛部長, 중의원 의사과장議事課長 등을 역임했다. 1897
년 중의원 서기관장에 취임했다. 그 후 '오우라 사건大浦事件'(1914~1915년 제2차
오쿠마 내각의 관료 오우라 가네타케大浦兼武와 중의원 의원 사이에 증수회贈收賄가
행해진 의옥疑獄 사건, 선거 간섭 매수 사건)에 관여하여 1915년 7월 서기관장을
사임하고 그해 9월 기소되었다. 1916년 6월 벌금 150엔을 받았다. 1920년 제14
회 중의원 의원 총선거에 도쿄부 제2구區에서 출마하여 당선되었고, 제15회
중의원 의원 총선거에 혁신구락부革新俱樂部 소속으로 출마하여 연속 2회 당선
되었다. 가토 다카아키加藤高明 내각에서는 보통선거법안의 기안起案을 맡았
고, 1925년 혁신구락부와 입헌정우회의 합동에 반대하여, 신정구락부新正俱樂
部를 결성했다. 그 사이 사메가와전력鮫川電力 사장, 도쿄마이유신문東京每夕新
聞 주필 등을 역임했다. 저서로『메이지·다이쇼 정계 측면사明治大正政界側面
史』상권(대일본웅변회大日本雄辯會, 1926),『일본정당사日本政黨史』상·하권(대일
본웅변회, 1927) 등이 있다.

호소이 하지메細井肇(1886~1934)   도쿄 출생. 1903년『나가사키신
문長崎新聞』기자로 근무했다. 1907년 조선에 건너와 우치다 료헤內田良平 등의
한일병합운동을 지원했다. 1910년 10월 일본의 한국병합을 기념하여 조선연
구회를 설립했다. 1911년『주간 아사히週刊朝日』의 기자가 된 한편,『대국민大
國民』을 경영했다. 1912년 도쿄아사히신문사東京朝日新聞社에 들어가 정치부
기자로 7년간 근무하고, 1919년 3·1운동이 한창이던 때 조선으로 다시 도항했
다. 1920년 자유토구사自由討究社를 설립하여 조선 민족에 대해 연구했다. 1923
년 조선 문제를 내걸고 전국을 순회 강연했다. 1927년 제네바 군축회의 때
전권위원全權委員으로서 사이토齋藤 총독을 수행했다. 1932년 월단사月旦社를
설립하여 월간 인물평론지『사람의 평판人の噂』을 발행하고, 이후『사람과
국책人と國策』을 발행·주재主宰했다. 국민외지협회國民外支協會, 독립국책협
회獨立國策協會, 시국간담회時局懇談會 등에서 활동했다. 저서로『조선문화사

론朝鮮文化史論』, 『조선 문제의 귀추朝鮮問題の帰趨』 등이 있다.

후지와라 기조藤原喜藏(1888~1956)　　이와테현岩手縣 출생. 1914년 도쿄제국대학 법과대학 독법과를 졸업했다. 아오모리현青森縣 속屬·경시警視, 아오모리현 히가시쓰가루군東津輕郡장, 아오모리현 이사관을 거쳐, 1919년 조선총독부로 전임했다. 함경남도경찰부장, 평안남도경찰부장, 경기도경찰부장, 조선총독부 관방비서과장, 평안남도 내무부장, 평안남도지사를 역임했다. 그 사이 1927년 제네바 해군 군축회의에 수행원으로서 참가했다. 1935년 퇴직한 후에는 조선양지주식회사朝鮮洋紙株式會社 사장, 북선제지화학공업北鮮製紙化學工業 전무이사 등으로 근무했다. 그 후 이와테현 미즈사와정장水澤町長을 지내고, 1954년 미즈사와정의 시제市制 시행으로 초대 미즈사와시장水澤市長에 취임했다. 저서로 공저인 『조선의 회고朝鮮の回顧』(지카자와서점近澤書店, 1945)가 있다.

후지이 간타로藤井寬太郎(1876~?)　　도쿠시마현德島縣 출생. 1885년 오사카로 가서 미곡상으로서 첫걸음을 내디뎠다. 1892년 오사카 후지모토상점藤本商店에 입사하여 미곡상으로 활약하며 1897년 구마모토熊本 지점장으로 승진했다. 후지모토상점이 후지모토합명회사로 개편된 후, 구마모토출장점과 효고兵庫지점 주임을 각각 담당했다. 그러다가 1901년 후지모토합자회사를 설립하여 대표사원으로 취임하는데, 이 회사의 영업항목은 미곡 및 기타 상품의 매매와 위탁판매로 본점은 오사카, 지점은 구마모토에 두었다. 1904년 한국에 진출하여 인천출장점을 개설하고, 또 전주와 동진평야에 진출하기 위해 군산에도 출장점을 설치했다. 인천출장점은 러일전쟁 수요미의 용달 업무를 수행하고, 군산출장점은 면포 등의 수입품 판매와 미곡·우피·금괴 등의 매출활동을 맡았다. 한편 한국 진출 직후부터 상업활동과 더불어 토지 집적을 통한 소작제 농장 경영계획을 추진했다. 1904년 6월 후지이지소부藤井地所部를 설치하여 1904~1908년에 강경, 익산, 옥구 등지에서 약 1,500정보의 토지를 매수하고 전북농장(최초는 후지모토농장)을 개설했다. 이후 1912년 평북 용천군의 국유지를 불하받아 서선西鮮농장을 설립하고, 1920년에는 전북 옥구군의 국유지를 불하받아 옥구농장과 일본인 이민자를 수용하기 위한 불이농촌不二農村을 설립했다. 1919년에는 그가 위탁경영해 오던 강원도 철원 일대의 우콘곤자에몬右近權左衛門 집안의 소유지를 매수하여 철원농장을 설립했다. 1914년 농장 운영과 개간 및 간척사업을 위한 수리조합 운영자금 확보를 위해 후지모토합자회사를 불이흥업不二興業주식회사로 확대했다. 그 밖에 임익수리조합 · 대정수리조합 · 익옥수리조합 조합장, 불이상업주식회사 · 군산전기회사 감사역 등을 역임했다.

기타 외국인

단기서段祺瑞(1865~1936)   중국인. 청나라 말기부터 원세개袁世凱의 심복으로서 북양신군北羊新軍의 창설에 힘썼다. 1911년 신해혁명辛亥革命 뒤에는 원세개와 함께 청나라 황제의 퇴위를 요구했다. 1912년 육군총장, 1913년 국무총리가 되어 원세개의 독재정권 확립에 협조했으나, 1916년 원세개의 제정운동帝政運動에 반대하여 사직했다. 원세개가 죽자, 대총통 여원홍黎元洪 밑에서 국무총리 겸 육군총장으로서 정치 실권을 잡았다. 이때부터 그가 이끄는 안휘파安徽派와 화중華中에서 세력을 잡은 풍국장馮國璋의 직예파直隸派가 대립하여, 북경정부北京政府의 실권을 잡기 위해 군벌전쟁을 되풀이했다. 나중에 대리총통 풍국장 밑에서 전직에 복귀하여 대독선전對獨宣戰을 감행하고, 1917~1918년 일본의 데라우치 내각의 니시하라西原 차관 등 원조를 받아 일본의 중국 진출을 허용했으며, 남방 혁명파의 탄압을 꾀했다. 1920년 안직전쟁安直戰爭과 1924년 봉직전쟁奉直戰爭을 겪고, 장작림張作霖·풍옥상馮玉祥의 지지를 얻어 1924년 북경에서 임시집정臨時執政에 취임했다. 1926년 노신魯迅이 "민국 이래로 가장 암흑한 날"이라고 표현한 3·18사건 때 학생운동을 탄압했다. 그해 장작림·풍옥상 등과 충돌하여 지위를 잃고 은퇴했으며, 장개석蔣介石이 이끄는 혁명군의 북벌 완료와 함께 세력을 잃었다.

대계도戴季陶(1890~1949)   중국인. 자는 선당選堂, 휘諱는 전현傳賢, 호는 효원孝園, 불공不空, 부동不動, 천구天仇. 그중 천구라는 호는 "자신은 청 제국과 불공지천대원수不共地天大怨讐"라는 의미를 담고 있다. 일본에 유학하고, 귀국 후 신문기자가 되어 동맹회에 입당했다. 신해혁명 후 손문孫文의 비서가 되어 평론 선전으로 활약했다. 장개석蔣介石과 절친한 친구관계로, 1924년 국민당 중앙집행위원 겸 선전부장, 중앙훈련부장 등의 요직을 역임했다. 1949년 국민당군의 패전을 비관하여 음독자살했다. 국민당 우파의 이론가였으며 삼민주의三民主義를 유교적으로 해석한 그의 『삼민주의의 철학적 기초』(1925)는 장개석 노선의 논지였다. 그 외에 『일본론』(1928), 『대계도집』(1929) 등의 저서가 있다.

더럼Durham(1792~1840)　　영국인. 대지주의 아들로 태어나 1813~1828년 자유당 소속으로 하원 의원을 지냈으며, 1830년 그레이C. Grey 내각의 국새상서國璽尚書를 지내면서 '선거법개정안' 작성에 참여하고 개정 후 사직하고서 1833년 백작에 서임되었다. 1835~1837년 러시아 주재 대사를 지냈고, 1837년 자치권과 정치의 민주화를 요구하며 상하 캐나다에 소요가 일어났기 때문에 이듬해 자유당의 멜번Melbourne 내각에 의해 영국령 북아메리카총독에 임명되어 사태 수습과 진상 규명에 나섰다가 5개월 만에 사임했다. 그러나 재임 시부터 하원 의원 웨이크필드E. G. Wakefield 등의 협력을 얻어 기초한 캐나다의 통일정부 설치와 책임정치체제의 확립을 권고한 '더럼보고서'를 1839년 식민장관에게 제출했다. 정식명칭은 '영국령 북아메리카의 정세에 관한 보고Report on the Affairs of British North America'이다. 더럼은 반란의 원인을 영국계 주민과 프랑스계 주민 간의 민족적 대립이라 지적하고, 영국계의 상上캐나다와 프랑스계의 하下캐나다를 병합하여 프랑스계 주민을 영국계 주민으로 동화시켜 내각책임제에 입각한 자치권을 부여하는 것이 최선의 해결 방법이라고 주장했다. 이 보고서에 따라 1840년 상하 두 캐나다는 통일되어 영국제국에서 최초의 자치식민지가 되어 영국연방 형성의 기초를 이룩했다. 1840년부터 영국은 이를 전 식민지에 적용하여 영국연방제도의 기초를 이루는 '마그나카르타Magna Charta(대헌장)'로 불렸으며, 1846년 책임정부를 설치했다.

레옹 폴 블루에Léon Paul Blouet(1847~1903)　　프랑스의 작가이자 저널리스트로, 필명은 '맥스 오렐Max O'Rell'이다. 1883년 『영국 비망록Notes sur l'Angleterre』을 출판했다. 이 책은 영국의 식민지시대 야심부터 앵글로색슨인Anglo-Saxons의 가문(家) 개념까지 매우 다양한 측면을 논하면서 영국의 습관, 특수성, 제도의 개요를 설명했다. 이 책은 프랑스에서 2년 사이에 57판이 나왔고, 영국에서 27만 5,000부, 미국에서 20만 부가 나갔으며, 17개 언어로 번역되었다. 그는 자기 자신을 영국·미국·프랑스 사이의 중개자라 칭하며, 매스컴이 정치적 화해를 달성하기 위한 가장 효율적인 길이라고 말했다.

리처드 웰스티드 크로커 시니어Richard Welstead Croker Sr.(1843~1922)　아일랜드계 미국인. 정치기구 태머니홀Tammany Hall의 대추장을 역임한 보스 정치인이었다. 크로커가의 미국 이주는 일반적인 아이리시 디아스포라와는 그 양상이 전혀 달랐다. 크로커가는 개신교 집안이었으며, 가난한 소작농도 아니었다. 아버지 에이르 크로커Eyre Coote Croker는 자기 땅을 보유한 지주였다. 미국에 상륙한 에이르 크로커는 자격증은 없었지만 일반 지식만 가지고 마의馬醫가 되었고, 미국 내전이 발발하자 대니얼 시클스Daniel Sickles 장군의 기병대에서 수의관 노릇을 했다. 리처드 크로커는 뉴욕(당시에는 뉴욕군이 존재했음)에서 공립학교를 다녔다. 1863년 의용소방대에 들어갔다가 원동기회사의 엔지니어가 되어 사회생활을 시작했다. 민주당에 입당하여 정치인이 된 크로커는 1868~1870년 시참사의원, 1873~1876년 뉴욕군 검시관, 1889~1890년 시정 회계관을 지냈다. 존 켈리John Kelly가 사망하자 태머니홀의 대추장이 되었으며, 상당 기간 조직을 완전히 장악했다. 태머니의 수괴로서 크로커는 창관娼館, 주점, 불법도박장으로부터 뇌물을 받았다. 태머니의 부패에 대해 공격당했을 때도 크로커는 살아남았고, 부당이득으로 부자가 되었다. 1897년 시장 선거에서 로버트 앤더슨 밴 와이크Robert Anderson Van Wyck를 당선시킨 것이 크로커의 최대의 정치적 성공이었다. 밴 와이크는 임기 내내 태머니의 꼭두각시로 여겨졌고, 모두 크로커가 뉴욕 시정을 완전히 장악했다고 생각했다. 1900년 미국 대통령 선거에서 뉴욕이 공화당에게 넘어가고, 1901년 또 다른 꼭두각시가 뉴욕시장 선거에서 낙선하자 크로커의 영향력은 실추되었다. 크로커는 모든 직책에서 사임했고 루이스 닉슨Lewis Nixon이 후임 대추장이 되었다. 크로커는 1905년 미국을 출국했다. 이후 유유자적하게 살다가 1922년 아일랜드 더블린에서 사망했다.

마하트마 간디Mahatma Gandhi(1869~1948) 인도인. 1887년 사말다스Samaldas 대학에 입학했다가, 영국 유학을 간다. 그해 9월부터 영국 런던 법학원에서 법률을 공부했고, 1891년 변호사 면허를 취득하고 귀국했다. 1893년 소송사건을 의뢰받아 1년간 계약으로 남아프리카 연방의 더반Durban으로 건너갔는데 이 남아프리카 여행이 그의 생애에 커다란 전기를 가져왔다. 당시 남아프리카에는 사는 인도인 약 7만 명의 지위와 인간적인 권리를 보호하고자 결심하고, 남아프리카당국에 대한 인종차별 반대투쟁단체를 조직하여 1914년까지 지도자로 활동했다. 그러면서 아힘사ahimsā(살아 있는 모든 것의 불살생)를 중심으로 하는 간디주의를 형성했고, 이때 전개한 아슈라마āśrama(수도장修道場)는 인도인 정신개조계획의 토대가 되었다. 남아프리카에서의 사티아그라하satyagraha(압박에 대한 투쟁)로 그를 비롯한 행진 참가자 4,000여 명은 남아프리카당국에 체포되었으나, 결국 아시아인 구제법이 제정되어 인도인에 대한 차별법은 모두 폐지되었다. 그는 1915년 귀국했는데, 제1차 세계대전이 일어나자 처음에는 인도의 독립을 촉진하기 위해 영국의 입장을 지지했으나, 전쟁 후 영국의 배신과 1919년의 롤라트 법안Rowlatt Act과 같은 반란진압조령條令의 시행으로 사티아그라하를 전개했다. 이를 위해 인도 여러 곳을 순회하며 수방手紡(charkha)운동을 장려했다. 그해 인도국민회의파의 연차대회에서는 그의 지도하에 영국에 대한 비협력운동 방침이 채택되어, 납세거부·취업거부·상품불매 등을 통한 비폭력 저항운동을 벌였다. 이듬해에 반영反英·비협력운동이 선언되고 외국제 직물의 불매운동은 성공했으나, 인도 각지에서 유혈사태가 일어나자 1922년 그의 호소로 운동은 잠시 중지되었다. 그동안 그는 투옥되었다가 풀려 나왔으며, 1924년부터 1년간 인도국민회의파의 의장으로서 수방운동으로 인도인이 자력으로 농촌구제에 나설 것을 역설하면서 전국을 돌아다녔다. 1929년 연차대회에서 국민회의파는 창립 이래 처음으로 완전독립을 선언했고, 그는 1930년 사티아그라하의 지지자들을 이끌고 소금세 신설 반대운동을 벌였다. 이로 인해 구금되었으며, 1931년 석방 후 어윈Irwin 총독과 절충한 결과 '간디-어윈 협정'을 체결하여 반영불복종운동을 중지했다. 그런데도 영국당국은 계속 탄압정책을 가해 이에 항의하기 위해 불복종운동을 재개하다가 투옥되어 1932년 석방되었다. 제2차 세계대전이 일어나자, 1942년 봄베이대회에서 국민회의파는 영국세력의 즉시 철퇴를 요구하며 공전의 대규모 반영불복종운동에 돌입했다. 이로 인해 그는 다시 체포되어 1년 9개월의 옥고를 치렀다. 전쟁이 끝나자 인도의 대정당인 국민회의파와 전인도全印度 이슬람 연맹은 인도를 둘로 분할 독립할 것을 협정하여, 격렬한 힌두·이슬람 대립 소동이 벌어졌다. 1947년 인도가 분할 독립했을 때, 그는 소동이 가장 격화되어 있던 벵갈에서 힌두·이슬람의 융화를 위한 활동을 계속했다. 1948년 1월 활동의 행선지를 뉴델리로 연장하여 소요를 진압했으나, 반反이슬람 극우파 청년의 흉탄에 쓰러졌다.

손문孫文(1866~1925) 중국인. 자는 일선逸仙이고, 호는 중산中山이다. 1879년 하와이에서 일하던 형 손미孫眉에게로 가서 호놀룰루의 신교계新敎系 고등학교에 입학했다. 1883년 귀국한 후, 홍콩香港으로 이주하여 세례를 받고 광주廣州와 홍콩의 의학교 서의서원西醫書院을 1892년에 졸업한 뒤 마카오·광주 등에서 개업했다. 광주 의학교에서 삼합회三合會 수령인 정사량鄭士良을 알게 되었으며, 홍콩 의학교 재학 때부터 혁명에 뜻을 두어 반청운동反淸運動에 가담했다. 중국을 서양과 같은 나라로 개혁하려 한 그는 포르투갈 영지인 마카오에서 쫓겨난 뒤부터 본격적인 혁명가로서의 길을 걷기 시작했다. 1894년 청일전쟁 때 미국 하와이에서 흥중회興中會를 조직한 뒤 화교들을 모아, 이듬해 10월 광주에서 거병했으나 실패하고 일본으로 망명하여 변발을 자르고 양복 차림을 하기 시작했다. 1896년 하와이를 거쳐 런던으로 갔으나 그곳에서 청국공사관에 체포되었다가, 홍콩 의학교 스승 캔틀리James Cantlie 등에 의해 구출되어 영문으로 『런던 피난기』를 발표하여 그의 이름과 중국 사정이 세상에 널리 알려졌다. 영국에 머무르며 견문을 넓힌 그는 삼민주의三民主義를 구상했다. 1897년 미국을 거쳐 일본으로 건너가, 미야자키 도텐宮崎滔天 등 일본의 지사들과 사귀는 한편, 강유위康有爲 등과 제휴하여 필리핀 독립 원조를 도모했고, 1900년 제2차 거병(혜주惠州사건)을 시도했지만 실패로 끝났다. 그 뒤 러일전쟁이 일어나자 1905년 일본 도쿄에서 유학생 등 혁명세력을 통합하여 중국혁명동맹회를 결성하고, 반청反淸무장봉기를 일으켰다. 1911년 미국에서 군자금을 모금하던 중 신해혁명辛亥革命의 발발 사실을 알고, 열강의 원조를 기대하며 유럽을 거쳐 귀국했다. 귀국 후 임시 대총통大總統에 추대된 그는 1912년 1월 1일 중화민국을 발족시켰으나, 청나라가 아직도 건재했기 때문에 이를 타도하기 위해 북경을 정복할 북벌군을 조직해야 했다. 이후 북부의 군벌들과 타협하여 정권을 원세개袁世凱에게 넘겨주었다. 당시 청나라를 멸망시키고 공화제를 도입하기로 합의했지만 원세개는 이를 어기고 스스로 황제가 되었다. 이에 중국혁명동맹회를 개조하여 국민당을 설립하고 원세개에게 대항했지만 무력에 밀려 패퇴하게 되었다. 그 후에도 사회개혁을 추진했으나 송교인宋敎仁이 암살당한 것을 계기로 일어난 제2혁명이 실패하자, 또 다시 일본으로 망명하여 중화혁명당을 창설하고 군벌들이 얽혀 싸우는 틈에 호법운동護法運動을 벌여 광동을 중심으로 정권 수립에 힘을 기울였다. 그는 수많은 좌절을 겪으면서 군벌 뒤에 제국주의가 있다는 것과, 인민들과 단결하여 반제反帝·반군벌 싸움을 벌여야 한다는 것을 깨달았다. 1919년 5·4운동이 일어나자 중화혁명당에 대중성을 도입할 필요성을 느끼고 중국국민당으로 개조한 뒤, 공산당과 제휴(국공합작)하여, 노동자·농민과의 결속을 꾀했다. 그리고 국민혁명을 추진하기 위해 장병을 양성하고 북벌을 준비했으나, 뜻을 이루지 못한 채 "혁명은 아직 이룩되지 않았다"는 유언을 남기고 1925년 북경에서 간암으로 사망했다.

시드니 루이스 귤릭Sidney Lewis Gulick(1860~1945)　미국인. 유니언신학교Union Theological Seminary 출신의 목사·선교사. 여러 해 기독교단체의 요직에 있으면서 일본인 이민 배척 문제에 대처하여, 이른바 '배일이민법排日移民法'의 개정운동 및 미국 일반 여론에 대한 대일 계몽운동, 미일 친선을 목적으로 하는 민간 외교에 힘썼다. 일본 체류 통산 20년을 넘는 일본통이었다. 이른바 '우정 인형' 곧 '파란 눈의 인형'의 증여 활동으로도 알려져 있다. 이는 1927년 미국이 일본에 준 인형으로, 1924년 배일이민법이 성립되고 양국 국민의 대립이 심해지자 1927년 미국과 일본의 충돌을 우려하여 긴장을 문화적으로 완화시키고자 그가 제창하여 친선 활동이 이루어진 것이다. 그 일환으로 미국에서 일본의 어린이에게 1만 2,739개의 파란 눈의 인형을 보냈다. 중개자는 시부사와 에이치澁鐸榮一였는데, 파란 눈의 인형은 일본 각지의 유치원, 초등학교에 배부되었다. 그리고 답례로 시부사와 에이치를 중심으로 인형 58개가 같은 해 11월 일본에서 미국으로 보내졌다.

알베르 사로Albert Sarraut(1872~1962)　프랑스인. 급진사회당에 소속되어, 1902년 하원 의원에 당선되었다. 1906년 내무차관이 되고, 문교장관, 식민지장관을 역임했다. 1911년부터 약 10년간 인도네시아 총독으로 있었고, 이전의 식민지 동화정책을 변경하여 월남인에게 자치권을 공약하여 성과를 높였다. '사로플랜Sarraut Plan'이라는 식민정책을 내걸어 제1차 세계대전 후에 성과를 인정받았다. 1926년 푸앵카레Poincaré 제4차 내각의 식민지장관을 거쳐 1933년 수상에 취임했다. 1934년 두메르그Doumergue 내각의 내무장관이 되고, 1936년 제2차 내각을 조직했으나 이듬해 쇼탕Chautemps에게 이양하고, 1940년 프랑스 패퇴까지 내무장관·문교장관을 지냈다. 제2차 내각 때에는 우파를 탄압하여 인민전선을 지켜 나가고자 노력했다. 1944년 6월 대독일 비협력자로 체포되어 오스트리아로 압송되었으나, 1945년 7월 프랑스로 돌아와 『남프랑스 통신』지의 주간이 되었고, 1949~1958년 프랑스연합공동체 자문의회 의장을 지냈다.

여원홍黎元洪(1864~1928)　　중국인. 천진天津 수사학당水師學堂을 졸업하고 청일전쟁 때에는 군함 정원定遠의 포술장砲術長으로 복무했다. 후에 육군으로 옮겨 장지동張之洞 밑에서 신군新軍의 건설과 훈련에 임했다. 신해혁명 때는 혁명군의 강요로 악악(호북성)의 군도독軍都督으로 취임하고, 이어서 남경南京 임시정부의 부총통이 되었으나 군벌軍閥의 괴뢰적 소임을 다했을 뿐이다. 1916년 원세개袁世凱가 죽자 대총통大總統이 되었으나, 이듬해 장훈張勳의 복벽사건復辟事件으로 쫓겨났다. 1922년 직예군벌直隷軍閥의 추대로 재차 대총통이 되었으나, 다음 해 다시 쫓겨나 은퇴했다.

에모리 보가더스Emory Stephen Bogardus(1882~1973)　　미국인. 사회학자로 노스웨스턴대학교Northwestern University, 시카고대학교University of Chicago에서 공부했으며, A. 스몰 문하에서 헨더슨, C. H. 미드, W. 토머스 등의 영향을 받았다. 1911년 시카고대학교 졸업과 동시에 캘리포니아대학교University of California에 부임하여 사회학과장과 대학원장 등을 역임했다. 시카고학파의 한 사람으로서 제1차 세계대전 후 미국 사회학의 번영기에 활약했다. 1931년 미국사회학회 회장에 선출되었으며, 사회학 전문잡지인 『응용사회학 잡지 Journal of Applied Sociology』, 『사회학·사회조사 잡지Journal of Sociology and Social Research』를 편집·주재했다. 특히 인간관계에서의 거리 개념을 중시하여 이를 과학적으로 측정하여 수량화할 수 있는 사회적 거리 척도를 고안해서, 실제 이 척도를 이용하여 많은 인종 연구가 이루어졌다. 주요 저서로 『사회사상사A History of Social Thought』(1922), 『이민과 인종적 태도Immigration and Race Attitudes』(1928), 『사회조사입문Introduction to Social Research』(1936), 『여론의 형성The Making of Public Opinion』(1951) 등이 있다.

우드로 윌슨Thomas Woodrow Wilson(1856~1924)   미국인. 1879년 프린스턴대학교Princeton University를 졸업하고 버지니아대학교University of Virginia 법대에 입학했으나 중퇴했으며, 1882년 변호사자격을 취득했다. 1883년 존스홉킨스대학교Johns Hopkins University 대학원에서 법학·정치학을 공부하고, 1886년 박사학위를 받았다. 1888년 웨슬리언대학교Wesleyan University, 1890년 프린스턴대학교 등의 교수가 되고, 1902년 프린스턴대학교 총장으로 선출되어 1910년까지 재임했다. 1910년 뉴저지 주지사로 당선되어 정계에 발을 들여놓았으며 1913년까지 재임했다. 1912년 민주당 대통령 후보 지명대회에서 접전 끝에 승리했고, 대통령선거전에서 시어도어 루스벨트Theodore Roosevelt 전임 대통령의 제3당 출마로 공화당이 양분되어 수월하게 현직 대통령인 윌리엄 하워드 태프트William Howard Taft를 누르고 제28대 대통령에 당선되었다. 그의 정책은 대자본에 반대하는 대중의 지지를 받았다. 특히 다수의 산업이익단체의 반대에도 관세를 인하하는 '언더우드 관세법안Underwood Tariff'에 서명했으며 관세 수익이 감소되는 것을 막기 위해 누진 연방소득세를 부과했다. 또한 개인금융기관의 횡포를 방지하기 위한 '연방준비법Federal Reserve Act'을 도입했다. 1914년 '클레이턴 독점금지법Clayton Antitrust Act'이 통과되어 노사분규 시 정부가 강제금지 명령을 내리지 못하게 되었다. 또한 연방통상위원회Federal Trade Commission가 창설되는데, 이 기구는 무역에서 경쟁적 조건을 유도하기 위해 연방정부가 간섭할 수 있는 근거가 되었다. 1914년 제1차 세계대전이 발발하자 중립주의를 표방했으며, 1916년 대통령선거에서 재선했다. 1917년 2월 독일이 미국에 대하여 선전포고를 하고 무제한 잠수함 공격을 함에 따라 그의 평화협상 노력은 좌절되었다. 그는 결국 조지 워싱턴의 고립주의를 버리고 유럽의 문제에 본격적으로 관여하기 시작한 첫 번째 미국의 대통령으로, 연합국 측에 가담하여 '전쟁을 끝내게 하는 전쟁war to end war'이라는 슬로건으로 참전했다. 1918년 1월 비밀외교의 폐지와 민족자결주의Principle of National Self-determination가 포함된 '14개조 평화원칙'을 발표했다. 그리고 전후 사후 조치를 위한 1919년 파리평화회의에서 14개조 평화원칙을 근간으로 국제연맹을 창설하고자 노력했다.

윌리엄 글래드스턴William Ewart Gladstone(1809~1898)   영국인. 자유당 당수를 지내고, 수상직을 4차례나 역임했다. 윈스턴 처칠Winston Leonard Spencer Churchill과 함께 가장 위대한 영국의 수상으로 꼽힌다. 1833년 하원 의원이 되었으며, 상무장관·식민지장관·재무장관 등을 역임하는 동안 자유무역을 목적으로 하는 관세 개혁을 단행하고, 곡물법 철폐에 찬성했으며, 상속세 설치와 소득세 감소에 따른 예산안을 제출하는 등 자유주의자로 명성을 떨쳤다. 러셀John Russell이 은퇴한 후 자유당 지도자가 되었으며, 1868년 총리에 취임하고부터 아일랜드 교회의 국교國敎를 폐지하고 국민교육법을 성립시키는 한편 선거의 무기명투표제를 제정하는 등 잇달아 개혁을 추진했다. 1874년 하야했으나, 1879년 선거에서 디즈레일리Benjamin Disraeli를 이겨 1880년부터 제2차 내각을 조직하고, 제3차 선거법 개정을 실현했다. 1885년 사직하고 1886년 제3차 내각을 조직했는데, 아일랜드자치법안을 두고 당이 분열하자 사임했다. 1892년 제4차 내각을 조직하고 1893년 제2차 아일랜드자치법안을 제출했으나, 상원에서 부결하여 정계에서 물러났다. 백작 작위를 제의받았으나 사양하여 '위대한 평민The Great Commoner'으로 생을 마감했다.

윌리엄 매기어 트위드William Magear Tweed(1823~1979)   미국인. 19세기 뉴욕시 및 뉴욕주의 정치를 좌지우지한 미국 민주당의 정치기구 태머니홀의 우두머리격 인물이었다. 그 영향력이 절정에 달했을 때는 뉴욕시에서 셋째 가는 지주였으며, 제10전국은행 중역, 뉴욕인쇄회사 중역, 메트로폴리탄호텔 소유주 등을 겸했다. 1852년 하원 의원이 되고, 1858년 민주당 당내 계파인 태머니홀의 영수가 되었다. 1867년 뉴욕주 상원의원으로 선출되었다. 그의 영향력은 각종 이사회, 위원회의 위원으로 행사되었으며, 뉴욕시의 정치적 후원관계를 좌지우지하며 일자리를 약속하여 유권자들의 지지를 받았다. 그런데 1877년 뉴욕시의 세금을 2,500~4,500만 달러 횡령한 혐의로 유죄를 선고받았다. 훗날 밝혀진 실제 횡령 액수는 2억 달러였다. 보석을 받지 못하자 탈옥을 시도했으나 도로 잡혀 왔고, 이후 석방되지 못한 채 1878년 루들로가 감옥에서 폐렴으로 죽었다.

장계張繼(1882~1947)   중국인. 언론인이자 정치인으로 국민당國民黨의 원로이다. 1903년 『소보蘇報』사에 근무했고, 장사쇠章士釗 등과 더불어 『국민일일보國民日日報』를 창간했다. 1904년 화흥회華興會 조직에 참여하고, 1905년 동맹회同盟會 조직에 참여했다. 더불어 『민보民報』 편집과 발간에 참여했다. 1912년 남경임시참의원南京臨時參議院 의원, 동맹회 교제부交際部 주임 간사를 맡았다. 1913년 국회중의원國會衆議院 의장에 당선되었다. 2차 혁명 실패 후에 일본으로 건너갔다.

푸앵카레Poincaré(1860~19347)   프랑스인. 법률학을 배우고 관계官界에 들어갔으며 1887~1903년 하원 의원, 1903~1913년 상원 의원으로 활약했다. 그동안 1893년 문교장관, 1894~1895년 재무장관을 겸임하고, 1895~1898년 하원 부의장, 1906년 다시 재무장관, 1910년 아카데미프랑세즈 회원이 되었다. 1912년 총리 겸 외무장관, 1913년 제3공화국 제9대 대통령이 되었다. 제1차 세계대전 전에는 영국·러시아와 협조하여 대독對獨 강경외교 정책을 취했다. 대전 중에는 반전反戰·패배주의를 억압하고 클레망소Clemenceau를 총리로 임명하여 프랑스를 승리로 이끌었으나, 대독 강화에 불만을 품고 1920년 대통령직을 사임했다. 그 후 1920~1934년 상원 의원으로 있으면서 1922~1924년 총리 겸 외무장관으로 재직하고, 1923년 독일의 루르Ruhr지방 점령을 단행하는 등 강경 정책을 취하여 국내외 불신을 초래하거 1924년 사임했다. 그 후 경제위기 극복에 좌익연합내각들이 실패하자 1926년 거국일치 제3차 내각 수반이 되어 재무장관을 겸하고 증세增稅와 행정기구 정리에 의한 지출 절감을 단행하여 재정난을 해결했다. 그리고 1928년 프랑화貨의 평가절하를 실시하여 '푸앵카레 프랑'을 정해서 통화의 최종적 안정을 실현시켰다.

프레드릭 아서 맥켄지Frederick Arthur Mackenzie(1869~1931)　　영국인. 런던『데일리 메일Daily Mail』의 종군기자로, 1904년, 1906년 두 차례에 걸쳐 한국을 방문하여 취재한 내용을『대한제국의 비극Tragedy of Korea』이란 책으로 발간하여 일제의 침략상을 세계에 알렸다. 1919년 3·1운동 이후『자유를 위한 한국인의 투쟁Korea's Fight for Freedom』을 저술하여 일제의 탄압을 비판하면서 한국의 독립에 대한 신념을 가지고 지원했다. 그해 11월경에는 김규식金奎植을 통해 한국의 독립을 위해 홍보 사업 분야에서 가능한 모든 것을 다할 것을 약속했다. 1920년 10월 런던에서 한국친우회韓國親友會를 창립했다. 영국 국회 제6호 위원실에서 열린 창립식에는 영국 국회의원 17명을 비롯하여 에딘버그대학 학장 등 학자 6명, 신문기자 4명, 각 교회 목사 9명, 귀족 3명, 기타 유력한 신사 등 총 62명이 참석했다. 이 창립식에서 그는 일제의 식민정책을 비판하면서 한국의 실상을 널리 알리고 한국인의 자유 회복을 위한 지원 등을 결의한 뒤 7인의 간사 중 1인으로 선출되었다. 1922년에는 태평양회의 직후 임시정부 대통령 이승만에게 편지를 보내 워싱턴회의에서 한국이 일본의 식민지로 결정된 사실을 알렸으며, 러시아 모스크바에서 임시정부 외무총장 대리 이희경李喜儆과 만나 한국친우회의 소식을 전달하기도 했다. 2014년 대한민국정부는 그에게 독립유공자 건국훈장 독립장을 추서했다.

황흥黃興(1874~1916)　　중국인. 무창武昌의 양호서원兩湖書院을 졸업한 후, 당재상唐才常의 자립군自立軍 봉기에 가담했다가 난을 피하여 1901년 일본에 유학했다. 1903년 귀국하여 송교인宋教仁 등과 함께 화흥회華興會를 조직하고, 가로회哥老會와 결탁하여 창사에서 거병했으나 실패하고 일본에 망명했다. 1905년 도쿄에서 손문孫文 등과 중국혁명동맹회를 조직하여 서무간사로 손문 다음가는 지위에 있었다. 이후 광동廣東·광서廣西·운남雲南에서 여러 차례 무장봉기를 지휘했고, 1911년 광주廣州 봉기 때에는 죽음을 겨우 면했다. 같은 해 무창에서 혁명이 일어나자 혁명군 사령관이 되었으나, 한구漢口 방위에 실패했다. 상해上海·남경南京에 가서 혁명정부 수립에 힘썼고, 1912년 성립된 중화민국임시정부에서는 임시 대총통 손문 밑에서 육군총장에 취임하여 사실상 수상이라 일컬어졌다. 그런데 이 무렵부터 손문파와 사이가 멀어졌고, 1913년 원세개袁世凱에 반대하는 제2혁명에서는 남경에서 거병하여 실패하고 미국에 망명했으며, 손문의 중화혁명당에는 참가하지 않았다. 1915년 제3혁명 후 1916년 귀국하여 손문과도 합작했으나, 얼마 후 상해에서 과로로 죽었다.

찾아보기

[인명]

가

가가와 도요히코賀川豊彦	341, 480	겐메元明 천황	231
가나자와 쇼자부로金澤庄三郎	232, 480	겐쇼元正 천황	251
가네코 후미코金子文子	342, 343, 352, 459, 481	견훤甄萱	265, 266
가쓰라 다로桂太郎	98, 482, 489, 503, 510	경순왕敬順王	266
		경애왕景哀王	265, 266
가토 기요마사加藤清正	78, 79, 169, 268, 269, 428	고노 세쓰오河野節夫	316, 483
가토 후사조加藤房藏	114	고노이케鴻池	252
강조康造	267	고니시 유키나가小西行長	80, 429

찾아보기 531

고닌光仁 천황 91

고다마 겐타로兒玉源太郞 38, 483

고드윈Godwin 126

고마쓰 간비小松寬美 246, 484

고마쓰 미도리小松綠 31, 484

고쇼노 고로마루御所五郞丸 249

고종高宗 황제 212, 462, 472, 475, 476, 511

고쿠보 기시치小久保喜七 18, 231, 235, 485

곤도 시로스케權藤四郞介 437

구카이空海 169

기리하라 신이치桐原眞一 274

기림왕基臨王 265

긴메欽明 천황 89

김경서金景瑞 78

김석우金錫禹 272

김알지金閼智 85, 262, 267

김윤식金允植 121, 166, 394, 457

김응서金應瑞 269, 271

김충선金忠善 79, 268, 270, 271, 273

꾸뛰리에Paul Vaillant-Couturier 131

나

나카무라 겐타로中村健太郞 19, 327, 486

나폴레옹Napoléon 37, 42, 170

난바 기요토難波淸人 17, 72, 486

남해왕南解王 86, 256, 257, 259-262, 267

내물왕奈勿王 265, 267

내해왕奈解王 265, 267

네즈미코조鼠小僧 161

노기 마레스케乃木希典 170, 487

노세 이와키치能勢岩吉 63

다

다윈Darwin 96

다카야마 다카유키高山孝行 364

다카타 사나에高田早苗 51, 487

다카하시 쇼노스케高橋章之助 405, 488

다케바야시 다다시치武林唯七 252

단 다쿠마團琢磨　　　　　17, 71, 488

단기서段祺瑞　　　　　　171, 517

대계도戴季陶　　　　　　343, 517

더럼Durham　　　　　221, 324, 518

데넷Dennett　　　　　　　　　98

데라우치 마사타케寺內正毅　100, 153,
　　　　181, 188, 394, 411, 475, 489

덴무天武 천황　　　　　　　90, 91

덴지天智 천황　　　89, 90, 251, 252

도요토미 히데요시豊臣秀吉　78, 80, 92,
　　　　　　　　　250, 252, 390, 429

도코나미 다케지로床次竹二郎　202, 490

도쿠가와德川　　　　　　　 43, 78

도키오 슌조釋尾春芿　　　　　　209

라

레닌Lenin　　　　　　127-129, 470

루스벨트Theodore Roosevelt　 98, 525

루카스Lucas　　　　　　　　　 43

리처드 웰스티드 크로커 시니어
Richard Welstead Croker Sr.　 294, 519

마

마루야마 쓰루키치丸山鶴吉　 17, 118,
　　　　　　　　　　133, 146, 490

마쓰오카 마사오松岡正男　　　36, 491

마쓰오카 슈타로松岡修太郎　　55, 491

마키노 에이치牧野英一　　18, 289, 492

마하트마 간디Mahatma Gandhi　167, 520

맥스 오렐Max O'Rell　　　　　40, 518

메이지明治 천황　　31, 101, 212, 233,
　　　　　　　　　349, 423, 487, 494

명성황후明成皇后　　　　　　　164

모리야 에후守屋榮夫　　19, 300, 492

모어More　　　　　　　　　　126

목제穆帝　　　　　　　　　　265

몬무文武 천황　　　　　　　　 90

무제武帝　　　　　　　　　　265

미나모토 요시쓰네源義經　　　 247

미드하트 파샤Midhat Pasha　　 165

미시마 미치쓰네三島通庸　　 190, 492

미즈노 렌타로水野鍊太郎　107, 297, 307,
　　　　　　　　　　364, 492, 493

미추왕味鄒王　　　　　　 265, 267

미하일 로마노프Mikhail Romanov	129	사이토 마코토齋藤實	6, 105, 159, 195, 213, 242, 297, 307, 363, 364, 477, 486, 495
민원식閔元植	113, 137, 146, 346, 347, 458	사토 도라지로佐藤虎次郞	364
		사파왕娑婆王	264
		생시몽Saint-Simon	126

바

바쿠닌Bakunin	126
박열朴烈	289, 342, 343, 352, 459, 481, 482
박영철朴榮喆	414, 415, 459, 462
박혁거세朴赫居世	85, 86, 255, 256
배구자裵龜子	430, 461
배정자裵貞子	430, 461, 477
벌휴왕伐休王	264
블라디미르 일리치 울리야노프 Vladimir Ilich Ulyanov	127
비스마르크Bismarck	295

사

사가嵯峨 천황	76, 77, 91, 251, 255
사이고 다카모리西鄕隆盛	187, 252, 487, 492, 493
사이토 마사오齋藤正雄	253

서상훈徐相勛	235, 462
서아지徐牙之	270, 271
서태후西太后	164
선제宣帝	255, 264, 266
선조宣祖	269
설총薛聰	169
성덕왕聖德王	266
세무成務 천황	86
소가 도키무네曾我時致	249
소나갈질지蘇那曷叱智	84, 85
소에지마 기이치副島義一	345, 495
소에지마 미치마사副島道正	18, 32, 148, 200, 496
손문孫文	343, 468, 517, 521, 529
손병희孫秉熙	153, 463, 478
송시열宋時烈	170

쇼쿄쿠사이 덴카쓰松旭齊天勝	430, 461, 496
쇼토쿠稱德 천황	91
순종純宗 황제	211, 475, 476, 511
슈티르너Stirner	126, 481
스기 이치로헤杉市郎平	186, 496
스사노오노미코토素盞雄命	84
스이닌垂仁 천황	85, 92, 250
스진崇神 천황	84, 390
시기사와 미야鴨澤宮	400
시노다 지사쿠篠田治策	17, 75, 497
시드니 루이스 귤릭Sidney Lewis Gulick	111, 523
시드니 제임스 웹Sidney James Webb	128
시라기 료新羅亮	382
시마즈 요시히로島津義弘	92, 251, 254
시모오카 주지下岡忠治	112, 448, 498
신흥우申興雨	296, 464
실성왕實聖王	267
심유경沈惟敬	80, 429
쓰루미 유스케鶴見祐輔	17, 66, 497

아

아라카와 고로荒川五郎	345, 498
아라타와케荒田別	88
아루가 미쓰토요有賀光豊	19, 434, 499
아마노 유키타케天野行武	360
아비코 마사루吾孫子勝	353, 499
아오야기 쓰나타로青柳綱太郎	103, 499
아직기阿直岐	87, 88
안달라왕安達羅王	264, 267
알베르 사로Albert Sarraut	218, 523
애덤 스미스Adam Smith	219
애친각라愛親覺羅	116
야나이하라 다다오矢內原忠雄	18, 211, 500
야마가타 이소山縣五十雄	113, 501
야마모토 미오노山本美越乃	18, 291, 501
야스히토慶仁 천황	250
어윤적魚允迪	234, 235, 466
에리오Herriot	131, 132
에모리 보가더스Emory Stephen Bogardus	102, 524
에서Esau	214

여운형呂運亨	356, 467	윌리엄 글래드스턴William Ewart Gladstone	202, 526
여원홍黎元洪	171, 517, 524	윌리엄 매기어 트위드William Magear Tweed	294, 526
영제靈帝	264	유게 고타로弓削幸太郎	153, 507
오가키 다케오大垣丈夫	67, 83, 502	유랴쿠雄略 천황	88
오언Owen	126	유례왕儒禮王	265
오진應神 천황	85-88, 390	유리왕儒理王	257, 262
오키 엔키치大木遠吉	17, 156, 502	유성룡柳成龍	273
오타마Ottama	387	유아사 구라헤湯淺倉平	365, 507
와카쓰키 레지로若槻禮次郎	227, 503	윤희구尹喜求	236, 469
와타나베 데이치로渡邊定一郎	242, 504	이괄李适	270, 271
왕인王仁	87, 88, 250	이나이노미코토稻氷尊	255
요시노 사쿠조吉野作造	177, 500, 504	이동휘李東輝	153, 469
우가야후키아에즈鵜茅葺不合尊	255	이마니시 류今西龍	79, 508
우가키 가즈시게宇垣一成	365, 505	이방자李方子	287, 470, 476
우드로 윌슨Thomas Woodrow Wilson	187, 351, 525	이상재李商在	349, 350, 465, 471
우시마루 준료牛丸潤亮	152, 506	이성계李成桂	78
우에쓰카 쓰카사上塚司	19, 342, 507	이순신李舜臣	169, 273
우지노 와키이라쓰코菟道稚郎子	87	이스마일 파샤Ismāʻil Pasha	164
웰스Wells	97	이승만李承晩	148, 149, 153, 465, 466, 472, 480, 528

이여송李如松	80, 269, 270
이와모토 요시후미岩本善文	389
이완용李完用	120, 362, 474, 502
이은李垠	287, 470, 476, 513
이이李珥	170
이종식李種植	9-11, 13
이중환李重煥	165
이치무라 미쓰에市村光惠	444, 509
이쿠타 기요사부로生田清三郎	18, 198, 509
이타케루노미코토五十猛命	84
이토 간도伊藤韓堂	10, 417, 453, 509
이토 히로부미伊藤博文	51, 52, 113, 294, 363, 461, 475, 476, 483, 485, 502, 510, 512, 513
이판능李判能	310
이황李滉	170, 273
이희간李喜侃	147, 347, 476
일성왕逸聖王	264

자

장계張繼	343, 527
장제章帝	264
정성공鄭成功	38
정약용丁若鏞	164, 302
제임스 램지 맥도널드James Ramsay MacDonald	128, 130
조분왕助賁王	265, 267
존 로스 캠벨John Ross Campbell	131
주아이仲哀 천황	86
주원장朱元璋	116
준닌淳仁 천황	90, 91
지노비예프Zinov'ev	130
지롤Girolle	43
지마왕祇摩王	264
지바 료千葉了	17, 94, 154, 511
지진희池津姫	88
지토持統 천황	90
진구 황후神功皇后	86-88, 300
진무神武 천황	76, 77, 83, 84, 255

차

천일창天日槍	85, 250

첨해왕沾解王	265, 267
최시형崔時亨	161, 463, 477, 479
최제우崔濟愚	161, 463, 477, 478
충렬왕忠烈王	267
치머만Zimmermann	42

카

카를 마르크스Karl Heinrich Marx	124, 127
카시얀Kasyan	132
케렌스키Kerenskii	127, 128
켄들Carlton Waldo Kendall	296
크로머Cromer	294
크로폿킨Kropotkin	96, 97, 126

타 파

탈해왕脫解王	256, 262, 264, 267, 268
푸리에Fourier	126
푸앵카레Poincaré	218, 523, 527, 528
프랑셰Franchet	132

프레드릭 아서 맥켄지 Frederick Arthur Mackenzie	148, 528
프루동Proudhon	126, 127
플라톤Platon	125, 128

하

하라 다카시原敬	6, 32, 100, 101, 240, 295, 490, 503, 512
하라구치 겐사이原口兼濟	44, 511
하세가와 요시미치長谷川好道	100, 181, 512
하시 모리사다土師盛貞	18, 276, 513
하야시다 가메타로林田龜太郎	52, 513
하자마 간이치間貫一	400, 401
함달파含達婆	257
헤론 스미스Frank Herron Smith	102
호공瓠公	85, 257, 262, 263, 268
호소이 하지메細井肇	17, 160, 514
황흥黃興	171, 528
후지와라藤原	91, 302
후지와라 기조藤原喜藏	18, 175, 515

후지이 간타로藤井寬太郎	419, 515
흘해왕訖解王	265, 267
흥선대원군興宣大院君	163, 457

[기관·단체명]

가

각파유지연맹各派有志聯盟	147, 149, 180, 477
갑자구락부甲子俱樂部	376, 379
경상남도노농운동자간친회 慶尙南道勞農運動者懇親會	124, 125
경성신문京城新聞	158, 500
경성일보京城日報	113, 195
경성일보사京城日報社	32, 491, 496, 509, 510
경성일일신문京城日日新聞	240
경성전수학교京城專修學校	353
경제회經濟會	146
고쿠민신문國民新聞	64
교풍회矯風會	136, 146, 147
국민협회國民協會	146, 147, 182, 376, 458
기독교청년회	417

나

남선노농동맹南鮮勞農同盟	124, 125

노

노농대회	123, 125

다

대정실업친목회大正實業親睦會	119
대한민국임시정부	467, 470, 473, 477
동민회同民會	120, 147, 198, 364, 414, 460, 467, 476, 486
동양척식주식회사	190, 364, 460

마

무산자동맹회	122-124
무산자동지회	122, 124

바

범태평양구락부汎太平洋俱樂部	195
북성회北星會	121-123
북풍회北風會	122-124

사

서울청년회	120-125, 166, 167

성대城大   369

신사상연구회   123

신생활사   122

아

오사카마이니치신문사大阪每日新聞社   491, 512

유민회維民會   146, 147

이세신궁伊勢神宮   112

일진회   45, 393, 502

입헌정우회立憲政友會   485, 486, 490, 502, 507, 510-512, 514

자

전라노농연맹   124

조선경찰신문朝鮮警察新聞   285

조선공론朝鮮公論   185

조선노농총동맹   121, 123-125

조선노동공제회   120, 121, 123, 124

조선노동대회 준비회   122

조선노동연맹회   121-125

조선동정회朝鮮同情會   148

조선식산은행   364, 499

조선신궁   286

조선은행   355

조선인동맹회   122

조선청년연합회   120, 122, 166

조선청년총동맹   121, 166

존스홉킨스대학교Johns Hopkins University   98, 525

중앙조선협회中央朝鮮協會   366, 380, 507

파 하

페이비언협회Fabian Society   128

헌정회憲政會   345, 490, 498, 503

『조선통치문제논문집』 제1집
편찬자
이종식李種植

1908년 내부 경시청 총감관방 문서계 번역관보(飜譯官補), 1911년 경기도경무부 수원경찰서 통역생(通譯生), 1913~1917년 조선총독부 내무부 학무국 학무과 속(屬), 1921년 경기도경찰부 도경부(道警部), 1922~1925년 경기도경찰부 경무과·고등경찰과 경부, 1926년 충청북도 지사관방 속, 1927년 충청북도경찰부 경무과 경부, 1928년 경시(警視), 1930년 경기도경찰부 고등경찰과 촉탁(囑託) 등을 역임했다.

『조선통치문제논문집』 제1집은 1929년 고등경찰 이종식이 편찬하여 조선사상통신사에서 발행[발행인 : 이모토 이쿠지로(井本幾次郞)]했다. 1910년 일본의 한국병합 후 20주년을 기념하여, 일본의 식민지 조선통치론에 대해 주요 일본인과 외국인 인사들이 신문·잡지 등에 발표한 논설을 이종식이 18년 동안 모아 53편을 선별하여 '내지연장론(內地延長論)'과 '조선자치론(朝鮮自治論)'을 중심으로 편찬한 자료이다.

이종식의 개인 편찬서로는 『조선통치책에 관한 학설(朝鮮統治策に關する學說)』 제1집(1926), 저술로는 『조선문·조선어 강의록(朝鮮文朝鮮語講義錄)』 하(조선어연구회, 1932)에 수록된 「조선어 승격운동 : 조선어 학습상의 다섯 조건(朝鮮語陞格運動 : 朝鮮語學習上の五條件)」 등이 있다.

옮긴이
최은진崔銀珍 Choi, Eun-jin

한양대학교 사학과와 동 대학원 석·박사과정을 졸업했다. 국가보훈처 학예연구사 등을 거쳐 현재 국사편찬위원회 편사연구사, 한양대학교 사학과 겸임교수로 있다.
주로 한국근대사의 식민지배정책사, 사회경제사, 법제사, 한일관계사, 트랜스내셔널사, 사회운동사, 독립운동사, 지역사 분야에 대해 연구하고 있다. 저서로는 『식민지지주제와 소작정책의 식민성』(2021), 『경성지방법원 검사국 문서와 식민지 사회』(2022, 공저), 『투자 권하는 사회』(2023, 공저), 역서로는 『국역 조선총독부 30년사』 상·중·하(2018, 공역) 등이 있다. 논문으로는 「군산미의 대일 수출구조」(2011), 「일제강점기 안창남의 항공독립운동」(2016), 「일제하 조선고등법원 판례를 통해 본 소작문제」(2017), 「대한민국정부의 3·1절 기념의례와 3·1운동 표상화(1949~1987/1988~2017)」(2017~2018), 「1930년대 조선총독부의 조선농지령 입안과 일본정부의 심의·의결과정」(2019), 「1930년대 중반 조선농지령 시행 이후의 소작쟁의」(2020), 「1920년대 후반 전북 옥구 이엽사농장 소작쟁의의 전개과정과 성격」(2021), 「일본과 식민지 조선의 지주제와 소작문제 비교」(2021), 「일제하 토지 투자 열풍」(2022), 「1920년대 말~1930년대 초 대공황기 식민지 조선 상인의 경제위기와 대응」(2022), 「1930년대 장흥의 전남운동협의회 관련 활동과 지역사회」(2022) 등이 있다.

한양대학교 비교역사문화연구소 자료총서 1

일본의 식민지 조선통치론
-'내지연장론'과 '조선자치론'
朝鮮統治問題論文集 국역

초판1쇄 발행 2023년 6월 30일

편찬 이종식
역주 최은진
발행 홍종화

편집·디자인 오경희·조정화·오성현·신나래
　　　　　　　박선주·이효진·정성희
관리 박정대

발행처 민속원
창업 홍기원
출판등록 제1990-000045호
주소 서울 마포구 토정로25길 41(대흥동 337-25)
전화 02) 804-3320, 805-3320, 806-3320(代)
팩스 02) 802-3346
이메일 minsok1@chollian.net, minsokwon@naver.com
홈페이지 www.minsokwon.com

ISBN　　978-89-285-1865-4
S E T 　 978-89-285-1864-7　94910

ⓒ 최은진, 2023
ⓒ 민속원, 2023, Printed in Seoul, Korea

이 책은 저작권법에 따라 보호를 받는 저작물이므로 무단전재와 복제를 금지하며,
이 책의 전부 또는 일부를 이용하려면
반드시 저작권자와 출판사의 서면동의를 받아야 합니다.